法人的一生

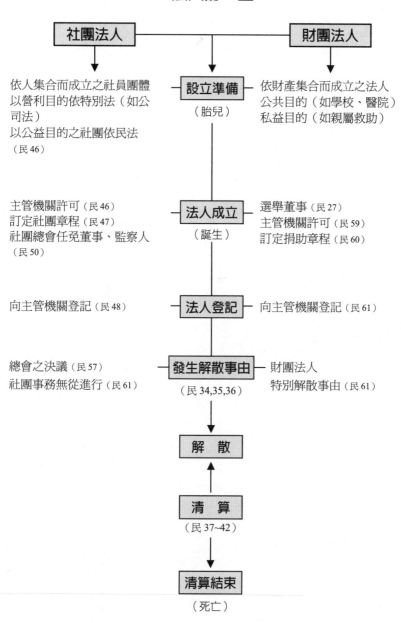

社團法人		財團法人

依人集合而成立之社員團體
以營利目的依特別法（如公
司法）
以公益目的之社團依民法
（民46）

設立準備
（胎兒）

依財產集合而成立之法人
公共目的（如學校、醫院）
私益目的（如親屬救助）

主管機關許可（民46）
訂定社團章程（民47）
社團總會任免董事、監察人
（民50）

法人成立
（誕生）

選舉董事（民27）
主管機關許可（民59）
訂定捐助章程（民60）

向主管機關登記（民48）

法人登記

向主管機關登記（民61）

總會之決議（民57）
社團事務無從進行（民61）

發生解散事由
（民34,35,36）

財團法人
特別解散事由（民61）

解　散

清　算
（民37~42）

清算結束
（死亡）

法律叢書

法學的知識・民主的基石

Law
法律叢書

圖表說明

商事法概論

Be honest in business.
做生意要誠實

Pacta sunt servanda.
契約應遵守

Aliena negotia exacto officio geruntur.
管理他人之事，須特別注意。

By Dr. Zui-Chi Hsieh

謝瑞智 著

維也納大學法政學博士

臺灣商務印書館

序

　　一般研究法律的學者，都會注意憲法、行政法、民法、刑法等規定，較少注意商事法之內涵，也許會以為商事法與平日生活較無關連，事實上我們平時做生意設立公司、買賣股票，就要知道公司法；買賣物品開支票支付款項，或匯錢給親友，就要了解票據法的內容；而託運貨物或搭乘郵輪參加觀光旅遊，就涉及海商法；平日為預防萬一，加入保險，至少要知道保險法規定對自己能保障多少權益？所以人類既離不開經濟動物之本質，如無持續的收入，何能永續生存？可知商事法是相當重要的。尤在經濟及科技蓬勃發展之今日，工商社會的特質就是各種交易行為頻繁，而我國又是採民商合一制的國家，因此除了民法，在商場上也廣泛適用商事法。如要順暢參與經濟生活的營運，當須知道商事法律之內容；如能深入研究，更不致在商場上吃悶虧。而商事法之範圍為何？雖無一定之基準，但從一般坊間的著作、大學之主修科目或考試院命題的範圍，都以公司法、票據法、海商法及保險法為主，因此本書亦不例外，並另加上商業登記法與消費者保護法，且在章節之後，儘量蒐集考試院之考古題，而在公司法編之後，則蒐集到考試院近年之測驗題共 27 題，供讀者準備考試參考之用。

　　本書仍循筆者編纂之一系列法學概論叢書之體例，採簡易之文體，配合圖表說明，使讀者得輕易進入商事法之法學體系，了解商事法之內容，此無論參加考試或從事經商活動，均得列為重要參考用書，如有助於目標之達成，則感幸甚矣！

謝瑞智 謹識

2010 年 4 月

凡　例

商事法概論　　目錄大綱　　謝瑞智博士著

商事法概論　目　錄　謝瑞智博士著

序
第一編　緒論

第二編　公司法

第三編　票據法

第四編　海商法

第五編　保險法

第一編 緒 論

第一章 商事法的概念

第一節 商事法的意義

一、實質意義

即指一切與商事有關之特別私法而言。近年來,所謂商事是指企業關係而言,一般民事法律之民法,因無法規範企業關係之商事的特別需要,為此乃制定特別法之商事法律。在其私法性質上,商事法是為調整有關企業關係之經濟主體間利益為目的而制定,因此有關利益調整為目的之所有法規,當可列入商事法之範疇內。

此實質意義之商事法又可分為廣義說與狹義說:

商事法
- 廣義說
  - 是指所有商事法規而言,並不限於商事法典。此又分為:
    - (一)國際商法:是指國際公法上關於商事的法規,如國際郵政、電訊協約、船舶碰撞與海難救助統一公約、票據等是。
    - (二)國內商法
      - 是指國內有關商事的法規;如商事公法及商事私法等。
      - 1.商事公法:如憲法、行政法、訴訟法、銀行法、合作社法及刑法上有關偽造或仿造商號及商標罪(刑253)之類。
      - 2.商事私法
        - (1)民商合一制:民法中有關商事之規定。
        - (2)是指有關商事之私法而言,即包括所有商法法典及商事習慣法。一般都將公司、票據、海商、保險、商業登記等列為典型之商事私法。
- 狹義說:即指上述國內商法之商事私法而言,也不將商業登記法列入範圍。大部分大學講授課程也都以此為內容。

二、形式意義

又稱商事法典。即將商事法之實質意義的商法,將其基本法規予以

有體系的編纂而成之法典。因私法體系係採取民商合一制,並無獨立編纂有關商事法律之商法典,除了在民法典或其他有關法規規定與商事有關之法律外,另外針對相關事業,制定有關商事之單行法規,此如公司法、票據法、海商法、保險法、商業登記法等。因此在民商合一制之下,並無形式意義之獨立統一的商事法典。

第二節　商行為

商行為(德:Handelsgeschäft;法:acte de commerce)實際言之,是有關營利活動之行為,特別是指有關商務之法律行為,但形式上是商法及商事特別法所規定有關商務之行為之謂。有關商事行為可有下列之分類:

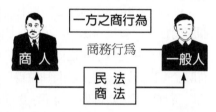

區分基準	名　稱	內　　　　　容
由行為之客觀性	絕對之商行為	依其客觀之行為性質,其本身就是一種商行為,即其行為本身就是一種商事行為之謂。
	營業之商行為	行為人從事營業行為之商行為,即以營利為目的而反復繼續的行為之謂。
由本質上區分	基本之商行為	集上述絕對之商行為與營業之商行為,稱為基本之商行為,即以商人概念為基礎之商行為。包括絕對的商行為與營業之商行為。
	附屬之商行為	即商人為了營業所為之行為,即稱為附屬之商行為,包括財產上之行為,因其對營業有直接效力,又如在營業開張時,開業之準備行為也屬於此類。
由一方或雙方而為之行為	一方之商行為	由當事人之一方從事商事行為之謂。如零售商與一般消費者之買賣是。此外,如百貨公司對一般消費者之購買行為,也是當事人之一方所成立之商事行為。
	雙方之商行為	由當事人雙方從事商事行為之謂。如批發商與零售商之買賣契約或交易行為是。

第三節　商事法的法律性質

一、商事法原是私法而逐漸具有公法之性質

商事法原來以規範私人間商事活動之相互關係為主要對象，但現行商事法規之中，因公權力之介入，而有甚多公法之規定，如公司法中有關公司登記程序及各項罰則、海商法中對於船長之處罰、保險法中有關保險業者之規範等。

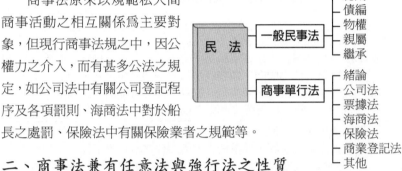

二、商事法兼有任意法與強行法之性質

商事法為民法之特別法，故屬私法，應適用私法自治之原則，且商事行為應力求活潑便捷。故應允許當事人得任意約定其商事行為之內容；如公司董事之報酬由股東會決定、票據是否附有利息由當事人約定，保險契約之特約條款亦由當事人約定等是。但為維護大眾交易之安全，也應由法律強行規定，如公司法法定公積，又稱為強制公積，具有強制性、票據應記載事項之規定、又如保險業者責任準備金之提存等均是。

三、商事法為單行法

採民商合一制之國家，並無統一之商事法典，通常是在民法中就一般商事而為規定外，其他則制定商事有關之單行法規，如公司法、票據法、海商法、保險法、商業登記法等是。

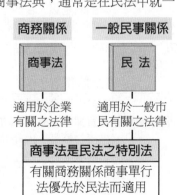

四、商事法為民事特別法

民法就一般私法行為而規定；商事法就有關商事行為之特別事項而為規定，其有補充民法或變更民法之特性，應優先於民法而適用。如公司法與民法中法人之規

定，海商法之運送契約與保險法之保險契約與民法中一般契約之規定等是。

第四節　商事法的特性

一、 私法兼公法性	商事法是屬於廣義民法之範圍內，而以規範私人間相互之商事活動爲內容，故亦爲私法。但因受社會本位趨勢之影響，私法已有公法化傾向。即在商事法有刑罰之規定者，如公司法、海商法、保險法、商業會計法等，都有各種罰則之規定，而刑法第十九章有妨害農工商罪之規定等是。
二、 技術性	商事法係爲促進商務之發展，重在實用性，故富有技術性，而與一般民法等，偏重於人與人關係之規範等不同。如公司法中公司之成立、股東會之設立、公司之破產、重整、清算等規定；票據法中有關發票、背書、承兌、拒絕證書、追索權等規定；海商法中關於運送、海損分擔額之計算及保險法中關於保險費、保險理賠之計算等，均表示商事法具有相當技術性之法規。
三、 營利性	商事法主要以規範個人與企業團體之營利爲目的。如公司法第1條明定公司法之公司，係以營利爲目的。其他如海商法或保險法等無不以營利爲目的。
四、 商事法之二元性	商事立法有自由主義與強制主義兩種特性；兩者相互協調，故又稱爲協調性。 ㈠自由主義：在商行爲方面，爲求商事交易之簡便靈活而富有彈性，故採自由主義之規定。 ㈡強制主義：在商事交易方面，爲求商事交易之安全，故採強制主義之規定，如商業登記、商號、公司制度等均是。
五、 國際性	商事法原屬國內法之範疇。惟在商業之全球化下，國際貿易發達，因此國際間乃有商事條約或協定之簽定，近年來更蘊釀簽定國際匯票、本票統一法，國際貨物買賣公約等規定。
六、 進步革新性	在自由貿易趨勢下，國際貿易頻繁，因商事行爲貴在敏捷反應富有彈性，故商事法規應配合情勢之發展，力求革新，以促進經濟之繁榮，因此商事法規之修正與增訂，將較其他頻繁，具有進步革新之特性。

第二章 商事法的沿革及法源

第一節 商事法的沿革

古代重農輕商，法律也民、刑不分，歷代法典均偏重刑名。在歐陸地區，有關商事也適用羅馬民法為多。直至中古時期貿易益形發達，尤以義大利為中心之地中海沿岸，各地商人成立商人團體之組織，稱為基爾特（Guild），其有自治權與裁判權，此為現行商事法之起源。

迨十四世紀封建制度衰敗，商人團體漸次沒落，民族國家成立後，立法事項逐漸由政府取代。首先法王路易十四於 1673 年公布商事條例，於 1681 年公布海事條例，但直到十八世紀德國各邦公布之商事特別法為數甚多。迨進入十九世紀，拿破崙頒行商法典，此即近代商事法之始祖。

我近代商事法起於光緒 29 年（1903）欽定之《大清商律》，有《公司律》131 條，《商人通例》9 條。光緒 34 年（1908）聘請日本法學家志田鉀太郎起草《大清商律》236 條，《公司法》236 條，《票據法》94 條，宣統 2 年（1910）修訂為《大清商律草案》，但均未制定。民國成立後重予修訂商人通例及公司條例兩種單行法。民國 18 年國民政府中央政治會議議決編訂民商統一法典，於是當年陸續公布票據法、公司法、海商法及保險法。抗戰勝利後，於 35 年增列有限公司。國民政府來臺，乃陸續修正公司法、票據法、海商法與保險法。

第二節 商事法的法源

我國因採民商合一制，有關商事除了適用商事有關之法律外，也適用民法之規定，因此商事法的法源，也包括民法在內。

一、直接	就是成文法，除了民法之外，有關商事之成文法，有公司法、票據法、海商法、保險法、商業登記法等。
	（一）公司是以營利為目的，依照公司法組織、登記、成立的社團

淵源	公司法	法人（公 1）。因此規範這些行為有關的法律，稱為公司法。其種類有無限公司、有限公司、兩合公司、股份有限公司四種。
	(二) 票據法	即規範匯票、本票及支票之簽發、付款等票據行為之法律。
	(三) 海商法	即規範以船舶為活動工具之海上企業有關之法律。
	(四) 保險法	即規範保險契約有關法律的整體而言。有財產保險及人身保險（保 13）。
	(五) 商業登記法	即規範商業上一定事項，由商業負責人向營業所在地之主管機關登記之法律。
二、間接淵源	(一) 習慣法	就是法律所未規定之事項，無背於公序良俗，為社會一般人確信其有法之效力之多年慣行之事實。如民事、商事上之習慣法。
	(二) 法理	即法律之原理，由法律之精神，以公平正義為目標推演而得。因法條規定有限，世事變化無窮，因此法理遂為商事法之重要法源，惟適用法理時應依據「適合事物與自然之原理」、「多數人所承認之共同生活原理」、「事物之本性」等。
	(三) 判例	法院對於訴訟案件所作之判決，成為裁判同類案件所沿用的慣例。即「相同事件相同處理」之原則，亦即在「判例之拘束力」下，將來遇有相同案件，應同樣判決。
	(四) 解釋	即司法或行政機關，在適用法規時所闡明的解釋。而司法院又有解釋憲法，並有統一解釋法律及命令之權（憲 78）。在司法實務上，違背司法院解釋之判例當然無效，其相對人並得據為再審或提出非常上訴之理由（司釋 188）。

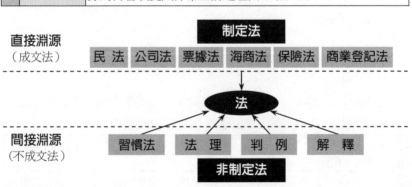

第三章　商事法之效力
　　　　與其他法律關係

第一節　商事法之效力

種　類	內　　　　　　　容
一、 人的效力	商事法關於人的效力，以採屬地主義爲原則。即凡在中華民國領域內，無論其國籍如何，或有無國籍，一律適用我商事法爲原則。惟如涉及外國人時，則應注意涉外民事法律適用法之規定。
二、 時的效力	即法律不溯既往之原則：即法律之效力只能適用於公布施行後所發生之事項，而不能溯及法律實施以前所發生之事項謂之法律不溯既往之原則（Prinzip der Nichtrückwirkung）。其理由有二： ㈠既得權（vested right）之尊重：依舊法而取得之權利稱爲既得權。即在舊法之法律關係下所取得之權利，不因新法之公布施行而受到變更或被剝奪，仍然要受到新法之尊重，故亦稱爲既得權不可侵之原則。如新法之效力能溯及被剝奪之，則一切權利皆無保障，有違法律之安定性。 ㈡舊法時代所爲之合法行爲：如新法之效力能溯及既往而課罰，非但人民之自由易受侵害，且動搖人民遵守法律之心理，使法律失其威信，故由公平正義及實利的觀點言，法律當應嚴守不溯既往之原則。 商事法當亦適用法律不溯既往原則，故如商法施行後，所有商事關係當應適用新公布之商法，至於施行前之商事，以施行法有特別規定者爲限，否則不適用之。
三、 地的效力	我商事法規當然適用於我國領域範圍內，因此在我國領域內，不論其爲我國人或外國人，均適用我國之商事法。
四、 事的效力	有關商事當應適用商事法，但如行使或保全票據上權利，則應在票據上指定之處所或其營業所或居住所爲之（票 20）。關於船舶之物權依船籍國法；航空器之物權，依登記國法（涉外 10Ⅳ）。至於商事法有關之刑事責任，當應依罪刑法定主義及一事不再罰原則之規定。

第二節　商事法與其他法律關係

一、商事法與民法

(一)商事法與民法之關係：

兩者關係	意　　義	採取國家	理　　由
民商合一	將民商法訂為統一法典，關於商事方面除民法中規定外，其不能由民法中規定者，則分別訂定單行法規。	泰國、瑞士及中華民國	民法所定，偏重傳統固定，修改不易。尚且民法貴在規範國內事項，不具國際性，而商法符合變遷的社會，且簡便靈活，較具國際性。
民商分立	則於民法法典之外，另行制定商事法典。	日、德、法、義、荷、比	

(二)我採民商合一制之理由：所謂商事法者，乃民事特別法之性質。蓋世界各國之民法典，在規定範圍與體例方面有採商分立制，如德、法、比、義、日等國。有採民商合一制，如瑞士、泰國等。我國係採民商合一之國家，因此，在民法典中包含有一般商事規定，惟不使與民法合一規定之部分，仍設單行之商事法，如公司法、票據法、海商法、保險法等均是。其起源是由**胡漢民**向中央政治會議提出訂定民商統一法典而來。立法院乃

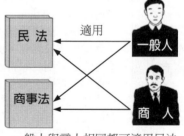

一般人與商人相同都可適用民法與商事法，稱為民商合一制。

將原屬商人通例中之經理人、代辦商及商行為中之交互計算、行紀、倉庫、運送營業及承攬運送等規定，納入民法債編之內，其性質不能與民法合一規定者，如公司、票據、海商、保險、商業登記等項，則分別制定單行法規，以適應社會實際之需要。因此，商事法與民法之關係，是商事法為民法之特別法，依特別法優於普通法之原則，凡關於公司、票據、海商、保險等商事之事項，應優先適用商事法，商事法無規定時，始適用民法。

胡漢民

二、商事法與刑法

商事法貴在保護公共利益與交易之安全，其有違反者則科以刑罰之規定，此即商事刑法之概念，在刑法理論上學者將其列屬「經濟犯罪」之範疇。茲分商事法及刑法說明：

(一) **商事法中** **之刑罰**	商事法中有刑罰之規定者；例如： 1.公司法： 　(1)應收股款股東未實際繳納（公 9 I）。 　(2)公司貸款之限制（公 15）。 　(3)公司為保證人之責任（公 16）。 　(4)未登記者而營業之限制（公 19）。 2.商業會計法： 　(1)偽造會計憑證罪（商會 71）。 　(2)使用電子方式處理偽造資料罪（商會 72）。 3.海商法： 　(1)船舶法：詐術取得證書罪（船舶 75）。 　(2)船員法：船長未盡救助責任罪（船員 76）。
(二) **刑法中有** **商事刑罰** **之規定**	為第十九章妨害農工商罪： 1.妨害販運農工物品罪（刑 151）。 2.偽造仿造商標商號罪（刑 253）。 3.販賣陳列輸入偽造仿造商標商號罪（刑 254）。 4.對商品為虛偽標記與販賣陳列輸入該商品罪（刑 255）。

三、商事法與行政法

行政法是國家或公共團體為實現公益或國家目的，其所實施之公權力作用。因現代國家在標榜福利社會之下，政府的任務擴大，因此有關商事方面，行政機關之介入干預逐漸增多。例如未經未設立登記，不得以公司名義營業或其他法律行為（公 19 I），外國公司非經申請認許不得營業（公 371），保險業須經主管機關許可設立（保 137），主管機關對保險業之管理（保 148），船舶之登記（船登 26 以下），商業團體法，商品檢驗法，商品標示法，貨物稅條例，證券交易法等均是。如人民對商務主管機關所為之行政處分有不服時，得提起訴願及行政訴訟，以資救濟。

四、商事法與國際法

　　前面已提過，實質意義之商事法有廣義、狹義之分，廣義包括國際
商法與國內商法。而國際商法是指國際公法上關於商事的法規，除國際
間商事之慣例外，就是國際間簽定之商事有關的條約或協定。目前因國
際貿易頻繁，在全球化趨勢下，爲方便商務上交往，如國際郵政，電訊
協約，船舶碰撞與海難救助統一公約，載貨證劵統一公約，便利海上運
輸公約，航空犯罪諸條約，匯票、本票及支票統一公約，關稅暨貿易總
協定，世界貿易組織等協定是。

　　此商事條約或協定，如經立法院通過（憲 38、58 II、63 及 141），就成爲
國內法，凡是商場上交易，就有遵守之義務；一般稱此爲國際商事法。

第二編　公司法

第一章　公司法總則

第一節　公司之概念

一、公司之意義

依公司法第 1 條:「本法所稱公司,謂以營利為目的,依照本法組織、登記、成立之社團法人。」亦即依照公司法之規定,集合法律規定人數以上之股東,並以其所捐助或募集之財產作為資本,基於章程契約規定條款,辦理自身名稱、住所、國籍以及財產之登記,並以獲取商業利益為目的,獨立從事交易行為之社團法人團體。

㈠**公司為法人**:法人云者,即非自然人,而依法律規定得為權利義務之主體,與自然人同。但公司經營之業務,則屬於公司本身,並不屬於公司之股東。與一般獨資或合夥經營之商號,其營業屬於該商號主人或合夥人全體者有別。

㈡**公司為營利社團法人**:法人有社團與財團之分,社團係人的結合,而為權利義務之主體;財團係財產的結合,而為權利義務之主體。而社團法人有營利社團法人與公益社團法人之分,營利社團法人,必以其所得之利益,分配於其社員(股東),若有營業虧損,亦應由各股東共同負責,故公司為營利社團法人。若事實上亦有營利行為,但所得之利益,仍用在公益上,而不分配給其社員者,則仍為公益社團法人,不得謂為公司。

㈢**公司為依公司法組織成立之營利社團法人**:一般法人之成立,依民法之規定,以營利為目的之社團,其取得法人之資格,依特別法之規定(民 45)。公司法為民法之特別法,故依公司法在中央主管機關登記(公 6)成立之營利社團法人,始為公司。

二、公司之種類

區分標準	種　類	內　　　　　容
(一) 依股東責任之不同	無限公司	指集合 2 人以上之股東所組成，且各股東對公司債務負有連帶無限清償責任之公司（公 40）。因此，組成無限公司之基礎成員是 2 人以上的「無限責任股東」，就公司型態而言，無限公司係屬於「一元組織」，亦稱爲「一元公司」，其公司股東所需負擔的股東責任完全相同。
	有限公司	指集合 1 人以上之股東所組成，以其出資額爲限而對公司負有債務清償責任之公司（公 98）。因此，組成有限公司之基礎成員是 1 人以上的「有限責任股東」，係屬於「一元組織」，其公司股東所需負擔的股東責任完全相同。
	兩合公司	指集合 1 人以上的「無限責任股東」與 1 人以上的「有限責任股東」所組成（公 114），就公司型態而言，「二元組織」亦即「二元公司」。即指組成公司之股東所需負擔的股東責任並不相同。在兩合公司中，無限責任股東對公司債務負連帶無限清償責任，而有限責任股東以其出資額爲限，對於公司負有債務清償責任之公司（公 2 I ③）。
	股份有限公司	指集合 2 人以上之股東，或政府、法人股東 1 人所組成（公 2 I ④、128），將該公司全部資產分爲股份，由各股東依其所認購之股份，在公司發生債務時，以其出資額爲限負有清償責任之事業體，在性質上係屬於「一元組織」，其公司股東所需負擔的股東責任完全相同。其最大特色即在於其「股份制度」。
(二) 依公司業務管轄範圍之不同	本公司	又稱爲「**總公司**」，是公司首先設立用以管轄全部組織爲目的之總機構（公 3 II），由於其業務管轄範圍爲包括該公司之經營策略、人事制度、資金調度、會計財務等全部組織之運作，因此，實務上「本公司」通常會設有「總公司控制帳戶」，作爲控制所屬各分公司帳簿的總帳帳戶。
	分公司	又稱爲「**分支機構**」，係指應受本公司所管轄之業務分支機構（公 3 II），理論上分公司並不具備法律上之獨立法人人格，亦不能成爲法定之權利義務主體，但實務處理上由於分公司本身具有獨立經營業務並管理內部組織之能力，因此，在其業務範圍內所發生之法律訴訟事件，除本公司得進行法律上之訴訟外，分公司亦得以自身之名義行使其法定訴訟權能。

(三) 依公司國籍之不同	本國公司	指在我國國境內,以營利為目的,依據本國公司法所有條款規定,遵照法定程序組織、辦理登記、成立,具有我國國籍之公司,其性質為社團法人。
	外國公司	指公司成立時並非依據我國公司法所成立,而係依據其他國家法律辦理組織登記,並經我政府認許,在我國境內從事營業之外國國籍公司(公4),其公司名稱應翻譯成中文,並應標明其國籍(公370)。
(四) 依政府出資占公司總資本比例之不同	公營公司	又稱為「**國營公司**」,依據我國法令規定,若政府出資額度占公司總資本比例之50%以上時,該公司即為公營公司,其所屬從業員工為公務人員。一般而言,公營事業機構成立目的在於發展國家資本、促進經濟建設、便利人民生活為宗旨。例如臺灣電力公司、臺灣土地開發信託投資公司、如中央印製廠、臺灣省菸酒公賣局、退輔會榮工處等。
	民營公司	指政府出資額度未達該公司總資本比例50%之公司,其成立的基礎在於憲法對人民私有財產制度之保障,其事業之發展方式則是由人民利用其所擁有之私有財產來從事經濟活動。
(五) 依公司信用基礎為區分準據	人合公司	指公司從事商業經濟活動時,其交易對象所重視的是該公司股東個人之信用條件,不在公司財產之多少,亦即股東個人之履約能力,一般多以**無限公司與兩合公司為其代表**。一般人合公司在章程設立時,除需依法載明其股東外,並應取得全體股東之同意。在組成制度上,通常人合公司是以少數至親好友為其組成份子,因此人合公司較重視股東個人條件,各股東若欲將其股東地位或所持有之股份轉讓給其他人時,必須取得其他股東全體之同意,其股東地位移轉較為困難(公55)。 兩合公司是由「無限責任股東」與「有限責任股東」共同組成之「二元組織」,但有限責任股東對公司所生債務僅以其出資額為限,負有債務清償責任,而無限責任股東則負有連帶無限之清償責任,且兩合公司的企業經營權是由無限責任股東執掌,而其監察業務則是由有限責任股東或不執行業務之無限責任股東負責。且兩合公司原則上準用無限公司之規定(公115),故較偏向於人合公司。
		指公司從事經濟活動時,著重於公司名下之資產數額,一般以**股份有限公司與有限公司為其代表**。資合公司之

資合公司	章程訂立時,亦須取得全體股東之同意。法律上對於股份有限公司股東所持股份並無任何轉讓限制,且公司亦不得以章程禁止或限制股東對其股份之轉讓行為(公163),因此,資合公司的股東擁有股份轉讓之自由,為使其公司經營規模之大小能彈性自主,以切合實際營業所需,因此,資合公司亦得經股東會同意之後進行減資(公168)。 至於有限公司為間接有限責任,股東對於公司之責任,以其出資額為限(公99)。而其董監事責任之解除(公231),違法分派紅利(公233),股息紅利之分派(公235),檢察人之選派等又多準用股份有限公司之規定(公110Ⅲ)。故較偏重於資合公司。

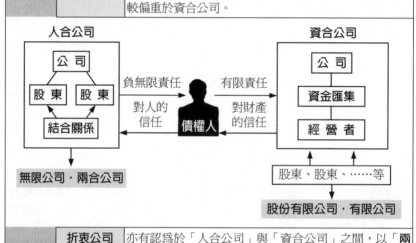

折衷公司 (中間公司)		亦有認為於「人合公司」與「資合公司」之間,以**兩合公司**」與「**有限公司**」為其代表,稱為「折衷公司」。
(六) 依出資股東人數之不同	獨資企業	指企業負責人單獨投入自身資產作為企業成立之資本,向營業所在地之主管機關申請商業登記成立為事業體,而後獨力進行經營活動,由於其企業係以個人獨資而成立,因此,該企業負責人應自行負擔企業之營運風險與經營損益,若企業運作不善發生債務時,債權人得向該企業負責人請求償還,該企業負責人負有無限清償之責任。
	合夥組織	指2人以上之股東依契約協議各自出資,以公同共有之財產經營之共同事業體,在商業登記法規定上,以合夥方式經營事業應申請商業登記,取得登記證後始能營業,為確保合夥財產的完整性,維持合夥組織之正常運作,因此,在合夥關係存續之前提下,各合夥人之間不

		得請求分割該合夥財產，且合夥人之出資額若欲轉讓他人時，亦應取得其他合夥人全體同意。若合夥組織運作不善發生債務，且合夥財產不足以清償該債務時，各合夥人對於該部分之債務，應連帶負起無限清償責任。
	集團企業 （關係企業）	指兩個以上原本各自獨立之企業，基於轉投資或以契約簽定等方式，彼此協議集合成為一經營模式與決策標準深具關聯之企業團體。在企業經營實務上，以轉投資方式所形成之集團事業，乃是指企業運用增加對轉投資對象公司所持股之方法，從而取得在該對象公司股東會中占多數之優勢表決地位，以進行對該對象公司之結合，例如「控制公司」與「支配公司」之關係，即是集團事業。在企業經營理論上，以契約簽定方式所形成之集團事業是指企業間運用簽署有效法律契約之方式，而進行企業合併、營業或財產之讓與或受讓、出租營業、委託營業或共同營業等，使合作之企業彼此間具備資源流通共享、擴大市場佔有率與增加企業競爭力之行為，例如股份有限公司與其他公司以簽訂契約之方式，進行公司合併、公司營業或財產讓與或受讓、出租營業、委託營業或共同經營契約等，但目前世界各國政府基於保護自由市場經濟秩序、維護合理競爭、保障公司債權人權益等立場，對於特定企業之結合行為都會予以適當限制。
(七) 依公司是否由負相同股東責任之股東所組成為準	一元公司	即公司是由負相同股東責任之股東所組成者，謂之一元公司。如有限公司、無限公司、股份有限公司。
	二元公司	即公司是由負不同股東責任之股東所組成者，謂之二元公司。如兩合公司。

習題：公司之種類為何？試說明其分類方式。

三、公司與合夥

區別基準	公　　　司	合　　　夥
權利義務主體	公司設立後為社團法人（公1），得為權利義務主體。	合夥只是一種契約，未具法人資格，其權利義務主體是合夥之全體自然人。
登　記	公司之設立必須登記。	合夥之成立，不須登記，以經商為目的之合夥，依商業登記之規定，雖須登

		記，但此並非合夥之成立條件。
目　的	公司以營利爲目的。	合夥則不一定，有以營利爲目的，亦有非以營利爲目的者。
財　產	公司之財產爲公司所有。	合夥之財產爲全體合夥人公同共有。

習題：公司與合夥有何區分？

第二節　公司之名稱和住所

一、公司名稱

㈠**公司名稱之專用**：公司名稱與自然人之有姓名相同，即是公司對外所使用之代表標誌，爲章程規定上所需記載重要事項（公 129），亦是法定程序上申請設立時須登記之要項，原則上公司可以自

公司名稱之命名

（原則上）
公司名稱選擇自由　但

- 公司名稱應標明公司種類（如××股份有限公司）
- 公司名稱不得與其他已使用之名稱相同
- 不得選用在性質上容易誤認爲政府機關、公益團體名稱
- 不得使用有妨害公共秩序或善良風俗之名稱

由選用其名稱，但公司名稱應標明公司之種類（公2Ⅱ），且爲避免公司間產生不正當競爭狀況，因此公司名稱不得與其他公司已使用之名稱相同，但實務上若二公司在名稱上已標明業務種類不相同，或有可資區別之文字時，在法律上應視爲其公司名稱不相同（公 18）。此即公司名稱之專用權，而且全國有效。惟依商業登記法第 28 條第 2 項商業名稱，不得使用公司字樣。故如在台中市已有「台灣紡織有限公司」就不得在台北市設立「台灣紡織股份有限公司」，蓋商業名稱限於同一直轄市或縣（市），故得設「台灣紡織行」。

就對於公司名稱選用之行政管理原則而言，爲防止公司謀取不法利益，因此，公司不得選用在性質上容易使人誤認其爲政府機關、公益團體有關或妨害公共秩序或善良風俗之名稱（公 18Ⅳ）。公司名稱及業務應在辦理公司登記之前，事先申請中央主管機關之審核（公 18Ⅴ），若爲外

國公司時，其公司名稱應翻譯成中文，並應標明其公司種類與國籍（公370）。

(二)**未登記者而營業之限制**：未經設立登記，不得以公司名義經營業務或為其他法律行為。違反前項規定者，行為人處 1 年以下有期徒刑、拘役或科或併科新臺幣十五萬元以下罰金，並自負民事責任；行為人有 2 人以上者，連帶負民事責任，並由主管機關禁止其使用公司名稱（公19）。

習題：在台中市已有「台灣紡織有限公司」，是否得在台北市設立「台灣紡織股份有限公司」或「台灣紡織行」？（85會）

二、公司住所

在法律上自然人與法人相同的具有住所（民2、29），公司亦應有住所。公司法第3條規定：「公司以其本公司所在地為住所。」此為法定住所。公司之住所在法律上效果如下：

(一)決定主管機關監督權之行使及審判籍之標準（公5，民訴2、9）。

(二)決定收受文書送達之處所（民314，民訴136）。

(三)決定債務清償地之處所（民314）。

(四)決定行使或保全票據權利處所（票20）。

(五)決定國際私法上適用何國之法律（涉外2）。

(六)決定政府徵稅捐之依據。

第三節　公司之設立

一、公司之設立

即指創立公司之團體，完成其法人資格，所作之多數行為。一個公司要成立，就是要依據公司之根本原則，由發起人確定出資額，並訂立章程，此即為「人」、「物」與「行為」等三者。

(一)**公司設立之方式**：

1.發起設立：由發起人認足第一次應發行之股份總額，應即按股繳足股款並選任董事及監察人（公131 I）。公司設立之發起人，即為「**人**」

的要件，公司成立後發起人就成爲股東。發起人的人數依規定爲（公2）：

公司種類	發　起　人　數
(1)無限公司	指2人以上發起。
(2)有限公司	指1人以上發起。
(3)兩合公司	指1人以上無限責任股東，與1人以上有限責任股東發起。
(4)股份有限公司	指2人以上股東或政府、法人股東1人發起。

　　2.募集設立：發起人不認足第一次發行之股份時，應募足之（公 132
Ⅰ）。此只有股份有限公司得採此方式設立。

　　㈡**資本**：即爲「**物**」**的要件**。蓋公司係以營利爲目的之法人，公司之
設立，必須有資本，否則難以達成營利之目的。公司的資本是由各股東
籌集而成，各股東繳納資本，稱爲「**出資**」。股東的出資，通常以現金爲
原則，惟無限公司股東得以信用、勞務或其他權利爲出資（公 43），但有
限責任股東，不得以信用或勞務者爲出資（公 117）。

　　㈢**章程**：即「**行爲**」**之要件**，無論任何公司之成立，均須訂立章程。
章程是公司的根本法，而訂立章程屬於一種法律行爲，係規定公司有關
事項之文件，應以書面爲之（公 40Ⅱ、41、98Ⅱ、101、116、129）。

習題：公司設立的方式爲何？試說明之。

二、公司設立之立法主義

　　在近代公司組織學理上，有關公司設立之立法主義包括下列四種：

㈠放任主義（自由設立主義）	在近代公司組織之設立上，最初採「自由設立主義」，亦即公司之成立與否係由當事人自行決定，政府與法律不加以干涉，但爲防止公司設立過於浮濫，以致危害商業交易之安全與社會經濟之穩定，在立法時逐漸改採「特許主義」而不採「自由設立主義」。
㈡特許主義	指在公司設立時，必須經由國家元首以頒布命令之方式，或由立法機關以立法方式予以特別許可後，公司才得設立。在特許主義原則下，公司能否順利通過主管機關審查而取得設立之權利，其主要考量往往是基於該公司設立後，是否能配合政府政策，從而滿足國家最大利益，而不考慮投資股東是否獲利，故有「核准主義」之興起。

(三) **核准主義** （許可主 義）	亦即公司之設立除必須遵照法律規定之條件外，並須經行政機關之核准，方准設立。「核准主義」之程序雖然已比「特許主義」簡化，但實務上仍必須耗費相當時日，不符合工商時代講求效率的要求，因此，目前世界各國係以「準則主義」作為公司設立時之主要規範。
(四) **準則主義**	即合於法定要件就可設立，謂之準則主義。亦即由政府以立法方式，預先對新公司設立時所需具備的一定要件加以規定，由主管機關依據法律明定要件，審查公司能否設立，凡是符合規定之公司即得成立。現今法律實務上都採用較嚴格規定並加重發起人責任之準則主義。
我國採準 則主義	我國民法就營利法人採準則主義，依第 45 條規定：「以營利為目的之社團，其取得法人資格，依特別法之規定。」而公司之設立，應依公司法之規定，故**公司法亦採準則主義**。

三、公司之設立中公司

　　指自訂立公司章程起至設立登記完成前，尚未正式取得法人資格之公司。在法律實務上，由於無限公司、有限公司及兩合公司之設立程序極為簡單，只有訂立章程及設立登記兩種程序，因此設立中公司之存在期間不長，法律上之相關規定影響亦不大，而股份有限公司之設立程序較為繁複，每一法定程序均不能省略，尤其在公司以募股方式成立時，其所需要之作業時間更長，其「設立中公司」實際存在之期間較長。法理上對於設立中公司地位之認定，其學理依據為「**同一體說**」（Identitätstheorie），此係指設立中公司雖然不能完全視同為已成立之公司法人，但在實質上，設立中公司之董事或監察人等組織機關有部份或全部都已確定，且就公司組織之構成要件而言，其發起人或認股人等「人之基礎」與營業場地或公司資產等「物之基礎」亦已確定，因此，設立中公司實際上已具備與成立後公司相同之全部或部分構成基礎，在法理上已可認為「設立中公司」與「公司法人」已屬於同一個體，猶如自然人之胎兒一般。但由於設立中公司尚未取得完整之法人人格，因此在法律性質上仍屬於無權利能力之社團，應以發起人作為其執行事務及對外代表機關。

　　依據同一體說之見解，設立中公司所發生之法律關係，即為成立後

公司之法律關係，例如設立中公司之認股人在設立期間內完成繳款認股手續後，當該公司正式成立時，該認股人不須經過任何特殊之法律或權利移轉行為，即可直接成為該公司名下之股東，且設立中公司所選任之董事及監察人等，在該公司正式成立後亦不須經過任何特殊移轉行為，即得直接成為該公司之機關組織，而設立中公司之執行業務股東在設立期間內，以該公司名義所進行之一切法律行為，以及所產生之權利與義務等法律關係，在該公司正式成立之後，即

直接由公司全面繼受。若公司雖已進入設立程序，但其後由於募股失敗或其他原因發生，導致該公司未能完成設立登記，以致最後不能成立時，則在公司設立期間內，以促成該公司設立為目的所進行之一切行為，以及因而發生之相關費用，在確定該公司無法成立之後，應由發起人負起全部責任，且該公司組織即歸於解散。法律上基於保障認股人權益立場，對於設立中公司之認股人係將其法律地位視為與設立中公司之債權人相同，因此，若認股人在辦理繳納股款手續，並購入設立中公司所發行之股份後，該公司卻因故未能成立時，則該認股人有向發起人請求返還其已繳股款之權利。

四、公司之登記

依公司法規定，公司非在中央主管機關登記並發給執照後，不得成立（公6）。茲就登記事項、登記機關、登記效力說明之：

(一)登記事項：

1.設立	在企業經營實務上，由於某些公司之業務與社會國家之公共利益關係重大，因此，其公司業務必須先經政府目的事業主管機關許可後，方可申請公司設立登記，且該公司應在申請設立登記時，即必須向公司登記主管機關繳附許可函後，方得辦理登記（公17 I），而後正式進行營業，例如公司成立之目的若在於從事銀行業、保險業等業務之經營時，應先經目的事業主管機關金融監督管理委員會之許可，在領得營業許可函之後，方得申請公司設立登記。
2.認許	所稱外國公司，謂以營利為目的，依照外國法律組織登記，並經中華民國政府認許，在中華民國境內營業之公司（公4），外國公司非在其本國設立登記營業者，不得申請認許。非經認許，並辦理公司登記者，不得在中華民國境內營業（公371）。
3.變更	公司已登記之事項，在設立登記後，有變更者，應即為變更登記（公12），如公司住所之遷移，董事之改選，經理人之更換等均是。
4.撤銷或廢止	(1)撤銷登記：公司業務，依法律或基於法律授權所定之命令，須經政府許可者，於領得許可文件後，方得申請公司登記。此項業務之許可，經目的事業主管機關撤銷或廢止確定者，應由各該目的事業主管機關，通知中央主管機關，撤銷或廢止其公司登記或部分登記事項（公17）。 (2)廢止登記：公司之經營有違反法令受勒令歇業處分確定者，應由處分機關通知中央主管機關，廢止其公司登記或部分登記事項（公17之1）。
5.解散	公司解散時，除破產外，應就解散事由，聲請為解散之登記（公397 I）。

㈡**登記之機關**：公司之登記機關，為中央主管機關（公6）。主管機關在中央為經濟部；在直轄市為直轄市政府。中央主管機關得委任所屬機關、委託或委辦其他機關辦理本法所規定之事項（公5 II）。

為提高行政效率，簡化處理程序，有關公司申請設立、變更登記之資本額，應先經會計師查核簽證；其辦法，由中央主管機關定之（公7）。

㈢**登記之效力**：公司設立登記後，有應登記之事項而不登記，或已登記事項有變更而不為變更之登記者，不得以其事項對抗第三人（公12）。公司未經設立登記，不得以公司名義經營業務或為其他法律行為（公19 I）。違反前項規定者，行為人處1年以下有期徒刑、拘役或科或併科新臺幣十五萬元以下罰金，並自負民事責任；行為人有2人以上者，連帶負民事責任，並由主管機關禁止其使用公司名稱（公19 II）。

1. **共通效力**	公司設立登記後有下列之共通效力： (1)取得法人人格之效力：係指公司於完成設立登記之後，便開始具有其所屬的法人權利能力，實務上公司必須經過設立登記程序之後，在法律上才具有正式的法人身分，從而取得其人格權，因此，公司之權利能力是由設立登記完成之時開始（公1、6）。 　　股份有限公司不能成立時，由發起人就設立所爲之行爲，及設立所需之費用，負連帶責任（公150）。 (2)得使用公司名稱之效力：係指公司於完成設立登記之後，始得使用公司名稱，經營業務或爲其他法律行爲（公19Ⅰ），未完成設立登記之前，任何關係人不得以該公司名義對外從事經營業務或進行其他任何法律行爲，否則主管機關可對該違法之行爲人處1年以下有期徒刑、拘役或科或併科罰金，並自負民事責任；行爲人有2人以上時，連帶負民事責任，並由主管機關禁止其使用公司名稱（公19Ⅱ）。 (3)取得公司名稱專用並禁止他人使用：指在公司完成設立登記之後，其名稱對於其他公司即具有排他性效力，即他公司不得使用相同或類似名稱，惟二公司名稱中標明不同業務種類或可資區別之文字者，視爲不相同（公18Ⅰ）。
2. **特別效力**	(1)得發行股票：公司非經設立登記或發行新股變更登記後，不得發行股票（公161Ⅰ）。 (2)股份之轉讓：公司設立登記後，股份得自由轉讓（公163Ⅰ）。

㈣公司登記之撤銷或廢止：

　　1.公司之設立登記之違法：公司之設立或其他登記事項有僞造、變造文書，經裁判確定後，由檢察機關通知中央主管機關撤銷或廢止其登記（公9Ⅳ）。

　　2.廢止登記之申請：公司之解散，不向主管機關申請解散登記者，主管機關得依職權或據利害關係人申請，廢止其登記。主管機關對於前項之廢止，除命令解散或裁定解散外，應定30日之期間，催告公司負責人聲明異議；逾期不爲聲明或聲明理由不充分者，即廢止其登記（公397）。

習題：公司為設立登記後，其效力如何？（69會）

第四節　公司之能力

由於公司係依法成立之社團法人，其性質係經由法律程序所創設之權利義務主體，並得享有法律所賦予且保障之「權利能力」與「行為能力」。

一、公司之權利能力

(一)**公司權利能力之意義**：係指公司法人雖無自然人所具有之實體存在，但由於其本身係依法律所創設之主體，而受法律之效力所保障，因此，在法律上具備得以享受權利與負擔義務之能力，稱為「公司權利能力」。公司權利能力之起始點係自該公司在中央主管機關辦理登記完成時起算，終於該公司依法完成解散清算時為止。

(二)**公司權利能力之限制**：公司之權利能力與一般自然人及法人不同，故有下列之限制：

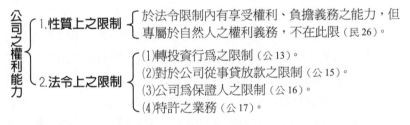

1.性質上之限制：公司雖具有權利能力，但由於其本身並無自然實體存在，依民法第 26 條規定：「法人於法令限制內，有享受權利、負擔義務之能力。但專屬於自然人之權利義務，不在此限。」因此，凡是以自然實體之存在為前提所衍生、發展而成之法律關係，例如性別、年齡、生命、身體及親屬關係等規定，公司概不得享有或負擔之，但在其他不以自然實體之存在為前提之法律關係，公司即與自然人具有相同之法律權利與義務，並得以享有財產權或負擔財產上之義務，如名稱權、名譽權、財產權、信用權、接受遺贈權等是。

2.法令上之限制：實務上對於公司權利能力在法令上的限制，包括對公司轉投資行為的限制、對公司從事貸放款時之限制、對公司為其他

人進行保證行為之限制等三種：

(1)轉投資行為之限制：轉投資者，即公司成為其他公司之股東，亦即公司以出資、認股或受讓出資額、股份等方式，而成為公司股東之情形。公司既有權利能力，當可投資其他公司，其一時收買他公司股票，亦屬前述之轉投資，應計入公司總額計算。但公司法設有限制。則公司不得為他公司無限責任股東或合夥事業之合夥人；如為他公司有限責任股東時，其所有投資總額，除以投資為專業或公司章程另有規定或經依下列各款規定，取得股東同意或股東會決議者外，**不得超過本公司實收股本百分之四十**（公13 I）：

①無限公司、兩合公司經全體無限責任股東同意。

②有限公司經全體股東同意。

③股份有限公司經代表已發行股份總數三分之二以上股東出席，以出席股東表決權過半數同意之股東會決議。

　　公開發行股票之公司，出席股東之股份總數不足前項第三款定額者，得以有代表已發行股份總數過半數股東之出席，出席股東表決權三分之二以上之同意行之（公13 II）。此項出席股東股份總數及表決權數，章程有較高之規定者，從其規定（公13 III）。但若公司進行轉投資之後，結算時發現其所投資對象產生營業盈餘或因公積增資配股等因素，造成其轉投資總持有股份因此增加時，其所增加之部分不計入原投資總額之中（公13 IV）。公司負責人違反轉投資行為之限制的規定時，應賠償公司因此所受之損害（公13 V）。

(2)公司為貸放款之限制：基於維持公司資本適足，健全公司財務狀況及其財務運作，以期維護全體股東及債權人權益之立場，因此，在公司從事貸放款項之法令限制上，原則上**公司之資金不得貸與股東或任何他人**，若必須從事貸放款項時，其所貸放之對象為：

①公司間或與行號間有業務往來者。

②公司間或與行號間有短期融通資金之必要者，且融資金額不得超過貸與企業淨值的 40%。

　　若公司負責人違法貸放公司資金時，應與該資金借用人連帶負擔返還責任；且公司若因違法貸放行為以致權益受有損害時，應由公司負責人負擔損害賠償責任 (公 15)。

(3)公司為保證人之限制：基於穩定公司財務、保護股東及債權人權益，避免公司因保證行為導致其所屬財產遭到強制抵償，因此，公司除依其他法律或公司章程規定，以從事保證為其經營之業務，而得為保證行為外，其餘不得為票據、納稅或民法上任何形式之保證人 (公 16 I)。若公司負責人違反不得為他人作保之規定，而以公司名義為他人進行保證時，則其所簽署之保證契約無效，該負責人應自行負擔保證責任，若對公司造成損害時，亦應負損害賠償責任 (公 16 II)。

(4)特許之業務：公司業務，依法律或基於法律授權所定之命令，須經政府許可者，於領得許可文件後，方得申請公司登記。此項業務之許可，經目的事業主管機關撤銷或廢止確定者，應由各該目的事業主管機關，通知中央主管機關，撤銷或廢止其公司登記或部分登記事項 (公 17)。

習題：　1.何謂轉投資？在現行法下公司轉投資有何限制？其一時收買他公司之股票或因被投資公司以盈餘或公積增資配股所得之股份，此項股票及股份之金額，是否亦在前項之列？試逐一說明之。 (75 會)

　　2.公司員工向公司借支，約定就其薪津及獎金於存續期間內扣還，是否違法？ (85 會)

　　答：依經濟部之解釋，此係「預支薪津」，非屬一般貸款性質，故不構成公司法第 15 條之違反。 (經濟部 68.11.17.商第 39514 號函)

　　3.甲股份有限公司之董事長張三，以公司之名義，將公司之資金新台幣一千萬元，貸與乙股份有限公司後，復以公司之名義，保證乙股份有限公司，向李四借款新台幣五百萬元。試問上述貸與及保證行為，是否違反公司法之規定，對甲股份有限公司是否有效？請附理由以對。 (70 司)

　　答：本題為公司借貸 (公 15) 及公司為保證人 (公 16) 之問題。

二、公司之行為能力

在法律上公司具有行為能力，並由其代表機關代表，因此，公司之代表機關在其權限範圍內代表公司與其交易對象所進行之行為，在法律上視為公司本身之行為，其法律效果歸屬於公司。由組織觀點分析時，可知公司係依一定之法律程序設立，依法取得法人人格，從而享有與自然人相同之權利能力與行為能力，而實際上本身並無自然實體存在，因此，需由具有實體之自然人代表公司行使職權，即為公司之「代表機關」，一般實務上係以公司之負責人擔任，並由其對外代表公司進行各種行為表示，故公司之代表機關與公司之關係則隸屬為一元系統。

三、公司之侵權行為能力

㈠**負責人業務上之侵權行為**：在商業實務上，公司業務之執行係由其代表機關之負責人代其進行各項相關行為，因此，公司負責人應忠實執行業務並盡善良管理人之注意義務，如有違反致公司受有損害者，負損害賠償責任。公司負責人對於公司業務之執行，如有違反法令致他人受有損害時，對他人應與公司負連帶賠償之責（公23）。此與民法第28條規定，法人侵權行為之責任旨意相同。其重點在負責人對於公司業務之執行，如不在業務執行範圍內之行為，則屬於負責人個人之責任，公司當不負連帶責任。

㈡**侵權行為之消滅時效**：由於公司法對於公司與其負責人之侵權行為損害賠償請求權並未有消滅時效之規定，因此，實務上對於該消滅時效之法源，係引用民法中對侵權行為損害賠償請求權之相關規定，亦即自受害人發現其私權受有損害，並知悉應對其負賠償責任之加害人時起之2年間不行使損害賠償請求權時，該請求權即行消滅，但自加害人之侵權行為發生時起10年內，若受害人未行使損害賠償請求權時，該請求權亦消滅（民197 I）。

四、公司之公法上能力

㈠**公司享有特定公權**：公司得提起訴願權及行政訴訟權，商會、工會理事選舉等。

㈡**公司之公法上義務**：如納稅義務。

第五節　公司之負責人

由於公司本身並無自然實體存在，因此，在對外進行各種行爲表示或法律行爲時，需由具有實體之自然人代表公司行使職權，稱爲「公司之代表機關」，一般實務上係以公司之負責人擔任，並由其對外代表公司進行各種行爲表示，且由於公司種類不同，其公司負責人亦不相同。

㈠**無限公司**：若公司章程有特別指定時，應由該指定股東對外代表公司，且該股東之姓名並爲章程相對必要記載事項，若公司並未於章程上特別進行指定時，原則上各股東都有權得代表公司（公56 I）。

㈡**有限公司**：其對外代表機關爲公司董事，若公司董事有數人以上時，得以章程設定董事長職位，由特定董事擔任董事長並對外代表公司，若章程未設董事長職位時，則其董事對外均可代表公司（公108 I）。

㈢**兩合公司**：是由其執行業務之無限責任股東對外代表公司，而公司之有限責任股東則不得執行業務，亦不得對外代表公司（公122）。

㈣**股份有限公司**：係由董事會所選任之董事長對外代表公司（公208 III）。公司企業之經理人或清算人、股份有限公司之發起人、監察人、檢查人、重整人或重整監督人等，在執行其職務範圍內，亦爲公司之負責人（公8）。

一、公司負責人之種類（公8 I）

公司別	負 責 人	職務範圍內之負責人
無限公司	執行業務或代表公司之股東	經理人、清算人
有限公司	董事	經理人、清算人
兩合公司	執行業務或代表公司之股東	經理人、清算人
股份有限公司	董事長	經理人、清算人、發起人、監察人、檢查人、重整人、重整監督人

二、政府或法人爲股東時

　　政府或法人爲股東時，亦可當選爲公司之董事或監察人，但須指定自然人代表行使職務（公27 I）。亦得由其代表人當選爲董事或監察人，代表人有數人時，得分別當選（公27 II）。由於政府或法人並無實體，必須指定自然人作爲公司代表行使職務，且爲避免因股東任期屆滿改選，而必須變更公司章程或召集股東會，因此，政府或法人在其公司代表因任期屆滿而退任時，得依職務關係，隨時改派其他人補足所剩餘之任期（公27 III）。又對於第1項、第2項代表權所加之限制，不得對抗善意第三人（公27 IV）。

三、公司負責人之責任

　　公司負責人於執行其職權範圍內之業務時，應依法令規定辦理，並善盡注意之職責，如有違法過失，以致對第三人權益造成侵害時並應負責損害賠償，且依其所犯過失之程度輕重不同，所應負之法定責任亦有不同，其種類大致上可分爲刑事責任、民事責任與行政責任。

(一) 刑事責任	公司負責人若違反轉投資限制者，如構成背信，可依刑法背信罪之規定處罰。
(二) 民事責任	公司負責人應忠實執行業務並盡善良管理人之注意義務，如有違反致公司受有損害者，負損害賠償責任（公23 I）。若對於公司業務之執行有違法並導致其他人受到損害時，應與公司負連帶損害賠償責任（公23 II）。
(三) 行政責任	1.每屆會計年度終了時，公司負責人應將該年度之營業報告書、財務報表、盈餘分派或虧損撥補議案，提請股東同意或股東常會承認（公20 I）。 2.公司資本額達中央主管機關所定一定數額以上者，其財務報表，應先經會計師查核簽證；其簽證規則，由中央主管機關定之。但公開發行股票之公司，證券管理機關另有規定者，不適用之。此項會計師之委任、解任及報酬，準用第29條第1項規定（公20 II, III）： 　(1)無限公司、兩合公司：須有全體無限責任股東過半數同意。 　(2)有限公司：須有全體股東過半數同意。 　(3)股份有限公司：應由董事會以董事過半數之出席，及出席董事過半數同意之決議行之。 3.若公司負責人未依規定辦理時，應各處新臺幣一萬元以上五萬元以下之罰鍰，若有妨礙、拒絕或規避查核或屆期不申報時，

> 應各處新臺幣二萬元以上十萬元以下之罰鍰（公20）。
> 4.在公司清算或重整期間內，其清算人、重整人或重整監督人應視為公司負責人（公8），因此，若清算人、重整人或重整監督人在執行業務之過程中，有嚴重違法失職之行為時，法院亦得基於利害關係人之聲請而將其解任。

習題：資本額達一定數額以上之公司，其資產負債表及損益表應先經會計師簽證，此項會計師須由何人選任？（74司）

四、各種公司對競業之禁止規定

（一） 公司	經理人	經理人不得兼任其他營利事業之經理人，並不得自營或為他人經營同類之業務。但經依第29條第1項規定之方式同意者，不在此限（公32）。
（二） 無限 公司	股　東	1.股東非經其他股東全體之同意，不得為他公司之無限責任股東或合夥事業之合夥人（公54 I）。執行業務之股東，不得為自己或他人為與公司同類營業之行為（公54 II）。執行業務之股東違反前項規定時，其他股東得以過半數之決議，將其為自己或他人所為行為之所得，作為公司之所得。但自所得產生後逾一年者，不在此限（公54 III）。 2.股東違反第54條第1項競業限制規定，得經其他股東全體之同意議決除名；但非通知後不得對抗該股東（公67 I②）。
（三） 有限 公司	1.董事 2.執行業務 之股東	(1)董事為自己或他人為與公司同類業務之行為，應對全體股東說明其行為之重要內容，並經三分之二以上股東同意（公108 III）。 (2)執行業務之股東違反規定（即為自己或他人為與公司同類營業之行為）時，其他股東得以過半數之決議，將其為自己或他人所為之行為，作為公司之所得；但自所得產生後逾1年者不在此限（公108 IV準54 III）。
（四） 兩合 公司	股東	1.無限責任股東之競業禁止規定準用無限公司之規定（公115）。 2.有限責任股東，得為自己或他人，為與本公司同類營業之行為；亦得為他公司之無限責任股東，或合夥事業之合夥人（公120）。
（五） 股份	董事	董事為自己或他人為屬於公司營業範圍內之行為，應對股東會說明其行為之重要內容並取得其許可（公209 I）。股東

有限 公司	東會爲前項許可之決議，應有代表已發行股份總數三分之二以上股東之出席，以出席股東表決權過半數之同意行之（公 209 II）。公開發行股票之公司，出席股東之股份總數不足前項定額者，得以有代表已發行股份總數過半數股東之出席，出席股東表決權三分之二以上之同意行之（公 209 III）。前二項出席股東股份總數及表決權數，章程有較高之規定者，從其規定（公 209 IV）。董事違反第 1 項之規定，爲自己或他人爲該行爲時，股東會得以決議，將該行爲之所得視爲公司之所得。但自所得產生後逾 1 年者，不在此限（公 209 V）。

習題：各種公司對競業之禁止規定。

第六節　公司之經理人

經理人者，謂由商號之授權，爲其管理事務及簽名之人（民 553），因此，公司之經理人在執行職務範圍內，也是公司的負責人（公 8 II）。並須公司之章程中有明文規定時，方得設置公司經理人（公 29 I），因此，公司之經理人乃是公司之「章定機關」。實務上公司之經理人係由公司本身基於其主觀之業務需要考量，而以自由意志決定並設置的，在性質上乃是公司之「任意機關」。就經理人設置後之存續性質而言，公司之經理人係基於輔助公司業務需要而長期設置之業務執行機關，因此，公司之經理人乃是公司之「常設機關」。

一、公司經理人之委任、解任及報酬

公司得依章程規定置經理人，其委任、解任及報酬，依下列規定定之。但公司章程有較高規定者，從其規定（公 29 I）：

㈠無限公司、兩合公司須有全體無限責任股東過半數同意。

㈡有限公司須有全體股東過半數同意。

㈢股份有限公司應由董事會以董事過半數之出席，及出席董事過半數同意之決議行之。

公司有第 156 條第 7 項之情形者，專案核定之主管機關應要求參與

政府專案紓困方案之公司提具自救計畫，並得限制其發給經理人報酬或為其他必要之處置或限制；其辦法，由中央主管機關定之（公29Ⅱ）。

　　經理人應在國內有住所或居所（公29Ⅲ）。

習題：股份有限公司的經理人之報酬如何決定？（98高三）

二、經理人之資格條件

(一) 積極要件	並無限制，不論是股東或董事均可，亦無學歷限制，蓋為便於職務之執行，經理人應在國內有住所或居所（公29Ⅲ）。
(二) 消極資格	有下列情事之一者，不得充任經理人，其已充任者，當然解任（公30）： 1.曾犯組織犯罪防制條例規定之罪，經有罪判決確定，服刑期滿尚未超過5年之人。 2.曾犯詐欺、背信、侵占罪經受有期徒刑1年以上宣告，服刑期滿尚未超過2年之人。 3.曾擔任國家公職而虧空公款，經判決確定，服刑期滿尚未超過2年之人。 4.受破產之宣告，尚未復權之人。 5.使用票據經拒絕往來尚未期滿之人。 6.無行為能力人或限制行為能力人。 7.為維護社會公益，為避免職權劃分不清產生衝突，具有公職身分之監察委員、立法委員、公營事業機關之董事、監察人、總經理與受有俸給之文武職公務員，不得兼任民營公司之董事、監察人及經理人（司釋24、81）。 8.公司之監察人不得兼任公司之經理人（公222）。

三、公司之經理人與公司間之關係

　　在法律觀點上，公司經理人與公司之間的關係應屬委任關係（公29Ⅰ），因此，在法定委任終止原因發生時，例如公司經理人死亡、破產或喪失行為能力，或公司解散、破產時，則雙方之委任關係即為終止。由於公司經理人與公司為委任關係，理論上雙方有隨時終止委任

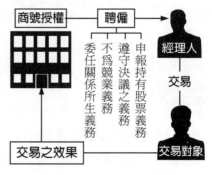

契約的權利，但實務上在沒有法定委任終止原因發生之情況下，若當事人一方片面自行決定結束委任關係，且另一方當事人由於該委任關係之終止而有損害時，該受損害人可行使損害賠償請求權。

四、公司經理人之義務

公司經理人義務之內容不同，其義務之種類主要如下：

(一) 基於委任關係所生之義務	公司經理人基於法律上之委任關係，必須對公司負善良管理人之注意義務與執行職務所得交付之義務（民535）。由於公司經理人係受公司所聘僱，基於公司之委任而處理事務並領有薪酬，因此，在處理公司相關事務時，應遵守政府法令與公司章程規定，且應依董事會或股東會之指示與決議執行業務，不得有逾越法定權限或違法行為，並應克盡善良管理人之注意義務，且在執行職務當中所收取之金錢、物品及孳息，應交付給公司（民541 I），若公司經理人以自己名義使用公司公款時，應對公司負支付利息及損害賠償之責任（民542）。
(二) 不為競業義務	又稱為「競業禁止義務」（Konkurenzverbot）。經理人非得其商號之允許，不得為自己或第三人經營與其所辦理之同類事業，亦不得為同類事業公司無限責任之股東（民562）。因此，公司經理人不得自行經營或兼營業務種類相同之事業，亦不得為他人經營與公司相同類型之業務（公32）。但若公司經理人已取得原公司董事過半數同意者，不在此限（公29 I ②）。在法律實務上，若公司經理人違法進行競業行為時，該競業行為在法律上雖為有效之行為，但其商號得請求因其行為所得之利益，作為損害賠償（民563 I），但該項請求權，自商號知有違反行為時起，經過 2 個月或自該競業行為時起，經過 1 年不行使而消滅（民563）。
(三) 遵守決議之義務	經理人不得變更董事或執行業務股東之決定，或股東會或董事會之決議，或逾越其規定之權限（公33）。
(四) 經理人申報持有股票之義務	公開發行股票之公司於登記後，應即將其經理人所持有之本公司股票種類及股數，向主管機關申報並公告之。在任期中有增減時亦同（證交25）。

五、公司經理人之責任

(一)**對於公司之責任**：公司經理人基於其與公司之間所存在之委任關

係，應「**忠實執行業務**」並盡「**善良管理人之注意義務**」，若對公司造成損害時，負損害賠償責任（公 23 I），但如何判斷公司負責人已盡義務？此即美國實務上①「**經營判斷法則**」之概念。亦即英、美法制上之受託義務（fiduciary duty），即認爲公司負責人與公司間之關係爲「信託關係」，此關係課予公司負責人忠實義務，而判斷其是否已盡義務則有「**企業判斷原則**」（Business judgment rule），據此我國法院認爲似可採與美國法院相同之標準，即(1)限於經營決定；(2)不具個人利害關係且獨立判斷；(3)盡注意義務；(4)善意；(5)未濫用裁量權。若公司負責人爲經營行爲當時若具備此五項經營判斷法則，則可推定其具善良管理人之注意義務，而無庸對公司及股東負損害賠償責任。由於公司經理人在基於其職務而受有報酬，因此，經理人在管理公司事務時，應依照公司董事會或股東會之決議辦理，若有違反法令、章程，或有違反股東會或董事會決議，以致造成公司損害時，並應對公司負損害賠償責任（公 33、34）。

㈡**對於第三人之責任**：公司經理人在執行職務時，對於第三人亦有忠實執行業務並盡善良管理人之義務，若因違法導致該第三人受有損害時，應與公司負連帶損害賠償責任（公 23 II）。

習題：何謂「企業判斷原則」？在我國公司法上能否應用？試舉例說明之。
　　（87 會檢㈡）

六、公司經理人之職權

㈠**經理人之一般職權**：經理人之職權，除章程規定外，並得依契約之訂定（公 31 I）。但公司不得以其所加於經理人職權之限制，對抗善意第三人（公 36）。經理人在公司章程或契約規定授權範圍內，有爲公司管理事務及簽名之權（公 31 II）。

㈡**經理人之管理行爲**：

　　1.經理人對於第三人之關係，就公司事務，有爲管理上之一切必要行爲之權（民 554）。但如經理人只管理公司事務之一部者，則就該一部

---

①見周律師編著：公司法，2008.12 出版，第 1-51 頁以下。

有爲管理上一切必要行爲之權（民 553Ⅲ）。如分公司之經理只對該分公司之事務有經理權是。

　　2.經理人，除有書面之授權外，對於不動產，不得買賣，或設定負擔。此項關於不動產買賣之限制，於以買賣不動產爲營業之公司經理人，不適用之（民 554Ⅱ,Ⅲ）。

　　㈢**經理人之訴訟行為**：經理人，就所任之事務，視爲有代理公司爲原告或被告或其他一切訴訟上行爲之權（民 555）。

　　㈣**經理權消滅之限制**：經理權，不因公司所有人之死亡、破產或喪失行爲能力而消滅（民 564）。

七、公司經理人之權利

　　公司經理人得向公司請求之權利包括預付費用請求權、償還費用請求權、代償債務請求權、損害賠償請求權等。

㈠ **預付費用請求權**	係指公司經理人基於職務需要，而於請款前爲公司預付之費用，得於事後向公司請求歸還（民 545）。
㈡ **償還費用請求權**	係指公司經理人基於職務需要所支出之必要費用，得向公司請求歸還，並付自支出時起之利息（民 546Ⅰ）。
㈢ **代償債務請求權**	係指公司經理人爲公司負擔債務時，可要求公司代爲償還該筆債務，或要求公司對該筆債務提出擔保（民 546Ⅱ）。
㈣ **損害賠償請求權**	係指公司經理人若在執行業務之過程中，因非可歸責於自己之事由，導致自身權益受損時，得向公司請求賠償（民 546Ⅲ）。

第七節　公司之業務

　　公司經營何種業務，應有一定之範圍，此項營業範圍，應向主管機關登記，未經設立登記，不得以公司名義經營業務或爲其他法律行爲（公 19Ⅰ）。公司除依其他法律或公司章程規定得爲保證者外，不得爲任何保證人（公 16Ⅰ）。此種業務上之限制，在保持公司設立之目的，以免公司負責人任意行動，致公司遭受損害，影響股東權益。公司負責人違反上

述規定，致公司受有損害時，應負賠償責任（公19Ⅱ、16Ⅱ）。公司之業務，依法律或基於法律授權所定之命令，須經政府許可者，於領得許可文件後，方得登記營業（公17，商登5）。此種許可，乃國家對於私人或團體與以特別許可，准其爲某種行爲或取得某種權利。公司業務，凡是與國計民生或國防有關，均必須政府許可，方能經營。例如保險公司須經財政部許可，礦業公司須經濟部許可等是。此項業務之許可，經目的事業主管機關撤銷或廢止確定者，應由各該目的事業主管機關，通知中央主管機關，撤銷或廢止其公司登記或部分登記事項（公17Ⅱ）。

第八節　公司之監督

　　即係指政府主管機關基於維護社會交易安全之考量，或公司內部基於健全組織管理運作之考量，而對公司之籌組設立、設立完成後執行業務乃至解散清算時之各種活動，依據職權或相關規定予以監視指正、追究相關責任等作用。且我國之公司主管機關爲中央政府經濟部或直轄市市政府建設局（公5），實務上公司之監督種類可分爲「自治監督」與「公權監督」兩種如下：

一、自治監督

　　近代民主國家基於企業自治原則，對於公司企業之監督業務，係以「自治監督」爲主，而以「公權監督」爲例外。「自治監督」係指公司本身基於健全組織管理運作之考量，而授權由公司所有人、公司內部之機關或員工自行負責對公司進行督促或糾正。在近代民主國家在工商社會發展之歷程上，各企業體負責人與從業員工多有企業自治的觀念與要求，因此，公司企業多是由公司股東自行進行自治監督，僅在少數特殊情況發生時，才由政府部門之行政機關或司法機關積極行使公權力進行「公權監督」。

二、公權監督

　　係指行政機關或司法機關等具有公權力之政府單位，基於維護社會

交易安全之考量，而對公司進行監察糾正或追究相關失責行為之程序。由於現今經濟社會急遽發展，公司企業的經營狀況不僅關係各股東之盈餘利潤、從業人員之家庭經濟，並且關係到商業交易之運作與社會公益之維護，甚至與國家經濟發展息息相關，各界一再呼籲國家應加強對於公司企業行使公權監督，因此，以公權力對公司進行積極監督已成為各國在公司法立法時之潮流。依據公司設立完成與否之不同，公權監督之種類可分為「**事前監督**」與「**事後監督**」兩種。

(一)**事前監督**：係指主管機關在公司完成設立登記之前，對「設立中公司」所進行之公權監督，實務上依其執行方法之不同，又可分為「公司設立登記」與「股東有限責任」兩種制度。

　　1.公司設立登記：公司法為求法律關係的劃一性與確定性，係以「設立登記」作為公司設立時之法定要件，公司非在中央主管機關登記後不得成立（公6）。

　　　　(1)未登記而營業之限制：未經設立登記，不得以公司名義經營業務或為其他法律行為。違反此項規定者，行為人處 1 年以下有期徒刑、拘役或科或併科新臺幣十五萬元以下罰金，並自負民事責任；行為人有 2 人以上者，連帶負民事責任，並由主管機關禁止其使用公司名稱（公19）。

　　　　(2)主管機關之審查：由於主管機關行使監督權之範圍包括公司申請設立登記之時，因此，主管機關對於公司登記之申請，若認為有違法或不合法定程式時，應限期命令公司改正，否則不予登記（公388）。

　　2.股東有限責任：係指有限公司與股份有限公司之各股東，以及兩合公司之有限責任股東對於其所屬公司之責任，係以其出資額或以其已繳清之股份金額為限度，而對公司債務負有清償責任，且中央主管機關在其法定職權範圍內，得以命令方式頒布公司設立時之最低資本額標準，以規範有限公司與股份有限公司籌集資本時之最低限額，從而保障社會交易安全、促進大規模企業之發展。

(二)**事後監督**：係指主管機關在公司完成設立登記正式成立後，對公司

所進行的監察與糾舉等公權監督，其行使方法如下：

1.登記不實之處罰：公司申請設立登記或其他登記事項，有不實情形時，公司負責人則依刑法第 214、215 條偽造文書罪處罰之。

2.應收股款股東未實際繳納之處罰：公司應收之股款，股東並未實際繳納，而以申請文件表明收足，或股東雖已繳納而於登記後將股款發還股東，或任由股東收回者，公司負責人各處五年以下有期徒刑、拘役或科或併科新臺幣五十萬元以上二百五十萬元以下罰金（公 9 I）。有前項情事時，公司負責人應與各該股東連帶賠償公司或第三人因此所受之損害（公 9 II）。

3.撤銷或廢止登記制度：由於實務上公司於設立登記後已正式營業，基於保障公司之交易對象與債權人權益之考量，因此，主管機關在法院判決確定前，得限定期限命令該公司依程序補正資本，而若經法院判決確定罪名成立後，則應由檢察機關通知中央主管機關撤銷或廢止該公司之登記（公 9 III）。若公司設立與登記事項有偽造、變造文書，且經法院判決確定後，由檢察機關通知中央主管機關撤銷或廢止該公司之登記（公 9 IV）。

4.撤銷或廢止之效力：違法行政處分經撤銷後，溯及既往失其效力。但為維護公益或為避免受益人財產上之損失，為撤銷之機關得另定失其效力之日期（行程 118）。合法行政處分經廢止後，自廢止時或自廢止機關所指定較後之日時起，失其效力。但受益人未履行負擔致行政處分受廢止者，得溯及既往失其效力（行程 125）。

5.解散制度：

(1)主管機關命令解散：係指主管機關基於防止虛設公司、維護社會交易安全、強化公司管理之立場，若公司在設立登記後 6 個月尚未開始營業，或開始營業後自行停止營業 6 個月以上時，除該公司已辦理延展營業或停業登記之外，主管機關得依據法定職權，或基於利害關係人之申請，命令該公司解散之制度（公 10）。

(2)法院裁定解散：公司之經營，有顯著困難或重大損害時，法院得據股東之聲請，於徵詢主管機關及目的事業中央主管機關意見，並通知公司提出答辯後，裁定解散（公 11 I）。此項聲請，

在股份有限公司，應有繼續 6 個月以上持有已發行股份總數百分之十以上股份之股東提出之（公11Ⅱ）。

6.決算表冊之查核：

(1)年終查核：

①公司每屆會計年度終了，應將營業報告書、財務報表及盈餘分派或虧損撥補之議案，提請股東同意或股東常會承認（公20Ⅰ）。此項書表，主管機關得隨時派員查核或令其限期申報；其辦法，由中央主管機關定之（公20Ⅳ）。

②公司資本額達中央主管機關所定一定數額以上者，其財務報表，應先經會計師查核簽證；其簽證規則，由中央主管機關定之。但公開發行股票之公司，證券管理機關另有規定者，不適用之（公20Ⅱ）。

③前項會計師之委任、解任及報酬，準用第 29 條第 1 項規定（公20Ⅲ）。

④公司負責人違反第 1 項或第 2 項規定時，各處新臺幣一萬元以上五萬元以下罰鍰。妨礙、拒絕或規避前項查核或屆期不申報時，各處新臺幣二萬元以上十萬元以下罰鍰（公20Ⅴ）。

(2)帳表查核之方法：主管機關查核第 20 條所定各項書表，或依第 21 條檢查公司業務及財務狀況時，得令公司提出證明文件、單據、表冊及有關資料，除法律另有規定外，應保守秘密，並於收受後 15 日內，查閱發還（公22Ⅰ）。公司負責人違反前項規定，拒絕提出時，各處新臺幣二萬元以上十萬元以下罰鍰。連續拒絕者，並按次連續各處新臺幣四萬元以上二十萬元以下罰鍰（公22Ⅱ）。

7.平時業務之檢查：主管機關得會同目的事業主管機關，隨時派員檢查公司業務及財務狀況，公司負責人不得妨礙、拒絕或規避（公21Ⅰ）。主管機關依上述規定派員檢查時，得視需要選任會計師或律師或其他專業人員協助辦理（公21Ⅲ）。公司負責人妨礙、拒絕或規避前項檢查者，各處新臺幣二萬元以上十萬元以下罰鍰。連續妨礙、拒絕或規避者，並按次連續各處新臺幣四萬元以上二十萬元以下罰鍰（公21Ⅱ）。

第九節　公司之公告

一、公告方法

公司對於有關重要事項，除主管機關應為之公告外，如公司之合併、解散、重整等，均應由公司以公示方式，公告週知。其目的在使利害關係人均可知悉，因此公告方法應相當明確，免滋糾紛。故公司法第 28 條規定：「公司之公告，應登載於本公司所在之直轄市或縣（市）日報之顯著部分。但公開發行股票之公司，證券管理機關另有規定者，不在此限。」在此所謂日報顯著部分，當係揭開報紙，有目共睹之處，自不容以未見到報紙之公告為詞，藉故狡辯。此項公告方式之規定，事實上能減少若干紛爭，對於各類公司，不無補益。

二、送達方法

主管機關依法應送達於公司之公文書無從送達者，改向代表公司之負責人送達之；仍無從送達者，得以公告代之（公 28 之 1）。

第十節　公司之合併

公司合併係指二個以上之公司企業，在完成相關法律程序之後，結合成單一公司企業之法律行為，在法律角度上乃是法人團體彼此間之結合關係，因此，在各公司合併手續完成之後，可依據合併契約之規定，選擇合併之方式履行合併行為。但公平交易法有禁止獨佔襲斷之合併。

一、合併之方式

（一） **吸收合併** （merger）	係指二個以上之公司進行合併時，其中一個公司在合併後繼續經營，稱為「存續公司」，而合併後不存在之公司則稱為「消滅公司」。如甲、乙兩公司合併，甲公司存續，乙公司消滅，亦即乙公司被甲公司吸收是。在吸收合併之情況下，存續公司本身之公司法人格仍然繼續存在，但必須將公司章程變更，對於不動產或公司債等財產在移轉時，必須作成書面並辦理移轉登記。

(二) **新設合併** （consolidation）	又稱創設合併。係指二個以上之公司在進行合併時，原有參加合併之公司全部歸於消滅，另外成立全新的公司從事業務經營之方式，該新成立之公司稱為「新設公司」或「另立公司」。如甲、乙兩公司合併後，新設一個丙公司，而甲、乙兩公司均消滅是。在新設合併之情況下，合併契約之當事公司即應全部解散，其法人格即消滅，但無須進行清算程序（公24），而新設公司在完成設立登記後，即創設法人人格，並概括承受消滅公司在財產上之權利義務，對於不動產或公司債等財產在移轉時，亦須作成書面並辦理移轉登記。

二、合併之種類

(一)**簡易合併**：控制公司持有從屬公司百分之九十以上已發行股份者，得經控制公司及從屬公司之董事會以董事三分之二以上出席，及出席董事過半數之決議，與其從屬公司合併。其合併之決議，不適用第 316 條第 1 項至第 3 項有關股東會決議之規定（公 316 之 2）。

(二)**一般合併**：

　　1.合併契約之作成：公司之合併應由合併之公司簽定合併契約，在股份有限公司則由董事會將合併契約提出於股東會（公 317 I）。並由股東會決議通過，性質上為附停止條件之契約。

　　2.合併之決議：須由股東同意或股東會決議：

　　　(1)全體股東同意：無限公司（公 72）、有限公司（公 113）、兩合公司（公 115）。

　　　(2)股東會特別決議：股份有限公司應有代表已發行股份總數三分之二以上股東之出席，以出席股東表決權過半數之同意行之。公開發行股票之公司，出席股東之股份總數不足上項定額者，得以有代表已發行股份總數過半數股東之出席，出席股東表決權三分之二以上之同意行之。前二項出席股東股份總數及表決權數，章程有較高之規定者，從其規定（公 318）。

　　3.編造資產負債表、財產目錄、通知或公告：

　　　(1)公司決議合併時，應即編造資產負債表及財產目錄（公 73 I）。公司為合併之決議後，應即向各債權人分別通知及公告，並指

定 30 日以上期限，聲明債權人得於期限內提出異議（公 73 Ⅱ）。

(2)公司不爲第 73 條之通知及公告，或對於在指定期限內提出異議之債權人不爲清償，或不提供相當擔保者，不得以其合併對抗債權人（公 74）。

(3)有限公司、兩合公司準用無限公司之規定（公 113、115）。

4.變更或訂立章程：公司合併後，存續公司如有變更章程之必要者，則變更章程，新設公司則訂立章程（公 318）。

5.辦理登記：公司爲合併時，應於實行後 15 日內，向主管機關分別依下列各款申請登記。但經目的事業主管機關核准應於合併基準日核准合併登記者，不在此限（公 387Ⅳ，公司之登記及認許辦法 5）。

(1)存續之公司爲變更之登記。

(2)消滅之公司爲解散之登記。

(3)另立之公司爲設立之登記。

三、公司合併之法律效果

㈠**權利義務之概括移轉**：無論公司合併是採吸收方式或新設方式，其公司合併後之權利義務，應由合併後存續或新設公司，**概括承受之**（公 75、113、115、319），亦即消滅公司在公司合併後，原有財產上之權利與義務關係不須經由民法所規定之法定移轉行爲，即由存續公司或新設公司直接承受。但若該財產之移轉或義務之承擔行爲，在其他法律之規定中屬於必須以登記作爲法律生效要件或對抗要件時，則仍應辦理登記之後，方有法律效力，例如民法規定對於不動產物權之取得設定、喪失及變更等，非經登記，不生效力（民 758）。

㈡**公司營業規模之擴張**：由於在現代經濟社會中，**公司合併之後往往能增加許多經營管理上或業務推展上之優勢**，例如企業規模得以擴充、排除對手之競爭、增加市場之佔有率及企業資源共享等，從而享有更多更大的經濟效益，且公司亦可藉由合併之方式，嘗試多角化之事業經營，達成降低公司營運風險之目的，或積極提升企業之形象，突破企業原本在財務上或經營上所面臨之危機，因此，在法律實務上，主管機關爲獎

勵公司進行合併，在立法時對於股東責任或公司種類性質相近之企業型態，都明文規定准許進行公司合併。

㈢**公司之消滅**：公司與其他公司之合併係**屬於公司解散之法定事由**，因此公司合併後，公司其原本之權利義務應由合併後之存續公司或另立公司承受，消滅公司直接發生法人格消滅之效果。公司在合併時應訂立合併契約，並記載下列事項：

1.合併之公司名稱，合併後存續公司或新設公司之名稱。

2.存續公司或新設公司因合併發行股份之總數、種類及數量。

3.存續公司或新設公司因合併對於消滅公司股東配發新股之總數、種類及數量與配發之方法及其他有關事項。

4.對於合併後消滅之公司，其股東配發之股份數量未滿一股應支付現金時之有關規定。

5.存續公司之章程需變更者，或新設公司應訂立公司章程等重要事項（公 317 之 1）。此項合併契約書，應於發送合併承認決議股東會之召集通知時，一併發送於股東。

第十一節　公司變更組織

一、公司變更組織之概念

㈠**意義**：公司組織變更（德：Umwandlung der Handelsgesellschaft；法：transformation de société），係指在不使公司存在中斷之前提下，對公司原本之內部組織進行改變，使其改組成為另一種法定之公司型態，從而避免公司解散，或使已解散之公司能以其他公司型態繼續存在之方式，使原公司法人人格得以繼續延續，從而達成維持企業經營之目的。

㈡**法律性質**：公司組織變更之法律性質乃是原公司法人人格之延續，並非創設另一新公司。公司法對於無限公司變更組織為兩合公司，或兩合公司變更組織為無限公司時，設有準用合併效力之規定，且屬於原公司之法定權利、義務與不動產等，不須經過法律上之移轉程序，即可由組織變更後之公司繼續保有，但對於不同法定型態之公司而言，原則上必須公司法

有明文規定其變更之方式與程序時，方可依法進行組織之變更。

二、公司變更組織之要件

(一)全體股東之同意	1.公司得經全體股東之同意，以一部股東改為有限責任或另加入有限責任股東，變更其組織為兩合公司（公76I）。此項規定，於第71條第3項所規定，股東經變動而不足本法所定之最低人數之繼續經營之公司準用之（公76II）。 2.公司得經全體股東之同意變更為股份有限公司（公106IV）。 3.有限責任股東全體退股時，無限責任股東在2人以上者，得以一致之同意變更其組織為無限公司（公126II）。無限責任股東與有限責任股東，以全體之同意，變更其組織為無限公司時，依前項規定行之（公126III）。
(二)須變更章程	公司變更組織當應變更章程之規定（公41I、101I、116、129）。
(三)須辦理登記	公司變更組織後，如有應登記之事項而不登記，或已登記之事項有變更而不為變更之登記者，不得以其事項對抗第三人（公12）。

三、公司變更之類別

(一)無限公司變更組織為兩合公司：

1.經股東同意變更組織：必須經全體股東之同意，以一部無限責任股東改為有限責任股東，或另外加入有限責任股東之方式，變更其組織為兩合公司（公76I）。

2.加入有限責任股東：無限公司股東經變動而不足法定人數2人時，得加入有限責任新股東繼續經營而變更為兩合公司（公76準71III）。

3.變更組織後之責任：為保障公司債權人之投資權益，無限公司之股東因內部組織變更，其身分由無限責任股東轉變為有限責任股東時，對於公司變更組織前所發生之債務，在公司變更登記後2年之內，仍有連帶無限責任，而無限公司之退股股東或轉讓出資之股東應向主管機關進行其退股或轉讓出資之登記，且其登記前所發生之公司債務，於登記後2年內亦負有連帶無限責任（公78）。

(二)兩合公司變更組織為無限公司：

1.解散之變更組織：在兩合公司因無限責任股東或有限責任股東全

體退股，而必須解散時，得在其餘股東全體同意之前提下，以加入無限責任股東或有限責任股東之方式，繼續經營（公126 I）。

　　2.退股之變更組織：若兩合公司之有限責任股東全體退股，而其餘無限責任股東人數在 2 人以上時，得全體一致之同意，變更組織為無限公司（公126 II）。

　　3.無限與有限公司之變更：無限責任股東與有限責任股東，以全體之同意，變更其組織為無限公司時，依前項規定行之（公126 III）。變更時其章程之變更，則準用無限公司之規定（公115）。

　　4.通知及公告之效力：兩合公司在變更組織時，必須對公司債權人履行變更組織通知及公告、指定債權人提出異議之期限、並對提出異議之債權人進行清償或提供擔保（公115 準 74），以免因公司變更組織造成其債權人權益受損。

　　㈢**有限公司之組織變更**：有限公司可變更組織為股份有限公司，此時必須經公司全體股東同意（公106IV）。公司為變更組織之決議後，應即向各債權人分別通知及公告。變更組織後之公司，應承擔變更組織前公司之債務（公107）。

　　㈣**股份有限公司變更為其他公司**：股份有限公司雖無變更組織之相關規定，惟在公司重整程序上，亦可改組（公304 I ⑥）。

習題：何謂公司之變更組織？試說明公司變更組織之要件及其理由。（92民間公證人）

第十二節　公司之解散

一、公司解散之概念

　　㈠**公司解散之意義**：所謂公司之解散，係指公司發生法律上原因，喪失營業上之能力，停止積極活動而處理其未了事務之謂。公司除因合併、分割、破產而解散外，應行清算（公 24）。解散之公司，於清算範圍內，視為尚未解散（公25）。

　　㈡**公司解散之種類**：在實務上公司解散之種類可分為「自願解散」、「法

定解散」與「命令解散」三種如下：

二、公司解散之原因

㈠**自願解散**：又稱爲「**任意解散**」，即指公司成立後，基於自身意志決定而解散：

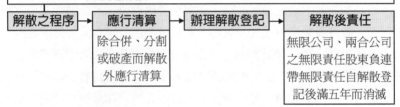

公司解散之原因

1.自願解散：又稱任意解散。
2.法定解散：又稱強制解散：
　　　　(1)章程所定解散事由之發生。
　　　　(2)公司經營之事業已成就或不能成就。
　　　　(3)與其他公司進行合併、公司破產、公司分割、股東不足
　　　　　　法定之最低人數。
3.命令解散：(1)主管機關命令解散。
　　　　　　(2)裁定解散。

解散之程序　→　應行清算　→　辦理解散登記　→　解散後責任

應行清算：除合併、分割或破產而解散外應行清算

解散後責任：無限公司、兩合公司之無限責任股東負連帶無限責任自解散登記後滿五年而消滅

　　1.章程定有解散事由：
　　　⑴無限公司（公 41 I ⑩）。
　　　⑵有限公司（公 101 I ⑧）。
　　　⑶兩合公司（公 115）。
　　　⑷股份有限公司（公 315 I ⑧）。
　　2.股東會決議或股東同意：
　　　⑴股份有限公司（公 316）。
　　　⑵無限公司及兩合公司（公 71 I ③、115）。
㈡**法定解散**：又稱爲「**強制解散**」，即指公司成立後，由於法律明文規定之原因發生而解散：
　　1.公司所經營之事業已成就或不能成就（公 71 I ②、315 I ②）。
　　2.與其他公司進行合併、公司破產、公司分割（公 24）。

3.股東不足法定之最低人數（公2）。

(三)**命令解散**：公司因主管機關之命令或法院之裁判確定解散：

1.主管機關命令解散：公司有下列情事之一者，主管機關得依職權或利害關係人之申請，命令解散之（公10）：

(1)公司設立登記後 6 個月尚未開始營業者。但已辦妥延展登記者，不在此限。

(2)開始營業後自行停止營業 6 個月以上者。但已辦妥停業登記者，不在此限。

2.裁定解散：公司之經營，有顯著困難或重大損害時，法院得據股東之聲請，於徵詢主管機關及目的事業中央主管機關意見，並通知公司提出答辯後，裁定解散。前項聲請，在股份有限公司，應有繼續 6 個月以上持有已發行股份總數百分之十以上股份之股東提出之（公11）。

若公司並非因破產而解散時，則董事會應就公司解散之相關事宜與處理等，對各股東進行通知及說明，且若解散前公司有發行無記名股票時，並應加以公告。「裁定解散」係指在公司之經營有顯著困難或重大損害時，本公司所在地之法院得依據繼續 6 個月以上、持有公司已發行股份總數 10% 以上股份之股東所提出之書面聲請，在徵詢該公司之主管機關及目的事業中央主管機關意見，並通知該公司提出答辯後，裁定公司解散（公11）。

習題：公司之解散原因為何？試說明之。

三、公司解散之效力

(一)**應行清算**：解散之公司除因合併、分割或破產而解散外，應行清算（公24）。解散之公司，於清算範圍內，視為尚未解散（公25），因此仍得營業。

1.合併：因合併而消滅之公司，其權利義務，應由合併後存續或另立之公司承受（公75）。

2.分割：公司分割後，由既存公司或新設公司概括承受消滅公司之權利義務（公319準75）。

3.破產：則不依公司法之清算程序，而依破產法之規定處理之。

第 25 條解散之公司，在清算時期中，得為了結現務及便利清算之目的，暫時經營業務（公 26）。此時公司仍具法人人格，其人格須俟清算終結後，才歸於消滅。

㈡**辦理解散登記：**

1.解散登記之申請：公司之解散，除破產外，命令解散或裁定解散應於處分或裁定後 15 日內，其他情形之解散應於開始後 15 日內，敘明解散事由，向主管機關申請為解散之登記（公 387Ⅳ、公司之登記及認許辦法 4）。

2.廢止登記之申請：公司之解散，不向主管機關申請解散登記者，主管機關得依職權或據利害關係人申請，廢止其登記。主管機關對於此項之廢止，除命令解散或裁定解散外，應定 30 日之期間，催告公司負責人聲明異議；逾期不為聲明或聲明理由不充分者，即廢止其登記（公 397）。

㈢**清算程序，由法院監督：**公司解散後之清算監督，由法院為之（公 83）。

㈣**解散後之責任：**無.限公司及兩合公司之無限責任股東負連帶無限責任，自解散登記後滿 5 年而消滅（公 96）。

習題： 1.何謂公司解散？公司一旦解散，是否法人人格就歸於消滅？

2.經濟部在何種情形下，得依職權命令解散公司？若公司經命令解散後，不向主管機關申請解散登記者，其法律地位如何？（79 律）

第二章　無限公司

第一節　無限公司之概念

一、無限公司之意義

無限公司,為2人以上之股東所組織,對公司債務負連帶無限清償責任(公21①)。此種公司,對內對外,均以人的信用為基礎,屬於典型的**人合公司**。

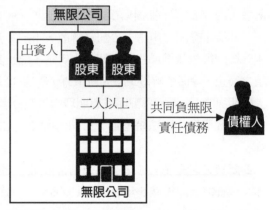

二、無限公司類似合夥之性質

此起源於家族共同企業團體,在實質上與個人企業,或民法上的合夥相類似,尤其內部關係,合夥性質,更為濃厚,法律上所以認其為法人者,只是使其對外關係,臻於明確而已。茲將其性質之特徵列述如下:

	無　限　公　司	合　　夥
負連帶無限責任	公司資產不足清償債務時,由股東負連帶清償之責(公60)。	合夥財產不足清償合夥之債務時,各合夥人對於不足之額,連帶負其責任(民681)。
轉讓出資	股東非經其他股東全體之同意,不得以自己出資之全部或一部,轉讓於他人(公55)。	合夥人非經他合夥人全體之同意,不得將自己之股分轉讓於第三人(民683)。
執行業務	各股東均有執行業務之權利,而負其義務(公45 I 前段)。	合夥之事務,除契約另有訂定或另有決議外,由合夥人全體共同執行之(民671 I)。

第二節　無限公司之設立

一、組成份子

　　無限公司為公司組織型態之一，是最早的公司組織型態，係由 2 人以上之股東所組織，其中半數，應在國內有住所（公 40 I）。對公司債務負連帶無限清償責任。

　　無限公司之組成股東人數至少需為 2 人以上，若公司成立後股東僅剩 1 人時，即構成公司解散事由。就股東之資格而言，無限公司之股東應由在國內有住所之自然人擔任，在性質上，無限公司可歸類為重視股東個人經濟條件之「人合公司」，其公司章程一旦訂立後，各股東及股東出資亦能同時確定，且依其具有之股東身分，而當然成為公司之機關。

二、訂立章程

　　無限公司應以股東全體之同意，訂立章程，簽名或蓋章，置於本公司，並每人各執一份（公 40 II）。而此「公司章程」乃係公司為規範組織與活動所制定，而於內部所遵行之自治法規，原則上只要不違反強行法之規定，其制定後之效力可拘束公司所有股東。

　　㈠**無限公司章程記載事項**：依據其性質不同，可分為「絕對」、「相對」及「任意」記載事項三種如下：

1.絕對記載事項	公司法第 41 條第 1 項所列規定：公司章程應記載：	
	⑴公司名稱	須標明為「無限公司」（公2），且不得與他公司已使用之名稱相同，亦不得使用易於使人誤認其與政府機關、公益團體有關或妨害公共秩序或善良風俗之名稱，在公司登記前，其公司名稱應先申請主管機關核准，並保留一定期間。（第1款）
	⑵所營事業	無限公司之業務若依法律或基於法律授權所定之命令而必須先經政府許可時，則公司必須在領得營業許可後，方得申請公司登記。（第2款）
	⑶股東姓名、住所或居所	公司章程在訂立後，必須載明股東姓名及住所等資料，經公司全體股東同意，以簽章方式作為證明（第3款）。

	(4)資本總額及各股東出資額	各股東對公司所投入之出資額，而全部股東出資額之總和，即爲公司賴以設立與存續之總資本數額，其數額亦須記載於章程中，此後股東之出資額若欲增加或減少時，便須依照嚴格之法定程序進行增資或減資（第4款）。
	(5)盈餘及虧損分派比例或標準	由於無限公司之盈餘及虧損都必須分派給各股東共同負責，且各股東對於公司債務負有連帶無限清償之法定責任，只要是公司純財產額超過公司資本時，即屬於有「盈餘」，而無限公司在公司有盈餘時並不須提存盈餘公積，但若公司之純財產額低於資本時，即屬於有「虧損」，因此，無論公司之盈餘及虧損分派標準，是以股東出資比例計算或是另有規定，都應載明於章程之中，以免造成爭議（第6款）。
	(6)本公司所在地	本公司所在地詳細地址須予記明（第7款）。
	(7)訂立章程之年月日	此爲公司成立訂立章程時期，應予記載，以爲依據。（第11款）
2.相對記載事項	此相對必要記載事項，公司法雖有明定，惟未記載，亦不影響章程之效力，如其記載於章程，即有法律上之效力。	
	(1)現金以外出資	各股東有以現金以外財產爲出資者，其種類、數量、價格或估價之標準（第5款）。
	(2)分公司所在地	設有分公司者，其所在地須記明，如未設分公司者，可不予記載（第7款）。
	(3)定有代表公司股東者	定有代表公司之股東者，如推定1人或數人代表公司時，其姓名必須記載於公司章程（第8款）。
	(4)執行業務之股東	定有執行業務之股東者，其姓名（第9款）。
	(5)解散事由	定有解散事由者，其姓名；如定明公司存續期間者，則章程須載明期滿解散（第10款）。
3.任意記載事項	凡不違反法律禁止事項或公序良俗，經股東之同意得記載於章程之謂。惟一旦記載於章程，如須變更，則應變更程序始爲合法。	
	(1)公司之存續期限（公65Ⅱ）。	
	(2)除第65條之規定外，股東得依第66條第1項規定退股（公66Ⅰ）。	

　　㈡**備置章程**：代表公司之股東，不備置前項章程於本公司者，處新臺幣一萬元以上五萬元以下罰鍰。連續拒不備置者，並按次連續處新臺幣

二萬元以上十萬元以下罰鍰（公 41 II）。

　　㈢**申請登記**：無限公司之登記，應由代表公司之負責人備具申請書，連同應備之文件一份，向中央主管機關申請；由代理人申請時，應加具委託書。公司法第 387 條有詳細之規定。

第三節　無限公司之內部關係

　　「內部關係」係指無限公司與股東之間以及各股東相互之間的法律關係。無限公司之「內部關係」，除法律有規定者外，得以章程定之（公 42）。

一、股東出資

　　乃股東對公司所爲之一定給付，謂之出資。凡是股東都有出資之義務。蓋公司爲達成營利之目的，需要資本，資本的來源，就是股東之出資。其種類爲：

出資種類	內　　　　容
㈠ 財產出資	1.現金出資：現金出資爲最普遍。 2.現金以外之財產爲出資：包括動產、不動產及其他物、無體財產權及債權等。依公司法規定，現金以外財產爲出資者，應將其種類、數量、價格或估價之標準，在章程中明定之（公 41 I ⑤）。如股東以債權抵作股本，而其債權到期不得受清償者，應由該股東補繳；如公司因之受有損害，並應負賠償之責（公 44）。
㈡ 勞務出資	即股東以其精神體力，供給公司，爲公司服一定義務，充作出資。如企業家提供企業經營之特殊經驗，工程師以專門技術提供技術服務是（公 43）。
㈢ 信用出資	即股東以商業上之名望，提供公司利用是。如爲公司提供人的擔保或物的擔保是。如對公司簽發的匯票由股東承兌或背書等(公 43)。
㈣ 債權抵作 股本	股東以債權抵作股本，而其債權到期不得受清償者，應由該股東補繳；如公司因之受有損害，並應負賠償之責（公 44）。

習題：無限公司股東出資之方式爲何？試說明之。

二、業務執行

即公司處理業務為法律上或事實上之行為。無限公司之股東，無論出資有多少，對於公司債務，均負連帶無限責任，故各股東均有執行業務之權利，而負其義務。但章程中訂定由股東中之 1 人或數人執行業務者，從其訂定（公45）。

（一）**執行業務的方法**：採共同執行主義，可分兩點說明（公46）：

1.通常事務的執行：執行業務之股東，關於通常事務，各得單獨執行；但其餘執行業務之股東有 1 人提出異議時，應即停止執行。

2.非通常事務的執行：即取決於執行業務之股東過半數的同意。

（二）**執行業務股東之權利**：

1.報酬請求權：執行業務之股東，通常以無報酬為原則，但如依特約有報酬者，得向公司請求報酬（公49）。

2.墊款償還請求權：股東因執行業務所代墊之款項，得向公司請求償還，並支付墊款之利息（公 50 I 前段）。其利率如未經約定，應依民法第 203 條規定，依週年利率為百分之五計算。

3.債務擔保請求權：股東因執行業務，負擔債務，而其債務尚未到期者，得請求提供相當之擔保（公50 I）。

4.損害賠償請求權：股東因執行業務，受有損害，而自己無過失者，得向公司請求賠償（公50 II）。

（三）**執行業務股東之義務**：

1.遵守法令規章與股東決議之義務：股東執行業務，應依照法令、章程及股東之決定。違反前項規定，致公司受有損害者，對於公司應負賠償之責（公52）。

2.出資及不隨意轉讓之義務：出資之義務（公43），股東非經其他股東全體之同意，不得以自己出資之全部或一部轉讓於他人（公55）。

3.代收款項交還之義務：股東代收公司款項，不於相當期間照繳或挪用公司款項者，應加算利息，一併償還；如公司受有損害，並應賠償（公53）。如應加算利息償還，其利率亦應依民法第 203 條規定，週年利率為百分之五計算。

4.報告業務情況之義務：執行業務之股東與公司之關係，係立於受任人之地位，依民法第 540 條之規定：「受任人應將委任事務進行之狀況，報告委任人，委任關係終止時，應明確報告其顚末。」依公司法第48 條亦爲當然解釋。

5.不得無故辭職之義務：公司章程訂明專由股東中之 1 人或數人執行業務時，該股東不得無故辭職，他股東亦不得無故使其退職（公 51）。

6.競業禁止之義務：執行業務之股東，不得爲自己或他人爲與公司同類營業之行爲（公 54Ⅱ）。亦應遵守競業之禁止（公 54Ⅲ）。

㈣**業務之監察**：因無限公司之股東，對於公司債務負連帶無限責任，基於保障不執行業務股東之權益。不執行業務之股東，得隨時向執行業務之股東質詢公司營業情形，查閱財產文件、帳簿、表冊（公 48），此稱爲股東業務監察權。

三、章程變更

無限公司原則上只要不違反強行法或公共秩序善良風俗，均可自由變更章程。若章程之變更僅係因某種事時發生而須改變時，如公司地址變更、股東住所變更等，則無須得全體股東之同意。若章程變更係因其他特殊理由時，則由於章程變更在性質上屬於公司重大事項，因此，應以全體股東表示同意（公 47），作爲其生效要件。在無限公司之章程變更完成後，公司執行業務股東應親自或委託代理人向主管機關申請變更登記，若未申請變更登記時，但該公司即不得以其事項對抗第三人（公 12）。

四、競業禁止

無限公司之股東，對於公司負有無限責任，故公司經營之成敗，對其關係極爲密切，爲此公司法禁止其爲公司同類營業之行爲：

㈠**一般的股東**：凡是無限公司之股東，非經其他股東全體之同意，不得爲他公司之無限責任股東，或合夥事業之合夥人（公 54Ⅰ）。

㈡**執行業務的股東**：無限公司執行業務之股東，對於公司業務上之情況與秘密知之最詳，若利用其所知，爲自己或他人爲與公司同類營業之行爲（公 54Ⅱ）。對於公司自屬不利，故法律特予禁止。執行業務之股東

違反上項規定時，其他股東得以過半數之決議，將其為自己或他人所為
行為之所得，作為公司之所得，但自所得產生後逾 1 年者，不在此限（公
54Ⅲ）。股東如違反此項規定者，得經其他股東全體之同意議決除名，但
應在決議之後，通知該股東，否則，不得對抗該股東（公 67 Ⅰ）。

五、出資轉讓

無限公司為典型之人合公司，完全基於股東間相互信賴而成立，股
東出資之轉讓是否能獲得其他股東之信賴，不無疑問，因此公司法第 55
條規定：「股東非經其他股東全體之同意，不得以自己出資之全部或一
部，轉讓於他人。」出資的轉讓，在全部轉讓時，原股東即喪失股東資
格，受讓人即因之取得股東權；惟股東為全部轉讓時，雖喪失股東資格，
但在其轉讓登記前，公司所負之債務，於登記後 2 年內，仍負連帶無限
責任（公 70Ⅱ）。

六、盈餘分派

即公司如有盈餘或虧損時，應如何分派之謂。無限公司章程應記載
盈虧分派之標準，若章程中規定其標準係以各股東出資額之比例決定
時，在計算該出資額時，係以股東已繳付之出資額為計算基準，若股東
係以勞務或信用作為出資標的時，則應依章程之規定，決定是否應進行
盈虧分派，此為章程之必要記載事項（公 41 Ⅰ⑥）。在無限公司營運利得之
分配限制上，公司非彌補虧損後，不得分派盈餘（公 63 Ⅰ）。公司負責人
違反前項規定時，各處 1 年以下有期徒刑、拘役或科或併科新臺幣六萬
元以下罰金（公 63Ⅱ）。

一般而言，公司之盈餘分派方式通常是以現金方式支付，但實務上
亦可藉章程之訂定或取得全體股東之同意，將部份或全部之盈餘保留於
公司，藉以增加股東之出資額。由於無限公司之股東對公司債務有連帶
無限清償責任，因此，若公司營運產生虧損時亦應分配給各股東共同負
擔，稱為「虧損分派」，在無限公司進行虧損分派時，股東並不須以現金
實際進行虧損填補，因此，其分派方式只是在計算時減少股東之出資額。

第四節　無限公司之外部關係

學理上對於無限公司與第三人以及無限公司股東與第三人之間的法律關係，稱為「外部關係」。因無限公司之股東對公司債務有連帶無限清償責任，同時並賦予無限公司法人人格，授權由其股東對外代表公司。從法律方面言，此屬於強行法之範圍，因此，無限公司不得以章程規定之方式，或以全體股東同意之方式加以變更，至於無限公司外部關係之內容，則包括股東對外代表公司與連帶無限清償之股東責任。

一、公司之代表

㈠代表之權限：

1.代表公司之股東：公司得以章程特定代表公司之股東；其未經特定者，各股東均得代表公司（公56Ⅰ）。執行業務之股東必須有半數以上在國內有住所（公56Ⅱ）。

2.代表權限：對其公司之法律行為、事實行為、在訴訟上之行為或訴訟外之行為，無限公司之執行業務股東有代表公司辦理相關程序之權利（公57），但僅限於與其所屬無限公司營業上之事務有關時，無限公司之執行業務股東方具有法定之代表權限。

㈡公司代表之限制：

1.代表權之限制：無限公司亦得視情況需要，而對執行業務股東之代表權加以限制，其限制方式可載明於章程，或以全體股東同意之方式進行，但該項限制不得對抗善意第三人（公58）。

2.雙方代表之禁止：無限公司之執行業務股東若以其自身名義進行買賣、借貸或其他法律行為，或基於他人或其他公司之利益而從事買賣、借貸或其他法律行為時，為防止與原公司發生利益衝突而損害原公司權益，因此，執行業務股東不得同時擔任其他公司之代表，學理上稱為「雙方代表之禁止」，但其法律行為係專履行債務者，不在此限（民106，公59）。

二、股東之責任

　　無限公司最大特色即是公司股東基於其法定股東責任，對公司債務有連帶無限清償責任，公司不得以章程免除此一股東責任，但股東與公司債權人間得以特約方式免除此責任。因此其應負責之股東範圍包括「一般股東」、「新加入股東」、「已退股股東或已轉讓全部出資之股東」與「擬制股東」在內：

　　㈠**一般股東**：指在無限公司原始成立之時，即參與公司之設立，從而取得股東資格之原始股東，以及在無限公司設立完成之後，才以出資方式加入公司之經營，並取得股東資格之股東，且無論股東本身是否為具有執行業務或代表公司權限之執行業務股東，或未實際參與公司業務經營之不執行業務股東，都應對公司債務負擔連帶無限清償之責任，此為無限公司之特質，惟須公司資產不足清償債務時，由股東負連帶清償之責（公60）。

　　㈡**新加入股東**：由於其入股前所發生之公司債務，在性質上係屬於公司本身之債務，而非舊股東個人之債務，且新加入之股東具有與舊股東享受相同公司財產之權益，因此，新加入之股東亦應公平負擔公司債務（公61），故實務上新加入之股東對公司債權人所應負之法定無限清償責任範圍，除入股後所發生之公司債務之外，亦包括其入股前所發生之公司債務。

　　㈢**擬制股東之責任**：又稱為「**類似股東**」，此係指原本不具有股東地位之人，由於不具有無限公司股東地位之故，而不須負擔清償公司債務之股東責任，但若其以實際行為之方式，使善意第三人相信其具有無限公司股東地位時，應將其擬制為該無限公司之股東，因此，該擬制股東對於善意第三人應負與股東同一之責任（公62）。而在公司資產不足以清償負債時，需負擔公司債務清償責任。

　　㈣**退股股東或轉讓全部出資股東之責任**：無限公司之「已退股股東」雖已喪失其股東資格，但為保障公司債權人權益，因此，對於退股或轉讓出資登記前已存在之公司債務，在退股或轉讓出資登記後之 2 年內，仍須負連帶無限清償之責任（公70Ⅰ），至於退股或轉讓出資登記後所發生之公司債務則不須負責。

　　㈤**解散後股東之責任**：股東之連帶無限責任，自解散登記後滿 5 年而消滅（公96）。

㈥**變更組織後股東之責任**：股東依第 76 條第 1 項之規定，改爲有限責任時，其在公司變更組織前，公司之債務，於公司變更登記後 2 年內，仍負連帶無限責任（公 78）。

習題：試述無限公司股東之責任？（76 會檢）

三、資本之維持

公司法對無限公司係採資本維持之原則，以保障債權人利益，並維護交易安全：

㈠**盈餘分派之限制**：公司非彌補虧損後，不得分派盈餘。公司負責人違反前項規定時，各處 1 年以下有期徒刑、拘役或科或併科新臺幣六萬元以下罰金（公 63）。

㈡**抵銷之禁止**：公司之債務人，不得以其債務與其對於股東之債權抵銷。

第五節　無限公司之入股與退股

一、入股

「入股」乃是入股人與無限公司間，以發生股東關係爲目的所進行之契約行爲，且僅限於公司成立之後原始取得股東地位之行爲，但不包括公司成立之後受讓股東出資而繼受取得股東地位在內。

㈠ 簽訂入股契約	入股人欲加入無限公司成爲股東時，必須與該公司訂定入股契約，在經股東全體同意入股並簽訂入股契約之後，方可正式加入無限公司成爲股東，且基於保護公司債權人之立場，入股人對於未加入公司之前該公司已發生之債務，亦應負法定清償責任（公 61）。
㈡ 變更章程	由於無限公司注重股東個人條件，且股東之姓名及住所等資料都是公司章程絕對必要記載事項，當有新股東入股時，勢必導致無限公司章程之變更，因此，新股東入股時之契約訂定上應經全體股東之同意，方具有合法之效力。
㈢ 變更之登記	應向主管機關申請變更登記，否則不得對抗第三人（公 12）。

二、退股

㈠**聲明退股事由**:「聲明」係指由主張退股之公司股東,以書面方式向公司作出退股之意思表示,且一經做出退股表示之後,該股東在法律上即絕對喪失股東地位而退出公司之組織,因此,股東退股權之性質係屬於形成權。

　　1.聲明退股之要件:若公司章程並未規定公司之存續期限時,基於保護股東之立場,使其可合法退出公司之經營,藉以避免其對公司債務之長期風險。

　　2.退股之時期:

　　　⑴年終退股:股東得在每會計年度終了 6 個月之前,以書面方式向公司聲明退股(票65 I)。

　　　⑵隨時退股:基於保護股東權益之立場,無論公司是否定有存續期限,若其股東有非可歸責於自己之重大事由發生時,有權得隨時退股(公65 II)。

㈡**法定退股事由**:法定退股原因發生時,不需要任何行為,即當然發生退股之效力,茲分述之(公66):

　　1.章程所定退股事由:如章程訂定某股東以勞務為出資,到達法定退休年齡時,應即退股是。

　　2.死亡:無限公司股東,以個人信用為重,股東死亡,即必須退股。公司法上既無如民法第 687 條第 1 款有:「但契約訂明其繼承人得繼承」之規定,當不得由其繼承人繼承。

　　3.破產:無限公司,以股東信用為基礎,若股東已被宣告破產,自應退股。

　　4.受監護或輔助宣告:無限公司股東,有執行業務之權利義務,經法院宣告監護或為輔助之宣告,即欠缺意思表示之能力(民14、15之1),自應認其為退股事由。

　　5.除名:除名,為剝奪股東之資格,如股東有下列各款情事之一者,得經其他股東全體之同意議決除名,並須通知被除名之股東。否則,不得對抗該股東(公67):

⑴應出之資本不能照繳或屢催不繳者。

⑵違反第 54 條第 1 項競業禁止之規定者。

⑶有不正當行為妨害公司之利益者。

⑷對於公司不盡重要之義務者。

6.股東之出資，經法院強制執行者：此一規定可以杜絕債務人為免受債權人之強制執行，而以其全財產出資為無限公司設立之流弊。退股時，執行法院應於 2 個月前通知公司及其他股東（公 66Ⅱ）。

㈢視為退股：在實務上，若公司設立登記完成並開始營業後，若公司由於章程所規定之解散事由發生必須歸於解散時，為防止公司解散，因此，無限公司或兩合公司得經全體或部分股東之同意，繼續公司之經營，而不同意之股東則視為退股（公 71Ⅰ①,Ⅱ）。

㈣退股之效果：

1. 股東權消滅	無限公司股東，因退股而當然喪失股東資格，且其股東資格之喪失乃係絕對性質，因此，若股東係由於死亡而退股時，即不能由其繼承人主張繼承其股東地位。
2. 姓名之停用	若公司名稱中列有股東之姓名時，退股股東有請求公司停止使用其姓名之權利（公 68）。
3. 退股之計算	退股後須與公司辦理出資之結算，其結算之基準則應為退股時之公司實際財產狀況（公 69）。若股東退股時對公司事務仍有未了結部分，則應在該事務了結之後再計算其損益，並據以分派盈虧（公 69Ⅲ），若結算結果有出資淨值時，退股股東得請求無限公司退還其出資，且公司均得以現金抵還（公 69Ⅱ）。
4. 出資抵還之標的	由於退股股東之出資退還請求權在法律性質上係屬於無確定期限之債權，因此，一經退股股東提出請求之後，若公司未立即退還其出資時，該公司即必須負擔債務給付遲延責任，且若退股股東係以標的物之使用權對公司進行現物出資時，則在其辦理退股時，亦有權請求公司將該標的物返還。但若結算後該退股股東之出資已無淨值時，即不得請求公司退還其出資，若其出資為負值時，則必須對公司補足其差額。
5. 退股後股東之連帶責任	退股股東應向主管機關申請登記，對於登記前公司之債務，於登記後 2 年內，仍負連帶無限責任（公 70Ⅰ）。

㈤**退股之登記**：無限公司之股東爲章程所載明事項（公41 I ③），因此退股爲公司已登記之事項有變更，退股股東應即向地方主管機關申請登記，其未登記者，不得以其事項對抗第三人（公12）。其已登記者，對於登記前公司之債務，於登記後2年內，仍負連帶無限責任（公70）。

第六節　無限公司之解散、合併與變更組織

一、無限公司解散

公司一旦解散，則公司之法人人格即趨於消滅。但須清算完畢之後，始歸於消滅。

㈠**解散之原因**：依公司法第71條第1項規定：公司有下列各款情事之一者，解散：

1.章程所定解散事由。

2.公司所營事業已成就或不能成就。

3.股東全體之同意。

4.股東經變動而不足本法所定之最低人數。

5.與他公司合併。

6.破產。

7.解散之命令或裁判。

前項章程所定解散事由發生或公司所經營事業已成就或不能成就，得經全體或一部股東之同意繼續經營，其不同意者視爲退股（公71 II）。股東經變動而不足因上述情形而繼續經營時，應變更公司章程（公71 IV）。

㈡**解散之效果**：公司解散後應即開始清算，公司於清算範圍內，視爲尚未解散（公25）。

二、無限公司之合併

在法律實務上，無限公司與其他公司之合併係屬於無限公司解散之法定事由（公71 I ⑤），不論吸收合併或新設合併，其原本之權利義務應由合

併後之存續公司或另立公司承受，消滅公司直接發生法人格消滅之效果。

(一) 合併契約之 起草	無限公司在合併時應訂立合併契約，詳細記載合併之公司名稱、合併後存續公司或新設公司之名稱、存續公司或新設公司因合併發行股份之總數、種類及數量、存續公司或新設公司因合併對於消滅公司股東配發新股之總數、種類及數量與配發之方法及其他有關事項、對於合併後消滅之公司，其股東配發之股份數量未滿一股而應支付現金時之有關規定等，若存續公司之章程必需變更，或新設公司應訂立公司章程等重要事項，並且以合併完成為停止條件。
(二) 合併之決議	各公司之代表起草合併之契約後，公司得以全體股東之同意，與他公司合併（公72）。
(三) 合併之程序	1.資產負債表及財產目錄之編造：公司決議合併時，應即編造資產負債表及財產目錄（公73Ⅰ）。 2.通知並公告債權人：公司為合併之決議後，應即向各債權人分別通知及公告，並指定30日以上期限，聲明債權人得於期限內提出異議（公73Ⅱ）。公司不為前條之通知及公告，或對於在指定期限內提出異議之債權人不為清償，或不提供相當擔保者，不得以其合併對抗債權人（公74）。
(四) 合併之效力	1.公司消滅：公司為合併時，有一個或一個以上之公司歸於消滅。公司法以合併為公司解散原因之一（公71Ⅰ⑤），公司因合併而解散者，不須經清算程序（公24）。 2.權利義務之概括承受：公司消滅後，其權利義務，應由合併後存續或另立之公司概括承受（公75）。 3.對異議債權人之處理：對異議之債權人不為清償，或不提供擔保者，不得以其合併對抗債權人（公74後段）。

三、變更組織

(一)**變更組織之種類**：變為兩合公司：

1.公司得經全體股東之同意，以一部股東改為有限責任或另加入有限責任股東，變更其組職為兩合公司（公76Ⅰ）。

2.股東經變動後，其不足法定最低人數（2人）時，得加入新股東繼續經營（公71Ⅰ④,Ⅲ）。加入之新股東為有限責任股東時，則變為兩合公司。

(二)**變更組織之效果**：

1.合併規定之準用：公司變更組織之程序，準用第73條至第75條

之規定（公77）。

　　2.變更組織後股東之責任：股東依第76條第1項之規定，改為有限責任時，其在公司變更組織前，公司之債務，於公司變更登記後2年內，仍負連帶無限責任（公78）。

第七節　無限公司之清算

　　所謂「清算」（英法：liquidation；德：Liquidation），係以了結已解散公司之法律關係並分配其賸餘財產為目的之法定程序，性質上乃專為公司股東利益所設置之程序。在組織之法律性質觀點上，由於無限公司具有法人人格，因此，除合併、分割或破產之宣告而解散者外（公24），其公司解散後當然進入清算程序，但在清算完結前，該公司在清算目的之範圍之內其法人人格仍存續，稱為「清算中公司」。由於清算中公司與解散前之公司屬於同一公司，因此，無限公司在解散前已發生之法律關係不因宣布解散而變更，亦即清算中公司之名稱仍與解散前之公司相同，公司股東對於公司之權利義務依舊，但不得行使盈餘分派請求權，且公司繫屬中之訴訟亦不需變更當事人。若無限公司係由於破產及合併以外之其他事由發生而解散時，原則上其訴訟程序並不當然停止，但若代表公司之股東並未擔任清算人職務時，則其訴訟程序在法定代表之清算人承受其訴訟以前則為當然停止，一旦清算中公司有訴訟代理人時，則訴訟程序即可繼續進行。

一、公司清算之種類

(一) 任意清算	係由公司依據其章程之規定，或經由全體股東之同意而處分公司財產，因此，基於保護股東及公司債權人權益之立場，我國公司法只准許公司進行法定清算，而不准許辦理任意清算。
(二) 法定清算	公司在辦理清算時，必須依據法律所明文規定之程序進行清算，且清算中公司之機關包括清算人與股東在內。

二、清算人

　　係指在公司清算程序中負責執行清算事務及代表公司之法定必備機關。依公司法「無限公司之清算，以全體股東為清算人。但本法或章程另有規定或經股東決議，另選清算人者，不在此限（公 79）」。此法定清算人，又稱為「當然清算人」。由於公司一經解散之後即喪失營業活動能力，因此，股東之業務執行權由清算人取代，並由清算人對內負責執行無限公司之清算事務，對外則代表清算中之公司，且由於清算中公司必須設置清算人，因此，清算人在性質上係屬於公司之法定必備機關。

(一) 清算人之選任	1.法定清算人：即指公司之清算，以全體股東為清算人（公79前段）。惟由股東全體清算時，股東中有死亡者，清算事務由其繼承人行之；繼承人有數人時，應由繼承人互推 1 人行之。 2.選任清算人：即公司法或章程另有規定或經股東決議，另選清算人（公79）。 3.選派清算人：不能依第 79 條規定定其清算人時，法院得因利害關係人之聲請，選派清算人（公81）。
(二) 清算人之解任	法院因利害關係人之聲請，認為必要時，得將清算人解任。但股東選任之清算人，亦得由股東過半數之同意，將其解任（公82）。
(三) 清算人之聲報	清算人應於就任後 15 日內，將其姓名、住所或居所及就任日期，向法院聲報（公83 I）。清算人之解任，應由股東於 15 日內，向法院聲報（公 83 II）。清算人由法院選派時，應公告之；解任時亦同。違反第 1 項或第 2 項聲報期限之規定者，各處新臺幣三千元以上一萬五千元以下罰鍰（公83IV）。

三、無限公司清算人之職務

　　主要包括了結現務、收取債權與清償債務、分派盈餘或虧損、分派賸餘財產等（公 84 I），並應檢查公司財產情形，造具資產負債表及財產目錄送交各股東查閱（公 87 I），以做為清算時之基礎，且清算人除應了結公司在解散時尚未了結之現務外，並可基於了結現務及便利清算之目的，而暫時經營公司業務，而清算人選任機關對於其代表權雖得加以限制，但不得以此限制對抗善意第三人（公86），以維護交易之安全。

　　清算人在執行清算職務時，有代表清算中之無限公司進行訴訟上或訴訟外一切行為之權利（公84II），但若清算人欲將公司之營業包括資產負債

轉讓給他人時，則應取得全體股東之同意（公 84 但）。為使清算人確實知悉公司負債之情形，因此，清算人在正式就任之後，即應以公告方法催告債權人申報債權，且對於已明知之債權人並應加以分別通知（公 88），而後在債權申報期限屆滿之後，對於已申報之債權與已明知之債權人，即應履行清償責任，至於未申報且不為清算人所知之債權人，則將來對於公司未分派之賸餘財產應有求償權。清算人應收取已到期之公司債權，且清算人並得將該債權讓與他人，必要時並應辦理換價處分等權宜措施。清算人對於清算中之無限公司應以善良管理人之注意處理職務，若欠缺善良管理人之注意導致公司發生損害時，應對公司負擔連帶損害賠償責任，且清算人處理職務如有故意或重大過失，以致第三人受損害時，對他人應與公司負連帶賠償之責（公 95）。為使無限公司之清算程序迅速完結，清算人應在 6 個月之期限內完結清算工作，若因故無法如期完成時，該清算人得詳細說明理由，向法院聲請展期（公 87Ⅲ）。若清算人之人數有 2 人以上時，對於清算事務之決定應以過半數同意為標準（公 85）。

四、股東之監察權

　　無限公司股東在清算期間所得行使之監察權之對象為清算人，且在清算人將公司營業轉讓給他人時，亦應取得全體股東之同意，其種類為：

(一)詢問權	得向清算人詢問清算情形之「詢問權」（公 87Ⅴ）。
(二)查閱權	檢查清算人就任後所編製公司財產表冊之「查閱權」（公 87Ⅰ）。
(三)解任權	由股東過半數同意將清算人解任之「解任權」（公 82Ⅱ）。
(四)承認權	承認清算人在清算完結後所編製之結算表冊之「承認權」（公 92）。

五、賸餘財產之分派

　　清算人在公司債務清償完畢之後，若該公司仍有賸餘財產時，清算人亦應將該財產分派給各股東，其分派比例亦應依據章程之規定，或依各股東分派盈餘或虧損後之淨餘出資之比例決定（公 91）。

六、股東責任之消滅

　　(一)解散登記滿 5 年：無限公司在清算完結後，其股東之連帶無限清償

責任係在公司解散登記後滿 5 年才消滅（公96）。

㈡**退股或轉讓出資 2 年**：退股股東應向主管機關申請登記，對於登記前公司之債務，於登記後 2 年內，仍負連帶無限責任（公70 I）。股東轉讓其出資者，準用前項之規定（公70 II）。

㈢**變更組織滿 2 年**：股東依第 76 條第 1 項之規定，改爲有限責任時，其在公司變更組織前，公司之債務，於公司變更登記後 2 年內，仍負連帶無限責任（公78）。

七、清償完結，結算表冊之處理

在無限公司清算完結時，清算人應在 15 天內造具結算表冊，送交各股東，請求承認，除清算人有不法行爲之外，若公司股東未在 1 個月之內對結算表冊提出異議時，則視爲全體股東承認清算人所報告之清算事項（公92），此時該清算人之責任即爲解除，而後清算人應在結算表冊送請股東承認後之 15 天內，向法院聲報（公93）。至於無限公司之法人人格則在清算人向法院聲報後始告消滅。

八、聲請宣告破產

清算人在清算程序中，若發現清算後之公司財產不足以清償債務時，應立即向法院聲請宣告公司破產，並將其所負責之清算事務移交給破產管理人，其清算職務即爲終了（公89）。

九、公司簿冊文件之保存

對於無限公司清算完結後之帳簿、結算表冊及關於營業與清算事務之文件，應自公司清算完結向法院聲報之日時起保存 10 年，且其保存人以股東過半數之同意決定（公94）。

第三章　有限公司

第一節　有限公司之概念

一、有限公司之意義

　　有限公司（英：limited liability；德：beschränkte Haftung；法：responsabilité limitée），乃是公司型態之一，係由 1 人以上股東所組織，就其出資額為限，對公司負其責任之公司（公2I②），性質上為一元組織之公司，屬於社團性質之公司法人，得作為法律上之權利義務主體，享有獨立之法人人格，且能行使權利能力與行為能力，但在公司設立程序及機關組織等手續較為簡易，且不得向公眾招募股東，公司內部之股東地位移轉受有相當限制，係由少數股東所組成之閉鎖性、非公眾性之公司，其法定之股東人數只須 1 人以上即可。

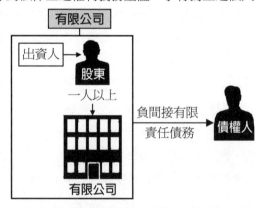

　　㈠**有限公司之組織型態**：有限公司較適合中小企業經營。由於有限公司之性質係屬於中間公司，較重視公司股東彼此間之關係，在組織型態上偏於人合公司，但其公司之資本結構則與資合公司較為相似，因此，有限公司同時具有人合公司與資合公司之雙重性質。

　　㈡**有限公司股東責任**：有限公司係由有限責任之股東所組成，其公司之股東僅就其出資額為限，對公司負擔債務清償責任（公 99），此外即不負其他任何出資義務，因此，有限公司之股東即使原則上同意公司進行增資，但仍不負有依照原出資數比例出資之義務，亦即其對公司所負有之繳款義務係以其出資額為上限，而有限公司不得以公司章程規定或以

股東決議之方式強迫股東出資。

二、有限公司股東平等原則

即公司股東基於其自身之股東地位，而對公司之權利及義務一律平等，稱爲「股東平等原則」。此在有限公司與股份有限公司在意義上並不相同：

㈠**有限公司之股東平等原則**：有限公司因偏於人合公司，各股東基於股東地位，對公司享有平等之地位，此如表決權之行使，在有限公司每一股東不問出資多寡，均有一表決權。但例外得以章程訂定按出資多寡比例分配表決權（公 102 I）。

㈡**股份有限公司之股東平等原則**：股份有限公司係各股股東每股有一表決權。因此有謂此乃「股份平等原則」。即以各股東所持有股份數額之多少爲準，比例享受平等爲原則。

1.公司各股東除第 157 條第 3 款（特別股股東）外，每股有一表決權（公 179 I）。

2.公司股息及紅利之分派，除章程另有規定外，以各股東持有股份之比例爲準（公 235 I）。

習題：何謂股東平等原則？此一原則於有限公司及股份有限公司之意義是否相同？（85 會檢㈠）

三、有限公司之資本

資本三原則	㈠ 資本確定原則	有限公司之最低資本總額，其款項則必須由公司股東一次全部繳足，不得分期繳款或向外招募（公 100 I），因此，有限公司之最低總資本具有確定性質。
	㈡ 資本維持原則	又稱爲「**資本充實原則**」、「**資本拘束原則**」。即指有限公司在彌補虧損並繳納稅捐之後，在分派公司盈餘時，應先提出其盈餘數額之 10% 作爲「法定盈餘公積」，並可基於維持公司資本之目的，以章程規定或股東全體決議同意之方式，另外提列「特別盈餘公積」（公 112），並將其金額積存在公司中，且若公司負責人不依規定提出法定盈餘公積，主管機關應對其公司負責人各科以新臺幣六萬元以下之罰金。

| ㈢
資本不變原則 | 即指為確保有限公司之財產穩定，以維護有限公司之公司信用，因此，有限公司可經股東過半數之同意，以變更章程之方式對公司資本進行增資或減資（公106），以配合公司規模大小與營業需要。 |

第二節　有限公司之設立

一、有限公司之組成

　　有限公司由1人以上股東所組成（公98Ⅰ）。由發起設立者繳足資本，不得向外招募（公100）。

二、訂立章程

　　㈠**章程記載事項**：有限公司股東應以全體之同意訂立章程，簽名或蓋章，置於本公司，每人各執一份（公98Ⅱ）。其章程應記載之事項如下（公101）：

| 1.
必要記載事項 | (1)公司名稱。
(2)所營事業。
(3)股東姓名或名稱、住所或居所。
(4)資本總額及各股東出資額。
(5)盈餘及虧損分派比例或標準。
(6)本公司所在地；設有分公司者，其所在地。
(7)董事人數。
(8)定有解散事由者，其事由。
(9)訂立章程之年、月、日。 |
| 2.
任意記載事項 | 有限公司章程除上列規定外，如不違反法律強制或禁止之規定、公序良俗者，得任意訂定之。如按出資多寡比例分配表決權（公102）。 |

　　㈡**備置章程於公司**：代表公司之董事不備置前項章程於本公司者，處新臺幣一萬元以上五萬元以下罰鍰。連續拒不備置者，並按次連續處新臺幣二萬元以上十萬元以下罰鍰（公101Ⅱ）。

三、股東繳納出資

　　公司資本總額，應由各股東全部繳足，不得分期繳款或向外招募（公100）。

四、申請登記

公司之登記或認許,應由代表公司之負責人備具申請書,連同應備之文件一份,向中央主管機關申請;由代理人申請時,應加具委託書(公387 I)。前項代表公司之負責人有數人時,得由 1 人申辦之(公387 II)。第一項代理人,以會計師、律師為限(公387 III)。公司之登記或認許事項及其變更,其辦法,由中央主管機關定之(公387 IV)。此項辦法,包括申請人、申請書表、申請方式、申請期限及其他相關事項(公387 V),即依公司之登記及認許辦法第 12 條於章程訂立後 15 日內,向主管機關為設立登記。代表公司之負責人違反第四項所定辦法規定之申請期限者,處新臺幣一萬元以上五萬元以下罰鍰(公387 VI);代表公司之負責人不依第四項所定辦法規定之申請期限辦理登記者,除由主管機關責令限期改正外,處新臺幣一萬元以上五萬元以下罰鍰;期滿未改正者,繼續責令限期改正,並按次連續處新臺幣二萬元以上十萬元以下罰鍰,至改正為止(公387 VII)。

第三節　有限公司之內部關係

一、股東之出資

公司資本總額,應由各股東全部繳足,不得分期繳款或向外招募(公100)。

㈠**公司增資**:應經股東過半數之同意。但股東雖同意增資,仍無按原出資數比例出資之義務(公106 I)。上項不同意增資之股東,對章程因增資修正部分,視為同意(公106 II)。有第一項但書情形時,得經全體股東同意,由新股東參加(公106 III)。

㈡**公司減資**:公司得經全體股東同意減資或變更其組織為股份有限公司(公106 IV)。

二、股東名簿

乃公司所設置之簿冊,專為記載股東及其出資事項。此項名簿,不僅為召集時通知之便利,而且在股單之發給或轉讓時,亦均以此為依據。

公司應在本公司備置股東名簿，記載下列事項（公 103）：

　　㈠各股東出資額及股單號數。

　　㈡各股東姓名或名稱、住所或居所。

　　㈢繳納股款之年、月、日。

　　代表公司之董事不備股東名簿於本公司者，處新臺幣一萬元以上五萬元以下罰鍰。連續拒不備置者，並按次連續處新臺幣二萬元以上十萬元以下罰鍰。

三、股單

　　㈠**股單之格式**：公司設立登記後，應發給股單，載明下列各款事項（公 104 I），由全體董事簽名或蓋章：

　　　1.公司名稱。

　　　2.設立登記之年、月、日。

　　　3.股東姓名或名稱及其出資額。

　　　4.發給股單之年、月、日。

　　㈡**股單之轉讓**：股單非於公司設立登記後，不得轉讓（公 104 準 163 I 但）。股單之轉讓，非將受讓人之姓名或名稱及住所或居所，記載於公司股東名簿，不得以其轉讓對抗公司（公 104 II 準 165 I）。

　　㈢**股單與股票之不同**：

區分基準	有限公司股單	股份有限公司股票
1.**是否為有價證件**	是有限公司股東出資，公司發給之出資憑證。因此屬於證明文書。而非有價證券。	是股份有限公司股東之出資，以證明股份所有權為目的，由公司簽發之證明文件。為有價證券。
2.**發行之格式及程序之不同**	股單發行之程序與內容（公 104 I、105）與股票不同。	股票發行程序與內容與股單不同（公 162）。
3.**發給程序不同**	公司應於設立登記後，發給股單（公 104 I）。	公司應於設立登記或發行新股變更登記 3 個月內發行股票（公 161 之 1 I）。
4.**發行種類及持有數**	股單應用股東本名，沒有「無記名式」；且有限公司股東一人	股票可分為記名及無記名式（公 166），股份有限公司股東一人可

目之不同	只能持有一張股單。	持有多數股票。
5.轉讓之不同	股東非得其他全體股東過半數之同意，不得以其出資之全部或一部，轉讓於他人（公111 I）。	股份之轉讓原則上是自由股票，且有流通性，記名股票，依背書而轉讓，無記名股票，得交付而轉讓。但須於公司設立登記後，始得轉讓（公163 I）。

習題：股票與股單有何不同？（82律檢㈡）

四、股東之表決權

㈠**股東表決權**：有限公司具有人合與資合公司之兩種性質，原則上每一股東有一表決權，不問其出資多寡。但得以章程訂定按出資多寡比例分配表決權（公102 I）。前者為傾向於人合公司之方法，後者為較傾向於資合之方法。其有股東會之組織者，除公司法（如第106條規定增資應經股東過半數同意）及章程另有規定外，準用股份有限公司股東會之規定。政府或法人為股東時，其代表人不限於1人，但其表決權之行使，仍以其所持有之股份綜合計算（公102 II準181）。

㈡**有限公司表決時須經股東同意事項**：

1.須經全體股東同意之事項：包括公司增資後股東同意變更組織為股份有限公司（公106 IV）、公司董事之出資轉讓（公111）、公司特別盈餘公積之提存（公112 II）、公司變更章程、公司合併及解散（公113）、公司清算時將公司營業轉讓於他人（公113）等，由於性質重大且不常發生，且對有限公司具有重大影響，因此，為顧及公司股東權益，在決議時必須取得全體股東之同意。

2.須經股東過半數同意之事項：對於有限公司增資之議案（公106 I）、非董事之股東出資之轉讓（公111 I）、會計師及公司經理人之委任、解任及報酬規定（公20 III準29 I ②）、清算人之選任及解任（公113）等，由於性質上對於有限公司影響較大，因此，在決議時必須經由公司全體股東過半數同意方可執行。

五、出資之轉讓

(一)**股東之轉讓**：股東非得其他全體股東過半數之同意，不得以其出資之全部或一部，轉讓於他人（公111 I）。前項轉讓，不同意之股東有優先受讓權；如不承受，視為同意轉讓，

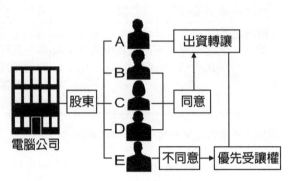

並同意修改章程有關股東及其出資額事項（公111 II）。

(二)**其他董事之轉讓**：

公司董事非得其他全體股東同意，不得以其出資之全部或一部，轉讓於他人（公111 III）。

(三)**法院強制執行之轉讓**：法院依強制執行程序，將股東之出資轉讓於他人時，應通知公司及其他全體股東，於20日內，依第一項或第三項之方式，指定受讓人；逾期未指定或指定之受讓人不依同一條件受讓時，視為同意轉讓，並同意修改章程有關股東及其出資額事項（公111 IV）。

六、業務執行

(一)**執行業務之機關**：

1.董事之選任：公司應至少置董事1人執行業務並代表公司，最多置董事3人，應經三分之二以上股東之同意，就有行為能力之股東中選任之。

2.公司之代表：僅有董事1人時，由該董事單獨代表公司。董事有數人時，得以章程特定1人為董事長，對外代表公司。執行業務之董事請假或因故不能行使職權時，指定股東1人代理之；未指定代理人者，由股東間互推1人代理之。董事為自己或他人為與公司同類業務之行為，應對全體股東說明其行為之重要內容，並經三分之二以上股東同意（公108）。

3.經理人：公司得依章程規定置經理人，其委任、解任及報酬，須有全體股東過半數之同意。但公司章程有較高規定者，從其規定（公29）。

(二)**意思機關**：由於有限公司之意思機關為全體股東，原則上，每一股

東不問出資多寡，都具有一個表決權，但得以章程訂定按出資多寡比例分配表決權（公 102 I）。在政府或法人為股東時，其所選任代為行使職權之代表人人數雖可超過 1 人以上，但代表人在行使其表決權時，仍以其股份綜合計算，且若其代表人之人數有 2 人以上時，則應共同行使一個表決權（公 102 II 準 181）。

七、業務監察

有限公司不執行業務之股東，均享有監察權；其監察權之行使，準用無限公司之規定（公 109）。則不執行業務之股東，得隨時向執行業務之股東，質詢公司營業情形，查閱財產文件、帳簿、表冊（公 109 準 48）。

八、章程變更、合併、解散及清算

有限公司變更章程、合併、解散及清算，**準用無限公司有關之規定**辦理（公 113），因此，有限公司在公司名稱變更、股東之出資轉讓或公司變更營業項目時，亦必須同時變更其公司章程之記載，其先決條件係必須取得全體股東之同意（公 113 準 47），並應向主管機關申請變更登記。

由於有限公司之資本總額依規定係為章程絕對必要記載事項之一（公 101 I ④），故公司資本總額之增加或減少，亦屬於變更章程原因。因此公司增資時，必須進行公司章程之變更，而公司章程之變更原本必須取得公司全體股東之同意方可進行變更。但公司法在立法時，為避免因少數股東反對，造成有限公司無法達成增資之計畫，以致影響其公司資金籌集之目的，因此放寬規定，而准許有限公司在辦理公司增資時，只需取得股東過半數之同意即可（公 106 I）。為保障不同意辦理增資股東之權益，亦准許其不須依照出資比例再繳付增資部分之金額，但對於公司章程因增資而修正之部分，則視為其已同意修正（公 106 II）。

九、有限公司股東出資設質

由於有限公司股東對於公司之出資具有財產上之價值，且可進行轉讓，因此得作為權利質權之標的物（民 900）。

㈠**出資設質之方法**：有限公司股東在辦理其出資之設定質權時，應依

據出資轉讓之規定辦理，在股單上必須進行記載質權人之姓名，並應將其姓名、住所或居所等資料記載在股東名簿內，該設定質權行為在法律上才具有得以對抗公司之法律效力。

（二）出資設質之效力：

1.先買條款：在有限公司股東將其出資設定質權之後，該股東本身仍保有公司股東之資格，若其行使其質權權利時，則公司之其他股東可依據「先買條款」之規定，優先承購其出資，以維護有限公司之閉鎖性特質。

2.優先受償權：依民法第 900 條規定：「可讓與之債權及其他權利，均得為質權之標的物。」而質權人就為質權標的之出資，得優先受債權之清償。

3.盈餘分派收取權：質權人，得收取質物所生之孳息。因此質權人得收取盈餘分派（民 889）。

4.賸餘財產分派收取權：依民法第899 條規定：「動產質權，因質物滅失而消滅。如因滅失得受賠償金者，質權人得就賠償金取償。」因此，公司清算時，賸餘財產之分派股東有請求權，質權人依物上代位，得行使之。

第四節　有限公司之外部關係

一、公司之代表

公司應至少置董事 1 人執行業務並代表公司，最多置董事 3 人，應經三分之二以上股東之同意，就有行為能力之股東中選任之。董事有數人時，得以章程特定 1 人為董事長，對外代表公司（公 108 I）。代表公司之董事或董事長，關於公司營業上一切事務，有辦理之權（公 108IV準 57）。公司對於董事或董事長代表權所加之限制，不得對抗善意第三人（公 108 IV準 58）。代表公司之董事或董事長，如為自己或他人與公司為買賣、借貸或其他法律行為時，不得同時為公司之代表。但向公司清償債務時，不在此限（公 108IV準 59）。

二、股東之責任

　　公司法第 99 條規定：「各股東對於公司之責任，以其出資額爲限。」依此規定，則有限公司股東，對於出資額以外，當不負任何責任，對於公司之債權人，亦更無責任可言。甚而公司宣告破產，公司之債權人，亦不得請求公司之股東以私產清償。公司須增資時，股東雖已同意增資，仍無按原出資數比例出資之義務（公 106 但）。

第五節　有限公司之會計

一、會計人員

　　有限公司會計人員之任免，依商業會計法第 5 條第 2 項規定，須有全體股東過半數之同意決議之；此項主辦會計人員之任免，公司章程有較高規定者，從其規定（商會 5Ⅲ）。會計人員應依法處理會計事務，應受經理人之指揮監督，其離職或變更職務時，應於 5 日內辦理交代（商會 5Ⅳ）。

二、決算表冊

　　有限公司每屆營業年度終了，董事會應編造下列各項會計表冊，分送各股東，請其承認（公 110Ⅰ準 228）：營業報告書、財務報表、盈餘分派或虧損撥補之議案，分送各股東請其承認（公 110Ⅰ）。各項表冊送達後逾 1 個月未提出異議者，視爲承認（公 110Ⅱ）。除董事有不法行爲者外，在各股東承認後，即視爲已解除董事之責任（公 110Ⅲ準 231）。

三、盈餘公積

　　乃公司在決算後有盈餘時，先提出若干，由公司保留而不分派給各股東，準備將來公司虧損時，用以彌補損失，或爲其他特別急需之用者也。

　　㈠法定盈餘：公司於彌補虧損完納一切稅捐後，分派盈餘時，應先提出百分之十爲法定盈餘公積。但法定盈餘公積已達資本總額時，不在此限（公 112Ⅰ）。所謂法定盈餘公積，其提出之主要目的，除塡補公司之虧損外，不得使用（公 239Ⅰ）。公司負責人違反上述規定，不提出法定盈餘公積時，各科新臺幣六萬元以下罰金（公 112Ⅲ）。

㈡**特別盈餘公積**：除法定盈餘公積外，公司得以章程訂定，或股東全體之同意，另提特別盈餘公積（公112Ⅱ），學者稱此為「**任意公積**」。

四、盈餘分派

㈠**盈餘之分派**：有限公司原則上分派盈餘，準用股份有限公司之規定（公 110Ⅲ準 232、233）。則公司非彌補虧損及依法規定提出法定盈餘公積後，不得分派股息及紅利（公232）。無盈餘時，當然不能分派。但法定盈餘公積已超過實收資本額百分之五十時，或於有盈餘之年度所提存之盈餘公積，有超過該盈餘之百分之二十數額時，得以其超過部分，分派充股息及紅利。公司負責人違反此項規定者，各處 1 年以下有期徒刑、拘役或科或併科新臺幣六萬元以下罰金。公司之債權人，並得請求退還，並得請求賠償因此所受之損害（公110 準233）。

有限公司依其業務之性質，自設立登記後，如需 2 年以上之準備，始能開始營業者，經主管機關之許可，得依章程之規定，於開始營業前分派股息。其分派股息之金額，應以預付股息列入資產負債表之股東權益項下，公司開始營業後，每屆分派股息及紅利超過實收資本額百分之六時，應以其超過之金額扣抵沖銷之（公110 準234）。

㈡**分派之標準**：分派盈餘之標準，除章程另有訂定外，應以各股東出資之比例為準（公110 準235）。

第六節　有限公司之變更組織

有限公司增資時得經全體股東同意由新股東參加（公106Ⅲ），亦得經公司全體股東同意減資或變更其組織為股份有限公司（公106Ⅳ），在作成變更組織之決議後，應立即向各債權人分別進行通知及公告（公107Ⅰ），但基於保障原有限公司債權人之投資權益，變更組織後之公司，應承擔變更組織前公司之債務（公107Ⅱ）。

第七節　有限公司與無限公司之區分

區分因素	有　限　公　司	無　限　公　司
一、 股東人數	由 1 人以上股東所組成，也無人數限制。	2 人以上股東所組成，無人數之限制（公 2）。
二、 股東資格	有限公司股東得為政府或法人（公 102 II）。	無限公司股東以自然人為限。
三、 公司性質	有限公司為資合公司。	無限公司為人合公司。
四、 股東責任	有限公司股東，就其出資額為限，對公司負其責任（公 2 I ③、99）。	無限公司股東對公司債務負連帶無限清償責任（公 2 I ①）。
五、 出資種類	公司資本總額，應由各股東全部繳足，不得分期繳款或向外招募（公 100）。	股東得以信用、勞務或其他權利為出資，如以現金以外之財產為出資者，其種類、數量、價格或估價之標準（公 43、41 I ⑤）。
六、 股東名簿	有限公司應在本公司備置股東名簿（公 103）。	無限公司無此規定。
七、 股單發給	公司於設立登記後應發給股單（公 104 I）。	無此規定。
八、 出資轉讓	股東出資轉讓應得其他全體股東過半數之同意（公 111 I）。	股東將出資之全部或一部之轉讓應得其他全體股東之同意（公 55）。
九、 業務執行	由董事執行業務（公 108）。	各股東均有執行業務之權，但亦得由章程訂定由股東之 1 人或數人執行業務（公 45）。
十、 對外代表	由董事代表公司，如有數人董事，得以章程特定 1 人為董事長，對外代表公司（公 108 I）。	以章程特定代表公司之股東，如未特定，各股東均得代表公司（公 56 I）。
土、 變更組織	有限公司得變更組織為股份有限公司（公 106 IV）。	無限公司得變更組織為兩合公司（公 76）。

第四章　兩合公司

第一節　兩合公司之概念

一、兩合公司之意義

　　兩合公司（英：limited partnership；德：Kommanditgesellschaft；法：société en commandite），指集合 1 人以上的「無限責任股東」與 1 人以上的「有限責任股東」所組成之公司。

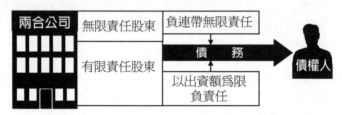

二、兩合公司之性質

　　㈠**二元組織**：就公司型態而言，「二元組織」亦即「二元公司」，係指組成公司之股東所需負擔的股東責任並不相同。在兩合公司中，無限責任股東對公司債務負連帶無限清償責任，而有限責任股東以其出資額為限，對於公司負有債務清償責任之公司（公21③）。因此，兩合公司是無限公司與有限公司的綜合體。

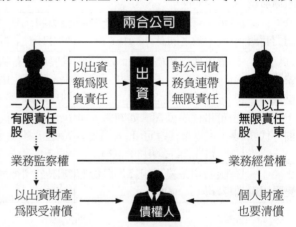

　　㈡**經營與責任之特殊**：且兩合公司之業務經營權屬於無限責任股東所

有，而公司之業務監察權則屬於有限責任股東或不執業之無限責任股東所有。若兩合公司因公司經營不善導致發生債務時，無限責任股東對於公司發生的債務須負連帶無限之清償責任，而有限責任股東則以其出資額爲限對於公司債務負有限的債務清償責任。

㈢**準用無限公司之規定**：兩合公司除公司法第四章規定外，準用第三章無限公司之規定。

第二節　兩合公司之設立

兩合公司設立之要件，有三：

一、股東

兩合公司以無限責任股東與有限責任股東組織之（公114 I）。兩種公司均須 1 人以上組成（公 2 I ③），有關股東之資格，公司不得爲他公司無限責任股東，但有限責任股東，則無限制（公 13）。

二、出資

兩合公司之股東，不論爲無限責任或有限責任，均須出資，惟有限責任股東，不得以信用或勞務爲出資（公 117）。此乃股東之義務。

三、訂立章程

兩合公司之設立，亦應先訂立章程。兩合公司之章程，除記載第 41 條無限公司所應記載各事項外，並應記明各股東之責任爲無限或有限（公 116）。其公司名稱，應標明爲兩合公司字樣。訂立之章程，須由全體股東同意，簽名蓋章，置本公司，並每人各執一份（公 115 準 40 II）。其應記載事項爲：

㈠公司名稱。

㈡所營事業。

㈢股東姓名、住所或居所。

㈣資本總額及各股東出資額。

㈤各股東有以現金以外財產爲出資者，其種類、數量、價格或估價之

標準。

㈥盈餘及虧損分派比例或標準。

㈦本公司所在地；設有分公司者，其所在地。

㈧定有代表公司之股東者，其姓名。

㈨定有執行業務之股東者，其姓名。

㈩定有解散事由者，其事由。

(十一)訂立章程之年、月、日。

四、申請設立登記

兩合公司應於章程訂立後 15 日內，由代表公司之負責人備具申請書，向主管機關申請為設立之登記（公 387 I，公司之證記及認許辦法 3 I）。

第三節　兩合公司之內部關係

就兩合公司之「內部關係」而言，其內容主要包括公司股東之出資、業務執行之規定、有限責任股東之監察權行使等，且兩合公司之有限責任股東不負競業禁止之義務，出資轉讓及盈虧分派等。

一、股東出資

㈠無限責任股東	無限責任股東之出資，除現金或其他財產外，尚得以信用或勞務出資。至於股東出資之轉讓，準用無限公司之規定，須經其他股東全體之同意（公 55）。
㈡有限責任股東	兩合公司之有限責任股東僅能以現金或其他財產等「有形財產」作為對公司之出資標的，而不得以信用或勞務履行對公司之出資義務（公 117）。對於出資之轉讓，非得無限責任股東過半數之同意，不得以其出資全部或一部，轉讓於他人（公 119 I）。

二、兩合公司之機關

兩合公司是由無限責任股東對外代表公司，其股東責任為直接無限責任，與無限公司股東之股東責任相同，對公司債務負連帶無限清償責任，而有限責任股東不得執行公司業務及對外代表公司，其股東責任為

間接有限責任，與有限公司股東之股東責任相同，從而對公司債務以出資額爲限，對於公司負其責任（公114）。但爲保護兩合公司之有限責任股東投資利益，有限責任股東雖不得執行業務，但對公司業務有監察權，得於每回營業年度終了時查閱公司相關帳目、業務及財產情形，若必要時，法院亦得基於有限責任股東之聲請，派員隨時檢查公司帳目、業務及財產情形，且對於法院之檢查若有妨礙之行爲時，並得對該妨礙之人處以行政罰鍰（公118）。爲維護交易之安全、保障善意第三人之權益，兩合公司之有限責任股東若有執行公司業務或對外代表公司等行爲，且有足以令人相信其爲無限責任股東之行爲時，則該有限責任股東對於善意之第三人亦須負擔無限責任股東之責任（公121）。

三、業務執行

㈠**業務執行之組織**：由於有限責任股東對兩合公司之債務不負償還責任，因此，公司業務應由無限責任股東執行，並由無限責任股東擔任兩合公司之對外代表，而有限責任股東則不得執行公司業務或代表公司（公122）。但無限責任股東若爲2人以上，章程訂定由股東中之1人或數人執行業務者，從其訂定（公115準45）。股東之數人或全體執行業務時，關於業務之執行，取決於過半數之同意。執行業務之股東，關於通常事務，各得單獨執行。但其餘執行業務之股東，有1人提出異議時，應即停止執行（公115準46）。又兩合公司得依章程規定置經理人，但須有全體無限責任股東過半數同意即可，故有限責任股東當可被選爲經理人（公29Ⅰ①）。但爲保護兩合公司之有限責任股東投資利益，有限責任股東雖不得執行業務，但對公司業務有監察權，得於每回營業年度終了時查閱公司相關帳目、業務及財產情形，若必要時，法院亦得基於有限責任股東之聲請，派員隨時檢查公司帳目、業務及財產情形（公118Ⅰ），且對於法院之檢查若有妨礙之行爲時，並得對該妨礙之人處以行政罰鍰（公118Ⅱ）。

㈡**業務執行之權義**：兩合公司執行業務之無限責任股東，其所享之權利與所負之義務，均與無限公司之執行業務者同。在權利方面，如報酬請求權，償還墊款請求權，債務擔保請求權，損害賠償請求權均是。在

義務方面，如遵照法令章程、股東決議有將業務執行及向股東報告之義
務，答復股東質詢義務均是。惟在義務中所謂股東，係指不執行業務之
無限責任股東而言，其有限責任股東，就公司業務之執行，即不能有何
決議，當亦無向其報告之必要。

　　㈢**業務執行之監察權**：兩合公司業務執行之監察，學者稱之為**監視權**。
在無限責任股東，其不執行業務之監視權，與無限公司同，得隨時向執
行業務之股東質詢公司營業情形，查閱財產文件、帳簿、表冊（公 48）。
在有限責任股東，其監視權，則不能與無限責任股東同，僅能在每會計
年度終了時，有查閱公司帳目、業務及財產情形之權，不得隨時為之。
但遇有必要時，法院得因有限責任股東之聲請，許其隨時檢查公司帳目、
業務及財產之情形。對於上述之檢查，如公司有妨礙、拒絕或規避行為
者，各處新臺幣二萬元以上十萬元以下罰鍰。連續妨礙、拒絕或規避者，
並按次連續各處新臺幣四萬元以上二十萬元以下罰鍰（公 118）。

四、章程變更

　　兩合公司之章程變更，法無明文，依第 115 條規定，準用無限公司
規定之結果，自須依照第 47 條之規定：「公司變更章程，應得全體股東
之同意。」所謂全體股東，當然包括全體無限責任股東及有限責任股東
在內，訂立章程時應如此，變更章程時亦應如此，因與每一股東均有利
害關係故也。

五、競業禁止

　　㈠**無限責任股東之競業禁止**：競業禁止之規定，乃對於有執行業務權
限者而言。兩合公司內，無限責任股東，依第 115 條準用第 54 條規定，
即「股東非經其他股東全體之同意，不得為他公司之無限責任股東，或
合夥事業之合夥人。執行業務之股東，不得為自己或他人為與公司同類
營業之行為。」

　　㈡**有限責任股東無競業禁止**：有限責任股東，既不執行業務，亦不代
表公司（公 122），自無同業競爭妨害公司利益，或利用知悉公司業務秘密，
為不利於公司行為等問題，故公司法第 120 條規定：「有限責任股東，得

爲自己或他人，爲與本公司同類營業之行爲；亦得爲他公司之無限責任股東，或合夥事業之合夥人。」以明文不加限制之意。

六、出資轉讓

兩合公司股東出資之轉讓，法律上之限制，因其爲無限責任股東與有限責任股東而有不同：在無限責任股東，依第 115 條準用第 55 條規定：「股東非經其他股東全體之同意，不得以自己出資之全部或一部，轉讓於他人。」所謂其他股東全體，當然包括無限責任股東及有限責任股東在內。無限責任股東，如以其出資而爲設定質權之標的時，應亦同意。在有限責任股東，非得無限責任股東過半數之同意，不得以其出資全部或一部，轉讓於他人（公 119）。若法院依強制執行程序，將股東之出資轉讓於他人時，分別適用第 66 條第 1 項第 6 款及第 2 項、第 111 條第 4 項之規定事項，即應通知公司及其他全體股東，於 20 日內，依照上列方式，指定受讓人；逾期未指定，或指定之受讓人不依同一條件受讓時，視爲同意轉讓，並同意修改章程（公 111）。

七、盈虧分派

兩合公司之盈餘分派問題，法無明文，依第 115 條準用第 63 條、第 64 條之規定辦理。第 63 條規定：「公司非彌補虧損後，不得分派盈餘；公司負責人違反規定時，各處一年以下有期徒刑、拘役或科或併科新臺幣六萬元以下罰金。」第 64 條規定：「公司之債務人，不得以其債務與其對於股東之債權抵銷。」至其分派之比例或標準，爲章程必要記載事項，應依章程之所定（公 116 準 41），不發生章程未訂定時應如何分派之問題。

第四節　兩合公司之外部關係

一、公司代表

兩合公司之對外代表，以無限責任股東爲限，有限責任股東，不得對外代表公司（公 122）。依第 115 條準用之結果，公司得以章程在無限責任股東中特定代表公司之股東；其未經特定者，各無限責任股東均得代

表公司（公56）。代表公司之股東，關於公司營業上一切事項，有辦理之權限（公57）；但公司對於代表權所加之限制，不得對抗善意第三人（公58）。代表公司之股東，如為自己或他人與公司為買賣、借貸或其他法律行為時，不得同時為公司之代表，但向公司清償債務時，不在此限（公59）。

二、股東責任

(一) **有限責** **任股東**	以出資額為限，對於公司負其責任（公114Ⅱ），對外不負責任。但有限責任股東，如有可以令人信其為無限責任股東之行為者，對於善意第三人，應負無限責任股東之責任（公121）。
(二) **無限責** **任股東**	依第115條準用之結果，必須公司資產不足時，始由股東負連帶清償之責（公60）。而且此種責任，自公司解散登記後滿5年而消滅（公96）。其有退股或轉讓其出資者，對於退股或轉讓前公司所負之債務，在退股或轉讓登記後2年內，仍負連帶無限責任（公70）。新之無限責任股東，對於未加入前公司已發生之債務，亦應負責（公61）。其本非股東如經理人，聯絡員等而有可以令人信其為無限責任股東之行為者，對於善意第三人，仍應負與無限責任股東同一之責任（公62）。

第五節　兩合公司股東之退股

一、無限責任股東之退股

(一)**無限責任股東退股之原因**，一如無限公司股東退股之規定（公66），即：

　　1.章程所定退股事由。

　　2.死亡。

　　3.破產。

　　4.受監護之宣告。

　　5.除名。

　　6.股東之出資經法院強制執行者：惟執行法院應於2個月前通知公司及其他股東（公66Ⅱ）。

　　惟此之所謂除名，除須具備與無限公司股東被除名時有相同之法定事實外，並應得全體股東之同意（包括有限責任股東），且須通知被除名之無限責任股東（公115、67）。

㈡**無限責任股東退股之效力**，亦與無限公司同，即：

　　1.姓名使用之停止（公68）。

　　2.退股之結算（公69）。

　　3.退股股東對於登記前公司之債務，於退股登記後 2 年以內，仍負連帶無限責任（公70 I ）。

二、有限責任股東退股

㈠**有限責任股東退股之原因**：與無限責任股東，略有不同。即：

　　1.有限責任股東，不因受監護或輔助宣告而退股（公123 I ）。

　　2.有限責任股東死亡時，其出資歸其繼承人（公123 II ）。

凡此均不得為有限責任股東退股之原因，當與無限責任股東有別。其應為有限責任股東退股之原因者，依公司法規定有二：

　　⑴基於重大事由者：依公司法第 124 條規定：「有限責任股東，遇有非可歸責於自己之重大事由時，得經無限責任股東過半數之同意退股，或聲請法院准其退股。」所謂重大之事由，應從客觀解釋，是否重大，是否不歸責於該股東，有時不易分辨，倘無限責任股東不同意，惟有聲請法院裁判，決定是否准其退股。

　　⑵基於股東決議者：依公司法第 125 條第 1 項規定：「有限責任股東有下列各款情事之一者，得經全體無限責任股東之同意，將其除名：①不履行出資義務者。②有不正當行為，妨害公司利益者。」第 2 項規定：「前項除名，非通知該股東後，不得對抗之。」此種規定，蓋以有限責任股東，重在出資，如不履行義務，自得將其除名。

㈡**有限責任股東退股之效力**：法無明文，在性質許可範圍內，以退股時公司之財產狀況為準。退股之有限責任股東出資，不問其為現金或財產，均得以現金抵還。如退股時，公司事務有未了結者，並應於了結後，計算其損益，分派其盈虧（公 115 準 69）。故有限責任股東退股時，如盈虧結算已經完畢，所有公司之債務，不論在其退股登記前後，公司債權人，對該有限責任股東，均無直接請求之權。

第六節 兩合公司之合併、變更組織、解散、清算

一、兩合公司之合併

　　基於企業自治精神，兩合公司準用無限公司在公司法上之相關規定，得在全體股東（包括無限責任股東與有限責任股東）同意之前提下與他公司合併（公115準72）。無論兩合公司合併後是以存續公司或新設公司方式維持業務之經營，消滅公司法律關係上之一切權利與義務，對合併後之存續公司或新設公司而言有概括承受之法定效果，其原財產上之權利與義務關係，不須經由民法所規定之法定移轉行為，即由存續公司或新設公司直接承受（公75），因此，當事人也不得藉由特約方式，將其中部分之權利或義務排除。

　　為履行對公司債權人之保護，兩合公司在進行合併決議之時，必須取得全體股東之同意，在合併決議通過之後，應即編造資產負債表及財產目錄，以供公司債權人閱覽，明瞭公司的財產狀況，並應即向各債權人分別通知及公告，指定30天以上期限，聲明債權人得於期限內提出異議（公115準73）。若債權人未於期限內提出異議時，則依法視為承認公司之合併決議，該債權人如係消滅公司之債權人時，此後即以存續公司或新設公司為其債務人，若債權人於期限內對該合併決議提出異議時，則兩合公司應對該債權人清償或提供相當擔保（公115準74）。

二、兩合公司之變更組織

　　㈠變更組織：若兩合公司係由於無限責任股東或有限責任股東全體之退股而解散，但其餘股東得以一致之同意，加入無限責任股東或有限責任股東，繼續經營（公126 I），前項有限責任股東全體退股時，無限責任股東在2人以上者，得以一致之同意變更其組織為無限公司（公126 II），其餘不同意之股東亦視為退股（公71 II）。無限責任股東與有限責任股東，以全體之同意，變更其組織為無限公司時，依前項規定行之（公126 III）。但為保障兩合公司債權人之投資權益，故退股之股東應向主管機關辦理登記，且對於兩合公司變更組織前所發生之債務，在公司變更登記後 2

年之內，仍有連帶無限清償之法定責任（公70 I）。

　　㈡**債權人之保障**：兩合公司依法可變更其公司組織爲無限公司，但須以全體股東之同意爲前提，且須編造資產負債表與財產目錄，以供公司債權人閱覽，明瞭公司的財產狀況，並應向各債權人分別進行通知及公告，並指定30天以上期限，聲明債權人得於期限內提出異議（公73），以維護債權人之權益，避免因公司變更組織而造成債權人之權益受損。若債權人未在該指定期限內提出異議時，即爲默認兩合公司組織變更之決議。若兩合公司未向債權人進行公司組織變更之通知及公告，或對於在指定期限內提出異議之債權人未依法進行清償，或不提供相當擔保時，則不得以其合併對抗該債權人（公74）。

三、兩合公司之解散

㈠ 一般解散	由於兩合公司係二元組織。因此兩合公司之解散係準用無限公司之規定。
㈡ 特殊之解散	兩合公司也會因無限責任股東或有限責任股東全體之退股而解散。但其餘股東得以一致之同意，加入無限責任股東或有限責任股東，繼續經營。前項有限責任股東全體退股時，無限責任股東在2人以上者，得以一致之同意變更其組織爲無限公司（公126）。
㈢ 解散後之效果	兩合公司解散之後，即應進行清算程序。但若兩合公司解散之原因，係由於公司合併或分割時，由於其原有之權利與義務，應由合併或分割後之存續公司或新設公司概括承受，其法人人格直接歸於消滅，因此不經過清算程序，若兩合公司解散之原因係由於公司破產時，則應適用破產程序之規定，亦無須進行清算程序。

四、兩合公司之清算

　　由於兩合公司一經解散之後，依法公司即喪失營業活動能力，因此，股東之業務執行權由清算人取代，而由清算人負責執行清算事務及代表公司，性質上屬於法定必備機關。由於兩合公司係爲二元組織之公司，依公司法清算由全體無限責任股東擔任，但無限責任股東得以過半數之同意另行選任清算人；其解任時亦同（公127）。爲保障兩合公司之債權人權益，無限責任股東之連帶無限責任，應自兩合公司解散登記後滿5年而消滅（公96），至於相關之程序與規定，則均應準用無限公司之清算規定。

第五章　股份有限公司

第一節　股份有限公司之概念

一、股份有限公司之意義

股份有限公司（英：company（limited by shares），（stock or business）corporation；德：Aktiengesellschaft；法：société anonyme），指 2 人以上股東或政府、法人股東 1 人所組織，全部資本分為股份；股東就其所認股份，對公司負其責任之公司（公 2 I ④）。依此規定可說明如下：

㈠**股東人數**：

1.一般股份有限公司：有記名股票之股東至少 2 人以上，不滿 2 人者，公司應予解散（公 315 I ④）。

2.政府或法人股東：得 1 人組成（公 315 I ④）。

㈡**全部資本應平分為股份**：股東對於公司之責任，以繳清其股份之金額為限（公 154 I）。其資本應分為股份，每股金額應歸一律，部分得為特別股；其種類，由章程定之（公 156）。

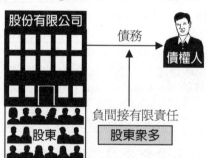

二、股份有限公司之特質

股份有限公司股東既負有限責任，當與無限公司不同；全體股東，責任相同，當與兩合公司不同，所有資本，分為股份，股東就其所認股份負責，當與有限公司不同。故股份有限公司，為資合公司之典型，不重視股東人的條件，而以依資本而存在之公司財產為其中心基礎，此為其具有之特質。

三、股份有限公司之資本

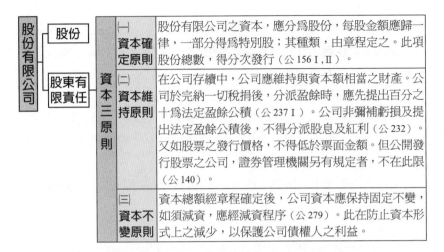

股份有限公司	股份	資本三原則	(一)資本確定原則	股份有限公司之資本，應分為股份，每股金額應歸一律，一部分得為特別股；其種類，由章程定之。此項股份總數，得分次發行（公156 I、II）。
	股東有限責任		(二)資本維持原則	在公司存續中，公司應維持與資本額相當之財產。公司於完納一切稅捐後，分派盈餘時，應先提出百分之十為法定盈餘公積（公237 I）。公司非彌補虧損及提出法定盈餘公積後，不得分派股息及紅利（公232）。又如股票之發行價格，不得低於票面金額。但公開發行股票之公司，證券管理機關另有規定者，不在此限（公140）。
			(三)資本不變原則	資本總額經章程確定後，公司資本應保持固定不變，如須減資，應經減資程序（公279）。此在防止資本形式上之減少，以保護公司債權人之利益。

習題：為確保股份有限公司對債權人最低限度之擔保，乃產生公司資本之三大原則，試問現行法基於資本維持原則與資本不變原則，各有何制度或規定？（83 會）

答：如上表。

第二節　股份有限公司之設立

股份有限公司是一個團體，組織龐大，人事複雜，如欲設立，必須具備三個要素，即**發起人**、**訂立章程**與**資金**，然後認足股份，選任董事監事，最後登記設立。

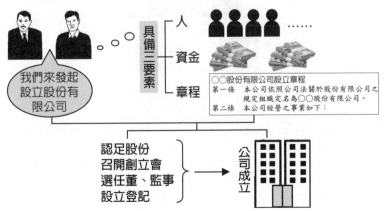

一、發起人（英：subscriber, promoter, incorportor；德：Gründer；法：fondateur）

㈠**發起人之意義**：首先發起設立股份有限公司，而於章程上簽名或蓋章者（公 129 I），稱為發起人。

㈡**發起人之限制**：

　　1.自然人之發起人：發起人之人數，應有 2 人以上。發起設立公司，乃屬重大事項，無行為能力人及限制行為能力人，不得為發起人（公 128 II）。政府或法人均得為發起人。

　　2.法人為發起人之限制：政府或法人為發起人者，以下列情形為限（公 128 III）：

　　　⑴公司。

　　　⑵以其自行研發之專門技術或智慧財產權作價投資之法人。

　　　⑶經目的事業主管機關認屬與其創設目的相關而予核准之法人。

　　發起人在籌備期間，特別辛勞，比之一般股東，應享有較多之利益，乃理之當然。法律上顧及到，同時又為鼓勵熱心人士，樂於經營企業，達成自利利人之目的，特准許股份有限公司之發起人，得在章程上載明，發起人所得受之特別利益及受益者之姓名（公 130 I ⑤）。惟此項發起人所得受之特別利益，股東會得修改或撤銷之。但不得侵及發起人既得之利益（公 130 II）。

㈢**發起人之責任**：

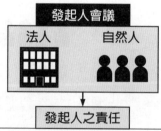

公司成立	⑴連帶認繳義務：未認足之第一次發行股份，及已認而未繳股款者，應由發起人連帶認繳；其已認而經撤回者亦同（公 148）。
	⑵公司之損害賠償請求權：因第 147 條及第 148 條情形，公司受有損害時，得向發起人請求賠償（公 149）。
	⑶連帶賠償責任：發起人對於公司設立事項，如有怠忽其任務致公司

	受損害時，應對公司負連帶賠償責任。發起人對於公司在設立登記前所負債務，在登記後亦負連帶責任（公155）。
	(4)股份轉讓之限制：發起人之股份非於公司設立登記1年後，不得轉讓。但公司因合併或分割後，新設公司發起人之股份得轉讓（公163 II）。
不成立	公司不能成立時，發起人關於公司設立所爲之行爲，及設立所需之費用，均應負連帶責任，其因冒濫經裁減者亦同（公150）。

二、訂立章程

股份有限公司之設立，發起人應以全體之同意訂立章程，簽名或蓋章（公129 I），其章程上應記載之事項，可分爲絕對必要事項、相對必要事項、任意記載事項三類：

章程之記載事項	
(一) **絕對必要事項**	發起人應以全體之同意訂立章程，載明下列各款事項，並簽名或蓋章（公129）： 1.公司名稱。 2.所營事業。 3.股份總數及每股金額。 4.本公司所在地。 5.董事及監察人之人數及任期。 6.訂立章程之年、月、日。
(二) **相對必要事項**	1.下列各款事項，非經載明於章程者，不生效力（公130）： 　(1)分公司之設立。 　(2)分次發行股份者，定於公司設立時之發行數額。 　(3)解散之事由。 　(4)特別股之種類及其權利義務。 　(5)發起人所得受之特別利益及受益者之姓名。 2.除上述者外，散見於公司法其他各條而可解爲相對必要事項者，亦復不少： 　(1)經理人之設置：其委任、解任及職權（公29、31）。 　(2)發行特別股有關事項（公157）。 　(3)無記名股票之發行（公166）。 　(4)董事執行業務及其職權（公193、202）。 　(5)董事會開會代理出席之規定（公205）。 　(6)董事長、副董事長之選舉依章程之規定（公208）。

	(7)董事或監察人報酬之訂定（公 196、227）。 (8)開始營業前股息之分派（公 234）。 (9)股息及紅利之分派方法（公 235）。 (10)特別盈餘公積（公 237）。 (11)清算人之訂定（公 322）。 (12)清償債務後剩餘財產之分派（公 330）。
三 任意記載事項	凡法律未規定之事項，在不違背公序良俗及強行禁止規定範圍內，均得訂明於章程。

三、設立方式

㈠**發起設立**：發起設立者，乃指由發起人認足第一次應發行之股份時，應即按股繳足股款並選任董事及監察人（公 131 I），公司即因而成立。關於發起設立程序依下列之規定：

1. 訂立章程	章程上應記載之事項，概如前述。章程訂立後，發起人全體同意時，仍可變更。
2. 認足股份	發起人認足第一次應發行之股份，公司即可成立（公 131）。
3. 繳足股款	(1)現金繳足：發起人認足第一次應發行之股份時，應即按股繳足股款（公 131 I）。 (2)現物出資：此項股款，除以現金繳納外，亦得以公司事業所需之財產抵繳之（公 131Ⅲ）。例如以公司所需之生產設備，估價抵繳是。
4. 選任董事 、監察人	發起人繳足第一次發行股份之股款後，應即選任董事及監察人（公 131 I）。其選任方法，準用第 198 條股東會選任董事之規定，採用累積投票法，即每一股份有與應選出的人數相同之選舉權，得集中選舉 1 人或分配選舉數人，由所得選票代表選舉權較多者當選（公 131 II準 198），以免受到操縱。

㈡**募股設立**：募股設立者，乃發起人未認足第一次發行之股份時，應募足之（公 132 I），其公司始能成立之謂。發起人公開募股時，並得發行特別股（公 132 II）。募股設立之程序，依下列之規定：

　　1.訂立招股章程：發起人公開招募股份，應先訂立招股章程，載明下列各款事項（公 137）：

(1)章程之絕對與相對
之記載事項（公 129、
130）。

(2)各發起人所認之股
數。

(3)股票超過票面金額
發行者，其金額。

(4)招募股份總額募足
之期限，及逾期未募
足時得由認股人撤
回所認股份之聲明。

(5)發行特別股者，其總
額及第 157 條所規
定特別股應列入章
程之事項。

(6)發行無記名股者，其
總額。

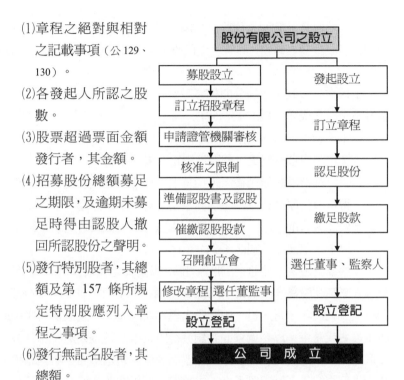

2.申請公開募股並公告：發起人公開招募股份時，應先備具下列各
款事項，申請證券管理機關審核（公 133 I）：

(1)營業計畫書。

(2)發起人姓名、經歷、認股數目及出資種類。此項發起人所認股
份，不得少於第一次發行股份四分之一（公 133 II）。

(3)招股章程：招股章程應依第 137 條所列各款事項。

(4)代收股款之銀行或郵局名稱及地址。

(5)有承銷或代銷機構者，其名稱及約定事項。

(6)證券管理機關規定之其他事項。

上述各款，發起人應於證券管理機關通知到達之日起 30 日
內，加記核准文號及年、月、日公告招募之。但前述第五款約定
事項，得免予公告（公 133 III）。

3.代收股款之證明：代收股款之銀行或郵局，對於代收之股款，有證明其已收金額之義務，其證明之已收金額，即認為已收股款之金額（公134）。

4.核准之限制：申請公開招募股份有下列情形之一者，證券管理機關得不予核准或撤銷核准（公135 I）：

(1)申請事項有違反法令或虛偽者。

(2)申請事項有變更，經限期補正而未補正者。

凡核准經撤銷後，未招募者，停止招募；已招募者，應募人得依股份原發行金額，加算法定利息，請求返還（公136）。公司發起人有前項第二款情事時，由證券管理機關各處新臺幣二萬元以上十萬元以下罰鍰（公135 II）。

5.準備認股書及認股：公開募股時，最重要之先決問題，為認股書。發起人應備認股書，載明第133條第1項各款事項，並加記證券管理機關核准文號及年、月、日，由認股人填寫所認股數、金額及其住所或居所，簽名或蓋章。以超過票面金額發行股票者，認股人應於認股書註明認繳之金額。所謂認繳之金額，即票面金額與超過票面金額之總和。發起人違反規定，不備認股書者，由證券管理機關各處新臺幣一萬元以上五萬元以下罰鍰（公138）。

認股人認股後，有照所填認股書繳納股款之義務（公139），在創立會結束後，認股人不得將股份撤回（公153）。但有下列情形之一者，認股人得撤回其所認股份之聲明：

(1)已逾股份募足之期限，尚未募足者（公137 I ④）。

(2)第一次發行股份募足後，逾3個月而股款尚未繳足，或已繳納而發起人不於2個月內召集創立會者，認股人得撤回其所認之股（公152）。

6.催繳認股股款：第一次發行股份總數募足時，發起人應即向各認股人催繳股款。股票之發行價格，不得低於票面金額（公140）。以超過票面金額發行股票時，其溢額應與股款同時繳納（公141）。繳款之地點為發起人公開招募股份時所指定代收股款之銀行或郵局名稱及地址（公

133 I ④）。認股人延欠應繳之股款時，發起人應定 1 個月以上之期限，催告該認股人照繳，並聲明逾期不繳失其權利。發起人已爲上項之催告，而認股人仍不照繳者，即取銷其認股之權利，所認股份，另行募集。如因而受有損害，仍得向認股人請求賠償（公 142）。未認足之第一次發行股份，及已認而未繳股款者，應由發起人連帶認繳；其已認而經撤回者亦同（公 148）。

　　7.認股人撤回認股：第一次發行股份募足後，逾 3 個月而股款尚未繳足，或已繳納而發起人不於 2 個月內召集創立會者，認股人得撤回其所認之股（公 152）。

四、召開創立會

　　㈠創立會之意義：所謂創立會（英：organization meeting；德：konstituierende Generalversammlung；法：assemblée générale constitutive），乃由發起人召集各認股人，使其參與關於設立公司事務之會議。其性質屬於設立中公司之機關，與公司成立後之股東會相當，但並非股東會，因公司成立前，尚無所謂股東也。創立會，只限於募股設立，其因招募而來之認股人均爲將來公司之股東，自應參與此項會議。

　　㈡創立會之召集：創立會應由發起人召集，召集之程序及決議之方法，準用股東會之規定（公 144）。其時期應在第一次發行股份之股款繳足後 2 個月內召開之（公 143）。召集之日期，應於 20 日前通知各認股人，對於持有無記名股票者，應於 30 日前公告之（公 172 I）。通知及公告應載明召集事由（公 172IV）。公司負責人違反通知期限之規定者，處新臺幣一萬元以上五萬元以下罰鍰（公 172VI）。其他有關創立會之程序及決議，均準用股東會的決定（公 144）。

　　㈢創立會之權限：

　　1.發起人之報告義務：發起人應就下列事項報告於創立會（公 145 I）：①公司章程。②股東名簿。③已發行之股份總數。④以現金以外之財產抵繳股款者，其姓名及其財產之種類、數量、價格或估價之標準及公司核給之股數。⑤應歸公司負擔之設立費用，及發起人得受報酬。⑥

發行特別股者，其股份總數。⑦董事、監察人名單，並註明其住所或居所、國民身分證統一編號或其他經政府核發之身分證明文件字號。

發起人對於上項報告有虛偽情事時，各科新臺幣六萬元以下罰金（公145Ⅱ）。

　2.創立會之決議：

　　(1)一般決議：創立會之一般決議，應有代表已發行股份總數過半數認股人之出席，以出席認股人表決權過半數之同意行之（公144準174）。

　　(2)假決議：出席人數不足一般決議之定額，而有代表已發行股份總數三分之一以上認股人出席時，得以出席認股人表決權過半數之同意，為假決議，並將假決議通知各認股人，於1個月內再行召集創立會，其發有無記名股票者，並應將假決議公告之。前述再開創立會，對於假決議，如仍有已發行股份總數三分之一以上認股人出席，並經出席認股人表決權過半數之同意，視同一般之決議。

　　(3)修改章程之決議：公司章程，係由發起人所訂定，其內容是否完善妥適，於公司前途，影響甚大，均應由創立會加以審查，並得予以修改，其修改應有代表已發行股份總數三分之二以上之認股人出席，以出席認股人表決權過半數之同意行之（公151Ⅰ準277Ⅱ）。

　3.公司不設立之決議：其決議方法：

　　(1)應有代表股份總數三分之二以上認股人之出席，以出席認股人表決權過半數之同意行之（公151準316Ⅰ）。

　　(2)擬公開發行股票之公司的創立會，出席認股人之股份總數不足前項定額者，得以有代表已發行股份總數過半數股東之出席，出席股東表決權三分之二以上之同意行之（公151準316Ⅱ）。

　　(3)前二項出席認股人股份總數及表決權數，章程有較高之規定者，從其規定（公151準316Ⅲ）。

　4.董事監察人之選任：董事為公司常設之執行機關，監察人為公司

常設之監察機關，在創立會開會時，應即選任，以利公司業務之進行（公146）。董事監察人之選舉方法，適用累積選舉法（公144但準198）。

5.報告事項之調查：董事監察人，經創立會選任後，應就發起人依第145條所報告之事項，爲切實之調查，將其結果報告於創立會。創立會聽取調查報告後，如發起人所得受之報酬或特別利益及公司所負擔之設立費用有冒濫者，創立會均得裁減之，用以抵作股款之財產，如估價過高者，創立會得減少其所給股數或責令補足（公147）。若發起人所得受之特別利益，創立會亦得準用第130條之規定，將其修改或撤銷之。但不得侵及發起人既得之利益。

調查報告，原則上應由全體董事監察人任之，但應行調查之事項，均與發起人有利害關係，董事、監察人如有由發起人當選，且與自身有利害關係者，前項調查，創立會得另選檢查人爲之（公146Ⅱ）。是否另選，完全由創立會決定。董事監察人或檢查人，爲求調查周詳，得向創立會請求延期提出報告。其有此項需要，而創立會決議在5日內延期或續行集會時，不適用第172條之規定（公146Ⅴ）。發起人如有妨礙調查之行爲或董事、監察人、檢查人報告有虛僞者，各科新臺幣六萬元以下罰金（公146Ⅳ）。

五、設立登記

股份有限公司，因設立登記而成立，其所發生之效力，與其他各類公司同，其爲股份有限公司所特有者，則有下列兩項效力：

(一)申請設立登記	1.發起設立	股份有限公司發起設立者，代表公司之負責人應於就任後15日內，向主管機關申請爲設立之登記。但經目的事業主管機關核准應於特定基準日核准設立登記者，不在此限（公387Ⅰ，公司之登記及認許辦法3Ⅱ）。
	2.募集設立	股份有限公司募集設立者，代表公司之負責人應於創立會完結後15日內，向主管機關申請爲設立之登記。但經目的事業主管機關核准應於特定基準日核准設立登記者，不在此限（公387Ⅰ，公司之登記及認許辦法3Ⅲ）。
(二)設立登記	1.股票發行之效力	公司非經設立登記後，不得發行股票。違反此項規定者，其股票當然無效，持有人得對於發行股票人請求損害賠償（公161）。

之效力	2. 股份轉讓之效力	股份原則上可以自由轉讓，不得以章程禁止或限制之。但非於公司設立登記後，不得轉讓。發起人之股份非於公司設立登記1年後，不得轉讓（公163）。

六、發起人之責任

發起人為公司之籌備人，對於公司之創設，自極辛勞，故法律許其得享受相當報酬，或特別利益，但在另一方面，因其具有特殊身分，亦課以重大責任。依公司法規定：

公司成立時之責任

(一)充實資本責任：即發起人之連帶認繳義務，亦即未認足之第一次發行股份，及已認而未繳股款者，應由發起人連帶認繳；其已認而經撤回者亦同（公148）。

(二)損害賠償責任：

1.即發起人之損害賠償責任：因第 147 條及第 148 條情形，公司受有損害時，得向發起人請求賠償（公149）。其情形為：

(1)創立會之裁減權：發起人所得受之報酬或特別利益及公司所負擔之設立費用有冒濫者，創立會均得裁減之（公147前段）。

(2)抵作股款財產之裁減：用以抵作股款之財產，如估價過高者，創立會得減少其所給股數或責令補足（公147後段）。

(3)發起人連帶認繳：發起人負連帶認繳第二次發行股份之義務（公148）。

2.怠忽任務之賠償：發起人對於公司設立事項，如有怠忽其任務致公司受損害時，應對公司負連帶賠償責任（公155 I）。

3.違反法令之賠償：

(1)公司負責人對於公司業務之執行，如有違反法令致他人受有損害時，對他人應與公司負連帶賠償之責（公23 II）。即發起人、董事、監察人、檢查人均為公司負責人（公8）。

(2)發起人對於公司在設立登記前所負債務，在登記後亦負連帶責任（公155 II）。

發起人　發起人

二人以上

公司不成立時之責任

連帶負籌備費用：即公司不能成立時，發起人關於公司設立所為之行為，及設立所需之費用，均應負連帶責任，其因冒濫經裁減者亦同（公150）。

七、董事、監察人或檢查人之責任

公司設立中參與人

董事
不得少於3人
（公192Ⅰ）

㈠負業務上侵權行為責任：公司負責人應忠實執行業務並盡善良管理人之注意義務，如有違反致公司受有損害者，負損害賠償責任（公23Ⅰ）。
㈡違反法令損害之賠償：公司負責人對於公司業務之執行，如有違反法令致他人受有損害時，對他人應與公司負連帶賠償之責（公23Ⅱ）。

監察人
1人以上
（公216Ⅰ）

檢查人
檢查人對創立會之調查報告，如有虛偽者，各科六萬元以下罰金（公146Ⅳ）。

第四節　股份有限公司之股份

一、股份之概念

㈠**股份之意義**：股份（英：share, stock；德：Aktie；法：actions），在商業實務上，乃是股份有限公司資本之成分，由於股份有限公司之全部資本應分為股份，其每股金額應歸一律，一部分為特別股；其種類由章程定之（公156Ⅰ）。

㈡**股份之性質**：

1.**股份為金額之表示**	股份有限公司之資本，應分為股份，每股均代表一定之金額（公156Ⅰ前段）。
2.**股份之平等性**	股份有限公司之全部資本，應分為股份，每股金額應歸一律（公156Ⅰ前段）。每一股份均有平等之表決權（公179）。
3.**股份之不可分性**	每一股份都有「不可分性」，亦即不得再對單一股份進行分割，但同一股份可同時被2人以上共同持有。
4.**股份之有限責任性**	股份有限公司之股東就其所認股份，對公司負其責任（公2Ⅰ④），對於公司之增資並無義務，故為有限責任。

5.股份之轉讓性	公司之股份得自由轉讓，並不得以章程禁止或限制之。但非於公司設立登記後，不得轉讓（公 163 I）。
6.股份之證券性	股份有限公司之股份，係以股票表彰之，即以財產權表示於證券上，而股票爲有價證券，因此股份亦有證券性。

二、股份之金額

　　股份有限公司之資本，應分爲股份，每股金額應歸一律，一部分得爲特別股；其種類，由章程定之（公 156 I）。前項股份總數，得分次發行（公 156 II）。公司得依董事會之決議，向證券管理機關申請辦理公開發行程序。但公營事業之公開發行，應由該公營事業之主管機關專案核定之（公 156 III）。股東之出資除現金外，得以對公司所有之貨幣債權，或公司所需之技術、商譽抵充之；其抵充之數額需經董事會通過，不受第 272條之限制（公 156 IV）。公司設立後得發行新股作爲受讓他公司股份之對價，需經董事會三分之二以上董事出席，以出席董事過半數決議行之，不受第 267 條第 1 項至第 3 項之限制（公 156 V）。公司設立後，爲改善財務結構或回復正常營運，而參與政府專案核定之紓困方案時，得發行新股轉讓於政府，作爲接受政府財務上協助之對價；其發行程序不受本法有關發行新股規定之限制，其相關辦法由中央主管機關定之（公 156 VI）。前項紓困方案達新臺幣十億元以上者，應由專案核定之主管機關會同受紓困之公司，向立法院報告其自救計畫（公 156 VII）。同次發行之股份，其發行條件相同者，價格應歸一律。但公開發行股票之公司，證券管理機關另有規定者，不在此限（公 156 VIII）。

　　至於公司股份每股金額，所以必須一律者，其理由爲：

　　㈠計算股東權義較爲簡易。

　　㈡登載帳薄，亦趨於整齊，而不繁雜。

　　㈢分配股利手續較爲簡捷。

　　㈣市場交易買賣較爲方便。

習題：A 股份有限公司係依我國公司法設立，但未辦理公開發行之中小企業，如 A 公司辦理發行新股增資，試依公司法規定與法理，扼要回答下列問題：

㈠甲甫獲國外著名大學電機博士，欲以所具有之高科技知識出資，乃
提議以赴Ａ公司工作三年為對價，換取增資新股。問此舉是否合法？

㈡乙欲以其所持有對Ｂ公司之債權出資，是否合法？

㈢Ａ公司欲採投資入股方式與Ｃ公司建立策略聯盟，Ｃ公司大股東
丙願意促成此事。依公司法規定Ａ公司與丙間，應依循何種程序，
以達到目的？（94律）

答：㈠甲以技術出資，須有「專利權或專門技術」為出資之標的，亦即
具有智慧財產權始符合第156條第4款之規定。故不合法。

㈡乙應對Ａ公司有貨幣債權始符「以債作股」之規定，以Ｂ公司之
債權，則不合法。

㈢Ａ公司欲發行新股，與Ｃ公司大股東丙交換達成投資入股Ｃ公司
之目的，惟依第156條第5項，應經股東會特別決議之通過。

三、股份之種類

㈠以股東權利之優劣為準	普通股	指股份有限公司，將公司資產分為每股金額相等之股份，所發行之股份，採股東平等為原則。
	特別股	指在法律上其持有人依據其所持有之股份，得具有較普通股優先或劣後之股東權權利順位之謂。是為股東平等原則的例外。公司股份一部分得為特別股；其種類，由章程定之（公156 I 後段）。在公司設立或發行新股、增加資本時均可發行（公130 I ④、266 I、268 I ⑥）。公司發行特別股時，應於章程中訂立（公157）。
㈡以有無表決權為準	有表決權股	凡股份以有表決權為原則，依股份平等的原則，公司各股東每一股有一表決權（公179 I）。
	無表決權股	即股東無表決權之股份。有下列情形之一者，其股份無表決權（公179 II）： 1.公司依法持有自己之股份。 2.被持有已發行有表決權之股份總數或資本總額超過半數之從屬公司，所持有控制公司之股份。 3.控制公司及其從屬公司直接或間接持有他公司已發行有表決權之股份總數或資本總額合計超過半數之他公司，所持有控制公司及其從屬公司之股份。
㈢以股票票面是否記明股份金額為準	有面額股	即於股票票面記名一定金額之股份，每股金額應歸一律（公156 I）。且股票應編號，並載明發行股份總數及每股金額（公162 I ③）。
	無面額股	即於股票票面不記名股份金額之謂。

四 以公司的利益是否預定收回為準	償還股	得以公司的利益予以收回之股份。如公司法第 158 條：「公司發行之特別股，得以盈餘或發行新股所得之股款收回之。」因此特別股依法得爲償還股。
	非償還股	不得以公司的利益予以收回之股份。即普通股祇能爲非償還股。
五 以普通股或特別股是否可以轉換爲準	轉換股	可以轉換者，爲轉換股，依公司法特別股可以轉換爲普通股。
	非轉換股	不可以轉換者，爲非轉換股，普通股是否可以轉換爲特別股，法無明文。

四、普通股與特別股

我公司法第 156 條第 1 項規定：「股份有限公司之資本，應分爲股份，每股金額應歸一律，一部分得爲特別股；其種類由章程定之。」足見股份之種類爲普通股與特別股。

㈠**普通股**（英：common share, common stock；德：Stammaktie）：係指股份有限公司將公司資本分爲每股金額相等之股份後，所發行無特別權利義務之股份。持有普通股之投資人具有該公司之「普通股股東」身分，其所分配之股利稱爲「普通股股利」，且普通股股東能享有選舉董監事、表決公司重大議案、收取股利、優先認股和剩餘財產分配等各種基本權利，從而得享有股份有限公司之經營利益，並應承擔經營風險。

㈡**特別股**（英：preference share, preferred stock；德：Vorzugsaktie, Prioritätsaktie；法：actions de priorité, actions privilégiées）：又稱爲「**優先股**」。

1.特別股之意義：即指在法律上其持有人依據其所持有之股份，所得具有之公司盈餘或賸餘財產分派請求權或表決權之行使權利，較普通股股東不同者而言。如章程規定特別股分派股息及紅利、公司賸餘財產之順序或表決權之行使優先於普通股，則爲優先股；如較普通股爲差，則爲劣後股或後配股。如一部分優先於普通股，一部分較普通股爲差就是混合股。

2.特別股之發行時期：其發行有下列三種情形：

⑴公司設立時可發行特別股（公 130 I ④、156 I 後段）。

⑵公司分次發行新股得發行特別股（公 266 I、156 II）。

⑶公司增加資本時得發行特別股（公 266 I、278 II）。

3. 發行特別股之情形：

⑴章程之規定：依公司法第 157 條規定：「公司發行特別股時，應就左列各款於章程中定之：一特別股分派股息及紅利之順序、定額或定率。二特別股分派公司賸餘財產之順序、定額或定率。三特別股之股東行使表決權之順序、限制或無表決權。四特別股權利、義務之其他事項。」

公司發行特別股者，其種類、股數、每股金額及第 157 條各款事項申請證券管理機關核准，公開發行（公 168 I ⑥）。

⑵特別股之收回：公司發行之特別股，得以盈餘或發行新股所得之股款收回之。但不得損害特別股股東按照章程應有之權利（公 158）。

4. 特別股發行之限制：

⑴公司發行認股權憑證：公司發行認股權憑證或附認股權特別股者，有依其認股辦法核給股份之義務，不受第 269 條及第 270 條規定之限制。但認股權憑證持有人有選擇權。第 266 條第 2 項、第 271 條第 1 項、第 2 項、第 272 條及第 273 條第 2 項、第 3 項之規定，於公司發行認股權憑證時，準用之（公 268 之 1）。

⑵公開發行新股之限制：公司有下列情形之一者，不得公開發行具有優先權利之特別股（公 269）：

①最近 3 年或開業不及 3 年之開業年度課稅後之平均淨利，不足支付已發行及擬發行之特別股股息者。

②對於已發行之特別股約定股息，未能按期支付者。

5. 特別股之變更與其股東會：公司已發行特別股者，其章程之變更如有損害特別股股東之權利時，除應有代表已發行股份總數三分之二以上股東出席之股東會，以出席股東表決權過半數之決議為之外，並應經特別股股東會之決議（公 159 I）。公開發行股票之公司，出席股東之股份總數不足前項定額者，得以有代表已發行股份總數過半數股東之出席，

出席股東表決權三分之二以上之同意行之，並應經特別股股東會之決議（公 159 II）。前二項出席股東股份總數及表決權數章程有較高之規定者，從其規定（公 159 III）。特別股股東會準用關於股東會之規定（公 159 IV）。

五、股份之共有

乃數人依法律規定或契約訂定，公同共有一股份之謂。股份有限公司之股份為公司之最小構成分子，股份不得再為分割。股份為所有權以外之財產權，股份因繼承、合夥等原因而造成股份由數人共有或公同共有，只是準共有而已，無所謂應有部分，關於民法上共有之規定，可準用之（民 831）。惟公司法特別規定，凡股份為數人共有者，其共有人應推定一人行使股東之權利。股份共有人，對於公司負連帶繳納股款之義務（公 160）。公司如有股款催告通知，自得向其中任何一人為之，即發生催告之效力。此之共有，依股份不可分之原則，各股東不得請求分割。所謂不得分割，係指構成資本之均分單位之股份而言，若數人共有一單位以上之股份，則仍非不得分割，如二人共有二十股，自可分為每人十股，若二人有五股，則僅能就其中四股分割，餘一股商歸某人，不得分割為每人二股半。

六、股份之轉讓

指股東將股東權移轉於受讓人，由受讓人繼受取得股東權，而成為公司之新股東。因股份有限公司並未有股東退股制度，因此，股份轉讓亦為公司股東收回對公司投資之最主要方法。

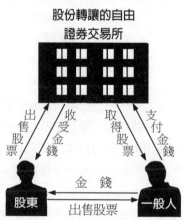

股份轉讓的自由

證券交易所

出售股票　收受金錢　取得股票　支付金錢

金　錢

股東　出售股票　一般人

㈠**股份轉讓的自由**：由於股份有限公司在性質上為典型的資合公司，公司的信用是建立於公司的資產、信用上，並不注重股東之個人條件，且股份之轉讓範圍包括股東應有權利義務之全部，與一般財產權之讓與性質並不相同，因此，股份有限公司股份之轉讓得不經公司之同意，而自由讓與他人，此稱為「**股**

份轉讓自由原則」，公司不得以章程禁止或限制其股東對於股份轉讓之自由（公 163 I）。由於股份有限公司在運作上係由董事會負責公司實際業務之經營權，因此，實務上係由股東對公司經營自行判斷，並享有隨時將持股出脫以便收回其對公司之投資，以避免財務損失之權益。

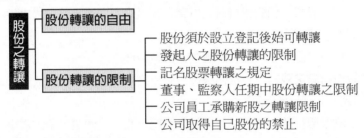

㈡**股份轉讓自由的限制**：因股份有限公司特有之「股份轉讓自由原則」與「股東有限責任原則」相互配合，從而股份有限公司乃能聚集大量資本，確保其企業得以穩健成長，且股份之轉讓不得以公司章程規定方式加以禁止或限制。但為保護投資人，股份轉讓自由原則在特殊情況下仍有例外：

1.股份須於設立登記後始可轉讓：任何股份之轉讓，非於公司設立登記後，不得轉讓（公 163 I）。因此公司設立前其轉讓行為，應屬無效（民 71）。

2.發起人之股份轉讓的限制：發起人之股份非於公司設立登記 1 年後，不得轉讓。但公司因合併或分割後，新設公司發起人之股份得轉讓（公 163 Ⅱ）。

3.記名股票轉讓之規定：記名股票之轉讓應依公司法第 165 條規定處理。

4.董事、監察人任期中股份轉讓的限制：董事、監察人選任後，應向主管機關申報，其選任當時所持有之公司股份數額；公開發行股票之公司董事在任期中轉讓超過選任當時所持有之公司股份數額二分之一時，其董事、監察人之職位，當然解任（公 197、227）。

5.公司員工承購新股之轉讓限制：公司發行新股，第 267 條第 4 項規定，第 1 項至第 3 項新股認購權利，除保留由員工承購者外，得與原有股份分離而獨立轉讓。因此員工之新股承購權，得限制在一定期間內，不得轉讓，違反此規定之轉讓，應屬無效（民 71）。但其期間最長不得超

過 2 年（公 267VI）。

　　6.公司取得自己股份的禁止：公司不得自行將所發行之股份收回、收買或收回質物（公 167 I），以免違反資本充實之原則。

　㈢**股份轉讓之方式**：

　　1.記名股票：由股票持有人以背書轉讓之，並應將受讓人之姓名或名稱記載於股票（公 164 I 前段）。

　　2.無記名股票：以交付轉讓之（公 164 I 後段）。

　㈣**股份轉讓之效力**：股份轉讓後，股東之權利義務就移轉於受讓人。茲分股票發行前後說明之：

　　1.股票發行前之轉讓：公司設立登記後股份之轉讓，須由當事人通知公司，始生效力。

　　2.股票發行後之轉讓：

　　　⑴記名股票：由股票持有人以背書轉讓之，並應將受讓人之姓名或名稱記載於股票（公 164 前段），而後將股票交付於受讓人，即生效力。同時應將受讓人之姓名或名稱及住所或居所，記載於公司股東名簿，始可以其轉讓對抗公司（公 165 I）。

　　　⑵無記名股票：股票股份之轉讓，因股票交付而生效力。

習題：我國公司法有關股份轉讓或取得有無限制規定？於公司設立前或新股發行前將股權轉讓者，其法律上效力如何？（92 律）

七、股份之設質

　　可讓與之債權與其他權利都能作為質權之標的物（民 900）。由於股份有限公司所發行之股份在權利性質上係可讓與之財產權，因此，原則上股份有限公司除不得將自己股份收為質物之外（公 167 I），其公司股份應得作為設定質權時之標的物，且所設定之質權在性質上應屬於權利質權。

　㈠**股票設質之方法**：

　　1.股票發行前股份之設質：公司設立登記後股票發行前，股份既得轉讓，當應得以設質，此時，須由當事人通知公司始生效力（公 163 I、165 I）。

　　2.股票之設質：

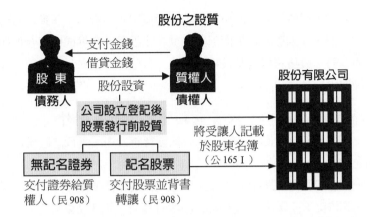

(1)記名股票之設質：由於記名股票在性質上為有價證券，因此，在設定質權時除必須交付股票之外，並應以背書轉讓方式進行質權之設定（民908）。但公司法第165條第1項：「股份之轉讓，非將受讓人之姓名或名稱及住所或居所，記載於公司股東名簿，不得以其轉讓對抗公司。」

(2)無記名股票之設質：由於無記名股票在性質上為無記名證券，因此應以股票之交付作為質權之生效要件（民908）。

㈡**股份設質之效力**：質權人雖得行使質權人之權利，但股份有限公司之股份質權人，本身並不具有公司股東之身分，因此不能行使表決權。設質之效力如下：

1.優先受清償權：在股份設定質權之後，若債權已到清償期而質權人仍未受清償時，即得拍賣其所持有之股份，並以拍賣所取得之價金優先接受債務清償（民901準884）。

2.孳息之收取：股份有限公司之盈餘分派在性質上係由股份所產生之法定孳息，而質權人對於其標的物原則上有收取孳息之權，因此，股份質權人得收取股息及紅利之分配（民901準889）。

3.賸餘財產分派收取權：當股份有限公司進行法定清算程序時，若有賸餘財產可分派給公司股東，則股份質權人對於所分派之賸餘財產亦有收取權。

4.物上代位權：若股份有限公司因減少公司資本，而進行有償銷除公司股份，或因股份合併而退還股款，或因股份合併或公司合併而換發新股票時，股份質權人基於物上代位，有權可取得退還之股款或換發之新股票。

八、股份之收回、收買或設質之禁止及例外

所謂股份之收回、收買，即公司自行將公司所發行之股份以代價買回之意。

(一)**股份收回、收買或禁止**：此即「股份回籠禁止原則」，依公司法規定，公司除依第 158 條、第 167 條之 1、第 186 條及第 317 條規定外，不得自將股份收回、收買或收為質物（公 167 I 前段），其理由為：

1.維持公司資本之穩定：因為如准許公司可以收回、收買或質押自己之股份，不僅使公司資本逐漸減少，最後全部收回，等於無資本，勢將損害債權人利益。

2.防止公司操縱股票價格：更可能造成投機之弊端，擾亂證券市場，影響債權人及投資大眾權益，故法律以明文禁止之。

3.貫徹股東平等原則：如公司可自行收回、收買或質押自己之股份，則公司負責人可隨時見機行事，對其他股東造成不公平現象。

(二)**禁止之例外**：但有下列之例外：

1.特別股之收回：公司發行之特別股係股東平等原則之例外，其對於普通股東均有影響，故公司得以盈餘或發行新股所得之股款收回之。但不得損害特別股股東按照章程應有之權利（公 158）。

2.公司以董事會決議收買股份轉讓員工：公司除法律另有規定者外，得經董事會以董事三分之二以上之出席及出席董事過半數同意之決議，於不超過該公司已發行股份總數百分之五之範圍內，收買其股份；收買股份之總金額，不得逾保留盈餘加已實現之資本公積之金額（公 167 之 1 I）。前述公司收買之股份，應於 3 年內轉讓於員工，屆期未轉讓者，視為公司未發行股份，並為變更登記（公 167 之 1 II）。公司依第一項規定收買之股份，不得享有股東權利（公 167 之 1 III）。

3.股東請求收買股份：

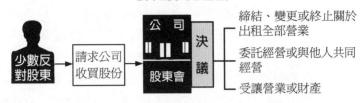

股東請求收買股份

(1)少數股東請求收買：即公司通過與營業或財產有關之重大變更，如下列三項決議，而有少數股東已以書面通知公司為反對該項行為之意思表示，並於股東會已反對者，得請求公司以當時公平價格，收買其所有之股份。但股東會決議讓與全部或主要部分之營業或財產，同時決議解散者，不在此限（公186）。

①締結、變更或終止關於出租全部營業，委託經營或與他人經常共同經營之契約。

②受讓他人全部營業或財產，對公司營運有重大影響者。

(2)公司分割或合併時股份之收買，董事會應就分割、合併有關事項，作成分割計畫、合併契約，提出於股東會；股東在集會前或集會中，以書面表示異議，或以口頭表示異議經紀錄者，得放棄表決權，而請求公司按當時公平價格，收買其持有之股份（公317 I）。

①請求收買之期間：少數股東請求收買股份，應於股東作成前述決議之日起 20 日內，提出記載股份種類及數額之書面為之（公187 I），否則，股東則喪失請求權。

②收買股份價格之確定方式：

　A 協議決定：股東與公司間協議決定股份價格者，公司應自決議日起 90 日內，向該股東支付協議之價款（公187 II前段），且在股份有限公司支付價款之同時，該股東即應將其股票交付給公司。

　B 裁定決定：指股份有限公司股東在行使其股份收買請求權時，對於其收買價格若超過 60 天之法定期限，而仍無法與

公司達成協議時，則該股東即應在期間經過後之 30 天內，聲請法院進行股份價格之裁定（公 187 Ⅱ後段），公司應在法院之裁定確定後，加計法定利息向股東支付價款，且在股份有限公司支付價款之同時，該股東即應將其股票交付給公司（公 187 Ⅲ）。

③股份收買請求權之失效：部分股東反對股東會之決議，請求收買股份，如公司取銷第 185 條第 1 項所列之行為時，失其效力（公 188 Ⅰ）。

④請求收買之限制：公司法規定，被持有已發行有表決權之股分總數或資本總額超過半數之從屬公司，不得將控制公司之股份收買；控制公司及其從屬公司直接或間接持有他公司已發行有表決權之股份總數或資本總額合計超過半數者，他公司亦不得將控制公司及其從屬公司之股份收買或（公 167 Ⅳ）。

4.股東清算或受破產宣告之收回：股東清算或受破產之宣告時，如對公司負有債務時，公司得按市價收回其股份，抵償其於清算或破產宣告前結欠公司之債務（公 167 Ⅰ但）。

5.公司收回收買股份之出售：公司依第 167 條第 1 項但書、第 186 條之規定收回或收買之股份，應於 6 個月內，按市價將其出售，屆期未經出售者，視為公司未發行股份，並為變更登記（公 167 Ⅱ）。

㈢**違法取得之賠償**：公司負責人違反收回、收買規定，將股份收回、收買，或收回質物，或抬高價格抵償債務或抑低價格出售時，應負賠償責任（公 167 Ⅴ）。董事會之決議違反規定，致公司受損害時，參與決議之董事，對於公司負賠償之責。但經表示異議之董事，有紀錄或書面聲明可證者，免其責任（公 193）。

習題：公司不得將股份收買、收回或收為質物，其理由何在？有無例外規定？股東之股份收買請求權失效之情形為何？（82 司）

九、股份之銷除

㈠**股份銷除之意義**：所謂**股份之銷除**（英：retirement of shares；德：

Einziehung von Aktien, Amortisation；法：amortissement des actions），指由股份有限公司消滅個別股東權之行為，即使公司之股份客觀回歸於消滅之謂。依公司法第 168 條第 1 項：「公司非依股東會決議減少資本，不得銷除其股份；減少資本，應依股東所持股份比例減少之。」一旦股份消滅，公司股份所表彰之股東權即已絕對消滅，並使股票失去效力。

　　就股份銷除之程序而言，由於銷除股份在性質上係屬於減少股份有限公司資本之方法，基於維護公司股東及債權人權益之立場，因此，股份有限公司必須在股東會通過減少資本之決議後，方可辦理銷除股份，並能遵守「**股東平等原則**」，應依股東持股比例進行減少。若公司負責人違反規定銷除股份者，應各科處二萬元以上十萬元以下之罰鍰（公 168Ⅱ）。

　　㈡**銷除之方法**：除了減少資本外，公司為彌補虧損，於會計年度終了前，有減少資本及增加資本之必要者，董事會應將財務報表及虧損撥補之議案，於股東會開會 30 日前交監察人查核後，提請股東會決議（公 168 之 1）。

第五節　股份有限公司之股票

一、股票之概念

　　㈠**股票之意義**：股票（英：share-certificate, stock-certificate；德：Aktie, Aktienbrief；法：titres d'action），係指股份有限公司在發行其公司股份時，以證明股份所有權為目的，而簽發給持股人證明之有價證券。依據公司法之規定，股份有限公司發行公司股票，應記載一定事項，由董事 3 人以上簽名或蓋章加以證明，並經主管機關或其核定之發行登記機構簽證後，該股票方具有合法效力（公 162Ⅰ）。故股票為要式證券。

　　㈡**股票之性質**：就企業型態而言，「股東權之證券化」乃是股份有限公司重要特色之一，股東權可透過股票而在證券市場自由流通買賣，因此，股份有限公司之股票乃係公司用以表彰股東權之有價證券。在法律性質如下：

1. **證權證券**	股票是用以表彰股東權之一種憑券，也是財產權之憑證，係證權證券，與票據之屬於設權證券者，不同。

2. 要式證券	股票應編號，記載一定事項，由董事 3 人以上簽名或蓋章，並經主管機關或其核定之發行登記機構簽證後發行之（公 162 I），因此係要式證券。
3. 有價證券	由於股份有限公司之股票，亦包含盈餘分派請求權及賸餘財產分派請求權等具有財產價值之權利，且在相關權利行使上，都是以證券本身所有權移轉方式進行，因此，股份有限公司之股票為「有價證券」。
4. 流通證券	公司股份之轉讓，不得以章程禁止或限制之（公 163 I 前段）。股票又因在股票上是否記載股東姓名而分為記名股票與無記名股票。記名股票，依背書轉讓之；無記名股票依交付轉讓，故股票係流通證券。

(三)股票之種類：

1. 以股票記名與否為準	記名股票	即在股票上記載股東姓名之股票，由股票之持有人以背書轉讓之，並應將受讓人之姓名或名稱記載於股票（公 164 前段）。記名股票之股東不必經過交存股票之程序，即可出席股東會行使權利。
	無記名股票	指股票票面上並未記載股東姓名，無記名股票得以交付即生轉讓之效力（公 164 後段）。
2. 以股票所表示股份之多寡為準	單數股票	每張表彰一股份之股票之謂。
	複數股票	每張表彰數股份之股票。如十股股票、百股股票等。
3. 以股票表彰之股東權為準	普通股票	即表彰普通股權之股票。
	特別股票	即表彰特別股權之股票。
4. 以有無記載一定票額為準	票面金額股	凡股票票面記載一定金額，稱為票面金額股（par-value stock）。
	無票面股金額	凡股票未記載票面金額，而只標明其股份數以表示對公司總資產比例時，稱為無票面金額股（non-par-value stock）。
	我國公司法只採行票面金額股（公 162 I ③）。	

二、股票之發行

(一)意義：股票發行，係指公司製作並交付股票之行為，由於公司股票

係顯示公司股份、表彰股東權之有價證券，因此，股票發行對股東權之保護及公司制度之維持極為重要。

(二)發行之款式：

　　1.股票應記載事項：股票為要式證券，依公司法規定，股份有限公司發行股票，無論採記名式、不記名式，或票面金額股，均應編號，載明下列事項，由董事 3 人以上簽名或蓋章，並經主管機關或其核定之發行登記機構簽證後發行之（公 162 I）：

　　　(1)公司名稱。

　　　(2)設立登記或發行新股變更登記之年、月、日。

　　　(3)發行股份總數及每股金額。

　　　(4)本次發行股數。

　　　(5)發起人股票應標明發起人股票之字樣。

　　　(6)特別股票應標明其特別種類之字樣。

　　　(7)股票發行之年、月、日。

　　　　上述各款，除第(6)款之特別股為相對必要記載事項外，其餘均為絕對必要記載事項，其有欠缺時，股票即屬無效。

　　2.記名股票之記載：記名股票應用股東姓名，其為同 1 人所有者，應記載同一姓名；股票為政府或法人所有者，應記載政府或法人之名稱，不得另立戶名或僅載代表人姓名（公 162 II）。

(三)股票發行之時期：

　　1.發行股票之條件：公司非經設立登記或發行新股變更登記後，不得發行股票。但公開發行股票之公司，證券管理機關另有規定者，不在此限。違反上前項規定發行股票者，其股票無效。但持有人得向發行股票人請求損害賠償（公 161）。

　　2.發行股票之義務：公司資本額達中央主管機關所定一定數額以上者，應於設立登記或發行新股變更登記後 3 個月內發行股票；其未達中央主管機關所定一定數額者，除章程另有規定者外，得不發行股票（公 161 之 1 I）。公司負責人違反上項規定，不發行股票者，除由主管機關責令限期發行外，各處新臺幣一萬元以上五萬元以下罰鍰；期滿仍未發行

者，得繼續責令限期發行，並按次連續各處新臺幣二萬元以上十萬元以下罰鍰，至發行股票爲止（公161之1Ⅱ）。

㈣股票之製作與發行：

　1.實體股票制：

　　⑴傳統小面額股票之發行：股票應編號，載明下列事項，由董事3人以上簽名或蓋章，並經主管機關或其核定之發行登記機構簽證後發行之（公162Ⅰ）：

　　　①公司名稱。

　　　②設立登記或發行新股變更登記之年、月、日。

　　　③發行股份總數及每股金額。

　　　④本次發行股數。

　　　⑤發起人股票應標明發起人股票之字樣。

　　　⑥特別股票應標明其特別種類之字樣。

　　　⑦股票發行之年、月、日。

　　　　記名股票應用股東姓名，其爲同1人所有者，應記載同一姓名；股票爲政府或法人所有者，應記載政府或法人之名稱，不得另立戶名或僅載代表人姓名（公162Ⅱ）。第1項股票之簽證規則，由中央主管機關定之。但公開發行股票之公司，證券管理機關另有規定者，不適用之（公162Ⅲ）。

　　⑵單張大面額股票制：公開發行股票之公司發行新股時，其股票得就該次發行總數合併印製（公162之1Ⅰ）。依此規定發行新股時，不適用第162條第1項股票應編號及第164條背書轉讓之規定（公162之1Ⅲ）。依第1項規定發行之股票，應洽證券集中保管事業機構保管（公162之1Ⅱ）。

　2.無實體股票制：公開發行股票之公司，其發行之股份得免印製股票。依此項規定發行之股份，應洽證券集中保管事業機構登錄（公162之2）。

㈤股票發行之限制：

　1.公司得以章程規定發行無記名股票；但其股數不得超過已發行股份總數二分之一（公166Ⅰ）。發行無記名股者，其總額應載明於招股章程

（公 137 I ⑥）。

　　2.公司得因股東之請求，發給無記名股票或將無記名股票改為記名式（公 166 II）。

習題：股份有限公司是否有發行股票之義務？如須發行股票，應如何發行？
　　　如公司未發行股票於股東時，如何轉讓其股份？（91 司）
　答：1.依第 161 條之 1 規定，有發行股票之義務。
　　　　2.發行股票之方式，依第 162、162 之 1、162 之 2 之規定辦理。
　　　　3.看下一段三、股票之轉讓。

三、股票之轉讓

　　即股份之轉讓，亦為股東權之轉讓。股票具有流通證券之性質，除發起人股外，股份得以自由轉讓為原則，限制轉讓為例外。因此公司股份之轉讓，不得以章程禁止或限制之，但非於公司設立登記後，不得轉讓，發起人之股份非於公司設立登記 1 年後，不得轉讓。但公司因合併或分割後，新設公司發起人之股份得轉讓（公 163）。

　　㈠**記名股票**：

　　1.過戶：記名股票，由股票持有人以背書轉讓之，並應將受讓人之姓名或名稱記載於股票（公 164 前段）。記名股票之轉讓，非將受讓人之姓名或名稱及住所或居所，記載於公司股東名簿，不得以其轉讓對抗公司（公 165 I）。此種手續，俗稱「過戶」。由此可知，記名股票固以背書而轉讓，但只有背書，受讓人雖為股票之合法持有人，惟如未辦理過戶手續，則不得對抗公司，亦即不得享受開會及分派股息或盈餘等權利。

　　2.過戶閉鎖期間：上述股東名簿記載之變更，於股東常會開會前 30 日內，股東臨時會開會前 15 日內，或公司決定分派股息及紅利或其他利益之基準日前 5 日內，不得為之（公 165 II）。公開發行股票之公司辦理第 1 項股東名簿記載之變更，於股東常會開會前 60 日內，股東臨時會開會前 30 日內，不得為之（公 165 III）。上項期間，自開會日或基準日起算（公 165 IV）。

　　㈡**無記名股票**：無記名股票之轉讓方法，應適用一般無名有價證券的轉讓方法，即不須背書，僅將股票交付，即生轉讓之效力（公 164 I 後段）。

㈢**未發行股票公司之轉讓**：只須當事人之合意即可轉讓，惟仍應依第 165 條第 1 項規定，將受讓人之姓名等記載於股東名簿，否則，不得以其轉讓對抗公司。

習題：A股份有限公司股東甲，將所持有之A公司記名股票背書轉讓予乙，乙卻未向A公司辦理股東名簿之過戶，試問該轉讓是否有效？乙得否向A公司主張參加股東會及分派盈餘？有何依據？(89 會)

　　答：㈠甲、乙之股票轉讓，依公司法第 164 條前段，因已背書轉讓，故有效。

　　　　㈡因乙未向A公司辦理股東名簿過戶，依第 165 條第 1 項，不能以其轉讓對抗公司，故不得向A公司主張參加股東會及分派盈餘。

四、股票之強制執行

　　股票係有價證券，為財產權，又可以為質權之標的，則股東之債權人，自亦得請求為強制執行。因記名股票係採背書轉讓，而無記名股票僅須將股票交付即生轉讓之效力(公 164)。故應適用強制執行法對於動產之執行程序辦理，不得依其他財產之執行程序辦理(強 59Ⅱ)。在無記名股票，非將該股票扣押，不得進行拍賣或讓與管理程序，但不以將扣押之事由通知公司為必要。在記名股票，其轉讓之方式，雖須記載公司股東名簿，但記載股東名簿，僅為對抗公司之要件，而非為對抗第三人之要件，故對記名股票之執行，亦宜將股票扣押，並應通知公司，否則，其因合法背書而取得股票之第三人將屬有效，而質權人將受有不測之損害。

五、股票之換發

　　公司因減資，或合併股份而減資時，就須換發股票：

　　㈠**換取股票之通告**：因減少資本換發新股票時，公司應於減資登記後，定 6 個月以上之期限，通知各股東換取，並聲明逾期不換取者，喪失其股東之權利；發行無記名股票者，並應公告之(公 279Ⅰ)。

　　㈡**不換取股票之結果**：股東於前項期限內不換取者，即喪失其股東之權利，公司得將其股份拍賣，以賣得之金額，給付該股東(公 279Ⅱ)。公司負責人違反本條通知或公告期限之規定時，各處新臺幣三千元以上一萬五千元以下罰鍰(公 279Ⅲ)。

第六節　股份有限公司之股東

一、股東之概念

㈠**股東之意義**：股份有限公司之「股東」（英：shareholder, stockholder；德：Aktionär；法：actionnaire），係指持有股份有限公司所發行股份之所有人，凡持有公司之股份，即為公司之股東，亦為公司最高意思機關之股東會之構成員，基於其股份，對公司享受權利，負擔義務。雖然在股份有限公司之運作上大多數股東都有「公司債權人化」之現象，亦即股東實際上僅重視公司盈餘分配或股票漲跌利益，而不關心公司之業務經營及行政運作，但股東在法律定位上仍為股份有限公司之構成員，而非公司之債權人。

股份與股東

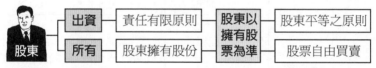

㈡**股東權之基本原則**：

1.股東責任有限原則：即股東對公司之義務僅有出資義務一項，即股東負有繳納出資之義務，各股東與公司債權人並無直接法律關係，各股東對於有限公司因經營不善而導致公司背負債務，僅以其出資額度為限負有清償責任（公2）。

2.股東平等之原則：即公司股東基於其自身之股東地位，而對公司之權利及義務一律平等，稱為「股東平等原則」，實務上基於股東平等原則，各公司股東在進行公司決策或議案表決時，原則上每股有一個表決權（公 179），因此有謂，應稱為「股份平等之原則」較符實際。但公司亦得依據各股東之出資比例之不同，而在章程中訂定表決權之分配方式，且在公司股東之盈餘分配上，在分派股息及紅利時，除公司章程另有規定之外，原則上亦應以各股東所持有之股份比例做為標準進行分配。但此不適用在表決權平等與發行特別股之時（公157）。

二、股東之權利義務

㈠**股東之權利**：即基於股東之地位而對公司享有之權利。此即一般所稱之「股東權」。

1.股東權之分類：

依據基準	權利名稱	意　義	舉　例
⑴依股東權利行使之目的為準	共益權	即股東以參與公司之管理與營運為目的所享有之權利。其行使之目的除為個人利益外，同時亦兼為公司之利益所行使之權利。	股東會出席權（公177）、表決權（公179）、請求召集股東會之權（公173）、請求法院宣告股東會決議無效之權（公189）、董事會違法行為之停止請求權（公194）、訴請法院裁判解任董事與監察人之權（公200、227）、查閱帳簿請求權（公229）、對董事、監察人提起訴訟權（公214、227）、請求解任清算人權（公323Ⅲ）、聲請法院檢查公司業務及財產狀況之權（公245Ⅰ）。
	自益權	股東祇為自己利益而行使之權利。	如股東過戶請求權（公165）、股票改式請求權（公166Ⅱ）、股息紅利分派請求權（公232）、建設股息分派請求權（公234）、新股認購權（公267）、發行股票請求權（公161、166Ⅱ）、賸餘財產分派請求權（公330）。
⑵依股東行使權利之方式為準	單獨股東權	即每一位股東都可單獨行使之權利，其行使與股東持有股份數之多寡無關。	自益權所包含之權利都屬於單獨股東權。而共益權中之表決權、繼續持有股份1年以上之股東對於董事會違法行為之停止請求權、請求法院宣告股東會決議無效之權、請求董事會召集股東會之權（公173）。
	少數股東權	即股東權之行使，以股份達到一定數額為條件者，即為少數股東權。即基於保護股份有限公司少數股東之利益，避免因大股東濫用表決優勢而使其權益受損，	基本上股份有限公司股東對於「請求法院裁定解散公司」及「聲請公司重整」兩種權利之行使條件，為必須繼續持有股份達6個月以上，且持有股份數占已發行股份總數10％，行使「請求監察人為公司對董事提起訴訟」、「請求董事會為公司對監察人提起訴訟」及「對董監提起代表訴訟」

		因此，在股東個人所持有之股份數額達到公司已發行股份總數之一定比例以上時，或集合少數股東之股份合併計算後，達到該持股數量所要求之標準時，始得行使之股東權利。	三種權利之條件，則必須繼續持有股份達 1 年以上，且持有股份數達已發行股份總數 3%，行使「股東會召集請求權」、「自行召集權」、「訴請法院裁判解任董監事」、「聲請法院選派檢查人」與「解任清算人之聲請權」之條件，爲該股東必須繼續持有股份達 1 年以上，且須持有股份數達已發行股份總數 3%，至於行使「特別清算中聲請法院命令檢查公司之業務及財產」之條件則必須繼續持有股份達 6 個月以上，且須持有股份數達已發行股份總數 3%。
(3)依權利之性質為準	固有權	凡股東權利不得以公司章程、或股東會之決議予以剝奪或限制之謂。	共益權都屬於固有權。但特別股股東之表決權則爲例外，因此公司仍得以章程規定之方式限制特別股股東對於表決權之行使，或直接規定公司之特別股股東無表決權（公 157 I ③）。
	非固有權	得以公司章程規定或股東會決議之方式加以剝奪或限制之權利。	自益權多屬於非固有權。但「股份轉讓權」（公 163）、「股份收買請求權」（公 186）與「股份認購權」（公 267）等三項自益權，則爲例外。
(4)依權利歸屬之主體為準	普通股東權（一般權）	即一般股東所享有之權利。	普通股東權係指屬於公司一般股東所有之權利。
	特別股東權	即屬於特定股東所享有之權利。	因公司法准許公司發行特別股，發行特別股時應於章程中規定（公 157），就股息、紅利或賸餘財產之分派有先後優劣的不同；表決權亦得限制或無表決權等（公 157 I ③）。

(二)**股東之義務：**

1.繳納股款之義務：在股份有限公司股東有限責任原則之下，股東對於公司之義務僅有「出資義務」一項（公 154），亦即股份有限公司之認股人有照所填認股書繳納股款之義務（公 139）。如股份爲數人共有者，則共有人對於公司負連帶繳納股款之義務（公 160 II），但該出資義務之範

圍僅以其認股金額全部繳清為限。

　　2.對公司債務之義務：就股份有限公司有限責任原則之下，公司股東對於公司債務並不直接負責，實際上僅有公司財產可作為公司債務之擔保，因此，股東對於公司之責任，以繳清其股份之金額為限（公154）。雖公司之資產不足清償債務，股東仍不負責。

三、股東名簿

　　股東名簿（英：register of members, share register；德：Aktienbuch；法：liste des actionnaires）者，乃公司為記載股東及其股份所設置之簿冊。

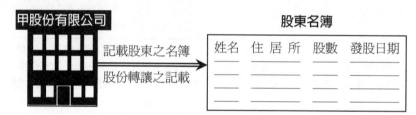

　　㈠**股東名簿應記載事項**：股東名簿應編號記載下列事項（公169 I）：
　　　1.各股東之姓名或名稱、住所或居所。
　　　2.各股東之股數；發行股票者，其股票號數。
　　　3.發給股票之年、月、日。
　　　4.發行無記名股票者，應記載其股數、號數及發行之年、月、日。
　　　5.發行特別股者，並應註明特別種類字樣。
　　採電腦作業或機器處理者，前項資料得以附表補充之。
　　㈡**公司有備置股東名簿之義務**：代表公司之董事，應將股東名簿備置於本公司或其指定之股務代理機構；違反者，處新臺幣一萬元以上五萬元以下罰鍰。連續拒不備置者，並按次連續處新臺幣二萬元以上十萬元以下罰鍰（公169Ⅲ）。
　　㈢**股份轉讓之記載**：股份之轉讓，非將受讓人之姓名或名稱及住所或居所，記載於公司股東名簿，不得以其轉讓對抗公司（公165 I）。公開發行股票之公司辦理第1項股東名簿記載之變更，於股東常會開會前60日內，股東臨時會開會前30日內，不得為之（公165Ⅲ）。

四股東名簿記載之變更：

1.股東名簿記載之變更，於股東常會開會前 30 日內，股東臨時會開會前 15 日內，或公司決定分派股息及紅利或其他利益之基準日前 5 日內，不得為之（公 165 Ⅱ）。

2.公開發行股票之公司辦理第 1 項股東名簿記載之變更，於股東常會開會前 60 日內，股東臨時會開會前 30 日內，不得為之（公 165 Ⅲ）。前二項期間，自開會日或基準日起算（公 165 Ⅳ）。

五股東名簿之作用：

1.公司之登記、認許及變更必備之文件（公 387 Ⅳ）。

2.記名股票之轉讓，非將受讓人之姓名或名稱及住、居所，記載於公司股東名簿，不得以其轉讓對抗公司（公 165 Ⅰ）。

3.凡是在股東名簿上登記為公司股東時，即具有公司之股東資格，並得以行使其所屬之股東權。

4.公司正式成立之後，公司負責人應將股東名簿備置在本公司或其指定的股務代理機構中，以便提供公司股東及債權人請求查閱或抄錄時之用（公 210）。但股東及債權人在提出請求時，必須檢具利害關係證明文件且應指定查閱或抄錄之範圍。若公司負責人不備置股東名簿，或在無正當理由之下拒絕股東及債權人查閱與抄錄之請求時，應處以罰鍰且得連續處罰（公 210 Ⅲ）。

5.公司依股東名簿上所記載之住所發送之通知或催告，縱未送達，公司亦不負責任。

第七節 股份有限公司之機關

一、機關之概念

公司法為防止企業經營者濫用權限，確保企業之經濟利益，因此參考世界各國多數立法例，仿照政治上三權分立體制的方法，以設置公司代表機關之方式，而將股份有限公司內部的法定必備機關劃分為**股東會、董事會**及**監察人**，並以權限劃分方式，使三個機關彼此間產生制衡關係，從而

達到公司內部自治監督目的，防止企業經營者擅權問題。由於股份有限公司屬於營利性質之社團法人，公司本身並無自然實體存在，必須設置代表機關作爲公司對外進行各種法律行爲時之執行人，因此，股份有限公司之特色主要爲設置公司代表機關、企業所有權與經營權分離。

二、代表機關之種類

(一)機關設置之基礎不同	1.法定必備機關	係指依據公司法之規定，股份有限公司在內部組織上所必須設置的機關，包括公司代表公司意思機關之**股東會**、業務執行機關之**董事會、董事**，與作爲監督機關之**監察人**，但不包括副董事長及常務董事在內。
	2.法定任意機關	係指**檢查人**。檢查人之地位是屬於股份有限公司之臨時監督機關，乃是法院基於股份有限公司少數股東或其他利害關係人之聲請，或依據其本身之法定職權，而對公司所進行之公權監督方式。
	3.章定任意機關	係指股份有限公司依據實際業務運作情況，以及經營管理之需求，基於公司股東之同意，而在章程上明文規定其公司內部所應設置之機關，包括副董事長、常務董事及經理人在內。
(二)機關設置之性質不同	1.意思機關	此意思機關是公司**股東會**。公司股東會對於監察人具有法律所賦予之任免權、對監察人提出之報告有查核權、監察人責任解除權及監察人責任追究權等，藉以督促監察人能善盡其職責。由於股東會之決議方式係採用多數決制度，爲保護少數股東之權益，避免持股較多之大股東與公司董事勾結，因此，法律上針對少數股東之權利亦有許多保障措施，例如授與股東會召集請求權及自行召集權、訴請法院裁判解任董事之權利、請求監察人爲公司對董事提起訴訟之權利、對董事提起代表訴訟權，及聲請法院選派檢查人權利等，另外並授與單獨股東權，例如訴請撤銷股東會決議權及董事會違法行爲停止請求權等，其作用在於防止董事會擅權，以保護股東之利益。
	2.業務執行機關	此業務執行機關爲**董事會、董事**與**經理人**。在股份有限公司成立方式上，係以聚集多數投資人資金而形成公司經營所需之大資本，因此，其股東之人數甚多，無法使每一個股東都能參與公司之經營運作，且在股東有限責任原則之下，公司在經營時必須設置法定必備之業務執行機關，以負責公司業務之執行，而將實際業務執行權交由公司董事會負責，全體股東所組成之股東會則爲公司最高之機關，並授權股東會有董事任免權、會計表冊查核權、會計表冊承認權、董事責任解除權及董事責任追究權等，藉

	以監督董事會執行業務之實效，從而亦形成股份有限公司企業所有權與企業經營權分離之現象，乃是股份有限公司最大之特徵。
3. 監督機關	此監督機關為**監察人**及**檢查人**。監察人掌理公司業務執行監督權及公司會計審核權，且為使監察人對公司之監督能發揮作用，法律賦與監察人可聽取董事會報告之權利、董事會違法行為之停止請求權、臨時股東會召集權、董事與公司有交涉時之公司代表權及代表公司訴請追究董事責任權等，用以補強股東會之監督權能。實務上為避免股份有限公司董監事彼此勾結之行為，因此，必要時可授權檢查人作為公司之臨時監督機關，以便對公司有更周詳之監督。除在法律規定上強化公司內部之自治監督外，亦同時加強行政機關及司法機關對於股份有限公司所進行之公權監督，希望在自治監督及公權監督配合下，使股份有限公司董事會更能善用權限而不至於擅權。

三、股東會

㈠股東會之概念：

1.股東會之意義：股東會（英：general meeting, meeting of shareholders；德：Generalversammlung；法：assemblée générale），是由全體股東所組成之會議體，並依據全體股東之總意志而在公司內部決定公司意思，為公司法定必備之最高意思機關。

2.企業所有與企業分離（英：separation between ownership and management；德：Trennung von Unternehmensbesitz und Leitung）：股份有限公司雖

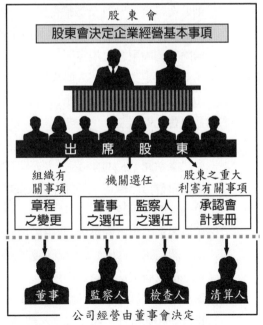

企業所有權與企業經營權之分離

股東會

股東會決定企業經營基本事項

出　席　股　東

組織有關事項	機關選任	股東之重大利害有關事項
章程之變更	董事之選任　監察人之選任	承認會計表冊

董事　　監察人　　檢查人　　清算人

公司經營由董事會決定

是法人，在企業所有與企業經營分離之原則下，股東在實質上以所有者身分參與股息及紅利之分配，但關於公司之經營，以股東會之構成員擁有重要事項之議決權，至於公司業務之執行及其監督，則委由股東會所選任之董事及監察負責，但董事會執行業務，須服從股東會之決議（公193 I）。因股份有限公司之股東會係由包括普通股股東及特別股股東，而特別股股東本身雖無表決權，但仍可享有其他種類之股東權利，例如出席股東會並提出議案，或就議案提出質詢或陳述意見等股東會參與權，以保障其股東權益。

　　㈡**政府或法人股東**：政府或法人股東1人所組織之股份有限公司，其股東會職權由董事會行使，不適用公司法有關股東會之規定（公128之1 I）。此項公司之董事、監察人，由政府或法人股東指派（公128之1 II）。

　　1.立法理由：

　　　　⑴股東會是由股東2人以上決定公司意思之機關，政府或法人（含外國公司）股東1人股份有限公司，自無成立股東會之可能，則公司業務之執行及職權行使，仍可透過董事會決議，及監察人運作之，故於第1項明定其股東會職權改由董事會行使，並排除有關股東會之規定。

　　　　⑵第2項明定政府或法人股東1人股份有限公司之董事、監察人，由該政府或法人股東指派。

　　2.對董事會之監督：

　　　　⑴董事會所編造之各項表冊：原由股東常會決議承認（公230），因一人公司等於由董事會自己編造，交由監察人查核，再經董事會承認。

　　　　⑵董事競業禁止之同意權：原由股東會特別決議同意（公209 II），今既無股東會，也應由政府或法人負責同意。

　　　　⑶董事、監察人之指派：原由政府或法人指派，如何解任，雖未規定，理應由政府或法人解任之。

3.經濟部之解釋：一人股份有限公司董事會行使股東會職權之決議方法：「公司法第一百二十八條之一規定：『政府或法人股東一人所組織之股份有限公司……該公司之股東會職權由董事會行使……』準此，於政府或法人股東一人所組織之股份有限公司，原屬股東會決議事項之公司法第一百八十五條（出租全部營業等重要事項）及第二百七十七條（變更章程），均改由董事會決議。又其決議方法除章程另有規定外，應有過半數董事之出席，出席董事過半數之同意行之」（經濟部91年5月20日經商字第09102091680號函）。

習題：甲金融控股公司下設有百分之百持股之乙商業銀行股份有限公司。依公司法規定，乙商業銀行董事、監察人如何產生？乙商業銀行財務報表由何人編造、查核及承認？（93會）

答：依公司法第128之1條第2項規定答題。至於財務報表由董事會編造、監察人查核再經董事會承認。

㈢**股東會之種類**：股東會有股東常會與股東臨時會之區分，又有特別股東會之存在，因其性質之不同，召集之方法亦異，分述如下：

1. **普通股東會**	(1)股東常會	即於一定時期，必須召集之股東會議，每年至少須召集一次（公170 I）。此項股東常會，除有正當理由經報請主管機關核准者外，應於每會計年度終了6個月內召集之。但有正當理由經報請主管機關核准者，不在此限（公170 II）。代表公司之董事，違反召集期限之規定時，處一萬元以上五萬元以下罰鍰（公170 III）。
	(2)股東臨時會	即於必要時臨時召集之股東會議（公170 I ②）。所謂必要時，有公司法強制規定者，如關於資本虧損達實收資本額二分之一時（公211 I）、法院命令時（公245 II）之規定，又有董事會或監察人認為必要而召集者，如少數股東請求召集（公173 I）、或為公司利益，於必要而召集（公220）之規定。
2. **特別股東會**		前述股東常會與股東臨時會，為普通股東會。公司已發行特別股時，則有特別股東會之召集。特別股東會，係由全體特別股股東所組織，普通股股東不得參加。在公司變更章程，有損害特別股東之權利時，即有召集此項特別股東會之必要，特別股東會之決議，準用股東會之規定（公159 I, IV）。

㈣**股東會之召集**：股東會之召集，必須經一定程序由有召集權人召集之，否則，其決議不生法律上之效力（70台上2235）。茲分述之：

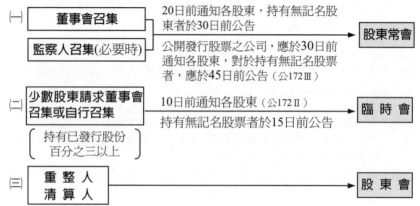

股東會之召集

㈠	**董事會召集**	20日前通知各股東，持有無記名股東者於30日前公告
	監察人召集(必要時)	公開發行股票之公司，應於30日前通知各股東，對於持有無記名股票者，應於45日前公告（公172Ⅲ）

→ 股東常會

㈡	**少數股東請求董事會召集或自行召集**	10日前通知各股東（公172Ⅱ）
	[持有已發行股份百分之三以上]	持有無記名股票者於15日前公告

→ 臨 時 會

㈢	**重 整 人** **清 算 人**	

→ 股 東 會

1.召集人：

　(1)原則上：股東會應由董事會召集之（公171）。

　(2)例外：

　　①監察人之召集：監察人認為必要時，亦得召集之（公220）。法院對於檢查人之報告，認為必要時，得命監察人召集股東會（公245Ⅱ）。

　　②少數股東之召集：繼續1年以上，持有已發行股份總數百分之三以上股份之股東，得以書面記明提議事項及理由，請求董事會召集股東臨時會。此項請求提出後15日內，董事會不為召集之通知時，股東得報經主管機關許可，自行召集（公173Ⅱ）。董事因股份轉讓或其他理由，致董事會不為召集或不能召集股東會時，得由持有已發行股份總數百分之三以上股份之股東，報經主管機關許可，自行召集（公173Ⅳ）。

　　③其他人之召集：如重整時之重整人（公310Ⅰ），清算時之清算人（公324），亦各得在法定之條件下，召集股東會。

2.召集程序：股東會之召集，除經股東會決議在5日內延期或續行

集會者外（公 182），其召集程序分股東常會及臨時會而不同：

(1)股東常會之召集：應於 20 日前通知各股東，對於持有無記名股票者，應於 30 日前公告之（公 172 I）。公開發行股票之公司股東常會之召集，應於 30 日前通知各股東，對於持有無記名股票者，應於 45 日前公告之（公 172Ⅲ前段）。通知及公告，均應載明召集事由；其通知經相對人同意者，得以電子方式爲之（公 172Ⅳ）。

代表公司之董事違反上述通知之期限時，處新臺幣一萬元以上五萬元以下罰鍰（公 172Ⅵ）。

(2)召集事由中，得列臨時動議：但下列事項應在召集事由中列舉，不得以臨時動議提出（公 172Ⅴ）：

①公司法規定：

A 關於選任或解任董事、監察人、變更章程、公司解散、合併、分割之事項。

B 第 185 條第 1 項營業政策之重大變更事項：

a 締結、變更或終止關於出租全部營業，委託經營或與或他人經常共同經營之契約。

b 讓與全部或主要部分之營業或財產。

c 受讓他人全部營業或財產，對公司營運有重大影響者。

②證券交易法第 26 條之 1 規定：已依本法發行有價證券之公司召集股東會時，關於下列決議事項，應在召集事由中列舉並說明其主要內容，不得以臨時動議提出：

A 董事不競業義務之議案：董事爲自己或他人爲屬於公司營業範圍內之行爲，應對股東會說明其行爲之重要內容並取得其許可（公 209 I）。

B 分派股息及紅利之議案：公司得由有代表已發行股份總數三分之二以上股東出席之股東會，以出席股東表決權過半數之決議，將應分派股息及紅利之全部或一部，以發行新股方式爲之；不滿一股之金額，以現金分派之（公 240 I）。

C 公積轉增資之議案：公司無虧損者，得依第 240 條規定股東

　　　　會決議之方法，將法定盈餘公積及下列資本公積之全部或一
　　　　部撥充資本，按股東原有股份之比例發給新股（公 241 I）：
　　　　a 超過票面金額發行股票所得之溢額。
　　　　b 受領贈與之所得。
　(3)限制以臨時動議提出之效力：即不得以臨時動議提出之事項，
　　　而以臨時動議提出時，則為「程序違法」，若據此而經股東會
　　　決議，則屬「決議違法」，股東得依第 189 條之規定，於決議
　　　之日起 30 日內訴請法院撤銷其決議。
　(4)股東臨時會之召集：股東臨時會於必要時召集之（公 170 I ②）：
　　　①董事會召集：股東臨時會之召集，應於 10 日前通知各股東，
　　　　對於持有無記名股票者，應於 15 日前公告之（公 172 II）。公開
　　　　發行股票之公司股東臨時會之召集，應於 15 日前通知各股
　　　　東，對於持有無記名股票者，應於 30 日前公告之（公 172 III 後段）。
　　　②少數股東請求董事會召集：繼續 1 年以上，持有已發行股份
　　　　總數百分之三以上股份之股東，得以書面記明提議事項及理
　　　　由，請求董事會召集股東臨時會（公 173 I）。依第 1、2 項規
　　　　定召集之股東臨時會，為調查公司業務及財產狀況，得選任
　　　　檢查人（公 173 III）。
　　　③少數股東請求主管機關召集：第 1 項請求提出後 15 日內，董
　　　　事會不為召集之通知時，股東得報經主管機關許可，自行召
　　　　集（公 173 II）。董事因股份轉讓或其他理由，致董事會不為召
　　　　集或不能召集股東會時，得由持有已發行股份總數百分之三
　　　　以上股份之股東，報經主管機關許可，自行召集（公 173 IV）。
　3.股東常會議案之提出：
　　(1)持有已發行股份總數百分之一以上股份之股東，得以書面向公
　　　司提出股東常會議案。但以一項為限，提案超過一項者，均不
　　　列入議案（公 172 之 1 I）。
　　(2)公司應於股東常會召開前之停止股票過戶日前，公告受理股東
　　　之提案、受理處所及受理期間；其受理期間不得少於 10 日（公

172 之 1 Ⅱ）。

⑶股東所提議案以三百字爲限，超過三百字者，該提案不予列入議案；提案股東應親自或委託他人出席股東常會，並參與該項議案討論（公 172 之 1 Ⅲ）。

⑷有下列情事之一，股東所提議案，董事會得不列爲議案（公 172 之 1 Ⅳ）：

　①該議案非股東會所得決議者。

　②提案股東於公司依第 165 條第 2 項或第 3 項停止股票過戶時，持股未達百分之一者。

　③該議案於公告受理期間外提出者。

⑸公司應於股東會召集通知日前，將處理結果通知提案股東，並將合於本條規定之議案列於開會通知。對於未列入議案之股東提案，董事會應於股東會說明未列入之理由（公 172 之 1 Ⅴ）。

⑹公司負責人違反第 2 項或前項規定者，處新臺幣一萬元以上五萬元以下罰鍰（公 172 之 1 Ⅵ）。

㈤股東會之會議：

1.股東會之出席：

⑴公司之股東有出席股東會之權。

⑵無記名股票之股東，非於股東會開會 5 日前，將其股票交存公司，不得出席（公 176）。

⑶代理人之出席：股東得於每次股東會，出具公司印發之委託書，載明授權範圍，委託代理人，出席股東會（公 177 Ⅰ）。除信託事業或經證券主管機關核准之股務代理機構外，1 人同時受 2 人以上股東委託時，其代理之表決權不得超過已發行股份總數表決權之百分之三，超過時其超過之表決權，不予計算（公 177 Ⅱ）。一股東以出具一委託書，並以委託 1 人爲限，應於股東會開會 5 日前送達公司，委託書有重複時，以最先送達者爲準。但聲明撤銷前委託者，不在此限（公 177 Ⅲ）。委託書送達公司後，股東欲親自出席股東會者，至遲應於股東會開會前 1 日，以書面

向公司爲撤銷委託之通知；逾期撤銷者，以委託代理人出席行使之表決權爲準（公177Ⅳ）。

2.股東會之職權：依公司法之規定如下：

(1)股東會職權之限縮：爲明確劃分股東會與董事會之職權，凡公司業務之執行，除公司法或章程規定應由股東會決議之事項外，均應由董事會決議行之（公202）。

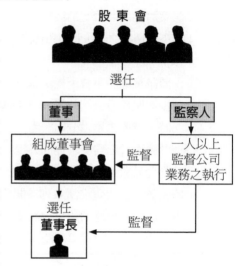

(2)法定查核事項：即查核董事會造具之表冊（公230）及監察人之報告（公219）。執行此項查核時，股東會並得選任檢查人，對於查核有妨礙之行爲者，各處二萬元以上十萬元以下罰鍰（公184）。

(3)法定報告事項：即股東會有權聽取報告之事項，依公司法規定：

①關於董事方面：A 公司虧折達實收資本額二分之一時應爲之報告（公211Ⅰ）。B 募集公司債之原因及事實之報告（公246Ⅰ）。

②關於監察人或檢查人方面：A 對於董事所造具之表冊，經審核後，並決議盈餘分派或虧損撥補之報告（公 184、219）。B 關於清算完結，應行檢查事項之報告（公331）。

(4)法定決議事項：即依公司法規定，應經股東會決議之事項：

①通常事項：A 決議盈餘分派或虧損撥補（公184Ⅰ）。B 董事之選任（公192）解任（公196）及其報酬（公199）。C 檢查人之選任（公 173Ⅲ、184Ⅱ、331Ⅱ）。D 董事補選（公 201）。董事違反競業禁止行爲行使歸入權（公209Ⅴ）。E 對於董事提起訴訟與另選代表公司爲訴訟之人（公213）。F 監察人之選任解任及其

報酬（公 216、227）。G 對於監察人提起訴訟與另選代表公司為訴訟之人（公 225）。H 承認董事會所造具之會計表冊（公 230）。I 清算人之選任（公 322 I）解任（公 323）及其報酬（公 325）。J 承認清算人造具之各項表冊（公 331）。

②特別事項：A 締結變更或終止關於出租全部營業、委託經營或與他人經常共同經營之契約（公 185 I ①）。B 讓與全部或主要部分之營業或財產（公 185 I ②）。C 受讓他人全部營業或財產，對公司營運有重大影響者（公 185 I ③）。D 董事競業禁止之行為之許可（公 209 II）。E 以應分派之股息及紅利之全部或一部發行新股（公 240 I）。F 變更章程（公 277）。G 解散與合併或分割（公 316 I）。

㈥**股東會之表決權**：股東就股東會之決議事項，表示可否的權利，即為表決權之行使。表決權為股東權中固有權之一種，除得以章程限制外，不得加以剝奪。表決權以股東權存在為前提，股東權之有無，以其是否因承認股份，持有公司發給之股票而定。股票為記名時，應依股東名簿之記載為準，股票為無記名時，應以持有該項股票之人為憑。惟持有無記名股票之股東，應在開會前 5 日將其股票交存於公司（公 176）。

1.表決權之計算：股份有限公司為資合公司，各股東之表決權，除有特別股之股東行使表決權受限制或無表決權外（公 157 I ③），原則上應以股份之數額為準，即一股有一表決權（公 179 I）。

⑴無表決權之情形：有下列情形之一者，其股份無表決權（公 179 II）：

①公司依法持有自己之股份。

②被持有已發行有表決權之股份總數或資本總額超過半數之從屬公司，所持有控制公司之股份。

③控制公司及其從屬公司直接或間接持有他公司已發行有表決權之股份總數或資本總額合計超過半數之他公司，所持有控制公司及其從屬公司之股份。

⑵股東會之決議，對無表決權股東之股份數，不算入已發行股份之總數（公 180 I）。對依第 178 條規定不得行使表決權之股份數，

不算入已出席股東之表決權數（公180Ⅱ）。

(3)政府或法人為股東時，其代表人不限於 1 人。但其表決權之行使，仍以其所持有之股份綜合計算（公181Ⅰ）。上項之代表人有 2 人以上時，其代表人行使表決權應共同為之（公181Ⅱ）。

2.表決權之代理行使：股東之表決權，得委託他人代為行使。即股東得於每次股東會，出具公司印發之委託書，載明授權範圍，委託代理人，出席股東會（公177Ⅰ）。除信託事業或經證券主管機關核准之股務代理機構外，1 人同時受 2 人以上股東委託時，其代理之表決權不得超過已發行股份總數表決權之百分之三，超過時其超過之表決權，不予計算（公177Ⅱ）。一股東以出具一委託書，並以委託 1 人為限，應於股東會開會 5 日前送達公司，委託書有重複時，以最先送達者為準。但聲明撤銷前委託者，不在此限（公177Ⅲ）。委託書送達公司後，股東欲親自出席股東會者，至遲應於股東會開會前 1 日，以書面向公司為撤銷委託之通知；逾期撤銷者，以委託代理人出席行使之表決權為準（公177Ⅳ）。

3.表決權之行使方式：

(1)書面或電子方式行使：公司召開股東會時，得採行以書面或電子方式行使其表決權；其以書面或電子方式行使表決權時，其行使方法應載明於股東會召集通知。上項以書面或電子方式行使表決權之股東，視為親自出席股東會。但就該次股東會之臨時動議及原議案之修正，視為棄權（公177之1）。

(2)表決權意思表示之送達：股東以書面或電子方式行使表決權者，其意思表示應於股東會開會 5 日前送達公司，意思表示有重複時，以最先送達者為準。但聲明撤銷前意思表示者，不在此限。股東以書面或電子方式行使表決權後，欲親自出席股東會者，至遲應於股東會開會前 1 日，以與行使表決權相同之方式撤銷前項行使表決權之意思表示；逾期撤銷者，以書面或電子方式行使之表決權為準。股東以書面或電子方式行使表決權，並以委託書委託代理人出席股東會者，以委託代理人出席行使之表決權為準（公177之2）。

4.議事手冊之編製及相關資料之公告：公開發行股票之公司召開股東會，應編製股東會議事手冊，並應於股東會開會前，將議事手冊及其他會議相關資料公告（公177之3 I）。此項公告之時間、方式、議事手冊應記載之主要事項及其他應遵行事項之辦法，由證券管理機關定之（公177之3 II）。

5.表決權行使之迴避：股東對於會議之事項，有自身利害關係，致有害於公司利益之虞時，不得加入表決，亦不得代理他股東行使其表決權（公178）。所謂自身利害關係，即該股東對於該事項與公司處於對立的關係，或該股東就該事項有法律上責任的關係，如經可決或否決，對公司有不利之情形而言。

㈦**股東會之決議方法**：股東會之決議，有**通常決議**與**特別決議**及**假決議**之區分。無論何項決議，均係以已發行股份總數為其計算標準。對無表決權股東之股份數（例如公司自己持有之股份），不算入已發行股份之總數；對因有自身利害關係不得行使表決權之股份數，不算入已出席股東之表決權。其各項決議之方法，如下：

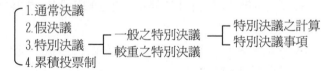

1.通常決議：即公司事項，除公司法另有規定外，應有代表已發行股份總數過半數股東之出席，以出席股東表決權過半數之同意行之（公174）。所謂另有規定，係指股東會之特別決議而言。

2.假決議：即指因股東會召開程序較為繁複，為避免出席人數不足，導致流會，因此若由於出席股東人數未達到公司已發行股份總數之過半數，得採取臨時性之權宜措施。但假決議只適用於一般事項之決議上，而不適用重大事項之決議。且其成立要件，必須有代表已發行股份總數三分之一以上股東出席時，得以出席股東表決權過半數之同意，為假決議，並將假決議通知各股東，於1個月再行召集股東會，其發行有無記名股票者，並應將假決議公告之（公175 I）。再行召集之股東會，對於假

決議，如仍有已發行股份總數三分之一以上股東出席，並經出席股東表決權過半數之同意，即視爲第174條規定之正式的通常決議（公175Ⅱ）。

假決議只適用於一般討論事項，如公司法規定之特別決議事項，如董事之選任、變更章程等，因公司法已有特別規定（公198、277）當不得準用假決議。

　　3.特別決議：即股東會對於特別重大事項，所爲之特別決議。特別決議之方法，因應決議事項之不同，而有差異：

　　⑴一般之特別決議：又稱爲普通決議：

　　　①特別決議之計算：公司爲下列行爲，應有代表已發行股份總數三分之二以上股東出席之股東會，以出席股東表決權過半數之同意行之（公185Ⅰ）。惟此項議案應有三分之二以上董事出席之董事會，以出席董事過半數之決議提出之（公185Ⅴ）。

　　　　公開發行股票之公司，出席股東之股份總數不足前項定額者，得以有代表已發行股份總數過半數股東之出席，出席股東表決權三分之二以上之同意行之（公185Ⅱ）。上述行爲之要領應記載於公司法第172條所定之通知及公告（公185Ⅳ）。

　　　②特別決議事項：

　　　　A 締結、變更或終止關於出租全部營業，委託經營或與他人經常共同經營之契約。

　　　　B 讓與全部或主要部分之營業或財產。

　　　　C 受讓他人全部營業或財產，對公司營運有重大影響者。

　　　　D 董事競業禁止行爲之許可（公209Ⅱ）。

　　　　E 將應分派股息及紅利之全部或一部，以發行新股方式爲之（公240Ⅰ）。

　　　　F 將法定盈餘公積及資本公積之全部或一部撥充資本之決議（公241Ⅰ）。

　　　　G 變更章程之決議（公277）。

　　　　H 解散、合併或分割之決議及通告（公316）。

　　⑵較重之特別決議：出席股東股份總數及表決權數，章程有較高

之規定者，從其規定（公185Ⅲ、316Ⅲ）。

4.累積投票制：即股東會選舉監察人之特別方式。依公司法第 198
條第 1 項及第 227 條之規定，股東會選任董事（或監察人）時，除公司
章程另有規定外，每一股份有與應選出董事（或監察人）人數相同之選
舉權，得集中選舉一人，或分配選舉數人，由所得選票代表選舉權較多
者，當選爲董事（或監察人）。

決議種類	出席人數	決 議 數	決 議 之 內 容
1. 通常決議	已發行股份總數過半數股東之出席	出席股東表決權過半數之同意	即除公司法另有規定外之公司事項。
2. 假決議	應有代表已發行股份總數三分之一以上股東出席	以出席股東表決權過半數之同意	假決議只適用於一般討論事項，而公司法規定之特別決議事項，不得用假決議。
3. 特別決議	應有代表已發行股份總數三分之二以上股東出席股東會	以出席股東表決權過半數之同意	1.締結、變更或終止關於出租全部營業，委託經營或與他人共同經營之契約。 2.讓與全部或主要部分之營業或財產。 3.受讓他人全部營業或財產。 4.董事競業禁止行爲之許可。 5.將分派股息及紅利，以發行新股方式爲之。 6.法定盈餘公積及資本公積撥充資本之決議。 7.變更章程之決議。 8.解散、合併或分割之決議及通告。
	公開發行股票之公司，出席股東之股份總數不足上項定額者，得以過半數之出席	出席股東表決權三分之二以上之同意	
	較重之特別決議：出席股東股份總數及表決權數，章程有較高之規定者，從其規定（公185Ⅲ、316Ⅲ）。		
4. 累積投票制	即股東會選舉監察人之特別方式。依公司法第 198 條第 1 項及第 227條之規定選舉之。		

(八)**股東會之議事錄**：議事錄者，即記載股東會議之議決事項與其他有
關情形之書面記錄。股東會之議決事項，應作成議事錄，由主席簽名或
蓋章，並於會後 20 日內分發各股東（公183Ⅰ）。此項議事錄製作及分發，
得以電子方式爲之（公183Ⅱ）。

　　公開發行股票之公司對於持有記名股票未滿一千股之股東，前項議事錄之分發，得以公告方式爲之。議事錄應記載會議之年、月、日、場所、主席姓名、決議方法、議事經過之要領及其結果，在公司存續期間，應永久保存。出席股東之簽名簿及代理出席之委託書，其保存期限至少爲 1 年。但經股東依第 189 條提起訴訟者，應保存至訴訟終結爲止。代表公司之董事，違反第 1 項、第 3 項或前項規定者，處新臺幣一萬元以上五萬元以下罰鍰（公 183 Ⅲ～Ⅵ）。

　　㈨**股東會決議之違法**：有內容與程序之別，分述如下：

1. 內容違法	亦稱實質上之違法。即股東會決議之內容，違反法令或章程者無效（公 191）。不必待法院判決，自始無效，公司股東，可不受其拘束。惟內容是否違法，在公司與股東間如有爭執，仍得提起確認之訴，請求法院判決以確定決議無效。
2. 程序違法	亦稱形式上之違法。即股東會之召集程序或其決議方法，違反法令或章程時，股東得自決議之日起 30 日內，訴請法院撤銷其決議（公 189）。上述 30 日起訴期間，係法定不變期間，不得請求伸長或縮短。在法定期間內，若無股東訴請法院撤銷時，則其決議，仍屬有效。股東會決議事項已爲登記者，經法院爲撤銷決議之判決確定後，主管機關經法院之通知或利害關係人之申請時，應撤銷其登記（公 190）。

習題：股份有限公司股東會之決議方法如何？（88 法制）

四、股份有限公司之董事及董事會

　　㈠**董事**（英：director；德：Vorstandmitglied；法：administrateur）：係指董事會之構成份子，乃是股份有限公司之法定、必要而常設之業務執行機關。董事係執行股東會之決議，公司董事會不得少於 3 人（公 192 Ⅰ），在法律上具有獨立之權利能力，可行使個別權限，其與股份有限公司間之關係，除公司法另有規定外，適用民法關於委任之規定（公 192 Ⅳ）。茲再分述之：

　　1.董事之資格：董事爲公司之業務執行機關，責任相當重，故須有相當能力者擔任，其資格規定爲：

董事	(1)積極資格	董事應由股東會就有行爲能力之人選任之（公 192 Ⅰ）。限制行爲能力人，縱得法定代理人允許其獨立營業，亦不得當選董

之資格		事（公 192Ⅲ）。此外，對於董事之資格，別無積極之限制。
	(2)消極資格	公司法第 30 條所列消極資格之一者，不得被選為董事，其已選任者，當然解任，其規定如下（公 192Ⅴ準 30）： ①曾犯組織犯罪防制條例規定之罪，經有罪判決確定，服刑期滿尚未逾 5 年者。 ②曾犯詐欺、背信、侵占罪經受有期徒刑 1 年以上宣告，服刑期滿尚未逾 2 年者。 ③曾服公務虧空公款，經判決確定，服刑期滿尚未逾 2 年者。 ④受破產之宣告，尚未復權者。 ⑤使用票據經拒絕往來尚未期滿者。 ⑥無行為能力或限制行為能力者。

習題：依我公司法規定，法人可否為股份有限公司之董事？非股東之自然人可否為股份有限公司之董事？試說明之。（92 高經濟行政）

答：法人具備股東身分者，可以任董事（公 27Ⅰ）。自然人須有行為能力，但未規定須具備股東身份（公 192Ⅰ）。

2. 董事之選任：

(1)設立時之選任：公司剛設立時，並無股東會，故由發起人選任（公 131）。在募集設立，由創立會選任（公 146）。

(2)公司成立後之選任：公司成立後，董事應由股東會就有行為能力之人選任之（公 192Ⅰ後段）。

(3)董事候選人之提名制度：

①應在章程中明定：公開發行股票之公司董事選舉，採候選人提名制度者，應載明於章程，股東應就董事候選人名單中選任之（公 192 之 1Ⅰ）。

②公告受理提名：公司應於股東會召開前之停止股票過戶日前，公告受理董事候選人提名之期間、董事應選名額、其受理處所及其他必要事項，受理期間不得少於 10 日（公 192 之 1Ⅱ）。

③股東之提名：持有已發行股份總數百分之一以上股份之股東，得以書面向公司提出董事候選人名單，提名人數不得超過董事應選名額；董事會提名董事候選人之人數，亦同（公 192 之 1Ⅲ）。

④被提名人之資歷：前項提名股東應檢附被提名人姓名、學歷、

經歷、當選後願任董事之承諾書、無第 30 條規定情事之聲明
書及其他相關證明文件；被提名人為法人股東或其代表人
者，並應檢附該法人股東登記基本資料及持有之股份數額證
明文件（公 192 之 1IV）。

⑤審查被提名人：董事會或其他召集權人召集股東會者，對董
事被提名人應予審查，除有下列情事之一者外，應將其列入
董事候選人名單（公 192 之 1V）：

A 提名股東於公告受理期間外提出。

B 提名股東於公司依第 165 條第 2 項或第 3 項停止股票過戶
時，持股未達百分之一。

C 提名人數超過董事應選名額。

D 未檢附第 4 項規定之相關證明文件。

⑥提名作業紀錄之保存：前項審查董事被提名人之作業過程應
作成紀錄，其保存期限至少為 1 年。但經股東對董事選舉提
起訴訟者，應保存至訴訟終結為止（公 192 之 1VI）。

⑦候選人名單之公告：公司應於股東常會開會 40 日前或股東臨
時會開會 25 日前，將董事候選人名單及其學歷、經歷、持有
股份數額與所代表之政府、法人名稱及其他相關資料公告，
並將審查結果通知提名股東，對於提名人選未列入董事候選
人名單者，並應敘明未列入之理由（公 192 之 1VII）。

⑧公司負責人違法之處罰：公司負責人違反第二項或前二項規
定者，處新臺幣一萬元以上五萬元以下罰鍰（公 192 之 1VIII）。

⑨累積投票制：在股東會選任董事（或監察人）時，除公司章
程另有規定外，每一股份有與應選出董事（或監察人）人數
相同之選舉權，得集中選舉 1 人，或分配選舉數人，由所得
選票代表選舉權較多者，當選為董事（或監察人）（公 198）。
因此股份有限公司選舉董監事，除了採累積投票制外，也可
由章程另外規定其他方式選舉。因董監事之選任方式，係屬
公司內部之自治事項，故公司法允許公司以章程另訂之。

此外，股東行使選舉權時，並得以自己為被選舉人，不適用公司法第 178 條之限制。

(4)政府或法人公司之指派：政府或法人 1 人所組織之股份有限公司，其公司之董事、監察人，由政府或法人股東指派（公128之1Ⅱ）。

習題：股份有限公司之董監事選舉，除章程另有規定外，應採「累積投票制」。何謂「累積投票制」？（92法制）

3.董事之人數：股份有限公司董事之人數，不得少於 3 人（公192Ⅰ前段），最多則無限制，以章程定之，但以單數為宜，如為雙數，則將發生過半數可否同數時無法解決。董事缺額達三分之一時，董事會應於30日內召開股東臨時會補選之。但公開發行股票之公司，董事會應於 60 日內召開股東臨時會補選之（公201）。

4.董事之報酬：董事為公司執行業務，自應給予報酬，但應在章程內訂明，董事長、常務董事、董事每月之支領報酬方式。如章程內並未訂定，應由股東會議定（公196）。

下列各類人員之報酬的比較：

股份有限公司之董事	董事之報酬，未經章程訂明者，應由股東會議定，不得事後追認。第 29 條第 2 項之規定（對經理人之規定），對董事準用之。	公196
股份有限公司之清算人	1.非由法院選派者，由股東會議定。 2.由法院選派者，由法院決定。	公325Ⅰ
股份有限公司之檢查人、重整監督人、重整人	其報酬由法院依其職務之繁簡定之。	公313Ⅰ
有限公司之董事	執行業務之股東，非有特約，不得向公司請求報酬。	公108Ⅳ準49
無限公司執行業務之股東	無限公司執行業務之股東，非有特約，不得向公司請求報酬。	公49
兩合公司執行業務之股東	準用無限公司之規定。	公115準第二章

習題：一、下列人員得否請求報酬？若得報酬，其報酬應如何定之？
　　　　㈠檢查人，㈡股份有限公司之清算人，㈢股份有限公司之董事，

　　㈣有限公司之董事。（95律）

二、股份有限公司董事之報酬如何決定？（98高三）

　　5.董事之地位：董事為董事會之構成分子，董事會為公司必要的集體執行業務機關，董事為公司實際的個別執行業務機關，故董事之地位，實即處於執行公司業務之機關地位，法律上認其為公司負責人。董事與公司間之關係，應適用民法上關於委任契約之規定（公 192Ⅳ）。董事受有報酬者，其處理公司業務，即應在其地位上，以**善良管理人之注意為之**（民 535）。如執行業務有過失或越權行為，致公司受有損害時，應負損害賠償責任（民 544）。

　　6.董事之權責：所謂權責，乃指一般**董事之職權、責任、權利、義務**等概括之總稱，茲述之如下：

　　⑴出席董事會之權利：董事為董事會之構成分子，董事會開會時，董事應親自出席（公 205 Ⅰ）。董事除出席董事會有助於決議之作成，且可運用選舉，進而為董事長或常務董事之選任，此又為董事之權利，不容放棄。

董事之權責
⑴出席董事會之權利
⑵任免經理人
⑶執行公司業務之權利
⑷簽名蓋章之任務
⑸不為雙方代理之義務
⑹代表公司對監察人訴訟
⑺競業限制所應負之責任
⑻特種情形下之連帶責任
⑼其他有關之民刑責任

　　⑵任免經理人：經理人之委任、解任及報酬，應由董事會以董事過半數之出席，及出席董事過半數同意之決議行之（公 29 Ⅰ③）。

　　⑶執行公司業務之權利：董事有遵照董事會決議，執行公司業務之權利（公 202），例如公司法規定，董事執行業務，有重大損害公司之行為或違反法令或章程之重大事項，得由股東會之決議隨時解任（公 199、200），此即說明執行業務是董事之責任，亦是董事之權利。

　　⑷簽名蓋章之任務：公司發行股票或公司債券，均須有董事在股票或債券上簽名蓋章，例如公司法第 162 條第 1 項規定：「股票應編號，載明左列事項，由董事三人以上簽名或蓋章，並經主管機關或其核定之發行登記機構簽證後發行之。」第 257 條

第 1 項規定：「公司債之債券應編號載明發行之年、月、日……，由董事三人以上簽名或蓋章，並經證券管理機關或其核定之發行登記機構簽證後發行之。」

(5)不為雙方代理之義務：關方雙方代理之限制，在無限公司中曾有規定（公 59）。股份有限公司方面，對於董事雖無準用明文，但依公司法第 223 條規定：「董事為自己或他人與公司為買賣、借貸或其他法律行為時，由監察人為公司之代表。」足見董事為自己或他人與公司有交涉時，當不得同時為公司之代表。

(6)代表公司對監察人訴訟：股東會決議對監察人提起訴訟時，原則上由董事代表之，但股東會得另行選任（公 225 II）。

(7)競業限制所應負之責任：

①董事競業行為之許可：董事為自己或他人為屬於公司營業範圍內之行為，應對股東會說明其行為之重要內容，並取得其許可。股東會為上項許可之決議，應有代表已發行股份總數三分之二以上股東之出席，以出席股東表決權過半數之同意行之（公 209 I , II）。公開發行股票之公司，出席股東之股份總數不足前項定額者，得以有代表已發行股份總數過半數股東之出席，出席股東表決權三分之二以上之同意行之（公 209 III）。

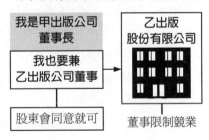

②公司之歸入權：董事如未經股東會之許可，而為自己或他人為屬於公司營業範圍內容之行為時，股東會得以決議，將該行為之所得視為公司之所得。但自所得產生後逾 1 年者，不在此限（公 209 V）。

習題：某 A 為「甲出版股份有限公司」董事長，未經股東會同意，同時兼任「乙出版股份有限公司」董事，是否合法？甲公司及乙公司各得主張何種權利？（77 會）

(8)特種情形下之連帶責任：

①董事在某種情形下，有時需要負連帶責任，惟其情形如下：有為董事與公司負連帶責任者，即公司負責人對於公司業務之執行，如有違反法令致他人受有損害時，對他人應與公司負連帶賠償之責（公23Ⅱ）。此之規定，雖非專指股份有限公司之董事而言，但董事與公司所負之連帶責任，亦必以此為依據，則毫無疑問。

②有為董事與監察人負連帶責任者，即監察人對公司或第三人負損害賠償責任，而董事亦負其責任時，該監察人及董事為連帶債務人（公226）。此之規定，即受損害之公司或第三人可以單獨請求監察人賠償全部損害，亦可單獨請求董事賠償全部損害。此即負連帶責任。

③有為董事相互間負連帶責任者，例如公司發行公司債，經核准後，因故被撤銷時，公司法規定「為前項撤銷核准時，未發行者，停止募集，已發行者，即時清償，其因此所發生之損害，公司負責人對公司及應募人負連帶賠償責任（公251Ⅱ）。」此之所謂負責人，當然以董事為主體，則董事相互間，依此自應負連帶責任。

(9)其他有關之民刑責任：此項責任，乃散見於公司法條文中者，僅舉數例說明：

民事責任	①有為董事對於公司負賠償責任者：董事會執行業務，應依照法令章程及股東會之決議（公193Ⅰ）。董事會之決議，不依照法令章程及股東會之決議，致公司受損害時，參與決議之董事，對於公司負賠償之責；但經表示異議之董事，有紀錄或書面聲明可證者，免其責任（公193Ⅱ）。 ②有為董事對於股東負賠償責任者：例如公司法第215條第2項規定：提起第214條第2項訴訟所依據之事實，顯屬實在，經終局判決確定時，被訴之董事，對於起訴之股東，因此訴訟所受之損害，負賠償責任。 ③有為董事對於第三人負賠償責任者：例如董事於其營

	業範圍外，所爲之不法行爲，致他人受有損害時，當然由董事個人負賠償責任是。
刑事責任	概括言之，有爲刑事處分者，例如公司負責人違反規定者，處以徒刑、拘役、罰金是；有爲行政處分者，例如公司負責人違反規定者，科以罰鍰處分是。

7.對董事之訴訟：又稱爲代表訴訟制度（英：representative suit, derivative suit），依公司法其有關之規定有二：

　(1)公司對董事提起訴訟：代表公司董事之行爲，對公司有損害時，股東會得以通常決議，對於董事提起訴訟，公司應自決議之日起 30 日內提起之（公 212）。此時之訴訟當事人爲公司與董事，則董事自不能代表公司，故公司與董事間訴訟，除法律另有規定外，由監察人代表公司，股東會亦得另選代表公司爲訴訟之人（公 213）。所謂公司與董事間訴訟，無論誰爲原告，均包括在內。兩方既經涉訟，利害當然相反，只有以監察人爲公司代表，較爲適宜，但股東會認爲監察人亦不便時，當可另選代表人，進行訴訟。

　(2)少數股東對董事提起訴訟：繼續 1 年以上，持有已發行股份總數百分之三以上之股東，得以書面請求監察人爲公司對董事提起訴訟（公 214 I）。監察人自有前項之請求日起，30 日內不提起訴訟時，上述股東，得爲公司提起訴訟。此即學界所稱之**代位訴訟**。

　(3)代表訴訟之損害賠償：股東提起訴訟時，法院因被告之申請，得命起訴之股東，提供相當之擔保；如因敗訴，致公司受有損害，起訴之股東，對於公司負賠償之責（公 214 II 後段）。提起上述訴訟所依據之事實，顯屬虛構，經終局判決確定時，提起此項訴訟之股東，對於被訴之董事，因此訴訟所受之損害，負賠償責任（公 215 I）。反之，所依據之事實，顯屬實在，經終局判決確定時，被訴之董事對於起訴之股東，因此訴訟所受之損害，負賠償責任（公 215 II）。

8.董事之解任：董事之解任有下列四種情形：

　(1)股東會決議之解任：

①董事得由股東會之決議，隨時解任；如於任期中無正當理由將
其解任時，董事得向公司請求賠償因此所受之損害。股東會為
前項解任之決議，應有代表已發行股份總數三分之二以上股東
之出席，以出席股東表決權過半數之同意行之（公 199 II）。公
開發行股票之公司，出席股東之股份總數不足前項定額者，得
以有代表已發行股份總數過半數股東之出席，出席股東表決權
三分之二以上之同意行之（公 199 III）。前二項出席股東股份總
數及表決權數，章程有較高之規定者，從其規定（公 199 IV）。
②解任之方式：選任或解任董事、監察人，應在召集事由中列
舉，不得以臨時動議提出（公 172 V）。

習題：股份有限公司之股東會應如何解任該公司之董事？試就我國公司法
規定評述之。（91 律）

(2)當然解任：

①董事股份轉讓：即股份轉讓逾二分之一之解任。董事經選任
後，應向主管機關申報，其選任當時所持有之公司股份數額；
公開發行股票之公司董事在任期中轉讓超過選任當時所持有
之公司股份數額二分之一時，其董事當然解任。董事在任期
中其股份有增減時，應向主管機關申報並公告之。董事任期
未屆滿提前改選者，當選之董事，於就任前轉讓超過選任當
時所持有之公司股份數額二分之一時，或於股東會召開前之
停止股票過戶期間內，轉讓持股超過二分之一時，其當選失
其效力（公 197）。

②董事之股份設定或解除質權之通知：董事之股份設定或解除
質權者，應即通知公司，公司應於質權設定或解除後 15 日
內，將其質權變動情形，向主管機關申報並公告之。但公開
發行股票之公司，證券管理機關另有規定者，不在此限（公
197 之 1）。

③董事任期：董事任期不得逾 3 年，應在章程內訂明，在改選

時得連選連任。董事任期屆滿而不及改選時，原任董事仍可
繼續執行職務，延長至改選董事就任時爲止；但主管機關得
依職權限期令公司改選；屆期仍不改選者，自限期屆滿時，
當然解任（公195）。

(3)法院判決之解任：董事執行業務，有重大損害公司之行爲，或
　違反法令或章程之重大事項，股東會未爲決議將其解任時，得
　由持有已發行股份總數百分之三以上股份之股東，於股東會後
　30日內，訴請法院裁判之（公200）。俾強化少數股東之權限，
　以保障其利益。

(4)其他原因之解任：董事之解任，除上述三種原因外，關於民法
　上委任契約終止之事由，如董事之辭職，死亡或破產及喪失行
　爲能力或因其他原因（如30條）等，亦均爲董事解任之原因（參
　閱民549、550）。

□(二)**董事會**：

　1.董事會之組織：董事會乃
股份有限公司法定必備之集體
業務執行機關，故依公司法，股
份有限公司之董事，必須組織董
事會。公司董事會，設置董事不
得少於3人，由股東會就有行爲
能力之人選任之（公192 I ）。

董事會

董事長　副董事長　公（208）

常務董事　常務董事

職　權

・執行業務
・代表公司
・作成議事錄
・備置公司文書
・報告虧損及聲請破產
・決議募集公司債
・決議發行新股
・公司解散之通知及公告
・公司分割或合併之提出

董事　董事　董事　董事

　(1)董事長之意義：基於董
　　事會之決議，執行公司
　　業務之代表機關。

(2)董事長及常務董事：董事會未設常務董事者，應由三分之二以
　上董事之出席，及出席董事過半數之同意，互選1人爲董事長，
　並得依章程規定，以同一方式互選1人爲副董事長（公208 I ）。
　董事會設有常務董事者，其常務董事依前項選舉方式互選之，
　名額至少3人，最多不得超過董事人數三分之一。董事長或副

董事長由常務董事依前項選舉方式互選之（公 208 Ⅱ）。董事長對內為股東會、董事會及常務董事會主席，對外代表公司。董事長請假或因故不能行使職權時，由副董事長代理之；無副董事長或副董事長亦請假或因故不能行使職

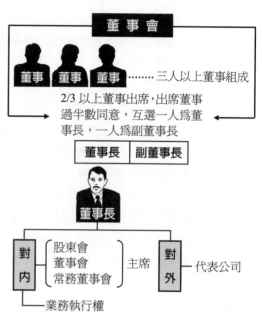

權時，由董事長指定常務董事 1 人代理之；其未設常務董事者，指定董事 1 人代理之；董事長未指定代理人者，由常務董事或董事互推 1 人代理之（公 208Ⅲ）。常務董事於董事會休會時，依法令、章程、股東會決議及董事會決議，以集會方式經常執行董事會職權，由董事長隨時召集，以半數以上常務董事之出席，及出席過半數之決議行之（公 208Ⅳ）。

①董事會之召集：

　A 召集人：董事會由董事長召集之。但每屆第一次董事會，由所得選票代表選舉權最多之董事召集之（公 203 Ⅰ）。

　B 召集之時間：每屆第一次董事會應於改選後 15 日內召開之。但董事係於上屆董事任滿前改選，並決議自任期屆滿時解任者，應於上屆董事任滿後 15 日內召開之（公 203 Ⅱ）。

　C 董事長等改選：

　　a 董事係於上屆董事任期屆滿前改選，並經決議自任期屆滿時解任者，其董事長、副董事長、常務董事之改選得

於任期屆滿前為之，不受前項之限制（公 203Ⅲ）。

　　b 第一次董事會之召集，出席之董事未達選舉常務董事或董事長之最低出席人數時，原召集人應於 15 日內繼續召集，並得適用第 206 條之決議方法選舉之（公 203Ⅳ）。

　D 董事召集：得選票代表選舉權最多之董事，未在第 2 項或第 4 項限期內召集董事會時，得由五分之一以上當選之董事報經主管機關許可，自行召集之（公 203Ⅴ）。

　E 召集通知：董事會之召集，應載明事由，於 7 日前通知各董事及監察人。但有緊急情事時，得隨時召集之（公 204）。

②常務董事會之召集：常務董事於董事會休會時，依法令、章程、股東會決議及董事會決議，以集會方式經常執行董事會職權，由董事長隨時召集，以半數以上常務董事之出席，及出席過半數之決議行之（公 208Ⅳ）。

(3)董事之代理：董事會開會時，董事應親自出席。但公司章程訂定得由其他董事代理者，不在此限。董事會開會時，如以視訊會議為之，其董事以視訊參與會議者，視為親自出席。董事委託其他董事代理出席董事會時，應於每次出具委託書，並列舉召集事由之授權範圍。此項代理人，以受 1 人之委託為限。董事居住國外者，得以書面委託居住國內之其他股東，經常代理出席董事會。此項代理，應向主管機關申請登記，變更時，亦同（公 205）。

2.董事會之決議方法：有通常決議與特別決議之不同：

(1)通常決議：應有過半數董事之出席，出席董事過半數之同意行之（公 206Ⅰ）。

(2)特別決議：應有三分之二以上董事出席，出席董事過半數之同意行之（公 208Ⅰ前段）。何種事項，應經特別決議，依公司法之特別規定決之（公 185Ⅴ、208Ⅰ、246Ⅱ、266Ⅱ、282Ⅱ）。

(3)決議權之限制：股東或董事對於會議之事項，有自身利害關係致有害於公司利益之虞時，不得加入表決，並不得代理他股東

　　行使其表決權（公 178）。其不得行使表決權之董事人數，亦不
　　得算入已出席董事之人數（公 206 II 準 180 II）。

　　　常務董事會，由董事長隨時召集。其決議之方法，以半數以
　　上常務董事之出席，及出席過半數之決議行之（公 208 IV）。

3.董事會之職權與義務：

　(1)執行業務：公司業務之執行，除公司法或章程規定，應由股東
　　　會決議之事項外，均應由董事會決議行之（公 202）。董事會對
　　　於執行公司業務之範圍，有公司債之募集（公 246），發行新股（公
　　　266），公司重整之申請（公 282 II），董事長、常務董事之選任（公
　　　208 I），經理人之委任及解任（公 29 I ③）等事項，均須經董事
　　　會之決議。惟均應依照法令章程及股東會決議，否則，參與決
　　　議之董事，除經表示異議，有紀錄或書面聲明可證者，免其責
　　　任外，對公司應負賠償之責（公 193 II）。如董事會決議，為其他
　　　違反法令或章程之行為時，繼續 1 年以上持有股份之股東，得
　　　請求董事會停止其行為（公 194）。其經請求，仍不停止者，自
　　　得訴請法院以判決制止之。

　(2)代表公司：董事會必有董事長，董事長對外代表公司，董事長
　　　代表公司所為之行為，即為公司之行為。關於公司營業上一切
　　　事務，董事長均有辦理之權。董事長因故不能行使職權時，由
　　　副董事長代理之；無副董事長或副董事長因故不能行使職權
　　　時，由董事長指定常務董事 1 人代理之；其未設常務董事者，
　　　指定董事 1 人代理之；董事長未指定代理人者，由常務董事或
　　　董事互推 1 人代理之（公 208 III）。

　(3)作成議事錄：董事會之議決事項，應作成議事錄，由主席簽名
　　　或蓋章，並於會後 20 日內，將議事錄分發各股東。議事錄應記
　　　載會議之年、月、日、場所、主席姓名、決議方法、議事經過
　　　之要領及其結果，在公司存續期間，應永久保存。出席董事之
　　　簽名簿及代理出席之委託書，其保存期限至少為 1 年。但經董
　　　事依第 189 條提起訴訟者，應保存至訴訟終結為止。代表公司

之董事，違反第 1 項、第 4 項或前項規定者，處新臺幣一萬元以上五萬元以下罰鍰（公 207 準 183）。

⑷備置公司文書：除證券主管機關另有規定外，董事會應將章程及歷屆股東會議事錄、財務報表備置於本公司，並將股東名簿及公司債存根簿備置於本公司或股務代理機構。前項章程及簿冊，股東及公司之債權人得檢具利害關係證明文件，指定範圍，隨時請求查閱或抄錄。代表公司之董事，違反第一項規定，不備置章程、簿冊，或違反前項規定無正當理由而拒絕查閱或抄錄者，處新臺幣一萬元以上五萬元以下罰鍰（公 210）。

⑸報告重大損害之虞：董事發現公司有受重大損害之虞時，應立即向監察人報告（公 218 之 1）。

⑹報告虧損及聲請破產：公司虧損達實收資本額二分之一時，董事會應即召集股東會報告。公司資產顯有不足抵償其所負債務時，除得依第 282 條聲請重整外，董事會應即聲請宣告破產。代表公司之董事，違反前二項規定者，處新臺幣二萬元以上十萬元以下罰鍰（公 211）。

⑺決議募集公司債：公司經董事會決議後，得募集公司債。但須將募集公司債之原因及有關事項報告股東會。此項決議，應由三分之二以上董事之出席，及出席董事過半數之同意行之（公 246）。

⑻決議發行新股：公司發行新股時，應由董事會以董事三分之二以上之出席，及出席董事過半數同意之決議行之（公 266 Ⅱ）。

⑼公司解散之通知及公告：公司解散時，除破產外，董事會應即將解散之要旨，通知各股東，其有發行無記名股票者，並應公告之（公 316 Ⅳ）。

⑽公司分割或合併之提出：公司分割或與他公司合併時，董事會應就分割、合併有關事項，作成分割計畫、合併契約，提出於股東會（公 317 Ⅰ前段）。

4.常務董事會之職權與義務：常務董事會，係經常以集會方式執行公司業務之機關。於董事會休會時，依法令、章程、股東會決議及董事

會決議，以集會方式經常執行董事會職權，由董事長隨時召集，以半數以上常務董事之出席，及出席過半數之決議行之（公208Ⅳ）。

習題：甲股份有限公司召開董事會，會中決議：

　　㈠將公司之一部分營業，出租於乙有限公司。

　　㈡將公司資金貸與該公司素有業務往來，且持有該公司股份之丙公司。如董事長之召集程序及決議方法均符合法令及章程之規定，此兩決議之效力若何？試說明之。（89台大法研）

答：㈠股東關於締結、變更或終止關於出租全部營業，須經股東會之特別決議（公185Ⅰ①），如只有出租部分營業，則由董事會通過即可。

　　㈡將公司資金貸與該公司素有往來，符合公司法第15條第1項第1款規定。

五、監察人

㈠**監察人之概念**：監察人（英：auditor；德：Aufsichtsrat；法：conseil de surveillance），對於股份有限公司董事會業務執行之監督方面，原則上係交由公司內部自行負責，而股東會是股份有限公司內部組織之最高機關，具有向創立會做調查報告、檢察業務、查核表冊、召集股東會、為公司代表及審查清算表冊之權限，雖得以監督董事會之業務執行，但實際上股東會無法經常召開會議，因此，設置監察人作為行使監督權之必備而常設機關，並授權監察人隨時監督公司之業務及財務狀況，以補強股東會之監督功能。監察人既為公司常設監督機關，自不得兼任公司董事、經理人或其他職員（公222）。監察人與公司之關係亦適用民法關於委任之關係（公216Ⅲ），此與董事同。

㈡**監察人之人數及任期**：監察人之人數，至少1人，多則無限制，悉依章程所定（公216Ⅰ）。監察人任期，公司法規定不得逾3年，但得連選連任。如因任期屆滿而不及改選時，延長其執行職務至改選監察人就任時為止。但主管機關得依職權，限期令公司改選；屆期仍不改選

股東會
選任
監察人
監督公司業務之執行

監察人人數：一人以上
任期：最高三年
職權：調查報告
　　　檢查業務
　　　查核表冊
　　　召集股東會
　　　為公司代表
　　　審查清算表冊

者，自限期屆滿時，當然解任（公217）。

㈢**監察人之選任程序**：公司監察人，由股東會選任之（公216）。監察之選任方法準用第198條關於董事選任方法之規定（公227）。

㈣**監察人之資格與報酬**：

　　1.監察人之資格：監察人由股東會就有能力之股東中選任之，限制行為能力人，縱得法定代理人允許，亦不得選任之。當選之監察人中，至少須有1人在國內有住所（公216）；但「華僑回國投資條例」第16條第1項：外國人投資條例第15條第1項已解除上述住所限制之規定。關於消極資格之限制，應與董事經理人同（公216Ⅳ、192、30）。而政府或法人為股東時，得當選為董事或監察人（公27Ⅰ），因此解釋上應認為限於具備股東身分始可。

　　2.監察人之報酬：監察人之報酬，章程未經明定者，應由股東會議定（公227準196）。

習題：試依公司法規定，回答下列問題：
　　　甲公司於股東會選任未持有該公司股份之乙公司為監察人，是否可行？（92司）
　答：民國90年新修正之公司法第192條與第216條，在「企業所有與經營分離原則」下，股份有限公司之董事與監察人並未明定須具備股東身分，但第27條第1項規定，政府或法人為股東時，得當選為董事或監察人。

㈤**監察人之解任**：

　　1.監察人之任期屆滿：監察人之任期為3年，任期屆滿為3年，任期屆滿而不及改選時，延長其執行職務至改選就任時為止（公217Ⅱ）。

　　2.監察人怠忽職守：則構成解任之理由，股東會自得決議將其解任；如於任期中無正當理由將其解任時，監察人得向公司請求賠償因此所受之損害（公227準199）。

　　3.解任監察人之訴：監察人執行業務，有重大損害公司之行為或違反法令或章程之重大事項，股東會未為決議將其解任時，得由持有已發行股份總數百分之三以上股份之股東，於股東會後30日內，訴請法院裁

判之（公277準200）。

　　㈥**監察人之職權**：監察人之職權，以監督公司業務之執行爲原則，而以法律有規定時代表公司爲例外。同時監察人無論數目多少，各得單獨行使監察權（公221），與董事執行業務，須以集體方式爲之者，完全不同。其職權規定如下：

1. 調查報告	在創立會選任監察人後，應就公司法第 145 條所規定事項，爲切實之調查，並向創立會報告。如監察人係由發起人當選，或與自身有利益關係者，創立會得另選檢查人而爲調查（公146 I,II）。
2. 檢查業務	監察人應監督公司業務之執行，並得隨時調查公司業務及財務狀況，查核簿冊文件，並得請求董事會或經理人提出報告（公218 I）。監察人辦理前項事務，得代表公司委託律師、會計師審核之（公218 II）。如有妨礙、拒絕或規避監察人檢查行爲者，各處新臺幣二萬元以上十萬元以下罰鍰（公218III）。
3. 監察權	監察人得列席董事會陳述意見。董事會或董事執行業務有違反法令、章程或股東會決議之行爲者，監察人應即通知董事會或董事停止其行爲（公218之2）。
4. 查核表冊	監察人對於董事會編造提出股東會之各種表冊，應予查核，並報告意見於股東會。監察人對此而爲虛僞之報告者，各科新臺幣六萬元以下罰金（公219 I,III）。又公司發行新股，而依第 272 條但書不公開發行時，仍應備置認股書；如以現金以外之財產抵繳股款者，並於認股書加載其姓名或名稱及其財產之種類、數量、價格或估價之標準及公司核給之股數。此項財產出資實行後，董事會應送請監察人查核加具意見，報請主管機關核定之（公274 I,II）。
5. 召集股東 會	(1)監察人除董事會不爲召集或不能召集股東會外，得爲公司利益，於必要時，召集股東會（公220）。 (2)法院對於檢查人之報告認爲必要時，得命監察人召集股東會（公245 II）。
6. 爲公司代 表	公司在特殊情形下，爲處理事務，需要監察人爲代表者，有下列事項： (1)公司與董事間涉訟時，除由股東會另選代表公司爲訴訟之人以外，由監察人代表公司（公213）。 (2)繼續 1 年以上，持有已發行股份總數百分之三以上之股東，得以書面請求監察人爲公司對董事提起訴訟（公214 I）。 (3)董事爲自己或他人與公司爲買賣、借貸或其他法律行爲時，由監察人爲公司之代表（公223）。

	⑷監察人爲隨時檢查公司業務及財務狀況，查核簿冊文件，得代表公司委託律師、會計師審核（公218Ⅱ）；爲查核董事會編造提出於股東會之各種表冊，得委託會計師審核（公219Ⅱ）。
7.審查清算表冊	普通清算完結時，清算人應於 15 日內，造具清算期內收支表、損益表、連同各項簿冊，送經監察人審查，並提請股東會承認（公331Ⅰ），此爲監察人獨有之權限。

習題：股份有限公司之監察人於何種情況下得召集股東會？（91律）

㈦監察人之責任：可分述如下：

1.監察人與公司，是民法上之委任關係：監察人應監督公司業務之執行，並得調查公司業務及財務狀況，監察人辦理此項業務，得代表公司委託律師、會計師審核之（公218Ⅰ,Ⅱ）。監察人執行職務，如因怠忽職務，未盡善良管理人之注意，致公司受有損害者，對於公司應負賠償責任（公224，民535）。

2.對第三人之責任：監察人在執行職務範圍內，如違反法令，致第三人受有損害時，對於他人，應與公司負連帶賠償之責（公23）。

3.董、監連帶責任：監察人對於公司或第三人之損害，應負賠償責任，而董事亦負其責任時，監察人與董事，即爲連帶債務人，應負連帶賠償責任（公226）。

習題：甲股份有限公司投資乙有限公司，超過其實收股本百分之四十，問：
　　㈠甲公司之董事、監察人有何責任？
　　㈡甲公司得否以股東會之決議，解除其限制？（80律）
答：㈠董事之責任：見董事之權責（民事責任①）。
　　㈡監察人之責任：見本項。
　　㈢甲公司得依公司法第13條規定，以股東會特別決議方式解除其限制。（見第二編第一章第四節公司之能力）

㈧對監察人之訴訟：

1.對於監察人之訴訟：股東會決議，對於監察人提起訴訟時，公司應自決議之日起 30 日內提起之。此項起訴之公司訴訟代表人，應爲董事，但股東會亦得於董事外另行選任（公225）。

2.少數股東請求對董事訴訟：繼續 1 年以上，持有已發行股份總數

百分之三以上之股東，得以書面請求監察人為公司對董事提起訴訟。董事會如於 30 日內不提起訴訟時，此項股東，亦得為公司之利益自行提起訴訟；其因此項訴訟，提供擔保及賠償損害之規定，均準用有關董事之規定（公 227 準 214、215）。

六、檢查人

檢查人（英：inspector；德：Rivisor, Prüfer；法：commissaire de vérification），係指股份有限公司為彌補監察人監督權能之不足而另行設置，以調查公司設立程序、業務狀況及財務狀況等為主要目的之監督機關，其選任機關包括公司本身、主管機關與法院，由於檢查人之設置與否係由選任機關自行決定，具有臨時性質，因此，檢查人之性質屬於法定機關、任意機關、臨時機關。股份有限公司之創立會、股東會或公司重整，都有選任公司檢查人之權限（公 146Ⅱ、184Ⅱ、173Ⅲ、285），且其選任議案以普通決議方式通過即可，但創立會係在公司設立完成後選任檢查人，而股東會則是在開會前或清算完結時進行選任（公 331Ⅱ），而公司重整是在法院裁定公司重整之前選任（公 285）。

㈠檢查人之選任：

1. 資格	對公司具有專門學識、經營經驗而非利害關係人者，選任之（公 285Ⅰ）。
2. 選任方法	(1)公司選任：如公司設立時創立會得選任檢查人（公 146Ⅱ）。股東會查核董事會造具之表冊或報告，得選任檢查人（公 184Ⅱ）。 (2)法院選派者： 　①股東聲請檢查：繼續 1 年以上，持有已發行股份總數百分之三以上之股東，得聲請法院選派檢查人，檢查公司業務帳目及財產情形（公 245Ⅰ）。 　②公司重整之選任：法院除為第 284 條徵詢外，並得就對公司業務具有專門學識、經營經驗而非利害關係人者，選任為檢查人（公 285Ⅰ）。 　③公司特別清算之選任（公 352Ⅱ準 285）。
3. 選任人數	法未明定，應由選任機關決定之。

　㈡**檢查人之權限：**

1. 由公司 選任者	(1)由股東常任選任者：即查核董事會造具之表冊、監察人之報告，並決議盈餘分派或虧損撥補，然後將查核結果，報告於股東會（公184 I , II）。 (2)股東臨時會選任者：調查公司業務及財產狀況（公173 III）。 (3)清算完結時選任者：由股東會得另選檢查人，檢查清算期內收支表、損益表連同各項簿冊是否確當（公331 II）。
2. 由法院 選任者	(1)經少數股東之聲請：即繼續 1 年以上，持有已發行股份總數百分之三以上之股東，得聲請法院選派檢查人，檢查公司業務帳目及財產情形（公245 I）。然後將其結果報告於法院。法院對於檢查人之報告認為必要時，得命監察人召集股東會（公245 II）。 (2)公司重整裁定前：法院受理重整之聲請時，應徵詢主管機關、目的事業中央主管機關、中央金融主管機關及證券管理機關，並得選任檢查人。檢查人就下列事項於選任後 30 日內調查完畢報告法院（公285 I）： ①公司業務、財務狀況及資產估價。 ②依公司業務、財務、資產及生產設備之分析，是否尚有重建更生之可能。 ③公司以往業務經營之得失及公司負責人執行業務有無怠忽或不當情形。 ④聲請書狀所記載事項有無虛偽不實情形。 ⑤聲請人為公司者，其所提重整方案之可行性。 ⑥其他有關重整之方案。 (3)公司開始特別清算時： ①法院發布檢查命令：依公司財產之狀況有必要時，法院得據清算人或監理人，或繼續 6 個月以上持有已發行股份總數百分之三以上之股東，或曾為特別清算聲請之債權人，或占有公司明知之債權總額百分之十以上債權人之聲請，或依職權命令檢查公司之業務及財產（公352 I）。 ②檢查人之報告：檢查人應將下列檢查結果之事項，報告於法院（公353）： A 發起人、董事、監察人、經理人或清算人依第 34 條、第 148 條、第 155 條、第 193 條及第 224 條應負責任與否之事實。 B 有無為公司財產保全處分之必要。 C 為行使公司之損害賠償請求權，對於發起人、董事、監察人、經理人或清算人之財產，有無為保全處分之必要。 檢察人應於選任後 30 日內調查完畢，報告法院（公352 II、285 I）。

㈢**檢查人之報酬**：若檢查人係由股份有限公司自行選任，或由主管機關或法院選派時，則應由公司或主管機關自行決定檢查人是否應有報酬或報酬之數額等。若檢查人係由法院選任時，則其報酬應由公司負擔，且報酬數額則由法院徵詢董事及監察人意見後，再依據檢查人之職務內容決定（公 313 I 後段）。

㈣**檢查人之義務與責任**：

1. 善良管理人之注意義務	股份有限公司檢查人之設置目的係爲彌補監察人監督權能，性質上屬於公司之監督機關，在執行職務之範圍內亦爲公司之法定負責人，因此，檢查人對於公司應盡善良管理人之注意義務（公 313 I 前段）。
2. 提出書面報告義務	檢查人在完成對股份有限公司之檢查職務後，應以書面方式向法院、公司或主管機關等選任機關提出檢查結果報告，若選任機關認爲有必要時，並得針對報告書之內容詢問檢查人。
3. 損害賠償責任	若檢查人在執行職務時有虛偽陳述或違反法令，致公司或第三人蒙受損害時（公 313 II），則檢查人對於公司與第三人之損害應負賠償責任（公 23），並應負刑法或特別刑法上之責任。

第八節　股份有限公司之會計

一、概說

　　股份有限公司，爲純粹之資合團體，公司內部與對外關係，均以資產爲基礎。公司資本之維持與充實，在於經營之成功及會計之健全，故公司法對於股份有限公司之會計，特別重視而設專節，詳細的規定，茲分述如下：

　　㈠**會計人員之任免**：商業會計事務之處理，應設置會計人員辦理之。公司組織主辦會計人員之任免，在股份有限公司應由董事會以董事過半數之出席，及出席董事過半數之同意。前項主辦會計人員之任免，公司章程有較高規定者，從其規定。會計人員依法處理會計事務，其離職或變更職務時，應於 5 日內辦理交代。商業會計事務，得委由會計師或依法取得代他人處理會計事務資格之人處理之（商會 5）。

㈡**會計表冊之編造**：股份有限公司，每會計年度終了，董事會應編造下列表冊，於股東常會開會 30 日前交監察人查核。監察人認為有必要時，得請求董事會提前交付查核（公 228 I, III）：

1.營業報告書：報告全年度營業狀況。

2.財務報表：其內容為：

　(1)資產負債表。

　(2)損益表。

　(3)現金流量表。

　(4)業主權益變動表或累積盈虧變動表或盈虧撥補表。

　(5)其他財務報表。

　　　　第一項各款之財務報表，商業得視實際需要，另編各科目明細表及成本計算表。

3.盈餘分派或虧損撥補之議案：即以本期盈餘，儘先彌補累積虧損，提出法定盈餘公積，以及保留之未分配盈餘等項，詳細列表，擬具議案。

上述表冊，應依中央主管機關規定之規章編造（公 228 II）。

㈢**會計表冊之查核**：

1.監察人之查核：監察人對於董事會編造提出股東會之各種表冊，應予查核，並報告意見於股東會（公 219 I）。

2.股東會之查核：股東會得查核董事會造具之表冊、監察人之報告，並決議盈餘分派或虧損撥補（公 184 I）。執行前項查核時，股東會得選任檢查人（公 184 II）。

3.股東之查閱：董事會所造具之各項表冊與監察人之報告書，應於股東常會開會 10 日前，備置於本公司，股東得隨時查閱，並得偕同其所委託之律師或會計師查閱（公 229）。

4.檢查人之選派：繼續 1 年以上，持有已發行股份總數百分之三以上之股東，得聲請法院選派檢查人，檢查公司業務帳目及財產情形。法院對於檢查人之報告認為必要時，得命監察人召集股東會。對於檢查人之檢查有妨礙、拒絕或規避行為者，或監察人不遵法院命令召集股東會者，處新臺幣二萬元以上十萬元以下罰鍰（公 245）。

㈢**會計表冊之承認與公示**：董事會應將其所造具之各項表冊，提出於股東常會請求承認，經股東常會承認後，董事會應將財務報表及盈餘分派或虧損撥補之決議，分發各股東（公230 I）。公開發行股票之公司對於持有記名股票未滿一千股之股東，前項財務報表及盈餘分派或虧損撥補決議之分發各股東，得以公告方式為之（公230 II）。第一項表冊及決議，公司債權人得要求給予或抄錄。代表公司之董事，違反第一項規定不為分發者，處新臺幣一萬元以上五萬元以下罰鍰（公 230 III IV）。各項表冊，經股東會決議承認後，視為公司已解除董事及監察人之責任。但董事或監察人有不法行為者，不在此限（公231）。

二、公積

㈠**公積之概念**：

1.公積之意義：公積（英：reserve, reserve fund）係指股份有限公司為穩固公司之財務，在公司之純財產總額超過資本總額時，將超過部分之金額予以提存，以充實公司資本，萬一將來公司有虧損時，作為彌補之準備，其所提存之金額稱為「公積」，又稱為「附加資本」。

2.公積之性質：並不屬於股份有限公司之資本，但具有增加公司信用與保護債權人功能。在公司會計上，「公積」與「資本」都是股份有限公司會計帳面上所記載的金額，並非實際上之具體財產，在性質上並不會隨著物價漲跌而變動數額，其積存之方式則是在公司資產負債表中「股東權益」欄記載公積之金額，表示將該金額從公司純財產中加以扣除而不轉列為盈餘分派給股東，即可將該金額保留在公司中。

㈡**公積之使用方式**：

1.填補虧損：法定盈餘公積及資本公積，除填補公司虧損外，不得使用之。但第 241 條規定之情形，或法律另有規定者，不在此限（公239 I）。因此，股份有限公司法定盈餘公積之主要用途為填補虧損。但股份有限公司在以法定公積進行填補虧損時，其填補時間必須在公司辦理會計決算時，而不得在營業年度中進行，且必須先以盈餘公積進行填補虧損，若仍有不足時，才得以資本公積填補，但法定公積必須先用於虧損

填補後才能用於撥充資本或分派股息及紅利。

2.撥充資本：公司無虧損者，得依前條規定股東會決議之方法，將法定盈餘公積及下列資本公積之全部或一部撥充資本，按股東原有股份之比例發給新股（公241 I）：(1)超過票面金額發行股票所得之溢額。(2)受領贈與之所得。因此，股份有限公司在以公積撥充資本時，其所得撥充之公積範圍包括法定盈餘公積、溢價發行股票時所獲得之溢價部分、受領贈與所獲得之金額在內，且其方式有兩種：

(1)資本公積撥充資本：係指股份有限公司在經營未發生虧損時，得經由股東會決議通過，將法定盈餘公積及資本公積之全部或一部撥充資本，其範圍包括溢價發行股票所獲得之溢價部分，受領贈與所獲得之金額在內，並依據股東原有股份比例發給新股。其辦理時之法定要件包括公司之經營必須未發生虧損，並須有代表公司已發行股份總數三分之二以上股東出席、出席股東表決權過半數之股東會特別決議通過（公240 II、241）。

(2)法定盈餘公積轉增資：係指股份有限公司在經營未發生虧損時，將法定盈餘公積撥充資本，其辦理時之法定要件包括，須有代表公司已發行股份總數三分之二以上股東出席，出席股東表決權過半數之股東會特別決議通過（公240 I, II），且法定盈餘公積之數額必須已達到公司實收資本50%，並以撥充其半數為限（公241 III）。

由於公司法對於法定盈餘公積之積存與用途設有限制，因此，股份有限公司不得藉由章程訂定或股東會議決之方式加以變更。

3.分派股息及紅利：原則上在股份有限公司經營無盈餘時不得分派股息及紅利。但法定盈餘公積之數額已超過資本額50%時，得將超過部分派充股息及紅利（公232 II），在性質上係屬於特殊的盈餘分派方式。在股份有限公司無盈餘而無法分派股息及紅利時，由於其投資人將認為公司之營運欠佳而減少持股，結果將導致公司股票價格下跌，影響公司信用與資金募集，因此，在公司法定盈餘公積數額已超過資本總額50%時，由於公司之資產已大於資本，足以對公司債權人之債權提供有效擔保，公司可

基於維持股票價格之目的，而以超過部分之盈餘公積辦理盈餘分派。

習題：法定盈餘公積如何產生？法定盈餘公積之使用方式為何？請依照公司法之規定說明。（96 台大法研所）

㈢**公積之種類**：依據公積之性質不同，其種類可分為「**真正公積**」、「**類似公積**」與「**秘密公積**」三種如下：

分　　類	內　　　　容
1. **真正公積** （公然公積）	係指實質上具有公積之性質，並以「公積」作為提存時所記載之會計科目名稱，在股份有限公司資產負債表之「股東權益」欄內予以表達之金額，依據其積存財源之不同，其種類又可分為： (1)盈餘公積：係指股份有限公司在每一年度會計決算中，由盈餘中所提存而成的公積。由於公司財產會依營業成果及物價變動而可能減少，為使公司企業健全發達，保護公司債權人之權益，因此會在公司內保留部分盈餘作為盈餘公積，以備不時之需，依據盈餘公積本身積存之原因不同，其種類有兩種： ①法定盈餘公積：又稱為「法定公積」，或「強制公積」，係指經由股份有限公司基於法律強制規定，而必須積存之公積，不得藉由公司章程或股東會決議之方式加以變更。即當股份有限公司完納一切稅捐後，分派盈餘時，應先提出其盈餘 10％作為法定盈餘公積，以避免公司將盈餘提列為股東分派項目，而影響公司信用與債權人之權益。當法定盈餘公積之數額已達到資本總額時，即表示該公司至少已有超過公司資本二倍之財產，對於公司債權人權益已有保障，因此，該公司即不需再提列法定盈餘公積，以避免剝奪股東之盈餘分配權益（公 237 I）。由於公司法對於法定盈餘公積之積存與用途設有限制，因此，公司非彌補虧損及依公司法規定提出法定盈餘公積後，不得分派股息及紅利（公 232 I）。公司無盈餘時，不得分派股息及紅利。但若法定盈餘公積之數額已超過公司總資本額 50％時，得將超過部分派充股息及紅利（公 232 II）。 ②特別盈餘公積：又稱為「任意公積」，係指公司基於平衡盈餘分派、擴充改良設備、作為償還公司債或特別股等特定目的，由公司依據章程規定或股東會決議，將其盈餘提存 10％作為法定盈餘公積後，將超過 10％之部分另外提存為特別盈餘公積（公 237 II）。若股份有限公司積存特別盈餘公積之目的已完成，或積存原因已消失時，公司得將已積存之特別盈餘公

	用於分派股息及紅利。
	(2)資本公積：係指股份有限公司從營業活動產生之盈餘以外之財源，基於法律規定，所積存之公積，謂之資本公積。因此類金額與資本相當，不應分派給股東，此時得依公司法第 240 條股東會決議之方法，將法定盈餘公積及下列資本公積之全部或一部撥充資本，按股東原有股份之比例發給新股（公 241 I）： ①超過票面金額發行股票所得之溢額。 ②受領贈與之所得。
2. **類似公積**	指實質上並未具備公積之性質，只是形式上以公積名義，在資產負債表內予以記載而已。例如折舊公積，在會計上對於營業用固定資產之處理方法，係在資產負債表之「資產」欄內記載原價，同時又在「資產」欄減項內記載折舊金額，故形式上雖有公積之提存，實質上並不具有公積之性質。學理上承認類似公積之存在，但公司法並未規定。
3. **秘密公積**	又稱為「**隱存公積**」，指在實質上具有公積之性質，但未記載在資產負債表負債欄內之公積，例如以故意低估公司積極財產價格或故意提高公司消極財產價格等方法，而使公司之公積在無形中增加。就秘密公積之性質而言，其積存後雖具有鞏固公司財產基礎、提高公司信用條件之效果，但也造成公司會計不明確，以致對股東盈餘分配及公司債權利益有負面影響，容易成為公司用來逃漏稅之工具。故如有虛偽之記載，可依刑法處罰。

三、股息及紅利之分派

㈠**股息及紅利之意義**：股份有限公司基於營利本質，在每一營業年度結束時進行損益計算後，若公司純財產額超過資本與公積之總和時，該超過部分即為「盈餘」，應分配給公司股東共同享有，其分配之過程即為「盈餘分派」。股份有限公司之「盈餘分派」內容可分為依據章程上所訂定的固定比例所分派的資本利息，稱為「**股息**」，以及在股息之外再增加分派各股東的「**紅利**」兩種（公 232）。

㈡**盈餘分派請求權**：在股東對公司履行出資義務之後，基於其所持有之公司股份取得股東資格，若公司經營有盈餘時，即有權請求公司必須分配盈餘，學理上稱為「**盈餘分派請求權**」，其權利性質係屬於具有相對性的固有權，乃是股份有限公司股東權之一，不得與股份分離，亦無消滅時效

限制。但在股東常會承認董事會所提出之盈餘分派議案後,在法律上各股東即具有「盈餘分派給付請求權」,其性質屬於單純債權,可得與股份分離而單獨存在,並有消滅時效限制,在股份讓與時亦不隨同股份移轉。

㈢**股東會決定盈餘分派,董事會執行**:股份有限公司盈餘分派之決定機關為股東會(公 184 I),並由董事會負責執行,但若公司章程中已規定分派之定額或比率,並授權由董事會決議辦理時,則董事會亦有權決定分派股息及紅利。

1.股東之分派:基於股份有限公司股東平等原則,股息及紅利之分派,除章程另有規定外,以各股東持股比例為準(公 235 I)。

2.員工之分派:章程應訂明員工分配紅利之成數。但經目的事業中央主管機關專案核定者,不在此限(公 235 II)。

股東會與董事會對於公司之盈餘分派雖然有決定權,但董事會必須在公司章程必須定有分派之數額或比例,並明文授權董事會決議辦理,且有三分之二以上董事出席、出席董事過半數之特別決議通過時,才能行使盈餘分派決定權(公 240 VI)。

㈣**盈餘分派要件**:

1.有盈餘時:基於股份有限公司資本維持原則,保障公司債權人之權益,因此,股份有限公司在有盈餘時雖得辦理盈餘分派,但必須遵守法律上對於盈餘用途之優先順序限制,其盈餘分派方具有合法之生效要件,亦即期盈餘必須優先用在「**彌補虧損**」、「**完納稅捐**」與「**提出法定盈餘公積**」,若有剩餘方可進行盈餘分派(公 232 I、237 I),且在進行盈餘分派時,應**先分配「股息」再分配「紅利」**。原則上公司經營若無盈餘時即不得分派股息或紅利,但基於股份有限公司之利益,使公司具有繼續經營之能力,因此,在特殊情況下即使公司經營並無盈餘,仍例外准許公司分派股利與股息,亦即准許公司得以盈餘公積分派股息或股利,以及分派「建設股息」(公 234 I),但股份有限公司在辦理此類特殊盈餘分派時,仍必須符合法定要件方具有合法效力。

2.無盈餘時:公司無盈餘時,不得分派股息及紅利。但法定盈餘公積已超過實收資本額百分之五十時,得以其超過部分派充股息及紅利(公

232Ⅱ）。

　　㈤**盈餘分派之方法**：實務上股份有限公司辦理盈餘分派之方法，係以「現金分派」爲原則，而以「股份分派」爲例外：

　　　　1.現金分派：股份有限公司以現金方式分派盈餘時，在程序上只須股東會以普通決議方式通過即可，但基於股份有限公司股東平等原則，應以各股東持股之比例作爲分派標準，但若章程另有規定或公司有發行特別股時，則其盈餘分派應依章程訂定方式進行，且應先分配「股息」再分配「紅利」。若股份有限公司在未彌補虧損，且未提出法定盈餘公積之前，即辦理分派股息及紅利時，其盈餘分派即爲違法，公司負責人各處1年以下有期徒刑、拘役或科或併科新臺幣6萬元以下罰金（公232Ⅲ）。

　　　　2.股份分派：即指爲使股份有限公司資本更爲雄厚，並樹立公司信譽，公司得在股東會決議通過後，將應分派給股東之股息或紅利之全部或部分，以發行新股方式進行盈餘分派，以便將盈餘轉作資本。

　　　　由於股份分派方式乃是盈餘分派之例外，因此，在股東會議決時有較高之門檻，必須有代表公司已發行股份總數三分之二以上股東出席之股東會，以出席股東表決權過半數之決議，將應分派股息及紅利之全部或一部，以發行新股方式爲之；不滿一股之金額，以現金分派之（公240Ⅰ）。但公開發行股票之公司，若出席股東股份總數不足時，亦得以有代表已發行股份總數過半數股東之出席、出席股東表決權三分之二以上之同意通過（公240Ⅱ）。若章程對於出席股東股份總數及表決權之要求較高時，則應適用章程之規定（公240Ⅲ）。依前三項決議以紅利轉作資本時，依章程員工應分配之紅利，得發給新股或以現金支付之（公240Ⅳ）。依本條發行新股，除公開發行股票之公司，應依證券管理機關之規定辦理者外，於決議之股東會終結時，即生效力，董事會應即分別通知各股東，或記載於股東名簿之質權人；其發行無記名股票者，並應公告之（公240Ⅴ）。

　　　　公開發行股票之公司，其股息及紅利之分派，章程訂明定額或比率並授權董事會決議辦理者，得以董事會三分之二以上董事之出席，及出席董事過半數之決議，依第一項及第四項規定，將應分派股息及紅利之全部或一部，以發行新股之方式爲之，並報告股東會。

公開發行股票之股份有限公司在進行股息及紅利分派時，若章程已訂明分派定額或比率，並授權由董事會決議辦理，亦得以董事會三分之二以上董事出席、出席董事過半數之特別通過，將應分派股息及紅利之全部或部分以發行新股方式進行分派，事後並須報告股東會（公240Ⅵ）。股份有限公司以股份分派方式所預定發行之新股數量，若超過公司章程所授權之股份數時，則公司必須先變更公司章程以增加授權股份數，而後方得進行股份分派。

㈥建設股息：

1.意義：指對於造船、鋼鐵等業務性質特殊之股份有限公司，在公司設立登記完成之後，往往必須經過長時間準備始能開始正式營業，為提起投資人之興趣，使公司易於募集所需資金，因此，公司得在取得主管機關許可之後，即得以章程訂明方式，在開始營業前即分派股息給投資股東，學理上稱為「建設股息」。

2.發放建設股息之法定要件：⑴為該公司在設立登記完成後至正式營業前，所需要之準備時間必須在 2 年以上。⑵其公司之原始章程必須訂有建業股息之分派。⑶公司在分派之前必須先經由主管機關之許可。⑷分派之時間則必須是在正式開始營業之前（公234Ⅰ）。

3.建設股息之會計處理：由於建設股息具有預付或攤銷之性質是屬於公司之遞延資產，在會計處理上必須依據公平負擔原則將其金額逐期轉列為股份有限公司之費用，以免影響該年度之盈餘分派，因此，建設股息所分派之金額，應以「預付股息」作為會計科目，列入資產負債表之「股東權益」下，而在公司開始營業後，每當分派股息及紅利超過已收資本總額 6% 時，即應以其超過之金額進行扣抵沖銷（公234Ⅱ），且必須嚴守資本維持原則，不得再分派建設股息。

習題：何謂建設股息？股份有限公司在何種情形下可以分派建設股息？（76 會檢㈡）

㈦違法分派：

1.違法分派之處罰：公司負責人違反第一項或前項規定分派股息及

紅利時，各處 1 年以下有期徒刑、拘役或科或併科新臺幣六萬元以下罰金（公 232Ⅲ）。

　　2.違法分派之效果：公司違反第 232 條規定分派股息及紅利時，公司之債權人，得請求退還，並得請求賠償因此所受之損害（公 233）。

第九節　股份有限公司之公司債

一、公司債之概念

　　㈠**意義**：公司債（英：debenture bond；德：Anleihe），即股份有限公司，為擴張營業，籌措大量資金之目的，依發行證券方式，廣泛的向社會大眾募集金錢而成立之債。其發行價額若超過面額時，稱為「**溢價發行**」，若低於面額時則稱為「**折價發行**」。

　　㈡**發行公司債之理由**：股份有限公司在發行公司債時，公司所負擔之債務雖會增加，但由於償債期間較長，所需負擔之利率亦比短期借款之利息支出更低，因此償債壓力較低。公司債所募集之資金在性質上係為他人資本，不會使公司資本擴大，亦不影響原有股東之盈餘分配及經營權，比發行新股方式對公司更有利，因此常被股份有限公司採行。公司債均附有利息，其利息額即為公司債之利率，係由發行公司決定，屬於公司債契約所定之發行條件之一，但不得超過法定最高利率限制，並應在應募書、募集公告、公司債券及公司債存根簿上予以記載。

　　㈢**公司債之法律關係**：在公司債之法律關係上，其債務人為股份有限公司，債權人則為公司債之應募人，在公司債債權成立之後，股份有限公司負有按期支付利息與償還本金之義務，公司債債權人則得按期請求公司支付利息，且其利率已確定，因此，公司債之性質係屬於利殖證券，當清償期到期時，無論公司當年度有無營業盈餘，公司債債權人都可以請求公司返還本金，而無須考慮公司經營情況，因此，公司債係屬於普通債權。

　　㈣**公司債契約之法律性質**：

1. **諾成契約**	公司債契約之成立，係由應募人在應募書上填寫所認金額及其住所或居所，簽名或蓋章，並照所填應募書負繳款之義務（公 253Ⅰ）。

	應募人以現金當場購買無記名公司債券者，免填前項應募書（公253Ⅱ）。因此，公司債之法律性質屬於「諾成契約」，在契約生效後，應募人負有向公司繳款之義務，而發行公司則有支付本息之義務，且其契約標的必須以金錢為限。
2. 定型化契約	在股份有限公司經營實務上，為使發行公司能同時或反覆締結集團性的、大量性的公司債契約，在公司債發行時係採用定型化契約之方式，將相關之規定明文印刷在契約上，因此，公司債契約之性質係屬於具有「定型性」的法律契約。公司債契約之應募人必須遵從發行公司所規定之發行條件，而後進行契約之締結，無權決定公司債契約之內容，因此，公司債契約之性質係屬於具有「附從性」的法律契約。
3. 要式證券	公司債應載明法定事項（公218），故為要式證券。
4. 有價證券	公司在發行公司債時，應募人必須以現金向發行公司繳付其所認購之債券金額，不得以其他財產進行繳付，通常股份有限公司只有在需要極大額度之資金時，才會以發行公司債之方式向社會大眾募集資金，其發行總額必須全數募足之後，方可正式成立，因此，公司債乃是股份有限公司所負擔之大額金錢債務，其性質係屬於長期投資之有價證券，故公司債契約係屬於具有「繼續性」而非「一時性」的法律契約。
5. 債權證券	公司債係由應募人給付債券上所定金額，由公司交付債券，以證明其債權之存在，故為債權證券。
6. 流通證券	公司債在債券上所記載之金額都經過證券管理機關審核通過，乃是股份有限公司對應募人所負擔之金錢債權，因此，在公司債清償期到期之前，應募人隨時得收回投資，並可藉由背書或交付方法進行轉讓，其性質係屬於流通證券。就公司債應募人而言，其彼此間只有持有公司債數量之不同，在法律都是由公司統一負擔債務的公司債債權人，其法律地位與性質相同，因此，公司債係屬於具有「統一性」與「喪失個性性」的法律契約。

二、公司債與股份

同異基準		公　司　債	股　　份
相同點		兩者都是股份有限公司所發行，可流通之有價證券。
相異	(一) 意義	係向一般大眾募集之公司的債務。公司債之持有人就是公司之債	股份係表彰股東對公司之法律地位，股票之持有人就是公司之

點	權人。	股東。股東擁有股東權。
(二) 認購	以金錢爲限制（公253）。	股份之出資認股，原則上爲金錢（公253），例外尚有現物出資或債權抵繳（公131Ⅲ、154Ⅱ）。
(三) 利率	公司債之利率爲一定（公248Ⅰ③）。	股票之盈餘分配率，並不一定，而有變動。
(四) 應募人	公司債之應募人爲社會大眾，其應募金爲公司之負債，亦即他人之資本。	股票應募之股款是公司之資本，或資本準備金，亦即自己資本。
(五) 資金之 償還	公司依法應償還公司債之本息。	公司原則上不得退還股款。
(六) 公司之 經營	公司債債權人不能參加公司之經營，也不能出席股東會行使表決權，對董事會亦無監督權。	股東爲公司之構成員，能出席股東會行使表決權，且對董事會有監督權。
(七) 應募人 之地位	1.公司之債權人。 2.對原本有償還請求權。 3.對利息有支付請求權。 4.公司解散後優先清償公司債務。	1.公司之股東。 2.沒有出資金返還請求權。 3.公司在存續中不受股款之返還。 4.公司解散時先清償公司債務，清償後仍有賸餘財產時，始有賸餘財產分配請求權。

三、公司債之種類

區分準據	債券名	意　　　　義	區　別　實　益
是否附有物上擔保爲準	有擔保公司債	公司以全部或部分資產，作爲償還擔保者，則附有擔保之公司債。	1.公司債總額之限制：有擔保較寬，無擔保較嚴（公247）。 2.禁止發行之條件：有擔保者寬，無擔保者嚴（公249、250）。
	無擔保公司債	公司無特定財產作爲償還之擔保者，則未附有擔保之公司債。	
是否記載債權人之姓名爲準	記名公司債	則記載債權人之姓名。	公司債債權移轉方法不同，及出席公司債債權人會議方式不同。
	無記名公司債	則未記載債權人之姓名。	

是否可轉換為股份為準	轉換公司債	公司債可轉換為股份者。	債權人有轉換股份之選擇權（公262）。
	非轉換公司債	公司債不可轉換為股份者。	債權人無轉換股份之選擇權。
是否黏貼有息券為準	附息券公司債	公司債債券下方黏貼有息券。	可區分有無息券，以影響債券之發行。
	不附息券公司債	公司債募集時，將給付之利息併入債券面額折價發行。	

㈠**有擔保公司債**：係指股份有限公司所發行的公司債在募集時，係以公司重要財產或其他資產作為擔保之客體設定抵押權，由於設有擔保之故，對於公司債債權人較有保障，發行公司所應負擔之利息比無擔保公司債低，對公司本身較為有利，但其發行總額不得超過公司現有全部資產減去全部負債及無形資產後之餘額。基於保護社會大眾投資權益與公司籌資安全之立場，有禁止規定（公250）。

㈡**無擔保公司債**：係指股份有限公司所發行的公司債在募集時，僅以公司信用進行擔保，而未設定擔保之公司債，其發行總額不得超過公司現有全部資產減去全部負債及無形資產後所得餘額之半數。由於無擔保公司債發行時未提供債權擔保，因此，基於保護社會大眾投資權益與公司籌資安全之立場，有禁止之條件規定（公249）。

㈢**記名公司債**：係指股份有限公司所在發行公司債時，其債券上記有債權人姓名之公司債，得由債券持有人以背書方式進行轉讓或設質，但必須將受讓人之姓名或名稱記載在債券上，並將在公司債存根簿加以記載，其轉讓方具有對抗公司之法律效力（公260），而發行公司在召集公司債債權人會議時，應依據公司債存根簿之記載，在10天以前通知同一次發行的記名公司債債權人，且通知上應記載會議召集事由。

㈣**無記名公司債**：係指股份有限公司在其所發行的公司債債券上未記載債權人姓名，其持有之債權人可隨時請求發行公司將該債券改為記名式（公261）。無記名公司債券在轉讓或設定質權時，僅得以交付債券方式進行，且交付後即產生轉讓效力。由於公司債存根簿上並未記載無記名

公司債之債權人，因此，在發行公司召集公司債債權人會議時，應在 15 天以前進行召集公告，且公告中應載明會議召集事由。持有無記名公司債之債權人若欲出席公司債債權人會議時，必須準用無記名股票股東出席股東會之規定，亦即應提前在開會 5 天以前，將其債券交存給會議召集人後，始得出席參加會議。

(五)**轉換公司債**：係指有權將公司債券轉換為股份之公司債，其權利稱為「轉換權」，轉換權之性質係屬於形成權，轉換公司債之性質則是債權人有選擇權之選擇性債務（公 262）。轉換公司債之發行公司原本必須對債權人負核給股份與支付公司債本息之義務，但在債權人行使選擇權，而由公司債債權人變成公司股東時，發行公司即不再負有本利償還義務，僅負有核給股份義務，因此，轉換公司債在正式轉換之前即已具有「股份化」之趨勢，實際上發行公司係以發行新股方式代替公司債本利償還，其轉換權行使之結果將增加發行公司本身已發行股份數，並減少公司債數額，但公司員工及股東對於轉換權行使時所發行之新股無優先認購權。

(六)**非轉換公司債**：係指由不具有轉換權的股份有限公司公司債，其持有之債權人無法將公司債轉換為發行公司之股票，而必須以受讓他人所持有的發行公司股份，或在發行公司辦理發行新股時認購其股份，方可成為發行公司股東。

(七)**附息券公司債**：係指股份有限公司債債券下方黏貼有息券，債權人在發行公司規定之付息時間內，應獨立截取息券以向發行公司換取利息。「息券」係表彰利息給付請求權之有價證券，通常有無記名式，可與債券分離而進行轉讓，持有人在收取利息給付時，只須將息券交還給發行公司即可，並不需要再提示債券，因此，息券之性質係屬於獨立證券。由於公司法並未明文規定公司債債權人之利息給付請求權消滅時效，因此應適用民法規定，其消滅時效期間應為 5 年（民 126）。

(八)**不附息券公司債**：係指發行公司在募集公司債時，將償還時應給付之利息併入債券面額折價發行，並在償還公司債款時一次給付全部利息。由於公司債係屬於長期性質之債務，因此實際上很少有不附息券之公司債。

四、公司債之募集

(一)**董事會之決議**：由於股份有限公司之企業規模較大，需要鉅額資金維持公司營運正常，為使股份有限公司集資方便，原則上股份有限公司有募集公司債之自由，但經董事會決議後，須將募集公司債之原因及有關事項報告股東會（公 246 I）。此項決議，應由三分之二以上董事之出席，及出席董事過半數之同意行之（公 246 II）。

(二)**證券管理之審核**：

1.公司募集公司債時，應載明下列事項，向證券管理機關辦理之（公 248 I）：

 (1)公司名稱。

 (2)公司債總額及債券每張之金額。

 (3)公司債之利率。

 (4)公司債償還方法及期限。

 (5)償還公司債款之籌集計畫及保管方法。

 (6)公司債募得價款之用途及運用計畫。

 (7)前已募集公司債者，其未償還之數額。

 (8)公司債發行價格或最低價格。

 (9)公司股份總數與已發行股份總數及其金額。

 (10)公司現有全部資產，減去全部負債及無形資產後之餘額。

 (11)證券管理機關規定之財務報表。

 (12)公司債權人之受託人名稱及其約定事項。

 (13)代收款項之銀行或郵局名稱及地址。

 (14)有承銷或代銷機構者，其名稱及約定事項。

 (15)有發行擔保者，其種類、名稱及證明文件。

 (16)有發行保證人者，其名稱及證明文件。

 (17)對於前已發行之公司債或其他債務，曾有違約或遲延支付本息之事實或現況。

 (18)可轉換股份者，其轉換辦法。

 (19)附認股權者，其認購辦法。

⒇董事會之議事錄。

㉑公司債其他發行事項，或證券管理機關規定之其他事項。

　　公司債就前項各款事項有變更時，應即向證券管理機關申請更正；公司負責人不為申請更正時，由證券管理機關各處新臺幣一萬元以上五萬元以下罰鍰（公248Ⅳ）。

　　上項第⑺款、第⑼款至第⑾款、第⒄款，應由會計師查核簽證；第⑿款至第⒃款，應由律師查核簽證（公248Ⅴ）。

㈢**公司債之募集方法**：在公司債之發行實務上，其募集方法可分為「直接募集」及「間接募集」兩種如下：

　　1.直接募集：係指發行公司債之股份有限公司直接向社會大眾進行募集，而不經由證券承銷商代為募集。由於股份有限公司採用直接募集方式時，除必須有大量員工負責處理募集事務之外，公司本身亦必須承擔公司債因無法募足以致不能成立之風險，因此實際上甚少採用。

　　2.間接募集：係指發行公司債之股份有限公司透過證券承銷商間接向社會大眾募集公司債，實務上股份有限公司進行公司債募集時，較常採用間接募集方式。在間接募集之方式下，股份有限公司只須支付證券承銷商報酬、手續費或其他相關費用，即能迅速完成公司債之募集，且若由證券承銷商包銷時（證交16Ⅰ），發行公司可立即獲得其所需之資金，對公司籌資更加有利，間接募集又可分為「承銷」與「代銷」兩種不同方法（公248Ⅰ⒁）。

　　　⑴承銷：即為證券交易法上之「包銷」（證交71），係指發行公司與證券承銷商約定，由證券承銷商承受公司債總額之銷售，證券承銷商由發行公司取得報酬（證交76Ⅰ⑥），若約定之承銷期間屆滿後，而公司債券仍未能全數銷售完畢時，則剩餘之公司債券應由證券承銷商自行認購（證交71）。

　　　⑵代銷：係指股份有限公司在發行公司債時，委託證券承銷商代為銷售，證券承銷商依委任契約得向發行公司收取手續費，若約定代銷期間屆滿後，該公司債券仍未能全數銷售完畢時，證券承銷商應將剩餘之未銷售公司債券退還發行公司（證交72）。

㈣有擔保公司債發行之限制與禁止：

1.募集有擔保公司債之限制：公司法第 247 條第 1 項規定：「公司債之總額，不得逾公司現有全部資產減去全部負債及無形資產後之餘額。」此即爲規定發行有擔保公司債總額之最高限度之限制。所謂無形資產，係指營業權、商標權、著作權、專利權、特許權等而言，並以出價取得者爲資產（所60）。

2.募集有擔保公司債之禁止：有下列情形之一者，則禁止其發行有擔保公司債（公250）：

⑴對於前已發行之公司債或其他債務，有違約或遲延支付本息之事實，尚在繼續中者。此種公司之信用已經喪失，自不宜准其再舉新債，故特加禁止。

⑵最近 3 年或開業不及 3 年之開業年度課稅後之平均淨利，未達原定發行之公司債應負擔年息總額之百分之一百者。但經銀行保證發行之公司債不受限制。

㈤無擔保公司債之限制與禁止：

1.無擔保公司債之限制：公司發行公司債，有擔保時，可以依照公司法第 247 條第 1 項之最高限額發行，無擔保時，其發行之總額，不得逾公司現有全部資產，減去全部負債及無形財產後餘額二分之一（公247Ⅱ）。

2.無擔保公司債之禁止：其有下列情形之一者，並禁止其發行無擔保公司債（公249）：

⑴對於前已發行之公司債或其他債務，曾有違約或遲延支付本息之事實已了結者：此項情事，雖已經了結，但既有違約遲延等情事在前，自難免不再發生違約遲延等情事於後，故禁止發行無擔保公司債。

⑵最近 3 年或開業不及 3 年之開業年度課稅後之平均淨利，未達原定發行之公司債，應負擔年息總額之百分之一百五十者。此項情事，足證公司贏利能力薄弱，自不能許其無擔保發行。

習題：設某甲股份有限公司擬募集有擔保之公司債，依現行我國公司法之規定，有何限制及禁止規定？（86司）

㈥**應募集之公告**：由於股份有限公司之公司債契約具有集團性、定型性及公眾性，因此，公司發行公司債之申請經核准後，公司董事會應在核准通知到達後 30 日內，備就公司債應募書，並公告開始募集，若超過期限仍未開始募集時，則該公司應重新申請募集（公 252 II）。若發行公司之董事會不備置應募書，或其應募書有虛偽記載時，應由證券管理機關處以罰鍰。發行公司募集公司債之公告內容應有申請審核時之各款事項、核准之主管機關、日期與文號等，但對於公司營業報告書、財產目錄、公司債債權人之受託人、公司債承銷或代銷機構之約定事項、公司債發行擔保、發行保證人之證明文件及董事會議事錄等則得不予公告（公 252）。

㈦**應募並繳足金額**：

1. 應募	股份有限公司在開始募集公司債後，應募人應在應募書上填寫其所認購之金額、住所或居所等資料，並簽名蓋章作為證明（公 253）。
2. 繳足金額	理論上股份有限公司開始募集公司債後，若仍有部分公司債餘額無人應募時，該公司債之募集即全部不成立，但實務上在處理無人應募之公司債時，通常是由發行公司之董事或監察人等自行認購，以避免公司債募集不成立，確保其公司之信譽，因此募集不完成之情形甚少發生。股份有限公司公司債經應募人應募完成之後，董事會應向未繳款之應募人請求繳付其所認金額（公 254）。
3. 受託人之查核	公司董事會在催繳公司債款項之前，應將全體記名債券應募人之姓名、住所或居所、所認金額及已發行之無記名債券張數、號碼與金額作成全體應募人清冊，連同第 248 條第 1 項各款所定之文件，送交公司債債權人之受託人。送交公司債債權人之受託人（公 255）。

㈧**債款變更用途及處罰**：為保障股份有限公司之公司債債權人投資權益，防止股份有限公司濫行集資，因此，在公司完成公司債之募集後，若其募集之金額必須使用在應募書所規定事項以外之其他用途時，發行公司之公司負責人應先向證券管理機關申請核准變更公司債款用途。若發行公司未經申請核准變更公司債款用途，即直接將所募集之公司債款使用在其他用途時，其公司負責人除應處 1 年以下有期徒刑、拘役或科或併科新臺幣六萬元以下罰金，如公司因此受有損害時，對於公司並負賠償責任（公 259）。

五、公司債權人之受託人

㈠**信託契約之訂立**：公司募集公司債之前，應與第三人之金融或信託事業成立信託契約（公248 I ⑫），使受託人代表全體公司債之債權人。此受託人由公司於申請發行時約定之，並負擔其報酬（公248Ⅵ）。

㈡**信託契約受託人之職權**：

1.受託人之查核與監督：此項受託人，為應募人之利益，有查核及監督公司履行公司債發行事項之權（公255Ⅲ）。

2.受託人取得擔保品：公司為發行公司債所設定之抵押權或質權，得由受託人為債權人取得，並得於公司債發行前先行設定。受託人對於此項之抵押權或質權或其擔保品，應負責實行或保管之（公256）。

3.召集債權人會議：發行公司債之公司，公司債債權人之受託人，或有同次公司債總數百分之五以上之公司債債權人，得為公司債債權人之共同利害關係事項，召集同次公司債債權人會議（公263 I ）。

4.執行會議之決議：債權人會議應製成議事錄，由主席簽名，經申報所在地之法院認可並公告後，對全體公司債債權人發生效力，由受託人執行之（公264）。

六、公司債之債券

㈠**公司債債券之記載**：公司債之債券應編號載明發行之年、月、日及下列事項，由董事3人以上簽名或蓋章，並經證券管理機關或其核定之發行登記機構簽證後發行之（公257 I ）：

1.公司名稱。

2.公司債總額及債券每張之金額。

3.公司債之利率。

4.公司債償還方法及期限。

5.可轉換股份者，其轉換辦法。

6.附認股權者，其認購辦法。

7.有擔保、轉換或認購股份者，載明擔保、轉換或可認購字樣。

有擔保之公司債，除上項應記載事項外，應於公司債正面列示保證

人名稱，並由其簽名或蓋章（公257Ⅱ）。

㈡**公司債債券之存根簿**：公司發行公司債，須備置債券存根簿。債券存根簿，等於公司記載公司債之帳簿，除應將所有債券依次編號外，並應載明下列各款事項（公258Ⅰ）：

　　1.公司債債權人之姓名或名稱及住所或居所。

　　2.公司債總額及債券每張之金額。

　　3.公司債之利率。

　　4.公司債償還方法及期限。

　　5.受託人之名稱。

　　6.有發行擔保者，其種類名稱，及證明文件。

　　7.有發行保證人者，其名稱及證明文件。

　　8.可轉換股份者，其轉換辦法。

　　9.附認股權者，其認購辦法。

　　10.公司債發行之年、月、日。

　　11.各債券持有人取得債券之年、月、日。

　　無記名債券，應以載明無記名字樣，替代前項第一款之記載（公258Ⅱ）。

七、公司債之轉讓及設質

㈠**公司債之轉讓**：公司債券爲有價證券，得自由流通而轉讓爲原則。無論債券爲記名式或無記名式，凡屬債券權利之轉讓，均與債券本身有不可分離之關係。其轉讓方法，依記名公司債與無記名公司債而不同：

　　1.記名公司債：記名之公司債券，得由持有人以背書轉讓之。但非將受讓人之姓名或名稱，記載於債券，並將受讓人之姓名或名稱及住所或居所記載於公司債存根簿，不得以其轉讓對抗公司（公260）。

　　2.無記名債券：公司法並無明文規定，應依一般轉讓之原則，就在公司債成立讓與契約者，即將公司債券交付，則生讓與之效力。但債券爲無記名式者，債權人得隨時請求改爲記名式（公261）。

㈡**公司債之設質**：公司債券既是有價之證券，故得爲質權之標的。

　　1.以無記名式設定質權者：應將證券交付，始生效力（民908Ⅰ前段）。

2.以記名式設定質權者：除交付證券於質權人外，並須依背書方法為之（民 908 I 後段），此項背書，得記載設定質權之意旨（民 908 II）。

公司債之清償期已到，而其所擔保之債權，縱未屆清償期，質權人仍得收取證券上應受之給付。如有使證券清償期屆至之必要者，並有為通知或依其他方法使其屆至之權利。債務人亦僅得向質權人為給付（民 909）。質權以有價證券為標的物者，其附屬於該證券之利息證券，以已交付於質權者為限，其質權之效力，及於此等附屬之證券（民 910）。

八、公司債之轉換及附認股權

(一)**公司債之轉換**：有廣狹二義；廣義是指公司債可轉換成一切證券而言。狹義是專指轉換成股份而言。此即所謂，公司債之換股。

1.公司債券轉換股份：我國公司法對於此項換股規定：「可轉換股份者，其轉換辦法」（公 248 I ⑱），並向證券管理機關辦理，此外第 262 條規定：「公司債約定得轉換股份者，公司有依其轉換辦法核給股份之義務。但公司債債權人有選擇權。」轉換權因公司債權人一方之意思表示行使轉換權而生轉換之效力，故性質為形成權。惟如轉換為股份額數有超過公司章程所定資本額時，應先完成變更章程增加資本額後，始得為之（公 248 VII）。但變更章程增加資本額，應經股東會之特別決議。

2.公司債行使轉換權之效力：公司債轉換為股份後，原公司債債權人即成為公司股東，並喪失公司債權人之地位，同時公司也減少債權數額，增加其已發行之股份數，此等均須為變更之登記。

(二)**公司債附認股權**：公司債附認股權者（公 248 I ⑲），公司有依其認購辦法核給股份之義務。但認股權憑證持有人有選擇權（公 262 II）。

習題：股份有限公司發行可轉換公司債後，其債權人應如何行使其轉換權方為合法？又行使後之效力如何？試詳述之。（81 司）

九、公司債之付息、還本及用途

(一)**公司債之付息**：發行公司債，必須附息，並須預為約定，其利率若干，及付息期限，應以債券之記載定之（公 248 I ③）。通常公司債債券多附有息券，每屆受領利息時，持有人只須截下息券，即可領取利息，不

必為債券之提示。亦有在債券上不附息券，而於清償原本時一次付息者，要視發行債券時如何約定以為斷。惟所謂息券，通常均為無記名式，可與債券分離而為轉讓。利息給付請求權，依我民法規定，自得為請求之日起，5 年間不行使，因罹於時效，即歸消滅。

　　㈡**公司債之還本**：公司債之還本，即是公司債之償還，如已屆清償期公司自應償還其原本。其償還方法及期限，均以債券上之記載為準（公 248 I ④），公司法對此未加任何限制，完全由公司自行訂定。一經核准發行，公司與債權人，均應遵守，不得由單方隨意變更。其為一次償還者，屆時須清償全部本金，其為分期償還者，屆時須清償一部本金。其清償請求權之時效，公司法無明文規定，應依民法規定，因 15 年不行使而消滅，無論一次償還或分次償還均然。就償還結果言，債權人向公司提示債券，經其清償後收回債券，公司債之關係，即因而消滅，原所設定之抵押權或質權及其受託人間之契約關係，均告終止。

　　㈢**公司債之用途**：公司法第 248 條第 1 項第 6 款規定：「公司債募得價款之用途及運用計畫」，均須送請主管機關核定。依此，則公司債募得以後，如何支配運用，或為償還其他債款，或為擴充生產設備，或為增加固定資產，或為發展營業計劃，不一而足，必須預先陳明。倘募集公司債款後，**未經申請核准變更**，而用於規定事項以外者，處公司負責人 1 年以下有期徒刑、拘役或科或併科新臺幣六萬元以下罰金，如公司因此受有損害時，對於公司並負賠償責任（公 259）。

十、公司債券之強制執行、喪失及收買

　　㈠**公司債券之強制執行**：公司債為財產權之一種，其債券又為有價證券，並得自由轉讓，則債券所有人債權人，自得以之為扣押的標的物，而供其強制執行，其情形與股票同。

　　㈡**公司債之喪失**：公司債券，為得以背書而轉讓之證券，無論其為記名式或無記名式，如因遺失、被盜、或滅失之原因而喪失占有者，均得依民事訴訟法第 556 條規定聲請法院為公示催告，公示催告期間屆滿後，在催告期間內無人申報權利，即得請求法院為除權判決，宣告債券

無效（民訴 564），並得根據該判決請求公司另行補發新債券。

（三）**公司債之收買**：公司債與股份不同，股份與資本及股權有密切關係，除特殊情形外，公司不得自將股份收買。但公司債之性質，則與股份不同，僅爲通常之債權關係，即使爲轉換公司債，其轉換之選擇權，既操之於債權人，在未即確定轉換以前，依然爲普通債權。債券持有人既得將債券自由轉讓，則公司在公司債未屆清償期前，收買公司債以銷除其債務，自無不可。此種收買，往往在債券市價低落時，公司利用市價低落，收回公司債券，予以銷除，較之到期還本，對公司當更有利，故自行收買後，應即予以銷除。

十一、公司債債權人之保護

（一）**公司債債權人團體**：由於股份有限公司之公司債務僅以公司財產作爲擔保，而公司債契約具有繼續性，自募集時起至實際償還時爲止之時間甚長，爲確保公司債本息順利償還，除應加強物上擔保制度、公司債之募集資格、募集限制、募集條件與債券內容須遵守公示原則之外，並應承認公司債債權人之團體化，以結合個別投資人之力量監督發行公司確實履行其債務。由於公司債契約已定型化，同時期中以同一條件募集之公司債，其債券持有人除金額不同外，其餘項目均相同，對於公司之清償能力具有共同利害關係，因此有成立團體之可能性。

　　承認公司債債權人團體之存在，在實務上除可保護公司債債權人利益之外，對發行公司亦有益處。當發行公司面臨經營倒閉之危機時，實際上需要公司債債權人作出某種程度之犧牲，例如同意發行公司緩期清償、降低債券預定利率、解除部分擔保或暫時停止行使權利等，以協助發行公司免於破產命運，進而確保全體公司債債權人之投資權益，若承認公司債債權人團體之存在，即可藉由多數決之方法使相關辦法順利推動，發行公司即可免於倒閉命運。此公司債債權人團體，即爲債權人會議（公 263）。

（二）**公司債債權人會議**：在股份有限公司經營上，「公司債債權人會議」是具有臨時性質之法定團體，由同一次發行之公司債債權人所組成，會議之目的在於對具有共同利害關係之事項進行決議，例如發行公司怠於

履行付息義務或拖延償還債務，而對公司債債權人權益造成損害，在債權人認為有必要對該事項進行決議時，即可召集公司債債權人會議。因此，該會議在性質上得視為公司債債權人團體之意思決定機關。

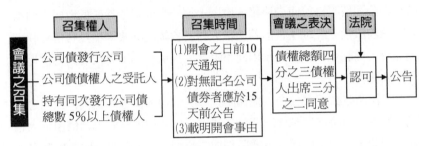

1. 會議之召集權人：公司債債權人會議之召集權人，則包括(1)公司債之發行公司、(2)公司債債權人之受託人、(3)持有同次發行公司債總數5%以上之公司債債權人（公263 I）。

2. 召集之時間及程序：公司債債權人會議之召集程序應類推適用股東臨時會之規定，因此，會議召集人應在開會日之10天前，通知同次發行之公司債債權人，對於持有無記名公司債券者，應在15天前公告之（公263Ⅲ、172Ⅱ），以便持有無記名公司債券之債權人得參加會議，且通知及公告中應載明會議召集事由。股份有限公司公司債債權人會議若是由發行公司召集時，應以該公司董事長擔任主席，若由受託人召集時，則應由受託人擔任主席，若由債權人召集時則得臨時推選1人擔任主席，或推選主席團主持會議。

3. 債權人會議之出席人：由於股份有限公司之公司債債權人會議係由同一次發行之公司債債權人組成，因此，開會時全體債權人都有權出席會議，但無記名公司債債權人若欲出席會議時，必須準用無記名股票股東出席股東會之規定（公263Ⅲ），因此，該債權人必須在開會5日前，將其債券交存給會議召集人，始得出席參加會議（公176）。在公司債債權人會議進行相關事項議決時，發行公司或公司債債權人之受託人得列席會議，而公司債債權人亦得出具委託書載明授權範圍，委託代理人代為出席會議，但委託書以委託1人為限，並應於開會5日前送達公司（公177Ⅲ）。

　　4.債權人會議之表決：就公司債債權人會議之決議方式而言，應有代表公司債債權總額四分之三以上債權人之出席，以出席債權人表決權三分之二以上同意行之，其決議方具有法律效力，但發行公司對於自己持有之公司債不得行使表決權。原則上每一張公司債券最低票面金額都有一個表決權（公263），但若債權人對於會議之議決事項具有自身利害關係時，爲避免利益衝突，因此不得加入表決，亦不得代理其他債權人行使表決權。

　　5.決議之認可與公告：蓋爲防止多數公司債債權人受發行公司之請託，而以多數決之優勢作出不公正決議，以致損害全體公司債債權人利益，因此，公司債債權人會議所作成之決議應作成議事錄由主席簽名，經申報公司所在地之法院認可並公告後，對全體公司債債權人發生效力（公264前段），以維護公司債債權人權益。

　　6.不予認可之決議：公司債債權人會議之決議，有下列情事之一者，法院不予認可（公265）：

　　　(1)召集公司債債權人會議之手續或其決議方法，違反法令或應募
　　　　書之記載者。

　　　(2)決議不依正當方法達成者。

　　　(3)決議顯失公正者。

　　　(4)決議違反債權人一般利益者。

　　7.決議的效力及執行：公司債債權人會議之決議在經法院認可並公告之後，無論公司債債權人是否出席會議，或是否有反對之意思表示，該決議對全體公司債債權人即發生法律效力，且公司債債權人會之決議原則上由受託人執行，但債權人會議得另行指定其他人執行（公264）。

　　公司債債權人會議之決議應製成議事錄，其內容應記載會議之時間、場所、主席姓名、決議方法、議事經過之要領及其結果，由主席簽名之後，在會後20天之內將議事錄分發各公司債債權人（公183）。在股份有限公司存續期間內，公司債債權人會議之議事錄應永久保存，至於出席之公司債債權人簽名簿及代理出席之委託書等文件，其保存期限至少爲1年（公183Ⅳ,Ⅴ）。

第十節　股份有限公司之發行新股

一、發行新股之概念

(一)**發行新股之意義**：係指股份有限公司在授權資本制度之下，將公司股份總數分成數次發行，而在公司正式成立後發行原本尚未發行之股份，或在增資後發行所增加之股份而言。實際上新股之發行有下列三種情形：

1. 分次發行新股	依第 156 條第 2 項規定，分次發行之新股，**不需變更章程**，授權董事會發行是。
2. 增資發行新股	依第 278 條規定，增加資本發行之新股，即於章程所載股份總數全部發行後，**經變更章程**增加股份總數後，發行所增加之股份。
3. 特殊情形下發行新股	即不以籌措資金為目的，而另有其他作用，以發行新股。如以員工分紅入股（公 240Ⅳ）、分派盈餘發行新股（公 240Ⅵ）、以公積撥充資本而發行新股（公 241Ⅰ），因公司債轉換而發行新股（公 262）、因減少資本而發行新股（公 279）等是。

(二)**原有股東對發行新股之優先認購權**：

1. 通常發行新股	即以籌措資金為目的而發行新股時，依第 267 條第 3 項：「公司發行新股時，除依前二項保留者外，應公告及通知原有股東，按照原有股份比例儘先分認，並聲明逾期不認購者，喪失其權利；原有股東持有股份按比例不足分認一新股者，得合併共同認購或歸併一人認購；原有股東未認購者，得公開發行或洽由特定人認購。」此時原有**股東有優先認購權**，此亦為股東之固有權。
2. 特殊發行新股	即不以籌措資金為目的，而另有其他作用，以發行新股，即依第 267 條第 7 項規定，對因合併他公司、分割、公司重整或依第 167 條之 2、第 262 條、第 268 條之 1 第 1 項而增發新股者，股東對之**無新股認購權**。

習題：股份有限公司發行新股時是否均須先行變更章程？原有股東對此項新股是否有優先認購權？（71 律）

(三)**發行新股之種類**：

區分基準	種類	區分之內容	區別實益
1.	非增資	依公司法的授權資本制，公司設立時，章程	此種發行由

是否增加股份總額為準	的發行新股	內雖須記載股份總數額（公129 I ③），但依法亦可分次發行（公130 I ②），因此第二次以後發行新股時，公司之資本雖有增加但其股份總額仍然未變。因此，此種發行新股，稱為非增資的發行新股。	董事會決議即可。
	增資的發行新股	即公司章程規定之股份總數已全部發行完畢，因須增加公司資本而發行新股之謂。此種發行新股有下列二種情形： (1)在確定資本制之下：在公司成立時股份已全部發行完畢，如欲再行發行新股時，則只有增加資本，這就是增資的發行。 (2)在授權資本制之下：因屢次發行新股，結果使公司章程所規定之股份總額已全數發行完畢，如欲再行發行新股，則只有增加資本，此種發行也屬於增資的發行。	先經股東會變更章程將股份總額增加後（公278 II）則可發行，董事會不得決議。
2.是否在於籌措資金為準	通常的發行（一般的發行）	即以籌措資金為目的而發行新股，這就是一般所稱之發行新股。	適用公司法第五章第八節之發行新股的規定。
	特殊的發行	即不以籌措資金為目的，而另有其他作用，以發行新股。其特殊的作用就是： (1)員工分紅入股（公240IV）。 (2)以分配盈餘而發行新股（公240 I VI）。 (3)以公積撥充資本而發行新股（公241 I）。 (4)因公司債轉換而發行新股（公262）。 (5)因減少資本而換發新股（公279）。	特殊的發行不適用此規定（公267）。
3.是否公開向公眾募集為準	公開的發行	發行新股時，除向股東認購，或員工承購者外，其餘額不洽特定人認購而向社會大眾公開募集者。	在發行程序之不同。
	不公開的發行	即由股東及員工全部認足新發行股份，或其餘額洽由特定人認購，而不向社會大眾募集者。	公開發行因涉及大眾關係，故須經證券管理機關核准（公268），公開發行之限制為（公269、270）。

二、發行新股之程序

㈠**不公開發行**：即股份有限公司在發行新股時，原有股東及員工將股數全部認定，其不足額由發行公司以協議方式由特定人進行認購，此特定身分通常是資力雄厚之個人、金融機構，或擁有公司營業所需財產之人。其程序為：

1.董事會決議：公司發行新股時，應由董事會以董事三分之二以上之出席，及出席董事過半數同意之決議行之（公266Ⅱ）。此為董事會之特別決議。

2.新股之認股程序：

　⑴保留部分新股由員工承購：公司發行新股時，除由主管機關專案核定者外，應保留發行新股總數百分之十至十五之股份由公司員工承購（公267Ⅰ）。

　⑵公營事業規定員工承購之比率：公營事業經主管機關專案核定者，得保留發行新股由員工承購；其保留股份，不得超過發行新股總數百分之十（公267Ⅱ）。上述保留員工承購股份之規定，於以公積或資產增值抵充，核發新股予原有股東者，不適用之（公267Ⅴ）。

　⑶員工認股權：

　　①員工認股權之意義：即公司與員工約定，員工於服務滿一定期間以後，得依約定之價格及數量認購公司股份之權利，稱為「員工認股權契約」。

　　②員工認股權憑證：

　　　A 公司除法律或章程另有規定者外，得經董事會以董事三分之二以上之出席及出席董事過半數同意之決議，與員工簽訂認股權契約，約定於一定期間內，員工得依約定價格認購特定數量之公司股份，訂約後由公司發給員工認股權憑證（公167之2Ⅰ）。員工取得認股權憑證，不得轉讓。但因繼承者，不在此限（公167之2Ⅱ）。

　　　B 公司發行認股權憑證或附認股權特別股者，有依其認股辦

法核給股份之義務，不受第 269 條及第 270 條規定之限制。但認股權憑證持有人有選擇權（公 268 之 1 I）。第 266 條第 2 項、第 271 條第 1 項、第 2 項、第 272 條及第 273 條第 2 項、第 3 項之規定，於公司發行認股權憑證時，準用之（公 268 之 1 II）。

③員工認股轉讓的限制：新股認購權利，除保留由員工承購者外，得與原有股份分離而獨立轉讓（公 267IV）。又公司對保留給員工承購之股份，得限制在一定期間內不得轉讓。但其期間最長不得超過 2 年（公 267VI）。本條有關發行新股與認股程序，對因合併他公司、分割、公司重整或依第 167 條之 2（員工認股權憑證）、第 262 條（股份之轉讓）、第 268 條之 1 第 1 項（認股權憑證）而增發新股者，不適用之（公 267VII）。

(4)由原有股東比例認購：公司發行新股時，除依第 267 條第 1 項及第 2 項保留者外，應公告及通知原有股東，按照原有股份比例儘先分認，並聲明逾期不認購者，喪失其權利；原有股東持有股份按比例不足分認一新股者，得合併共同認購或歸併 1 人認購；原有股東未認購者，得公開發行或洽由特定人認購（公 267III）。此即原有股東之「新股認購權」，但此之認購期限之規定，於以公積或資產增值抵充，核發新股予原有股東者，不適用之（公 267V）。

(5)由特定人協議認購：公司發行新股原有股東認購不足時，得由特定人協議認購，但不公開發行。

(6)公司違反員工承購之規定：公司負責人違反員工承購之規定者，各處新臺幣二萬元以上十萬元以下罰鍰（公 267VIII）。

3.備置認股書：公司發行新股，採不公開發行時，董事會應備置認股書（公 274 I）。

4.股款之催繳：公司採不公開發行，但由原有股東認購或由特定人協議認購，亦得以公司事業所需之財產為出資（公 272）。如以現金以外之財產抵繳股款者，並於認股書加載其姓名或名稱及其財產之種類、數量、價格或估價之標準及公司核給之股數（公 274 I 後段）。前項財產出資實行後，

董事會應送請監察人查核加具意見，報請主管機關核定之（公274Ⅱ）。

習題：何謂認股權憑證？試就公司法相關規定說明之。（91 會檢㈡）

㈡**公開發行**：公開發行新股，除由員工、股東認購者外，其餘額得向社會大眾募集，稱為公開發行。其程序為：

　1.董事會之決議：其情形與不公開發行相同。

　2.向證券管理機關申請核准：公司發行新股時，除由原有股東及員工全部認足或由特定人協議認購而不公開發行者外，應將下列事項，申請證券管理機關核准，公開發行（公268Ⅰ）：

　　⑴公司名稱。

　　⑵原定股份總數、已發行數額及金額。

　　⑶發行新股總數、每股金額及其他發行條件。

　　⑷證券管理機關規定之財務報表。

　　⑸增資計畫。

　　⑹發行特別股者，其種類、股數、每股金額及第157條各款事項。

　　⑺發行認股權憑證或附認股權特別股者，其可認購股份數額及其認股辦法。

　　⑻代收股款之銀行或郵局名稱及地址。

　　⑼有承銷或代銷機構者，其名稱及約定事項。

　　⑽發行新股決議之議事錄。

　　⑾證券管理機關規定之其他事項。

　　公司就前項各款事項有變更時，應即向證券管理機關申請更正；公司負責人不為申請更正者，由證券管理機關各處新臺幣一萬元以上五萬元以下罰鍰（公268Ⅱ）。

　　前述第1項第2款至第4款及第6款，由會計師查核簽證；第8款、第9款，由律師查核簽證（公268Ⅲ）。

　3.公開發行之禁止與限制：

　　⑴公開發行新股之禁止：公司有下列情形之一者，不得公開發行新股（公270）：

　　　　①最近連續 2 年有虧損者。但依其事業性質，須有較長準備期
　　　　　間或具有健全之營業計畫，確能改善營利能力者，不在此限。
　　　　②資產不足抵償債務者。
　　(2)公開發行優先權利特別股之限制：公司有下列情形之一者，不
　　　　得公開發行具有優先權利之特別股（公 269）：
　　　　①最近 3 年或開業不及 3 年之開業年度課稅後之平均淨利，不
　　　　　足支付已發行及擬發行之特別股股息者。
　　　　②對於已發行之特別股約定股息，未能按期支付者。

　　4.公開發行新股認股書的備置：公司公開發行新股時，董事會應備
置認股書，載明下列事項，由認股人填寫所認股數、種類、金額及其住
所或居所，簽名或蓋章（公 273 I）：
　　(1)第 129 條第 1 項第 1 款至第 6 款及第 130 條之事項。
　　(2)原定股份總數，或增加資本後股份總數中已發行之數額及其金
　　　　額。
　　(3)第 268 條第 1 項第 3 款至第 11 款之事項。
　　(4)股款繳納日期。

　　5.股款之催繳：公司公開發行新股時，應以現金為股款，不得以現
金以外財產充之（公 272）。

　　6.公開發行新股核准之撤銷：公司公開發行新股經核准後，如發現
其申請事項，有違反法令或虛偽情形時，證券管理機關得撤銷其核准。
為此項撤銷核准時，未發行者，停止發行；已發行者，股份持有人，得
於撤銷時起，向公司依股票原定發行金額加算法定利息，請求返還；因
此所發生之損害，並得請求賠償。第 135 條第 2 項之規定，於本條準用
之（公 271）。

第十一節　股份有限公司之變更章程

一、變更章程之概念

　(一)變更章程之意義：變更章程（英：alteration of memorandam, amendment of

articles；德：Satzungsänderung, Statutenänderung；法：modification des status），即修改公司章程之謂。章程為公司之基本法，均不能違背章程所定。然因情勢之變更，或經營狀況之改變，而不得不修改章程時，自應由原訂之股東變更之。

㈡**變更章程之範圍**：當股份有限公司營業環境狀況改變，或章程中之絕對必要記載事項、相對必要記載事項或任意記載事項有實質更動時，在經過公司股東會決議通過後，即可調整原有章程內容，但其變更之程序與變更後之內容不得違反強行法規、公序良俗、股份有限公司本質與股東平等原則，亦不得侵害股東固有權。但股份有限公司在召集變更章程之股東會時，必須應在會議召集通知及公告上所記載的召集事由中，明白列舉變更章程事項，而不得以臨時動議方式提出。但若章程記載事項之事實基礎有變更時，或由於法令修改以致章程之內容發生變更或失效時，則不須等到股東會決議通過即可變更章程。由於股東會係由特別股及普通股股東所組成，因此，在變更章程之時不得損害特別股股東權益，至於特別股股東會之召開與程序應準用股東會規定。

二、變更章程之程序

章程為公司之基本法，故應鄭重其程序，依公司法第 277 條規定：「公司非經**股東會決議**，不得變更章程。前項股東會之決議，應有代表已發行股份總數三分之二以上之股東出席，以出席股東表決權過半

章　程	章　程
第×條　本公司以經營下列事項為目的： ㈠水泥製造業。	第×條　本公司以經營下列事項為目的： ㈠水泥製造業。 ㈡不動產營造業。

變更章程

程　序

- 經股東會決議
- 特別決議
  - (1)應有代表已發行股份總數三分之二以上股東出席，以出席股東表決權過半數之同意行之。
  - (2)公開發行股票之公司，出席股東之股份總數不足前項定額者，得以有代表已發行股份總數過半數股東之出席，出席股東表決權三分之二以上之同意行之。
- 公司發行特別股者：並應經特別股股東會決議。

數之同意行之。公開發行股票之公司,出席股東之股份總數不足前項定額者,得以有代表已發行股份總數過半數股東之出席,出席股東表決權三分之二以上之同意行之。前二項出席股東股份總數及表決權數,章程有較高之規定者,從其規定。」足見章程之變更;不但須經股東會決議,尚須經**特別決議**。

公司已發行特別股者,其章程之變更如有損害特別股股東之權利時,除應有代表已發行股份總數三分之二以上股東出席之股東會,以出席股東表決權過半數之決議爲之外,並應經特別股股東會之決議(公159 I)。

三、變更章程之原因

㈠**增加資本**:(英:increse of capital;德:Erhöhung des Grundkapitals, Grundkapitalerhöhung;法:augmentation du capital social)簡稱「增資」。公司之資本總額爲章程上必要記載事項(公 162 I ③),公司增加資本時,則章程原定之資本總額,即有變更,故增加資本,勢必變更章程,變更章程時,除應經股東會特別決議(公277 I)外,非將已規定之股份總數,全數發行後,不得增加資本(公278 I)。如章程原定之股份總額,尚未全數發行完畢,儘可發行足額,當不須另行增資。公司如果增加資本後之股份總數,得分次發行(公278 II)。

　　1.增加資本之方法:

　　　⑴增加股份數額:如公司章程原定股份總數爲十萬股,現增至二十萬股,即資本總額增加一倍是。此項增資得對外公開發行。

　　　⑵增加股份金額:如章程原定每股金額爲一萬元,現增爲二萬元,則資本總額亦增加一倍是。此項增資僅得由股東比例認定。

　　　⑶增加股份及每股金額:則兩者一併增加是。

　　2.增加資本之實行:增加資本後之股份總數,得分次發行(公278 II)。

　　3.申請變更之登記:每次發行新股變更章程後,董事會須於 15 日內,向主管機關申請變更登記(公387IV)。

㈡**減少資本**:(英:reduction of capital;德:Herabsetzung des Grundkapitals,;法:réduction du capital social)簡稱「減資」。

1.減資之意義與情形：

　(1)意義：則減少公司之資本額之謂。按股份有限之資本額，原採「資本不變原則」，本不應任意減少為原則，但因下列情形而減資。

　(2)減資之情形：如經濟清況變遷，預定資本過多，或因公司虧損過多，營業之規模縮小，為調節資金，或彌補損失，而採用減資之方法，均為權宜措施，故法律規定，依一定程序，公司得減少資本。

2.減少資本之方法：

　(1)減少股份總數：如原定股份總數為十萬股，現減為五萬股，其情形有二：

　　①將股份銷除：即公司取銷股份之一部，有強制銷除與任意銷除；即在股東平等之原則下，前者以抽籤定銷除之順序，後者由股東自行議定，而定銷除之比例。

　　②將股份合併：如將二股合併為一股或將三股合併為二股或一股，其合併之方式將視減資之比例而定。因減少資本而合併股份時，其不適於合併之股份，公司得將其股份拍賣，以賣得之價額，給付該股東（公280準279Ⅱ）。

　(2)減少股款：在股份總數不變之下，僅減少每股金額，減少後之每股金額仍歸一律。其方法有：

　　①免除：即對於尚未繳納之股份金額，免除其全部或一部是。

　　②發還：即公司將所減少之股份金額發還於股東是。

　　③割棄（或註銷）：即公司將所減少之股份金額割棄或註銷，而不發還於股東。如原為百萬元之資本，每股千元，乃將每股減為五百元，而減少之五百元，彌補其虧損是。

　(3)減少股數及股款：就前述兩種方法合併行之。如原為百萬股，每股千元，現改為五十萬股，每股五百元是。

　　現行法就減資之方法，僅就股份之合併，略為規定，關於股份之銷除，則在第168條中有反面之說明。上述之各種方法，公司

得經股東會之決議，選擇施行之。

3.減資之程序：

　⑴股東會之決議：減資為變更章程原因，自應經股東會之特別決議（公 277 II）。減資之方法如何，數額若干，均應作具體的決定。

　⑵通告債權人：公司決議減資時，應即編造資產負債表及財產目錄，向各債權人分別通知及公告，並指定 3 個月以上之期限，聲明債權人得於期限內提出異議（公 281 準 73）。又公司不為上述之通知及公告，或對於在指定期限內提出異議之債權人不為清償，或不提供相當擔保者，不得以其減少資本對抗債權人（公 281 準 74）。

　⑶減資之實行：減資的方法前已述及，但通常都採用減少股份總數之方法，此法之實行方式有二：

　　①股份之銷除：即公司取銷股份之一部分是（公 168）。

　　②股份之合併：即將二股合併為一股是（公 280）。

4.換發新股：公司因減資而換發新股時，應於減資登記後，定 6 個月以上之期限，通知各股東換取，並聲明逾期不換取者，喪失其股東之權利；發行無記名股票者，並應公告之（公 279 I）。股東於前項期限內不換取者，即喪失其股東之權利，公司得將其股份拍賣，以賣得之金額，給付該股東（公 279 II）。公司負責人違反本條通知或公告期限之規定時，各處新臺幣三千元以上一萬五千元以下罰鍰（公 279 III）。

第十二節　股份有限公司之重整

一、重整之概念

　㈠**重整之意義**：重整（英：corporate reorganization），公開發行股票或公司債之公司，因財務困難，暫停營業或有停業之虞，而有重建更生之可能者，得由公司或利害關係人向法院聲請重整（公 282 I）。

　㈡**重整聲請權人**：實務上有權得向法院聲請股份有限公司重整之人包括下列三種：

1.	股份有限公司在向法院聲請公司重整時，必須經由董事會董事三

公司本身	分之二以上出席、出席董事過半數同意之特別決議通過（公 282 II）。
2. 少數股東	得聲請公司重整之股東資格，則必須爲繼續 6 個月以上持有已發行股份總數 10%以上股份之股東。
3. 公司債權人	相當於公司已發行股份總數金額 10%以上之公司債權人（公 282 I）。

㈢**重整制度之目的**：在使瀕臨困境之公司免於停業或暫停營業，使其有重整之機會，俾得維持正常經營運作，因此，法律上對於公司重整制度係採取「解免責任主義」與「監督自治主義」並行方式。

　　1.解免責任主義：即指爲使重整後之股份有限公司能順利經營，而在公司重整程序完成後，未受清償債權之請求權即歸於消滅，以便使公司債務清償責任得以解除之制度。

　　2.監督自治主義：即指由於重整制度之基礎乃是當事人向法院提出聲請，至於重整事務之決議與執行上，則應由公司各關係人之間以協議方式處理，法院僅居於監督地位，且只有在例外情況發生時方得依權限進行積極處理。

㈣**管轄法院**：關於公司重整之管轄，準用民事訴訟法之規定，應由公司所在地之法院管轄（公 314）。

二、重整聲請書狀

　　聲請人在向法院聲請股份有限公司重整時，應提出書狀並檢附副本五份，且其法定應記載事項爲（公 283 I）：

㈠聲請人之姓名及住所或居所；聲請人爲法人、其他團體或機關者，其名稱及公務所、事務所或營業所。

㈡有法定代理人、代理人者，其姓名、住所或居所，及法定代理人與聲請人之關係。

㈢公司名稱、所在地、事務所或營業所及代表公司之負責人姓名、住所或居所。

㈣聲請之原因及事實。

㈤公司所營事業及業務狀況。

㈥公司最近一年度依第 228 條規定所編造之表冊；聲請日期已逾年度開始 6 個月者，應另送上半年之資產負債表。

㈦對於公司重整之具體意見。

前項第 5 款至第 7 款之事項，得以附件補充之（公 283 Ⅱ）。公司為聲請時，應提出重整之具體方案（公 283 Ⅲ）。股東或債權人為聲請時，應檢同釋明其資格之文件，對第 1 項第 5 款及第 6 款之事項，得免予記載（公 283 Ⅳ）。

三、重整之裁定

㈠**裁定前之調查**：法院受理重整之聲請後，首應審查其形式要件是否具備，然後再進行實質審查，即有無重整之原因及必要。

1.形式要件之審查：重整之聲請，有下列情形之一者，法院應裁定駁回（公 283 之 1）：

(1)聲請程序不合者。但可以補正者，應限期命其補正。

(2)公司未依本法公開發行股票或公司債者。

(3)公司經宣告破產已確定者。

(4)公司依破產法所為之和解決議已確定者。

(5)公司已解散者。

(6)公司被勒令停業限期清理者。

2.實質要件之審查：

(1)徵詢主管機關意見：法院對於重整之聲請，除依前條之規定裁定駁回者外，應即將聲請書狀副本，檢送主管機關、目的事業中央主管機關、中央金融主管機關及證券管理機關，並徵詢其關於應否重整之具體意見。法院對於重整之聲請，並得徵詢本公司所在地之稅捐稽徵機關及其他有關機關、團體之意見。前二項被徵詢意見之機關，應於 30 日內提出意見（公 284 Ⅰ～Ⅲ）。

(2)通知被聲請之公司：聲請人為股東或債權人時，法院應檢同聲請書狀副本，通知該公司（公 284 Ⅳ）。

3.選任檢查人：法院除為前條徵詢外，並得就對公司業務具有專門學識、經營經驗而非利害關係人者，選任為檢查人，就下列事項於選任

後 30 日內調查完畢報告法院（公 285 I）：

 (1)公司業務、財務狀況及資產估價。

 (2)依公司業務、財務、資產及生產設備之分析，是否尚有重建更生之可能。

 (3)公司以往業務經營之得失及公司負責人執行業務有無怠忽或不當情形。

 (4)聲請書狀所記載事項有無虛偽不實情形。

 (5)聲請人為公司者，其所提重整方案之可行性。

 (6)其他有關重整之方案。

  檢查人對於公司業務或財務有關之一切簿冊、文件及財產，得加以檢查。公司之董事、監察人、經理人或其他職員，對於檢查人關於業務財務之詢問，有答覆之義務（公 285 II）。

  公司之董事、監察人、經理人或其他職員，拒絕前項檢查，或對前項詢問無正當理由不為答覆，或為虛偽陳述者，處新臺幣 2 萬元以上 10 萬元以下罰鍰（公 285 III）。

  4.法院命令造報名冊：法院於裁定重整前，得命公司負責人，於 7 日內就公司債權人及股東，依其權利之性質，分別造報名冊，並註明住所或居所及債權或股份總金額（公 286）。

  5.重整聲請之准許或駁回期限：法院依檢查人之報告，並參考目的事業中央主管機關、證券管理機關、中央金融主管機關及其他有關機關、團體之意見，應於收受重整聲請後 120 日內，為准許或駁回重整之裁定，並通知各有關機關。前項 120 日之期間，法院得以裁定延長之，每次延長不得超過 30 日。但以二次為限（公 285 之 1 I, II）。

  6.重整之駁回：

 (1)駁回重整聲請之裁定：有下列情形之一者，法院應裁定駁回重整之聲請（公 285 之 1 III）：

  ①聲請書狀所記載事項有虛偽不實者：此指公司法第 283 條列舉事項有不實之情形。

  ②依公司業務及財務狀況無重建更生之可能者：即由所選任之

檢查所做之報告及參考相關意見所做之決定。

法院依前述之情形於裁定駁回時，其合於破產規定者，法院得依職權宣告破產（公 183 之 1IV）。公司重之聲請被裁定駁回者，聲請人如有不服，得準用民事訴訟法之規定提起抗告（公 314）。

㈡公司重整的裁定：

1.重整裁定前的處分：法院為公司重整之裁定前，得因公司或利害關係人之聲請或依職權，以裁定為下列各款處分（公 287 I）：

(1)公司財產之保全處分。

(2)公司業務之限制。

(3)公司履行債務及對公司行使債權之限制。

(4)公司破產、和解或強制執行等程序之停止。

(5)公司記名式股票轉讓之禁止。

(6)公司負責人，對於公司損害賠償責任之查定及其財產之保全處分。

前項處分，除法院准予重整外，其期間不得超過 90 日；必要時，法院得由公司或利害關係人之聲請或依職權以裁定延長之；其延長期間不得超過 90 日（公 287II）。

前項期間屆滿前，重整之聲請駁回確定者，第 1 項之裁定失其效力（公 287III）。

法院為第 1 項之裁定時，應將裁定通知證券管理機關及相關之目的事業中央主管機關（公 287IV）。

2.准許重整選任監督人：法院就重整之聲請，經審查結果，認為聲請合法，且確有重整之原因者，應即為重整之裁定。法院為重整裁定時，應就對公司業務，具有專門學識及經營經驗者或金融機構，選任為重整監督人，並決定下列事項（公 289 I）：

(1)債權及股東權之申報期日及場所，其期間應在裁定之日起 10 日以上，30 日以下。

(2)所申報之債權及股東權之審查期日及場所，其期間應在前款申報期間屆滿後 10 日以內。

(3)第一次關係人會議期日及場所,其期日應在第一款申報期間屆滿後 30 日以內。

前項重整監督人,應受法院監督,並得由法院隨時改選(公 289Ⅱ)。重整監督人有數人時,關於重整事務之監督執行,以其過半數之同意行之(公 289Ⅲ)。

  3.重整裁定後之公告及送達:法院為重整裁定後,應即公告下列事項(公 291 I):

(1)重整裁定之主文及其年、月、日。

(2)重整監督人、重整人之姓名或名稱、住址或處所。

(3)第 289 條第 1 項所定期間、期日及場所。

(4)公司債權人及持有無記名股票之股東怠於申報權利時,其法律效果。

法院對於重整監督人、重整人、公司、已知之公司債權人及股東,仍應將前項裁定及所列各事項,以書面送達之(公 291Ⅱ)。

㈢**重整裁定之效力**:法院為重整裁定後,依公司法規定,有下列效力:

  1.重整開始之登記:法院為重整裁定後,應檢同裁定書,通知主管機關,為重整開始之登記(公 292)。

  2.帳冊之處置:法院於前項裁定送達公司時,應派書記官於公司帳簿,記明截止意旨,簽名或蓋章,並作成節略,載明帳簿狀況(公 291Ⅲ)。

  3.對於公司之效果:

(1)重整裁定送達公司後,公司業務之經營及財產之管理處分權移屬於重整人,由重整監督人監督交接,並聲報法院,公司股東會、董事及監察人之職權,應予停止(公 293 I)。

    前項交接時,公司董事及經理人,應將有關公司業務及財務之一切帳冊、文件與公司之一切財產,移交重整人(公 293Ⅱ)。

    公司之董事、監察人、經理人或其他職員,對於重整監督人或重整人所為關於業務或財務狀況之詢問,有答覆之義務(公 293Ⅲ)。

    公司之董事、監察人、經理人或其他職員,有下列行為之一者,各處 1 年以下有期徒刑、拘役或科或併科新臺幣六萬元以

下罰金（公293Ⅳ）：

①拒絕移交。

②隱匿或毀損有關公司業務或財務狀況之帳冊文件。

③隱匿或毀棄公司財產或爲其他不利於債權人之處分。

④無故對前項詢問不爲答覆。

⑤捏造債務或承認不真實之債務。

(2)訴訟程序之中止：公司經法院裁定重整後，公司之破產、和解、強制執行及因財產關係所生之訴訟等程序，當然停止（公294）。

4.對債權人之效果：

(1)重整債權之種類及限制：對公司之債權，在重整裁定前成立者，爲重整債權；其依法享有優先受償權者，爲①優先重整債權；其有抵押權、質權或留置權爲擔保者，爲②有擔保重整債權；無此項擔保者，爲③無擔保重整債權；各該債權，非依重整程序，均不得行使權利（公296Ⅰ）。破產法破產債權節之規定，於前項債權準用之。但其中有關別除權及優先權之規定，不在此限（公296Ⅱ）。即在破產宣告前有別除權之債權人，不依破產程序而行使其權利（破108）。取回權、解除權或抵銷權之行使，應向重整人爲之（公296Ⅲ）。

(2)債權之申報：重整債權人，應提出足資證明其權利存在之文件，向重整監督人申報。經申報者，其時效中斷；未經申報者，不得依重整程序受清償（公297Ⅰ）。

公司記名股東之權利，依股東名簿之記載；無記名股東之權利，應準用前項規定申報，未經申報者，不得依重整程序，行使其權利（公297Ⅱ）。

前二項應爲申報之人，因不可歸責於自己之事由，致未依限申報者，得於事由終止後15日內補報之。但重整計劃已經關係人會議可決時，不得補報（公297Ⅲ）。

(3)債權之審查及確定：重整監督人，於權利申報期間屆滿後，應依其初步審查之結果，分別製作優先重整債權人、有擔保重整

債權人、無擔保重整債權人及股東清冊，載明權利之性質、金額及表決權數額，於第 289 條第 1 項第 2 款期日之 3 日前，聲報法院及備置於適當處所，並公告其開始備置日期及處所，以供重整債權人、股東及其他利害關係人查閱（公 298 I）。重整債權人之表決權，以其債權之金額比例定之；股東表決權，依公司章程之規定（公 298 II）。

法院審查重整債權及股東權之期日，重整監督人、重整人及公司負責人，應到場備詢，重整債權人、股東及其他利害關係人，得到場陳述意見（公 299 I）。有異議之債權或股東權，由法院裁定之（公 299 II）。

就債權或股東權有實體上之爭執者，應由爭執之利害關係人，於前項裁定送達後 20 日內提起確認之訴，並應向法院為起訴之證明；經起訴後在判決確定前，仍依前項裁定之內容及數額行使其權利。但依重整計劃受清償時，應予提存（公 299 III）。重整債權或股東權，在法院宣告審查終結前，未經異議者，視為確定；對公司及全體股東、債權人有確定判決同一之效力（公 299 IV）。

　　5.得為各項保全處分：法院在公司重整裁定前，所為之公司財產之保全處分、公司業務之限制、公司記名式股票轉讓之禁止及公司負責人責任之查定及財產之保全處分等，不因裁定重整失其效力，其未為各該款處分者，於裁定重整後，仍得依利害關係人或重整監督人之聲請，或依職權裁定之（公 295）。

四、重整之機關

　　股份有限公司之重整機關為：

(一) 重整人	由法院就債權人、股東、董事、目的事業中央主管機關或證券管理機關推薦之專家中選派之（公 290 I）。而公司法第 30 條有關經理人消極資格之規定，於公司重整人準用之（公 290 II）。
(二) 重整監督人	法院為重整裁定時，應就對公司業務，具有專門學織及經營經驗或金融機構，選任為重整監督人（公 289 I）。
(三) 關係人會議	重整債權人及股東，為公司重整之關係人，出席關係人會議，因故不能出席時，得委託他人代理出席（公 300 I）。

五、重整人

即指在股份有限公司進入重整程序時，負責重整中公司之業務經營與財產管理處分，並執行公司重整事務之人。茲分述如下：

(一)**重整人之選任**：公司重整人由法院就債權人、股東、董事、目的事業中央主管機關或證券管理機關推薦之專家中選派之。公司法第30條有關經理人消極資格之規定，於重整人之選任準用之。重整人有數人時，關於重整事務之執行，以其過半數之同意行之。(公290I,II,IV)。重整人執行職務應受重整監督人之監督，其有違法或不當情事者，重整監督人得聲請法院解除其職務，另行選派之(公290V)。

(二)**重整人之職權**：重整裁定送達公司後，重整人就掌理公司業務之經營及財產之管理處分權(公293I)，重整人有數人時，關於重整事務之執行，以其過半數同意行之(公290IV)。重整人執行職務應受重整監督人之監督，其有違法或不當情事者，重整監督人得聲請法院解除其職務，另行選派之(公290V)。

1.應於事前經重整監督人許可之行為：重整人為下列行為時，應於事前徵得重整監督人之許可(公290VI)：

(1)營業行為以外之公司財產之處分。

(2)公司業務或經營方法之變更。

(3)借款。

(4)重要或長期性契約之訂立或解除，其範圍由重整監督人定之。

(5)訴訟或仲裁之進行。

(6)公司權利之拋棄或讓與。

(7)他人行使取回權、解除權或抵銷權事件之處理。

(8)公司重要人事之任免。

(9)其他經法院限制之行為。

2.公司法規定之職權：

(1)重整債權及股東權審查之備詢：法院審查重整債權及股東權之期日，重整人應到場備詢(公299I)。

(2)列席關係人會議：關係人會議開會時，重整人及公司負責人應

　　列席備詢（公 300IV）。

　　⑶擬定重整計畫：重整人應擬訂重整計劃，連同公司業務及財務
　　　報表，提請第一次關係人會議審查（公 303 I）。

　　⑷聲請法院認可重整計畫：重整計畫經關係人會議可決者，重整人
　　　應聲請法院裁定認可後執行之，並報主管機關備查（公 305 I）。

　　⑸執行重整計畫：公司重整人，應於重整計畫所定期限內完成重
　　　整工作；重整完成時，應聲請法院為重整完成之裁定，並於裁
　　　定確定後，召集重整後之股東會選任董事、監察人（公 310 I）。

　　⑹重整中處理困難事項：公司重整中，對於公司法關於設立公司、
　　　變更章程、增資、減資之通知公告期間及限制，發行新股與公
　　　司債之規定，如與事實確有扞格時，重整人應聲請法院裁定，
　　　另作適當之處理（公 309）。

　　⑺召集重整後之股東會：公司重整人，應於完成重整工作時，召
　　　集重整後之股東會（公 310 I）。

　　⑻向主管機關申請登記或變更登記：公司重整後新選任之董事、
　　　監察人於就任後，應會同重整人向主管機關申請登記或變更登
　　　記（公 310 II）。

　㈢**重整人之義務**：

　　1.到場備詢之義務：法院審查重整債權及股東權之期日，重整人有
到場備詢之義務（公 299）。

　　2.列席備詢之義務：重整監督人召集關係人會議，在開會時，重整
人有列席備詢之義務（公 300IV）。

　　3.擬訂計畫提會審查之義務：重整人應擬訂重整計劃，連同公司業
務及財務報表，提請第一次關係人會議審查。重整人經依公司法第 290
條之規定另選者，其重整計畫，應由新任重整人於 1 個月內提出之（公 303）。

　　4.完成重整工作之義務：公司重整人，應於重整計畫所定期限內，
負責完成重整工作（公 310 前段）。

六、重整監督人

㈠**重整監督人之設置與任免**：法院為重整裁定時，應就對公司業務，具有專門學識及經營經驗者或金融機構，選任為重整監督人，並決定下列事項（公289Ⅰ）：

　　1.債權及股東權之申報期日及場所，其期間應在裁定之日起10日以上，30日以下。

　　2.所申報之債權及股東權之審查期日及場所，其期間應在前款申報期間屆滿後10日以內。

　　3.第一次關係人會議期日及場所，其期日應在第一款申報期間屆滿後30日以內。

　　重整監督人在其執行業務範圍內亦為公司負責人，應盡善良管理人之注意義務，執行其職務（公313Ⅰ），若有違反法令或不當行為並導致公司遭受損害時，重整監督人應對公司負損害賠償責任（公313Ⅱ）。重整監督人接受法院之監督，若對其職務上之行為有虛偽不實之陳述時，除得由法院隨時改選（公289Ⅱ）之外，並處1年以下有期徒刑、拘役或科或併科新臺幣六萬以下罰金（公313Ⅲ）。

㈡**重整監督人之職權**：

　　1.聲請法院解除重整人職務：重整人執行職務應受重整監督人之監督，其有違法或不當情事者，重整監督人得聲請法院解除其職務（公290Ⅴ）。

　　2.重整人為重要行為時之事前許可：重整人為公司法第290條第6項行為時，應於事前徵得重整監督人之許可（公290Ⅵ）。

　　3.監督公司業務及財務之交接：重整裁定送達公司後，公司業務之經營及財產之管理處分權移屬於重整人，由重整監督人監督交接，並聲報法院（公293Ⅰ）。

　　4.聲請法院為必要之保全處分：法院依公司法第287條第1項第1、第2、第5及第6各款所為之處分，未為處分時，重整監督人得聲請法院為之（公295）。

　　5.召集關係人會議：第一次以外之關係人會議，須由重整監督人召集並任主席（公300Ⅱ）。

㈢**重整監督人之義務**：

　　1.接受申報債權及股東權之義務：重整債權人，行使重整債權，重整監督人有接受申報之義務。股東之申報股東權者亦同（公297 I，II）。

　　2.製作重整債權人及股東名冊之義務：重整監督人，於權利申報期間屆滿後，應依其初步審查結果，分別製作優先重整債權人、有擔保重整債權人、無擔保重整債權人及股東清冊，載明權利之性質、金額及表決權數額，依照規定期限，聲報法院及備置於適當處所，並公告其開始備置日期及處所，以供重整債權人、股東及其他利害關係人查閱（公298 I）。

　　3.到場備詢之義務：法院審查重整債權及股東權之期日，重整人應到場備詢（公299 I）。

　　4.報告重整計畫未經關係人會議可決之義務：重整計畫，未得關係人會議有表決權各組之可決時，重整監督人應即報告法院（公306 I）。

　　㈣**重整人及重整監督人之責任：**

1. 注意義務	在重整程序中，應以善良管理人之注意，執行其職務（公313 I）。
2. 賠償責任	其因執行職務違反法令，致公司受有損害時，對於公司應負賠償責任（公313 II）。
3. 法律責任	其對於職務上之行為，有虛偽陳述時，各處1年以下有期徒刑、拘役或科或併科新臺幣六萬元以下罰金（公313 III）。

　　㈤**重整人及重整監督人之報酬：**重整監督人，在執行職務時，事繁任重，自應給予報酬，其報酬數額由法院依其職務之繁簡定之（公313 I）。

七、重整檢查人

　　法院在裁定股份有限公司重整之前，得選任檢查人對公司狀況進行檢查，該檢查人之資格必須為對公司業務與經營具有專門學識與經營經驗，且不得為該公司之利害關係人（公285 I），而公司亦不得拒絕檢查人於執行職務範圍內之檢查作業。股份有限公司董事、監察人、經理人或其他職員對於檢查人之詢問亦有答覆義務，若有不為答覆或虛偽作答時，亦應處以罰鍰（公285 II，III）。檢查人在執行其職務時應盡善良管理人之注意義務，若有違反法令導致公司受損害時，應對公司負損害賠償責任（公313 I，II），且檢查人對於其職務上之行為若有虛偽陳述，亦應負刑

事責任（公 313Ⅲ）。檢查人在選任後 30 天之內，應將檢查結果作成報告，以提供法院進行裁定時參考，至於其應檢查之內容則包括公司之業務狀況、財務狀況、資產估價、調查公司以往業務經營與公司負責人執行業務時是否有不當怠忽、聲請書狀所記載之內容是否屬實、公司所提出之重整方案內容是否具有可行性、檢查有關公司業務與財務之一切簿冊、文件及財產等，且檢查人應分析公司之業務狀況、財務狀況、資產狀況、生產設備狀況等，並判斷是否有重建之可能（公 313 Ⅰ,Ⅱ）。

八、重整債權

(一)**重整債權之意義**：重整債權，有兩種意義：

1.實質上意義：即對於公司享有之金錢債權或得以金錢評價之債權，係在重整裁定前成立者而言（公 296 Ⅰ）。

2.形式上意義：即對於申報債權，及行使其債權人之權利，均須依重整程序進行者而言。

重整裁定送達公司後，公司業務之經營及財產之管理處分權移屬於重整人，原有董事之職權，應予停止（公 293 Ⅰ）。若原有董事仍代表公司負有債務，對於公司不生效力，固非重整債權。在重整程序中，重整人代表公司負擔之債務，為重整債務（公 312）亦非重整債權。因此重整債權，以重整裁定前成立者為限，而且限於金錢債權或得以金錢評價之債權，證以重整債權人之表決權，以其債權之金額比例定之，即可得而知（公 298 Ⅱ）。

(二)**重整債權之種類**：重整債權，公司法明文準用破產法之規定，但在破產法認為有別除權、優先權者，不屬於破產債權（公 296 Ⅱ）。而在公司重整時，則認為屬於重整債權，故凡有別除權與優先權之債權，均為重整債權。但若不加區別，在關係人會議，各為其自己同類債權之利益，行使其表決權時，少數之某類債權人，將無法保護其權利，故公司法第 296 條第 1 項規定：「對公司之債權，在重整裁定前成立者，為重整債權；其依法享有優先受償權者，為優先重整債權；其有抵押權、質權或留置權為擔保者，為有擔保重整債權；無此項擔保者，為無擔保重整債權；各該債權，非依重整程序，均不得行使權利。」依此規定，則重整債權，應分為三類：

1. 優先重整債權	依法享有優先受償權者，爲優先重整債權（公 296 I）。如海商法第 24 條第 1 項規定：「下列各款爲海事優先權擔保之債權，有優先受償之權。」重整公司，如係輪船公司，此之優先受償權，在重整程序中，即是優先重整債權。
2. 有擔保重整債權	係指具有各種擔保物權，如抵押權、質權、留置權等而言，例如破產法第 108 條第 1 項規定：「在破產宣告前，對於債務人之財產有質權、抵押權或留置權者，就其財產有別除權。」但在重整程序中，並無「別除」之規定，故稱之爲有擔保重整債權。
3. 無擔保重整債權	即指一般之普通重整債權而言，既無優先權之性質，亦無別除權之關係，故稱之爲無擔保重整債權。

以上三者，非依重整程序，均不得行使其權利（公 296 I）。

　　㈢**重整債權之範圍**：公司法第 296 條第 2 項規定：「破產法破產債權節之規定，於前項債權（即重整債權）準用之。但其中有關別除權及優先權之規定，不在此限。」依此規定則重整債權之範圍，應參酌破產法之規定決之。茲就破產法之規定，說明如下：

　　1.附期限與附條件之重整債權：這些債權，其債之關係，都在重整裁定前成立者，不過其履行期間尚未屆至，或附停止條件者，於條件成就時始生效力；附解除條件者，於條件成就時始失其效力。此等均得以爲重整債權（公 296 II、102），茲分兩方面說明之：

　　　　⑴附期限之重整債權：在法院裁定股份有限公司重整時若未到期，則在於重整裁定後應視爲已到期（破 100），使這些債權也可以加入重整程序受償。其未到期之債權，附有利息者，應合計其原本及重整裁定前之利息，爲重整債權額。而重整裁定後之利息，則不得爲重整債權之範圍（破 103 I），到期日在重整裁定後之債權若無利息時，則其債權額應扣除自重整裁定之時起至到期時止之法定利息（公 296 II，破 101）。

　　　　⑵附條件之債權：則得以其全額作爲重整債權。

　　2.特殊之重整債權：重整債權，一般是指在重整裁定前成立，且現時可得行使之對公司之債權。惟此所謂特殊之重整債權，即其債權尚非可得行使，或難認爲在重整裁定前成立，法律特許其在重整程序行使權

利之債權。其情形為：

(1)數人以上就同一給付各負全部履行責任之債務而言（民272、273，破105），若其全體債務人或其中數名債務人受到重整裁定確定時，則債權人得以其債權之總額對各重整公司行使請求權，其他共同債務人亦得以將來求償權之總額作為重整債權，而行使其權利，但若債權人已以其債權總額作為重整債權而行使權利時，則不在此限（破105）。

(2)匯票之發票人或背書人受重整裁定時，若付款人或預備付款人已在不知情之情況下承兌或付款時，則其所發生之債權亦得作為重整債權。

3.除斥債權：對於股份有限公司重整裁定後所發生之利息、參加重整程序所支出之費用、因重整裁定後之債務不履行所產生之損害賠償金額及違約金、罰金、罰鍰及追徵金等債權而言（破103），都不得作為重整債權而行使權利。

(四)重整程序中之取回權、解除權或抵銷權：

1.取回權：指對於不屬於公司所有之財產，其真正權利人得不依照重整程序，直接由重整管理人處取回。如公司於重整裁定前基於租賃、承攬、委任及寄託等契約關係，占有他人財產時，其所有權人得不依重整程序，逕向重整人取回（公296Ⅲ、破110），惟重整人處理取回權時，應得重整監督人之許可（公290Ⅵ⑦）。

2.解除權：指在商業交易之中，若買受人尚未付清貨物之全部價款，而出賣人已將貨物發送時，若買受人受破產宣告，則該出賣人有權得解除買賣契約並將貨物取回。惟重整人得清償全價而請求標的物之交付。此際出賣人即不得行使解除權，但重整人處理解除權時，應得重整監督人之許可（公290Ⅵ⑦）。

3.抵銷權：即重整債權人於重整裁定時，對於公司亦負有債務，縱給付種類不同，或其債權為附期限或附解除條件者，均得不依重整程序而將債務抵銷（破113）。因如不准抵銷，則重整債權人，對公司所負之債務，須完全履行，而對公司之債權，則須受重整程序之拘束，顯失公平，故許

其抵銷，且不受任何限制。惟以未到期無利息之債權抵銷者，應扣除自抵銷起至到期時止之法定利息。其以附解除條件之債權抵銷，應提供相當之擔保（破101、140）。其以非同種類之債權抵銷者，應以評價額為抵銷額。上述抵銷權之行使，應向重整人為之，並應得重整監督人之許可（公296Ⅲ、公290Ｖ⑦）。但下列債權，仍不許抵銷（破114）：①重整債權人在重整裁定後，對於重整公司負債務者。②重整公司之債務人，在重整裁定後，對於重整公司取得債權或取得他人之破產債權者。③重整公司之債務人，已知公司有重整原因或在聲請重整後而取得債權者。

　　㈤**重整債權之行使與申報**：

　　1.重整債權之行使：重整債權，非依重整程序，不得行使其權利（公296Ⅰ）。如須向重整債權人為清償或為其消滅債務之行為，均須依重整程序始得為之。在重整程序中，重整債權人不得提起訴訟求償其債權。在訴訟程序進行中，有重整之裁定者，其訴訟程序，當然中止（公294）。其有強制執行聲請或執行程序在進行中者亦然。至不屬於重整債權者，如上述取回權、解除權、抵銷權之行使，自仍得依訴訟程序行使其權利。

　　2.重整債權之申報：重整債權人行使重整債權時，應先在公告期間內，提出足資證明其權利存在之文件，向重整監督人申報。此項申報，有中斷時效之效力；其未經申報者，則不得依重整程序受清償（公297Ⅰ）。對於申報之文件有疑義者，應由法院裁定之（公299Ⅱ）。對於公司之債權，未在公告期間申報者，並非絕對消滅，如將來公司被裁定終止重整時，仍得行使其權利。但公司如重整完成，其債權請求權即為消滅（公311Ⅰ）。凡應為申報之人，如非因可歸責於自己之事由（天災事變交通斷絕）等，致未依限申報者，得於事由終止後15日內補報之，但重整計劃已經關係人會議可決時，不得補報（公297Ⅲ）。

　　㈥**重整債權之審查**：各種債權人在公告期間所申報之債權，是否得為重整債權，均應經過審查程序，其初步之審查，由重整監督人為之。惟重整監督人只能就債權之性質金額及表決權數額而為形式上之審查，其實質上有疑問者，僅能向法院陳述意見，並無自由取捨之權。重整監督人，於權利申報期間屆滿後，應依其初步審查之結果，分別製作優先重

整債權人、有擔保重整債權人、無擔保重整債權人及股東清冊，載明權利之性質、金額及表決權數額，於審查債權期日之 3 日前，聲報法院及備置於適當處所，並公告其開始備置日期及處所，以供重整債權人、股東及其他利害關係人查閱（公 298 I）。此之所謂審查債權期日及處所，應由法院在裁定重整時決定，並公告或送達之（公 289 II ②、291 I ③, II）。重整監督人、重整人及公司負責人，於審查期日應到場備詢，重整債權人及其他利害關係人得到場陳述意見。關於重整債權人之表決權，以其債權之金額比例定之（公 298 II）。對重整債權有異議者，應在法院宣告終結前，向法院提出，由法院裁定之（公 299 II）。逾時無異議者，在重整程序中，視為確定，對公司及全體債權人有確定判決同一之效力。就債權有實體上之爭執者，應由爭執之利害關係人，於前項裁定送達後 20 日內提起確認之訴，並應向法院為起訴之證明；經起訴後在判決確定前，仍依前項裁定之內容及數額行使其權利。但依重整計劃受清償時，應予提存（公 299 III）。

九、重整債務

㈠**意義**：即在重整程序之中，以維持公司業務之繼續營運為目的所發生之債務，或為進行重整程序所發生之相關費用，得不依重整程序優先於一切重整債權而清償之謂。

㈡**重整債務之種類**：下列各款，為公司之重整債務，優先於重整債權而為清償（公 312 I）：

1.維持公司業務繼續營運所發生之債務。

2.進行重整程序所發生之費用。

前項優先受償權之效力，不因裁定終止重整而受影響（公 312 II）。

十、重整股東權

重整裁定送達公司後，公司業務之經營及財產之管理處分權移屬於重整人，由重整監督人監督交接，並聲報法院，公司董事會之職權，應予停止（公 293 I）。在股份有限公司重整之過程中，公司股東是重整時之關係人（公 302 I），但其原本對於股份有限公司所享有之股東權必須依重整程序，在向重整監督人辦理申報手續後，方可行使其權利。但原則上

股份有限公司股東雖得出席關係人會議行使表決權，但若公司在重整時已無資本淨值，則股東組亦不得行使表決權。就重整股東權之申報而言，股份有限公司之記名股東應依照股東名簿之記載，無記名股東則應依法院所規定之股東權申報期限，前往申報地點向重整監督人辦理申報手續。重整股東權應由重整監督人進行初步之審查，在股東清冊製作完成之後，交由法院審查其股東權，若該股東權在法院宣告審查終結之時未有異議，即應視為確定，對於公司及全體股東、債權人而言，即與法院之確定判決具有相同效力，但對於有異議之股東權而言，則應交由法院裁定，且若有實體上之爭議時，其利害關係人於裁定送達後 20 日內提起確認之訴（公 299 Ⅲ）。

十一、重整關係人會議

㈠**意義**：即在公司重整程序中，由公司股票與債權人等利害關係人，以重整監督人為主席，參與公司之重整工作及重整計畫之審議與表決所組成之會議。

㈡**關係人會議之組織**：指在股份有限公司進入重整程序時，由公司股東與債權人等利害關係人所組成（公 300 Ⅰ），負責決議重整計畫及其他有關公司重整事項之最高意思機關，乃是股份有限公司重整時之法定必要機關，應由重整監督人擔任召集人與開會時之主席，並召集除第一次以外之關係人會議（公 300 Ⅱ）。

㈢**關係人會議之任務**：關係人會議之主要任務包括聽取公司業務與財務狀況報告與對於公司重整之意見、審議及表決公司重整計畫、決議其他有關公司重整之事項等（公 301）。

㈣**關係人會議之召集**：關係人會議，第一次由法院在裁定准許股份有限公司重整時，決定召集關係人會議之日期與場所，其期日應在債權及股東權申報期間屆滿後 30 日以內（公 289 Ⅰ③），並應加以公告以利相關人知悉。

法院對於第一次關係人會議所決定之事項應以書面方式作成紀錄，並送達於重整監督人、重整人、重整公司、已知之公司債權人及股東，

至於第一次以後之關係人會議，則應由重整監督人召集（公300Ⅱ），但應於開會日期之 5 日前進行通知及公告，並應訂明會議事由，但若會議過程未能結束，而由主席當場宣告連續舉行或展期舉行時，即得免除通知及公告程序（公300Ⅲ）。若重整債權人與股東因故無法親自出席，亦得委託他人代理出席（公300Ⅰ）。在關係人會議開會時，公司負責人與重整人負有列席備詢之義務（公300Ⅳ），若對於詢問拒絕答覆或答覆不實時，並應負相關之刑事責任（公300Ⅴ）。

（五）**關係人會議之表決**：關係人會議應以分組表決之方式進行，即分為「優先重整債權人組」、「有擔保重整債權人組」、「無擔保重整債權人組」與「股東組」等四組（公298Ⅰ），並依據其各自之債權金額比例決定表決權之計算，在分組表決原則下，原則上關係人會議之決議應以各組表決權二分之一以上同意為通過（公302Ⅰ）。但若股份有限公司在重整時，該公司已無資本淨值，則股東組即不得行使表決權（公302Ⅱ），且若公司持有自己股份時，亦不得行使表決權。若股份有限公司另外選定公司重整人之時，則在分組表決之原則下，若有二組以上主張應另行選定重整人時，即得提出重整人之候選人名單，聲請法院進行選派（公290Ⅲ）。

十二、重整計畫

（一）**重整計畫之擬訂與提出**：公司重整計劃之擬定，專屬於重整人，因此重整人應擬訂重整計劃，連同公司業務及財務報表，提請第一次關係人會議審查。重整人經依第 290 條之規定另選者，重整計畫，應由新任重整人於 1 個月內提出之（公303）。

　　1.重整計畫之內容：重整計畫，應如何擬定，法無限制明文，得由重整人以自己之意思，斟酌情形定之。公司之重整如有下列事項，應訂明於重整計畫（公304Ⅰ）：

　　　(1)全部或一部重整債權人或股東權利之變更：例如重整債權人為一部債務之免除，有擔保債權人捨棄其擔保之一部，股東按比例減少其股份等是。

　　　(2)全部或一部營業之變更：例如將營業範圍縮小，或零售業改為

批發業，或批發業改爲零售業等是。

(3)財產之處分：例如將公司不必要之財產，先爲處分償還重整債務，或作爲其他重整有關用途是。

(4)債務清償方法及其資金來源：例如展期或分期清償債務，或以發行新股或公司債之方法籌措償債資金是。

(5)公司資產之估價標準及方法：例如依法定之資產重估方法，或依一般之折舊方法而爲估價是。

(6)章程之變更：例如因董事監察人之變更，或增資減資等情形而變更章程是。

(7)員工之調整或裁減：例如重要職員之任免，部分員工之裁減是。

(8)新股或公司債之發行：例如以發行所得之價款，解決重整程序中之財務困難是。

(9)其他必要事項：例如將公司之營業出租，或委託他人經營，或與他公司爲吸收合併或新設合併等是。

2.重整計畫執行期限及其延長：前項重整計畫之執行，除債務清償期限外，自法院裁定認可確定之日起算不得超過一年；其有正當理由，不能於一年內完成時，得經重整監督人許可，聲請法院裁定延展期限；期限屆滿仍未完成者，法院得依職權或依關係人之聲請裁定終止重整（公304 II）。

㈡**重整計畫之可決與修正**：重整人應擬訂重整計劃，連同公司業務及財務報表，提請第一次關係人會議審查（公303 I）。重整計畫之可決，應經關係人會議，各組表決權總額二分之一以上之同意行之（公302 I）。重整計畫如未得關係人會議有表決權各組之可決時，重整監督人應即報告法院，法院得依公正合理之原則，指示變更方針，命關係人會議在一個月內再予審查（公306 I）。

重整計畫，經指示變更再予審查，仍未獲關係人會議可決時，應裁定終止重整。但公司確有重整之價值者，應徵詢主管機關、目的事業中央主管機關及證券管理機關之意見（公307 I）後，法院就其不同意之組，得以下列方法之一，修正重整計畫裁定認可之（公306 II）：

　　1.有擔保重整債權人之擔保財產，隨同債權移轉於重整後之公司，其權利仍存續不變。

　　2.有擔保重整債權人，對於擔保之財產；無擔保重整債權人，對於可充清償其債權之財產；股東對於可充分派之賸餘財產；均得分別依公正交易價額，各按應得之份，處分清償或分派承受或提存之。

　　3.其他有利於公司業務維持及債權人權利保障之公正合理方法。

　　凡公司法第 306 條第 1 項所定之重整計畫，因情事變遷或有正當理由致不能或無須執行時，法院得因重整監督人、重整人或關係人之聲請，以裁定命關係人會議重行審查，其顯無重整之可能或必要者，得裁定終止重整（公 306Ⅲ）。

　　上述重行審查可決之重整計畫，仍應聲請法院裁定認可（公 306Ⅳ）。

　　㈢**重整計畫之認可**：重整計畫經關係人會議可決者，重整人應聲請法院裁定認可後執行之，並報主管機關備查（公 305Ⅰ）。可決、是關係人會議之職責，認可、是法院之權限，前是是重整計畫成立之要件，後者是重整計畫生效之要件。重整計畫，經法院認可後，對於公司及關係人均有拘束力，其所載之給付義務，適於爲強制執行之標的者，並得逕予強制執行（公 305Ⅱ）。所謂拘束力，即公司及關係人，就重整債權或股東之權利義務，均以重整計劃之內容爲準，就重整前之權義關係，不得復行主張。

　　㈣**重整計畫之執行**：重整計畫由重整人爲之。在執行重整計畫中，對公司法第 309 條第 1 項所列舉之變更章程，增資或減資之通知公告期間及限制，發行新股、發行公司債、設立公司及出資種類等規定，如與事實確有扞格時，經重整人聲請法院，另作適當之處理，以利執行（公 309Ⅰ）。

　　㈤**重整工作之完成**：公司重整人，應於重整計畫所定期限內完成重整工作；重整完成時，應聲請法院爲重整完成之裁定，並於裁定確定後，召集重整後之股東會選任董事、監察人（公 310Ⅰ）。重整後之公司董事、監察人於就任後，應會同重整人向主管機關申請登記或變更登記（公 310Ⅱ）。

　　㈥**重整完成之效力**：公司重整完成後，有下列效力（公 311）：

　　1.已申報之債權未受清償部分，除依重整計畫處理，移轉重整後之

公司承受者外，其請求權消滅；未申報之債權亦同。

　　2.股東股權經重整而變更或減除之部分，其權利消滅；未申報之無記名股票之權利亦同。

　　3.重整裁定前，公司之破產、和解、強制執行及因財產關係所生之訴訟等程序，即行失其效力。但公司債權人對公司債務之保證人及其他共同債務人之權利，不因公司重整而受影響。

　　㈦**重整工作之終止**：公司之重整程序開始後，如下列情形之一，得經法院裁定，終止重整：①重整計畫，經指示變更再予審查，仍未得關係人會議可決時，而公司又無重整之價值者（公306Ⅱ）。②重整計畫，因情事變遷，或有正當理由，致不能或無須執行，其公司又顯無重整之可能或必要者（公306Ⅲ）。重整計畫，經法院為不予認可之裁定確定者。法院為終止重整之裁定時，應檢同裁定書，通知主管機關為終止重整之登記，其合於破產程序者，法院得依職權宣告其破產（公307Ⅱ）。

　　㈧**法院裁定終止重整之效力**：法院裁定終止重整後，除依職權宣告公司破產者，依破產法之規定外，有下列效力（公308）：

　　1.所為之各項保全處分或緊急處分，均當然失其效力。所中止之各項程序，其中止原因，亦當然消滅。非依重整程序不得行使之債權，當然解除其限制（公287、294、295、296）。

　　2.因怠於申報權利，而不能行使權利者，恢復其權利。

　　3.因裁定重整而停止之股東會、董事及監察人之職權，應即恢復。

　　又公司雖經裁定終止重整，但下列各款，為公司之重整債務，優先於重整債權而為清償（公312）：

　　1.維持公司業務繼續營運所發生之債務。

　　2.進行重整程序所發生之費用。

　　上述優先受償權之效力，不因裁定終止重整而受影響。

第十三節　股份有限公司之解散、合併及分割

一、解散

　　若股份有限公司因合併、分割、破產或法定解散事由發生等因素，而無法繼續經營業務時，經完成法定清算程序之後解散，使公司法人人格歸於消滅。

　　㈠**解散之法定原因**：股份有限公司，有下列情事之一者，應予解散（公315 I）：

　　1.章程所定解散事由。

　　2.公司所營事業已成就或不能成就。

　　3.股東會為解散之決議。

　　4.有記名股票之股東不滿 2 人。但政府或法人股東 1 人者，不在此限。

　　5.與他公司合併。

　　6.分割。

　　7.破產。

　　8.解散之命令或裁判。

　　㈡**變更章程繼續經營防止解散**：股份有限公司若因章程所規定之解散事由發生，而使公司面臨必須解散之命運時，得經股東會議之決議變更公司章程之後繼續經營。若持有公司有記名股票之股東人數不滿 2 人時，亦得經股東會議之決議，增加有記名之股東而繼續經營（公315 II）。

　　㈢**解散之決議**：指公司成立後，基於自身意志決定而解散。實務上股份有限公司成立之後，若股東會作成公司解散之決議，或全體股東同意公司解散時，該公司即應予解散。但股份有限公司股東會對於公司解散之決議，應有代表已發行股份總數三分之二以上股東之出席，以出席股東表決權過半數之同意（公316 I），若公開發行股票之公司出席股東之股份總數不足定額時，亦得以有代表已發行股份總數過半數股東之出席，出席股東表決權總數之三分之二以上同意作成解散公司決議（公316 II）。前二項出席股東股份總數，章程有較高之規定者，從其規定（公316 III）。

　　㈣**解散之通告**：公司解散時，除破產外，董事會應即將解散之要旨，通知各股東，其有發行無記名股票者，並應公告之（公316 IV）。俾便利害關係人均能知悉。

　　㈤**解散公司之清算**：公司解散時，除因合併、分割或破產而解散外，

即必須轉入清算程序（公 24），但在清算完結前，在清算目的範圍之內，公司仍視爲存續，在清算範圍內之公司稱爲「清算中公司」。在股份有限公司解散時，除其原因係由於合併、分割或破產而解散之外，股份有限公司都應辦理法定清算程序，而在清算程序仍然進行之時，其公司法人人格應視爲存續，因此，股份有限公司在清算時期中得基於了結現務及便利清算之目的，而暫時經營其公司業務，故清算中公司仍爲法定之權利義務主體，具有法律上之權利能力與行爲能力，然而該能力受有限制，實際上已喪失原有之營業能力。

　　㈥**解散之登記**：在股份有限公司解散之後，代表公司之負責人應備具申請書，連同應備之文件一份，向中央主管機關申請公司解散之登記，若負責人不向主管機關申請解散登記時，主管機關得依職權或依據利害關係人所提出之申請，廢止該公司之登記（公 397 Ⅰ）。但主管機關在廢止股份有限公司之登記前，除該公司係命令解散或裁定解散外，應限定 30 天之法定期限，催告公司負責人聲明異議，若其超過期限而未提出聲明，或所提出之聲明理由不充分時，主管機關即應廢止其登記（公 397 Ⅱ）。

二、合併

　　㈠**意義**：「合併」係指兩個以上之公司企業，彼此依照協議之合併契約條款約定完成相關法律程序，結合成一個公司企業之行爲，在股份有限公司合併之對內程序包括三項步驟，即：訂立合併契約、通過合併決議與編造資產負債表及財產目錄，對外程序則爲履行對公司債權人之保護。

　　㈡**合併契約之作成**：公司與他公司合併時，董事會應就合併有關事項，作成合併契約，提出於股東會（公 317 Ⅰ前段），合併契約，應以書面爲之，並記載下列事項（公 317 之 1）：

　　　1.合併之公司名稱，合併後存續公司之名稱或新設公司之名稱。

　　　2.存續公司或新設公司因合併發行股份之總數、種類及數量。

　　　3.存續公司或新設公司因合併對於消滅公司股東配發新股之總數、種類及數量與配發之方法及其他有關事項。

　　　4.對於合併後消滅之公司，其股東配發之股份不滿一股應支付現金

者，其有關規定。

5.存續公司之章程需變更者或新設公司依第 129 條應訂立之章程。

上項之合併契約書，應於發送合併承認決議股東會之召集通知時，一併發送於股東（公 317 之 1 Ⅱ）。

㈢**合併之決議：**

1.無限公司、有限公司及兩合公司：應有全體股東之同意（公 72、113、115）。

2.股份有限公司：合併契約完成後，為保護股東之權益，應經由全體股東同意或由股東會應有代表已發行股份總數三分之二以上股東之出席，以出席股東表決權過半數之特別決議通過合併（公 316 Ⅰ），方具有法律效力。若公開發行股票之公司決議時之出席股東股份總數不足定額，得以有代表已發行股份總數過半數股東之出席，出席股東表決權三分之二以上之同意通過合併決議（公 316 Ⅱ），關於出席股東股份總數及表決權數，章程有較高之規定者，從其規定（公 316 Ⅲ）。

3.關係企業之合併：若控制公司持有從屬公司 90% 以上已發行股份時，亦得經控制公司及從屬公司之董事會以董事三分之二以上出席，及出席董事過半數之決議，而與其從屬公司合併（公 316 之 2 Ⅰ），因此，股份有限公司之股東會或董事會對於議決公司合併案時，必須經重度之特別決議通過方為有效。

㈣**編造資產負債表、財產目錄、通知或公告**：第 73 條至第 75 條之規定，於股份有限公司之合併準用之（公 319）。

㈤**不同意合併股東之股份收買請求權**：為保障其餘反對合併決議之股東投資權益，在股份有限公司決議與其他公司合併時，若股東在決議之股東會集會前或集會中，曾以書面方式向公司表示異議，或以口頭方式表示異議且經紀錄在會議記錄中時，該股東即得放棄其表決權而請求公司依照當時之公平價格收買其所持有之公司股份（公 317 Ⅰ），亦即以賦予法定股份收買請求權之方式，使反對合併決議之股東得以合法退出公司，並可收回對公司之投資，且公司不得以其他理由扣減應退還之資金，以保障反對合併股東之投資權益。

㈥**合併後程序**：公司合併後，存續公司之董事會，或新設公司之發起人，於完成催告債權人程序後，其因合併而有股份合併者，應於股份合併生效後；其不適於合併者，應於該股份爲處分後，分別循下列程序行之（公 318）：

　　1.存續公司，應即召集合併後之股東會，爲合併事項之報告，其有變更章程必要者，並爲變更章程。

　　2.新設公司，應即召開發起人會議，訂立章程。

　　上項章程，不得違反合併契約之規定。

㈦**合併後權利義務之概括承受**：因合併而消滅之公司，其權利義務，應由合併後存續或另立之公司承受（公 319 準 75）。

三、分割

㈠**分割之意義**：公司之分割（英：division；德：Spaltung；法：scission），係指一公司藉由分割程序調整其業務經營與組織規模而言，即係公司將其經濟上成爲一整體之營業部門之財產（含資產及負債），以對「既存公司（即吸收分割）或新設公司（即新設分割）」爲現物出資之方式，而由該公司或該公司股東取得他公司新設發行或發行新股之股份，並由他公司概括承受該營業部門之資產與負債。公司分割得以適度縮小公司規模，並利用特定部門之分離獨立，以求企業經營之專業化及效率化，對於公司之組織調整有所助益。

㈡**分割之形態**：可分爲三種形態：

1. 完全分割	A 公司分割爲 B 與 C 兩個公司，A 公司消滅。
2. 分割合併	A 公司分割爲兩部分與 B 及 C 公司合併；另外甲公司亦分割爲兩部分與 B 及 C 公司合併，因此 A 公司與甲公司乃解散。
3. 不完全分割	A 公司將其中之部分分離與他公司合併，或另成立一新公司，而 A 公司仍存續是。

㈢**公司分割之程序**：

　　1.分割之決議：股份有限公司分割契約完成後，爲保護股東之權益，應經由全體股東同意或由股東會應有代表已發行股份總數三分之二以上股東之出席，以出席股東表決權過半數之特別決議通過分割，方具有法

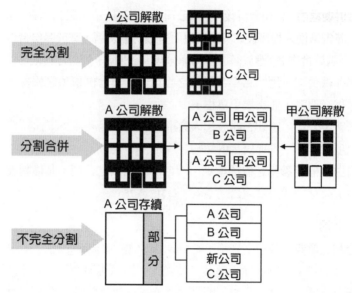

律效力（公316 I）。若公開發行股票之公司決議時之出席股東股份總數不足定額，得以有代表已發行股份總數過半數股東之出席，出席股東表決權三分之二以上之同意通過分割決議（公 316 II）。但章程有較高之規定者，從其規定（公316 III）。

　　2.分割計畫書應載事項：第 317 條第 1 項之分割計畫，應以書面為之，並記載下列事項（公317之2 I）：

　　⑴承受營業之既存公司章程需變更事項或新設公司章程。

　　⑵被分割公司讓與既存公司或新設公司之營業價值、資產、負債、換股比例及計算依據。

　　⑶承受營業之既存公司發行新股或新設公司發行股份之總數、種類及數量。

　　⑷被分割公司或其股東所取得股份之總數、種類及數量。

　　⑸對被分割公司或其股東配發之股份不滿一股應支付現金者，其有關規定。

　　⑹既存公司或新設公司承受被分割公司權利義務及其相關事項。

　　⑺被分割公司之資本減少時，其資本減少有關事項。

⑻被分割公司之股份銷除所需辦理事項。

⑼與他公司共同爲公司分割者，分割決議應記載其共同爲公司分割有關事項。

　　前項分割計畫書，應於發送分割承認決議股東會之召集通知時，一併發送於股東（公 317 之 2 II）。

　3.編造表冊：編造資產負債表、財產目錄及通知或公告（公 319 準 73、74）。

　4.變更或新設章程：承受營業之既存公司章程需變更事項或新設公司章程（公 371 之 2 I ①）。

　5.辦理登記：公司之登記事項及其變更，其辦法，由中央主管機關定之（公 387 IV、公司之登記及認許辦法 6）。

㈣**不同意股東之股份收買請求權**：公司分割時，董事會應就分割有關事項，作成分割計畫，提出於股東會；股東在集會前或集會中，以書面表示異議，或以口頭表示異議經紀錄者，得放棄表決權，而請求公司按當時公平價格，收買其持有之股份（公 317 I）。他公司爲新設公司者，被分割公司之股東會視爲他公司之發起人會議，得同時選舉新設公司之董事及監察人（公 317 II）。第 187 條及第 188 條之規定，於前項準用之（公 317 III）。

㈤**公司分割之效果**：

　1.新設公司之限制：股份有限公司分割者，其存續公司或新設公司以股份有限公司爲限（公 316 之 1 II）。

　2.被分割公司股東之權益：他公司爲新設公司者，被分割公司之股東會視爲他公司之發起人會議，得同時選舉新設公司之董事及監察人（公 317 II）。

　3.權利義務之概括承受：因分割而消滅之公司，其權利義務，應由分割後存續或另立之公司承受（公 319 準 75）。

　4.前公司之連帶清償責任：分割後受讓營業之既存公司或新設公司，應就分割前公司所負債務於其受讓營業之出資範圍負連帶清償責任。但債權人之連帶清償責任請求權，自分割基準日起 2 年內不行使而消滅（公 319 之 1）。

第十四節　股份有限公司之清算

一、清算之概念

清算（英、法：liquidation；德：Liquidation）者，公司解散後，法律為處理解散公司未了結之財產關係所設之程序，稱為清算。惟此為原則，若公司因合併、分割或破產而解散者，就無公司法所定清算程序之範圍（公24）。因此，股份有限公司之解散原因，必須為合併或破產以外者，始適用清算之程序。公司在清算完結前，於清算範圍內，視為尚未解散（公25）。解散之公司，在清算時期中，得為了結現務及便利清償之目的，暫時經營業務（公26）。依公司法規定，股份有限公司有普通清算與特別清算兩種，惟特別清算程序無規定者，準用普通清算之規定（公356）。

清算之分類列表如下：

(一) 可否依章程或 全體股東同意 處分財產	任意 清算	依章程或全體股東同意之方法，處分公司財產之清算。
	法定 清算	依法定程序而進行之清算。我國公司法規定只能依法定程序進行清算。
(二) 依是否為通常 所進行之清算	普通 清算	即股份有限公司解散後，在無特別障礙情形下，通常所進行之清算。
	特別 清算	即公司解散後，普通清算實行發生顯著之障礙，或公司負債超過資產有不實之嫌疑時，依法院命令所進行之清算（公335）。

二、股份有限公司之法定清算

指公司辦理清算之基礎，係以公司法所規定做為辦理之依據，因此，在法定清算制度之下，解散之公司，除因合併、破產而解散者外，應行清算（公24）。而在其公司進入清算程序時，對於公司財產處分之方法亦必須依照法定程序辦理。實務上**造成股份有限公司解散之法定原因**，為公司法第315條所明定。由於公司股東人數甚多，股東對於公司僅負法定有限責任，且實際上大多數股東並未參與公司之經營運作，而公司債

權人對於公司債務的唯一擔保即為其公司財產，因此，為保障公司債權人及股東之權益，我國公司法對公司辦理清算之方法**只准許「法定清算」**，且對於公司解散後辦理清算時，亦有嚴格的財務處理規定。

依據我國公司法之規定，法定清算有「**普通清算**」與「**特別清算**」，前者由法院負消極監督責任，除選派清算人外，法院及債權人並不干涉清算事務。後者法院及債權人，均積極監督清算事務之進行。兩者都具有非訟事件之性質，特別清算程序法律無規定者，準用普通清算之規定（公356），茲分別說明如下：

（一）**普通清算：**

1.清算人之選任與解任：

(1)清算人之選任：公司之清算，以董事為清算人；但本法或章程另有規定或股東會另選清算人時，不在此限。不能依前項之規定定清算人時，法院得因利害關係人之聲請，選派清算人（公322）。依此有四種情形：

①**法定清算人**	公司之清算，以董事為清算人（公322 I 前段）。
②**章定清算人**	公司之章程，另有規定公司解散時之清算人者，則依章程規定（公322 I 但）。
③**選任清算人**	股東會另選清算人者，則依股東會之選任（公322 I 但）。
④**選派清算人**	章程未定，股東會亦未選任，則法院得因利害關係人之聲請，選派清算人（公312 II）。

(2)清算人之解任：清算人除由法院選派者外，得由股東會決議解任。法院因監察人或繼續1年以上持有已發行股份總數百分之三以上股份股東之聲請，得將清算人解任（公323）。

①**股東會解任**	清算人除由法院選派者，得由股東會決議解任（公323 I）。
②**法院裁定解任**	法院因監察人或繼續1年以上持有已發行股份總數百分之三以上股份股東之聲請，得將清算人解任（公323 II）。

2.清算人之申報與公告：

(1)**就任申報**	清算人應於就任後15日內，將其姓名、住所或居所及就任日期，向法院聲報（公334準83 I）。

(2)解任申報	清算人之解任，應由股東於 15 日內，向法院聲報（公 334 準 83 Ⅱ）。
(3)法院公告	清算人由法院選派時，應公告之；解任時亦同（公 334 準 83 Ⅲ）。

　　3.清算人之權利義務：清算人於執行清算事務之範圍內，其權利義務，除關於清算部分另有規定外，均與董事同（公 324）。其與公司之關係，自亦適用委任之規定。

　　4.清算人之報酬：所有清算人，均得請求報酬，法定清算人，亦不例外。報酬數額，除法院選派者，由法院決定外。餘非由法院選派者，由股東會議定之。清算費用及清算人之報酬，由公司現存財產中儘先給付（公 325）。亦即較一般債務有儘先受償之權利。

　　5.清算人之職務：依公司法之規定，其職務如下：

職務項目	職　務　內　容	公司法依據
(1)檢查財產	清算人就任後，應即檢查公司財產情形，造具財務報表及財產目錄，於股東會集會前 10 日送經監察人審查，提請股東會承認後，並即報法院。對於此項規定，有妨礙、拒絕或規避之行為者，各處新臺幣 2 萬元以上 10 萬元以下罰鍰。	公326
(2)召集股東會	①財務報表及財產目錄，提請股東會承認。 ②清算完結，於 15 日內將清算期內收支表、損益表連同各項表冊，提請股東會承認。 ③清算中必要時亦得召集股東會。	公326 I 公331 I 公334
(3)了結現務	即公司解散時，已經開始尚未了結之事務，應予了結。	公334、84 I
(4)催報債權	清算人於就任後，應即以三次以上之公告，催告債權人於 3 個月內申報其債權，並應聲明逾期不申報者，不列入清算之內。其清算人所明知者，不在此限。其債權人為清算人所明知者，並應分別通知之。	公327
(5)收取債權	公司對於第三人享有債權者，應予收取。因清算之必要，並得為換價處分。股東欠繳股款，有公司法第 148 條之情形者，亦應即時收取。	公148
(6)清償債務	清算人清償債務，應在公告債權申報期間屆滿後，始能清償，但對於有擔保之債權，經法院許可者，不在此限。但因申報期限而致遲延給付者，仍應負遲延給付之損害賠償責任。公司之資產，如顯足抵償其負債	公328

	者，對於足致此項損害賠償責任之債權，得經法院許可後先行清償。	
(7)**分派賸餘財產**	清算人清償債務後，賸餘之財產應按各股東股份比例分派。但公司發行特別股，而章程中另有訂定者，從其訂定。惟此項賸餘之財產，不列入清算內之債權人（未申報者），就公司未分派之賸餘財產有清償請求權。但賸餘財產，已經按股東股份比例分派，且其中全部或一部已經領取者，則即不能請求清償。	公330 公329
(8)**聲請宣告破產**	公司財產，不足清償其債務時，清算人應即向法院聲請宣告破產。法院宣告破產時，將其事務移交於破產管理人，其職務即爲終了。清算人違反規定，不即聲請宣告破產者，各處新臺幣二萬元以上十萬元以下罰鍰。	公89 公89Ⅱ

6.清算人之權限：清算人之權限，概括言之，在清算程序中，董事會之職務，均由清算人爲之，故清算人於執行清算職務範圍內，除將公司營業包括資產負債轉讓於他人時，應得全體股東之同意外，有代表公司爲訴訟上或訴訟外一切行爲之權。清算人有數人時，得推定 1 人或數人代表公司，其推定之代表，並應於就任後 15 日內，將其姓名、住所或居所及就任日期，向法院聲報。如未推定時，各清算人在原則上各有代表公司之權。關於清算事務之執行，則取決於過半數之同意。公司對於清算人代表權所加之限制，不得對抗善意第三人（公334準83至86）。

7.清算之完結：股份有限公司，清算人應於 6 個月內完結清算；不能於 6 個月內完結清算時，清算人得申敍理由，向法院聲請展期（公334準87Ⅲ）。在普通清算完結時，清算人應於 15 日內，造具清算期內收支表、損益表、連同各項簿冊，送經監察人審查，並提請股東會承認（公331Ⅰ）。股東會得另選檢查人，檢查前項簿冊是否確當（公331Ⅱ）。對於此項檢查有妨礙、拒絕或規避行爲者，各處新臺幣二萬元以上十萬元以下罰鍰（公331Ⅵ）。簿冊經股東會承認後，視爲公司已解除清算人之責任。但清算人有不法行爲者，不在此限（公331Ⅲ）。其清算期內之收支表及損益表，應於股東會承認後15日內，向法院聲報（公331Ⅳ）。清算人違反前項聲報期限之規定時，各處新臺幣一萬元以上五萬元以下罰鍰（公331Ⅴ）。

8.簿冊文件之保存：公司應自清算完結聲報法院之日起，將各項簿

冊及文件，保存 10 年。其保存人，由清算人及其利害關係人聲請法院指定之（公 332）。

9.重行分派賸餘財產：法院因利害關係人之聲請，得選派清算人重行分派（公 333）。此項重行分派，所選派之清算人，亦不以原清算人為限。此時不列入清算內之債權人，就此一未分派之財產，應有清償請求權（公 329）。此之不列入清算內之債權人，指公司法第 327 條規定，未於清算人三次以上之公告，並於 3 個月內申報其債權，且其債權為清算人所不知而未列入清算之債權人而言。重行分派之程序，自仍適用一般之清算程序。

　㈡**特別清算**：

　　1.特別清算之意義：清算之實行發生顯著障礙時，法院依債權人或清算人或股東之聲請或依職權，得命令公司開始特別清算；公司負債超過資產有不實之嫌疑者亦同。但其聲請，以清算人為限（公 335）。

　　2.特別清算之原因：依此規定，則特別清算之原因，應有二點：

　　　⑴普通清算程序發生顯著障礙：以致清算工作無法繼續進行時，法院始可依聲請或職權命令公司開始特別清算。

　　　⑵普通清算程序中，公司負債超過資產有不實之嫌疑：法院始可命令公司開始特別清算，但只限於依據清算人之聲請。特別清算之開始，必具有上述原因之一，始得為之。公司解散後，如逕行開始特別清算。則不為法律所許可。

　　　⑶特別清算與破產宣告之異同：

	特　別　清　算	破　產　程　序
原因不同	①必須在普通清算程序中發生障礙，致清算工作無法進行。②必須普通清算程序中，公司負債超過資產有不實之嫌疑時。	①債務人不能清償債務，而債務人停止支付者，則推定為不能清償債務（破1）。②在特別清算程序開始後而協調不能，或協定已經債權人會議通過而實行不可能時，法院應依職權或依破產法為破產之宣告（公 355）。
程序不同	特別清算之程序較為簡易，在關係人自治之原則下，並	破產程序嚴格而繁複，時間費用均不經濟。

	由法院之監督，對債權人較為有益。	
共同原因	公司財產狀況陷於不良狀態時，可平等的確保債權人權益。	

3.特別清算程序之開始：

(1)因關係人聲請而開始：特別清算程序，以有關係人向法院聲請為原則，在以實行清算，發生顯著障礙為原因者，其聲請以債權人、清算人、股東為限。其由債權人或股東聲請者，且無庸有一定比例之債權額或股份額，只須有債權人或股東之身分為已足。其以公司負債額超過資產有不實之嫌疑為原因者，其聲請則限於普通清算時之清算人（公335）。法院對於聲請認為有理由者，應即以裁定命令開始清算，認為無理由者，亦應以裁定駁回之，無論准駁，均得依非訟事件法之規定，提起抗告。

(2)因法院職權而開始：公司如有法定特別清算原因，法院在職權上知悉時，得命令開始特別清算。上述公司負債超過資產有不實嫌疑之原因時，其聲請權人，雖限於清算人，但其他利害關係人（債權人、股東），如認為有此項原因，亦可向法院陳述意見，促請法院為之，惟法院並不受其陳述之拘束，認為無必要時，亦無庸為駁回之處分（裁定）。公司之監督機關或其事業主管機關，雖無此項聲請權，亦可向法院陳述意見，促請法院為職權之發動而開始特別清算。

(3)特別清算前之保全處分：法院依前條聲請人之聲請，或依職權於命令開始特別清算前，提前為下列之處分（公336、339）：

①公司財產之保全處分。

②記名式股份轉讓之禁止。

③基於公司之發起人、董事、監察人、經理人或清算人責任上所生之損害賠償請求權，對其財產為保全處分（民訴518至534）。

4.特別清算程序中之機關：

(1)清算人：

①清算人之任免：在特別清算程序中，清算人之任免，原則上

與普通清算同。惟有時清算人本身，即為清算中之主要障礙，如仍以之為清算人，自難期其能為公平正當之清算，故遇有重要事由（如清算人有舞弊情事）時，不論其清算人係如何產生，法院均得解任之。如清算人有缺額，或有增加人數之必要時，由法院選派之（公 337）。依同一道理，此項選派之清算人，再有重要事由，法院仍得隨時解任另選。

②清算人之職務：在特別清算程序中，清算人一般之職務與普通清算同，其特有之職務如下：

A 聲請法院在開始特別清算前為保全處分（公 336）。

B 遵照法院命令報告清算事務及財產狀況（公 338）。

C 召集債權人會議（公 341 I）。

D 造具公司業務及財產狀況之調查書、資產負債表及財產目錄，提交債權人會議（公 344 前段）。

E 向債權人會議，就清算實行之方針與預定事項，陳述其意見（公 344 後段）。

F 向債權人會議提出協定之建議（公 347）。協定在實行上遇有必要時，得變更其條件（公 351）。

G 認為作成協定有必要時，請求優先權人或別除權人參加債權人會議（公 349）。

H 聲請法院命令檢查公司之業務及財產（公 352）。

③清算人之權限：清算人在特別清算程序中，其權限原則上亦與普通清算相同（公 356）。但為下列各種行為，須得監理人之同意，不同意時，應召集債權人會議決議之；但其標的在資產總值千分之一以下者，不在此限（公 346 I）。

A 公司財產之處分：無論為動產或不動產，以及其他任何有經濟價值上之財產，均包括在內。

B 借款：公司在清算程序中，向外通融資金，在所難免，雖曰借款，但為其他實物之消費借貸，解釋上亦無不可。

C 訴之提起：影響公司財產甚大，故亦應得監理人同意。所謂

訴包括本訴反訴與聲請調解暨聲請支付命令等情形在內。單純聲請強制執行，係實現已確定之私權，應予除外。

D 成立和解及仲裁契約：和解須互相讓步，仲裁亦能使公司受有不利益之虞，故均不得任意為之。

E 權利之拋棄：拋棄權利，如債權或擔保物權之免除，足致公司減少資產，故亦加限制，不許自由為之。

監理人為任意機關，在債權人會議並未選任監理人時，清算人為上列各種行為，應逕行召集債權人會議決議之。惟召集債權人會議需時，清算人如迫不及待，得經法院之許可而為上項所列行為（公 346 II）。

清算人違反上述限制規定所為之行為，對於不知情之善意第三人，應與公司連帶負其責任（公 346 III）。

清算人在特別清算程序中，其權限既已有上述之特別限制，則關於普通清算程序中，清算人將營業包括資產負債轉讓於他人時，應得全體股東同意的限制，當不在適用之列（公 346 IV）。

(2)債權人會議：債權人會議者，乃特別清算之會議，亦即在特別清算程序中，公司債權人臨時集會之最高意思機關，普通清算程序中無之，此為特別清算程序與普通清算程序相異之要點。因普通清算，實係公司自行清算，法院僅處於消極監督地位之情形不同。特別清算，則是繼普通清算之後而為嚴格的清算，偏向於債權人利益之保護，由法院與公司債權人積極干預清算事務。惟以債權人人數較多，意見不一，故有債權人會議之設置，以利清算。茲就公司法關於債權人會議之規定，分述如下：

①債權人會議之構成：特別清算程序中債權人會議之構成分子，限於已申報或明知之債權之一般債權人。有優先受償權或別除權之債權人，僅得由債權人會議之召集人通知其列席債權人會議，表示其意見（公 342）。未在限期內申報之債權，而又為清算人所不知之債權，均不列入清算之內（公 356 準 327），自皆非債權人會議之構成分子。至於附條件或附期限之債權、連帶債

權,或不可分之債權,參酌重整程序及破產法之規定(破100至
102、104、105),應亦認其為債權人會議之構成,當無問題。

②債權人會議之權限:債權人會議之權限,依公司法之規定,
如下:

A 徵詢優先權或別除權之債權人意見(公342)。

B 查閱清算人造具之調查書、資產負債表及財產目錄,並聽
取清算人就清算實行之方針與預定事之意見(公344)。

C 決議監理人之選任與解任(公345)。

D 同意清算人所為重要事項(公346)。

E 協定之可決(公350)。

F 協定條件之變更(公351)。

③債權人會議之召集:債權人會議之召集,依公司法規定,可
分為下列二種:

A 清算人之召集:清算人認為有必要時,得召集債權人會議
(公341 I)。

B 債權人之召集:占有公司明知之債權總額百分之十以上之
債權人,得以書面載明事由,請求清算人召集債權人會議
(公341 II)。此項少數債權人,是指已知之債權總額而言。
如債權人請求提出後15日內,清算人不為召集時,債權人
得報經法院許可,自行召集(公341 III準173)。

④債權人會議之召集程序:召集債權人會議,應於10日前通知
各債權人,對於持有無記名公司債或其他有價證券(如公司
發行之票據,不知何人持有)之債權人,應於15日前公告之
(公342準172 II)。召集債權人違反上開期限之規定者,處新
臺幣一萬元以上五萬元以下罰鍰(公172 VI)。持有無記名公司
債或其他有價證券之債權人,非於開會5日前,將其債權憑
證交存公司,不得出席(公343準176)。

⑤債權人會議之表決權及其決議方法:

A 一般債權人之表決權:依法得出席債權人會議之一般債權

人，在債人會議時，均有表決權。此之表決權，依其債權之金額比例定之（公 343 準 298 Ⅱ）。在爲一般事項之決議，準用破產法第 123 條規定，即應有出席債權人過半數，而其所代表之債權額超過總債權額之半數者之同意（公 343）。

B 協定可決之決議：在爲協定可決之決議，因關係重大，則應得行使表決權之債權人過半數之出席，及得行使表決權之債權總額四分之三以上之同意行之（公 350 Ⅰ）。此項決議應得法院之認可（公 350 Ⅱ）。以上所謂債權總額，係指列入清算範圍內者而言。所謂出席，解釋上委託他人代理出席，亦無不可。

⑥債權人會議之議事錄：債權人會議之議決事項，應作成議事錄，準用股東會關於議事錄之規定（公 343 準 183）。

(3)監理人：

①監理人之選任與解任：監理人係爲保護債權人之共同利益，並代表債權人監督清算人執行特別清算事務之人。在債權人會議不開會期間，特別清算事務之監督，悉由監理人負責。債權人會議，得經決議選任監理人，並得隨時解任之。此項決議應得法院之認可，始生法律上效力（公 345）。惟債權人會議，是否選任監理人，有斟酌之自由，故監理人並非清算程序中之必要機關。關於監理人之資格、人數、報酬等，公司法均無規定，應經債權人會議決定之，並應得法院之認可。

②監理人之職權：

A 清算人行事應得監理人之同意（公 346）。

B 清算人協定之建議，應得監理人之同意（公 347）。

C 協定條件之變更，應得監理人之同意（公 351）。

D 公司財產狀況檢查之聲請（公 352 Ⅰ）。

4.法院之特別監督：特別清算與普通清算，雖均由法院監督，然監督之範圍，廣狹不同。特別清算程序中之清算事務，法院對之，應嚴格監督，得隨時爲保全處分。茲就公司法所規定者，分述如下：

(1)一般監督：法院為瞭解公司情形，得隨時命令清算人，為清算事務及財產狀況之報告，並得為其他清算監督上必要之調查（公338）。法院認為對清算監督上有必要時，並得為下列之處分（公339）：

①公司財產之保全處分。

②記名式股份轉讓之禁止。

③因發起人、董事、監察人、經理人或清算人責任所生之損害賠償請求權，就其財產為保全處分（公354 I ①、②、⑥）。

(2)特別檢查：對公司財產之狀況，有必要時，法院得據清算人或監理人，或繼續 6 個月以上持有已發行股份總數百分之三以上之股東，或曾為特別清算聲請之債權人，或占有公司明知之債權總額百分之十以上債權人之聲請，或依職權命令檢查公司之業務及財產（公352 I ）。

①選任檢查人：此項檢查，準用公司重整規定，得就對公司業務具有專門學識及經營經驗而非利害關係人者，選任為檢查人。

②檢查人之調查：檢查人於選任後 30 日內就第 285 條第 1 項事項調查完畢，報告於法院（公 352 II 準 285 I ）。檢查人對於公司業務或財務有關之一切簿冊、文件及財產，得加以檢查。公司之董事、監察人、經理人或其他職員，對於檢查人關於業務財務之詢問，有答覆之義務（公285 II ）。公司之董事、監察人、經理人或其他職員，拒絕前項檢查，或對前項詢問無正當理由不為答覆，或為虛偽陳述者，處新臺幣 2 萬元以上10 萬元以下罰鍰（公285 III ）。

③報告事項：檢查人應將下列檢查結果之事項，報告於法院（公353）：

A 發起人、董事、監察人、經理人或清算人依第 34 條、第 148 條、第 155 條、第 193 條及第 224 條應負責任與否之事實。

B 有無為公司財產保全處分之必要。

C 為行使公司之損害賠償請求權，對於發起人、董事、監察

人、經理人或清算人之財產，有無為保全處分之必要。

(3)保全處分：法院據上述檢查人之報告，認為必要時，得為下列之處分（公354）：①公司財產之保全處分。②記名式股份轉讓之禁止。③發起人、董事、監察人、經理人或清算人責任解除之禁止。④發起人、董事、監察人、經理人或清算人責任解除之撤銷；但於特別清算開始起1年前已為解除，而非出於不法之目的者，不在此限。⑤基於發起人、董事、監察人、經理人、或清算人責任所生之損害賠償請求權之查定。⑥因上款之損害賠償請求權，對於發起人、董事、監察人、經理人或清算人之財產為保全處分。

5.特別清算程序之協定：協定云者，乃公司在特別清算程序中與債權人團體間所成立之強制和解，經法院認可而生效之一種契約。其由清算人提出之協定，在未經債權人會議可決以前，只能稱之為協定的建議。協定的性質，類似破產前之和解及破產程序中之調協。

(1)協定的成立：

①協定的建議：清算人得徵詢監理人之意見，對於債權人會議提出協定之建議（公347）。

②協定之條件：在各債權人間應屬平等。但第340條但書所定之債權，即具有優先受償債權或別除權之債權，不在此限（公348）。

③特定債權人之參加協定：清算人認為有必要時，於此協定提出時，得請求具優先受償權或別除權之債權人參加（公349）。

④協定之可決：應有得行使表決權之債權人過半數之出席，及得行使表決權之債權總額四分之三以上之同意行之。此項決議，應得法院之認可（公350）。

(2)協定的效力：協定經法院認可後，對於一切債權人均有效力（公350Ⅲ準破136）。不論於可決時贊成或反對，債權人均應受其拘束。

(3)協定的變更：協定經可決並認可後，在實行上遇有必要時，得變更其條件。所謂必要者，即實行協定條件遇到顯著困難，如變賣公司財產，所得數額，比預計為少，或對公司債務人，經

強制執行而仍無效果，致協定之條件無從實行等情形是。變更協定條件之程序，準用協定之成立程序，即仍須經建議、可決及認可等程序；均與協定之程序同（公351）。

6.特別清算程序之終結：

　⑴特別清算的完結：公司在特別清算開始後，清算人未提出協定前，各債權人如能獲得十足清償，則特別清算即為終結，與普通清算程序之終結同。在協定生效後，依照協定之條件實行完畢時，特別清算程序，亦為終結。

　⑵特別清算轉為破產程序：在特別清算程序進行中，發現公司之財產，確已不能清償債務，而協定為不可能時，或實行上不可能，法院應依其職權，依破產法規定，為破產之宣告（公355），則特別清算程序，即移轉為破產程序。

第六章　關係企業

第一節　關係企業之概念

一、關係企業之意義

　　關係企業（英：affiliate company），又稱為「**集團企業**」，乃是二個以上的公司之間基於控制與從屬關係或藉相互投資等方式，使彼此之間存有特定之關聯性的企業之謂。

二、關係企業之形態

　　㈠**控制與從屬關係之公司**：我國公司法在立法方式將關係企業界定為獨立存在而相互間具有下列關係之企業「有控制與從屬關係之公司」及「相互投資之公司」（公369之1），實務上無限公司、有限公司、兩合公司及股份有限公司四種企業型態彼此間，都可能發生控制與從屬關係或相互投資之情形，因此得適用關係企業之相關規定。

獨立存在而相互間具有下列關係之企業		
控制與從屬關係	控制公司	1.公司持有他公司有表決權之股份或出資額，超過他公司已發行有表決權之股份總數或資本總額半數者為控制公司（公369之2Ⅰ）。 2.公司直接或間接控制他公司之人事、財務或業務經營者亦為控制公司（公369之2Ⅱ）。
	從屬公司	1.他公司表決權之股份或出資額，超過其公司股份總數或公司資本總額半數者，為從屬公司（公369之2Ⅰ）。 2.公司的人事、財務或業務經營，直接或間接接受他公司控制，則為從屬公司（公369之2Ⅱ）。
	推定的控制從屬關係	1.公司與他公司之執行業務股東或董事有半數以上相同者（公369之3Ⅰ①）。 2.公司與他公司之已發行有表決權之股份總數或資本總額有半數以上為相同之股東持有或出資者（公369之3Ⅰ②）。

相互投資（互為控制與從屬）關係	1.公司與他公司相互投資各達對方有表決權之股份總數或資本總額三分之一以上者（公369之9 I）。 2.相互投資公司各持有對方已發行有表決權之股份總數或資本總額超過半數者（公369之9 II）。 3.相互投資公司互可直接或間接控制對方之人事、財務或業務經營者，互為控制公司與從屬公司（公369之9 II）。

　　由於控制公司具有操縱交易條件之優勢地位，為避免控制公司使從屬公司進行不利益之交易行為，使控制公司獲得利益而損害從屬公司之權益，或藉由調整所屬關係企業之經營損益，以達成控制公司與所屬公司彼此利益輸送或逃漏稅捐之目的，且導致從屬公司本身及其少數股東權之股東與公司債權人權益遭受損害，因此，控制公司及其負責人與受有利益之其他從屬公司，若有利益輸送行為或有不利益之交易行為，並導致從屬公司權益造成損害時，應對從屬公司負損害賠償責任，亦即從屬公司對控制公司及其負責人得行使損害賠償請求權，且從屬公司對他從屬公司亦有法律賦予之損害賠償請求權，而為防範從屬公司怠於行使其損害賠償請求權，或因實際上受控制公司之約制，而不能或不便行使請求權時，因此，從屬公司之股東及債權人在從屬公司怠於向控制公司請求賠償時，亦得行使法定之代位求償權。

　　(二)**政府或法人股東一人組織之公司**：其詳見本編第五章第七節股份有限公司之機關。

第二節　控制公司與從屬公司的關係

一、關係企業的賠償責任

　　(一)**控制公司對從屬公司負連帶賠償責任**：若控制公司以直接或間接之方法使從屬公司進行**不合營業常規**或**其他不利益之業務經營**，並造成從屬公司發生實際損害，且控制公司在營業年度結束前，仍未向從屬公司提出適當補償時，基於保護從屬公司之利益，從屬公司對控制公司可行使法定損害賠償請求權，且控制公司之負責人亦應與公司一同負連帶損害賠償責任，以加重其責任（公369之4 I）。若控制公司負責人使從屬公司為前項

之經營者，應與控制公司就前項損害負連帶賠償責任（公369之4Ⅱ）。實務上「不合營業常規之經營」在美國商界稱為「非常規交易」，指二個以上之企業彼此所進行之進貨或銷貨等交易行為有異常狀況，而不合於一般商業經營原則或常理，例如賤價出售公司產品或高價購入便宜原料等。

㈡**從屬公司之債權人或股東之代位權**：控制公司未為第 1 項之賠償，從屬公司之債權人或繼續 1 年以上持有從屬公司已發行有表決權股份總數或資本總額百分之一以上之股東，得以自己名義代位行使前 2 項從屬公司之權利，以便請求對從屬公司為給付（公369之4Ⅲ）。而前項權利之行使，不因從屬公司就該請求賠償權利所為之和解或拋棄而受影響（公369之4Ⅳ）。以保障從屬公司債權人及股東權益，並加強投資大眾的信心。

㈢**從屬公司對他從屬公司之損害賠償請求權**：控制公司使從屬公司為第 369 條之 5 第 1 項之經營，致他從屬公司受有利益，受有利益之該他從屬公司於其所受利益限度內，就控制公司依前條規定應負之賠償，負連帶責任（公369之5）。其立法原意為顧及受有利益的從屬公司之股東與債權人之利益，該他從屬公司的賠償責任範圍，僅限於所受利益的範圍內。

㈣**損害賠償請求權的時效**：為避免上述之連帶賠償責任（公369之4、5）久懸不決，故規定損害賠償請求權之消滅時效為：「前二條所規定之損害賠償請求權，自請求權人知控制公司有賠償責任及知有賠償義務人時起，二年間不行使而消滅。自控制公司賠償責任發生時起，逾五年者亦同（公369之6）。」

二、控制公司對從屬公司之債權限制

由於從屬公司之財產乃是全體債權人投資之擔保，為避免控制公司利用其對於從屬公司之債權，進而參與從屬公司破產財團之分配，或在設立從屬公司時濫用股東有限責任原則，而以技術性方法壓低從屬公司之資本或增加從屬公司之負債，損害從屬公司其他債權人之利益，因此，在從屬公司依破產法之規定而進行破產或和解，或依公司法之規定而進行公司重整或特別清算時，無論控制公司對於從屬公司之債權是否具有別除權或優先權，其清償順位都應在從屬公司其他債權之後。我國公司

法乃引進美國法學界所稱之「**深石原則**」（deep rock doctrine）而制定公司法第 369 條之 7。其規定為：

(一) **抵銷權行使之限制**	控制公司直接或間接使從屬公司為不合營業常規或其他不利益之經營者，如控制公司對從屬公司有債權，在控制公司對從屬公司應負擔之損害賠償限度內，不得主張抵銷。
(二) **債權受償之順序**	前項債權無論有無別除權或優先權，於從屬公司依破產法之規定為破產或和解，或依本法之規定為重整或特別清算時，應次於從屬公司之其他債權受清償。

三、投資情形之公開化原則

在控制與從屬公司之關係上，一公司對他公司有其相當之控制力，故規定該公司持有他公司股份達一定情形時，應有通知義務。

(一) **通知義務**	公司持有他公司有表決權之股份或出資額，超過該他公司已發行有表決權之股份總數或資本總額三分之一者，應於事實發生之日起 1 個月內以書面通知該他公司（公 369 之 8 I）。 公司為前項通知後，有下列變動之一者，應於事實發生之日起 5 日內以書面再為通知（公 369 之 8 II）： 1.有表決權之股份或出資額低於他公司已發行有表決權之股份總數或資本總額三分之一時。 2.有表決權之股份或出資額超過他公司已發行有表決權之股份總數或資本總額二分之一時。 3.前款之有表決權之股份或出資額再低於他公司已發行有表決權之股份總數或資本總額二分之一時。
(二) **公告義務**	受通知之公司，應於收到前二項通知 5 日內公告之，公告中應載明通知公司名稱及其持有股份或出資額之額度（公 369 之 8 III）。公司負責人違反前三項通知或公告之規定者，各處新臺幣六千元以上三萬元以下罰鍰。主管機關並應責令限期辦理；期滿仍未辦理者，得責令限期辦理，並按次連續各處新臺幣九千元以上六萬元以下罰鍰至辦理為止（公 369 之 8 IV）。

四、相互投資公司

(一)**意義**：指二個以上之公司互相持有對方所發行之股份或資本，在企業經營上形成彼此持股或投資之狀態。在我國公司法條文中，「相互投資公司」係指公司與他公司相互投資各達對方有表決權之股份總數或資本

總額三分之一以上之狀態而言（公369之9Ⅰ）。

　　㈡**相互投資公司互為控制公司與從屬公司**：相互投資公司各持有對方已發行有表決權之股份總數或資本總額超過半數者，或互可直接或間接控制對方之人事、財務或業務經營者，互爲控制公司與從屬公司（公369之9Ⅱ）。

　　㈢**相互投資行使表決權之限制**：爲避免相互投資公司之利益輸送或逃漏稅問題，並防止相互投資現象擴大，因此，兩公司之間若確實有彼此相互投資之事實時，則投資公司所得行使之表決權不得超過被投資公司已發行有表決權之股份總數三分之一。但若投資公司將自己持有被投資公司股份或資本之事實通知被投資公司後，在未得到被投資公司之通知或公告，亦不知道有相互投資之事實前，其股權之行使不受限制，且投資公司對於以盈餘或公積增資配股所得之股份，仍得行使表決權（公369之10Ⅰ）。

　　㈣**持有他公司的股份或出資額的計算**：計算本章公司所持有他公司之股份或出資額，應連同下列各款之股份或出資額一併計入（公369之11）：

　　　1.公司之從屬公司所持有他公司之股份或出資額。

　　　2.第三人爲該公司而持有之股份或出資額。

　　　3.第三人爲該公司之從屬公司而持有之股份或出資額。

　　㈤**關係報告書及合併財務報表之編製**：爲明瞭公開發行股票之控制公司與從屬公司間業務交易行爲、不動產買賣、資金往來及損益情形等法律行爲關係，以確定控制公司對於從屬公司之責任，並使主管機關便於管理與規範相互投資狀況，保障從屬公司之少數股東與債權人，因此，每一會計年度終了時，公開發行股票之從屬公司必須編製與控制公司間之「關係報告書」，載明相互間之法律行爲、資金往來及損益情形，而公開發行股票之控制公司則應編製「關係企業合併營業報告書」及「合併財務報表」，以便紀錄關係企業往來關係及財務狀況。實務上基於降低中小企業帳務處理成本，目前必須編製關係報告書及合併財務報表之公司僅限於公開發行股票之上市股份有限公司，並授權證券管理機關視實際需要訂定其編製準則（公369之12）。

習題：何謂相互投資公司？公司法對相互投資公司有何規範，試列述之。

第七章　外國公司

第一節　外國公司之概念

一、外國公司的意義

外國公司（英：foreign company, foreign corporation；德：ausländische Gesellschaft；法：société étrangère），即不具有我國國籍之公司。外國法人，除依法律規定外，不認許其成立（民總施11）。因此外國公司係指以營利為目的，依照外國法律辦理組織登記，並經我國政府認許，在我國境內進行營業之公司（公4）。由於我國公司必須以營利作為其成立之目的，因此，外國公司之成立亦必須以營利作為其目的，但在外國立法例上，並非所有的公司組織都必須以營利作為公司成立之目的，例如學術性團體、公益性團體、慈善團體、專門職業聯合事務所等以非營利為目的所成立之組織，實際上得採用公司之組織型態，並可以使用公司之名稱。但若外國公司在我國成立之時並非基於營利目的，則在聲請我國政府認許時，主管機關即應予駁回不予認許。若外國公司在其本國並不視為合法之公司組織時，則在我國亦不承認其外國公司之組織地位，但基於國際貿易之順利推展，因此，只要是依照其本國法律辦理公司組織登記時，即可由我國承認為外國公司，而不以「社團法人」之資格作為限制條件。

二、外國公司的認許

㈠認許之要件：

1.積極要件：我國主管機關為防範外國公司以逃避其本國法律為目的，或利用他國法律取得法人地位，同時防止外國進行經濟侵略，因此，外國公司在向我國申請認許時，必須已在其本國設立登記且必須已進行營業（公371 I），非經認許，並辦理分公司登記者，不得在中華民國境內營業（公371 II）。

2.消極要件：外國公司有下列情事之一者，不予認許（公373）：

⑴若外國公司成立之目的或業務在其本國並無違法，但違反我國法律、公共秩序或善良風俗者（公 373 I ①），例如我國禁止武器販賣，而外國公司在其本國卻容許武器自由買賣時，則若該外國公司向我國政府申請認許其營業項目爲販賣武器時，我國政府即不應予以認許。

⑵公司之認許事項或文件，有虛僞情事者（公 373 I ②）；如意圖矇騙，以備將來經營不適法事業等，則我國政府即不應予以認許。

㈡**外國公司申請認許之程序**：在外國公司向我國政府主管機關申請認許時，原則上其申請人應爲代表公司之負責人，例如公司董事、執行業務股東、在我國之代表人或經理人等，並備具申請書，連同應備之文件一份，向中央主管機關申請；由代理人申請時，應加具委託書（公 387 I）。該代理人身分僅限於會計師或律師（公 387Ⅲ）。此項代表公司之負責人有數人時，得由一人申辦之（公 387Ⅱ）。公司之登記或認許事項及其變更，其辦法，由中央主管機關定之（公 387Ⅳ）。

㈢**外國公司認許之效力**：

　　1.取得外國法人資格：外國法人經認許後，於法令限制內與同種類之中國法人有同一之權利能力（民總施 12）。外國公司經我國政府認許後，其法律上權利義務及主管機關之管轄，除法律另有規定外，與中華民國公司同（公 375）。所謂法律另有規定，如林、漁、狩獵、鹽、礦、水源、要塞軍備區域及領域邊境等土地，不得移轉、設定負擔或租賃於外國人（土 17），外國人取得土地權利之平等互惠原則（土 18），礦業權之取得（礦5）等是。外國公司經我國政府認許而給予認許證，且領有分公司之執照後，即與我國公司具有相同之法律地位，得獨立負擔相關之權利義務，且必須受主管機關之管轄。

　　2.得在中華民國境內營業：即外國公司必須在其本國設立登記營業，始可申請認許（公 371 I），而外國公司須經認許，並辦理分公司登記，始可在中華民國境內營業（公 371Ⅱ）。既在中華民國境內爲營利行爲之經營，外國公司應專撥其在中華民國境內營業所用之資金，並應受主管機關對其所營事業最低資本額規定之限制。外國公司應在中華民國境內指

定其訴訟及非訴訟之代理人，並以之爲在中華民國境內之公司負責人（公 372）。

　　3.其他限制：外國公司不得爲他公司之無限責任股東，或合夥事業之合夥人（公 13），外國公司之資金原則上不得貸與股東或任何他人（公 15），亦不得擔任其他公司或個人之保證人（公 16），以免危及該外國公司本身之正常財務運作。外國公司之負責人在執行業務時，除應對公司負善良管理人之注意義務外，若對他人有不當之侵權行爲時，並應與公司負連帶損害賠償責任（公 23）。公司法之總則應准用於外國公司（公 377）。

　㈣外國公司認許之撤回、撤銷或廢止：

　　1.認許之撤回：外國公司經認許後，若無意繼續營業者，自應許其得向主管機關申請撤回其認許，並即繳銷原認許證件。其在申請撤回以前所負之責任或未了之債務，均不能因撤回而免除（公 378）。其已在中國境內設立分司者，其分公司並應爲消滅之登記（公 377 準 12）。

　　2.認許之撤銷或廢止：外國公司有下列情事之一者，主管機關應撤銷或廢止其認許（公 379 I）：

　　⑴申請認許時所報事項或所繳文件，經查明有虛僞情事者。

　　⑵公司已解散者。

　　⑶公司已受破產之宣告者。

　　外國公司被撤銷或廢止認許，不論爲上述之任何原因，均不得影響債權人之權利及公司之義務（公 379 II）。

第二節　外國公司之規定

一、外國公司之負責人

　㈠公司負責人之指定：外國公司在我國境內申請認許並進行營業行爲之前，必須在我國境內先指定訴訟及非訴訟之代理人，並作爲其在我國境內之公司負責人（公 372 II）。

　㈡代理人之更換或離境：該代理人有更換或必須離境時，外國公司並應另外指定代理人，並應將新代理人之姓名、國籍、住所或居所等資料

向主管機關申請變更登記（公385），以便在法律上得以對抗第三人。當外國公司在我國境內涉及訴訟案件時，即以其所指定之公司負責人作為其訴訟時之法定代理人，並得作為外國公司之訴訟代理人。

㈢**章程與無限責任股東名簿之備置**：外國公司應於認許後，將章程備置於中華民國境內指定之訴訟及非訴訟代理人處所，或其分公司，如有無限責任股東者，並備置其名冊。公司負責人違反前項規定，不備置章程或無限責任股東名冊者，各處新臺幣一萬元以上五萬元以下罰鍰。連續拒不備置者，並按次連續各處新臺幣二萬元以上十萬元以下罰鍰（公374）。

㈣**違反清算規定之責任**：外國公司在中華民國境內之負責人或分公司經理人，違反外國公司之清算程序（公380）及清算中財產處分之限制的規定（清算中移出或處分財產）時（公381），對於外國公司在中華民國境內營業，或分公司所生之債務，應與該外國公司負連帶責任（公382）。

㈤**外國公司之負責人之責任**：外國公司在經我國政府認許後，其公司負責人所應負之法定責任亦與我國公司負責人相同，大體上包括違反轉投資限制、貸款之限制、擔任保證人限制及權利能力限制時之損害賠償責任、未備置公司章程時之責任、未盡善良管理人注意義務時之損害賠償責任、負責人業務上之侵權行為、公司清算時之損害賠償責任、未經認許進行營業或其他法律行為時之民事責任與刑事責任等（公377、374）。

二、外國公司之清算

外國公司之清算原因係由於公司撤回認許或撤銷認許。外國公司辦理清算程序時，應以其在我國境內之負責人或分公司經理人作為法定之清算人，並依據其外國公司之性質而準用我國相同種類公司之清算程序規定（公380）。若法定清算人因故辭職或不能擔任清算人時，得由該外國公司之相關利害關係人聲請法院選派清算人，以便順利進行清算程序。

在外國公司進入法定清算程序後，在我國境內之財產不得移出我國國境，除清算人為執行清算外，不得擅自處分（公381），且在我國境內之債權與債務必須予以清算了結。且外國公司在我國境內之負責人或分公

司經理人在辦理清算時，若違反清算程序或財產移出及處分之限制時，則應對該外國公司在我國境內之債務負連帶清償責任（公382）。

三、外國公司之監督

外國公司經認許後，其法律上權利義務及主管機關之管轄，除法律另有規定外，與中華民國公司同（公375）。足見外國公司之監督機關，基本上與我國公司之監督機關同。因此其清算應受我國法院之監督。外國公司經認許之後，我國主管機關基於維護債權人與投資人權益之立場，對於外國公司之業務經營必須加以監督，若有嚴重違法或不當行為時，應撤銷外國公司之登記或認許。依公司法規定，外國公司經認許後，主管機關於必要時，得查閱有關營業之簿冊文件（公384）。

基於維護我國主權及保護交易安全之目的，主管機關必須執行公權力以便監督外國公司，除得隨時派員檢查外國公司在我國境內之業務及財務狀況，公司負責人不得妨礙、拒絕或規避（公377準21）。若外國公司未事先申請延展營業，而在領得認許證後之 6 個月內仍未領取分公司執照，或雖領有分公司執照但尚未開始營業，或開始營業後自行停止營業 6 個月以上時，主管機關得依法定職權或地方主管機關之報請，或基於利害關係人之申請而撤銷其認許（公377準10）。

四、外國公司臨時營業之備案

外國公司若無意在我國境內設立分公司營業，亦未向我國政府申請認許，但實務上卻有臨時性之業務需要，而必須在我國進行營業行為時，則必須指派其公司代表人報明下列各款事項，向我國主管機關進行備案（公386 I），即為「代表人報備制度」，又稱為「**臨時業務報備制度**」、「**營業備案**」、「**營業報備**」或「**代表報備**」：

㈠公司名稱、種類、國籍及所在地。

㈡公司股本總額及在本國設立登記之年、月、日。

㈢公司所營之事業及其代表人在中華民國境內所為業務上之法律行為。

㈣在中華民國境內指定之訴訟及非訴訟代理人之姓名、國籍、住所或

居所。

　　前項代表人須經常留駐中華民國境內者，應設置代表人辦事處，並報明辦事處所在地，依前項規定辦理（公 386 II）。

　　前二項申請備案文件，應由其本國主管機關或其代表人業務上法律行爲行爲地或其代表人辦事處所在地之中華民國使領館、代表處、辦事處或其他外交部授權機構驗證（公 386 III）。

　　外國公司非經申請指派代表人報備者，不得在中華民國境內設立代表人辦事處（公 386 IV）。

第八章　公司之登記及認許

第一節　公司登記及認許之概念

一、公司登記之意義

　　公司登記者，乃公司就其營業，資產及其他法定事項，依公司法之規定，向主管機關所為之登記，以確定其對內對外之法律關係，並藉以保障其本身及社會之交易安全之謂。依我公司法第 6 條規定，公司非在中央主管機關登記後，不得成立。而公司設立登記後，有應登記之事項而不登記，或已登記之事項有變更而不為變更之登記者，不得以其事項對抗第三人（公 12）。此即採登記要件主義，其他登記，則採登記對抗主義。公司登記與商號登記，性質相似，惟公司因登記而取得法人資格，其公司名稱有專用權，在同類業務之公司，其效力及於全國（公 18）。商號登記，僅能在同一直轄市或縣（市）內取得商號專用權，並不能因登記而取得法人資格（商登 28）。又公司登記與依營業稅法所為之營業登記以及特別法規定而為之營業登記，又皆似同而不同，前者之登記，乃為法人資格之取得，而後兩者之登記，則為納稅之依據與營業之特許，均與公司設立登記之效力不同。

二、公司認許之意義

　　公司認許者，乃外國公司依照我公司法之規定，向我國主管機關申請承認其與我國公司有同一法律上之人格，並得在我國境內為營業行為之謂。外國公司，除臨時營業報備外，非經依法申請認許，不得在我國境內營業或設立分公司，但一經認許，除法律另有規定外，其權利義務與我國公司同（公 375）。

第二節　公司登記及認許之程序

各類公司登記與認許之共同程序，依公司法之規定，可分述如下：

一、登記或認許之申請

公司之登記或外國公司之認許，應由代表公司之負責人備具申請書，連同應備之文件一份，向中央主管機關申請，由代理人申請時，應加具委託書（公 387 I）。

上項代表公司之負責人有數人時，得由一人申辦之（公 387 II）。由代理人申請時，以會計師、律師為限（公 387 III）。公司之登記或認許事項及其變更，其辦法，由中央主管機關定之（公 387 IV）。上項辦法，包括申請人、申請書表、申請方式、申請期限及其他相關事項（公 387 V）。代表公司之負責人違反依第 4 項所定辦法（公司登記及認許辦法）規定之申請期限者，處新臺幣一萬元以上五萬元以下罰鍰（公 387 VI）。代表公司之負責人不依第 4 項所定辦法規定之申請期限辦理登記者，除由主管機關責令限期改正外，處新臺幣一萬元以上五萬元以下罰鍰；期滿未改正者，繼續責令限期改正，並按次連續處新臺幣二萬元以上十萬元以下罰鍰，至改正為止（公 387 VII）。

二、登記申請之改正

主管機關對於公司登記之申請，認為有違反本法或不合法定程式者，應令其改正，非俟改正合法後，不予登記（公 388）。又申請人於登記後，確知其登記事項有錯誤或遺漏時，得申請更正（公 391）。

三、登記證明書

公司登記以後，公司或公司之利害關係人，如有需要，可請求證明登記事項，主管機關得核給證明書（公 392）。

四、登記事項之查閱或抄錄之請求

公司登記文件，公司負責人或利害關係人，得聲敘理由請求查閱或

抄錄,但主管機關認為必要時,得拒絕抄閱,或限制其抄閱之範圍(公393 I)。公司下列登記事項,主管機關應予公開,任何人得向主管機關申請查閱或抄錄:

　　㈠公司名稱。

　　㈡所營事業。

　　㈢公司所在地。

　　㈣執行業務或代表公司之股東。

　　㈤董事、監察人姓名及持股。

　　㈥經理人姓名。

　　㈦資本總額或實收資本額。

　　㈧公司章程。

　　前項第一款至第七款,任何人得至主管機關之資訊網站查閱(公393 II,III)。

五、廢止登記之申請

　　公司之解散,不向主管機關申請解散登記者,主管機關得依職權或據利害關係人之申請,廢止其登記。主管機關對於此項廢止,除命令解散或裁定解散外,應定30日之期間,催告公司負責人聲明異議;逾期不為聲明或聲明理由不充分者,即廢止其登記(公397)。

六、規費之收取

　　依公司法受理公司名稱及所營事業預查、登記、查閱、抄錄及各種證明書等,應收取審查費、登記費、查閱費、抄錄費及證照費;其費額,由中央主管機關定之(公438)。

97、98 年公司法高普特考測驗題

97 年專門職業及技術人員高等考試建築師、技師考試暨普通考試（記帳士）考試　簡稱（97 普記）

97 年專門職業及技術人員高等考試會計師考試　簡稱（97 高會）

98 年專門職業及技術人員高等考試會計師考試　簡稱（98 高會）

第二編　公司法

第一章　公司法總則

C 1. 股份有限公司合併契約應載明之事項，下列何者不屬之？（97 高會）

　　A 合併之公司名稱

　　B 合併後存續公司或新設公司之名稱

　　C 合併後存續公司或新設公司負責人之姓名

　　D 存續公司之章程變更

B 2. 我國一般公司之設立多採什麼主義？（98 高會）

　　A 立法特許主義　B 準則主義　C 許可主義　D 自由設立主義

A 3. 以下所述，何者錯誤？（98 高會）

　　A 公司每屆會計年度終了後，應將財務報表提交董事會通過，並經監察人複核後即可執行

　　B 公司尚未完成設立登記前，不得以公司名義對外營業或為其他法律行為

　　C 公司名稱中若有足以區別業務種類不同之文字者，即使名稱部分相同亦可

　　D 公司資本額達中央主管機關所定一定數額以上者，應依法由會計師進行財務報表之簽證

C 4. 下列敘述何者正確？（98 高會）

　　A 公司法所稱之中央主管機關為財政部，在直轄市為直轄市政府

　　B 公司申請設立、變更登記之資本額，應先經律師查核簽證

　　C 公司非在中央主管機關登記後，不得成立

　　D 中央主管機關不得委任所屬機關、委託或委辦其他機關辦理公司法所規定之事項

第二章　無限公司

C 1. 有關無限公司得變更其組織為兩合公司，下列敘述何者錯誤？（98 高會）

　　A 須變更章程及辦理變更登記　　B 以一部股東改為有限責任

　　C 須中斷無限公司之法人資格　　D 須全體無限責任股東之同意

第三章　有限公司

B 1. 依公司法相關法規規定，有限公司應於章程訂立後幾日內，向主管機關

申請爲設立之登記？（97 普記）

A10 日　　B15 日　　C20 日　　D30 日

D 2. 依公司法規定，代表公司之負責人若未依規定於申請期限內辦理登記，經主管機關責令限期改正後，期滿仍未改正者，除繼續責令限期改正外，並按次連續處新臺幣多少元之罰鍰，至改正爲止？（97 普記）

A 新臺幣 1 萬元以上，5 萬元以下　　B 新臺幣 1 萬元以上，10 萬元以下

C 新臺幣 2 萬元以上，5 萬元以下　　D 新臺幣 2 萬元以上，10 萬元以下

B 3. 下列何者不是有限公司章程之絕對必要記載事項？（98 高會）

A 股東姓名或名稱　　B 董事姓名

C 所營事業　　　　　D 盈餘及虧損分派比例或標準

第四章　兩合公司

D 1. 甲股份有限公司設有董事 15 人，若有 3 位董事因故辭任，則該公司董事會如欲向股東會提案締結關於出租全部營業之契約，則依經濟部之行政解釋，應有至少多少位董事出席及同意，始得爲合法有效之決議？（98 高會）

A 應有 7 位以上董事出席，以出席董事過半數之同意

B 應有 10 位以上董事出席，以出席董事三分之二以上之同意

C 應有 7 位以上董事出席，以出席董事三分之二以上之同意

D 應有 8 位以上董事出席，以出席董事過半數之同意

D 2. 若甲公司爲公開發行股票之公司，則其董事缺額達多少比例時，董事會應於 60 日內召開股東臨時會補選之？（98 高會）

A 六分之一　B 五分之一　C 四分之一　D 三分之一

C 3. 下列何者可設置場所及設備，提供有價證券集中交易市場，以作爲有價證券競價買賣之用？（98 高會）

A 綜合證券商　B 證券商同業公會

C 證券交易所　D 行政院金融監督管理委員會

第五章　股份有限公司

B 1. 有關股份有限公司主辦會計人員之任免，下列敘述何者正確？（97 高會）

A 董事長決定即可

B 董事會以董事過半數之出席，及出席董事過半數之決議，但章程有較高規定者，從其規定

C 總經理決定

D 股東會決議

B 2. 甲股份有限公司之現任董事任期，原定於民國 97 年 6 月 30 日屆滿，該公司並未設置常務董事，如該公司於同年 5 月 31 日召開股東會改選全體

董事，並未就現任董事之任期特別為任何決議，則現任董事之任期應於何時屆滿？（97高會）

A 民國97年6月30日　　　　　　　　B 民國97年5月31日

C 於董事改選後十五日（民國97年6月15日）　D 於新任董事推選出董事長之日

C 3. 已解散之公司，基於下列何種原因，於清算時期中仍得暫時經營業務？（97高會）

A 經中央主管機關許可　　　　　　B 經法院裁定許可

C 為了結現務及便利清算之目的　D 經清算人同意

D 4. 有關公司變更組織之類型，下列何者未經公司法允許？（97高會）

A 無限公司變更為兩合公司　　　　B 兩合公司變更為無限公司

C 有限公司變更為股份有限公司　D 股份有限公司變更為有限公司

D 5. 對於公司法所規定之股東提案權制度，下列敘述何者正確？（97高會）

A 非由董事會召集之股東常會，股東仍得行使提案權

B 得以書面或口頭提出。但以口頭提出時，應由公司作成紀錄

C 必須持有已發行股份總數百分之三以上股份之股東，始得行使

D 得適用於公開發行股票之公司及未公開發行股票之公司

D 6. 下列何者不屬於監察人得召集股東會之事由？（97高會）

A 董事會不為召集股東會時　B 董事會不能召集股東會時

C 為公司利益，於必要時　　D 股東以公司所需之技術抵充其出資時

A 7. 下列何者為股份有限公司將紅利分配給從屬公司員工之條件？（97高會）

A 須於控制公司章程訂明　　B 以現金股利為限

C 於非公營事業為強制規定　D 須以所有從屬公司員工為對象

C 8. 公司債經應募人認定後，下列何者應向未交款之各應募人請求繳足其所認金額？（97高會）

A 董事長　B 總經理　C 董事會　D 股東會

A 9. 每會計年度終了，董事會應編造營業報告書、財務報表、盈餘分配或虧損撥補之議案，於股東常會開會幾日前送交監察人查核？（97高會）

A 三十日　B 四十日　C 五十日　D 六十日

A 10. 股份有限公司設立採募集設立者，下列敘述何者錯誤？（98高會）

A 應先經經濟部許可

B 非公開發行公司不得折價發行股票

C 創立會得為公司不設立之決議

D 發起人所認股份，不得少於第一次發行股份之四分之一

D 11. 公司依法不得任意將自己之股份收回、收買或收為質物，但下列何種情形不在此限？（98高會）

A 董事A向公司借錢，並以其所持有之股份設質做為擔保

B 甲公司成立百分之百控股之子公司乙，再由乙公司買進甲公司之股票

C 大股東 B 因缺錢，董事會決議將其股票買回

D 公司爲轉讓股份給員工而買進自己之股份

B 12.股份有限公司之出資方式，不包括下列何種型態？（98 高會）

　　A 公司所需之商譽　　B 公司所需之勞務

　　C 對公司之貨幣債權　D 公司所需之技術

B 13.對於公司股份之轉讓，下列何者錯誤？（98 高會）

　　A 公司股份之轉讓，除法律另有規定外，不得以章程禁止或限制之

　　B 股份之轉讓，未經辦理股東名簿變更者，其轉讓不生效力

　　C 非公開發行公司之記名股票，由股票持有人以背書轉讓之，並應將受讓人之姓
　　　名或名稱記載於股票

　　D 無記名股票，得以交付轉讓之

D 14.公開發行公司股東名簿記載之變更，於股東常會開會前多久以內，不得
　　爲之？（98 高會）

　　A 90 日　B 80 日　C 70 日　D 60 日

第八章　公司之登記及認許

A 1.公司之登記及認許辦法係依據公司法第幾條規定所訂定者？（97 普記）

　　A 第 387 條　B 第 388 條　C 第 391 條　D 第 392 條

C 2.依公司法規定，公司登記，申請人於登記後，確知其登記事項有錯誤或
　　遺漏時，應如何處理？（97 普記）

　　A 免予更正　B 應另申請變更登記

　　C 申請更正　D 已登記事項不得予以更正

第三編　票據法

第一章　票據法之概念

第一節　票據法之意義與特性

一、票據法之意義

㈠**廣義的票據法**：係指一切可適用於票據權利與義務關係之法規，其範圍包括「公票據法」與「私票據法」兩種如下：

1. 公票據法	係指「公法」上與票據關係有關之規定，「公法」係指用來規範國家與國家或國家與個人之間的權利與關係的法律。例如刑法中關於有價證券偽造或變造之規定（刑 201-205）、民事訴訟法中關於票據訴訟及其程序之規定（民訴 13、508 以下、539 以下、556 以下）、破產法中關於票據發票人或背書人受破產宣告之規定（破 107）等均屬於公票據法之範圍。由於現今社會國際貿易頻繁，各國企業在國際間進行商業貿易往來時，雙方當事人所簽發之票據都能普遍流通，使票據具有濃厚國際性質，因此，國際法律學者亦致力於推行「票據法統一運動」，從而使票據法具有「國際性」，而在性質上不同於一般國內法。
2. 私票據法	係指「私法」上與票據相關之規定，其範圍除包含狹義的票據法外，並包括民法中與票據相關之規定，例如法律行為（民 71、73）、行為能力（民 75 以下）、代理行為（民 103 以下）、權利設質（民 908、909）、票據預約、票據資金、票據原因、票據權利消滅事由等，都屬於私票據法之範圍。「狹義的票據法」係以規範「票據關係」為主之法規，其所包含之範圍除「票據法」法典本身之外，並包括其他在性質上與「票據」相關的附屬法令在內，因此「票據法」為商事法之範圍，其所規範之主要標的乃是與「票據」有關之法律關係與行為，在性質上係屬於與社會生活具有密切關係之「私法」範圍，亦屬民法體系中之「特別法」，因此，票據法在法律適用上具有優先於民法之效力，只有在票據法未有明文規定時，方得適用民法之相關規定。

㈡**狹義的票據法**：有實質意義與形式意義之分：

1.　實質意義	即以票據關係爲規律對象之一種商事法律。又有廣義與狹義之分： (1)廣義的票據法：指有關票據所適用之私法法規全體而言。 (2)狹義的票據法：指一般私法法規之中，專以票據關係爲規律對象之法規而言。
2.　形式意義	即專以「票據法」命名之法典而言。此指民國 18 年國民政府公布 76 年修正之票據法而言。

二、票據法之特性

㈠ 票據法為民法之特別法	我國是採民商合一制之國家，而民法係對一般私法行爲而爲規範，至於一般商事行爲，除民法上有關規定可以適用外，另制定單行法規以爲適用，票據法就是有關票據行爲之單行法規，惟如票據行爲涉及民法及商事法規時，就應優先適用票據法，因此票據法是民法之特別法。
㈡ 票據法兼有任意法與強行法性質	因票據寓有通貨之作用，不僅爲特定當事人間給付之工具，亦可輾轉流通於一般民間，活潑金融，裨益經濟之發展。如票據法之規定，可由當事人任意變更，或排除其適用，勢將無法防止詐騙與弊案之發生，甚至紊亂社會經濟，妨害公眾利益，故爲維持經濟秩序著想，有些規定須嚴定當事人遵守，不容自創，故票據法具有任意性與強制性之特性。
㈢ 技術性	票據法爲商事法之一，具有高度技術性之法規。非如民法、刑法等具有倫理與常情者不同，係由立法專家，特別設計而成，非洞悉其構造與原理原則，難以得心應手，運用自如。
㈣ 國際性	票據法雖由一國國內所制定，因國際通商頻繁，因此票據往往流通於國際間，惟各國之票據法，如仍各自爲政，勢必發生障礙，故近年來，即有國際之票據法之統一運動。

第二節　票據法之立法沿革

一、各國票據法之概況

　　各國票據法之立法例，頗不一致，就其規定之實質言之，得分爲三大法系，一曰法國法系，二曰德國法系，三曰英國法系。

　㈠**法國法系**：1807 年，法國編制之商法法典，其中規定有票據法，祇

有匯票、本票二種，嗣於 1865 年又訂立支票法規，作爲特別法。法國法系之立法例，多認票據爲輸送金錢之工具。對票據原因，因係與資金關係，並無嚴格的區分。且因時代進步，原有之規定，不盡適於現代法律生活之需要，在法國本國，已經迭次修正，其他各國，如比利時商法，義大利商法，西班牙等，亦均修改。1935 年冬，法國自己亦改採日內瓦之統一票據法規。

㈡**德國法系**：德國自十九世紀以來，國內各邦，關於票據法規，均各自頒布，不免互有抵觸，適用甚感不便。迨 1846 年關稅同盟會議，始有制定德意志統一票據法之提議，於 1847 年依據普魯士法案，制定票據法各邦一致遵行，遂成爲德意志帝國之法律，於 1871 年公布施行，其中僅規定匯票、本票二種，至 1908 年始頒訂支票法，是爲德國法系。德國法系，認票據爲信用之媒介，將票據原因關係，與資金關係，完全分離，對票據之款式，亦有嚴格規定，較諸法國法系，較爲進步。

㈢**英國法系**：英國爲不成文國家，關於票據，初無明文規定，祇能從判例或行政法令了解。嗣因票據交易頻繁，由銀行公會，請哲姆斯博士（Chalmers）擬定票據法草案，提經國會審查通過，名爲票據條例，於 1882 年頒行，其後迭次修正，是爲英國法系。範圍擴及美國、印度、加拿大等國。英國法系之內容，頗類似德國法系，但較爲簡便，爲其特長。

二、票據法之國際統一

　　爲解決跨國交易時使用票據付款所發生之問題，減少國際票據流通不便與國際結算之困難，目前世界各國及相關國際組織均致力於票據統一運動，但只有「日內瓦公約」及「聯合國統一國際票據法公約草案」二者在國際上具有較大影響力。

三、我國票據法之沿革

　　我國票據起源雖早，而票據法規，從無明文，遇有票據糾紛事件發生，多由各地公會調停處理，因此在無法令下，亦可解決爭執。海通以後，國際貿易頻繁，票據法規，事實上必須制定。清末光緒 33 年，修訂法律舘，曾聘日人志田鉀太郎草擬商事法規（公司、海商、票據），並參

酌德日票據法，編成票據法草案，稱「志田案」，於民國元年脫稿，是爲第一次草案。嗣北京政府修訂法律舘，亦草成票據法案，稱爲「共同案」，是爲第二次草案。其後又由修訂法律舘，迭次修正公布草案，均未公布施行。

國民政府，奠都南京，立法院於民國 18 年訂立「票據法立法原則」19 條，呈經中央政治會議通過。該院商法委員會，依據該項原則，參照前此之票據法各草案，及德、日、英、美等國立法例，起草票據法，於民國 18 年 9 月 28 日，經立法院通過，並經國民政府，於同年 10 月 30 日公布施行，全文計五章，共 139 條，後於民國 19 年 7 月 1 日，又公布票據法施行法 20 條，至是始告完成。

票據法施行以後，復因社會情勢變遷，力求配合實際需要，於民國 43 年 5 月 4 日，曾經修正爲 123 條，民國 49 年 3 月 31 日又重加修正，增爲 145 條，並將票據法施行法，減爲 12 條，均於同日公布施行，嗣 62 年、66 年、75 年、76 年分別修正，是爲現行票據法。

第二章　總　則

第一節　票據之意義與種類

一、票據之意義

票據（英：bill；德：Wechsel；法：billet），即以支付一定金額為目的之一種有價證券。所謂有價證券（德：Wertpapier）就是表彰財產權的私權，而該權利的利用（移轉、行使）必須有證券為必要。即㈠權利的發生必須作成證券，㈡權利的移轉必須交付證券，㈢權利的行為必須提示證券。

二、票據之種類

我國票據法係將「票據」分為「匯票」、「本票」及「支票」三種：

	意　義	特　性
匯票	即指由發票人簽發一定之金額，委託付款人於指定之到期日，無條件支付與受款人或執票人之票據（票2）。	匯票之特性在於有指定之到期日，且付款人為第三人，其性質係屬於「信用證券」與「委託證券」。
本票	即指由發票人簽發一定之金額，於指定之到期日，由自己無條件支付與受款人或執票人之票據（票3）。	本票之特性在於有指定之到期日，且付款人為發票人自己，其性質係屬於「信用證券」與「自付證券」。
支票	即指發票人簽發一定之金額，委託金融業者於見票時，無條件支付與受款人或執票人之票據（票4Ⅰ）。	支票之特性在於其性質屬於法定之支付工具，且付款人為金融業者，其性質係屬於「支付證券」與「委託證券」。

三、票據之經濟效用

㈠匯兌的效用	其主要表現在匯票。即兩地間利用匯票作為款項之支付。一般是由匯款人利用銀行制度，由甲地銀行繳納匯款金額，由甲銀行將款項寄至乙地銀行，由執票人向乙地銀行領取款項。
㈡信用的效用	發票人可利用自己之信用，發行票據，此以遠期匯票或遠期本票，配合金融業而達成。發票人亦可發行票據，以代現金之支付，或向銀行貼現籌資或擔保借款。

(三)支付的效用	支票最可發揮支付效用功能。票據得以背書或交付而轉讓，故有謂支票是貨幣之創造，等於貨幣之流通相同，貨幣之使用因而減少。

四、票據之性質

票據有下列十種性質：

(一)設權證券	係指對於以「證券權利」作爲標的之法律關係而言，當事人必須實際作成書面形式之「證券」後，其相關之證券權利方具有合法效力，因此，「設權證券」在法律上所具有之權利效力乃是基於法律之規定，經由一定程序所創設而成。在票據實務上，由於「票據權利」必須由發票人作成書面形式之票據後，持票人或受款人方得依據該票據而主張相關之票據權利，因此，發票人所簽發之票據係用以創設新權利，而非用以表彰原有之權利，故票據具有「設權證券」之性質。
(二)有價證券	係指用以表彰財產上權利之證券。在票據法律關係中，由於票據受款人在行使票據相關權利時，必須以持有票據爲前提，因此，票據之性質爲「有價證券」，且由於票據當事人若欲主張對於票據具有法定權利時，必須以實際占有該票據爲前提，而若當事人並未實際占有票據時，即不得行使相關之票據權利，因此，票據之性質爲「完全的有價證券」。
(三)金錢證券	由於匯票、支票與本票等發票人在簽發票據時，其票面上之法定應記載事項要件包括「一定之金額」（票24），且必須記載「無條件支付」（票120、125）之意旨。因此，票據具有「金錢證券」之性質。由於票據屬於「金錢證券」，各種票據行爲都係以負擔票據債務爲基礎，並以確保票據金額之付款爲共同目的。因此，若2人以上共同在票據上簽名時，即應連帶負票據上之責任，且票據之發票人、承兌人、背書人及其他票據債務人等，對於該票據之執票人應連帶負責，稱爲票據行爲之「協同性」又稱爲「連帶性」。
(四)債權證券	係指持有證券之當事人在法律上能主張該證券上之債權。就權利本身之性質而言，「債權」是屬於相對性的權利而非絕對性的權利，其義務人必須爲特定之人，且債權的成立必須以特定人的「行爲」或「不行爲」爲要件。在票據實務上，由於票據之債權人在占有票據後，具有得向票據債務人主張給付票面金額之請求權，而若票據之債權人未實際占有票據時，仍可以依照法定程序或訴訟方式重新取得對於票據所可主張的權利，因此，票據具有「債權證券」之性質。
(五)文義	對於票據權利與義務之認定標準，應以票據上所記載之文義決定，而不得以文義外之其他事項或理由作爲標準，且在票據上簽名之人，即

證券	必須依照票面上所記載之文義負責（票5I），若有2人以上共同在票據上簽名時，亦應負連帶責任（票5II），因此票據屬於「文義證券」。票據行為之「文義性」係為保護善意執票人，增進社會大眾對票據之信任，藉以促進票據之流通，因此，票據行為之內容必須以票據上所記載之文義作為依據，即使該項記載與票據之實質關係不符，當事人亦不得以票據外之證明方法，而主張對該記載加以變更或補充。在票據上所記載之事項必須符合票據法之規定，該記載始具有法律上之文義效力，因此，若票據上記載票據法所未規定之事項時，則該票據即不具有法律效力（票12）。
(六) 要式 證券	依據我國票據法規定，若發票人未在票面上記載法定之「絕對必要記載事項」時，該票據即為無效，若發票人未記載「相對必要記載事項」時，原則上該票據應為無效，但實務上為避免票據因欠缺相對必要記載事項導致無效，故設有加以補充記載之規定，因此，票據之性質係屬於「要式證券」。
(七) 無因 證券	又稱為「不要因證券」，係指為確保票據之流通與交易之順利，保護意善第三人在票據上之權益，因此，在執票人所持有之票據已具備法定要件之前提下，除該執票人係出於惡意而取得票據、以詐欺方式而取得票據、對於票據之取得有重大過失，而不得享有票據上權利之原因外，凡在該票據上簽名之人即必須依據票據上所記載之文義負連帶責任。因此，票據之法律性質係屬於「無因證券」。
(八) 流通 證券	係指當事人對於證券所得主張之權利，得藉由「背書」或「證券交付」方法自由轉讓之證券（票30I）。由於匯票、本票與支票都可以經由票據背書或交付之方法進行轉讓，因此，票據之法律性質係屬於「流通證券」。
(九) 提示 證券	票據之執票人在行使票據權利時，必須向票據債務人提示其所持有之票據，以便使票據債務人得依照其票據上所記載之內容履行責任，因此，票據具有「提示證券」之性質。
(十) 繳回 證券	票據債權人在受領票據上所記載之給付金額後，應將原票據繳回給向其給付之人，以便使票據關係得以消滅，或使該給付之人得再向其前手行使追索權，因此，票據具有「繳回證券」之性質。

第二節　票據行為

一、票據行為之概念

票據行為（德：Wechselakt, Wechselerklärung），係指票據之法律行為，

亦即以發生票據上債務爲目的所進行之要式法律行爲，乃是票據法律關係成立之基礎。匯票之發票、承兌、背書、參加承兌、保證、本票之發票、背書之保證、支票之發票及背書均屬此謂之票據行爲。

二、票據行爲之特性

在學理上，票據行爲之特性主要包括**要式性、無因性、文義性、獨立性**與**協同性**。

㈠**票據行為之要式性**：又稱爲「**定型性**」，係指由於票據在性質上係屬於重視外觀之流通證券，爲使利害關係人易於辨別，從而使票據在社會順利流通，因此，票據本身除應符合法定之形式要求之外，並應具備法律效力。則票據無論是匯票（票24）、本票（票120）及支票（票125），均須記載一定事項。而背書則依照票據法第 31 條之規定。依第 11 條第 1 項之規定：「欠缺本法所規定票據上應記載事項之一者，其票據無效。但本法別有規定者，不在此限。」此外，依第 12 條規定：「票據上記載本法所不規定之事項者，不生票據上之效力。」此均爲票據行爲之要式上規定，因此票據亦稱爲要式證券。

㈡**票據行為之無因性**：亦稱爲「**抽象性**」、「**中性的性質**」或「**無色性**」，係指「票據行爲」雖係基於當事人彼此在經濟上之「原因關係」而發生，但在「票據行爲」成立後，該項實質關係縱不存在，亦不影響票據行爲之效力。由於票據行爲具有「無因性」，因此，票據之性質屬於「無因證券」，票據債務人不得以其個人與發票人間之抗辯事由對抗執票人，亦不得以其與執票人前手間之抗辯事由而對抗執票人，但執票人仍應舉證證明所持有之票據係由發票人所作成，且票據直接當事人間在特殊情況下，對於原因關係仍可主張抗辯。

㈢**票據行為之文義性**：係爲保護善意執票人，增進社會大眾對票據之信任，藉以促進票據之流通，因此，票據行爲之內容必須以票據上所記載之文義作爲依據，即在票據上簽名者，依票上所載文義負責（票5Ⅰ）。由於票據行爲具有「文義性」，因此，票據之性質係屬於「文義證券」，且爲使票據受讓人能確實取得票據權利，以便加強票據流通功能，因此，在解

釋票據行爲時，原則上不得以其他事實或證據而探求當事人之真意，亦不得任意變更或補充當事人之意思，亦即票據債權人不得向票據債務人主張任何票據上未記載事項，而票據債務人亦不得以票據上未記載事項對票據債權人行使抗辯。學理上在解釋票據行爲時，應遵守之原則包括「票據外觀解釋原則」、「客觀解釋原則」與「票據有效解釋原則」三種。

　　㈣**票據行爲之獨立性**：又稱爲「**票據行爲獨立原則**」或「**票據債務獨立原則**」，係指對於已具備法定基本形式要件之票據，在其票據上所發生之各票據行爲，應依該票據行爲在票據上所記載之文義而分別獨立生效，不得因其他票據行爲之無效、被撤銷或有其他瑕疵，而使其餘之各票據行爲受到影響，因此，在票據上之簽名中，若有無行爲能力人或限制行爲能力人之簽名時，不影響其他簽名效力（票8）。

　　依據票據行爲之「獨立性」，若無代理權而以代理人之名義於票據上簽名時，該無權代理人應自負票據上之責任，若簽名之人在身分上雖爲合法之代理人，但有逾越代理權限之行爲時，亦應對權限外之部分負票據上之責任。若票據係爲僞造，或票據雖非僞造但其簽名爲僞造時，對於票據上之真正簽名效力亦不會造成影響。由於票據上之保證人與被保證人應負同一票據責任，若被保證人之債務爲無效時，保證人仍應負擔其義務，但若被保證人之債務係由於法定要件之欠缺而無效時，則該保證人即不須負擔其票據義務。就匯票之背書人或承兌人而言，若對於匯票之複本有背書或承兌等票據行爲時，則對於經其背書或承兌但未收回之複本，仍應負票據上之責任。

　　㈤**票據行爲之協同性**：又稱爲「**連帶性**」，係指由於票據屬於「金錢證券」，各種票據行爲都係以負擔票據債務爲基礎所發生之行爲，並以確保票據金額之付款爲共同目的，具有協同之性質，因此，若2人以上共同在票據上簽名時，即應連帶負票據上之責任，且票據之發票人、承兌人、背書人及其他票據債務人等，對於該票據之執票人應連帶負責。

三、票據行爲之學理

　　票據行爲之學理（德：Wechseltheorien），這是學界將票據上債務發生

原因，試圖將其理論予以統一構成，而形成兩種理論之對立，也是票據行為之本質論。尤其在德國甚為盛行。即契約行為說與單獨行為說兩種不同之見解：

(一) 契約行為說	「契約行為說」主張票據行為之法律性質，乃是票據之交付與接受所實施之契約，亦即由於票據債務人與票據權利人締結契約，而必須負擔票據上之債務，且票據關係之成立必須由票據債務人將票據實際交付給票據債權人，而票據債權人亦必須受領該票據，方可發生票據上之法律關係。
(二) 單獨行為說	係認為票據關係上之「票據債務」乃係由於票據債務人之行為而得以成立，故屬於法律上之單獨行為。學理上「單獨行為說」又可分為「創造說」及「發行說」兩種不同主張。 1.創造說：認為「票據債務」乃係基於票據行為人簽名而成立之單獨行為，即票據行為人在票據上簽名之後在該票據被其他執票人取得時，其票據債務仍然成立，因此，票據一經票據行為人簽名之後，即使並未有實際交付行為，在法律上該票據行為人之票據行為亦已完成，在未交付之前，若該票據發生被盜或遺失之情況時，發票人仍應負票據債務責任。 2.發行說：其主張係基於票據債務之「成立要件」而言，除必須有發票人在票據上簽名之「單獨行為」外，亦必須有票據行為人交付票據之意思表示，因此，票據行為之成立實際上係由作成證券與交付證券二項法律行為所構成，且若執票人係以惡意或重大過失而取得票據時，即不得享有票據上之權利。就我國票據法條文之規定，在匯票、本票與支票之發票行為中，發票人都必須簽發票據，若執票人係以惡意或有重大過失而取得票據時，即不得享有票據上之權利（票14 I）。
我國採用	因此，我國票據法係採用「單獨行為說」中之「發行說」。

四、票據行為之種類

其種類可分為「狹義的票據行為」與「廣義之票據行為」。

(一)**狹義的票據行為**：係指以成立票據關係為目的所進行之要式法律行為，又可分為「基本行為」與「附屬行為」兩種如下：

1.基本行為：又稱為「基本票據行為」或「主票據行為」，是指票據的「發票」，亦即發票人簽發票據之行為，在性質上係屬於創設票據

的基本法律行為，實務上票據上之權利義務必須以票據簽發行為作為成立基礎，其後各種票據行為方得行使或成立。

2.附屬行為：又稱為「從票據行為」或「附屬票據行為」，必須在「主票據行為」存在之前提下，其後所進行之附屬票據行為方屬於有效法律行為，因此，若「主票據行為」不存在

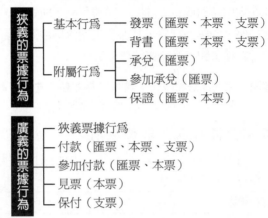

時，則「附屬票據行為」即為無效，其內容則包括「背書」、「承兌」、「參加承兌」及「保證」等。

「背書」係指由背書人在票據之背面簽名之票據行為，且該背書人在背書後必須與其他票據債務人共同負擔連帶票據債務責任。「承兌」係指匯票付款人承諾負擔票據債務之票據行為，僅適用於匯票而不適用本票及支票。「參加承兌」係指由參加承兌人承諾負擔票據債務之票據行為，亦僅適用於匯票。「保證」係指由票據保證人保證負擔票據債務之法律行為，僅適用於匯票與本票，而不適用於支票。茲列表說明之：

	發票	背書	承兌	參加承兌	保證
匯　票	適用	適用	適用	適用	適用
本　票	適用	適用			適用
支　票	適用	適用			

㈡**廣義的票據行為**：除有「發票」、「背書」、「承兌」、「參加承兌」及「保證」等狹義的票據行為外，尚包括各種票據之「付款」、匯票與本票之「參加付款」、本票之「見票」及支票之「保付」等，由於行使之後亦將產生票據上之權利義務，因此屬於票據行為。「參加付款」係指票據債務人以外的其他第三人基於維護發票人或背書人等債務人的信用，而在匯票被付款人拒付時代為付款的行為。「見票」係指受款人或持票人以要

求付款為目的,而向付款人提示其所持有票據之行為。「保付」係指保證人在支票正面或背面註明「保證付款」並簽章,表示將對該支票之付款家以保證的票據行為,且保證人通常為銀行,而發票人及背書人在支票保付之後,即可免除票據付款責任。

習題:依票據法之規定,票據行為之種類有幾?此等票據行為於匯票、本票及支票,是否均可適用?(94律)

五、票據行為之解釋原則

由於票據行為具有「文義性」,因此,對於票載文義之解釋至為重要,解釋時須遵照下列原則:

解釋原則	內　　　容
(一) 票據外觀 解釋原則	係指為使票據容易辨認以便利流通,因此,票據行為注重票據之外觀形式,若票據已具備法律所要求之形式要件時,即使票據上所記載之事項與事實不符,亦不影響票據行為之效力。為使社會大眾信賴票據效力,促進票據之流通,因此,票據行為皆須具備法定之款式,且依據票據種類不同,其款式亦不相同。
(二) 客觀解釋 原則	係指票據為法定「文義證券」,因此,票據行為應依照票據上所記載之文義加以客觀判斷,而不得藉由票據以外之其他事實或證據任意變更或補充票據之文義,且在解釋票據效力時,除必須重視票據本身所記載之文字外,亦應注重一般法理、商事習慣及誠信原則,以使解釋內容能更為完備。
(三) 票據有效 解釋原則	係指在解釋票據行為時,應儘量使該票據有效,以利票據之流通並保護交易之安全。

六、票據行為之要件

票據行為之要件可分為「形式要件」與「實質要件」兩種如下:

(一)**票據行為之形式要件**:由於票據行為係屬於法律上之要式行為,因此,其法律效力之有效成立除須具備行為能力及意思表示等實質要件外,必須將票據行為人之意思表示依照票據法所規定之法定方式記載於票據上,由票據行為人簽名之後將票據交付,該票據行為始具備法定之形式要件,票據法第 11 條第 1 項規定:「欠缺本法所規定票據上應記載

事項之一者，其票據無效。」此可分爲「應記載事項」、「得記載事項」
與「不得記載事項」三種。

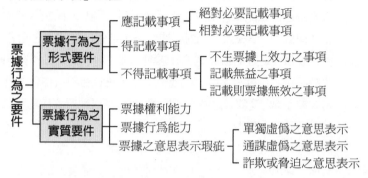

　　1.應記載事項：係指依票據法規定票據必須記載之事項，依據其性
質之不同，可分爲「絕對必要記載事項」與「相對必要記載事項」二種。
　⑴絕對必要記載事項：係指發票人在製作票據時，若票據上有欠
　　缺未記載將導致該票據無效之法定事項，其種類包括表明其票
　　據種類之文字、票據金額與發票年月日。由於票據有「匯票」、
　　「本票」及「支票」三種，因此，票據上若欠缺表明其票據種
　　類之文字時，即不具法律上之效力（票11Ⅰ）。
　　　　票據之法律性質屬於「金錢證券」，因此票面上必須記載一
　　定之金額，且通常是以文字及阿拉伯數字號碼同時記載。若票
　　據上記載金額之文字與阿拉伯數字號碼不符時，在認定上應以
　　文字之記載爲主，且爲避免票據遭到變造，因此，票據上所使
　　用以文字記載之金額不得改寫，否則該票據即爲無效。在金融
　　實務上，若票據上記載金額之文字非爲國字大寫時，將構成票
　　據遭到退票之原因，但票據行爲人仍應對票據上所記載之文義
　　負責。若在同一票據上有二組不同金額之阿拉伯數字號碼記
　　載，而其中之一係經機械辦法防止塗銷，另一則爲未經機械辦
　　法防止塗銷時，則在認定上應以「經機械辦法防止塗銷」之效
　　力優先於「未經使用機械辦法防止塗銷」。
　⑵相對必要記載事項：係指發票人製作票據時，即使票據上不記載

或有欠缺未記載時，票據法另外設有補充規定之法定事項，以避免該票據由於欠缺必要記載事項之記載而無效，因此，票據行為人不得以欠缺記載「相對必要記載事項」為由，而主張該票據不生法律效力。票據上之相對必要記載事項包括付款人之姓名或商號、受款人之姓名或商號、發票地、付款地與到期日。若票據上欠缺記載「付款人之姓名或商號」時，應以發票人作為付款人，若欠缺記載「受款人之姓名或商號」時，應以執票人作為受款人，若欠缺記載「發票地」時，應以發票人之營業所、住所、或居所所在地作為發票地，若欠缺記載「付款地」時，應以付款人之營業所、住所、或居所所在地作為付款地，若匯票欠缺記載「到期日」時，該票據應視為見票即付（票24Ⅱ）。背書而不記載被背書人，僅簽名於匯票者，為空白背書（票31Ⅲ）。

2.得記載事項：又稱為「任意記載事項」，係指票據當事人得自由決定記載或不記載之事項，其範圍僅限於票據法中有明文規定之項目，亦即法條中若明文「得記載」之字樣時，其性質即屬於「得記載事項」。就法律效力而言，票據上若未記載「得記載事項」時，對於票據之合法性並無影響，但「得記載事項」一經記載於票據之後，將立刻具有票據上之法律效力。票據上之得記載事項包括發票人得記載對於票據金額支付利息及其利率（票28Ⅰ）、背書人得記載禁止轉讓背書（票30Ⅱ）、匯票付款人在承兌時得記載付款地之付款處所、劃平行線之支票（票139）等是。

3.不得記載事項：又可分為三種：

(1)不生票據上效力之事項：係指票據行為人若於票據上記載票據法所「不規定」之事項時，該部分之記載不具有票據上之效力（票12），但該票據本身仍具有票據法上之效力，實務上常見之情況包括支票背書人所記載之「保證人」、「連帶保證人」、「立會人」，或支票背書人所記載之圖章印記，或發票人所記載之「現物給付」等。在支票背書人進行票據背書行為時，由於「背書」係屬於票據法有規定之合法記載，具有背書效力，但該支票並不適用票據法對於「保證」之規定，因此，背書人

所記載之「保證人」、「連帶保證人」或「立會人」等事項，
即不具有票據法上之效力。但若該保證行為符合民法上之「保
證」規定時，則在當事人之間仍應具有民法上之效力。

(2)記載無益之事項：係指票據法條文中明文有「其記載無效」或
「視為無記載」等字樣之事項，票據行為人若將該類事項記載
於票據上時，原則上僅該記載事項本身無效，不影響票據之法
律效力，例如匯票上若有「免除擔保付款」之記載時，即屬於
記載無益事項（票29Ⅲ），但該匯票本身則仍為有效。若票據行
為人在匯票或本票上劃平行線時，該平行線亦屬記載無益之事
項，但該匯票或本票則仍為有效。

(3)記載則票據無效之事項：又稱為「記載有害事項」，即指該類
事項若一經記載於票據時，該票據即歸於無效。在票據實務上，
匯票、本票及支票都係屬於無條件支付之票據，因此，若發票
人在票面上記載附條件之委託時，該票據即為無效。「簽名」
係指票據行為人在票據上親自書寫自己姓名，其目的除可用以
辨別該票據之真偽、防止票據仿造外，並可用於識別票據行為
人之身分，以確定該行為人所應負之法律責任。

匯票、本票及支票都是以發票人在票據上之「簽名」作為票據成
立之共同要件，且各種票據行為以及應記載事項亦以票據行為人之
簽名作為共同生效要件，因此，若票據未經票據行為人簽名時，即
使票據上之其他記載事項已完備，在法律上該票據行為仍不具有效
力，亦無法構成票據債務與票據權利等法律關係。

□**票據行為之實質要件**：由於票據行為屬於法律行為，原則上適用民
法對於一般法律行為要件之規定，因此，票據行為之「實質要件」包括
票據行為人之意思表示必須無瑕疵；且必須具有「票據能力」，此即「票
據權利能力」與「票據行為能力」兩種。

1.票據權利能力：係指票據行為人在法律上具有獨立之能力，而得
享受票據權利或負擔票據義務，且自然人皆具有「票據權利能力」。此
自然人之票據能力，票據法上並未規定，應適用民法有關之規定。由於

法人具有權利能力，因此亦具有票據權利能力，其票據權利能力之時間係於法人完成設立登記時起，至解散後清算終了時爲止。

就自然人之票據權利能力而言：滿 20 歲之成年人及已結婚之未成年人均具有行爲能力，故具有票據行爲能力，但有行爲能力人若在無意識或精神錯亂之下進行票據行爲時，該行爲亦爲無效。

2.票據行爲能力：係指票據行爲人所作成之票據法律行爲，其效果可在票據上取得權利或負擔義務，並應適用民法之相關規定。依據民法之規定，由於法人有當事人能力，因此具有行爲能力，而得在其票據權利能力範圍內進行票據行爲，且若法人團體之代表人有濫用權限之票據行爲，法人對於超過代表權部分之票據責任仍應負責，但得對該代表人主張損害賠償。

3.票據行爲之意思表示瑕疵：包括「單獨虛僞之意思表示」、「通謀虛僞之意思表示」與「詐欺或脅迫之意思表示」等三種。

　(1)單獨虛僞之意思表示：又稱爲「心中保留」，係指票據行爲人心中不願意進行票據行爲，但實際上卻仍作出同意之意思表示，原則上該票據行爲仍爲有效，但若相對人明知票據行爲人有心中保留之情形，則其意思表示即無效。但票據義務人不得以「單獨虛僞之意思表示」爲由而主張對抗善意第三人。

　(2)通謀虛僞之意思表示：係指若票據債務人與票據債權人以串通方式進行票據行爲時，該票據行爲在性質上爲無效之法律行爲，但亦不得主張對抗善意第三人。

　(3)詐欺或脅迫之意思表示：係指若票據行爲人係由於被詐欺或被脅迫而進行票據行爲時，則得向執票人主張撤銷其票據行爲。若票據行爲人係由於第三人之詐欺而進行票據行爲，且在票據權利人明知或可得知該票據行爲人有被詐欺之前提下，票據行爲人即得向執票人主張撤銷其票據行爲，但其撤銷不得對抗善意第三人。

七、票據行爲之代理

　　票據行為之代理（英：representation, agency；德：Stellvertretung），係指票據行為之代理人基於票據行為人本人之授權，而在票據上載明其票據行為人之代理人身分並簽名，以使票據關係成立之行為。在票據實務上，票據行為之代理應具備「形式要件」與「實質要件」，法律上方可視為「有權代理」，從而具有合法之代理效力。

票據行為代理之要件	內　　　　容	
(一) 形式要件	其內容包括代理人必須以票據行為人本人之名義進行票據行為、代理人必須在票據上記載其代理之意旨、票據上必須有票據行為人代理人之簽名或蓋章。實務上為避免票據關係趨於複雜，故票據行為中僅承認「顯名代理」，至於「隱名代理」則不具有票據代理行為之效力，因此，票據行為人之代理人在行使代理權時，必須在票據上明白記載為本人代理之旨而簽名於票據上，方可由票據行為人本人負票據上之責任（票 5 I）；否則該代理人應自負票據上之責任（票9）。	
(二) 實質要件	係指票據行為人之代理人在其法定代理權限之內，以票據行為人本人之名義而進行各項票據行為，並使其行為效果直接歸由票據行為人本人承擔。票據行為代理權之發生原因包括「意定代理」與「法定代理」二種如下：	
	1. 票據行為之意定代理	即指票據行為人本人以書面或口頭等明示或默示，將代理權授權給代理人之法律行為，例如企業商號對於其所屬經理人所授與之代理權，其範圍即包括票據行為之代理權在內。
	2. 票據行為之法定代理	即係基於法律規定、法院指定或選任方式，而使代理人具有合法之票據行為人代理權，例如父母基於管理未成年子女之財產而有票據行為之代理權（民 1086、1088、1089）、監護人基於管理被監護人之財產而有票據行為之代理權等（民 1094、1100）。票據行為人之代理人在行使代理權時，必須以票據行為人本人之名義進行票據行為、代理人必須在票據上記載其代理之意旨、票據上必須有票據行為人代理人之簽名或蓋章。

八、票據行為之代理類型

　　票據行為之代理類型包括「自己代理」或「雙方代理」、「隱名代理」、

「無權代理」、「越權代理」、「表見代理」以及票據行爲之「代行」等如下：

㈠**票據行爲之自己代理或雙方代理**：由於票據行爲之性質係以負擔票據上之票據債務爲目的，因此，當事人之間處於利害關係對立狀態，民法條文上之「自己代理」或「雙方代理」規定亦適用於票據行爲之代理。在票據實務上，若票據行爲人之代理人有「自己代理」或「雙方代理」之票據行爲時，且該代理行爲之法律效力在票據行爲人代理人與票據行爲人本人之間雖爲無效。但爲保障票據之流通性，因此，該代理行爲對於善意第三人則仍爲有效之法律行爲，至於以惡意而取得票據權利之第三人，則仍得主張人之抗辯。

㈡**票據行爲之隱名代理**：「隱名代理」係指票據行爲人之代理人未在票據上載明作爲票據行爲人本人代理之意旨，即直接簽名在票據之行爲。在民法學理上，由於「隱名代理」必須在相對人已明知或可得知該代理人有代理本人之前提下，其代理行爲始具有法律上之代理效力，因此，爲避免票據關係趨於複雜，而影響票據權利人之權利，故票據法規定應由在票據上簽名之人負擔票據上責任（票9）。

㈢**票據行爲之無權代理**：票據行爲之「無權代理」係指票據行爲人在不具有代理權利之下，卻以票據行爲人代理人之名義而在票據上簽名，因此，無權代理本身雖已具備票據行爲代理之形式要件，但欠缺票據行爲人授與代理權之實質要件。依票據法第10條第1項：「無代理權而以代理人名義簽名於票據者，應自負票據上之責任。」原則上無代理權人所進行之一切票據行爲對於票據行爲人本人不具有法律上之效力，且即使執票人係基於善意而取得該票據，票據行爲人本人亦不須負票據金額給付之責任。

民法上之無權代理，得因本人承認而生效力（民170），本人不承認時，由無權代理人對於善意之相對人，負損害賠償之責（民110）。若善意執票人能證明票據上所蓋之印章係屬於票據行爲人本人所有時，則票據行爲人本人即必須負舉證責任，證明該票據上之蓋章並非出於其本意，或係遭第三人盜蓋，否則即應由票據行爲人本人自行負擔票據上責任。若票據上所蓋之印章並非屬於票據行爲人本人所持有，則該票據行爲之無權代理人即觸犯刑法上之「僞造有價證券罪」。

㈣**票據行為之越權代理**：票據行為之「越權代理」係指票據行為人代理人所進行之票據行為，其權利範圍已超過原所得行使之代理權限。就票據行為越權代理之法律效力而言，若票據行為人之代理人超過代理權限時，對於其超過權限外之部分應自負票據上之責任（票10Ⅱ），但授權範圍內之部份則應由票據行為人本人負責，因此，善意第三人亦得基於民法「表見代理」之規定（民169），請求票據行為人本人負票據責任。由於票據行為人本人不得以其對於代理權之限制對抗善意第三人（民107），因此，善意第三人亦得請求票據行為人本人對於代理人之越權代理負責。就法律效力而言，善意執票人得在越權代理之「代理人責任」與表見代理之「票據行為人本人責任」之間選擇一項行使其票據權利，並使另一票據責任歸於消滅。

㈤**票據行為之表見代理**：票據行為之「表見代理」係指票據行為人本人以行為表示將其票據行為之代理權授與他人，或票據行為人本人在明知他人向外表示為其代理人時並未有反對之表示者，該他人之行為為表見代理（民169）。

1.表見代理之要件：其構成須具備主觀要件及客觀要件：
　⑴主觀要件：相關之第三人在進行票據行為時必須係基於善意且無過失。
　⑵客觀要件：須該行為在外表上，足以使人信服其具有代理權限。

2.表見代理之效果：在實務上，若有可歸責於票據行為人本人之事由，而足以使善意第三人誤信票據行為人本人曾以代理權授與他人，或他人妄稱為本人之代理人，而本人雖明知，而仍不為反對之表示者，則本人須負票據上責任。法院必須於票據行為當事人提出主張時，始得進行對於表見代理之認定。在票據行為之表見代理成立時，執票人得主張票據行為人本人應負授權人責任（民107、169），但若執票人不向票據行為人本人追究表見代理之法定責任，而直接向無權代理人請求履行票據上之責任時，該無權代理人亦不得以表見代理已成立作為理由，而主張免除其票據上之責任。

㈥**票據行為之代行**：又稱為「記名或蓋章之代行」，係指票據行為人之

代理人在進行票據行為時，僅在票據上記載票據行為人本人之姓名或加蓋其印章，而未記載該代行人本身之姓名或印章。在法律效力上，票據行為代行人之行為應視為票據行為人本人之行為，且在票據行為代行時，該票據完全由票據代行人製作而成，因此，若票據行為人之代理人基於代理權而保管票據行為人本人之印章，但在代理票據行為人本人進行票據行為時，未遵守票據行為代理之規定，僅在票據上任意記載票據行為人本人之姓名並蓋章時，則若該代理人具有代行權，其代為蓋章之行為即具有法律效力，但若不具有代行權時，則將構成偽造票據之刑事責任。

就法人之票據行為代行而言，係指法人之代理人在進行票據行為時，僅在票據上記載法人之名稱或印章，而未有該代表人之簽名蓋章。在法院判決實務與票據學理中，對於法人之票據行為代行所具有之效力並無一致見解，但為防範票據之偽造，符合票據外觀之原則，助長票據之流通並減少糾紛，因此，法人之「發票行為」應不得代行，至於發票行為以外之其他票據行為，由於其性質係為附屬之票據行為，為保護善意第三人，維護交易安全，則應適用之票據行為代行。

第五節　空白授權票據

一、空白授權票據之意義

空白授權票據（英：inchoate instrument；德：Blankowechsel, Wechselblankett），亦稱為「**空白票據**」，即指票據行為人預先於票據上簽署姓名，而將其他應記載事項之全部或部分授權由他人補充之票據行為。由於空白授權票據本身僅係用以表彰補充權，其票據行為並未完成，故與已完成票據但因欠缺票據上應記載事項而致無效者（票11 I）不同。

空白授權票據之成立必須有補充權之授與，而

將票存入銀行請發票人兌現

空白授權票據本身具有流通性，因此，執票人在取得空白授權票據時，亦將同時具有補充權。由於空白授權票據之授權人必須於票據上簽名，且原則上必須對被授權人授與補充權，因此，「空白授權票據」之票據效力乃是授權人所預定。在授權人將空白授權票據交付給被授權人之後，被授權人不需在票據上簽名即得行使補充權，以便完成該票據之法定應記載事項，使其成為完全有效之票據，因此，空白授權票據將因補充權之行使而成為完全票據。

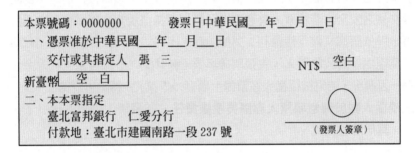

二、空白補充權

　　空白補充權（德：Ausfüllungsrecht），係指對於欠缺要件之空白授權票據加以補充記載，以便在法律上形成有效票據之權利。由於補充權在行使時，被授權人基於其單方之行為即能使未完成票據變成完全票據，因此，補充權在法律性質上屬形成權。由於補充權必須在空白授權票據成立後方能授與，因此，授權人在完成空白授權票據補充權之授與後，授權人即不得任意撤回，且即使該授權人死亡、成為無行為能力人或喪失代理權，亦不影響其已授與之補充權效力。若當事人對於補充權約定有行使期間時，則被授權人應於該約定期間內行使補充權，而若未約定行使期限時，但該空白授權票據上已記載有到期日時，則由於補充權之性質屬於形成權，因此，被授權人應在到期日之前行使補充權。

　　空白授權票據由授權人簽名並交付給被授權人之後，在被授權人行使補充權之前，由於該票據之應記載事項尚未完全記載，雖可經由背書方式進行轉讓，但其執票人不得行使票據上之權利，因此，未行使補充

權之空白授權票據並不具有票據之效力，其相關之發票、背書、保證等票據行為在法律上亦屬於未生效之狀態。若空白授權票據在補充權行使之前遺失或被盜時，票據權利人僅得向付款人辦理票據止付之預示，且該票據之執票人亦無法行使補充權。

三、補充權之濫用

　　被授權人在行使其對於空白授權票據之補充權時，應遵守授權人之授權意旨，若有濫用補充權之情形時，授權人得主張直接抗辯，但為維護交易之安全，若執票人善意取得已具備票據法規定應記載事項之票據者，得依票據文義行使權利；票據債務人不得以票據原係欠缺應記載事項為理由，對於執票人，主張票據無效（票 11Ⅱ）。故如發票人約定金額為一百萬元，結果被授權人在票據上填寫一千萬元，轉給善意第三人時。此**授權人對於善意執票人亦應負票據責任**。則發票人仍須支付一千萬元。**其危險性在此。**

第六節　票據責任

　　票據責任係由票據行為而發生，依票據法第 5 條規定：「在票據上簽名者，依票上所載文義負責」，以保護善意執票人之權利而維持票據之信用，促進票據之流通。而票據上記載金額之文字與號碼不符時，以文字為準（票7）。依民法規定，關於一定數量，同時以文字及號碼表示者，其文字與號碼有不符合時，如不能得知當事人之原意，應以文字為準（民4）。又票據法第 6 條規定：「票據上之簽名，得以蓋章代之」。至於 2 人以上共同簽名時，應連帶負責（票5Ⅱ）。

一、 票據行為 之獨立性	票據上雖有無行為能力人或限制行為能力人之簽名，不影響其他簽名之效力（票8）。在法理上稱為「票據行為之獨立性原則」，即凡在款式完備之票據上簽名者，對於善意執票人，均應獨立負擔票據上之債務，不因他人票據行為之無效或撤銷而受影響。如甲簽發票據給乙，乙背書後讓給丙，甲如為無行為能力人，其發票行為，雖屬無效，但乙不得藉此免除背書人之責任。

二、票據行為之代理	在票據法上，代理人未載明爲本人代理之旨，而簽名於票據者，應自負票據上之責任（票9），此非如民法上規定，只要經本人承認就可發生效力（民170 I）；此爲兩者之不同。因票據上之權利，依票上所載文字而決定，爲防止簽名者逃避責任，而免善意第三人遭受損失，俾維護票據上之信用，如其未載明代理之旨，當由代理人自負責任。代理人逾越權限時，就其權限外之部分，亦應自負票據上之責任（票10 II）。因此在代理人逾越權限部分，應屬無權代理，自應代理人負責。

第七節　票據權利

一、票據權利之概念

(一)**票據權利之意義**：票據權利又稱爲「票據上權利」（票 22 I）或「票據上之債權」（票22Ⅳ）。即指執票人以取得票據所記載之金額爲目的，依據票據所賦予之權利，而得向票據行爲之關係人主張之票據上相關權利，因此，票據權利乃是執票人基於持有票據而得行使之權利，且其權利之行使範圍包括票據之發票人、背書人、保證人、承兌人、參加承兌人等在內。

(二)**票據權利之成立要件**：票據權利具有三項成立要件：

1.票據權利係基於直接支付票據金額爲目的所賦予之權利。

2.依票據始得行使之權利。

3.對票據行爲之關係人所得行使之權利，其權利內容則包括「付款請求權」與「追索權」。

二、票據權利之性質

票據權利具有「固定性」與「單一性」兩種性質如下：

(一)固定性	係指票據權利之內容在發票人交付票據之後，仍必須依照該票據上所記載之文義而負票據上之責任，不得隨意擴大或縮減，以免該票據前後手之間無法連帶負責，因此，票據權利之性質具有固定性。
(二)單一性	係指原則上票據所記載之權利內容，應自該票據發行後即爲單一不可分割，且由於票據權利與票據之占有具有不可分割之關係，因此不能在同一張票據上同時存在二個以上的票據權利，故票據權利具

有單一性。但票據法為保護執票人之利益及商業交易之安全，因而對於票據之單一性設有例外規定，亦即票據承兌人雖已對數份複本之其中一份付款，但對於經其承兌而未收回之其他複本而言，該承兌人仍應負票據上之責任，而在票據背書人將複本分別轉讓給 2 人以上時，且該背書人及其後手亦分別在進行轉讓時，對於經其背書而未收回之其他複本亦應負責。

三、票據權利之取得

票據權利之取得方式可分為「原始取得」與「繼受取得」兩種如下：

(一)**原始取得**：其方式又可分為「發票」與「善意取得」。

1.發票：指票據之發票人以簽發票據之方式從而取得票據權利之法律行為，因此，票據之性質屬於「設權證券」，具有法律上之創設效力。

2.票據之「善意取得」：又稱為「即時取得」，係指票據上之受讓人依照票據法所規定之轉讓方法，出於善意而由無處分權人之處取得票據，並得以享受票據上之權利。基於保護商業交易之安全，促進票據之流通，因此，執票人必須在基於善意而取得票據之前提下，方得享有票據上之權利，若係以惡意或有重大過失而取得票據時，即不得享有票據上之權利（票 14 I）。由於票據具有流通證券之性質，為維護票據流通時之安全性與可信賴性，因此，在認定票據之「善意取得」時，除執票人本身取得票據之動機必須具有善意外，其取得方式必須沒有重大過失，方可適用「善意取得」之規定，而受到法律效力保障，且在訴訟實務上，對於票據受讓人是否具有「惡意」或「重大過失」，其舉證責任應由請求返還票據之人或該票據之票據債務人負責舉證。

(1)票據之善意取得要件：

①必須係自無處分權人手中取得票據：亦即執票人必須已實際占有票據，且執票人之直接前手對於該票據必須不具有合法之處分權限，如執票人甲之票據，為乙所盜，乙（無處分權之乙）將票據轉讓與善意之丙，乙就可主張善意取得。因此在票據之善意取得方法言，執票人必須係以「背書轉讓」或「實際交付」之方式取得票據，方可主張善意取得之適用，

因此，若執票人係以繼承、合併、普通債權轉讓、轉付命令等其他不屬於「背書轉讓」或「實際交付」之方式取得票據時，即不適用票據之「善意取得」。若執票人所取得之票據為禁止轉讓之記名匯票、期後背書之票據、委任取款背書之票據時，由於該票據實際上無法以背書或交付之方式進行轉讓，因此亦不適用「善意取得」規定。

②匯票本票必須在到期日前取得：到期日後之背書，僅有通常債權轉讓之效力（票41），自無票據上善意取得之問題。

③必須非因惡意或重大過失而取得票據：若執票人在受讓票據時，其本身並無惡意或重大過失，即適用票據之「善意取得」規定，且原則上對於票據受讓人是否具有惡意或重大過失之判斷，係以其受讓票據之時作為標準。若執票人明知其前手對於該票據並不具有合法之票據權利，卻仍受讓該票據時，則該執票人即係基於「惡意」而取得票據，因此不適用「善意取得」規定。若執票人在受讓票據時欠缺通常人之注意程度時，其行為即具有「重大過失」，亦不適用「善意取得」之規定。

④須給付相當之對價：票據之善意執票人在取得票據上之權利後，若將該票據轉讓給他人時，即使接受轉讓之人有惡意或重大過失，仍不影響其所取得之票據權利。若票據執票人雖非惡意或重大過失而取得票據，但其取得票據時並未支付相當之對價，則該執票人即不得享有優於其前手之票據權利（票14II）。若執票人在票據到期日經過之後，或票據止付之後仍受讓該票據時，由於該票據本身並不會因為超過到期日或止付而失去效力，因此，該執票人仍應視為善意取得人。

(2)票據之善意取得效力：由於善意執票人在取得該票據時，即同時取得其票據上之權利，因此，該票據之原執票人不得請求該善意執票人返還票據。由於善意取得係屬於票據原始取得方法，因此，即使該票據上原本設定有質權等權利負擔，其權利亦將因善意取得之成立而歸於消滅。若善意執票人在取得票據

時並未支付對價，或所支付之對價與票面金額並不相當時，則不得享有優於其前手之權利，因此，若其前手在票據權利上有瑕疵時，則該善意執票人亦應繼受其瑕疵，若其前手在票據權利上受到限制時，則該善意執票人所取得之票據權利亦應受限制。由於票據權利之善意取得係以票據之有效成立為前提，而空白授權票據在經過補充記載後即為有效票據，因此，空白授權票據之授權人對於該票據之善意執票人亦應負票據上之責任。

(二)**繼受取得**：票據權利之「繼受取得」係指執票人以取得票據所有權為目的，而由對票據具有處分權之人手中受讓票據權利之行為，其種類有兩種：

1.轉讓：係指票據取得人基於票據法所規定無記名票據、空白背書之票據，依交付而轉讓（票30 I、32 I）。記名式、指示式票據，依背書而轉讓（票30）。

2.法律規定：票據依法律規定而繼受取得，如票據保證人清償債務（票64）、參加付款人因付款（票84 I）、被追索人因償還票款（票96 IV），均可繼受取得票據上權利。

四、票據權利之行使與保全

(一)**行使與保全之意義**：在票據實務上，「票據權利之行使」與「票據權利之保全」具有密切之關係。「票據權利之行使」係指票據權利人請求票據債務人履行票據債務之法律行為。如提示票據請求付款，或行使追索權請求償還等是。而「票據權利之保全」係指票據權利人為避免喪失票據上權利所進行之法律行為，例如對票據主債務人行使中斷時效以保全付款請求權與追索權、對償還義務人提示票據及作成拒絕證書以保全追索權等。

(二)**票據權利之行使與保全之方法**：

1.提示：票據權利之行使方法乃為「**提示**」，此相當於民法上請求。但民法上之請求，得以口頭或書面為之。但票據得以背書而輾轉流通，故行使票據權利，必須提示票據。所謂提示，係指票據執票人必須依照

票面記載之期限規定，以實際出示其票據之方式，向承兌人或付款人依照票面記載履行付款義務。提示是行使票據權利之一種行為，因此，執票人對受提示人（如付款人、擔當付款人）應履行提示程序，否則不能行使追索權（票69、130）。

2.作成拒絕證書：係指若票據執票人無法進行票據之承兌提示或付款提示，或雖經提示但全部或一部不獲承兌或付款時，為證明執票人已履行提示之事實，應作成「拒絕承兌證書」或「拒絕付款證書」，否則即喪失追索權。執票人在作成「拒絕承兌證書」之後，即不須再進行票據付款提示，亦不須再作成「拒絕付款證書」。原則上票據執票人在無法進行承兌提示或付款提示、被拒絕承兌或拒絕付款時，應先作成拒絕證書以便行使追索權，但若發票人或背書人在票據上有「免除作成拒絕證書」之記載、執票人因事變而免除作成拒絕證書、執票人以付款人或承兌人之「略式拒絕證書」或「破產宣告之裁定正本或節本」代替拒絕證書、付款人或承兌人對該票據已作成「拒絕承兌證書」時，則無須作成拒絕證書仍得行使追索權。

(三)**行使與保全之處所**：票據關係人對於票據權利行使或保全票據權利之程序所應履行之行為，應在付款人營業日之營業時間內辦理。若票據上記載有指定處所時，票據權利之行使即應在指定之處所辦理，若票面上並無指定處所時，則應在該票據之票據關係人營業所辦理。若票據之票據關係人並無營業所時，則應在其住所或居所辦理。若票據關係人之營業所與住所不明時，由於執票人必須作成票據之拒絕證書，方能行使追索權，因此，執票人得請求法院公證處、商會或其他公共會所等單位協助，進行該票據之票據關係人所在地之調查，若無法調查或調查後無結果時，則執票人亦得在該法院公證處、商會或其他公共會所作成拒絕證書，以便保全其票據上之追索權（票20）。

(四)**票據權利之行使與保全之時間**：依票據法第21條規定，行使與時間依下列次序定之：

1.特定營業日之營業時間內為之：為行使或保全票據上權利，對於票據關係人應為之行為，應於其營業日之營業時間內為之。

2.通常營業日之營業時間內為之：如無特定之營業日或未定有營業時間者，自應於通常之營業日之營業時間內為之。

㈤**票據訴訟之管轄法院**：在票據訴訟之管轄法院方面，原則上若自然人基於行使票據權利之目的，或為保全票據權利之目的，而提起相關法律訴訟時，應由被告之住所地法院或居所地法院負責管轄（民訴1）。若法人組織基於行使票據權利或保全票據權利之目的，而提起相關票據訴訟時，則應由被告公務所、主事務所、主營業所在地之法院負責管轄（民訴2），且依特別審判籍之規定，因此，基於原告起訴之方便，亦得由票據付款地之法院負責管轄（民訴13）。

第八節　票據瑕疵

一、票據偽造

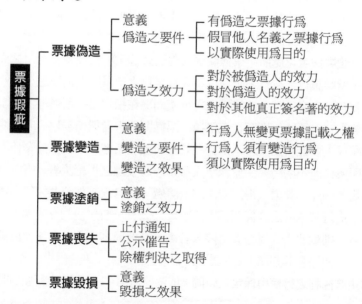

㈠**票據偽造之意義**：票據偽造係指以實際使用票據作為目的，而假冒他人名義進行票據行為。

㈡**票據偽造之要件：**

1.有偽造之票據行為：包括偽造人偽造發票之行為、偽造背書之行為、偽造承兌之行為、偽造參加承兌之行為、偽造保證之行為等（票15）。

2.假冒他人名義之票據行為：由於票據屬於「文義證券」，其票據行為之效力應依照票據文義決定，因此，在票據上進行簽名之代理或蓋章之代行時，若該代理人具有合法之代理或代行權限時，即屬於票據行為代理之「有權代理」，若不具有合法之代理或代行權限時，其代理行為即構成「票據偽造」。

3.以實際使用為目的：票據偽造人在偽造票據時，必須以實際使用該偽造票據為目的，因此，若基於教學或遊戲時使用等目的而製造票據樣本時，即使有假冒他人名義之情形，亦不構成票據法上「票據偽造」。

㈢**票據偽造之效力：**

1.對於被偽造人的效力：在票據偽造行為發生後，由於被偽造人並未於票據上實際簽名或蓋章，因此，無論執票人係基於善意或惡意取得偽造票據，被偽造人得對該執票人行使抗辯權主張不負票據責任，因此，該抗辯權之法律性質係屬於「絕對抗辯事由」，而善意執票人不得對被偽造人主張任何票據上之權利，且被偽造人亦不得藉由事後承認之方式使該票據發生溯及效力，但被偽造人得依據該偽造票據已存在之形式重新簽發新票據，其票據效力則自被偽造人承認時起向未來發生法律效力。

2.對於偽造人的效力：票據偽造行為發生後，由於票據屬於法律上之文義證券，偽造人並未在票據上簽署其自身之姓名，因此不負票據上之責任，但在刑事上已構成「偽造有價證券罪」，應處三年以上十年以下之有期徒刑，並得併科三千元以下罰金（刑201Ⅰ），而在民事上該偽造人之行為則屬於侵權行為，應負損害賠償責任（民184）。

3.對於其他真正簽名者的效力：由於票據行為具有獨立性，不因其他票據行為之無效而影響效力，依票據法第15條規定：「票據之偽造或票據上簽名之偽造，不影響於真正簽名之效力。」因此，票據偽造或票據上簽名之偽造不影響真正簽名之效力，真正簽名於票據之人仍應依票據上所載文義負責。

二、票據變造

㈠**票據變造之意義**：票據變造係指在法律上對於票據無變更權限之人，以實際使用票據為目的，而擅自對於票據上所記載事項加以變更之違法行為。如由有變更權者所為之變更時，則不得稱為變造。票據法第11條第3項：「票據上之記載，**除金額外**，得由原記載人於交付前改寫之。但應於改寫處簽名。」

㈡**票據變造之要件**：包括：

1.變造票據之行為人必須不具有變更票據記載之權限。

2.必須對票據簽名以外之其他記載事項有變造行為。如變更票據上之簽名，則為票據偽造，而非變造。

3.須以實際使用為目的而變造票據之行為。

㈢**票據變造之效果**：

1.票據法第16條第1項規定：「票據經變造時，簽名在變造前者，依原有文義負責；簽名在變造後者，依變造文義負責；不能辨別前後時，推定簽名在變造前。」茲分述之：

⑴對於簽名在變造前者：依原有文義負責。

⑵對於簽名在變造後者：依變造後之文義負責。

⑶對於變造者之效力：如變造者在票據上簽名時，則屬於簽名在變造之後，亦應依變造文義負責。如未於票據上簽名時，則不負票據上責任。

⑷不能辨別簽名於變造之前或後時：推定其簽名於變造前。

⑸變造者之責任：在刑事上應負變造有價證券之責，民事上應負侵權行為之損害賠償責任。

2.票據法第16條第2項規定：「前項票據變造，其參與或同意變造者，不論簽名在變造前後，均依變造文義負責。」

習題：甲簽發面額300萬元之支票，於交付前應受票人乙之要求將金額改為400萬元。甲於是在改寫之金額處蓋上印章，嗣後乙背書轉讓與丙。試問丙提示後如被拒付款，可否行使追索權？

答：因違反票據法第11條第3項，該票據無效，甲雖有簽章亦不負票據責任。

三、票據塗銷

㈠**票據塗銷之意義**：係指票據行為人將票據上之簽名或其他之記載事項加以塗抹或銷除之行為。有關塗銷之方法，如以化學藥水或以筆墨塗銷，以紙片黏蓋等均是。

㈡**票據塗銷之效力**：票據法第 17 條:「票據上之簽名或記載被塗銷時，非由票據權利人故意為之者，不影響於票據上之效力。」實務上對於票據塗銷之法律效力認定，將由於行為人及其行為時是否基於故意而有所不同。在票據上之權利已有效成立之後，若票據權利人將票據上簽名或記載塗銷，但其塗銷行為並非出於故意時，則為維護該票據之法律效力，因此該票據仍具有效力，但執票人在行使其票據權利時，必須負舉證責任以證明該塗銷行為並非票據權利人之故意。若票據權利人出於故意而將票據上簽名或記載塗銷時，則塗銷部份之票據上權利即歸於消滅，其票據責任亦得予以免除。在票據上之權利已有效成立之後，若票據權利人以外之其他人將票據上簽名或記載塗銷時，無論其是否係出於故意，由於並非票據權利人之行為，因此亦不影響該票據之法律效力，但執票人必須負舉證責任證明該票據塗銷行為係由非票據權利人所作成後，方可行使票據上權利。

四、票據毀損

㈠**票據毀損之意義**：係指對於票據上之法定必要記載要件加以破壞之行為。

㈡**票據毀損之效果**：若票據毀損行為係因票據權利人之故意所導致時，則該票據之法律效力即消滅，但若票據權利人以外之其他人故意毀損票據時，則構成刑法第 352 條之「毀損罪」，應處 3 年以下有期徒刑、拘役或一萬元以下罰金。在金融實務上，若因票據破碎而造成其票面上之法定要件不齊全時，則應予退票。若票據破碎而經拼補之後，其票面上之法定要件仍齊全時，為防止發票人廢棄該票據之後遭到他人冒領，原則上亦應予退票，但若該票據之發票人在票據上拼補之處以原留印鑑加蓋騎縫印章時，各行庫即得酌予辦理。

習題：某甲在工作時打翻桌上咖啡將剛收到的支票污損，試說明該支票的效力？

答：如上述就票據塗銷與票據毀損說明之。

第九節 票據之抗辯

一、票據抗辯之意義

係指票據債務人對於票據債權人行使票據權利時，提出合法之理由，拒絕履行票據上權利之行為。票據抗辯係屬於票據債務人之法律行為，其作用在於對抗票據債權人行使其票據權利，因此，票據債務人應提出合法理由作為抗辯事由，方可具有票據之「抗辯權」而得與票據債權人對抗，從而拒絕票據債權人行使票據權利。

二、票據抗辯之種類

實務上票據抗辯之種類可分為「物的抗辯」、「人的抗辯」、「惡意抗辯」與「對價抗辯」等四種如下：

(一) 物的抗辯	1.一般票據債務人得對執票人所主張之抗辯。
	2.特定票據債務人對執票人所主張之抗辯。
(二) 人的抗辯	1.任何票據債務人得對特定執票人行使之抗辯。
	2.特定票據債務人得對特定執票人行使之抗辯。
(三) 惡意抗辯	執票人取得票據出於惡意者，票據債務人即得以自己與發票人或執票人之前手所存在之事由，對抗執票人（票13但）。
(四) 對價抗辯	無對價或以不相當之對價取得票據者，不得享有優於其前手之權利（票14Ⅱ）。

(一)**物的抗辯**：又稱為「**客觀的抗辯**」或「**絕對的抗辯**」，係指基於「票據關係」而生之抗辯。則票據債務人對於票據執票人之請求，得提出合法之抗辯理由，而拒絕履行之謂。因此，即使執票人係基於善意或無重大過失而取得票據，仍不得主張該票據合法，亦不得行使票據權利，亦不因執票人變更而受影響。

1.一般票據債務人得對執票人所主張之抗辯；其情況如下：

⑴基於票據上應記載事項欠缺之抗辯：係指若票據有欠缺應記載事項之一者，其票據無效（票 11 I）。如簽名、金額、發票年、月、日等。

⑵到期日尚未屆至之抗辯：到期日前付款之拒絕（票 72 I），此適用於匯票及本票。支票雖無到期日，但執票人不得在票載發票日前提示付款（票 128 II），否則可以提出抗辯。

⑶票據因除權判決而宣告無效之抗辯：票據喪失經公示催告期限屆滿後，法院依據票據權利人之聲請而作成判決，宣告持有該票據人喪失權利（票 19，民訴 564）。則票據債務人得以此為抗辯。

⑷票據債務經部分付款之抗辯：付款人為一部付款時，執票人應於票據上記明實收之數目（票 74、137），有此記載時，被請求人得提出抗辯。

⑸票據金額之提存而抗辯：票據債務人將票據金額依法提存者，可以此對抗任何執票人（票 76）。

2.特定票據債務人對執票人所主張之抗辯：

⑴行為能力欠缺之抗辯：無行為能力人或限制行為能力人未得法定代理人之允許，所為之票據行為無效（民 76、78）。

⑵無權代理之抗辯：無代理權之代理，應自負票據上之責任（票 10 I），被請求人得以此對抗任何人。

⑶票據偽造及變造之抗辯：對票據之偽造或簽名之偽造（票 15），或票據之變造（票 16），得提起抗辯。

⑷保全票據上手續欠缺之抗辯：執票人未完成保全票據上權利者（票 20、21、104），除了主債務人外，償還義務人得提出抗辯。

⑸票據權利因時效消滅之抗辯：係指在票據實務上，票據權利人對於匯票承兌人及本票發票人之付款請求權、見票即付之本票付款請求權、支票發票人之付款請求權，或執票人、背書人對於前手之追索權等有法定消滅時效之限制，因此，若票據權利罹於時效而消滅，即得以時效消滅為由而主張抗辯（票 22）。

⑹撤銷承兌之抗辯：係指若匯票付款人已在票面上簽名承兌，但

在該匯票交還給執票人之前，付款人仍得撤銷其承兌，因此，付款人得以撤銷承兌為由主張對抗一切執票人（票51）。

㈡**人的抗辯**：又稱為「**相對抗辯**」或「**主觀抗辯**」，係指票據債務人所得主張之抗辯事由，其成立要件係基於票據當事人彼此間之特別關係而產生，基於保護票據善意取得人之立場，若該票據之執票人發生變更時，原已成立之抗辯事由即受影響，票據債務人不得再主張抗辯權。依據行使抗辯權之票據債務人不同，此種抗辯可分兩種說明之：

1. 任何票據債務人得對特定執票人行使之抗辯：

   ⑴執票人欠缺受領能力：如執票人受破產宣告、或票據債權經法院扣押禁止付款是。

   ⑵執票人欠缺形式上受領資格：執票人提示票據，應以背書之連續，證明其權利（票37 I），如付款人對於背書不連續之匯票而付款者，應自負其責（票71 I）。

   ⑶執票人係基於惡意或重大過失而取得票據時，該執票人即欠缺實質上的受領資格，付款人亦得主張抗辯權而拒絕付款。

2. 特定票據債務人得對特定執票人行使之抗辯：其事由有五種：

   ⑴票據之原因關係違法之抗辯：票據之「原因關係」與「票據債權」雖屬於各自獨立之法律關係，但若票據直接當事人之關係基於違法原因而有票據行為時，則票據債務人仍得以原因關係違法為由主張抗辯；例如發票人係因被脅迫而簽發票據，則經撤銷後即可拒絕付款，或發票人開立票據支付賭債是。

   ⑵原因關係欠缺或消滅為由而抗辯：例如交易時在給付貨款簽發票據後，若該買賣契約解除，直接交易當事人得拒絕給付票款（民254-256）。

   ⑶欠缺對價之抗辯：如票據之直接當事人係以對價作為收受條件時，則在欠缺對價時即得行使抗辯權。

   ⑷票據行為無效之抗辯：由於票據行為屬於法律上之單獨行為，必須有「作成票據」與「交付票據」方可成立，因此，在票據作成後而尚未交付前，若發生票據被盜或遺失而流通在外時，

　　發票人對於取得該票據之善意執票人雖應負給付責任，但對於
　　該票據之竊取人或拾得人，則得以欠缺「交付票據」為由行使
　　抗辯權而拒絕付款。

　(5)當事人間特別約定：若票據之直接當事人間對於票據行為訂有
　　特約時，則在執票人違反特約之內容時，票據債務人即得行使
　　抗辯權。

㈢**惡意抗辯**：係指票據債務人得以自
己與發票人或執票人之前手間所存在抗
辯之事由，對抗執票人。但執票人取得
票據出於惡意者，不在此限（票 13）。且
「惡意」係指該執票人明知票據債務人
與發票人或其前手間有抗辯事由存在，
或對於將該票據直接讓與執票人之原執

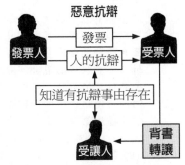

票人有抗辯事由存在，而仍受讓該票據之情形，但票據債務人必須對該
執票人之「惡意」負舉證責任。如其支付票款之原因是無效或得撤銷，
或其原因是契約已被解除，或其原因是不法，或空白票據只約定填充 100
萬，而填上 1,000 萬之情形等。由於「惡意抗辯」僅得對於惡意執票人
主張，因此，其性質屬於人的抗辯，且僅限於因票據抗辯之限制而受影
響之特定票據債務人，方有權行使惡意抗辯。

　　67 台上 1862：「票據法第十四條所謂以惡意取得票據者，不得享有票據上之權
利，係指從無權處分人之手，受讓票據，於受讓當時有惡意之情形而言。如從有正當
處分權人之手，受讓票據，係出於惡意時，亦僅生票據法第十三條但書所規定，票據
債務人得以自己與發票人或執票人之前手間所存人的抗辯之事由，對抗執票人而已，
尚不生執票人不得享有票據上權利之問題。」

㈣**對價抗辯**：若執票人在取得票據時並未支付相當之對價，或係以不
相當之對價而取得票據，票據債務人即得以自己與執票人之直接前手間
所存在之抗辯事由，對抗該執票人而拒絕付款（票 14Ⅱ），例如在「隱存
委任取款背書」之票據上，其被背書人在取得票據時並未支付對價，因
此，票據債務人對於其前手之背書人若有抗辯事由存在時，即得以相同
之抗辯事由對該被背書人主張抗辯權。

68 台上 3427：「原審既認定被上訴人以不相當之對價十七萬零九百元，取得系爭面額三十萬元之支票，則依票據法第十四條第二項之規定，被上訴人自不得享有優於前手之權利。所謂不得享有優於其前手之權利，係指前手之權利如有瑕疵（附有人的抗辯），則取得人即應繼受其瑕疵，人的抗辯並不中斷，如前手無權利時，則取得人並不能取得權利而言。」

習題：甲於清償期屆至時無資力償還其對庚所負債務新台幣（以下同）四十萬元，不得已擅自冒用「A 有限公司董事長乙」之名義，簽發一紙金額為五十萬元、受款人為丙之本票，持往丁之住處請求貼現，丁以若有丙之背書即同意貼現。是以，甲持該本票請求丙背書，丙應允而於背面為背書並記載免除作成拒絕證書，甲即將該紙本票交付丁，並取得貼現金，用以清償其對庚所負之債務。丁於到期日向 A 為付款提示時，A 以該紙本票係偽造為由拒絕付款。於是，丁即向丙行使追索權。丙則以「丁受讓該紙本票時明知係偽造」為由，依票據法第 13 條「但執票人取得票據出於惡意者，不在此限」之規定，主張自己得拒絕向丁償還票款。試問：丙之主張是否有理由？
（90 司法官）

答：因甲冒用 A 公司董事長乙之名義偽造本票，故該發票行為無效，A 公司董事長乙得以「偽造」而違反票據法第 15 條對抗任何人。

又 A 公司董事長乙與甲之間亦無表見代理之關係，故乙對丁亦無須依表現代理負責。

此外丙雖在本票上背書，但係以 40 萬元取得系爭面額 50 萬元之本票，故可依第 14 條第 2 項以「對價抗辯」對抗，而甲既為無權利，丁亦無權利，因此丙得拒絕付款。

三、票據抗辯之限制

民法第 299 條第 1 項規定：「債務人於受通知時，所得對抗讓與人之事由，皆得以之對抗受讓人。」但票據因貴在流通，為保護善意受讓人，票據法對人的抗辯，以第 13 條規定特加限制：「票據債務人不得以自己與發票人或執票人之前手間所存抗辯之事由對抗執票人。但執票人取得票據出於惡意者，不在此限。」茲分別說明如下：

㈠限制抗辯情形：

1.票據債務人不得以自己與發票人間所存抗辯之事由對抗執票人：如 A 簽發匯票一紙予 B，B 依背書轉讓予 C，A 不得以與 B 之間存在有抗辯事由對抗執票人 C，而拒絕履行票據付款之責任。

2.票據債務人不得以自己與執票人之前手間所存抗辯之事由對抗執票人：如 A 簽發本票與 B，B 以背書轉讓於 C，如 C 以執票人之身分向 A 請求付款時，票據債務人 A 不得以自己與執票人 C 之前手 B 間存在有抗辯事由對抗 C，而拒絕履行票據付款之責任。

㈡限制抗辯之例外：

1.惡意抗辯之准許：依票據法第 13 條但書規定：「但執票人取得票據出於惡意者，不在此限。」所謂不在此限，係指對於惡意者，可以抗辯之意。此之惡意通說指執票人明知票據債務人與發票人或其前手間存在有抗辯事由者而言。

2.對價抗辯之准許：依票據法第 14 條第 2 項規定：「無對價或以不相當之對價取得票據者，不得享有優於其前手之權利。」依判例解釋：「原審既認定被上訴人以不相當之對價十七零九百元，取得系爭面額三十萬元之支票，則依票據法第十四條第二項之規定，被上訴人自不得享有優於前手之權利。所謂不得享有優於其前手之權利，係指前手之權利如有瑕疵（附有人的抗辯），則取得人即應繼受其瑕疵，人的抗辯並不中斷，如前手無權利時，則取得人並不能取得權利而言。（68 臺上 3427）」

第十節　票據之喪失

一、票據喪失之意義

所謂票據之喪失係指票據權利人因票據遭盜竊、遺失、焚燒、損毀等事故，而喪失對於該票據之占有之謂。

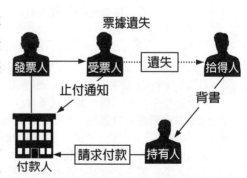

二、票據喪失之補救

票據喪失時，該票據上之權利仍存在，只是票據權利人將因無法提示票據（票 66 I），而無法行使其票據上權利，且亦因無法繳

回票據給票據債務人，亦無法受領票面金額之給付，為維護票據權利人之票據權利，避免該票據遭人冒領，並使遺失票據之票據權利人仍能行使該票據權利，因此，在票據喪失時，票據權利人可藉由票據法上之止付通知、公示催告、假處分與除權判決等四種補救方式維護其權利：

(一) **止付通知**	票據喪失時，票據權利人得為止付之通知（票18 I）。即指票據權利人將票據喪失之情形通知票面上所記載之付款人，並指示付款人對該票據停止付款之意思表示，經票據權利人止付通知之後，付款人即不得對該票據履行付款，否則應自行負責。票據權利人應於提出止付通知後5日內，向付款人提出已為聲請公示催告之證明（票18 I但），未依前項但書規定辦理者，止付通知失其效力（票18 II）。經止付的金額，應由付款人留存（票施5V）。 　1.票據權利掛失止付通知書：票據權利人依本法第18條規定為止付之通知時，應填具掛失止付通知書、載明下列事項、通知付款人（票施5 I）。 　　⑴票據喪失經過。 　　⑵喪失票據之類別、帳號、號碼、金額及其他有關記載。 　　⑶通知止付人之姓名、年齡、住所。其為機關、團體者，應於通知書上加蓋正式印信。其為公司、行號者，應加蓋正式印章，並由負責人簽名。個人應記明國民身分證字號。票據權利人為發票人時，並應使用原留印鑑。 　2.止付通知之失效：票據權利人雖曾依本法第18條第1項規定，向付款人為公示催告聲請之證明。但其聲請被駁回或撤回者，或其除權判決之聲請被駁回確定或撤回，或逾期未聲請除權判決者，仍有本法第18條第2項規定之適用。依本法第18條第2項規定止付通知失其效力者，同一人不得對同一票據再為止付之通知（票施7）。
(二) **公示催告**	即指具有管轄權之法院基於票據權利人之聲請，以公示方法催告身分不明之利害關係人在一定期間之內申報其票據權利，若超過期限而不進行申報時，將產生失權效果之法律程序。公示催告因不經訴訟程序，故本質上屬非訟事件。在票據喪失時，若票據權利人僅辦理票據止付通知，雖可防止票據金額遭冒領，但該票據權利人必須經過聲請公示催告之程序，經法院作成除權判決後，始得行使其對於該票據之權利。 　1.公示催告之聲請：票據喪失時，票據權利人得為公示催告之聲請（票19 I）。公示催告程序及其效果，應依民訴法第551至563

	條之規定辦理。 2.公示催告程序開始後，其經到期之票據，聲請人得提供擔保，請求票據金額之支付；不能提供擔保時，得請求將票據金額依法提存。其尚未到期之票據，聲請人得提供擔保，請求給與新票據（票19Ⅱ）。
(三) 除權判決 之取得	除權判決既爲法院因當事人之聲請，所爲之權利消滅之判決，除權判決須經公示催告程序3個月內，聲請爲除權判決（民訴545）。有除權判決後，喪失票據之人，即可對票據債務人主張票據證券上之權利（民訴565Ⅰ）。因除權判決而爲清償者，於除權判決撤銷後，仍得以其清償對抗債權人或第三人。但清償時已知除權判決撤銷者，不在此限（民訴565Ⅱ）。

第十一節　票據時效

一、票據時效之意義

票據時效係指票據上權利之消滅時效。即票據權利人因不行使其權利，經過一定期間以後，權利人行使其權利時，票據債務人得主張抗辯權，拒絕給付之謂。依民法規定，請求權因15年間不行使而消滅。但法律所定期間較短者，依其規定（民125）。但票據法第22條有短期消滅時效之規定。

二、票據時效之期間

因票據貴在流通，以迅速爲原則，故票據法第22條對於票據上權利之消滅時效，另特設有短期時效之規定，茲述之。

	行使權人	時　效　期　間
(一) 執票人對承 兌人或發票 人之付款請 求權	匯票及本票 執票人	對匯票承兌人及本票發票人，自到期日起算；見票即付之本票，自發票日起算，**3年間不行使**，因時效而消滅（票22Ⅰ前段）。
	支票之執票 人	對支票發票人，自發票日起算，**1年間不行使**，因時效而消滅（票22Ⅰ後段）。對支票1年之消滅時效，其始日不予算入（民120Ⅱ）。

(二) 執票人對前 手之追索權	匯票及本票 執票人	對於前手之追索權，自作成拒絕證書日起算，**1 年間不行使**，因時效而消滅（票 22 II 前段），其免除作成拒絕證書者，自到期日起算（票 22 II 後段）。
	支票之執票人	對於前手之追索權，自作成拒絕證書日起算，**4 個月間不行使**，因時效而消滅，其免除作成拒絕證書者，自提示日起算（票 22 II 後段）。
(三) 背書人對前 手之追索權	匯票及本票之背書人	對於前手之追索權，自為清償之日或被訴之日起算，**6 個月間不行使**，因時效而消滅（票 22 III 前段）。
	支票之背書人	對前手之追索權，**2 個月間不行使**，因時效而消滅（票 22 III 後段）。

　　由於票據法中對於票據時效之中斷、時效不完成的效果及時效利益之拋棄等，原則上應適用民法之規定（民 129 以下），但期間應作調整，因此，支票執票人對於其前手之追索權時效應縮短為 4 個月，若時效中斷時，則應自中斷之事由終止時重行起算，對於因起訴而中斷之時效，則應自法院作成確定判決或因其他方法訴訟終結時重行起算。時效因請求而中斷者，若於請求後 6 個月內不起訴，視為不中斷（民 130）。

第十二節　票據利益償還請求權

一、票據利益償還請求權之意義

　　票據利益償還請求權又稱為「**受益償還請求權**」或「**利得償還請求權**」，係指執票人所具有之票據權利，(一)因時效經過或手續的欠缺而消滅；(二)須該執票人以發票人或承兌人因此而受利益，在這個限度內，執票人得請求其償還利益之權利（票 22 IV）。以利票據之流通並維持公平性，其性質係屬於票據法之特種請求權，具有「指名債權」之性質，並非票據法上之「票據權利」，亦不屬於民法上之「不當得利」或「損害賠償請求權」。但由於「利益

償還請求權」具有民法上「普通債權」之性質，因此，執票人在轉讓時必須適用「民法」之「債權讓與」規定，而不以背書方式轉讓，且只須證明其本身為票據權利消滅時之實質權利人即可。如甲向乙購買手錶，簽發本票貳拾萬元與乙，乙於背書後，將本票轉讓於丙，丙自本票到期日起，經過 2 年，未向甲請求付款，其票據上之權利，雖罹於時效，而甲對於因時效所得之利益，法律上乃有返還義務。即丙對甲有利益償還請求權。

　　依照法院判例及一般通說，利益償還請求權之消滅時效應適用民法規定，並以票據權利時效消滅之次日，或票據權利保全手續期間屆滿之次日作為起算時點，其時效期間為 15 年（民 125）。若執票人以提起訴訟之方式行使利益償還請求權時，應依照普通審判籍之規定，由票據債務人住所地之法院管轄，且由於訴訟之標的並不是票據債務，因此法院不得宣告假執行。

二、票據利益償還請求權之主觀與客觀要件

(一)**主觀要件**：係指當事人之資格條件，亦即在票據關係上得行使利益償還請求權之權利人，以及負有票據金額清償責任之償還義務人。

　　1.行使利益償還請求權之權利人：包括票據權利消滅當時之正當執票人、因償還後手之票據請求而收回票據之背書人、因清償票據債務而取得追索權之保證人（票 64）、因參加付款而取得執票人權利之參加付款人（票 84）、因連續背書而取得票據之執票人、票據取款之委任人等，且對於因繼承、合併、一般債權讓與、轉付命令、拍賣移轉、期後背書等原因而取得票據之執票人，以及能證明其對於背書不連續之票據具有實質關係之執票人等，亦享有利益償還請求權。

　　2.利益償還請求權之償還義務人：包括票據之發票人或匯票之承兌人。

(二)**客觀要件**：係指利益償還請求權之成立條件，包括：

　　1.票據上之權利必須有效成立。

　　2.票據上之權利必須因時效完成或手續欠缺而消滅。

　　3.發票人或承兌人必須受有票據上之利益。

由於利益償還請求權之法律性質雖不屬於票據上之權利，但其請求

權係因票據而產生，因此，必須執票人之票據權利曾有效存在，利益償還請求權方有產生之可能性，若該票據本身欠缺票據之形式要件時，則自始即爲無效，亦無票據上之權利，利益償還請求權即無法行使。

三、請求權之當事人

（一）**償還請求權人**：償還請求權之權利人爲票據之執票人。此執票人除了背書人外，被追索時已爲償還而收回票據之背書人（票100）、因清償債務而取得追索權之保證人（票64）、因參加付款而取得執票人權利之參加付款人（票84）等，均包括在內，均得行使此項利益償還請求權。

（二）**償還義務人**：以匯票、本票及支票之發票人及匯票之承兌人爲限，背書人不包括在內。不過在保付支票因發票人依法免除責任（票138Ⅱ），而付款人之責任依法（票138Ⅰ）又與匯票承兌人相同，因此在解釋上該權利之義務人應爲曾表示保付之付款人。背書人因受贈取得票據，而後收受對價轉讓，非票據法第22條第4項所謂「所受利益」。同理，發票人或承兌人之保證人，雖均可爲票據付款請求權或追索權之對象，亦無「所受利益」，故非此「請求權」之義務人。

四、時效之完成或手續之欠缺

（一）**時效之計算**：利益償還請求權之時效，法未明定，係指票據之當事人若未在法定期限內行使其票據權利時，該票據權利之效力即爲消滅。匯票承兌人及本票發票人對於前手之追索權期限係自到期日起算3年、見票即付之本票對於前手之追索權期限係自發票日起算3年、支票發票人對於前手之追索權期限係自發票日起算1年（票22Ⅰ）、匯票與本票之執票人對於前手之追索權期限係自作成拒絕證書日起算1年、支票之執票人對於前手之追索權期限係在取得票據後之4個月內、免除作成拒絕證書之匯票與本票執票人，自到期日起算，支票自提示日起算（票22Ⅱ）。匯票與本票背書人對於前手之追索權期限係自履行清償之日或被訴之日起算6個月間不行使，因時效而消滅。支票之背書人對於前手之追索權，2個月間不行使，因時效而消滅（票22Ⅲ）。

（二）**手續欠缺**：即指執票人未在規定期限內提示票據或作成拒絕證書，

以致不能對前手行使追索權。

五、發票人或承兌人因而受有票據上利益

　　發票人因簽發票據，或承兌人因承兌票據而受有實際上利益時。

　　㈠匯票之發票人在發行票據後已取得對價，但尚未將承兌所需之資金提供給付款人。

　　㈡本票發票人或匯票承兌人由於票據權利消滅，而得免除付款義務。

　　㈢支票發票人在票據權利消滅後，而該票據款項仍存於銀行帳戶中。

　　則在該票據之權利消滅後，執票人即得向發票人或承兌人行使票據利益償還請求權。但發票人或承兌人所應負擔之償還責任範圍，係以其所受之利益為限，且利益之內容包括取得金錢或其他財產、以簽發票據之方式抵銷既存之非票據債務等，至於發票人或承兌人是否確實受有實際上之票據利益，或其所受利益之數額等，則應由主張票據利益償還請求權之執票人負舉證責任。

　　48 台上 389：「執票人依票據法（舊）第十九條第四項之規定，行使得償還請求權者，固應由執票人負舉證責任，惟發票人對於執票人主張之原因事實及票據之真正並不爭執，而主張票款已因清償抵銷等原因而消滅者，則舉證責任應由發票人負之。」

六、利息之請求

　　執票人在行使利益償還請求權時，由於利益償還請求權之性質係為「索取債權」，因此必須在執票人有提出利息費用之請求時，發票人或承兌人方有給付遲延利息之責任，至於其利息之計算方式則應依民法條文之規定，亦即其利息之數額係自債務遲延日起，按法定利率 5% 年利率計算（民 233）。

第十三節　票據之黏單

一、黏單之概念

㈠ 黏單之意義	票據之黏單即發票人所發行之票據，在票據上之餘白不敷記載時，票據上允許以黏單延長之（票 23 I）。黏單後第一記載人，應於騎縫上簽名（票 23 II）。

（二） 黏單之效力	黏單上之記載，與在票據上所記載者，應有同一效力。其延長之作用，即票據上無餘白可供背書、保證（票 31 I），或其他記載時，得以黏單延長其空間再爲必要之記載。此項黏單之方式，在匯票、本票及支票均有其適用。

二、黏單之要件

此票據上黏單之規定，有下列二要件：

（一） 票據餘白不敷記載	在票據上爲背書或保證行爲時，票據餘白不敷記載，始得用黏單延長之。
（二） 黏單之騎縫上簽名	即黏單後第一記載人應於騎縫上簽名，否則，不生票據上效力（票 23 II）。

第十四節　票據之法律關係

票據之法律關係的範圍包括「票據關係」與「非票據關係」在內，茲說明之：

一、票據關係

係指票據當事人基於票據行爲所產生之債權債務關係，而有享受權利與負擔義務之法律效力。因此，執票人基於其所取得之票據權利而成爲票據關係之權利人，並可向在票據上簽名之人行使「付款請求權」與「追索權」等票據權利，其法律地位爲票據債權人，而在票據上簽名之人則爲票據關係之義務人，必須依據票面上所記載之文義負擔票據義務（票 5 I），其法律地位爲票據債務人。

（一）**基本當事人**：構成票據關係之基礎主體爲「基本當事人」，依據票據種類之不同，其基本當事人亦不相同：

1.匯票：基本當事人包括發票人、受款人、付款人，且發票人與付款人在資格上並無限制。

2.本票：基本當事人包括發票人與受款人。

3.支票：基本當事人則包括發票人、受款人、付款人，且發票人之資格限於在金融業者設有存款戶之個人，而付款人之資格則限於金融業

者，因此個人不得擔任支票之付款人。

　　㈡**票據債權人**：即為票據之執票人，亦即實際持有票據之人，又可分為「前手」與「後手」，由於票據係以背書方式而輾轉流通，背書次序在前之人稱為「前手」，次序在後之人則稱為「後手」，彼此構成票據背書連續之關係，且背書次序在最後之背書人即為「票據債權人」。在執票人行使票據追索權時，該執票人本身即為「後手」，亦為「票據債權人」，而在其之前持有該票據之人即為「前手」。

　　㈢**票據債務人**：「票據債務人」之身分包含「第一債務人」與「第二債務人」在內，原則上執票人在行使付款請求權時，應先向第一債務人請求付款，若不獲付款或不獲承兌時，即得向第二債務人行使追索權請求付款。因此，執票人必須先向第一債務人行使付款請求權而被拒絕後，方得再向第二債務人請求付款。

　　1.「第一債務人」與「第二債務人」之種類與責任範圍：
　　　⑴匯票：匯票之付款人於承兌後，就成為第一債務人，而發票人、背書人都是第二債務人。
　　　⑵本票：本票之發票人為主債務人，即第一債務人，背書人為第二債務人。
　　　⑶支票：原則上並無主債務人，而發票人及背書人均為第二債務人。因支票之付款人原則上負付款之責（票143），但仍非票據債務人之故。而保付支票，因付款人已於支票上記載照付或保付，因此發票人及背書人均免除責任（票138Ⅰ,Ⅱ）。故無第二債務人。
　　2.追索權：係指執票人在票據不獲付款、不獲承兌或有其他法律原因時，得向其前手請求償還票據記載金額、利息及相關費用之權利（票85Ⅱ），其種類包括對於背書人及其前手之追索權、參加付款人對於匯票承兌人之追索權、本票發票人對於被參加付款人及其前手之追索權、對於保證人之追索權、已履行債務之保證人對於被保證人及其前手之追索權等。

二、非票據關係

　　「票據行為之基礎」又稱為「非票據關係」，係指在性質上與「票據

行爲」有關，但並非基於「票據行爲」所發生之法律關係，其種類可分爲「票據法上之非票據關係」與「一般法上之非票據關係」兩種。

　　㈠**票據法上之非票據關係**：係指基於「票據法」條文規定所發生之「非票據關係」，其種類如下：

　　1.票據返還請求權：係指在第三人以惡意或有重大過失取得票據者之票據返還請求權（票14），例如該第三人係以商業上各種不道德的行爲，或以不正當手段取得票據，則對於該票據具有合法權利之權利人，得向該第三人行使法定請求權，要求該第三人必須返還票據。

　　2.利益償還請求權：係指在執票人因時效消滅或手續欠缺，以致喪失其所具有之票據權利時，該執票人得以發票人或承兌人所取得之票據利益爲限，請求其償還該票據利益（票22Ⅳ），以促進票據之流通性，並維持公平性。如甲向乙購買一台電視機，價四萬元，甲發行金額四萬元本票一紙爲付款，乙後來將該票讓給丙，丙自該票到期日起經過 3 年未向發票人甲請求付款，其票據上權利固因罹於時效，甲因時效而獲取利益，法律亦使其負返還之義務，丙對其有利益償還請求權。

　　3.發行複本請求權：係指匯票受款人與受款人以外之執票人，具有請求發票人發行匯票複本之權利（票114），但必須自行支付相關費用。

　　4.交還複本請求權：係指匯票複本之執票人具有請求複本接收人交還其複本之權利（票117Ⅱ），若接收人有拒絕交還之行爲時，該執票人亦得行使追索權。「複本」係指匯票之發票人基於同一匯票關係所發行之數份證券，各複本間之編號與發行先後雖有不同，但其所表彰之票據關係均相同，因此，若付款人對其中一份複本履行付款責任時，其他複本即失去法律效力（票116Ⅰ）。發票人發行匯票複本之目的在於預防執票人於遠地寄送時遺失，因此，複本之發行具有促進匯票流通之作用。

　　複本乃是匯票獨有制度，匯票執票人在發行複本後，用於請求承兌之複本稱爲「送承複本」，而執票人用以轉讓給其他人之複本則稱爲「流通複本」。匯票之受款人，得自負擔其費用，請求發票人發行複本。但受款人以外之執票人，請求發行複本時，須依次經由其前手請求之，並由其前手在各複本上，爲同樣之背書（票114Ⅰ）。此項複本以三份爲限（票114Ⅱ）。

　　匯票發票人在製作匯票複本時，各複本都必須記載相同之文句，且標明複本之字樣並編列號數，例如「複本之一」、「複本之二」、「複本之三」，或「第一號匯票」、「第二號匯票」、「第三號匯票」，或「複本一」、「複本二」、「複本三」等。若執票人以提示承兌爲目的而送出其中一份複本時，執票人應於其他各複本上載明該複本之接收人姓名或商號及其住址（票117Ⅰ）。若匯票上有記載複本接收人之姓名或商號時，執票人得請求接收人交還其所接收之複本（票117Ⅱ），若接收人拒絕交還時，執票人應請求作成拒絕證書，以便證明曾向接收人請求交還複本而被拒絕，及以其他複本進行承兌提示或付款提示而被拒絕之事實後，該執票人方得行使其追索權（票117Ⅲ）。

　　5.交還原本請求權：係指匯票謄本之執票人具有請求匯票原本接收人交還其原本之權利，若接收人有拒絕交還之行爲時，該執票人得行使追索權（票119Ⅱ,Ⅲ）。「謄本」之意義係指匯票受款人與其他執票人以背書或保證爲目的，而自行依照匯票正本所作成之謄寫本，其作用與複本同，具有助長匯票流通之功能。

　　6.交出票據請求權：係指票據付款人在履行票據付款義務時，爲避免重複付款之風險，因此，付款人有權利要求執票人必須在該票據之票面上記載「收訖」字樣並簽名後交出票據（票74、124、144）。

　　7.直接訴權：係指在支票發票人之存款金額或信用契約所約定之數額足敷支付支票票面金額，且發票人未受破產宣告之前提下，若擔任付款人之金融業者無故不履行其付款責任時（票143），該支票之執票人有權可對付款人提起債務不履行訴訟。由於支票之付款人係經由主管機關財政部之核准通過，可辦理支票存款業務之銀行、信用合作社、農會及漁會，因此，支票發票人在簽發支票票據時，必須在擔任其付款人之銀行或合作社中存有可供處分之足夠資金，並須與該存款人簽訂支票存款契約，使存款人可藉由使用支票之方式處分該資金。

　　㈡**一般法上之非票據關係**：又稱爲「**民事票據關係**」或「**票據之實質關係**」，係指基於「民法」規定所發生之「非票據關係」，在性質上係屬於「民事」法律關係，並與「票據」具有實質關聯，其種類有三種：

1.票據原因關係：亦稱為「票據原因」或「原因關係」，在我國票據法條文中則稱為「對價關係」，係指票據關係當事人（如發票人與受款人、背書人與被背書人）之間，進行票據行為之原因，例如交易雙方因支付商品買賣價款而簽發或接受票據，或因簽訂消費借貸契約而簽發或接受票據時，由於其原因在性質上係屬於民事法律關係，故為「票據原因關係」而非「票據行為」，因此在適用法律之時，必須以「民法」決定其行為之效力，而不適用「票據法」之規定。

(1)原因關係與票據關係之分離：就票據法律關係而言，「票據行為」必須適用「票據法」之規定，但「票據原因」係適用「民法」之規定，因此，原則上「票據原因」與「票據行為」之間並不具有關聯性。由於票據之法律性質係屬於無因證券，一經作成書面形式之後，在法律上立刻產生票據權利，在票據行為已符合法定要件之前提下，即使該票據本身在票據原因上有瑕疵存在，在法律上仍為有效之票據，因此，票據債權人在行使票據權利時，並不需要先證明其票據原因，票據債務人亦不得以該票據欠缺票據原因為由而拒絕付款，且票據行為有效成立後即可產生票據上之權利義務，而若票據原因關係發生變動時，亦不會對已生效之票據權利造成任何影響，故票據之「原因關係」與「票據行為」無關。

(2)原因關係與票據關係之牽連：原則上票據之「票據原因」與「票據行為」雖為個別獨立之法律關係，但為維護公平原則與誠信原則，因此，票據法亦特別規定在特殊情形發生時，「票據原因」與「票據行為」之間即必須保持適當關聯性而不得獨立，例如在執票人係出於惡意而取得票據時，票據債務人仍得基於原因關係而行使抗辯權（票13）。若執票人係在無對價或以不相當之對價而取得票據時，則不具有優於前手之票據權利（票14 II）。若票據上之請求權因時效經過或欠缺手續而消滅時，執票人仍可基於民法之「利益償還請求權」，而請求發票人或承兌人償還其利益。若票據債務人交付票據之原因係為清償債務，

但該票據不獲付款時，則其債務仍然存在。

2.票據預約：係指在票據法律關係上，當事人雙方在進行票據行為之前，必需先達成明示或默示之合意後（民153），才能正式簽發票據或移轉票據，從而構成票據當事人在法律上之權利義務關係，例如發票人與受款人之間對於票據之種類、金額、到期日等，必須先約定之後才正式簽發票據。在票據關係上，「票據預約」是「票據行為」之基礎，而「票據預約」之成立前提則為「票據原因」，因此，「票據預約」乃是「票據原因」與「票據行為」之連結，而「票據預約」之具體實現即為「票據行為」。在票據預約成立後，若當事人不履行約定內容時，即需負民法上之債務不履行責任，而若當事人履行票據預約時，在法律關係上即成立「票據行為」，並使該預約歸於消滅，且對於已發生或移轉之票據權利不發生任何影響。

3.票據資金關係：又稱為「資金關係」，係指在匯票或支票之發票人、付款人或其他資金義務人彼此間之票據金額償還關係。如匯票與支票通常多由發票人先提供資金給付款人，然後發行票據，再委託付款人付款，因此，發票人與付款人間必有約定關係存在，此即資金關係。不只如此，亦可先由付款人付款，再向發票人請求補足，此稱為補償關係。「票據資金關係」之標的不限於金錢，信用或債權亦包括在內。

在票據實務上，由於本票之發票人即為付款人，其票據行為中並無委託付款程序，而匯票與支票之承兌或付款則必須由委託付款人負擔，因此，票據資金關係僅存在於匯票與支票，而不適用於本票。但若本票之發票人在發票時有「擔當付款人」之記載（票124準26），則該發票人即必須提供足夠之資金給擔當付款人，以便履行付款責任，學者稱為「準資金關係」。

⑴資金關係與票據關係之分離：「票據資金關係」則是票據付款人或承兌人與發票人之關係，而付款人或承兌人並非票據行為之當事人，對於票據之權利義務並無任何影響，因此，為便利票據流通，原則上「票據資金關係」、「票據原因關係」與「票據關係」係屬於各自獨立之法律關係，付款人或承兌人不得主張

以「票據原因關係」或「票據資金關係」對抗「票據關係」。惟票據爲文義證券，應依票據所載文義爲準。因此在發行匯票時，雖無資金關係，其票據仍然有效，付款人作成承兌行爲後，不得因未收取資金，而可免除匯票上之責任。發票人亦不得以已供資金於付款人而拒絕執票人或其後手行使追索權。

(2)資金關係與票據關係之關聯：「資金關係」與「票據關係」仍有法律上之關聯性存在，例如匯票承兌人不得以未受領票據資金爲由，而拒絕對執票人付款，但若發票人向其請求付款時，承兌人得以資金未交付爲由而主張「人的抗辯」。匯票承兌人在受領票據資金後，若執票人之票據權利因時效或欠缺手續而消滅時，該執票人仍得向發票人或承兌人行使「利益返還請求權」（票22Ⅳ）。支票之付款人於發票人之存款或信用契約所約定之數額，足敷支付支票金額時，付款人即應履行票據付款責任（票143）。

第三章　匯　票

第一節　匯票之概念

一、匯票之意義

匯票（英：bill of exchange；德：gezogener Wechsel；法：lettre de change），係指由發票人簽發一定之金額，委託付款人在指定到期日屆至時，無條件支付票面上所記載之金額予受款人或執票人之票據。

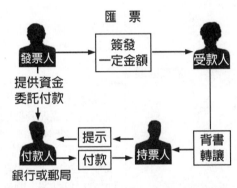

二、匯票之性質

(一) 匯票是一種票據	依票據法票據有三種：即匯票、本票及支票（票1）。匯票雖與本票、支票有別，但是由發票人簽發一定金額，故屬於金錢證券。
(二) 匯票是委託證券	發票人只是票據之發行人，而非付款人，故為委託證券，而非自付證券。此點與支票相同，而與本票不同。但匯票之付款人並無資格上限制，而支票則限由金融業者付款（票127準4），此點又有不同。
(三) 匯票是信用證券	匯票係付款人於指定到期日無條件支付與受款人或執票人之票據，此點又與本票同，而與支票不同。蓋支票限於見票即付（票128 I），屬於支付證券，而匯票、本票則不同。原則上匯票、本票利於遠期付款，因此屬於信用證券。

三、匯票之種類

以記載權利人之方式為準	記名匯票 （抬頭匯票）	在匯票上記載受款人姓名或商號之匯票。
	指示匯票	發票人在匯票上記載受款人姓名或商號外並記載「或其指定人」之指示的匯票。

	無記名匯票	即不記載受款人姓名或商號或僅記載「來人」字樣之匯票。且其執票人僅得以交付方式轉讓。
以票據關係人之不同為準	一般匯票	即由發票人、付款人及受款人三個不同的人組成之票據關係人之匯票。
	變式匯票	指發票人、付款人及受款人中有一人兼數票據關係人身分時之匯票。 票據法第 25 條規定：「發票人得以自己或付款人為受款人，並得以自己為付款人。」因此又可分為： ㈠指己匯票：即發票人指定自己為受款人（發票人兼受款人）之匯票。即由售貨人發行，記載自己為受款人，而由購貨人承兌，售貨人取得匯票後，屆期自行提示付款，或以貼現方式獲取現金。 ㈡對己匯票：亦稱己付匯票，即發票人以自己為付款人之匯票（票25 I）。匯票既由發票人自己付款，與本票類似。發票人於發票時未記載付款人者，以發票人為付款人（票24Ⅲ）。 ㈢付受匯票：以付款人為受款人（付款兼受款人）之匯票。此種匯票多用在公司內部之付款結算。 ㈣己受己付匯票：即發票人以自己為付款人同時為受款人之匯票。此種匯票較為少見。
以指定到期日方式之不同為準	即期匯票	即見票後即付之匯票（票24Ⅱ、65 I ③）。
	遠期匯票	㈠定期匯票：發票人於發行匯票時，記載一定日期為到期日之匯票（票65 I ①）。 ㈡計期匯票：即發票時未指定特定日期為到期日，而以發票日後經一定期間為到期日之匯票，即發票日後定期付款之匯票（票65 I ②）。此種匯票之到期日，由發票日起算，如發票後 20 日付款是。 ㈢註期匯票：即發票人於發票時記載，到期日自承兌之日起算，經過一定之期間後付款之匯票。即見票後定期付款之匯票（票65 I ④）。此種匯票之到期日，以提示承兌之日起算，如見票後 30 日付款之匯票是。 ㈣即期匯票：即見票後即付款之匯票。即期匯票以提示日為到期日（票65 I ③）。 ㈤分期付款匯票：發票人於發票時，將匯票金額區分為若干部分，並預先分別指定其到期日之匯票。如匯票票面金額新臺幣陸拾萬元，自 95 年 10 月起至 96 年 9

		月止分 12 期付款，每期於每月 1 日各支付新臺幣伍萬元是。 分期付款之匯票，其中任何一期，到期不獲付款時，未到期部分，視爲全部到期（票65Ⅱ）。 前項視爲到期之匯票金額中所含未到期之利息，於清償時，應扣減之（票65Ⅲ）。且利息經約定於匯款到期日前分期付款者，任何一期利息到期不獲付款時，全部匯票金額視爲均已到期（票65Ⅳ）。
以通行 之地域 爲準	國內匯票	即匯票之發票地及付款地，限於一國之內，輾轉流通。
	國外匯票	即匯票之發票地及付款地，有一在外國，或二者均在外國，匯票之流通，恒涉及二國以上而言。
以商業 性質爲 準	光面匯票	指未附提單、保險單、倉單等附屬單據之匯票而言。
	押匯匯票 （跟單匯票 、信用匯票）	即指發票人在簽發匯票之後，執票人或受款人必須附隨提單、商業發票、領事發票、保險單，則所有貨運單據，均作爲匯票之附件。依貨運單據交付於購貨人之條件。此又分爲： ㈠交付單據以付款之匯票（簡稱 D／P）：此匯票之付款人通常爲買受人或買受人委託之金額機構，此種匯票須在購買人對匯票金額付清後，始能將貨運單據隨匯票交予付款人（買受人），以便提貨。此爲目前最普通使用之匯票，國際貿易都賴此以減少買賣雙方之風險。 ㈡承兌交單之匯票（D／A）：即指付款人或承兌人在承兌該匯票後，即可先取得附隨之單據藉以辦理報關手續，以便提取貨物，而於到期日再行付款之押匯匯票。由於「承兌交單匯票」之風險較大，因此，實務上只有彼此信用卓著，往來甚久之進口商之間方有受理。

第二節　發　票

一、發票之意義

　　發票（英：drawing, issue；德：Ausstellung, Emission；法：création, tirage），係指發票人依照票據法規定之款式，以簽發票據之方式從而創設票據上之權利義務，並發行該票據之法律行爲，故票據之性質屬於「設權證券」，

且由於「發票」之性質乃是票據最基本之票據行為，具有法律上之創設效力，因此稱為「主票據行為」。

二、發票人與發票地

㈠**發票人**（英：匯票、支票 drawer；本票：maker；德：Aussteller, Trassant；法：tireur, souscripteur），在票據法上發票人係簽發一定金額，委託付款人於指定之到期日，無條件支付受款人或執票人之信用證券（票2）。因此票據之發行係指票據之作成及交付而言。發票人須於票據上依票據法第24條所定應記載事項簽名或蓋章，並予交付，始生發票之效力。至於本票及支票，均準用匯票有關發票之規定（票124、144）。

㈡**發票地**（德：Ausstellungsort；法：lieu du tirage, Lieu de la création）：即為票據之發票人所記載之票據簽發處所，由於發票地具有決定發票行為準據法之作用，因此為發票時之相對必要記載事項，實務上若票面上未記載發票地時，則應以發票人之營業所、住所或居所所在地作為發票地。

三、發票之款式

係指匯票發票人依照法定之款式作成匯票，並交付予受款人之行為，且必須以「交付」為要件，否則即不具有效力。匯票發票之款式可分為「應記載事項」與「得記載事項」兩種如下：

㈠ 匯票發票除由發票人簽名外，應記載下列事項（票24）：		
應記載事項	1. 絕對必要記載事項	包括表明其為匯票之文字、一定之金額、無條件支付之委託與發票年月日，且若其記載有欠缺時，除票據法另有規定外，原則上該匯票即為無效（票11Ⅰ）。 (1)表明其為匯票之文字：即「票據文字」，一般係記載於匯票正面之上方或右方位置，實務上所使用之文字包括「匯票」、「匯兌券」、「匯單」或「商業承兌券」等，其作用在於區別匯票與其他有價證券之不同，使人易於辨認。 (2)一定金額之記載：匯票屬於法定之金錢證券，必須記載一定之金額，其金額不得改寫，但除金額外，得由原記載人於交付前改寫之（票11Ⅲ）。若記載金額之文字與號碼不符時應以文字為準（票7）。 (3)無條件支付之委託：係指發票人委託付款人對受款人支付

		匯票金額之意思表示，而「無條件」則係指單純不附條件，基於提高匯票之流通性，使票據關係簡化。 (4)發票年月日：匯票上所記載發票年月日係決定利息之起算日、決定保證成立日，亦得用以決定發票日後定期付款匯票到期日與見票後定期付款匯票之承兌提示期限（票65）。
	2. **相對必要** **記載事項**	若未記載時，由於票據法設有補充規定，因此該匯票並不歸於無效。 (1)付款人之姓名或商號：乃接受發票人委託而負責支付票據金額之人，在付款人對匯票承兌之後即成為承兌人，並成為該匯票之第一債務人，若匯票上未記載付款人時，則以發票人作為付款人（票24Ⅲ），稱為「對己匯票」。 (2)受款人之姓名或商號：乃是匯票最初之權利人，若匯票上並未記載受款人時，該匯票即為「無記名匯票」，應以執票人為受款人（票24Ⅳ）。匯票受款人通常為發票人以外之人，但發票人若以自己作為受款人時（票25Ⅰ），則其所簽發之匯票即為「指己匯票」。 (3)發票地：即為發票人所記載之該匯票簽發處所，由於發票地具有決定發票行為準據法之作用，因此屬於必要記載事項（票24Ⅰ⑥），若匯票上未記載發票地時，應以發票人之營業所、住所或居所所在地作為發票地（票24Ⅴ）。 (4)付款地：若未記載付款地者，以付款人之營業所、住所或居所所在地作為付款地（票24Ⅵ），且付款地之記載可用於判斷預備付款人是否在付款地（票26Ⅱ、35）、決定該匯票所應支付之貨幣種類與回頭匯票之發行金額（票75Ⅱ、103Ⅰ）、決定執票人請求付款及拒絕證書之作成地、決定票據債務人提存匯票金額之提存法院（票76）、決定票據訴訟管轄法院之所在地等（民訴13、557）。 (5)到期日：即匯票付款之日期，亦即決定債權人行使權利及債務人履行義務之日，若匯票上未記載到期日時，應視為「見票即付之匯票」（票24Ⅱ）。
(二) **得記** **載事** **項**		又稱為任意記載事項為：
	1. **擔當付款** **人**	即指代替付款人進行付款行為之人，亦即**付款人之代理人**。原則上擔當付款人應由付款人指定，發票人亦得於付款人之外，記載1人作為擔當付款人（票26Ⅰ），匯票上載有擔當付款人者，付款之提示，應先向擔當付款人為之（票69Ⅱ）。若發票人於發票時並未記載擔當付款人，則付款人於承兌時亦

	得指定（票49 I），但發票人已指定之擔當付款人，付款人於承兌時亦得塗銷或變更之（票49 II）。因此擔當付款人僅代理付款，不能成爲票據債務人。
2. 預備付款人	乃是匯票所獨有之制度，係指匯票之發票人除在票面上記載付款人之外，再另外記載在付款地之1人作爲預備付款人（票26 II），以便在付款人因故不能承兌、無法如數支付票面金額或拒絕付款時，由其參加承兌或參加付款，以鞏固票據之作用，並防止追索權之行使，因此，執票人在付款人或擔當付款人拒絕承兌或拒絕付款時，應向預備付款人進行付款或承兌之提示（票53 I、79 I）。
3. 付款處所	發票人得記載在付款地之付款處所（票27）。付款人於承兌時，亦得於匯票上記載付款地之付款處所（票50）。付款地通常係爲特定之行政區域，且一經記載即具有法律上之效力，此後該匯票之票據關係人在行使或保全票據上之權利時，均應於該處所辦理（票20）。在票據實務上，有權利得於匯票上記載付款處所之人包括發票人與付款人。
4. 利息及利率	由於匯票屬於法定信用證券，實務上多爲遠期付款，因此，發票人得記載對於票據金額支付利息及其利率（票28 I），其利率若未經載明時，應以年利六釐計算（票28 II）。利息自發票日起算，但有特約者，不在此限（票28 III）。
5. 免除擔保承兌之特約	若發票人已預先確定匯票到期時將因故而無法承兌，則於簽發匯票之時即得以特約方式，於匯票上記載免除擔保承兌之責（票29 I）。此項特約應載明於匯票（票29 II）。但此項特約免除擔保承兌，並非免除擔保付款，因此匯票上有免除擔保付款之記載者，其記載無效（票29 III）。
6. 其他記載	除「見票即付」之匯票外，匯票上之其他記載事項爲： (1)發票人得禁止轉讓之記載（票30 II）。 (2)發票人或背書人得記載爲應請求承兌，並得指定其期限（票44 I）。 (3)發票人得爲於一定日期前，禁止請求承兌之記載（票44 II）。 (4)見票後定期付款之匯票，承兌提示之縮短或延長之記載（票66準45）。 (5)分期付款之記載（票65 II）。 (6)支付貨幣種類特約之記載（票75 I但）。 (7)免除執票人通知義務之記載（票90）。

(8)發票人或背書人，得為免除作成拒絕證書之記載（票94 I）。
(9)不得發行回頭匯票約定之記載（票102 I但）。

習題：何謂擔當付款人？依票據法規定，擔當付款人由何人指定？擔當付款人是否為票據上債務人？支票記載擔當付款人時，其法律效力如何？（88 政大法研）

答：見書內記載。而最後一題，依第 144 條支票未准用匯票擔當付款人規定，故不生票據上效力（票12）。

四、發票之效力

㈠**對發票人之效力**：發票人應照匯票文義擔保承兌及付款（票29 I）。依此就有「擔保承兌」及「擔保付款」之責。

　　1.擔保承兌：
　　　(1)所謂擔保承兌：指執票人於匯票到期日前向付款人提示承兌時（票42），付款人就應承兌，如拒絕承兌，執票人即可作成拒絕證書，對發票人行使追索權（票85 II），請求償還票款。
　　　(2)得依特約免除：但擔保付款之責任，得依特約免除之（票29但）。
　　2.擔保付款：即執票人於到期日前向付款人提示承兌時，付款人應於付款，此種付款責任係絕對的，因此匯票上有免除擔保付款之記載者，其記載無效（票29 III）。

㈡**對受款人之效力**：受款人收受票據後，即取得「付款請求權」與「追索權」。但付款請求權於未承兌前是一種期待權（德：Anwartschaftrecht），如受款人被拒絕付款，就得對發票人、背書人及匯票上之有關債務人行使追索權。

㈢**對付款人之效力**：匯票須經持票人提示票據，請其付款始負付款之責任。

習題：甲簽發匯票予乙，於票上加載「免除擔保承兌」，乙持向付款人請求承兌或付款而遭到拒絕時，乙得否向甲追索？（85律）

答：㈠依第 29 條第 1 項但書，擔保付款之責任，得依特約免除之。
　　㈡依第 29 條第 3 項，發票人仍應負付款之責，因此乙仍得向發票人甲行使追索權（票85 I）。

第三節 背 書

一、背書之意義

背書（英：endorsement, indorsement；德：Indossament；法：endossement），即執票人以轉讓票據權利或其他目的，所為之一種附屬的票據行為。

㈠**背書係附屬之票據行為**：票據行為以發票為基本行為，即在發票之基本行為有效之前提下，始得成立票據行為，故背書為附屬行為。因此如發票行為未符合票據上應記載事項之法定方式而致票據無效時（票11 I），背書行為亦無效。

㈡**背書係以轉讓票據權利或其他目的所為之票據行為**：背書原以轉讓票據權利為主要目的，但亦有以委任取款或設定質權等其他目的而作背書。

㈢**背書係執票人對他人所為之行為**：背書是執票人所為之票據行為，如非執票人而為背書時，背書人不負背書責任，被背書人也不能取得執票人地位，如到期日後之背書，僅有通常債權轉讓之效力（票41 I）。此時受讓人雖取得票據權利，但並因此取得執票人地位。

二、背書之特性

背書為票據行為之一，具有下列二種特性：

㈠**背書之單純性**：係指為促進匯票之票據流通，強化票據信用，因此，背書人在進行票據背書行為時，不得在票據上附記停止條件或解除條件，以免造成票據效力無法及時確定，而不利於票據之流通。若背書人違反背書單純性時，則其所附記之條件視為無記載（票36後段），亦即其所記載之條件不具有法律效力，但背書行為仍屬於有效之票據行為，且該票據仍為有效票據。

㈡**背書之不可分性**：係指背書人在進行票據背書行為時，由於票據之性質屬於法定流通證券，票據權利人在行使其票據權利時必須提示票據，而付款人再給付票面記載之金額後，該票據權利人必須將票據繳回給付款人，若背書人將票據金額之一部分以背書方式進行轉讓時，該票據必須交付給被背書人，而其餘未轉讓部分之票據金額即無法行使票據

權利，因此，背書人不得對票據金額進行部分轉讓，亦不得將票據金額分別轉讓給數人（票36前段）。

三、背書之法律性質

學理上對於背書行為之法律性質有五種：

主　張	理　　　　　　由
(一) 債權讓與說	係認為票據背書之法律性質係屬於背書人將其票據上之債權讓與被背書人之行為。
(二) 保證行為說	乃是背書人以背書簽名之方式，而對被背書人負擔保付款責任之書面行為。
(三) 所有權取得說	乃是背書人以背書簽名之方式，而使被背書人原始取得票據所有權之票據行為，且該被背書人得以行使票據權利。
(四) 債權及物權契約說	認為背書行為係由「債權契約行為」與「物權契約行為」所構成，背書人因背書簽名而將該票據之所有權移轉於被背書人，並對被背書人負有償還票據債務之義務。
(五) 有相對人之單獨行為說	認為「背書」之法律性質與「發票」相同，係屬於有相對人之「單獨行為」，而非「契約行為」。在票據實務上，匯票之背書僅須由背書人簽名即可成立，並不須被背書人之簽名，其法律性質並非「契約行為」，而是有相對人之「單獨行為」。

四、背書之款式

背書係書面行為，由背書人在票據背面或其黏單上為之（票31 I）。

其款式為：

記載事項	内　　　　　容	法　律
(一) 應記載事項	由於票據之背書可分為「記名背書」與「無記名背書」。「記名背書」應記載被背書人之姓名或商號，且背書人應在票據背面簽名。「無記名背書」僅由背書人在票據背面簽名即可。	票31 II, III
(二) 得記載事項	背書人在進行票據背書時，得任意記載事項為： 1.禁止轉讓之記載：背書人於票上記載禁止轉讓者，對於禁止後再由背書取得匯票之人，不負責任。	票30 III
	2.住所之記載：背書人得記載自己之住所，以便執票人行使追索權前，作成拒絕證書之通知。	票89 IV

	3.背書年月日:背書人得記載背書之年、月、日。	票31Ⅳ
	4.預備付款人之記載:背書人得記載在付款地之一人為預備付款人。	票35
	5.免除執票人通知之記載:執票人應於拒絕證書作成後4日內,將拒絕事由通知之背書人,背書人得在票上記載免除通知之義務。	票90
	6.免除作成拒絕證書之記載:背書人得為免除作成拒絕證書之記載。	票94
	7.免除擔保承兌之記載:背書人應照票據文義擔保承兌及付款。但得依特約免除擔保承兌之責。	票39準29
	8.應請求承兌之記載:除見票即付之匯票外,背書人得在匯票上為應請求承兌之記載,並得指定期限。	票44Ⅰ
(三)**不得記載事項**	1.記載無益事項:就匯票金額之一部分所為之背書,或將匯票金額分別轉讓於數人之背書,不生效力,背書附記條件者,其條件視為無記載。	票36
	2.免除擔保付款事項:匯票上有免除擔保付款之記載者,其記載無效。	票39準29

五、背書之種類

背書以其作用為準據,可分為「轉讓背書」與「非轉讓背書」。前者係在轉讓票據權利,為一般之背書;後者非以轉讓票據權利為目的,而是另有其他目的,如以委任他人代為取款者,為委任取款背書,以債務之擔保而設定質權者,為質權背書。

轉讓背書	一般轉讓背書	(一)記名背書(正式背書、完全背書)。
		(二)無記名背書(空白背書、略式背書、不完全背書)。
	特殊轉讓背書	(一)回頭背書(還原背書、回還背書、逆背書、廣義的回頭背書、準回頭背書)。 (二)隱存保證背書。 (三)禁轉背書。 (四)期後背書。
非轉讓背書	委任背書	(一)委任取款背書。
		(二)隱存委任取款背書。
	質權背書	設質背書、質入背書或質背書。

㈠**轉讓背書**：又分為一般轉讓背書與特殊轉讓背書：

1.一般轉讓背書為：

⑴記名背書：又稱為「正式背書」或「完全背書」，即應在票據之背面或其黏單上由背書人記載被背書人，並簽名於票據上之謂（票31Ⅱ）。如記名背書再為轉讓該票據時，必須由被背書人再為背書，而不得僅交付票據，並記載背書之意旨、被背書人之姓名或商號、背書人之簽名等。至於背書年、月、日之記載，則任由背書人為之（票31Ⅳ）。

票面金額讓與	
錢 B	背書人　錢 A　簽章
	中華民國 99 年 4 月 2 日

⑵無記名背書：又稱為「**空白背書**」、「**略式背書**」或「**不完全背書**」，即背書人在進行票據背書行為時，不記載被背書人，僅簽名於票據者，為空白背書（票31Ⅲ）。至於背書之年月日則由背書人自行決定是否記載（票31Ⅳ）。實務上由於執票人在轉讓無記名背書票據時不須再背書，故不負背書人之責任，且若無記名背書票據被拒絕付款時，執票人行使追索權之範圍亦不大，因此甚為通行。

⑶票據轉讓方式：包括交付轉讓、以無記名背書方式轉讓、以記名背書方式轉讓、於原空白處變更為記名背書方式轉讓等。

錢 A　簽章
錢 B　簽章

①以交付方式轉讓：係指執票人直接將其所持有之無記名背書票據交付給後手（票32Ⅰ），由於無記名背書並未記載原執票人之姓名，不會有背書不連續之問題，且原執票人不須在票據上背書簽名，因此，對於後手不負票據背書責任（票5），若該無記名背書票據遭到付款人拒絕付款，執票人亦可縮小追索權之行使範圍，從而減少追索上之困難。

②以無記名背書方式轉讓：係指執票人在轉讓其所持有之無記

名背書票據時，以再作成「無記名背書」之方式，將該票據轉讓於他人（票32Ⅱ）。

③以記名背書方式轉讓：係指執票人在轉讓其所持有之無記名背書票據時，以受讓人作爲被背書人，而在該票據原有之無記名背書上記載被背書人之姓名或商號後，將該票據轉讓給被背書人（票32Ⅱ）。

④於原空白處變更爲記名背書方式轉讓：係指對於無記名背書票據或最後背書爲無記名背書之票據，其執票人得於該空白內，記載自己或他人之姓名作爲被背書人，將無記名背書變更爲記名背書後再轉讓該票據（票33），且執票人記載自己作爲無記名背書票據之被背書人時，除可將該票據再轉讓之外，並可預防該票據遺失。但在無記名背書票據變更爲記名背書票據，且以執票人自己作爲背書人時，該執票人在進行該票據之轉讓時，即必須再以記名背書或無記名背書方式方得轉讓，而不得僅以交付方式轉讓。若執票人係以他人之姓名作爲被背書人時，即應將票據受讓人之姓名記載爲被背書人，使原無記名背書票據變更爲記名背書票據後，再將該票據交付給受讓人，方可完成票據轉讓，且由於原執票人自己並未於該票據中背書，因此不須負背書責任。

2.特殊轉讓背書爲：

(1)回頭背書（英：indorsement to party liable on bill；德：Rückindossament）：又稱爲「**還原背書**」、「**回還背書**」、「**逆背書**」、「**廣義的回頭背書**」或「**準回頭背書**」，係指以票據之原有債務人得讓與發票人、承兌人、付款人或其他票據債務人，此項受讓人，於匯票到期前，得再爲轉讓（票34）。持有回頭背書票據之被背書人仍可以再背書方式進行該票據之轉讓，以促進票據之流通，但由於被背書人同時兼具票據債務人之身分，如在到期日後，其票據關係業已結束，不得再爲轉讓。

①再背書時間上之限制：持有回頭背書票據之被背書人若爲票

據債務人時，雖可藉由再背書之方式將其票據轉讓，但其得行使再背書之時間限於該票據到期日前（票34Ⅱ），而由於支票並無到期日（票128），因此，持有回頭背書票據之被背書人，應於該票據之法定提示期限經過前（票130）完成再背書轉讓。

②追索權之限制：為避免票據循環追索導致法律關係之過度複雜，因此，依據持有回頭背書票據之被背書人身分不同，其行使追索權時所受之限制亦不相同：

A 執票人為發票人時：對於其所受讓票據之前手不得主張追索權（票99Ⅰ）。

> 如A為發票人，B為收票人，票據轉讓C、D、E，E再轉給A，則A為執票人，對B、C、D、E均無追索權。

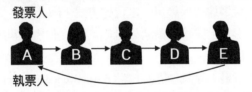

B 執票人為背書人時：對於其所背書之後手不得主張追索權（票99Ⅱ）。

> 如A為發票人，B為收票人，票據轉讓C、D、E，由E再轉讓C，則C為執票人，對D、E均無追索權。

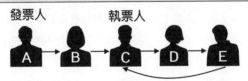

C 執票人為承兌人時：對於追索權方面，法無明文，在解釋上，承兌人為票據之第一債務人，故對任何人均無追索權可言。

D 執票人為保證人或參加承兌人時：解釋上對於被保證人或被參加承兌人之後手，不得行使追索權。

> 如A為發票人，B為收票人，票據轉讓C、D、E，而E為B之保證人時，則對B之後手C、D及E均無追索權。

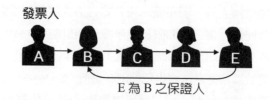

E 為 B 之保證人

　E 執票人為未經承兌之票據付款人時：因未經承兌，並非票據債務人，此種以付款人為被背書人時，只是準回頭背書而已，故對其前手均得行使追索權。

　F 執票人為擔當付款人或未經參加承兌之預備付款人時，因非票據之債務人，得對任何背書人行使追索權。

(2)隱存保證背書：係指票據保證人不在票據上直接記載其保證，而以背書達成保證目的之背書方式，因此，該背書人之背書行為在形式上雖為票據之「轉讓背書」，但實質目的則係在於「債務之保證」。

(3)禁轉背書：背書之禁止（英：restrictive indorsement），又稱為「禁止背書」，係指匯票雖可經由背書方式進行票據移轉，但發票人或背書人在特殊原因下，得在匯票上記載禁止背書轉讓該票據權利（票30Ⅱ、Ⅲ），以限制該匯票之流通性，其常見之記載方式包括「禁止背書轉讓」、「禁止背書」、「轉讓禁止」、「限於某人」或「謝絕往來」等，若匯票有禁止背書轉讓之記載時，則執票人即不得以「背書」方式進行轉讓，僅能以一般債權讓與方式轉讓其票據權利。「禁止背書」之種類可分為「發票人之禁止轉讓背書」與「背書人之禁止轉讓背書」兩種如下：

①發票人之禁止轉讓背書：係指記名票據之發票人有「禁止背書轉讓」之記載者，不得轉讓（票30Ⅱ、124、144）。若發票人在票據上已記載禁止背書轉讓時，即使執票人以背書方式轉讓該票據，其背書亦將不具效力，因此，無論其受讓人在受讓該票據時係出於善意或惡意，均不適用善意取得人之規定，且發票人得以其本身與原執票人之間所存在之抗辯事由，對該受讓人行

使抗辯權。在票據實務上，票據發票人在票據上記載禁止背書轉讓之原因，包括發票人不願意與受款人以外之其他人發生票據關係，或發票人欲對受款人保留抗辯權，或發票人不願意在其他票據關係人不付款時負擔額外費用等。

　　22 上 186：「禁止票據之轉讓，依票據法（舊）第二十七條（新法第三十條）之規定須記載於票據，其記載方法雖無限制，要必使其禁止轉讓之意思明瞭而後可，若僅將票上受款人下之「或來人」三字塗銷，則不能認為禁止轉讓之記載。此項票據，除未有背書時僅其所載受款人得請求付款外，其受款人依背書而轉讓者，其轉讓自不能因此三字之塗銷而謂為無效。」

　②背書人之禁止轉讓背書：又稱為「禁止背書之背書」或「禁轉背書」，係指背書人在進行背書行為時，在票據之背面或黏單上記載禁止背書之意旨而後簽名背書，且其記載之位置不得在匯票之票面上，否則應為無效。背書人於票上記載禁止轉讓者，仍得依背書而轉讓之。但禁止轉讓者，對於禁止後再由背書取得匯票之人，不負責任（票 30Ⅲ）。

(4)期後背書：係指背書人在票據所記載之到期日經過以後所進行之背書行為，且「到期日」係以票據之提示時間經過作為認定標準。由於票據法並未保障票據超過提示期限後之背書轉讓效力，因此，票據之期後背書僅具有「通常債權轉讓」之效力（票 41Ⅰ），若背書人並未記載其背書之日期時，則應推定其背書行為係在到期日之前作成（票 41Ⅱ）。實務上若執票人未在提示期限內提示票據，在提示時間經過後再以背書方式轉讓該票據時，或執票人在提示期限內提示票據但被拒絕付款，而在提示時間經過後再以背書方式轉讓該票據，或執票人已在提示期限內提示票據但被拒絕付款，並在期限內作成拒絕證書，而在提示時間經過後，再以背書方式轉讓該票據時，都將構成該票據發生期後背書之情況。在票據上，期後背書之票據不具有票據上之效力，但仍具有「通常債權轉讓」之法律效力（票 41Ⅰ）。

(二)非轉讓背書：

1.委任背書：係指票據執票人以行使票據權利爲目的，而對被背書人授與代理權之背書行爲，其種類可分爲「委任取款背書」與「隱存委任取款背書」兩種。

　　⑴委任取款背書：又稱爲「**公然的委任取款背書**」，係指票據執票人將委任取款之意旨記載於票據背面之背書方式（票40Ⅰ），且其記載方式包括「託收」、「價值兌取」、「委任」、「因回收」、「因代理」、「因收款」或「入帳戶」等。此種背書，僅授與背書人行使票據上權利之資格，得以代理取款，並非轉讓票據，故不生票據上權利移轉之效力。被背書人對於委任取款之背書，得行使票據上一切權利，如請求承兌、或付款等是。同時亦得以同一目的，更爲背書，使第三人代爲取款（票40Ⅱ），此稱爲「再委任取款背書」（如外埠票據，委任付款地之往來銀行託收），但其他背書，則不得爲之。其次之被背書人所得行使之權利，與第一背書人同（票40Ⅲ）。惟票據債務人對於受任人所得提出之抗辯，以得對抗委任人者爲限（票40Ⅳ）。因委任取款背書，既非轉讓其所有權，則被背書人，自不能因此而代負所有權人之責任。

　　⑵隱存委任取款背書：又稱爲「**信託背書**」，係指票據背書人雖係基於委任取款目的而進行背書行爲，但並未將委任取款之意旨記載於票據中，因此，該票據在外觀上仍爲一般「轉讓背書票據」而非「委任取款背書票據」，且其票據權利應移轉於被背書人，若背書人與被背書人有爭議時，由於票據法對於「隱存委任取款背書」並未有相關規定，因此，「委任取款」之約定僅能作爲當事人間之抗辯事由。

2.質權背書：又稱爲「**設質背書**」、「**質入背書**」或「**質背書**」，係指執票人以設定質權爲目的所進行之背書行爲，通常係在商業交易中，由背書人以尚未到期之票據設定質押辦理貸款，其使用甚爲普遍。由於質權背書之被背書人僅取得該票據之「質權」而非其「票據權利」，因此，背書人在設定票據質權時必須記載設質之意旨，其背書行爲方可視爲「質權背書」，否則對於善意取得人即須負「轉讓背書」之責任。

由於票據法對於「質權背書」並無規定，因此，背書人對於票據之設質記載並不具有票據上之效力（票 12），而應適用民法對於「權利質權」之規定（民 908、909），並將質權背書之被背書人視爲質權人，即使其所擔保之票據債權尙未到達清償期，仍有收取該債權給付之權利。但由於質權背書之票據所有權並未移轉，因此，除非該被背書人有惡意或重大過失，否則票據債務人不得以對抗背書人之事由，對抗被背書人（質權人）。

六、背書之連續

㈠**背書連續之意義**：在票據實務上，係指票據背面所記載之背書，自受款人起至最後持有票據之被背書人爲止，均連續而無間斷之謂。票據之執票人應以背書連續，證明其具有票據上之權利（票 37 Ⅰ），持有背書連續票據之執票人即應推定其爲真正之票據權利人，若背書不連續時，執票人即不得主張票據上之權利。

㈡**背書連續之認定**：

1.須各背書在形式上爲有效：各票據背書在形式上必須有效、連續轉讓，且各背書在票據上之記載順序必須連續並有同一性，其背書行爲方可視爲有效成立。基於票據之流通性、無因性及交易之安全，背書是否連續，祇須依支票背面之記載，形式上得以判斷其連續即可。執票人無須證明支票各背書實質上均屬有效。故縱背書中有無權代理人所爲之背書，或背書有僞造之情形，然於背書之連續並無影響（74 臺上 810）。

2.須各背書在形式上有連續性：決定背書之連續，須先決定背書之順位，再判斷背書人與前背書人是否同一性：

　⑴順位：在記名背書，即以背書之地位爲決定其順位，至於空白背書，票據法第 37 條第 1 項但書規定，「背書中有空白背書時，其次之背書人，視爲前空白背書之背書人。」

　⑵同一性：就上述背書之順位而言，背書人之表示與前背書之背書人之表示，在形式上之記載須有同一性。

因此，若票據上有「受款人」之記載時，則應以受款人之記載作爲背書開始，而後依序判斷其背書是否連續，若無「受款人」之記載時，

則應以第一背書人之記載作爲背書開始，且票據上各背書人所記載之背書內容，必須與其前後之背書人之記載相同，亦即必須具有「同一性」。

㈢**背書連續之效力**：背書連續之票據具有下列三種效力：

效力項目	內　　　　　　　容
1. 證明效力	即執票人應以背書之連續，證明其權利（票37 I），以取得權利之正當性。亦即經背書取得票據之人，只須其背書前後連續不間斷，即不用任何證明，而可認定其爲最後之背書人，有行使該票據上權利之資格，學者稱爲背書之證明力。
2. 行使效力	背書在實質上是有連續，而在形式上不連續時，該票據並非無效，執票人得於證明背書之連續後，行使匯票上之權利。依票據法第71條第1項規定：「付款人對於背書不連續之匯票而付款者，應自負其責。」並未絕對禁止付款人付款。
3. 負責效力	即付款人對於背書簽名之真僞及執票人是否票據權利人，不負認定之責。但有惡意或重大過失者，不在此限（票71 II）。故如付款人於付款時，未理會票據合法權利人已爲止付之通知，而仍付款時，則爲重大過失，自不得免責（票71 II但）。

七、背書之塗銷

背書之塗銷指票據之執票人或背書人基於故意而將背書抹去之行爲，其結果將使被塗銷之背書人免除票據背書責任。若票據背書之塗銷並非出於執票人本意，或係因執票人之過失錯誤，或係由執票人以外之第三人所塗銷時，則該票據之效力不受影響，但若執票人主張該背書之塗銷並非基於故意時，則應負舉證責任。依據背書塗銷人不同，票據背書塗銷可分爲「執票人故意塗銷背書」與「背書人故意塗銷背書」兩種情況如下：

㈠**執票人故意塗銷背書**：在執票人背書後而票據尚未交付給被背書人之前，執票人仍可塗銷其背書。由於票據執票人原本即可行使票據上之權利，若執票人故意塗銷票據上之背書時，應視爲該執票人對於被塗銷背書人有免除票據上責任之意思表示，因此，被塗銷背書人不負票據責任（票38 前段）。在該被塗銷背書人免除票據上責任後，背書次序在被塗銷背書人後面之全部背書人亦同時免負票據責任（票38 後段），但背書次

序在被塗銷背書人前面之全部背書人，不因其後手之背書被塗消而免責。在票據背書塗銷後，若有新背書人於該票據上背書時，亦應負票據上之責任。而票據上之簽名或記載被塗銷時，非由票據權利人故意爲之者，不影響於票據上之效力（票17）。

（二）**背書人故意塗銷背書**：票據之背書人與其後手在清償票據債務後，即可免除票據上之責任，因此，該背書人得塗銷其自己及其後手之背書，以免受到與該票據相關之其他票據權利人追索（票100Ⅲ）。

八、背書之效力

背書之目的，係在票據上權利之移轉、擔保與證明，其效力通說有三種：

（一）**票據權利移轉之效力**	即票據上之權利，依背書而爲轉讓，由背書人移轉於被背書人，被背書人因此取得票據所有權，及票據上一切權利。但此效力，僅限於轉讓背書，在委任取款背書，因被背書人僅取得行使票據之權利，故不能取得票據上一切權利。因依背書而移轉票據上之權利，與一般方法移轉債權不同；前者被背書人，原則上可取得優於背書人之權利（即票據債務人不能以抗辯背書人之事由，對抗被背書人，此謂之抗辯切斷力），而後者之受讓人原則上不能取得優於讓與人之權利。
（二）**權利擔保之效力**	即背書人應照匯票文義擔保承兌及付款（票39準29），亦即背書人對於被背書人或其後手，擔保該票據之承兌及付款之義務。換言之，如付款人拒絕承兌，或承兌人破產，或不付款時，均應由背書人負責清償。此稱爲**背書之擔保力**。
（三）**票據證明之效力**	即執票人應以背書之連續，證明其權利（票37Ⅰ）。所謂背書之連續，即票據背面所記載之背書，在形式上自受款人起至最後持有票據之被背書人爲止，均連續而無間斷，即不用任何證明，而可公認其爲最後之被背書人，有行使該票據上權利之資格，此稱爲背書之證明力，亦即**背書連續之原則**。是故，最後之執票人不論其是否爲真正權利者，付款人對其付款時，除有惡意或重大過失外，當可免除責任（票71Ⅱ）。但背書連續之最後執票人，如有惡意或重大過失者，不得享有票據上之權利（票14Ⅰ）。

第四節　承　兌

一、承兌之意義

承兌（英：acceptance；德：Wechselakzept），係指匯票付款人接受委託，在票據上承諾願意負擔匯票金額支付義務之附屬票據行為。其目的則在於完成匯票之付款義務，**亦為匯票所特有，不及於本票及支票**。執票人於匯票到期日前，得向付款人為承兌之提示（票42）。匯票發票人於簽發匯票時，雖委託付款人代為付款，但執票人所持有之匯票必須經過付款人承兌後，付款人始負有絕對之付款責任，因此，匯票付款人並不因發票人之付款委託而當然成為票據債務人。

實務上執票人得於到期日之前，以匯票向付款人進行承兌之提示（票42），承兌應在匯票正面記載承兌字樣，由付款人簽名，付款人僅在票面簽名者，視為承兌（票43）。除見票即付之匯票外，發票人或背書人得在匯票上為應請求承兌之記載，並得指定其期限。亦得為於一定日期前，禁止請求承兌之記載（票44）。若該匯票經付款人承兌後，該付款人即成為承兌人，並成為該匯票之主債務人，若付款人到期不履行付款責任時，執票人亦有直接請求付款之權利（票52Ⅱ），執票人不於約定期限內為承兌之提示者，對於該約定之前手喪失追索權（票104Ⅱ）。

二、承兌之種類

依承兌之方式為準	正式承兌	又稱為「完全承兌」，即匯票正面上記載有承兌之字樣，並由付款人簽名之承兌方式（票43Ⅰ），因此，正式承兌之絕對必要記載事項包括付款人在匯票正面所記載之「承兌」或其他同義字樣，以及其在匯票正面之簽名。
	略式承兌	係指由匯票付款人在票面簽名，不記載任何文字者，視為承兌（票43Ⅱ）。在票據實務上，若匯票正面有付款人之簽名時，無論該簽名是否具有承兌之意思，都應視為匯票之承兌。
依承兌有無限制為	單純承兌	係指付款人沒有條件限制，完全依照匯票之文義予以承兌之方式，匯票之承兌制度以單純承兌為原則。
	不單純承兌	係指付款人於承兌時，對於匯票之文義加以限制或變更後再承兌，其種類又可分為「一部承兌」與「附條件承兌」兩種。

準	(一)一部承兌：係指付款人在經過執票人同意之前提下，僅承兌匯票金額之部份，且該執票人應將一部承兌之事由通知其前手，對於其餘未獲承兌部分之匯票金額，亦應請求付款人作成拒絕證書（票47 I、86、89），以便進行期前追索。 (二)附條件承兌：係指付款人對於匯票金額之承兌附有停止條件或解除條件，若付款人於承兌時在該匯票上記載「此匯票承兌後禁止背書」等字樣，亦視為附條件承兌。由於附條件承兌將造成該匯票之文義變更，且妨礙該匯票之流通性，因而承兌附條件者視為承兌之拒絕（票47 II），執票人得向前手行使追索權。但承兌人仍依所附條件負其責任（票47 II但）。

三、承兌之提示

(一)**意義**：承兌之提示係指匯票承兌人於票面上記載之到期日前，向付款人實際出示匯票並請求承兌之行為（票42），因此，匯票「提示」乃是「承兌」之前提要件。

(二)**提示之性質**：係屬於執票人之權利而非義務，亦不屬於法律上之強制性規定，因此，執票人得自由決定是否進行匯票之「提示」，且可省略「承兌之提示」，而於到期日時直接進行「付款之提示」。匯票執票人雖有決定承兌提示之權利，但發票人與背書人亦得於票面上記載對於執票人承兌提示之限制，且該記載具有法律效力。

(三)**承兌提示之限制**：

1.對發票人與背書人之限制：就匯票背書人對於執票人承兌提示之限制而言，除「見票即付匯票」外，發票人或背書人得在匯票上記載執票人應請求承兌之記載，並得指定其期限（票44 I），若執票人違反背書人所指定應請求承兌之期限時，則對該發票人或背書人即喪失追索權（票104 II），而背書人所定應請求承兌之期限，不得在發票人所規定之禁止提示期限之內（票44 III）。

2.對見票後定期付款匯票承兌提示之限制：見票後定期付款匯票之付款人必須在實際見到匯票之後，始能計算其到期日，而「見票」必須以「提示」作為其前提要件，因此，見票後定期付款匯票之執票人必須進

行承兌之提示，以便確定該匯票之到期日，且其承兌提示期限係自發票日起6個月內（票45Ⅰ），若執票人不在該期限內進行承兌之提示時，對於其前手即喪失追索權（票104Ⅰ），故「見票後定期付款匯票」之執票人在承兌提示上受有限制。但若有特殊事由時，發票人亦得以特約方式將其承兌提示期限縮短或延長，但所延長之期限不得超過6個月（票45Ⅱ）。

四、承兌之延期與撤銷

㈠**承兌之延期**：係指在匯票執票人請求承兌時，付款人得要求延長至一定期限後，始決定承諾與否之行為。付款人於執票人請求承兌對時得延期3天，以便付款人有考慮是否承兌之餘地，但不得超過法定承兌期限（票48）或法定或指定承兌期限（票44、45），否則將使執票人喪失追索權（票104）。

㈡**承兌之撤銷**：係指匯票付款人有權以意思表示之方式撤銷其承兌。由於承兌人於進行承兌後應將匯票返還執票人，其承兌行為始為完成，因此，付款人雖在匯票上簽名承兌，但在未將匯票交還執票人，或在書面通知之前，付款人若將其承兌行為撤銷並將其簽名塗去時，對於執票人之權利及匯票流通性並無損害，故付款人有權撤銷其承兌（票51）。但若付款人已以書面方式向執票人通知願意承兌時，則由於其承兌之意思表示已到達相對人，其法律效力即與交還匯票相同，因此，付款人不得再塗銷其承兌，以免損害執票人之權利（票51但）。

五、承兌之款式

㈠應記載事項	1. 絕對必要記載事項	承兌應在匯票正面記載承兌字樣，由付款人簽名。付款人僅在票面上簽名者，視為承兌（票43）。承兌之方式，有正式承兌與略式承兌之別，故其絕對必要記載事項亦不相同，分述如下：
		⑴正式承兌：即指在匯票正面記載承兌字樣由付款人簽名（票43Ⅰ）。所謂承兌字樣，不限於「承兌」二字，凡足以表示承兌之意義者，如「照兌」、「兌」或「照付」、「兌付」等，均可。
		⑵略式承兌：付款人僅在票面簽名，而未記載承兌字樣者，視為承兌（票43Ⅱ）。司法解釋係指匯票之正面與背面在內。

	2. 相對必要 記載事項	在一般情形，無論正式承兌或略式承兌，固不必記載承兌之日期，但在見票後定期付款或指定請求承兌期限之匯票，則應由付款人在承兌時，記載承兌日期，以便計算付款期日（票46 I）。如承兌時漏未記載時，執票人得請求作成拒絕證書，證明承兌日期，未作成拒絕證書者，在見票後定期付款之匯票，以發票日起 6 個月承兌期限之末日爲承兌日，在指定請求承兌期限之匯票，以發票人指定之承兌期限之末日爲承兌日（票46 II）。
(二) 得記 載事 項	1. 擔當付款 人之記載	擔當付款人乃付款人之代付人，付款人於承兌時，得指定擔當付款人，發票人已指定擔當付款人者，付款人於承兌時，得塗銷或變更之（票49）。
	2. 付款處所 之記載	付款人於承兌時，得於匯票上記載付款地之付款處所（票50）。按付款處所，發票人本得記載（票27），惟依通說，縱發票人已爲付款處所之記載，付款人仍得另行指定。

六、承兌之效力

(一)**付款之責任**：在票據上簽名者，依票上所載文義負責。2 人以上共同簽名時，應連帶負責（票5）。因此付款人既已在票據上簽名承兌，應依票上所載文義負付款之責（票 52 I）。因此付款人一經承兌，既成爲主債務人，即使發票人未給付票款，承兌人亦不可以此爲對抗之事由。

(二)**加重支付義務**：承兌人到期不付款者，執票人雖係原發票人，亦得就第 97 條（票據金額加利息及必要費用），及第 98 條（向承兌人或前手要求支付之票據總金額、利息及必要費用）規定之金額，直接請求支付（票 52 II）。但執票人如爲原發票人時，雖可向承兌人行使權利，但承兌人即得以其與發票人間之資金關係或執票人取得票據出於惡意等理由，對抗該發票人（票13）。

第五節　參加承兌

一、參加承兌之意義

參加承兌（英：acceptance by intervention, acceptance for honour；德：Ehrenannahme；法：acceptation par intervention），係指在有法定事由發生時，

為防止執票人到期日前行使追索權，保護票據債務人利益，以預備付款人或票據債務人以外之第三人，為特定票據債務人之利益，所為之附屬票據行為。「參加承兌」之性質屬於附屬票據行為，其前提為匯票之基本票據行為在形式上必須有效存在，進行匯票參加承兌行為之人稱為「參加承兌人」，因參加承兌行為而直接享受其利益之人則稱為「被參加承兌人」。

二、參加承兌之性質

參加承兌人為匯票之第二債務人，且參加承兌人付款後，即具有與執票人相同之票據權利。由於參加承兌之目的係為防止匯票執票人在到期日前行使追索權，因此，參加承兌人僅在匯票付款人或擔當付款人拒絕付款時，才必須負匯票付款責任，且參加承兌人僅對被參加承兌人負有票據義務，但參加承兌人必須在匯票上載明其參加承兌之意旨並簽名之後，其參加承兌行為方具有法律效力。參加承兌人雖為匯票之第二債務人，但若執票人不在法定期限內進行付款提示，或不在法定期間內作成拒絕證書時，該執票人即喪失其對於參加承兌人請求付款之權利。參加承兌人在履行付款責任後，即可取得與執票人相同權利，因此，參加承兌人得向匯票承兌人行使追索權。

三、承兌與參加承兌之不同

	承　　兌	參 加 承 兌
(一) 本質不同	承兌人係負絕對付款之責，故為匯票之第一債務人。	參加承兌人僅於付款人或擔當付款人拒絕付款時，始負付款之責(票57)，故為匯票之第二債務人。
(二) 作用不同	承兌之作用在於付款人於承兌後，應負付款之責（票52 I）。	參加承兌之目的，在使執票人不得於到期日前行使追索權（票56 I）。
(三) 責任不同	承兌人係對全體票據債權人均負支付之義務。	參加承兌人僅對被參加人及其後手負其義務。
(四) 效力不同	承兌人於付款後，則票據權利全歸消滅。	參加付款人，對承兌人、被參加付款人及其前手，仍取得執票人之權利(票84 I)。被參加付款人之後手，因參加付款而免除債務（票84 II）。

(五) 消滅原因 不同	承兌人為匯票之主債務人，須負絕對付款之責任，除消滅時效外，不因執票人之保全手續欠缺而消滅。	參加承兌人為匯票之第二債務人，如執票人不於法定期限內為付款之提示，或不於法定期限內作成拒絕證書，對參加承兌人喪失其請求付款之權利。

四、參加承兌人

依據匯票參加承兌人身分之不同，「參加承兌」可分為「當然參加承兌」與「任意參加承兌」兩種如下：

(一)**預備付款人**：係以「預備付款人」作為匯票之參加承兌人，由於「預備付款人」乃是專為參加承兌或參加付款而設置，其作用係預防執票人在到期日前行使追索權，因此，預備付款人不必經過執票人之同意，亦得自動參加匯票承兌（票 53 I）。

(二)**票據債務人以外之第三人**：係指預備付款人票據債務人以外之第三人，在經執票人同意後，以票據債務人中之任何 1 人作為被參加人，由該第三人擔任參加承兌人並參加承兌之制度（票 53 II）。實務上由匯票之預備付款人或票據債務人以外之第三人參加承兌之法定事由，包括匯票不獲承兌、付款人或承兌人死亡、逃避或有其他原因，而使匯票執票人無法進行付款提示、付款人或承兌人受破產宣告等。

五、參加承兌之款式

參加承兌人應在匯票正面記載之法定事項，由參加承兌人簽名（票 54 I）。

(一)參加承兌之意旨。

(二)被參加人之姓名。

(三)參加承兌之年月日。

參加承兌人應在匯票上記載被參加人姓名，以便作為將來行使追索權時之依據，且匯票之背書人、保證人、發票人等票據債務人皆可作為被參加承兌人，但曾於匯票上記載免除擔保承兌責任之人不得作為被參加承兌人。若參加承兌人未記載被參加人之姓名時，由於發票人乃是匯票之最後

償還義務人，若以發票人作爲參加承兌人時（票54Ⅱ），則發票人之全部後手均可免除責任，因此，應將發票人視爲被參加承兌人。若由預備付款人參加承兌時，則以指定預備付款人作爲被參加承兌人（票54Ⅲ）。

六、參加承兌之效力

(一) **對參加人之效力**	1.通知之義務：參加人非受被參加人之委託而爲參加者，應於參加後 4 日內，將參加事由通知被參加人（票55Ⅰ），俾便被參加人有所準備，可於期前償還，或向其前手追索，或對於參加人爲償還。如參加人怠於此項通知而發生損害時，應負賠償之責（票55Ⅱ）。 2.付款之責任：付款人或擔當付款人不於到期日或其後 2 日內付款，或經執票人同意延期，而不於所延之 3 日內爲付款時，參加承兌人應負支付匯票金額、利息及其他必要費用之責（票57）。此稱爲參加承兌之積極效力。匯票經參加承兌後，執票人於到期日，仍須向付款人或擔當付款人請求付款，如被拒絕時，執票人始得向參加承兌人請求付款（票79Ⅰ前段）。此爲參加承兌人之第二次責任。在付款人或擔當付款人拒絕付款後，若執票人不向參加承兌人進行付款提示時，對於被參加人及其後手喪失追索權。
(二) **對執票人之效力**	執票人允許參加承兌後，不得於到期日前行使追索權（票56Ⅰ），通稱爲參加承兌之消極效力。蓋如一方允許參加承兌，另一方可以行使追索權，將有違參加承兌之目的之故。
(三) **對於被參加人及其前手之效力**	被參加人及其前手得早日解除責任，免受期前追索。蓋爲防止將來追索金額日益增多，被參加人及其前手仍得於參加承兌後，向執票人支付匯票金額、約定利息及其他必要費用，並請其交出匯票及拒絕證書（票56Ⅱ）。
(四) **對於被參加人後手之效力**	參加承兌人爲參加付款後，對於被參加人之後手，不僅不受期前追索，即將來因參加付款而免除債務（票84Ⅱ）。

第六節　保　證

一、保證之意義

保證（英：suretyship, guaranty；德：Bürgschaft；法：cautionnement），係

指由票據債務人以外之第三人，以擔保特定票據債務人履行票據債務為目的，而在票據或其謄本上所進行之附屬票據行為。**保證僅匯票及本票有之**（票 58 I、24）。票據之債務係指承兌人、發票人、背書人或參加承兌人等所應償還之票據債務，並得由保證人負責擔保其票據債務之履行，但保證人之身分不得為該票據之票據債務人，且票據保證行為之成立，必須以該票據債務在形式上有效存在為前提。由於票據之保證行為必須由保證人在票據上、黏單上或其謄本上記載法定事項並加以簽名，該保證行為方可成立生效，因此具有「要式行為」與「單獨行為」之性質。

二、保證之種類

依據保證之範圍、保證人之人數與票面記載方式之不同，票據之保證種類可分為：

種　類	意　　　　　　　　　義
(一) 全部保證	係指保證人以全部票面金額為範圍，所進行之票據保證行為，因此，全部保證之保證人應對該票據上之全部金額負責。
(二) 一部保證	係由保證人以票據金額之一部分作為範圍，所進行之票據保證行為（票 63）。
(三) 單獨保證	係指保證人僅有 1 人之票據保證行為。
(四) 共同保證	係指保證人之人數有 2 人以上，並負連帶責任之票據保證行為（票 62）。
(五) 隱存的保證	係指保證人進行票據保證行為時，不在票面上明確記載「保證」字樣，而以發票、背書、承兌或參加承兌等其他方式，間接達成保證之目的，**實務上係以背書方式最為普遍**。在商業實務上，由於支票並無保證制度，且除法律或章程規定以保證作為其經營業務外，公司不得擔任任何保證人，因此，公司在經營時為達到保證之目的，常會以背書方式進行票據保證，而在需要支票保證時，亦只能以隱存的保證方法達成保證之目的。 隱存的票據保證 發票人　要求發票人付款不成　受票人 交付　背書 匯票與貨款　簽發給第三人 受票人 （背書轉讓）

三、保證之款式

保證之款式　票據保證為要式行為，應在匯票或其謄本上，記載下列各款，由保證人簽名（票59）：

(一) **保證人之意旨**	即應記載保證意旨（票59 I ①），以與他種票據行為相區分。
(二) **被保證人姓名**	票據保證應記載被保證人姓名（票59 I ①），若未記載依票據法第60條規定：「保證未載明被保證人者，視為為承兌人保證；其未經承兌者，視為為發票人保證。但得推知其為何人保證者，不在此限。」
(三) **年、月、日**	票據保證之年月日應予記載（票59 I ③），其未記載者，以發票年、月、日為年、月、日（票59 II）。

四、保證之當事人

(一)**保證人**：票據之「保證人」係指票據債務人外，不問何人，均得為之（票58 II）。保證人與被保證人負同一責任。被保證人之債務縱為無效，保證人仍負擔其義務。但被保證人之債務，因方式之欠缺而為無效者，不在此限（票61）。2人以上為保證時，均應連帶負責（票62）。

(二)**被保證人**：票據之「被保證人」乃是票據保證行為之當事人，且其資格限於票據債務人，但票據付款人在付款或承兌以前，由於不須負票據上之責任，因此不具有被保證人之資格。票據之「保證人」係指票據債務人以外之自然人或法人經由背書方式，同意在匯票發票人不履行票據付款責任時，將負責向執票人或受款人付款，但若以無行為能力之自然人作為保證人時，其保證行為則無效。因此被保證人限於票據債務人，如發票人、背書人、承兌人、參加承兌人，均得為票據之被保證人。但公司法規定，「公司法人」不得進行保證行為（公16 I），因此，若公司違法擔任其他企業或個人之票據保證人時，其公司負責人應自負票據保證之責任（公16 II）。

五、保證之效力

(一)**保證人之責任**：在票據實務上，票據保證行為具有「票據保證之從屬性」與「票據保證之獨立性」兩種法律效力：

　　1.票據保證之從屬性：指若被保證人之票據債務有效時，保證人與被保證人應負同一責任（票61 I），因此，在票據債務有效成立後，其保證人與被保證人所負之責任在種類、數量、性質及時效應完全相同。就票據保證人與被保證人之保證責任種類而言，若保證人係為承兌人進行保證行為時，則保證人與承兌人均應負該匯票之付款責任，若保證人係為發票人或背書人而進行保證行為時，則保證人與發票人或背書人均應負該票據之擔保承兌責任及擔保付款責任。

　　2.票據保證之獨立性：係指若被保證人之票據債務已具備法定形式要件而有效，即使該債務具有實質上之無效原因，由於該票據之票據債務仍有效成立，因此保證人仍應負保證義務，但若該被保證之債務無效之原因係由於欠缺法定要式時，保證人即不須負保證責任（票61 II）。

　　3.共同保證責任：若2人以上之保證人對同一票據之票據債務進行保證時，對於被保證人均應負連帶之保證責任（票62）。且該連帶責任具有絕對性質，當事人不得以契約方式加以免除。

　　㈡**保證人之權利**：票據保證人在清償票據債務之後，即得代位行使執票人對於承兌人、被保證人及其前手之追索權（票64），且保證人在行使追索權時，由於係繼受執票人之權利而來，因此，承兌人、被保證人及其前手不得主張以對抗執票人之事由對抗保證人，至於被保證人之後手則因票據債務已清償而免除責任，因此，保證人對其不具有追索權。又保證人雖在票據上取得執票人之追索權，但其對被保證人之間，私法關係之求償權，並未因而喪失。

第七節　到期日

一、到期日之概念

　　㈠**到期日之意義**：到期日（英：maturity；德：Verfall, Verfallzeit；法：échéance），係指票面上所記載票據債務人應向執票人或受款人付款之日期，票據到期日必須確定並記載於票據上，若未記載時，該票據即應視為「見票即付」之票據（票24 II）。

㈡**到期日之作用**：由於「到期日」對於票據時效之計算與付款之提示有密切關係，對於票據之權利與義務認定極為重要，因此，其作用有二：

1.消滅時效之起算點之一：票據上之權利，對匯票承兌人及本票發票人，自到期日起算（票 22 I 前段）。

2.判斷付款提示之時日：執票人應於到期或其後 2 日內，為付款之提示（票 69 I ）。

二、到期日之種類

在票據實務上，票據之到期日可分為「定日付款」、「發票日後定期付款」、「見票即付」與「見票後定期付款」、「分期付款」等五種如下：

㈠**定日付款**：係指在票面上記載特定之年月日作為到期日之票據。

㈡**發票日後定期付款**：即自票據之發票日起算，經過一定期間之後，付款人始進行付款之票據，其到期日之計算應以該票據應付款之月份與該月相當之日期作為到期日，若無相當之日期時，則以該月份之末日作為到期日。

㈢**見票即付**：係以提示日作為到期日之票據（票 66 I），其法定提示期限係自發票日起 6 個月內，且一經提示即為到期（票 66 II 準 45），因此，若該票據之種類係屬於匯票時，亦不須經過承兌手續即可取款，因此無承兌人存在。在票據實務上，見票即付票據係由發票人在簽發票據時，即記載「見票即付」之字樣，若發票人並未記載「見票即付」，亦未記載到期日時，該票據亦應視為見票即付支票據（票 24 II）。見票即付票據之發票人亦得以特約方式將法定提示期限縮短或延長，稱為「約定提示期限」，但所延長之期限不得超過 6 個月（票 45 II），若執票人不在約定期限內行使或保全票據上之權利時，對於該約定之前手將喪失追索權（票 104 I）。

㈣**見票後定期付款**：係依承兌日或拒絕承兌證書作成日，計算到期日（票 67 I）。既是見票後定期付款，當須經提示之程序，其提示期限應自發票日起 6 個月內為之，發票人亦得以特約縮短或延長之。但延長期限不得逾 6 個月（票 66 II 準 45）。如執票人未於上述之期限為付款之提示者，對於其前手喪失追索權（票 104）。

㈤**分期付款**：係指發票人將一張票據之票面金額區分爲數份，並預先指定各部分金額之到期日，而在各指定之到期日屆至時履行付款責任之票據。就分期付款匯票而言，該票據各期之到期日得以「定日付款」、「發票日後定期付款」、「見票付款」或「見票後定期付款」方式履行其付款責任（票 65 I），且受款人於逐次受領票款及利息時，應分別給予收據，並於票據上註明領取票據之期別、金額及日期，若其中有任何一期之票面金額到期不獲付款時，其餘全部匯票金額視爲已到期（票 65 II）。

三、到期日之計算

匯票之到期日，惟見票即付，以提示日爲到期日（票 66），簡單明瞭，其餘發票日後定期付款及見票後定期付款兩種匯票之到期日，均須加以計算。此類匯票之到期日，係以期間爲計算，如若干月或若干日，如一個月之日數有 30 日、31 日或 28 日者，故須明白規定，以免引發糾紛。茲略述如下：

㈠**見票即付**（英：on demand at sight）：此種匯票俗稱「即期匯票」（英：bill payable at sight）。此種匯票有二種：

　　1.發票人在票據上記明「見票即付」字樣。

　　2.即票據未載到期日者，法律視爲見票即付（票 24 II）。

見票即付之匯票係以提示日爲到期日（票 66 I），故須提示票據，始能計算到期日。其付款提示之期限，自發票日起 6 個月內爲承兌之提示，此項期限，發票人得以特約縮短或延長之。但延長之期限不得逾 6 個月（票 66 II 準 45）。執票人如不於本法所定期限內爲行使或保全匯票上權利之行爲者，對於前手喪失追索權（票 104 I）。執票人不於約定期限內爲前項行爲者，對該約定之前手，喪失追索權（票 104 II）。

㈡**發票日後或見票日後定期付款之匯票，其定期之計算**：此類匯票之到期日，係以期間計算（若干日若干月），一月之日數，多寡不一，如無明文規定，難免爭執，票據法第 68 條第 1 項規定：「發票日後或見票日後一個月或數個月付款之匯票，以在應付款之月與該日期相當之日爲到期日；無相當日者，以該月末日爲到期日。」

　　1.如見票日後定期之 2 個月付款。

　　　3 月 1 日見票日→到期日 5 月 1 日

　　2.如應付款之月無相當日者，如發票日後 1 個月付款，

　　　1 月 31 日發票日→到期日 2 月無 31 日，故以 2 月之末日爲到期日

　　又票據法第 68 條第 2 項規定：「發票日後或見票日後一個月半或數個月半付款之匯票，應依前項規定計算全月後加十五日，以其末日爲到期日。」如發票日後一個半月付款。

　　　10 月 1 日發票日→到期日 11 月 16 日

　㈢**定日付款之匯票，其定日之計算**：票據法第 68 條第 3 項規定：「票上僅載月初、月中、月底者，謂月之一日、十五日、末日。」如：

　　1. 10 月初爲付款→到期日 10 月 1 日

　　2. 10 月中爲付款→到期日 10 月 15 日

　　3. 10 月底爲付款→到期日爲 10 月 31 日

第八節　付　款

一、付款之意義

　　付款（英：payment；德：Zahlung），即付款人向執票人支付票據金額之全部或一部，以消滅票據關係之行爲也。有廣義與狹義之分：

　㈠**狹義的票據付款**：狹義的票據付款係指票據債務人以消滅票據關係爲目的所進行的付款行爲，且在付款之後其票據關係將絕對消滅，而其行爲人則包括付款人、擔當付款人、承兌人在內。

　㈡**廣義的票據付款**：廣義的票據付款係指票據關係人依據票面上所記載的票據文義，而向票據債權人支付票面金額之行爲，承兌人爲付款後，票據關係固爲消滅，背書人爲付款時，且仍得向其前手行使追索權，因此，該票據上所存在之票據關係並未絕對消滅。至於其行爲人則包括付款人、擔當付款人、承兌人、發票人、背書人、保證人、匯票之參加付款人在內。

二、付款之種類

是否支付票據金額之全部為準	全部付款	支付票據金額之全部。全部付款後票據關係消滅。付款人在對執票人付款時，得要求票據提示人簽名或蓋章，記載「收訖」字樣後交出票據。
	一部付款	支付票據金額之一部。票據債權之一部付款，執票人不得拒絕（票73）。付款人為一部分之付款時，得要求執票人在票上記載所收金額，並另給收據（票74Ⅱ）。對於一部付款，執票人仍應就未獲付款部分，作成拒絕證書證明（票86Ⅰ）。
是否於到期日支付為準	到期付款	即於到期日或其後 2 日內為付款之提示（票69Ⅰ）。付款經執票人之同意，得延期為之。但以提示後 3 日為限（票70）。
	期外付款	即於上述期日外支付，其於到期日前之付款，稱為「期前付款」，惟執票人得拒絕之（票72Ⅰ）。於到期日後付款者稱為「期後付款」。兩者均稱為「期外付款」。

三、付款之提示

　　付款提示（德：Präsentation zur Zahlung），係指執票人向付款人、擔當付款人或承兌人提示票據並請求其付款之行為。

　　㈠**提示之必要**：票據為流通證券，必須先由執票人提示票據之後，付款人方得履行其付款義務，因此，執票人在請求付款時應進行票據之提示，在見票即付之匯票，即以提示日為到期日（票66）。票據付款之提示人通常為執票人，但亦得由執票人之代理人進行提示。若票據上所記載之受款人有 2 人以上時，原則上在行使票據權利或背書時應由全體受款人共同進行，但在進行付款提示時，則可由實際持有票據之 1 人或數人代替全體受款人進行付款之提示。

　　㈡**提示之當事人**：票據付款提示之受提示人包括付款人、擔當付款人、參加承兌人、預備付款人、票據交換所。若付款人為無行為能力人時，執票人應向其法定代理人進行付款提示，若該付款人死亡時，則應向其繼承人中之 1 人進行提示（民1153Ⅰ、273Ⅰ）。若票面上記載有擔當付款人時，執票人應向擔當付款人進行付款提示（票69Ⅱ），但發票人或付款人與擔當付款人之間係屬於委任關係，因此，若擔當付款人死亡時，其委

任關係即爲消滅，執票人亦不得向擔當付款人之繼承人進行提示。若匯票之付款人或擔當付款人不履行付款，而該票面上有記載參加承兌人時，則執票人應向參加承兌人進行付款提示，若無參加承兌人但有預備付款人時，則應向預備付款人進行提示。執票人亦得委託銀行、信用合作社、農會及漁會等金融業者，以「交換票據」之方式向票據交換所進行付款提示者，與付款之提示有同一效力（票69Ⅲ）。

　　㈢**提示之期限**：除見票即付之票據外，

　　1.匯票、本票之執票人應於到期日或其後 2 日內爲付款之提示（票69Ⅰ）。

　　2.見票即付之票據，應自發票日起 6 個月內爲付款之提示，此項期限，發票人雖得以特約縮短或延長之，但延長之期限，不得逾 6 個月（票66Ⅱ準45）。

　　3.拒絕證書則應以拒絕付款日或其後 5 日內作成，若執票人允許延期付款時，亦應於延期之末日或其後 5 日內作成（票87Ⅱ）。

　　4.執票人未於票據法所定期限內爲行使或保全票據上權利之行爲者，對於前手喪失追索權（票 104）。有關到期日如爲星期日、紀念日或其他休息日者，應以次日爲到期日。

　　㈣**付款提示之免除**：執票人請求付款時，通常均以提示爲必要。但如有下列情形之一，執票人之付款提示得以免除，仍不影響對前手之追索權。

　　1.拒絕承兌證書作成後，無須再另付款提示（票 88），得逕予行使追索權。

　　2.執票人因不可抗力之事變，不能於所定期限內爲付款之提示，如事變延至到期日後，30 日以外時，執票人得逕行使追索權，無須再爲提示（票105Ⅳ）。

　　3.執票人喪失票據，依除權判決行使權利時（票 19、民訴 565）。

四、付款之時期

　　實務上票據付款之時期可分爲期前付款、到期付款與期後付款三種如下：

(一) 期前付款	係指付款人取得執票人之同意，而於到期日前付款之行為。除「見票即付」之票據外，其餘票據都有確定之到期日，且在到期日之前得自由流通，因此，實際上享有票據期限利益之人乃是執票人而非債務人，故執票人對於到期日前之付款得拒絕之（票72 I）。若付款人取得執票人之同意，在票據到期日前付款，而後發現該執票人並非票據權利人時，即使該付款人係基於善意而付款且並無過失，對於真正票據權利人仍應負票據責任（票72 II）。
(二) 到期付款	係指執票人在票據到期日時進行付款提示，而付款人履行其付款責任之行為。由於票據之付款人可包括金融業者或個人，因此，若付款人因資金週轉不順而無法及時付款時，亦得經執票人之同意而延期付款（票70前段），但為保護其他票據關係人之利益，其期限以提示後3天為限（票70 I但）。
(三) 期後付款	係指在票據之付款提示期限經過後，或拒絕付款證書作成之後，付款人才對執票人履行付款責任。在匯票經付款人承兌後履行付款時，該付款人即成為承兌人，除消滅時效完成外，承兌人基於票據主債務人之身分應對該匯票負絕對付款責任，且其責任並不因提示期間經過而受影響，因此，承兌人之期後付款與到期付款效力相同。 票據法第 76 條並規定：「執票人在第六十九條所定期限內不為付款之提示時，票據債務人得將匯票金額依法提存；其提存費用，由執票人負擔之。」

五、付款之方法

(一)**一部付款**：由於票據屬於法定文義證券，付款人原則上應依照票面所記載金額履行其全部付款之責任，但為減輕付款人責任，因此，若付款人僅履行一部分之付款時，執票人亦不得拒絕（票73），若執票人拒絕受領一部分付款時，對於該部分之票據即喪失追索權。付款人在履行一部分付款之後，由於票據上之權利並未全部消滅，對於尚未付款之部分不能視為執票人同意主債務人延期清償，因此，執票人仍得就其餘部分之票據金額行使追索權，而無須繳回票據，且執票人對於未獲付款部分之票據應請求作成拒絕證書（票86 I），以便行使追索權，但付款人得要求執票人在票據上記載已受領之金額，並另給收據（票74 II）。

(二)**付款之標的**：票據係金錢證券，故以金錢為付款之標的。但票據之

發票與付款如不在同一地點，兩地貨幣之價值不同時，即有換算貨幣價值之問題。因此票據法規定：

　　1.以付款地通用之貨幣支付：表示匯票金額之貨幣，如爲付款地不通用者，得依付款日行市，以付款地通用之貨幣支付之。但有特約者，不在此限（票75I）。即原則上以付款地通用之貨幣支付，如有特約，就依特約之規定。

　　2.推定以付款地之貨幣爲準：表示匯票金額之貨幣，如在發票地與付款地，名同價異者，推定其爲付款地之貨幣（票75II）。如臺灣外島之貨幣，雖同爲新臺幣，如兩種有不同價值時，發票地在臺北，付款地在外島，如馬祖，則推定以馬祖之新臺幣爲準。

　　㈢**票據之繳回與提存**：就付款人之權利而言，付款人得要求執票人繳回票據，必要時並得將票據金額加以提存。由於票據爲法定繳還證券，若付款人不收回票據時，該票據上之票據權利仍不消滅，若被善意第三人取得時，付款人即有重複付款之風險，因此，付款人在履行全部付款責任之後，得要求執票人在票據正面或背面記載「收訖」字樣，並簽名後交出票據（票74I），若執票人不交出票據時，付款人得拒絕履行付款責任。若付款人僅履行一部付款時，票據上之一部權利即爲消滅，但其餘部分之票據權利仍然存在，由於執票人仍必須持有該票據以行使剩餘權利，因此，付款人爲避免雙重付款，得要求執票人在票面上記載已受領之金額並另給收據（票74II）。

六、付款人

　　㈠**付款人之意義**：付款人（英：drawee；德：Bezogener, Trassat；法：tiré），乃接受發票人委託而負責支付票據金額之人，在付款人對票據承兌或付款之後，即成爲承兌人或付款人，並成爲該票據之第一債務人，且若票面上未記載付款人時，則應以該票據之發票人作爲付款人。

　　㈡**付款人之責任**：付款人最重要之責任就是付款，但在付款時，對於票據之款式，與背書是否連續，應加以注意，否則，當應負其責任。其責任爲：

1.票據之審查：即付款人於付款時，應審查票據之款式是否具備，付款人對於背書不連續之匯票而付款者，應自負其責（票 71 I）。惟付款人對於背書簽名之真偽，及執票人是否票據權利人，不負認定之責。但有惡意及重大過失時，不在此限（票 71 II）。此之惡意，如明知 票據之簽名或背書人有偽造、變造，或執票人無受領之權，而仍予支付是。

2.期前付款之責任：原則上執票人於到期日進行付款提示時，付款人始負有付款義務，因此，在到期日前之付款，執票人得拒絕之。付款人於到期日前付款者，應自負其責（票 72）。

㈢**付款人之權利**：付款人得要求執票人繳回票據，必要時並得將票據金額加以提存。由於票據為法定繳還證券，若付款人不收回票據時，該票據上之票據權利仍不消滅，若被善意第三人取得時，付款人即有重複付款之風險，因此，付款人在履行全部付款責任之後，得要求執票人在票據正面或背面記載「收訖」字樣，並簽名後交出票據（票 74 I），該票據之全部權利即全部消滅，且除匯票承兌人之外，其餘償還義務人均免除其票據責任，若執票人不交出票據時，付款人得拒絕履行付款責任。若付款人僅履行一部付款時，票據上之一部權利即為消滅，但其餘部分之票據權利仍然存在，由於執票人仍必須持有該票據以行使剩餘權利，因此，付款人為避免雙重付款，得要求執票人在票面上記載已受領之金額並另給收據（票 74 II）。蓋以一部付款，執票人仍應就未獲付款部分，作成拒絕證書證明（票 86 I）。

由於匯票承兌人在匯票時效未消滅之前，隨時有可能被請求付款，基於保護票據債務人利益，因此，若執票人在到期日或其後 2 天內不進行付款提示時（票 69 I），匯票承兌人得請求執票人受領其匯票金額之清償，亦得將該金額依法提存，且其提存費用應由執票人負擔，而在匯票金額提存之後，將具有票據債務消滅之效力，承兌人即得免除其清償責任。若匯票未經承兌時，其執票人僅有追索權而無付款請求權，但由於追索權之行使係以保全匯票上權利為要件，因此，若執票人未於法定期限內行使或保全匯票上權利時，對於前手即喪失追索權，付款人不得再對該執票人付款。

七、付款地

付款地（英：place of payment；德：Zahlungsort；法：lieu de paiement），即票面上所記載應支付票面金額之地點，若無記載時，應以付款人之營業所、住所或居所所在地作為付款地，且付款地之記載可用於判斷預備付款人是否在付款地、決定該票據所應支付之貨幣種類與發行回頭票據金額、決定執票人請求付款及拒絕證書之作成地、決定票據債務人提存票據金額之提存法院、決定票據訴訟管轄法院之所在地等。

八、付款之效力

㈠**票據權利消滅**：匯票經付款後，則票據權利，即為消滅。其付款為全部者，則全部消滅，為一部者，則一部消滅，即各償還義務人，均免其責任，故付款為票據之終結，此即為付款之效力。

㈡**付款人自負其責**：

1.背書不連續之付款：惟付款是否均發生此項效力，則又視付款人於付款時，對於背書之連續與否而異。我票據法第 71 條規定：「付款人對於背書不連續之匯票而付款者，應自負其責。」依此，背書如不連續，付款人可拒絕付款，否則，應自負其責。

2.到期日前之付款：到期日前之付款，執票人得拒絕之。付款人於到期日前付款者，應自負其責（票 72）。

第九節　參加付款

一、參加付款之意義

參加付款（英：payment by intervention, payment for honour；德：Ehrenzahlung；法：Paiement par intervention），即在本票及匯票，其付款人或承兌人拒絕承兌或拒絕付款時，由付款人或擔當付款人以外之第三人，為特定債務人之利益，對執票人付款，以防止執票人行使追索權之行為。茲分述之：

㈠**參加付款係付款人或擔當付款人以外之第三人**：付款人或擔當付款

人所爲之付款自非參加付款。付款人或擔當付款人以外之第三人所爲之付款，謂之參加付款。

㈡**參加付款係防止追索權之行使**：參加付款乃阻止執票人追索權之行使爲目的，至於其追索權係期前行使，或到期行使在所不問。

㈢**參加付款係為特定票據債務人之利益所為之付款**：參加付款通常以發票人或背書人爲被參加人。例外亦得以保證人、參加承兌人或承兌人爲被參加人。故參加付款應記載被參加人之姓名，因此也是爲特定票據債務人之利益而爲。

二、參加付款與其他類似概念

㈠**參加付款與付款**：

	參加付款	付款
兩者之比較	由付款人或擔當付款人以外之人爲之。	由付款人或擔當付款人支付票據金額。
	應就被參加人應支付金額之全部爲之。	得就票載金額之一部付款。
	只能消滅部分的票據關係： ⑴執票人之權利消滅。 ⑵參加付款取得票據權利。 ⑶被參加人之後手亦免除責任，但被參加人及其前手之責任仍不消滅。	付款後，票據關係消滅。

㈡**參加付款與參加承兌**：參加承兌（英：acceptance by intervention, acceptance for honour；德：Ehrenannahme；法：acceptation par intervention），係指在有法定事由發生時，爲防止執票人到期日前行使追索權，保護票據債務人利益，以預備付款人或票據債務人以外之第三人，爲特定票據債務人之利益，所爲之附屬票據行爲。「參加承兌」之性質屬於附屬票據行爲，其前提爲匯票之基本票據行爲在形式上必須有效存在，進行匯票參加承兌行爲之人稱爲「參加承兌人」，因參加承兌行爲而直接享受其利益之人則稱爲「被參加承兌人」。

在票據實務上，參加承兌人爲匯票之第二債務人，且參加承兌人付款後，即具有與執票人相同之票據權利。由於參加承兌之目的係爲防止匯票

執票人在到期日前行使追索權，因此，參加承兌人僅在匯票付款人或擔當付款人拒絕付款時，才必須負匯票付款責任，且參加承兌人僅對被參加承兌人負有票據義務，其身分為匯票之第二債務人，但參加承兌人必須在匯票上載明其參加承兌之意旨並簽名之後，其參加承兌行為方具有法律效力。參加承兌人雖為匯票之第二債務人，但若執票人不在法定期限內進行付款提示，或不在法定期間內作成拒絕證書時，該執票人即喪失其對於參加承兌人請求付款之權利。參加承兌人在履行付款責任後，即可取得與執票人相同權利，因此，參加承兌人得向匯票承兌人行使追索權。

三、參加付款之程序

(一)**參加付款之時期**：參加付款，應於執票人得行使追索權時為之。但至遲不得逾拒絕證明作成期限之末日（票77）。執票人行使追索權，不限於到期日，到期日前如有法定原因，亦得行使（票85）。但至遲應在拒絕付款日或其後 5 日內為之，如允許延期付款時，應於延期之末日或其後 5 日內作成之（票87 II）。

(二)**參加付款之當事人**：

1.參加付款人：又稱為「一般參加人」。參加付款，除承兌人因其為當然付款人，不參加付款外，凡付款人或擔當付款人以外之人，均得為之（票78 I）。執票人拒絕參加付款時，對於被參加人及其後手喪失追索權（票78 II）。

2.當然參加人：參加承兌人及預備付款人參加付款，通稱為「當然參加人」。

　(1)提示日：即付款人或擔保付款人不於票據法第 69 條（付款人或擔當付款人不於到期日或其後二日內）及第 70 條（執票人同意延期之三日內），所定期限內付款者，有參加承兌人時，執票人應向參加承兌人為付款之提示；無參加承兌人而有預備付款人時，應向預備付款人為付款之提示（票79 I）。

　(2)效力：因參加承兌人本應負付款之責任（票57），參加承兌人或預備付款人，不於付款提示時為清償者，執票人應請作成拒絕

證書之機關，於拒絕證書上載明之（票79Ⅱ）。如執票人違反上
述之規定（即不向參加承兌人或預備付款人爲付款之提示，或
未作成拒絕付款證書）時，對於被參加人與指定預備付款人之
人及其後手，喪失追索權（票79Ⅲ）。

　　3.優先參加人：請爲參加付款者有數人時，其能免除最多數之債務
者，有優先權（票80Ⅰ）。故意違反此項規定者參加付款者，對於因之未
能免除債務之人喪失追索權（票80Ⅱ）。又能免除最多數之債務者有數人
時，應由受被參加人之委託者或預備付款人參加之（票80Ⅲ）。

　　㈢**參加付款之期限**：參加付款，應於執票人得行使追索權時爲之。但
至遲不得逾拒絕證書作成期限之末日（票77）。

　　㈣**作成拒絕證書之期限**：拒絕承兌證書，應於提示承兌期限內作成之。
拒絕付款證書，應以拒絕付款日或其後 5 日內作成之。但執票人允許延
期付款時，應於延期之末日，或其後 5 日內作成之（票87）。

　　㈤**參加付款之金額**：參加付款，應就被參加人應支付金額之全部爲之
（票81）。所謂全部金額，不限於票載金額，其利息、費用也包括在內（票
97）。法律所以禁止一部參加付款，因一部份參加付款，不但無法維持被
參加人之信用，亦不能阻止追索權之行使，並使票據關係趨於複雜。

　　㈥**參加付款之款式**：參加付款，應於拒絕付款證書內記載之（票82Ⅰ），其
應記載事項，票據法未明文規定，解釋上應記載下列事項，由參加人簽名：

　　　1.參加付款之意旨。

　　　2.被參加付款人之姓名：參加承兌人付款，以被參加承兌人爲被參
加付款人。預備付款人付款，以指定預備付款人之人爲被參加付款人（票
82Ⅱ）。無參加承兌人或預備付款人，而匯票上未記載被參加付款人者，
以發票人爲被參加付款人（票82Ⅲ）。

　　　3.參加付款年、月、日，並由參加付款人簽名。

四、參加付款之效力

　　㈠**對執票人之效力**：

　　　1.執票人之權利消滅：參加付款後，執票人因取得票據債權之清償，

其於票據上權利，則歸於消滅。執票人拒絕參加付款者，對於被參加人及其後手喪失追索權（票78 II）。

　　2.匯票、清單及拒絕證書之交付：參加付款後，執票人應將匯票及收款清單交付參加付款人，有拒絕證書者，應一併交付之（票83 I）。違反前項之規定者，對於參加付款人，應負損害賠償之責（票83 II）。

　㈡**對於參加付款人的效力**：

　　1.取得票據權利：參加付款人，對於承兌人、被參加付款人及其前手，取得執票人之權利（票84 I）。所謂執票人之權利，主要指付款請求權及追索權兩者而言。又參加付款後，不應再使票據流通，故參加付款人不得以背書將匯票再為轉讓（票84 I但）。

　　2.參加之通知義務：參加人非受被參加人之委託而為參加者，應於參加後4日內，將參加事由通知被參加人。參加人怠於為前項通知因而發生損害時，應負賠償之責（票82 IV準55）。

　㈢**對被參加付款人後手之效力**：被參加付款人之後手，因參加付款而免除責任（票84 II）。

第十節　追索權

第一款　追索權概說

一、追索權之概念

　㈠**追索權之意義**：追索權（英：recourse；德：Regreß, Rückgriff；法：recours），又稱為「**償還請求權**」，係指票據執票人在票據到期不獲付款、不獲承兌或有其他法律原因時，在行使或保全票據上權利之行為後，得向發票人、背書人或其前手請求償還票據記載金額及相關費用之權利（票85 II）。亦稱為償還請求權。

　㈡**追索權之作用**：在於保護執票人之權利及票據安定性，使執票人能收回票據上之金額、利息及必要費用，以達成強化票據信用與流通之目的。執票人行使此項權利時，應遵守手續上及期限之限制，執票人不於法

定期限內爲行使或保全票據上權利之行爲者，對於前手喪失追索權（票104）。所謂法定期限，指見票即付，或定期付款之匯票應自發票日起 6 個月內之提示（票66Ⅱ準45），拒絕承兌證書，或拒絕付款證書之作成期限（票87），及免除作成拒絕證書事由之通知（票89Ⅱ）。

(三)**追索權行使之原因**：

1.到期追索：匯票到期不獲付款時，執票人於行使或保全匯票上權利之行爲後，對於背書人、發票人及匯票上其他債務人，得行使追索權（票85Ⅰ）。

2.到期日前追索：有下列情形之一者，雖在到期日前，執票人亦得行使前項權利（票85Ⅱ）：

　　(1)匯票不獲承兌時。

　　(2)付款人或承兌人死亡、逃避或其他原因無從爲承兌或付款提示時。

　　(3)付款人或承兌人受破產宣告時。

二、追索權之立法主義

包括「期前償還主義」、「擔保主義」與「選擇主義」三種如下：

(一)**期前償還主義**：又稱爲「**一權主義**」，其理論係認爲票據在到期日前無論遭拒絕付款或拒絕承兌，執票人均得對其前手追索，其優點在於切合實務並可免除擔保請求程序，我國票據法第85條亦採用「期前償還主義」之觀點。

(二)**擔保主義**：又稱爲「**二權主義**」或「**期前償還及擔保請求併行主義**」，其理論係認爲執票人所具有之追索權內容包含「擔保請求權」與「償還請求權」，執票人在付款人拒絕承兌時，雖有拒絕承兌之事實，但由於票據之到期日尚未屆至，付款人仍有到期付款之可能，因此，執票人對於其前手僅得請求票據之付款擔保，等到該票據到期日屆至，而其付款請求被付款人正式拒絕時，始得對其前手請求票據金額之償還。

(三)**選擇主義**：又稱爲「**折衷主義**」，其主張係認爲執票人在付款人拒絕承兌或付款時，得就該票據所具有之「擔保請求權」與「償還請求權」

中,任選一種追索權向其前手行使。

　　「期前追索」係指執票人在法定之特殊事由發生時,例如票據不獲承兌、付款人或承兌人死亡、逃避或其他原因而使執票人無法進行付款提示、付款人或承兌人受破產宣告時,即使該票據上所記載之到期日尚未到期,執票人基於維護自身之票據權利,亦得提早在票據到期日之前向票據債務人行使追索權（票85Ⅱ）。「因不可抗力而不能行使付款請求權時之追索」係指票據執票人由於自然災害、戰爭、道路中斷等不可抗力之事變發生,以致於不能在法定期限內進行票據之承兌或付款提示時,應將其事由儘速通知發票人、背書人及其他票據債務人（票105Ⅰ）,但若該事變之發生期間已超過到期日後30天以外時,該執票人即無須進行票據提示或作成拒絕證書,而得逕行使票據追索權（票105Ⅳ）。

三、追索權之性質

　　係屬於票據法所創設之救濟權,具有「連帶性」、「飛越性」、「變向性」、「移轉性」等特性,從而追索權人在行使其追索權時,亦具有「選擇追索權」、「變更追索權」、「代位追索權」與「回頭票據之發行」等四種法律效力:

法律效力 種　類	內　　　　　容
㈠連帶性 （共同性）	係指票據發票人、承兌人、背書人及其他票據債務人對於執票人應連帶負責（票96Ⅰ）。但票據之追索權人除得依照一般追索程序,向其前手要求實際票據金額清償之外,並得以發行「回頭票據」之方式了結其票據上之法律關係。
㈡飛越性 （選擇性）	係指票據執票人得不依照票據債務成立之先後順序,而直接對該票據之發票人、承兌人、背書人及其他票據債務人中之一人、數人或全體行使追索權（票96Ⅱ）,亦即對於追索權人而言,由於票據追索權具有「飛越性」,因此,追索權人具有「選擇追索權」,又稱為「**飛越追索權**」。
㈢變向性 （變更性）	係指票據執票人已對票據債務人之1人或數人進行票據債務之追索者,對於其他票據債務人仍得行使追索權（票96Ⅲ）,亦即對於追索權人而言,由於票據追索權具有「變更性」,因此,追索權人具有「變更追索權」,又稱為「**轉向追索權**」。

四移轉性 （代位性）	係指在票據執票人行使其追索權時，若被追索之票據債務人對執票人履行票據金額之清償，該票據債務人即取得與執票人相同之權利（票96Ⅳ），得代位向其前手使追索權請求償還該票據金額，亦即對於追索權人而言，由於票據追索權具有「移轉性」，因此，追索權人具有「代位追索權」，又稱為「**再追索權**」。

四、追索權之種類

依行使之時期為準	到期追索	在票據到期無法獲得付款時，所行使之追索權。
	期前追索	即執票人在法定之特殊事由發生時，如票據不獲承兌、付款人或承兌人死亡、逃避或其他原因，而使執票人無法進行付款提示、或付款人、承兌人受破產宣告時，執票人基於維護自身之權利，亦得提早在票據到期日前向票據債務人行使追索權。
依行使之主體為準	最初追索	即執票人所行使之追索權。
	再追索權	已履行清償義務之票據債務人，如背書人向其前手行使追索權。

第二款　追索權之當事人

　　追索權之當事人，有「追索權人」與「償還義務人」兩者如下：

一、追索權人

　　包括該票據之最後執票人與已履行清償義務之票據債務人。

　　㈠**最後之執票人**：票據之最後執票人即為該票據之票據債權人，因此，若該票據到期不獲付款，或到期日前有其他法定原因發生，以致無法進行承兌提示或付款提示時，該票據之最後執票人即得行使追索權（票85），稱為「最初追索」。

　　㈡**已為清償之票據債務人**：已履行清償義務之票據債務人將取得與執票人相同之票據權利（票96Ⅳ），故得行使追索權，稱為「再追索」，且具有再追索權之人包括票據背書人、保證人（票64）及參加付款人（票84）。

二、償還義務人

　　係指在法律上負有償還票據債務責任之人：

　　㈠**發票人**：發票人應照匯票文義擔保承兌及付款（票29），故為償還義

務人（票 85 I）。但依特約有免除擔保承兌之責者（票 29 I 但），則執票人不得於到期日前對其行使追索權。

（二）**背書人**：係指在票據上，以簽名方式進行票據轉讓之讓與人。票據背書人負擔保承兌及付款之責（票 39、29），故為償還義務人（票 85 I）。但依特約背書人有免除擔保承兌之責者（票 29 I 但），執票人不得於到期日前對其行使追索權。

（三）**其他票據債務人**：

1.保證人：指在票據上以背書方式進行票據保證行為，從而同意在發票人不履行票據付款責任時，將代為負責付款的人（票 61）。

2.承兌人：係指在匯票上以簽名方式承諾將負責在到期日時付款的人（票 42）。

3.參加承兌人：係指以維持特定匯票債務人的信用為目的，而在匯票被付款人或承兌人拒絕付款或拒絕承兌時代為承兌的第三人（票 57）。

習題：何謂追索權？其當事人為何？試說明之。（95 中正財法所）

第三款　追索權之行使

一、追索權之行使要件

（一）**實質行使要件**：係指追索權人行使追索權之「法定原因」，票據之追索權人必須在有法定原因存在之前提下，方得行使其追索權，且依據追索權人行使追索權之時間不同，其法定原因可分為票據到期不獲付款、票據付款人拒絕承兌或視為拒絕承兌（票 47 II）、票據金額僅獲得一部承兌、票據付款人死亡、票據承兌人死亡而其繼承人拒絕付款、票據付款人或承兌人有逃避或其他原因以致執票人無法進行付款提示、票據付款人或承兌人受破產之宣告等。

（二）**形式行使要件**：係指追索權人行使追索權之「法定程序」。若票據到期不獲付款時，執票人必須在已履行追索權保全手續之前提下，方得對背書人、發票人及票據上其他債務人行使追索權（票 85 I）。執票人必須履行之追索權保全手續包括票據之提示、作成拒絕證書與拒絕事由之通

知等，且票據之提示與作成拒絕證書在性質上係屬於追索權行使之法定要件，因此，若執票人違反時將喪失其追索權，至於拒絕事由之通知則僅為後手對前手之程序性義務，若執票人未善盡通知義務時，其追索權雖不喪失，但必須對其前手負損害賠償責任。

二、追索權行使之程序

追索權行使之程序有三：

㈠原有匯票之提示：

1.原則：提示為行使匯票上權利之必要行為，執票人行使追索權時，必須於到期日前，向付款人提示匯票，請求承兌或付款（票42）。匯票上有免作拒絕證書之記載者，執票人仍應於所定期限內為承兌或付款之提示，但對於執票人主張未為提示者，應負舉證之責（票95）。倘執票人未在法定期限內提示者，喪失追索權（票85 I,104）。

2.例外：

⑴拒絕承兌證書作成後，無須再為付款提示，亦無須再請求作成付款拒絕證書（票88）。

⑵付款人或承兌人死亡、逃避或其他原因，無從為承兌或付款提示時（票85 II②）。

⑶付款人或承兌人受破產宣告時（票85 II③）。

⑷執票人因不可抗力之事變，不能於所定期限內，為承兌或付款之提示者，應將其事由從速通知發票人、背書人及其他票據債務人。關於通知之方法、期限及不為通知之制裁，準用票據法第89條至第93條之規定。事變終止後，執票人應即對付款人提示，如事變延至到期日後30日以外時，執票人得逕行使追索權，無須提示或作成拒絕證書。若匯票為見票即付，或見票後定期付款者，其30日之期限，自執票人通知其前手之日起算（票105）。

㈡拒絕證書之作成：

1.原則：拒絕證書，為證明不獲承兌，不獲付款，或無從承兌提示之公證書。匯票不獲承兌，或不獲付款，或無從為承兌提示時，執票人

應請求作成拒絕證書證明之（票86Ⅰ）。

　　2.例外：

　　　　⑴略式拒絕證書：付款人或承兌人在匯票上記載提示日期，及全部或一部承兌或付款之拒絕，經其簽名後，與作成拒絕證書，有同一效力（票86Ⅱ）。

　　　　⑵宣告破產裁定正本或節本：付款人或承兌人受破產宣告時，則不必作拒絕證書，但應以宣告破產之裁定之正本或節本證明之（票86Ⅲ）。

　　3.免除作成拒絕證書：發票人或背書人，得為免除作成拒絕證書之記載（票94Ⅰ），在發票人為免除作成拒絕證書之記載時，則對於其一切後手，均生效力，執票人得不請求作成拒絕證書，即逕行使追索權。執票人如仍請求作成拒絕證書者，應自行負擔其費用（票94Ⅱ）。在背書人為免除作成拒絕證書之記載時，僅對於該背書人發生效力，執票人作成拒絕證書者，只得向匯票上其他簽名人要求償還其費用（票94Ⅲ）。

　　4.因不可抗力之事變而免除作成拒絕證書：執票人因不可抗力之事變，不能於所定期限內為承兌或付款之提示，應將其事由從速通知發票人、背書人及其他票據債務人（票105Ⅰ）。如事變延至到期日後30日以外時，執票人得逕行使追索權，無須提示或作成拒絕證書（票105Ⅲ）。

　㈢**拒絕事由之通知**：

　　1.通知之期限：

　　　　⑴拒絕事由之通知：執票人應於拒絕證書作成後4日內，對於背書人、發票人及其他匯票上債務人，將拒絕事由通知之。如有特約免除作成拒絕證書時，執票人應於拒絕承兌，或拒絕付款後4日內，為前項之通知。背書人應於收到前項通知後4日內，通知其前手。背書人未於票據上記載住所或記載不明時，其通知對背書人之前手為之（票89）。

　　　　⑵通知義務之免除：發票人、背書人及匯票上其他債務人，得於第89條所定通知期限以前，免除執票人通知之義務（票90），蓋以此項通知，為執票人之義務，同時即為票據上所有債務人之權

利，票據債務人拋棄自己之權利，而免除執票人之義務，自爲法所不禁。

(3)不可抗力而違誤通知：因不可抗力，不能於第 89 條所定期限內將通知發出者，應於障礙中止後 4 日內行之（票 92 I）。

2.通知之方法：現行法並無限制，得用任何方法爲之，只須能到達被通知人即可。但執票人如主張於法定期限內，曾爲通知者，應負舉證之責（票 91 I）。其付郵遞送之通知，如封面所記被通知人之住所無誤，不問該郵件是否到達，法律上視爲已經通知（票 91 II）。

3.怠於通知之效力：其不於第 89 條所定期限內爲通知者，雖仍得行使追索權。但因其怠於通知發生損害時，應負賠償之責，其賠償金額，不得超過匯票金額（票 93）。

第四款　追索權之效力

一、對追索權人之效力

票據法第 96 條第 1 項規定：「發票人、承兌人、背書人及其他票據債務人，對於執票人連帶負責。」因此追索權人行使追索權時，有下列效力：

效力種類	內　　　　　容
㈠選擇追索權（飛越追索權）	即執票人得不依負擔債務之先後，對於前項債務人之一人或數人或全體行使追索權（票 96 II）。
㈡變更追索權（轉向追索權）	即執票人對債務人中一人或數人已爲追索者，對於其他票據債務人仍得行使追索權（票 96 III）。
㈢代位追索權（再追索權）	被追索者已爲清償時，與執票人有同一權利（票 96 IV）。亦即對於其前手，得再爲追索之權利。
㈣回頭匯票之發行	即票據追索權人，得以發票人或前背書之 1 人或其他票據債務人爲付款人，向其住所所在地發見票即付之匯票（票 102 I）。以終結其法律關係。是追索權人行使追索權之一種特殊方法。

二、對償還義務人之效力

㈠**票據債務人之責任**：發票人、承兌人、背書人及其他票據債務人，對於執票人連帶負責（票 96 I）。此與民法上連帶責任相當（民 273）。

㈡**匯票、收據、償還計算書之交付請求權：**

　　1.匯票債務人爲清償時，執票人應交出匯票，有拒絕證書時，應一併交出（票100Ⅰ）。

　　2.匯票債務人爲清償時，如有利息及費用者，執票人應出具收據及償還計算書（票100Ⅱ）。

　　(三)**背書之塗銷權**：背書人爲清償時，則其自己及其後手之票據債務因而消滅，自屬有權塗銷自己及其後手之背書（票100Ⅲ）。

　　(四)**一部承兌時之追索**：匯票金額一部分獲承兌時，清償未獲承兌部分之人，得要求執票人在匯票上記載其事由，另行出具收據，並交出匯票之膳本及拒絕承兌證書（票101）。

第五款　回頭匯票

一、回頭匯票之意義

　　回頭匯票（英：redraft；德：Rückwechsel；法：retraite），又稱爲「**還原匯票**」或「**回溯匯票**」，係指在無相反約定之前提下，得以發票人或前背書人之 1 人，或其他票據債務人爲付款人，向其住所所在地發見票即付之匯票（票102Ⅰ）。

二、回頭匯票發行之要件

　　(一)當事人間必須無相反之約定（票102Ⅰ但）。

　　(二)付款地必須爲償還義務人之住所所在地（票102Ⅰ）。

　　(三)所發行之匯票必須爲見票即付之匯票（票102Ⅰ）。

　　(四)回頭匯票之票面金額必須符合法定標準（即第 97 及 98 條所列者外，得加經紀費及印花稅）（票102Ⅱ）。

　　(五)回頭匯票必須由有追索權之票據債權人發行（票102Ⅰ）。

　　(六)付款人則必須爲原匯票金額之償還義務人（票102Ⅰ）。

　　(七)執票人應交出匯票、拒絕證書、收據及償還計算書（票100）。

三、回頭匯票金額之決定

　　(一)**原匯票付款地與回頭匯票付款地市價相同時**：回頭匯票之金額，除第 97 條及第 98 條所列者外，得加經紀費及印花稅（票102Ⅱ）。

㈡**原匯票付款地與回頭匯票付款市價不同時：**

　　1.執票人發行時：執票人依第 102 條之規定發匯票時，其金額依原匯票付款地匯往前手所在地之見票即付匯票之市價定之（票 103 I）。

　　2.背書人發行時：背書人依第 102 條之規定發匯票時，其金額依其所在地匯往前手所在地之見票即付匯票之市價定之（票 103 II）。

　　3.市價之決定：前二項市價，以發票日之市價為準（票 103 III）。

第六款　追索權之喪失

　　追索權喪失的原因有法定期限與約定期限及其他原因，茲分述之：

一、法定期限原因

㈠**消滅時效的完成**：匯票、本票之執票人，對前手之追索權，自作成拒絕證書日起算，1 年間不行使，因時效而消滅。支票之執票人，對前手之追索權，4 個月間不行使，因時效而消滅。其免除作成拒絕證書者，匯票、本票自到期日起算；支票自提示日起算（票 22 II）。匯票、本票之背書人，對於前手之追索權，自為清償之日或被訴之日起算，6 個月間不行使，因時效而消滅。支票之背書人，對前手之追索權，2 個月間不行使，因時效而消滅（票 22 III）。

㈡**逾法定承兌期限**：見票後定期付款之匯票，自發票日起 6 個月內，未為承兌之提示者（票 45 I）。

㈢**逾承兌延期期限**：執票人未於付款人請求承兌延期之 3 日內，為承兌之提示者（票 48）。

㈣**見票即付匯票逾法定承兌期限**：見票即付之匯票，以提示日為到期日。自發票日起 6 個月內，執票人不為承兌之提示者（票 66 準 45 I）。

㈤**逾提示付款時期：**

　　1.執票人未於到期日或其後 2 日內，為付款之提示者（票 69 I）。

　　2.付款人於提示付款時，經執票人之同意延期 3 日，而執票人未於延期之末日內，為付款之提示者（票 70）。

㈥**未於期限內作成拒絕證書**：拒絕承兌證書，應於提示承兌期限內作成之（票 87 I）。拒絕付款證書，應以拒絕付款日或其後 5 日內作成之。但執

票人允許延期付款時，應於延期之末日，或其後 5 日內作成之（票87Ⅱ）。

　㈦**未於法定期限內保全權利**：執票人不於票據法所定期限內為行使或保全票據上權利之行為者，對於前手喪失追索權（票104Ⅰ）。

二、約定期限原因

　㈠**未依指定承兌之期限**：除見票即付之匯票外，未於發票人或背書人所指定之期限內，為承兌之提示（票44Ⅰ）。

　㈡**未依特約承兌之期限**：

　　1.見票後定期付款之匯票，未於發票人特約縮短或延長之期限內，為承兌之提示，但延長之期限不得逾 6 個月（票45Ⅱ）。

　　2.見票即付之匯票，未於發票人特約縮短或延長之期限內，為付款之提示，但延長之期限不得逾 6 個月（票66Ⅱ準45Ⅱ）。

　㈢**未於約定期限內保全權利**：執票人不於約定期限內為行使或保全匯票上權利之行為者，對於該約定之前手，喪失追索權（票104Ⅱ）。

三、其他原因

　㈠**拒絕參加付款**：執票人拒絕參加付款者，對於被參加人及其後手喪失追索權（票78Ⅱ）。

　㈡**未參加付款之提示者**：有參加承兌人，或無參加承兌人而有預備付款，而執票人不對其為付款之提示者，對於被參加人與指定預備付款人及其後手，喪失追索權。參加承兌人，或預備付款人，不於付款提示時為清償，執票人又不請求作成拒絕付款證書之機關，於拒絕證書上載明之者，亦喪失追索權（票79Ⅲ）。

　㈢**違反優先參加人之規定者**：請為參加付款人有數人時，其能免除最多數之債務者，有優先權。故意違反此規定，為參加付款者，對於因之未能免除債務之人，喪失追索權（票80Ⅰ，Ⅱ）。

　㈣**回頭背書票據之追索權**：執票人為發票人時，對其前手無追索權。執票人為背書人時，對該背書之後手無追索權（票99）。

　㈤**拋棄追索權者**：追索權係執票人之權利，如執票人對其前手主動拋棄追索權，當即喪失權利。

第十一節　拒絕證書

第一款　拒絕證書之意義

拒絕證書（英：protest；德：Protest；法：protêt），係用以證明執票人已在法定期限或約定期限內，向票據債務人行使其票據權利而被拒絕，或已履行保全票據權利之必要行為但被拒絕之要式證書。若執票人未於法定期限內作成拒絕證書時，對於其前手或對於該約定前手即喪失追索權（票104）。

由於拒絕證書僅具有證明執票人已履行必要行為之作用，而不能表彰票據之權利，因此係屬於「證書」而非「證券」，且拒絕證書必須由法定機關作成，其內容必須依照法律規定記載（票107），具有法律上之證明效力，因此，拒絕證書具有「公證書」之性質。在拒絕證書由法定機關作成之後，其相對人得提出反證加以推翻，因此，拒絕證書並非絕對性質之證據，且若發票人或背書人預先有免除作成拒絕證書之記載時（票94 I），執票人即無須作成拒絕證書，或得以其他方法代替拒絕證書。

第二款　拒絕證書之種類

拒絕證書之種類包括「拒絕付款證書」、「拒絕承兌證書」、「拒絕見票證書」、「拒絕交還複本證書」與「拒絕交還原本證書」等五種如下：

種　　類	內　　　　　容	法　律
(一) 拒絕付款證書（付款拒絕證書）	適用於支票、匯票與本票，其種類又可分為「全部不獲付款拒絕證書」、「一部不獲付款拒絕證書」及「無從為付款提示之拒絕證書」等三種。拒絕付款證書應在拒絕付款日或其後 5 天內作成之，但若執票人允許延期付款時，則應於所延期限之末日或其後 5 天之內作成。	票86 I 票87 II
(二) 拒絕承兌證書	僅適用於匯票，其種類可分為「全部拒絕承兌證書」、「一部拒絕承兌證書」及「無從為承兌提示之拒絕證書」三種。「拒絕承兌證書」應於提示承兌期限內作成，而發票後定期付款之匯票，應自發票日起 6 個月內為承兌之提示，因此，應於發票日後 6 個月之內作成，但若發票人曾以特約將提示期限縮短或延長時，則應於約定期限之	票86 I 票46

	內作成,至於「指定請求承兌期限匯票」之拒絕承兌證書則應於指定之期限內作成。	
(三) 拒絕見票證書(見票拒絕證書)	只適用於本票,亦即本票執票人在向發票人提示見票時,若發票人有拒絕簽名之行為,該執票人應於提示見票期限內請求作成拒絕證書,以便行使追索權。	票 122Ⅲ
(四) 拒絕交還複本證書	只適用於匯票,係指若執票人向匯票複本接收人請求交還複本,而接收人拒絕交還時,執票人必須作成拒絕證書加以證明之後,始得依法行使追索權。	票 117Ⅲ
(五) 拒絕交還原本證書	僅適用於匯票,係指若執票人向匯票原本接收人請求交還原本,而接收人拒絕交還時,執票人必須作成拒絕證書加以證明之後,方得行使追索權。	票 119Ⅲ

第三款　拒絕證書之作用

　　拒絕證書之作用,在於證明執票人已在法定期限或約定期限之內確實行使或保全票據上之權利,而仍無法行使其票據權利,由於拒絕證書具有法定證據之性質,因此,票據權利人除有付款人或承兌人在票據上載明提示日期,而其已拒絕付款或承兌經其簽名之「略式拒絕證書」(票86Ⅱ),或付款人或承兌人之破產,以宣告破產裁定之正本或節本(票86Ⅲ),或票據當事人曾以特約方式免除作成拒絕證書(票94Ⅰ),或由付款人於支票或黏單上記載拒絕文義及其年月日並簽名(票131Ⅱ)之外,執票人不得以其他人證或物證代替拒絕證書之效力。

第四款　拒絕證書之作成

　　㈠**作成之機關**:拒絕證書,由執票人請求拒絕承兌地或拒絕付款地之法院公證處、商會或銀行公會作成之(票106)。拒絕證書作成人,應將證書原本交付執票人,並就證書全文另作抄本存於事務所,以備原本滅失之用,抄本與原本有同一效力(票113)。

　　㈡**作成份數**:對數人行使追索權時,祇須作成拒絕證書一份(票112)。拒絕承兌證書作成後,無須再請求作成付款拒絕證書(票88)。

　　㈢**作成期限**(票87):

　　1.拒絕承兌證書，應於提示承兌期限內作成之。

　　2.拒絕付款證書，應以拒絕付款日或其後 5 日內作成之。但執票人允許延期付款時，應於延期之末日，或其後 5 日內作成之。

第五款　拒絕證書之款式

　　拒絕證書乃是要式證書，如應記載事項未予記載，即不發生拒絕證書之效力，其應記載事項，依票據法第 107 條規定為：

　　㈠**拒絕者及被拒絕者之姓名或商號**：拒絕者即被請求之人，如付款人、擔當付款人、承兌人等是。被拒絕者，乃請求之人，如執票人或代理人。

　　㈡**對於拒絕者，雖為請求未得允許之意旨，或不能會晤拒絕者之事由或其營業所、住所或居所不明之情形**：此之對拒絕者雖為請求未得允許之意旨，例如已於某日向付款人為付款之提示，而付款人相應不理或予拒絕是。又此所謂不能會晤拒絕者之事由，例如付款人已逃避是。茲所謂營業所、住所或居所不明之情形，例如票據上未記載，或雖有記載，已遷移別處而不知其遷移之處所是。

　　㈢**為前款請求或不能為前款請求之地及其年月日**：票據法上行使票據之權利，均有一定之處所及期限，因此將請求或不能為請求之地與年月日予以記載。

　　㈣**於法定處所外作成拒絕證書時，當事人之合意**：拒絕證書作成之機關及處所法有明文（票 106），於法定處所外作成拒絕證書時，應經當事人之合意，並於拒絕證書記名，否則將影響證書之效力。

　　㈤**有參加承兌時或參加付款時，參加之種類及參加人，並被參加人之姓名或商號**：將其記載，係為便於票據權利義務關係之證明。

　　㈥**拒絕證書作成之處所及其年月日**：此項記載係為便於查考拒絕證書是否在適法之處所及時期所作成。

　　此外，並應由拒絕證之作成人簽名，蓋用作用機關之印章，才是合法成立。

第六款　拒絕證書之記載處所及方法

一、拒絕證書應在票據上何處記載，其方法為

項　目	記 載 處 所 及 方 法	法律
(一) 付款拒絕證書	付款拒絕證書，應在匯票或其黏單上作成之。匯票有複本或謄本者，於提示時僅在複本之一份或原本或其黏單上作成之。但可能時，應在其他複本之各份或謄本上記載已作拒絕證書之事由。	票108
(二) 其他拒絕證書	付款拒絕證書以外之拒絕證書，應照匯票或其謄本作成抄本，在該抄本或其黏單上作成之。	票109
(三) 拒絕交還原本證書	執票人以匯票之原本請求承兌或付款，而被拒絕並未經返還原本時，其拒絕證書，應在謄本或其黏單上作成之。	票110
(四) 拒絕證書之記載位置	如上所述為拒絕證書應接續匯票上複本上或謄本上原有之最後記載作成之。在黏單上作成者，並應於騎縫處簽名。	票111

二、拒絕證書之抄本

　　拒絕證書作成人，應將證書原本交付執票人，並就證書全文另作抄本存於事務所，以備原本滅失時之用。抄本與原本有同一效力（票113）。

第十二節　複　本

第一款　複本之概念

一、複本之意義

　　複本（英：bill in a set, part of a set；德：Ausfertigung, Duplikat；法：exemplaire, duplicata），係指匯票之發票人基於同一匯票關係所發行之數份證券，各複本間之編號與發行先後雖有不同，但其所表彰之票據關係均相同，因此，若付款人對其中一份複本履行付款責任時，其他複本即失去法律效力。發票人發行匯票複本之目的在於預防執票人於遠地寄送時遺失，並有促進匯票流通之作用。複本通常於異地間以匯票方式支付貿易價金時採用。複本之發行以三份為限（票114Ⅱ）。

二、複本之種類

準　據	複本名稱	意　　　　　義
依發行目的之不同	安全複本	為預防票據之喪失而發行之複本。
	便利複本	為便利票據流通而發行之複本。
依利用方法之不同	承兌複本（送承複本）	用於提示請求承兌而送出之複本。
	流通複本	執票人用以轉讓給其他人之複本，以促進流通之複本。

三、複本之作用

(一)預防匯票之遺失	如某甲在 A 地寄出匯票指定付款人在 B 地付款，A、B 兩地在不同地區，寄送時常易發生遺失情事。如發行匯票時，存有數分複本，則可防止遺失之作用。
(二)增進匯票之流通	發行匯票都因發行地與付款地有相當距離，蓋發行複本，則執票人一方面得複本一分之請求承兌，另一方面又得以他份轉讓於人，承兌與轉讓同時進行，可增進匯票之流通。

第二款　複本之發行

匯票之受款人，得自負擔其費用，請求發票人發行複本。但受款人以外之執票人，請求發行複本時，須依次經由其前手請求之，並由其前手在各複本上，為同樣之背書（票114 I）。茲說明之：

(一)發行當事人	複本發行人限於發票人，其他票據關係人不得為之。
(二)發行請求人	匯票之受款人，得自負擔費用，請求發票人發行複本（票114 I 前段）。
(三)發行之手續	1.請求人為受款人時，可逕向發票人請求發行複本。 2.請求人如為受款以外之執票人，即須依次經由其前手請求之，並由其前手在各複本上，同樣之背書（票114 I 後段）。 3.發行之費用：由請求人負擔。
(四)發行份數	複本之發行，以三份為限（票114 II）。

第三款　複本之款式

複本應記載同一文句，標明複本字樣，並編列號數。未經標明複本字樣，並編列號數者，視為獨立之匯票（票115）。

㈠**應記載同一文句**：匯票發票人在製作匯票複本時，各複本都必須記載相同之文字。

㈡**應標明複本字樣，並編列號數**：複本應標明複本字樣，並編列號數，例如：「複本之一」、「複本之二」、「複本之三」，或「第一號匯票」、「第二號匯票」、「第三號匯票」，或「複本一」、「複本二」、「複本三」等。

第四款　複本之效力

㈠ 有承兌之效力	若付款人對匯票複本中之任何一份承兌時，該承兌行為之效力及於其他複本，執票人不須將其他複本進行提示。
㈡ 對於付款之效力	付款人就複本之一付款時，其他複本失其效力。但承兌人對於經其承兌而未取回之複本，應負其責（票116Ⅰ）。因匯票複本「具有一體性」效力，因此對其中一份付款時，其效力及於其他複本，但複本又具有獨立性，因此經承兌後應取回其他複本，否則應自行負責。
㈢ 對於轉讓之效力	若背書人在其中一份複本背書時，即有轉讓之效力，因匯票複本之一體性原則，背書人在複本進行背書轉讓時，應將所有複本一併轉讓給同一人，如背書人將複本分別轉讓於二人以上時，對於經其背書而未收回之複本，應負其責（票116Ⅱ）。
㈣ 對於追索之效力	㈠將複本各份轉讓於同一人者：將複本各份背書轉讓與同一人者，該背書人為償還時，得請求執票人交出複本之各份。但執票人已立保證或提供擔保者，不在此限（票116Ⅲ）。 ㈡為提示承兌送出複本之一者：因複本具有獨立性，故為提示承兌送出複本之一者，應於其他各份上載明接收人之姓名或商號及其住址（票117Ⅰ）。俾執票人得請求接收人交還其所接收之複本（票117Ⅱ）。如接收人拒絕交還時，執票人非以拒絕證書證明下列各款事項，不得行使追索權（票117Ⅲ）： 1.曾向接收人請求交還此項複本而未經其交還。 2.以他複本為承兌或付款之提示，而不獲承兌或付款。

第十三節　謄　本

第一款　謄本之概念

一、謄本之意義

謄本（英：copy；德：Abschrift；法：copie），係指匯票受款人與其他執票人以背書或保證為目的，自行依照匯票正本所作成之謄寫本。

二、謄本之製作

㈠**製作人**：執票人有作成匯票謄本之權利（票118 I）。

㈡**製作款式**：

1.謄本應標明謄本字樣，謄寫原本之一切事項，並註明迄於何處為謄寫部分（票118 II）。

2.執票人就匯票作成謄本時，應將已作成謄本之旨，記載於原本（票118 III）。

第二款　謄本之效力

㈠**背書及保證**：背書及保證，亦得在謄本上為之，其效力與原本上所為之背書及保證有同一效力（票118 IV）。

㈡**追索**：為提示承兌，送出原本者，應於謄本上載明原本接收人之姓名或商號及其住址（票119 I）。匯票上有此記載者，執票人得請求接收人交還原本（票118 III）。接收人拒絕交還時，執票人非將曾向接收人請求交還原本而未經其交還之事由，以拒絕證書證明，不得行使追索權（票119 III）。

㈢**促進票據流通之功能**：由於匯票謄本僅具有補充匯票內容之作用，並不具有票據效力，因此，謄本上之記載必須與匯票正本相合，始具有票據上之權利。在匯票謄本作成後，匯票執票人若將匯票正本送請承兌時，仍可在匯票謄本上進行背書與保證等票據行為，因此，謄本具有助長匯票流通之功能。

第三款 謄本與複本之不同

區分基準	謄　　　本	複　　　本
意義不同	謄本為正本所作成之謄寫本。	複本是一個匯票而發行數份之票據證券。
發行人不同	謄本可由執票人任意為之（票118 I）。	複本限由發票人所作成（票114）。
效用不同	謄本僅供背書或保證之用（票118IV）。	複本與原本間，各具有獨立之流通效能，因此，匯票之複本，可以為一切票據行為，與原本無異。
發行款式不同	謄本應謄寫原本之事項而成，並標明謄本字樣，註明謄本之始終（票118 II）。	複本應記載同一文句，並標明複本字樣及編列號數（票115）。
發行份數不同	謄本之份數，並無限制。	複本之份數以三份為限（票114 II）。
拒絕證書之不同	謄本可作成拒絕交還原本證書（票119 III）。	複本上可作成拒絕付款證書（票117 III）。
適用範圍不同	謄本祇適用於匯票（票118）及本票（票124）。	複本則祇適用於匯票。

第四章　本　票

第一節　本票之概念

一、本票之意義

本票（英：promissory note；德：eigoner Wechsel, Eigenwechsel；法：billet à ordre），本票係屬票據之一種，意指由發票人簽發一定之金額，並於票面所記載之到期日屆至時，由發票人無條件支付票面所記載之金額予受款人或執票人之票據（票3）。由於本票係由發票人自己擔任付款人，故屬於「自付證券」，且其票據關係之當事人僅有發票人與受款人二者。在票據實務上，本票之發票人係由發票人自己擔任，其資格並無限制，且亦無預備付款人及參加承兌人等。由於本票係於到期日屆至之後，付款人始可對受款人無條件支付票面記載之金額，故本票亦具有「信用證券」之性質，但本票之發票人在發票行為完成之時，即應負無條件付款之票據責任。

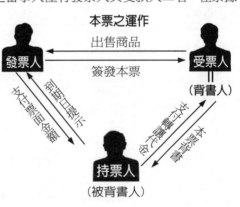

二、本票與匯票

區分基準		本　　　票	匯　　　票
相異點	法律關係	發票人與受款人之二方關係。	發票人、付款人與受款人三方關係。
	發票人責任	發票人負付款之絕對責任。	發票人負票據金額之最後償還義務人。
	給付性質	因為發票人自己兼任付款人，	匯票之付款人係受發票人委託而

		故由發票人直接支付。	付款,故爲間接支付。
	未記載保證時	則由發票人保證。	則由承兌人保證。
相同點		(一)依票據法第 124 條規定:匯票有關發票人、背書、保證、到期日、付款、參加付款、追索權、拒絕證書、謄本等規定,均於本票準用之。故此點本票與匯票同。 (二)兩者同爲信用證券。 (三)兩者均有即期與遠期票券。	

三、本票之種類

區分基準	種類	內容
依據本票票面記載權利人方式之不同	記名本票	指發票人於發票時即載明受款人之姓名或商號之本票,因此,記名本票在發票後,發票人即應將該本票交付給票面上所記載之受款人,該本票方具有法律效力,受款人若欲轉讓記名本票時,即應以背書交付之方式辦理。
	指示本票	指本票之發票人於簽發該本票時,除於票據記載受款人之姓名或商號之外,並附加記載「或其指定人」字樣之支票,受款人亦得以背書方式轉讓該支票。
	無記名本票	指發票人於簽發該本票之時,並未於票面上記載受款人之姓名或商號之支票,其執票人僅得以交付方式轉讓該本票,但無記名本票亦得由執票人記載自己或他人之姓名作爲該本票之受款人,而變更爲記名本票。由於本票使用方便,且兌換極爲方便容易,爲避免小額無記名見票即付之本票充斥市場,擾亂金融秩序,因此,在發票人簽發無記名本票時,若該本票係屬於見票即付時,則其票面金額必須在 500 元以上 (票 120VI)。
依據票面指定到期日方式之不同	即期本票	指本票發票人在簽發本票時,其票面上沒有記載固定的到期日,因此執票人可隨時要求付款,且發票人在見票時將立即付款給執票人之本票,依據我國票據法規定,即期本票若爲無記名時,其票面金額須在 500 元以上。
	計期本票	指在發票日後經過一定期限才付款之本票。
	註期本票	指見票後經過一定期限才付款之本票。實務上由於本票並無承兌制度,因此有見票制度,見票後定期付款之本票應由執票人向發票人進行見票提示,請發票人簽名並記載「見票」字樣及日期。

依據票面記載金額與利息方式之不同	定期本票	指在確定日期或可確定的日期到達時才付款的本票。
	擔保本票	指本票發票人以提供證券或其他貴重物品之方式，作為其付款之擔保所簽發之本票。
	無擔保本票	指本票發票人在簽發本票時，以簽名方式承諾將在特定日期支付票面記載金額，但未提供資產作為擔保的本票。
	附息本票	指本票發票人在簽發本票時，在票面上附有息券的本票，可用於證明付款人應向執票人支付利息，執票人在本票到期日時，除可向發票人要求支付本票票面記載金額之外，還可要求發票人支付息券上所記載之利息。
	貼現或折扣本票	指本票發票人在簽發本票時，採取折扣或貼現方式簽發的本票，在到期時應由發票人依照票面所記載之金額付款，而不另外支付利息，其發行價格與票面記載金額之間的差額，即為執票人的利息收入。

第二節　發　票

一、發票之意義

　　即指於本票之票據上記載票據法第 120 條第 1 項之規定，由發票人簽名，並交付於受款人或執票人，並自負支付義務為目的之行為。如票據作成後交付前，本票因被盜、遺失或其他非基於發票人之意思，而在交易上流通者，祇要具備票據之要件，對取得本票之善意第三人，發票人仍須負本票責任。

二、發票之款式

㈠應記載事項	本票應記載下列事項，由發票人簽名（票120Ⅰ）：
	1. 表明其為本票之文字。
	2. 一定之金額：見票即付，並不記載受款人之本票，其金額須在五百元以上（票120Ⅵ）。
	3. 受款人之姓名或商號：未載受款人者，以執票人為受款人（票120Ⅲ）。
	4. 無條件擔任支付。
	5. 發票地：未載發票地者，以發票人之營業所、住所或居所所在地為發票地（票120Ⅳ）。

	6.發票年、月、日。 7.付款地：未載付款地者，以發票地為付款地（票120V）。 8.到期日：未載到期日者，視為見票即付（票120Ⅱ）。
（二） 得記載 事項	1.擔當付款人（票124準26Ⅰ）：財政部曾頒「銀行受託為本票擔當付款人要點」以為適用。 2.利息與利率（票124準28）及違約金：約定利息應遵守利率管理條例之規定。 3.禁止轉讓之記載（票124準30Ⅱ）。 4.見票或付款提示期限縮短或延長特約之記載（票124準45Ⅱ、66Ⅱ）。 5.應給付貨幣種類特約之記載（票124準75Ⅰ）。 6.免除拒絕事實之通知或免除作成拒絕證書之記載（票124準90、94Ⅰ）。 7.禁止發行回頭本票之記載（票124準102Ⅰ但）。
（三） 不得記 載之事 項	1.票據法所不規定事項：由於本票並無準用支票平行線之規定，因此，若發票人在本票上劃平行線時，該平行線之記載即不具有票據上之效力。 2.與本票牴觸事項：若發票人在本票上記載付款時之附記條件，則由於該記載與本票無條件擔保支付之性質有所牴觸，因此，該本票應屬無效之票據。

三、發票之效力

　　本票發票人所負責任與匯票承兌人相同（票121），其所負之責任為：

　　㈠**付款之責任**：即本票之發票人為本票之主債務人，在完成發票之後，發票人即應對票面所載金額負絕對之付款責任，即使執票人不遵守法定期限進行付款之提示、見票之提示或作成拒絕證書，在本票之消滅時效完成前，發票人仍不能免除其付款責任，其責任自到期日起經過3年，因時效而消滅（票22Ⅰ）。因此，發票人所負之責任，在學理上稱為「**付款請求權**」。

　　㈡**償還責任**：本票之執票人除得向發票人行使「付款請求權」外，亦得對本票之發票人行使追索權（票124）。

第三節　見　票

一、見票之意義

係指本票之發票人在執票人提示本票時，爲確定見票後定期付款本票之到期日，應由執票人向發票人爲見票之提示，而由發票人在本票上記載「**見票**」字樣及日期並簽名之行爲。因此，「見票」有確定見票定期付款本票之到期日的效力，若發票人在到期日時拒絕付款時，執票人應作成拒絕付款證書，以便行使追索權。

二、見票之程序

㈠**執票人應向發票人爲見票之提示**：見票後定期付款之本票，應由執票人向發票人進行見票之提示，請發票人簽名，並記載見票字樣及日期，其提示期限，準用第 45 條之規定（票 122 I），未載見票日期者，應以所定提示見票期限之末日爲見票日（票 122 II）。藉以確定本票到期日之起算日期。

㈡**提示見票之期限**：本票見票之提示期限，見票後定期付款之本票，執票人應自發票日起 6 個月內進行見票之提示（票 122 I 準 45 I），但發票人得以特約將此一期限加以縮短或延長，但延長之期限不得超過 6 個月（票 122 I 準 45 II）。

㈢**作成見票拒絕證書之期限**：

1.發票人在執票人提示見票時拒絕簽名，則執票人應於提示見票期限內，請求作成拒絕證書（票 122 III），以證明見票拒絕之事實。

2.執票人作成見票拒絕證書後，由於發票人付款之可能性甚低，爲節省手續，因此，該執票人無須再進行付款之提示，亦無須再請求作成付款拒絕證書（票 122 IV）。

㈣**執票人喪失追索權**：若本票執票人不在發票日起 6 個月內之法定期限或約定期限內，進行見票之提示或作成拒絕證書者，對於發票人以外之前手，喪失追索權（票 122 V）。

三、見票之效力

㈠ **確定到期日** **之效力**	見票後定期付款之票據，依承兌日或拒絕承兌證書作成日，計算到期日（票 124 準 67），故見票有確定見票後定期付款之本票的到期日的效力。

闫 未為見票之 提示之效力	執票人不於本法第 45 條所定法定期限內或約定期限內（票124準 104 II），為見票之提示或作成拒絕證書者，對於發票人以外之前 手，喪失追索權（票122 V）。此即對於第 104 條之特別規定。

第四節　本票之強制執行

本票執票人在向發票人行使追索權時，得聲請法院裁定後強制執行（票123），且只須由執票人提出本票原本與拒絕證書供法院查對，一經法院裁定即可執行，無須經過民事訴訟之言詞辯論程序，在程序上甚為便捷，可有效加強本票追索之便利性，促進本票之流通。

本票之強制執行必須由執票人提出聲請，且除本票上有「免除作成拒絕證書」之記載外，執票人在聲請時應提出拒絕證書證明其追索權，否則法院不可裁定強制執行。法院所許可之本票強制執行裁定對象**僅限於本票之發票人**，不包括其他票據債務人在內，因此，只有在本票執票人向發票人行使追索權時，方得向法院聲請強制執行之裁定，若本票執票人係對本票之保證人行使追索權時，即不得提出聲請。若執票人向法院聲請強制執行前，該發票人已死亡時，執票人不得向發票人之繼承人聲請強制執行，但若該發票人係在執票人聲請強制執行後才死亡時，則執票人即得向其繼承人進行強制執行。

一、管轄法院

票據法第 123 條所定，本票執票人聲請強制執行事件，由票據付款地之法院管轄（非訟 194 I）。2 人以上為發票人之本票，未載付款地，其以發票地為付款地，而發票地不在一法院管轄區域內者，各該發票地之法院具有管轄權（非訟 194 II）。

二、法院調查之範圍

執票人向執法院對本票強制執行聲請裁定時，裁定之管轄法院只就本票作形式調查，而不須對其實質關係進行調查，其調查範圍：

㈠本票之絕對必要記載事項。

㈡行使或保全票據上權利之行為、拒絕證書之作成等。

　　若該本票在形式上並無欠缺，且本票執票人得行使追索權時，法院即應作出許可強制執行之裁定。依非訟事件法第 195 條規定：「發票人主張本票係偽造、變造者，於前條裁定送達後二十日內，得對執票人向為裁定之法院提起確認之訴。發票人證明已依前項規定提起訴訟時，執行法院應停止強制執行。但得依執票人聲請，許其提供相當擔保，繼續強制執行，亦得依發票人聲請，許其提供相當擔保，停止強制執行。發票人主張本票債權不存在而提起確認之訴不合於第一項之規定者，法院依發票人聲請，得許其提供相當並確實之擔保，停止強制執行。」

三、強制執行之範圍

　　在法院裁定本票強制執行時，其執行之範圍包括本法第 97 條及第 98 條所定被拒絕付款之本票金額、本票金額之利息、作成拒絕證書與通知及其他必要費用。但在強制執行名義成立之前，若有法定原因發生時，本票發票人除得提起上述本票確認之訴外，亦得提起本票債務人異議之訴，並得依強制執行法之規定停止強制執行，其法定原因包括本票之債權不成立、本票之債權消滅、有妨礙本票發票人請求之事由發生。在本票執票人取得法院裁定許可，而得對發票人進行強制執行後，由於強制執行之裁定並不具有確定私法上權利義務之效力，因此，本票執票人於聲請裁定准予強制執行後，另行提起訴訟請求給付票款。

第五節　本票準用匯票之規定

　　票據法就依本票之性質準用匯票之規定（票124）。茲就其準用範圍，說明如次：

一、發票	本票之發票人所負責任與匯票承兌人同（票121）。仍可準用匯票者： ㈠本票未載受款人者，執票人得於無記名本票之空白內，記載自己或他人為受款人，變更為記名本票（票25）。 ㈡發票人得於付款人外，記載一人，為擔當付款人（票26 I）。 ㈢發票人得記載對於票據金額支付利息及其利率（票28 I）。

二 背書	票據法第二章第二節關於背書之規定，除第 35 條預備付款人之記載外，餘均準用於本票。
三 保證	票據法第二章第五節關於保證之規定，於本票準用之。如第 60 條匯票之承兌人，則準用於第 121 條之本票發票人。
四 到期日	票據法第二章第六節關於到期日之規定，於本票準用之。
五 付款	票據法第二章第七節關於付款之規定，於本票準用之。
六 參加付款	票據法第二章第八節關於參加付款之規定，除第 79 條及第 82 條第 2 項外，其餘於本票準用之。
七 追索權	票據法第二章第九節關於追索權之規定，除第 87 條第 1 項、第 88 條及第 101 條外，其餘於本票準用之。
八 拒絕證書	票據法第二章第十節關於拒絕證書之規定，於本票準用之。
九 謄本	票據法第二章第十二節關於謄本之規定，除第 119 條外，其餘於本票準用之。

第五章　支　票

第一節　支票之概念

一、支票之意義

支票（英：cheque, check；德：Scheck；法：chèque），係指由發票人簽發一定之金額，委託金融業者於見票時，無條件支付與受款人或執票人之票據（票4）。

二、支票之特質

支票之運作

（一） **金錢證券**	支票係發票人在票面上簽發一定金額，支付與受款人之證券，具有金錢證券之性質。
（二） **委託支付 證券**	支票係委託金融業者，包括財政部核准辦理支票存款業務之銀行、信用合作社、農會及漁會等（票4）支付票面記載金額之證券（票127）。
（三） **支付證券**	支票付款人於見票時，必須無條件支付與受款人或持票人票面所載之金額，因此支票可用以代替現金使用而隨時兌現，為法定之支付工具，注重票據關係人之資金關係，故具有支付證券之性質。

三、支票之種類

（一） 以記載 權利人 之方式 為準	記名支票	又稱為「抬頭支票」，係指發票人於發票時即載明受款人之姓名或商號之支票，因此，記名支票在發票後，發票人即應將該支票交付給票面上所記載之受款人，該支票方具有法律效力，受款人若欲轉讓該支票時，即應以背書交付之方式辦理轉讓。
	指示支票	係指支票之發票人於簽發該支票時，除於票據記載受款人之姓名或商號之外，並附加記載「或其指定人」字樣之支

		票，受款人亦得以背書方式轉讓該支票。
	無記名支票	係指發票人於簽發該支票之時，並未於票面上記載受款人之姓名或商號，或僅於受款人之欄位中記載「來人」等字樣之支票，執票人僅得以交付方式轉讓該支票，但亦得由執票人記載自己或他人之姓名，作為該支票之受款人，而將不記名支票變更為記名支票。
(二)以關係人之不同為準	一般支票	指發票人、付款人、受款人各有不同，至少由三人組成票據關係之支票，其付款人當由金融業者免責。
	變式支票	指發票人、付款人及受款人等當事人中有無兼併之支票而言。即發票人得以自己或付款人為受款人，並得以自己為付款人（票125IV）。 1. 對己支票：係指發票人以自己作為付款人而發行之支票，由於支票之付款人以金融業者為限，因此，除金融業者之外，一般人並無發行對己支票之可能。 2. 指己支票：係指發票人以自己作為受款人所發行之支票，一般而言，任何人只要在金融機構中開設有支票存款帳戶時，都可以對外簽發支票而無任何限制。 3. 受付支票：係指發票人得以付款人作為受款人而發行之支票，亦即以金融業者作為該支票之付款人與受款人。
(三)以支票發票日是否與實際發票日一致為準	即期支票	係指票面上所記載之付款人在見票時，或執票人在向付款人進行付款提示時，該付款人即必須付款的支票，通常發票人在簽發即期支票時，其票面所記載之發票日會與實際發票日相同。
	遠期支票	係指發票人於簽發支票時，在票面上不記載實際發票日，而以尚未到來之日期作為發票日， 亦即本付款人係在確定或可確定的未來日期時，才向執票人付款，且執票人必須以提示本支票方式，請求付款人付款。
(四)以付款之特殊保障為準	普通支票	即在付款上，無特殊保障之支票。
	平行線支票	係指由支票之發票人、背書人或執票人在支票正面劃上平行線二道，使付款人僅得對金融業者支付票據金額之支票。
	保付支票	係指支票之付款人基於發票人或受款人之請求，而於支票正面或背面記載「照付」、「保付」或其他同義之字樣並簽名之支票，該支票在經付款人之保付程序後，付款人之付款責任即與匯票承兌人相同，因此，保付支票之付款人對於執票人應負絕對付款之擔保責任，且該支票在經保付之

		後，其發票人及背書人將因保付之成立，而得免除其票據上之付款責任。
(五) 以支票票面金額之限制為準	不限額支票	係指一般支票之發票人在簽發金額時，可憑自己之意思而不受一定金額之限制。
	限額支票	係指付款銀行在與支票存款戶簽訂支票存款契約時，明文規定存戶所得簽發之票面金額之支票，一般其限額爲新臺幣 5,000 元。
	限額保證支票	係指以金融業核准開立之「限額支票存款戶」作爲發票人，並核發該存戶所得簽發之支票每張面額以 10,000 元作爲最高限額，由金融業保證付款之支票。但在票據學理上，由於支票屬於「支付證券」之性質，並無保證制度存在，因此，有部分學者認爲「限額保證支票」違反票據法之規定。
(六) 以日常所使用之支票為準	旅行支票	係指由著名銀行或旅行社所簽發，以提供旅途中簽發時使用的支票，其執票人可永久使用或保存，並無使用時間上的限制。由於執票人在購買及使用旅行支票時必須親自簽名或蓋章，即使旅行支票發生遺失或被竊之情形時，被冒領或冒用的機會亦不大，因此，銀行、飯店、旅社或商店均可接受以旅行支票付款之方式，故其使用範圍甚廣。
	禁止轉讓支票	即發票人或背書人於支票上記載「禁止轉讓」字樣。

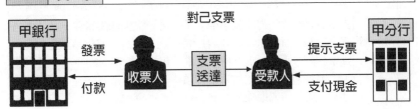

第二節　發　票

一、支票之發票

　　支票之「發票」係指發票人簽發支票交付給受款人之票據行爲。由於支票屬於要式證券，因此，支票發票人必須先與金融機構訂立支票存款委任契約，以便委託該金融機構擔任付款人，且發票人所簽發之支票

必須符合法定應記載事項規定，該支票方為有效票據。

二、支票之款式

支票之款式	(一) 法定應記載事項	1. 絕對必要記載事項	(1)表明其為支票之文字。 (2)一定之金額。 (3)付款人之商號。 (4)受款人之姓名或商號。 (5)無條件支付之委託。 (6)發票地。 (7)發票年、月、日。 (8)付款地等（票 125 I）。 發票人在簽發「對己支票」時，亦得以自己或付款人為受款人，並得以自己為付款人（票 125Ⅳ）。由於支票之付款人係以經財政部核准得辦理支票存款業務之銀行、信用合作社、農會及漁會為限（票 127）。發票人在簽發支票時，票面上所記載之發票日期並不限定必須與實際簽發支票日期相同，支票在票載發票日前，執票人不得為付款之提示（票 128Ⅱ）。
		2. 相對必要記載事項	包括受款人之姓名或商號與發票地（票 125 I ④,⑥），若票面上並未記載受款人時，則以執票人作為受款人（票 125 Ⅱ），稱為「無記名支票」。若票面上並未記載發票地時，則以發票人之營業所、住所或居所作為發票地（票125Ⅲ）。
	(二) 得記載事項		支票發票時之「得記載事項」又稱為「任意記載事項」，除「平行線之記載」係屬於支票本身所特有之制度外，其餘事項之規定與匯票相同，因此，支票得記載事項包括平行線（票 139）、禁止背書（票 144 準 30Ⅱ）、應給付貨幣種類特約（票 144 準 75）、免除拒絕事實通知、免除作成拒絕證書（票 144 準 90、94）、禁止發行回頭支票（票 144 準 102 I）、自付款提示日起算之利息及利率等記載（票 133）。
	(三) 不得記載事項		支票發票人在簽發支票時，其票面上不得記載附有條件之支付委託，亦不得記載以分期付款方式支付票面金額，否則該支票無效。支票發票人所簽發之支票限於見票即付，若其票面上有相反之記載時，該記載本身無效（票 128 I），但該支票本身則仍為有效票據。
支票			係以經財政部准核辦理支票存款業務之銀行、信用合作社、農會及漁會等金融業者為限（票 127），因此，發票人在正式簽發支票之前，必須先與

付款人	擔任付款人之金融業者簽訂「支票存款契約」，向金融業者申請開設支票存款戶並存放足夠之資金，使付款人得在支票之持票人提示見票時，以該資金支付票面金額，若無足夠資金時，則發票人必須與付款人訂有允許墊借之契約，付款人方會允許墊借。

三、支票發票人之責任

㈠擔保付款之責任：

　　1.擔保付款：支票發票人應依照票面上所記載之文義擔保該支票付款（票 126），若付款人拒絕付款時，發票人應負償還票據債務之責任。且若在該支票上共同簽名之發票人有數人以上時，並應負連帶賠償責任（票 5Ⅱ）。發票人雖於提示期限經過後，對於執票人仍負責任（票 134 前段），由於發票人之擔保付款責任在性質上屬於絕對的責任，因此不得藉由特約方式加以免除。

　　2.經保付則免責：若該支票經付款人保付後，則發票人即可免除擔保付款責任（票 138Ⅱ）。

㈡行使追索權：

若該支票被拒絕付款時，執票人對於發票人即得行使追索權（票 134），其範圍除該支票所記載之票面金額之外，尚包括作成拒絕證書與通知及其他必要費用、自為付款提示日起之利息等在內，該利息之性質應屬於債務人因遲延清償票款所應支付之法定利息，該金額若無約定利率時，其利率應依年利 6% 計算（票 133）。

㈢付款提示內不得撤銷委託之責任：

限制支票發票人對於撤銷付款委託之權利，乃是支票特有之制度，其目的在於保障交易安全，維護支票執票人之票據權利，因此，支票發票人在支票法定提示期限未屆滿前，不得撤銷對於金融業者之付款委託（票 135），但在提示期限經過之後即得撤銷。在支票提示期限經過後，而發票人合法撤銷付款委託時，付款人即不得對執票人付款。支票發票人在法定之提示期限經過以後，對於執票人仍須負擔保付款之票據責任，但若因執票人怠於提示，導致發票人之權益受損時，執票人應對發票人負損害賠償之責任，但其賠償之範圍不得超過票面金額。

第三節 支票之付款

第一款 付款之概念

支票係支付證券，主要在付款，依本法第 144 條規定：「第二章第七節關於付款之規定，除第六十九條第一項（提示時期）、第二項（提示對象）、第七十條（付款日期）、第七十二條（期前付款）、第七十八條（參加付款之效力）外；於支票準用之。」故本章就一般支票、保付支票、平行支票及遠期支票說明之。

第二款 一般支票之付款

一、付款之提示

㈠**提示期限**：支票之付款，以「付款之提示」爲前提。因支票限於見票即付，而其性質又爲支付證券，故支票之執票人，應於下列期限內，爲付款之提示（票130）：

　　1.發票地與付款地在同一省（市）區內者，發票日後 7 日內；如發票地在台北，付款地也在台北是。

　　2.發票地與付款地不在同一省（市）區內者，發票日後 15 日內；如發票地在台北，付款地在台南是。

　　3.發票地在國外，付款地在國內者，發票日後 2 個月內；如發票地在香港，付款地在台北是。至發票地在國內，付款地在國外者，其提示期限，則依付款地之法律定之。故票據法未規定。

㈡**未載發票地者**：以發票人之營業所、住所或居所爲發票地（票125Ⅲ）。

二、提示之效力

㈠**行使追索權**：執票人如於上述法定期限內，爲付款之提示，而被拒絕時，對於前手得行使追索權，但應於拒絕付款日，或其後 5 日內，請求作成拒絕證書。付款人於支票或黏單上記載拒絕文義及其年、月、日並簽名者，與作成拒絕證書，有同一之效力（票131Ⅰ, Ⅱ）。

㈡**喪失追索權之事由**：執票人不於第 130 條所定期限內爲付款之提

示，或不於拒絕付款日或其後 5 日內請求作成拒絕證書者，對於發票人以外之前手，喪失追索權（票 132）。此為對於支票之執票人，怠於提示時，所為之制裁。

　　㈢**提示期限經過後，發票人之責任**：發票人雖於提示期限經過後，對於執票人仍負責任。但執票人怠於提示，致使發票人受損失時，應負賠償之責，其賠償金額，不得超過票面金額（票134）。如執票人怠於提示，結果巧遇付款行社破產是。

三、支票之付款

　　㈠**付款之限制**：限制云者，即支票之付款人，應依照票據法之規定，而為付款，不得自由變更。其應遵守之規定，如下：

　　　1.提示期限經過後之支票：依照票據法第 136 條規定：「付款人於提示期限經過後，仍得付款。但有左列情事之一者，不在此限：一、發票人撤銷付款之委託時。二、發行滿一年時。」故如發票人已撤銷付款之委託或支票之發行，已滿 1 年者，付款人即於提示期限經過後，可以不必付款。否則，應自負其責。

　　　2.資金關係無問題之支票：依票據法第 143 條規定：「付款人於發票人之存款或信用契約所約定之數，足敷支付支票金額時，應負支付之責。但收到發票人受破產宣告之通知者，不在此限。」依此規定，付款人在發票人之資金關係無問題時，理應付款，以維持彼此間之信用。如發票人受破產之宣告，則其總債權人，即將依破產法之規定，分配其財產，因而付款人如已收到發票人受破產宣告之通知時，縱有存款，亦不得再為支付，若仍照付，應自負其責。

　　㈡**付款之方法**：

　　　1.全部付款：支票之付款人全部付款時，得要求執票人記載收訖字樣簽名為證，並交出支票（票 144 準 74）。

　　　2.一部付款：付款人於發票人之存款或信用契約所約定之數，不敷支付支票金額時，得就一部分支付之。執票人並應於支票上記明實收之數目（票137 I）。依此規定，則付款人得就一部分支付之，執票人不得拒

絕。支票為一部付款時，亦不須經執票人之同意。但執票人應於支票上記明實收之數目（票137Ⅱ）。

3.轉帳或抵銷：此即一般無支付形式之支票。依票據法第 129 條規定：「以支票轉帳或為抵銷者，視為支票之支付。」是即一般無支付形式之支票。亦即形式上無支付，而實際則等於支付，故云視為支票之支付。有二種情形：

　(1)以支票轉帳者：例如甲持乙銀行付款之支票，用自己名義，以該支票金額存於乙銀行，或甲、丙在乙銀行，均有存款，甲執丙發行而由乙銀行付款之支票，交乙銀行，請將該支票金額轉入自己存款戶內均是。

　(2)以支票抵銷者：例如甲對乙銀行負有金錢債務，應即償還，同時甲在乙銀行，本有存款，特開一乙銀行付款之支票給與，藉以抵銷其債務是。

四、撤銷付款委託

係指發票人向付款人撤回其委託付款之通知。發票人在支票之法定提示期間內不得撤銷對於付款人之付款委託（票135），但在提示期限經過之後，發票人即得撤銷委託。付款人在接獲撤銷付款委託之通知後，若執票人向其進行付款之提示時，付款人即應拒絕付款。

　(一)**撤銷付款委託之要件**：

　1.由發票人申請撤銷：即限於發票人始得為之。

　2.須逾法定提示期限：發票人於法定提示期間內不得撤銷付款之委託（票135）。

　3.須未另為止付通知：如發票人已為止付通知，經止付之金額，應由付款人留存（票施5），因此不能撤銷付款之委託。

　4.須非保付支票：由付款人保付之支票，發票人或背書人既免除責任，則發票人自不得撤銷付款之委託。

　(二)**撤銷付款委託之方法**：支票發票人須向擔任付款人之金融業者作出撤銷之意思表示，再由金融業者提供「撤銷付款委託申請書」給發票人

填寫，而在該通知到達付款人時，發票人撤銷委託之通知即生效。但發票人在支票提示期限內不得撤回付款委託。

㈢**撤銷付款委託之性質**：並非支票發票人終止其與金融業者間所訂立之「支票存款契約」，而是在支票存款契約繼續存在之前提下，禁止付款人對於發票人所簽發之特定支票付款，且發票人必須在支票法定提示期限經過之後，始得撤銷付款委託，但該支票本身仍有效，因此，撤銷付款委託不影響執票人對於發票人所得主張之票據權利。

㈣**付款人之責任**：在發票人撤銷付款委託之後，付款人即不得再對執票人付款，若付款人違反撤銷付款委託之通知，而對執票人付款時，發票人不負任何票據責任，應由付款人負擔該付款金額之損失。付款人於發票人之存款或信用契約所約定之數，足敷支付支票金額時，應負支付之責。但收到發票人受破產宣告之通知者，不在此限（票143）。但若發票人已撤銷付款之委託者，付款人自得拒絕付款。對於以金融業作為擔當付款人之本票，亦不適用撤銷付款委託之規定。

第三款　保付支票

一、保付支票之概念

㈠**保付支票之意義**：保付支票（英：certificated check；德：Scheckbürgschaft），係指支票之付款人基於發票人或受款人之請求，而於支票正面或背面記載「照付」、「保付」或其他同義之字樣並簽名之支票（票138 I），該支票在經付款人之保付程序後，付款人之付款責任即與匯票承兌人相同，因此，保付支票之付款人對於執票人應負絕對付款之擔保責任，且該支票在經保付之後，其發票人及背書人將因保付之成立，而得免除其責任（票138 II）。

㈡**保付支票的款式**：

　　1.記載位置：本法只規定，須於支票上記載照付或保付或其他同義字，並未規定記載位置，故於正面記載較妥，習慣上亦均記載於正面。

　　2.記載保付之意旨及簽名：除須記載照付或保付或其他同意字外，並須付款人簽名（票138 I）。

　　3.記載保付日期：如未記載，亦無不可。

二、保付支票之效力

(一) **對付款人** **之效力**	1.付款人同意對支票保付之後，付款人的付款責任，與匯票承兌人同（票 138 I）。付款人一經保付，即負有絕對付款責任。 2.即使該保付支票已發行滿 1 年，付款仍須履行付款（票 138 IV 準 136 I ②）。 3.付款人不得爲存款額外或信用契約所約定數目以外之保付，違反者應科以罰鍰，但罰鍰不得超過支票金額（票 138 III）。
(二) **對發票人** **之效力**	1.支票經保付後，發票人免除其責任（票 138 II）。 2.支票經保付後，發票人不得撤銷付款之委託（票 138 IV 準 130）。發票人破產時，亦無影響。
(三) **對背書人** **之效力**	付款人於支票上已爲照付或保付之記載時，背書人免除其責任（票 138 II）。
(四) **對執票人** **之效力**	1.執票人在付款提示期限內未提示者，仍得請求付款（票 138 IV）。 2.執票人喪失保付支票者，不適用第 18 條，故不得爲止付之通知（票 138 IV 準 18）；但得爲公示催告之聲請。 3.執票人對保付人的付款請求權，其時效期間通說認爲是 3 年（票 138 I 準 22 I）。

第四款　平行線支票

一、平行線支票之概念

(一)**平行線支票之意義**：平行線支票（英：crossed cheque；德：gekreuzter scheck；法：chèque barré），又稱爲「**橫線支票**」或「**劃線支票**」，乃是支票特有之制度，係指由支票之發票人、背書人或執票人在支票正面劃上平行線二道，使付款人僅得對金融業者支付票據金額之支票（票 139）。支票之發票人、背書人或執票人都有權進行平行線之記載，且無

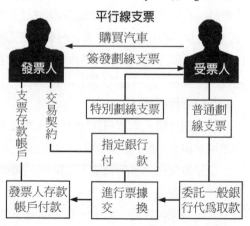

平行線支票

購買汽車

簽發劃線支票

發票人 → 受票人

支票存款帳戶　交易契約

特別劃線支票　　普通劃線支票

指定銀行付款

發票人存款帳戶付款　進行票據交換　委託一般銀行代爲取款

支票正面（如左圖）

須簽名即可成立。

　　㈡**平行線之記載與作用**：平行線應記載在支票正面，實務上係將平行線劃在支票之左上角，但若記載在支票背面時，其記載即為無效。由於支票屬於見票即付之支付證券，在發生毀損、遺失或被竊時，若執票人未立即向付款人進行止付通知，則在付款人履行付款後，即不易追查該支票之提款人，但平行線支票之受款人資格僅限於經財政部核准，得辦理支票存款業務之銀行、信用合作社、農會及漁會等金融業者，一般個人不得進行平行線支票之付款提示，因此，一般個人僅能委託與其有往來之金融業者代為取款，若有糾紛時，付款人即可透過提示平行線支票之金融機構追查該支票之委託提款人。對於發票人與付款人之安全，甚有裨益，也可預防支票之被惡意取得，故為多數國家所採用。

　　㈢**平行線支票之種類**：

1. **普通平行線支票** （英：generally crossed cheque）	又稱為**一般平行線支票**。係指由支票之發票人、背書人或執票人在支票正面劃平行線二道之支票，付款人僅得對金融機構支付票據金額（票 139Ⅰ）。劃平行線支票之執票人，如非金融業者，但在付款銀行有支票存款帳戶時，可直接將該平行線支票存入其在金融業之帳戶。若執票人在付款銀行並無支票存款帳戶，但在其他金融機構有支票存款帳戶時，則應將該支票存入其支票存款帳戶中，委託該金融業者代為取款（票 139Ⅲ）並進行票據交換。
2. **特別平行線支票** （英：specially crossed cheque；法：chèque barré apécialement）	係指支票發票人、背書人或執票人在平行線內記載特定金融業者名稱之平行線支票，且同一張支票上只能有一個特別平行線之記載，付款人僅得對該特定金融業者支付票據金額。若執票人並非平行線內所記載之特定金融業者時，應將該支票存入其在該金融業者之支票存款帳戶中，以便代為取款，且為便利票據交易，因此，該特定金融業者亦

| | 得以其他金融業者作為被背書人，對該平行線支票背書後委託其取款（票 139 II）。 |

(四)**平行線記載之變更**：支票發票人、背書人或執票人得在支票上記載普通平行線或特別平行線，對於普通平行線支票亦得變更記載為特別平行線支票，但特別平行線支票不得變更記載為普通平行線支票，因此，若發票人、背書人或執票人將特別平行線支票所指定之金融業者塗銷時應視為未塗銷，該特別平行線支票仍為有效。

(五)**平行線支票之效力**：

1. 普通平行線支票之效力	(1)對付款人：支票經在正面劃平行線二道者，付款人僅得對金融業者支付票據金額（票 139 I）。 (2)對執票人：劃平行線支票之執票人，如非金融業者，應將該項支票存入其在金融業者之帳戶，委託其代為取款（票 139 III）。
2. 特別平行線支票之效力	(1)對付款人：支票上平行線內記載特定金融業者，付款人僅得對特定金融業者支付票據金額（票 139 II 前段）。 (2)對執票人： ①如特定金融業者為執票人時，得以其他金融業者為被背書人，背書後委託其取款（票 139 II 後段）。 ②支票上平行線內，記載特定金融業者，如執票人非特定之金融業者時，執票人亦應存入其在該特定金融業者之帳戶，委託其代為取款（票 139 IV）。

(六)**違反平行線規定之付款**：若付款人違反平行線支票之付款規定，導致發票人或其他真正票據權利人遭受損害時，應負損害賠償責任，但其所賠償之金額不得超過該平行線支票之票面金額（票 140）。若付款人有違反平行線支票付款規定之事實，但其付款之對象為真正之票據權利人時，則其付款仍具有效力。

(七)**平行線之撤銷**：支票發票人、背書人或執票人雖有權在支票上記載平行線，但只有發票人得將平行線之記載以擬制方式加以撤銷。發票人對於平行線記載之撤銷方式，必須在該平行線內記載「照付現款」或其他同義之字樣，並在旁邊簽名或蓋章作證，即可視為平行線之撤銷，但若該平行線支票已背書轉讓時，則不得撤銷平行線之記載（票 139 V），因此，撤銷平行線所須具備之法定要件，包括發票人必須在平行線旁邊簽

名或蓋章、發票人必須在平行線內記載「照付現款」或其他同義之字樣，且該平行線支票必須未經背書轉讓等。

第五款　遠期支票

一、遠期支票之意義

在票據法上並無「遠期支票」之相關規定，其性質僅係一般習慣上及判例上之用法，在票據法上，支票只有發票年、月、日之規定（票125 I ⑦），並無到期日之規定。若發票人在簽發支票之時並不記載實際發票日，而以尚未屆至之日期作為發票日時，習慣上即稱為「遠期支票」。

二、承認遠期支票的理由

依第128條規定：「支票限於見票即付，有相反之記載者，其記載無效。支票在票載發票日期前，執票人不得為付款之提示」（票128 II）。但該支票本身仍得流通轉讓。實務上在判斷遠期支票之發票人是否具有法定之行為能力，或其代理人有無實際代理權時，原則上應以票面上所記載之日期作為遠期支票之發票日進行判斷，而不以實際發票日作為標準，但若有反證時則應以實際發票日作為標準。若遠期支票之背書日期在票面記載之發票日之前，但在實際發票日之後時，該背書行為仍為有效，且執票人不得在票面記載之發票日前進行付款提示，但在票面記載之發票日前，得以背書方式進行轉讓。發票人在實際發票後之提示期限內，不得撤銷對付款人之付款委託。

若執票人在遠期支票票載日期前進行付款提示時，付款人應不予受理，且若該支票係經由票據交換所進行付款提示時，付款人應予以退票。若付款人違反規定而對發票日期前之遠期支票進行期前付款，應自負責任（票72）。因發票人與付款人之間是委任關係，因此若發票人於發票後，在票載日期屆至前死亡、破產或被拒絕往來時，委任關係即告消滅（民550），付款人不得對執票人付款。但為保護執票人之利益，遠期支票之執票人得行使追索權。

第六款 支票執票人之追索權

支票之「追索權」乃是執票人對於發票人或背書人所得行使之票據權利。若支票執票人在法定提示期限內向付款人進行付款提示，而付款人拒絕履行付款責任時，該提示行為在法律上即產生票據時效中斷之效力，因此，執票人得在作成拒絕證書之後，對其前手之發票人或背書人行使追索權。

一、行使追索之要件

㈠執票人於第 130 條所定提示期限內，為付款之提示而被拒絕時，對於前手得行使追索權。但應於拒絕付款日或其後 5 日內，請求作成拒絕證書（票 131 I）。

㈡付款人於支票或黏單上記載拒絕文義及其年、月、日並簽名者，與作成拒絕證書，有同一效力（票 131 II）。

二、喪失追索權之事由

執票人不於第 130 條所定期限內為付款之提示，或不於拒絕付款日或其後 5 日內，請求作成拒絕證書者，對於發票人以外之前手，喪失追索權（票 132）。

三、利息之請求

執票人向支票債務人行使追索權時，得請求自為付款提示日起之利息，如無約定利率者，依年利六釐計算（票 133）。

四、提示期限經過後發票人之責任

發票人雖於提示期限經過後，對於執票人仍負責任。但執票人怠於提示，致使發票人受損失時，應負賠償之責，其賠償金額，不得超過票面金額（票 134）。

第四節 支票準用匯票之規定

依票據法第 144 條之規定，匯票之發票及款式、承兌、參加承兌、

保證、到期日、參加付款、複本、謄本之規定於支票均不準用外。有關
背書、付款、追索權、拒絕證書等規定，除有與支票之性質牴觸外，大
致均準用之。茲說明之：

一、發票

支票未載受款人者，執票人得於無記名支票內記載自己或他人為受
款人，變更為記名支票（票 144 準用 25 Ⅱ）。

二、背書

匯票關於背書之規定，除第 35 條規定，背書人得記載在付款地之一
人為預備付款人外，餘均準用之。支票無承兌制度，依其性質，票據法
第 39 條擔保承兌，亦無適用之餘地。

三、付款

匯票關於付款之規定，除提示付款期限、擔當付款人之提示（票 39
Ⅰ,Ⅱ）、執票人同意延期付款（票 70）、期前付款（票 72）、票據金額之提存
（票 76）外，餘均準用於支票。

四、追索權

匯票關於追索權之規定，除以承兌為基礎之事項（票 85 Ⅱ①②）、拒絕
證書之作成期限（票 87）、拒絕承兌作成後，無須再為付款提示（票 88）、
依到期日為準之計算利息（票 97 Ⅰ②）、於期日前付款者，自付款日至到期
日前之利息（票 97 Ⅱ）、關於票據金額獲一部承兌時之追索（票 101）之外，
餘均準用匯票之規定（票 144）。

五、拒絕證書

關於拒絕證書之規定，除有關複本、謄本、抄本（票 108 Ⅱ、109、110）
各事項無準用外，餘均準用。

第五節　支票、匯票與本票

區分基準	支　　　票	匯　　　票	本　　　票
一、票據基準	委託及支付證劵。	預約證劵及委託證劵。	預約證劵、信用證劵、自付證劵。
二、付款人	經財政部核准辦理支票存款業務之銀行、信用合作社、農會及漁會（票4）。	匯票之付款人有為承兌人、參加付款人或償還義務人。	發票人自為付款人。
三、資金關係	支票之付款人限於金融業者，故發票人與付款人間，必先有資金關係（票127）。	發票人與付款人間，不必先有資金關係。	本票為自己給付之證劵，無資金關係可言。
四、法律關係	由發票人、付款人及受款人三方關係。	（同支票）	僅有發票人與受款人二方關係。
五、主債務人	主債務人為發票人。	主債務人為承兌人。	主債務人為發票人。
六、支付責任	支票之發票人應照支票文義擔保支付。	匯票之發票人，須擔保承兌及擔保付款。	本票之發票人應自負付款之責。
七、到期日	支票限於見票即付（票128），無到期日之記載。	匯票有到期日（票65）。	本票之到期日準用匯票之規定（票124準65）。
八、票據之記載	支票之付款人及付款地為支票應記載事項（票125 I）。	（同支票）（票24 I）。	本票只有付款地為應記載事項（票120）。
九、承兌制度	無承兌制度	有承兌制度（票42）。	無承兌制度
十、金額之提存	不得為金額之提存（票144準76）。	得為金額之提存（票76）。	（與匯票同）
十一、特種票據	有保付（票138）及平行線支票（票139）。	無此類票據。	無此類票據
十二、複本謄本制度	無複本謄本制度	有複本謄本制度。	本票無複本而有謄本制度（票124）。
十三、強制執行	無規定	無規定	執票人向本票發票人行使追索權時，得聲請法院裁定後強制執行（票123）。

第四編　海商法

第一章　緒　論

第一節　海商法之概念

一、海商法之意義

海商法（英：maritime commercial law；德：Seehandelsrecht；法：droit commercial maritime），可分為形式意義與實質意義兩種。

㈠**形式意義**：指海商法所規定之八章第 153 條規定的內容。

㈡**實質意義**：指商法中有關海上企業特殊法規之整體而言。

對於海商法是否具有獨立運作之法典，雖有爭論，但海商法是形成海商事件法規之中心內容，為海上企業活動之最重要法律。

二、海商法之特性

㈠**海商法之統一性與不動性**：即有關海上企業活動、海上運輸，或海上事故等規定，對其他法律領域言，具有獨立而自成一個法律體系，並不受各種政治情勢或思想之影響，而有其不動性。

㈡**海商法是民法之特別法**：因海商法係以海上之企業活動為規範範圍，而為商事法之一部分，對於民法有關企業活動或商事行為具有特別法之性，因此如商事行為之適用對民法與商事法有競合情形，應優先適用商事法（海5）。如海商法第三章之運送，第 38 條以下之運送與民法之運送（民 622 以下），海商法既有規定，自不適用民法。因此海商法雖是私法，但為私法之特別法。

㈢**海上商事行為具有危險性與孤立性**：海上企業活動，須以船舶裝載人與貨物；海上航行，往往天候難測，危險性高，非人力所能抗拒，也會有人為過失造成船舶毀損，且船舶在海上航行，遇有事故孤立無援，

因此特賦予船長統御領導之權限，以行使司法警察權。

㈣**海商法具有國際性**：因海上運輸跨越州際及國境，船舶裝載人貨往返於世界各地港口，如各國對海商法之規定各行其事，將形成貿易之障礙，故近年來已有海商法之國際統一運動，並陸續有簽定協議或條約，逐漸使海商法成為世界法之趨勢。

第二節　海商法之法源

係指海商法之構成來源。以廣義之海商法而言，其來源可分為「制定法」與「非制定法」兩大部分。

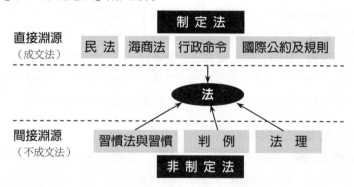

一、制定法

亦即所謂之「成文法」，乃係指經立法機關依照一定之程序所訂立，由總統所公布之法律（憲 170）。

㈠**海商法**：我國現行之海商法典，係民國 18 年 12 月 30 日國民政府公布，至民國 51 年 7 月 25 日修正，88 年及 89 年再度修正通過之法律。目前海商法之主要內容，除源自於前述海商法法典之外，並援用其他相關之海商法規，如**海商法之普通法、海商法之特別法，與國際公約及規則**等。

所謂「海商法之普通法」者，其意義即指民法。我國海商法係屬民事特別法，因此，在不違背海商法意義及性質之前提下，相關法律處理上，亦應適用民法。所謂「海商法之特別法」者，如船舶法、船舶登記

法、造船獎勵條例、引水法、船舶無線電台條例、海上捕獲條例、海上捕獲法庭審判條例、戰時禁制品條例、商港法、航路標誌條例、強制執行法、航業法與海關緝私條例及涉外民事法律適用法等。

㈡**命令**：係指由主管機關自行制定，並發布之規定，亦即「行政命令」。所謂「行政命令」，係指行政機關基於其法定之職權，或法律之授權，對於特定事項訂定公布之法條，並應送達立法院，且其所屬機關均因此而受其規定之約束。即行政命令中，與海商法有較重要相關者而言。

㈢**國際公約及規則**：由於海商法係規範國際貿易間之海事行為，因而國際間時有相關會議之召開，以利於推動海商法之統一，結果訂立多種國際公約或規則，以供各國遵循。因此，凡在公約上正式簽字之締約國家，都應將該類公約或規則，視為其海商法之法源。

二、非制定法

又稱「不成文法」，係指不具備條文形式之法規，或雖具備條文形式，但未經立法機關依法制定，或未由公布法律機關依法公布者，而其適用時之優先順序為：首依我國簽署之國際條約、次應依海事特別法、海商法則次之、其次依民法、又次依習慣法、再次依判例、其後依商事習慣，最後則為法理。

㈠**習慣法與習慣**：所謂「習慣法」者，係指社會上經長期傳承，所累積之行為事實，在經法官鑑定於法理上或判決中採用，而有國家承認之意涵，並具有法律效力之不成文法。就性質而言，「習慣法」與「習慣」二者間並不完全相同。通常「習慣」僅具有補充法律之效力，而其本身則並不具有正式之法律效力。至於「習慣法」本身，不但具有習慣之事實，且已具有法律之效力。關於習慣法之成立要件方面，須社會大眾在意識形態中，已將該習慣認定具有類似或等同於法律之效力。並須確定該習慣已為社會大眾所接受，具有固定性質，且於長時間內不易改變者。該習慣之內容，須為法律所未明文規定者且不得違背社會公序良俗。

㈡**判例**：依法院組織法第 57 條條文「最高法院之裁判，其所持法律見解，認有編為判例之必要者，應分別經由院長、庭長、法官組成之民事

庭會議、刑事庭會議或民、刑事庭總會議決議後，報請司法院備查。」
因此，所謂「判例」者，係指法院於判決時，反覆援引本院或上級法院
以前之判決先例，作爲相同性質之訴訟事件裁判標準。該類作爲裁判標
準之判決先例，即稱爲「判例」。

　　在司法實務上，地方法院或高等法院於審理案件時，固可援引本院
或其上級法院之判例，但若最高法院於審理案件時，其法律見解與本庭
或他庭之判例有所不同時，應由法院院長依行政程序，轉呈司法院院長，
請求召開變更判例會議，加以統一決定，以利日後判決。因此，判例亦
有法律之拘束效力，故凡與海商有關之判例，依理即得爲海商法之法源。

　㈢**法理**：依我國海商法第 5 條條文「海商事件，依本法之規定，本法
無規定者，適用其他法律之規定。」可知，所謂「法理」者，係指立法
之原理，實務上由於時間與社會環境極易變遷，因此法理亦往往隨之而
有所不同。凡與海商有關之法理，即得爲海商法之法源。

　　關於法律適用時之優先順位方面，由於海商法係爲民法之特別法，
因此其適用順位優先於民法，故判決實務上，應於海商法條文中無規定
時，方可適用民法規定。而船舶法、引水法等，又爲海商法之特別法，
故其適用順位又優先於海商法。若海商法條文並無規定，但其他民事之
特別法規有規定時，則其他民事法規又優先於民法。此外，由於海商法
適用民法之規定，故依民法第 1 條規定：「民事，法律所未規定者，依習
慣，無習慣者，依法理。」若民法與其他法律均未規定時，則應依習慣
或依法理處理。至於國際公約之效力方面，凡經我國所簽署，而明文排
除國內法適用之條約，則其效力應優先於我國之法律。

第二章　海商法之船舶

第一節　船舶之概念

第一款　船舶之意義與要件

一、船舶之意義

船舶（英：ship；德：Schiff；法：navire），有廣狹二義：

㈠**廣義**：指在水面或水中供航行之船舶，其類別有客船、非客船、小船、動力船舶、非動力船舶（船舶1）。

㈡**狹義**：指在海上航行，或在與海相通之水面或水中航行之船舶（海1）。

兩者之共通點在於「水面或水中供航行之用」，但在狹義上其航行之區域，則以海上航行或在與海相通之水面或水中航行，故其意義較狹，而海商法所規範者，為狹義之船舶。

二、海商法之船舶應具備要件

㈠ 積極 要件	1.須為航行之用：海商法規範對象之船舶，係指供海上航行之用，如非供航行之用，如橋船、燈船或倉庫船等，即非海商法上所稱之船舶。 2.須為海商法規定之航行地域：海商法上所規範者，須在海洋中航行之船舶，即在海上或在與海相通之水面或水中航行者，如不在海洋中航行，而在內河航行之船舶，則非海商法適用之對象。至於水上飛機雖不適用本法，但如在海上碰撞，則應適用海商法。
㈡ 消極 要件	即不適用海商法之船舶。凡船舶被排除在海商法之適用對象者，有因船舶太小，或非屬商船範圍，或因航行地點不在海洋，除因船舶碰撞而適用海商法規定，以釐清損害賠償責任與訴訟程序外，其他均不適用海商法之規定。 依海商法第3條規定，下列船舶除因碰撞外，不適用海商法之規定： 1.船舶法所稱之小船：即總噸位未滿五十噸之非動力船舶，或總噸位未滿二十噸之動力船舶（船舶1 I ③）。 2.軍事建制之艦艇：海商法適用對象之船舶，係指商船而言。軍事建

制之艦艇，或供軍事作戰或爲兵員、武器之運輸，均非以營利爲目的，故不爲海商法規範之對象（船舶13）。

3.專用於公務之船舶：專供公務使用之船舶，如水上警察巡邏艇、海關緝私艦、救火船、郵務船、環保船……等。

4.海商法第 1 條規定以外之其他船舶：如港口之引水船、湖泊或河溪中之渡輪、內河航行之船舶、學術研究船等是。

習題：海商法上船舶之要件爲何？試說明之。

第二款　船舶之特性

船舶應屬於民法上之「物」，但本質上具有人格性；而在「物」之分類中，應屬動產，但卻具有不動產之特性：

一、船舶爲「物」，但具有動產與不動產之特性

㈠**船舶適用動產之規定**：依海商法第 6 條：「船舶除本法有特別規定外，適用民法關於動產之規定。」第 7 條規定：「除給養品外，凡於航行上或營業上必需之一切設備及屬具，皆視爲船舶之一部。」因此船舶具有動產之集合物特性。

㈡**船舶具有不動產特性**：此學理上稱爲「準不動產」特性。

1.依船舶登記法第 3 條：「船舶關於所有權、抵押權、租賃權之保存、設定、移轉、變更、限制、處分或消滅，均應登記。按民法上動產物權以交付而生效，無須登記；不動產物權之變動，則以登記爲生效要件。船舶雖是動產，但其權利之變動，則須登記，此有類似不動產之特性。不過船舶應行登記之事項，非經登記，不得對抗第三人（船登4）。

2.船舶之強制執行：依強制執行法第114條規定：「海商法所定之船舶，其強制執行，除本法另有規定外，準用關於不動產執行之規定；建造中之船舶亦同。」因此船舶具有不動產之特性。但海商法規定，船舶保全程序之強制執行，於船舶發航準備完成時起，以迄航行至次一停泊港時止，不得爲之。但爲使航行可能所生之債務，或因船舶碰撞所生之損害，不在此限（海4）。國境內航行船舶之保全程序，得以揭示方法爲之。

3.船舶所有權移轉與不動產相同：船舶所有權或應有部分之讓與，非作成書面並向航政主管機關蓋印證明，不生效力（海8）。船舶所有權之

移轉，非經登記，不得對抗第三人（海9）。此與不動產物權之變動相同。

二、船舶之人格性

㈠**船名如人名**：船名由船舶所有人自定。但不得與他船船名相同（船舶10）。此與自然人有姓名與法人有名稱者相同。

㈡**船舶有國籍**：船舶之有國籍（船舶2），與自然人有國籍者相同。

㈢**船籍港**：船舶所有人應自行認定船籍港（船舶11）。此之船籍港，有如自然人或法人之住所。如因碰撞而涉訟，則由被告船舶設籍港之法院管轄（海101③）。

第二節　船舶之強制執行

在船舶管理實務上，我國對於「船舶」與「建造中的船舶」在實施強制執行時，係準用海商法與強制執行法條文中對於「不動產」強制執行的規定。「**建造中的船舶**」指自船舶建造過程中安放龍骨或相當於安放龍骨時起，至其正式建造完成爲止的船舶。由於船舶與建造中的船舶係具有財產價值的物品，得作爲強制執行的標的物，因此，對於船舶具有合法債權的債權人，無論其債權性質係屬於普通債權或優先擔保債權，若債務清償期限已屆至，而仍未獲得債務清償時，該債權人基於保障其自身債權之目的，即得依照法定程序對債務人名下的船舶聲請強制執行，其方式有扣押及假扣押兩種。

依我國海商法第4條：「船舶保全程序之強制執行，於船舶發航準備完成時起，以迄航行至次一停泊港時止，不得爲之。但爲使航行可能所生之債務，或因船舶碰撞所生之損害，不在此限。國境內航行船舶之保全程序，得以揭示方法爲之。」此外，依強制執行法第114條第2、3項規定，因強制執行法係海商法之特別法，如有競合，自應優先適用強制執行法，強制執行法之規定爲：「對於船舶之強制執行，自運送人或船長發航準備完成時起，以迄航行完成時止，仍得爲之。前項強制執行，除海商法第四條第一項但書之規定或船舶碰撞之損害賠償外，於保全程序

之執行名義，不適用之。」

　　因此，若船舶由於有非法載運私貨的行為，或未經允許擅自駛入非通商口岸時，或有為避免緝獲而將貨物或有關文件毀棄的行為，或海關基於緝私之必要，而在刑事上應將該船舶予以扣押、假扣押或沒收處分時，即使該船舶已完成發航準備，亦得基於刑事法理上的規定予以強制執行。

　　另海商法第 4 條，關於禁止扣押與假扣押行使時的時間限制方面，係以船舶完成發航準備的時間開始計算，而以該船舶完成航行的時間作為終期，在該期間內禁止債權人對船舶實施扣押與假扣押，但對於船舶「完成發航準備」的定義，又可分為「形式主義」與「實質主義」兩種如下：

　　㈠**形式主義**：指若船舶持有「發航許可書」時，在法律上即視為該船舶已完成發航準備。依據我國現行海商法律規定，在船長取得航政主管機關核准發航的許可證明與海關准許通關放行的相關證明後，即為完成發航準備，因此係屬於形式主義。

　　㈡**實質主義**：指船舶除必須持有發航許可書外，對於其船體的艤裝、船貨的裝載、海員的配備、船舶文書的備置等與船舶的航行具有實質相關的準備工作，亦必須確實完成之後，在法律上方可視為該船舶已完成發航準備，債權人即不得對該船舶行使扣押或假扣押，但若該船舶僅持有發航許可書時，則仍視為未完成發航準備之船舶，債權人即得行使扣押或假扣押。

第三節　船舶所有權

第一款　船舶所有權之範圍

　　即為船舶所有人對於其船舶所得主張之權利，亦即船舶之構成範圍。就法律之認定言，由於船舶乃係由船舶本體與船舶設備及屬具所構成，本身係為合成物，因此，法律上對於船舶所有權之構成範圍，係指除給養品外，凡是屬於船舶航行上或營業上所必需之一切設備及屬具，均視為船舶之一部（海7），因此，船舶所有權之範圍包括：

一、船舶本體	此指船舶之主要構成結構，亦即組成船舶外部形體與內部航行能力之主要構成部分，包括龍骨、船殼、甲板等，但非動力船舶之主要構成結構則不包括馬達或助用馬達在內。
二、船舶設備	此指在性質上不屬於船舶之本體，對於船舶外部形體與內部航行能力無影響，但能使船舶經濟效用增加之部分，亦即船舶上一切固定設施，船舶法第 50 條規定有救生、救火設備外共 16 種。
三、船舶屬具	係附屬於船舶，但非固定於船舶，而常助船舶航行及營業之用者，均列為屬具。如鐵錨、羅盤針、海圖等均是。此船舶設備及屬具，既為船舶之一部分，應屬於船舶之從物，因此船舶之處分，其效力當應及於設備及屬具（民 68 II）。在船舶為海上保險之標的（海 127 I），或為海上保險之委付（海 146），應就標的物之全部為之。

習題：裝置於船舶上之下列物品，於船舶所有權讓與時，其所有人能否
　　　取回？請分別說明之。（95 律）
　　　㈠租賃而來之救生艇。
　　　㈡租賃而來之跑步機。
　答：救生艇係船舶設備之一，跑步機並非必備設備，故無海商法第 7
　　　條之適用。

第二款　船舶所有權之取得與喪失

一、船舶所有權之取得

㈠原始取得	1.捕獲：係指在國家與敵國發生戰爭時期，對於敵國船舶加以拘禁扣留之行為，或中立國的船舶被懷疑有違反中立原則或有助敵行為時，而被交戰國家施行檢查或加以拘禁、扣留之情形。 2.沒收：係指國家基於法律所賦予之公權力，在人民之船舶有違法時，例如走私、販毒、販賣人口、載運偷渡客等行為，依據法律規定而強制取得該違法船舶所有權之情形。 3.徵購：係指政府基於國家公共目的之需要，而對於私人名下的船舶在支付補償之後，強制收購作為公共用途之行為。但在國家徵購船舶而取得所有權之後，在徵購前存在於船舶上之抵押權及優先權等權利，並不因國家之徵購而消滅。 4.建造：依建造契約，建造新的船舶，於建造完成，取得所有權。
㈡繼受取得	船舶所有權因買賣、贈與、互易、繼承、委付等或其他原因而轉讓他人，須作成書面，茲依海商法第 8 條之規定就船舶之讓與說明之： 1.船舶所有權之讓與為要式行為：船舶所有權或應有部分之讓與，非作成書面並依下列之規定，不生效力（海 8）：

(1)在中華民國，應申請讓與地或船舶所在地航政主管機關蓋印證明。

(2)在外國，應申請中華民國駐外使領館、代表處或其他外交部授權機構蓋印證明。

2.船舶所有權之讓與應經登記：一般動產物權之移轉，祇須交付即生法律效力（民761）。但船舶所有權之移轉，非經登記，不得對抗第三人（海9）。

習題： 甲將其所有之 A 船，在外國讓與乙，乙依海商法第 8 條之規定，作成書面並經中華民國領事館蓋印證明，但未向航政機關辦理所有權移轉登記，嗣後，甲又將 A 船出租與丙，且完成租賃權登記，同時交由丙占有使用。問：乙於 A 船有無船舶所有權？（82律）

答： 1.乙有所有權：買賣契約成立後，並經有關機關辦理登記，故乙有所權。

2.丙有租賃使用權：依船舶登記法第 3 條第 1 項第 3 款，船舶之租賃應經登記、第 4 條非經登記，不得對抗第三人，故丙有繼續租賃權。

二、船舶所有權之喪失

即船舶所有人失去船舶所有權之情形，當船舶所有權發生相對喪失之狀況時，須依規定申請所有權移轉之登記，方得主張與第三人對抗。依據船舶所有權喪失後之法律效力不同，可分為「相對喪失」與「絕對喪失」如下：

㈠相對喪失：

1.公法效力言：船舶所有權「相對喪失」之結果，乃是國家取得船舶之所有權，而船舶所有人則喪失船舶之所有權，且在公法上造成船舶所有權相對喪失之原因，包括前述原始取得之「捕獲」、「沒收」與「徵購」而致喪失。

2.私法效力言：船舶所有權「相對喪失」之結果，亦將造成船舶所有權之移轉，而由國家取得船舶之所有權，船舶所有人則喪失船舶所有權，在私法上造成船舶所有權相對喪失之原因，包括「買賣」、「互易」、「委棄」與「委付」等四種。

(1)買賣：係指商業交易行為之當事人雙方彼此約定，由一方移轉財產權給他方當事人，而他方當事人則支付相對價金之法律行

為，由於買賣係屬於法律行為，因此，在海商實務上，當船舶買賣成立之後，會由船舶出賣人製作一式兩份的買賣契約書，由買賣雙方共同簽署，各執一份做為買賣之證明。

(2)互易：係指法律契約之當事人雙方約定，依據契約所約定之條款，互相移轉相對等值的財產權，例如貨物或勞務等，且其所移轉之標的不包括金錢在內，並準用民法條文中關於買賣之規定。

(3)委棄：係指船舶共有人對於因利用船舶而發生之債務，原本應依照其對於該船舶所有之部分加以比例分擔，但若船舶共有人無意負擔該債務之清償責任時，亦可將其所持有之船舶所有權移轉給債權人，從而免除其債務清償責任之制度。

(4)委付：係屬海上保險所特有之制度，亦即當被保險人發生法定委付原因，如船舶被捕獲、不能修繕、修繕費用超過保險價額、船舶失蹤已逾 2 個月以上、被扣押超過 2 個月以上而仍未被放行（海 143）。船舶因遭難，或其他事變不能航行已逾 2 個月而貨物尚未交付於受貨人、要保人或被保險人時，裝運貨物之船舶，行蹤不明，已逾 2 個月時，貨物因應由保險人負保險責任之損害，其回復原狀及繼續或轉運至目的地費用總額合併超過到達目的地價值時（海 144）。

㈡**絕對喪失**：即指船舶權利本身之消滅，在性質上可區分為「船舶本體之消滅」與「船舶性能之消滅」，造成船舶所有權絕對喪失之原因，包括船舶因嚴重損毀而滅失、船舶沉沒且無法進行打撈修復、船舶所有人拋棄其對於船舶之所有權、船舶因報廢而遭拆解、船舶失蹤、船舶對於商業航行之功能已喪失、船舶國籍喪失等七種情況。在船舶所有權喪失之後，船舶所有人應自發覺或發生之日起 15 日內，向船籍港之航政主管機關申請辦理所有權註銷之手續，並須繳銷船舶國籍證書（船舶 21）。

第四節　船舶所有人

第一款　船舶所有

一、概念

船舶所有人（英：shipowner；德：Reeder；法：propriétaire de navire, armateur），指擁有船舶之所有權，並以商業行為為目的，供航海使用之人。在海上運送實務上，以利用他人所有之船舶從事海上業務活動，而在航行過程中實際上對於船舶得指揮營運之人，即應視為「船舶所有人」，因此，實際上「船舶所有人」之範圍除依法對於船舶得主張所有權之人外，應包括「船舶所有人」與「船舶租賃人」在內。

二、所有人責任限制

因近代貿易歷史上，海上運送業雖屬發展最早之貿易方式，但由於船舶所有人常因船舶遭遇海難及海損事件，而須負擔極大之經營風險，故各國政府於立法時，對於因船舶或僱用人員之過失導致發生債務時，船舶所有人僅須負有限之財產責任，即稱為「船舶所有人責任限制」。在航行實務上，船舶所有人聘僱船長及船員使用船舶，依法船長得代理船舶所有人為意思表示，且船長之決定對於船舶所有人而言亦有效力，因此，船舶出航後因船舶所發生之債務，應由船舶所有人負清償責任，若船長或其他船員因過失或違法行為，而對第三人造成損害時，船舶所有人亦應基於僱用人之身分，而與船長或船員負連帶責任。

㈠**責任之內容**：包括「侵權行為責任」與「契約不履行責任」兩種如下：

1.侵權行為責任：即指船舶之船長或船員在執行職務當中，若構成侵權行為而造成第三人權益受損時，船舶所有人雖無過失，亦應負連帶損害賠償責任，且船舶所有人不得主張僱用船長與船員時已盡選任與監督之義務，而要求免除賠償責任，但船舶所有人可再賠償第三人損害之後，再對船長與船員要求賠償，

2.契約不履行責任：即指船長因受船舶所有人之僱用，因此，在其職權範圍之內，有權簽訂各種以達成船舶航行與營運為目的之契約，且船舶所有人須就所簽訂之契約負責，但其所須負擔之責任，僅限於有限度之財產責任。

㈡**船舶所有人責任限制之範圍**：

1.得主張限制責任之事項：船舶所有人對下列事項所負之責任，以本次航行之船舶價值、運費及其他附屬費爲限（海21Ⅰ），在此所稱船舶所有人，包括船舶所有權人、船舶承租人、經理人及營運人（海21Ⅱ）。所稱本次航行，指船舶自一港至次一港之航程；所稱運費，不包括依法或依約不能收取之運費及票價；所稱附屬費，指船舶因受損害應得之賠償。但不包括保險金（海21Ⅲ）。

(1)在船上、操作船舶或救助工作直接所致人身傷亡或財物毀損滅失之損害賠償。

(2)船舶操作或救助工作所致權益侵害之損害賠償。但不包括因契約關係所生之損害賠償。

(3)沈船或落海之打撈移除所生之債務。但不包括依契約之報酬或給付。

(4)爲避免或減輕前二款責任所負之債務。

2.限制責任之最低責任及其計算：前項責任限制數額如低於下列標準者，船舶所有人應補足之（海21Ⅳ）：

(1)對財物損害之賠償，以船舶登記總噸，每一總噸爲國際貨幣基金，特別提款權五四計算單位，計算其數額。

(2)對人身傷亡之賠償，以船舶登記總噸，每一總噸特別提款權162計算單位計算其數額。

(3)前二款同時發生者，以船舶登記總噸，每一總噸特別提款權162計算單位計算其數額。但人身傷亡應優先以船舶登記總噸，每一總噸特別提款權108計算單位計算之數額內賠償，如此數額不足以全部清償時，其不足額再與財物之毀損滅失，共同在現存之責任限制數額內比例分配之。

(4)船舶登記總噸不足三百噸者，以三百噸計算。

3.限制責任之例外：船舶所有人責任限制之規定，於下列情形不適用之（海22）：

(1)本於船舶所有人本人之故意或過失所生之債務。

(2)本於船長、海員及其他服務船舶之人員之僱用契約所生之債務。

⑶救助報酬及共同海損分擔額。

⑷船舶運送毒性化學物質或油污所生損害之賠償。

⑸船舶運送核子物質或廢料發生核子事故所生損害之賠償。

⑹核能動力船舶所生核子損害之賠償。

　　4.船舶價值之估計：船舶所有人，如依第 21 條之規定限制其責任者，對於本次航行之船舶價值應證明之。船舶價值之估計，以下列時期之船舶狀態爲準（海23）：

　　　⑴因碰撞或其他事變所生共同海損之債權，及事變後以迄於第一到達港時所生之一切債權，其估價依船舶於到達第一港時之狀態。

　　　⑵關於船舶在停泊港內發生事變所生之債權，其估價依船舶在停泊港內事變發生後之狀態。

　　　⑶關於貨載之債權或本於載貨證券而生之債權，除前二款情形外，其估價依船舶於到達貨物之目的港時，或航行中斷地之狀態，如貨載應送達於數個不同之港埠，而損害係因同一原因而生者，其估價依船舶於到達該數港中之第一港時之狀態。

　　　⑷關於第 21 條所規定之其他債權，其估價依船舶航行完成時之狀態。

　　我國海商法爲鼓勵船舶所有人淘汰老舊船舶，積極建造性能優良之新船舶，因此，對於船舶所有人責任之限制方式，係同時採用「船價主義」及「金額主義」，亦即船舶所有人所應負責之海上債務在性質上係屬於「物的有限責任」，因此，船舶所有人對於其因進行海上業務活動時所發生之一切債務，包括對於人之損害或對於物品之損害在內，其範圍係以本次航行之「船舶價值」、「運費」及「其他附屬費」爲限，且主張限制責任之船舶所有人應負舉證責任，亦即必須以規定之估價方式證明船舶之價值。

第二款　船舶共有

一、船舶共有人

　　船舶共有人（英：co-ownership in ship；德：Reederei；法：copropriétaire de

navire），此係基於便利資金集結與分散風險之目的，由 2 人以上出資，並共同享有同一船舶之所有權，依出資比例分擔船舶之經營損益而言，但在近代之航運實務上，由於船舶造價高昂，並非少數個人所能負擔，因此，船舶共有制度已多由公司法人所取代。

㈠**對於船舶共有關係性質**：有二說，即「合夥關係」與「分別共有」：

1.合夥關係說：即船舶共有人之間，不僅有物權共有之關係，亦有債權之合夥關係，主張合夥關係說之我國學者，係認為船舶共有之性質與民法上之合夥關係相近，即該船舶應屬於全體合夥人公同共有，而適於民法上公同共有之規定（民 667、668、827）。船舶共有並無明文規定，因此，若船舶共有人間又無特別約定時，即應適用民法中關於合夥之規定。

2.分別共有：依船舶之性質法律上不認其為公同共有，而係分別共有，海商法上並認其有分別共有之性質，故為應有部分（海 11-14）。則不論對船舶之處分、出賣，或抵押，都可以將應有部分處理。因此船舶之共有，乃是海商法上之特別規定（海 11-14），並不完全適用民法上分別共有之規定（民 818-822）。

㈡**船舶共有之處分**：

1.共有部分之處分及用益：共有船舶之處分及其他與共有人共同利益有關之事項，應以共有人過半數並其應有部分之價值合計過半數之同意為之（海 11）。

2.應有部分之出賣：船舶共有人有出賣其應有部分時，其他共有人，得以同一價格儘先承買。因船舶共有權一部分之出賣，致該船舶喪失中華民國國籍時，應得共有人全體之同意（海 12）。共有人出賣其應有部分以後，應加以登記，否則不得對抗第三人（海 9）。

3.應有部分之抵押：船舶共有人，以其應有部分供抵押時，應得其他共有人過半數之同意（海 13）。

㈢**利用船舶而生債務與委棄**：船舶共有人，對於利用船舶所生之債務，就其應有部分，負比例分擔之責。共有人對於發生債務之管理行為，曾經拒絕同意者，關於此項債務，得委棄其應有部分於他共有人而免其責任（海 14）。

㈣**共有關係之退出**：船舶共有人為船長而被辭退或解任時，得退出共有關係，並請求返還其應有部分之資金。前項資金數額，依當事人之協議定之，協議不成時，由法院裁判之。第1項所規定退出共有關係之權，自被辭退之日起算，經1個月不行使而消滅（海15）。

㈤**共有關係之繼續性**：共有關係，不因共有人中一人之死亡、破產或禁治產而終止（海16）。

㈥**共有船舶之經理人**：因各船舶之共有人為權利義務主體，如全體共同經營將很難有所成就，因此海商法規定應選任經理人，以為經營。

　　1.經理人之選任：船舶共有人，應選任共有船舶經理人，經營其業務，共有船舶經理人之選任，應以共有人過半數，並其應有部分之價值合計過半數之同意為之（海17）。

　　2.經理人之權限：

　　　⑴代表權：共有船舶經理人關於船舶之營運，在訴訟上或訴訟外代表共有人（海18）。

　　　⑵處分權之限制：共有船舶經理人，非經共有人依第11條規定之書面委任，不得出賣或抵押其船舶。船舶共有人，對於共有船舶經理人權限所加之限制，不得對抗善意第三人（海19）。

　　　⑶經理人之報告義務：共有船舶經理人，於每次航行完成後，應將其經過情形，報告於共有人，共有人亦得隨時檢查其營業情形，並查閱帳簿（海20）。

習題：試說明船舶共有之關係。

二、船舶共有人應有部分之強制執行

　　在船舶強制執行實務上，若受查封船舶本身存在船舶共有關係，且全體共有人均屬於船舶債務人時，則得直接以該船舶作為強制執行之標的，但若僅有部分共有人為該船舶的債務人時，則基於維護其他不具有債務人身分之共有人權益，執行法院在對該船舶進行強制執行程序時，僅得以該部分共有人對於受查封船舶的應有部分作為強制執行標的，且必須先取得全體共有人同意之後，方得拍賣該船舶，且其他共有人得以

拍賣價格優先購買受查封船舶。若其他共有人雖同意拍賣受查封船舶，但並未行使其對於該船舶的優先承購權利時，則在拍賣結果確定之後，執行法院即應將拍賣結果向其他共有人進行通知。

三、船舶共有關係之終止

以法律定義而言，船舶共有係屬於物權關係之一，因此，必須以共有船舶之存在作爲成立前提，若共有船舶滅失、喪失航行能力、讓與或喪失我國國籍之情況時，則「物的條件」即不存在，船舶共有關係亦即告終止。若以構成人員之基礎而言，必須符合數人以上共有船舶之條件，船舶共有關係方得成立，若全部之應有部分因故而歸於 1 人所有時，船舶共有關係亦不存在，若船舶共有關係解散時，亦是構成終止原因。

就船舶共有關係不終止之原因而言，爲積極維護航海事業之發展，避免因單一船舶共有人之個人事故，對全體船舶共有人之船舶共有關係造成影響，因此，若單一船舶共有人死亡、受破產或禁治產宣告、退出船舶共有關係等事由，不會構成船舶共有關係之終止（海16）。

船舶共有之實務中，若發生單一船舶共有人將應有部分讓與他人、委棄其應有部分、擔任船長職務而遭解任或辭退時，則例外准許該船舶共有人可於 1 個月內退出船舶共有關係（海15），並得請求返還應有部分之資金，其數額得以協議或法院裁判方式決定。

四、共有船舶經理人

(一)**船舶經理人之意義**：船舶經理人（英：ship's husband；德：Korrespondent-reeder；法：armateur gérant），係指由船舶共有人所選任，作爲船舶共有關係中之常設機關，其職務爲負責共有船舶業務經營與管理之人。

(二)**經理人之選任**：理論上基於船舶共有關係之共有船舶應由全體船舶共有人共同管理並執行事務，但爲避免人數太多影響共有船舶之經營效率，因此授權由船舶共有人選任船舶經理人（海17 I 前段）。

船舶經理人之選任應由全體船舶共有人過半數，以及其應有部分之價值合計過半數之同意而通過選任（海17 I 後段），且船舶經理人並無資格限制，因此，自然人得受選任而擔任船舶經理人，若由法人擔任船舶經理人

時，則應選派自然人作為實際代表。以法律效力而言，船舶經理人之選任
契約在性質上係屬於委任契約，其授權方式亦以委任進行，但由於海商法
對於船舶經理人之解任並無相關條文規定，因此應準用選任時之規定辦
理，亦即應由全體船舶共有人過半數，以及其應有部分之價值合計過半數
之同意而通過解任。

（三）**船舶經理人之權限與義務**：我國海商法對於船舶經理人權限之內容
係採取概括性規定方式，其權限之內容列述如下：

　　1.經理人之權限：

　　　⑴經理人之代表權：共有船舶經理人關於船舶之營運，在訴訟上
　　　　或訴訟外代表共有人（海18）。

　　　⑵經理處分船舶之限制：船舶經理人，非經共有人過半數並其應
　　　　有部分之價值合計過半數同意之書面委任，不得出賣或抵押其
　　　　船舶。船舶共有人，對於共有船舶經理人權限所加之限制，不
　　　　得對抗善意第三人（海19）。

　　2.經理人之義務：共有船舶經理人，於每次航行完成後，應將其經
過情形，報告於共有人，共有人亦得隨時檢查其營業情形，並查閱帳簿
（海20）。

第三款　船舶承租

一、船舶出租

　　船舶所有人將船舶出租，由承租人經營海上運送業務，船舶承租人
即為海上運送人。

二、船舶租賃契約

　　船舶之租賃，海商法未規定，應適用民法之規定，但依海商法第39
條規定，以船舶之全部或一部供運送為目的之運送契約，應以書面為之，
並應履行登記手續（船登3③），船舶應登記之事項，非經登記，不得對抗
第三人（船登4、51）。

三、船舶承租人營運管理

　　船舶租賃契約成立後，船舶就轉由承租人占有並管理之。承租人因經營船舶之運送業務及管理船務所發生之債權債務關係，均轉由承租人負責，無論出租人或第三人均與此權利義務無關。

四、承租人負責所有權利義務

　　船舶承租人經營船舶運送業務時，除負託運責任外，對託運物之喪失、毀損或遲到，承租之運送人自應負賠償之責（民634）。依海商法第21條規定，船舶所有人責任限制之標的、項目及範圍，承租人自得主張之。

第五節　船舶建造

　　船舶建造完成，取得船舶所有權，稱為「**原始取得**」。在海商實務上，船舶建造時必須由船舶承攬人與船舶定造人以執行船舶建造完工為目的，而簽訂「船舶建造契約」，約定由造船廠購置船舶建造時所需要之材料，並由船舶承攬人依據船舶設計圖設計船舶規格。實務上依據建造時間之不同，而有兩種情形：

一、一般情形下之船舶建造

　　若船舶承攬人所使用之材料係由船舶定造人供應，且船舶建造完成後之價值並未超過材料價值時，則建造中船舶之所有權自始即屬於船舶定造人所有，但若船舶建造時所使用之主要材料係由船舶承攬人所提供，則在判定建造中船舶之所有權時，即應以船舶建造契約作為依據。

　　原則上船舶建造契約之法律性質必須以當事人之意思作為認定標準，若當事人著重於船舶建造之完成，則船舶建造契約之法律性質即為承攬契約，若當事人著重於船舶所有權之移轉，則船舶建造契約之法律性質即為買賣契約，若當事人對於船舶建造完成與所有權移轉並無特別著重或同時並重時，則船舶建造契約之法律性質即為混合契約。

　　在船舶建造過程中，除非船舶建造契約另有約定，否則即使船舶定造人對於船舶之建造並未先支付價金，在法律上船舶承攬人亦負有船舶建造之義務，且在該船舶未建造完成之前，其船舶定造人可隨時終止船

舶建造契約，但必須對船舶承攬人負損害賠償責任，而在船舶建造完成後，對於船舶交付後所發生之利益與風險，即應移轉由船舶所有人承擔。若船舶建造上有瑕疵時，船舶定造人得限定相當期限，要求船舶承攬人將該船舶進行修補，若船舶承攬人不予修補或無法如期完成修補時，則該船舶定造人得自行修補船舶，並向船舶承攬人要求必要之費用。若船舶修補所需費用過高時，船舶承攬人得拒絕修補，船舶定造人則可解約或請求減少報酬，且若該瑕疵係由於船舶承攬人之疏忽或過失行爲所導致時，船舶定造人並得請求損害賠償。

習題：何謂建造中之船舶？（95 司）

二、破產情形下之船舶建造

政府基於獎勵造船事業，發展航運之目的，因此海商法第 10 條規定：「船舶建造中，承攬人破產而破產管理人不爲完成建造者，船舶定造人，得將船舶及業經交付或預定之材料，照估價扣除已付定金給償收取之，並得自行出資在原處完成建造。但使用船廠應給與報償。」

習題：船舶建造中，承攬人破產時，船舶定造人是否依破產程序辦理？
　　答：依海商法第 10 條辦理。

第六節　海事優先權

第一款　海事優先權之概念

一、海事優先權之意義

海事優先權（英：maritime lien；德：gesetzliches Pfandrecht, Schiftsgläubigerrecht；法：privilège maritime），指因船舶所發生之特定債權，其債權人就該船舶運費及其附屬費，有優先於其他債權而受償之權利。海事優先權因優先於其他債權，但此並非基於當事人之約定，而是基於海商法之規定（海24 I），因此海事優先權之債權是一種法定的擔保物權。

二、海事優先權之立法理由

(一) 保障債權人利益	因船舶之營運所生之債務,有因契約不履行所生或因侵權行爲所生,依海商法第 21 條所定,得主張船舶所有人責任限制。但該規定對船舶債權人相當不利。爲保障債權人之利益,海商法乃於第 24 條規定,對船舶之航行所生之債權,得優先受償以保障債權人之利益。
(二) 便利航海運作	船舶航行所需花費之必要費用頗多,如船員之僱傭、因船舶造成人身傷亡、海難救助之報酬、海損之分攤、船舶操作致有侵權行爲等,均需鉅額之支出,故規定此類債權得優先受償,俾便利航海之運作。
(三) 維護船舶價值	船舶之修繕、救助、加充燃料給養等,應得有效補給,以便於維護船舶之價值。

三、海事優先權之性質

依學者之見解有債權說、物權說及債權物權化說。但債權說僅注意法條之規定,忽略優先之效力;債權物權化說,只注意物權之效力,而忽略債權之用語,而物權說又有判例支持,因此不少學者**傾向物權說**[①]:

(一) 債權說	1.爲船舶所生之特定債權:海事優先權係因船舶所發生之特定債權,其債權人就該船舶運費及其所屬費用,有優先於其他債權而受償之權利。 2.海商法之規定:海商法第 24、28、29 條均稱「債權」。 3.法律未規定:法未規定海事優先權爲物權,亦不符民法之物權法定主義,故屬於債權。
(二) 物權說	1.依海商法之規定:依民法第 757 條規定:「物權除依法律或習慣外,不得創設。」而海事優先權爲海商法所定,故亦符合民法第 757 條之規定。 2.依海商法第 24 條規定:即海事優先權所擔保之債權,有優先受償之權。因其屬於擔保債權,故爲物權。 3.因物權優於債權:依海商法第 24 條第 2 項:「海事優先權之位次,在船舶抵押權之前,所以海事優先權應認爲是物權。」 4.海事優先權具有物權效力:海事優先權,不因船舶所有權之移轉而受影響(海 31)。又海商法第 27 條規定,海事優先權有以船舶及其收益兩種之特定受償標的,故應爲物權。

[①]見梁宇賢著,《海商法實例》(民國 89 年 5 月),頁 88 以下。

	5.我海商法將海事優先權編在船舶所有權之後，船舶抵押權之前，似亦將其列爲物權之範疇。
(三) **債權物權化說**	1.本質上爲債權之一：海商法第 24 條及第 28、29 條，均規定海事優先權爲債權，故海事優先權之本質上爲債權之一。 2.惟仍有物權之作用：從海商法上之規定言，第 24 條爲受海事優先權擔保之債權項目及優先位次，第 27 條海事優先受償之標的，第 31 條海事優先權，雖爲債權，但不因船舶所有權之移轉而受影響。亦即得追及海事優先權之標的物所在地而行使權利，與一般擔保物權相同（民 867），故屬「債權物權化」。

第二款　海事優先權之債權

一、海事優先權擔保之債權項目及位次

(一)**擔保之項目**：此係因船舶而生之債權，既優先於其他債權而受償，依海商法第 24 條第 1 項規定：下列各款爲債權，有優先受償之權：

　　1.船長、海員及其他在船上服務之人員，本於僱傭契約所生之債權。

　　2.因船舶操作直接所致人身傷亡，對船舶所有人之賠償請求。

　　3.救助之報酬、清除沉船費用及船舶共同海損分擔額之賠償請求。

　　4.因船舶操作直接所致陸上或水上財物毀損滅失，對船舶所有人基於侵權行爲之賠償請求。

　　5.港埠費、運河費、其他水道費及引水費。

(二)**前項海事優先權之位次**：在船舶抵押權之前。

(三)**海事優先權之除外事項**：即不適用優先權之規定；海商法第 22 條第 4 款至第 6 款即關於船舶運送毒性化學物質或油污所生損害之賠償，船舶運送核子物質或廢料發生核子事故所生損害之賠償，核能動力船舶所生核子損害等賠償之請求，不適用有關海事優先權之規定（海 26）。

二、海事優先權之標的

依海商法第 24 條之規定，得優先受償之標的如下（海 27）：

(一)船舶、船舶設備及屬具或其殘餘物。

(二)在發生優先債權之航行期內之運費。

(三)船舶所有人因本次航行中船舶所受損害，或運費損失應得之賠償。

㈣船舶所有人因共同海損應得之賠償。

㈤船舶所有人在航行完成前，爲施行救助所應得之報酬。

三、海事優先權之位次

海事優先權有數個並存時，那一項應優先受償，也應予區分，其情形爲：

㈠**同次航行優先權的位次**：屬於同次航行之海事優先權，其位次依第24條各款之規定（海29Ⅰ）。即第1款之規定，較第2款優先，第2款較第3款優先，其餘類推。如一款中有數債權者，不分先後，比例受償（海29Ⅱ）。再者，第24條第1項第3款（救助之報酬、清除沉船費用及船舶共同海損分擔額之賠償請求）所列債權，如有二個以上屬於同一種類，其發生在後者優先受償。救助報酬之發生應以施救行爲完成時爲準（海29Ⅲ）。共同海損之分擔，應以共同海損行爲發生之時爲準（海29Ⅳ）。因同一事變所發生第24條第1項各款之債權，視爲同時發生之債權（海29Ⅴ）。

㈡**異次航行優先權之位次**：不屬於同次航行之海事優先權，其後次航行之海事優先權，先於前次航行之海事優先權（海30）。海商法對於異次航行之海事優先權位次立法理由，包括「利益說」與「財產說」兩種不同主張，且在法律實務上多半兼用兩種學說加以判斷：

1.利益說：係主張基於契約關係所發生之海事優先權，其清償順位應依發生先後之反時間加以決定，亦即發生時間較晚之海事優先權應先受債務清償，而發生時間較早之海事優先權則應在前一優先權之債務清償完畢之後，再受債務清償，其理由係認爲在航行實務上，發生時間較晚之海事優先權在其債務受清償時，對於船舶已進行必要之修繕與維護，並提供航行過程中所必須之給養物品，對於船舶之保存與航行任務之完成有直接助益，且間接亦有利於船舶所有人與前次航行之海事優先權債權人，因此，發生時間較晚之海事優先權應享有較優先之債務清償權利，利益說之理論缺點，在於船舶發生海事優先權之原因，若係由於過失行爲而碰撞其他船舶時，則對該碰撞事件所導致之海事優先債權而言，將無法適用海事優先權位次之規定。

　　2.財產說：對於異次航行之海事優先權位次立法理由，係認為就「海事優先權」在法律上之性質而言，係屬於法定「質權」，在權利行使之前為「財產權」，因此，在海事優先權成立之後，對於船舶所遭受之危險或損失應視為海事優先權權利人之危險或損失，若船舶係因過失行為而碰撞其他船舶並發生海事優先權時，則海事優先權之權利人即取得一項財產權，若該船舶再次碰撞其他船舶，並導致第二次海事優先權之發生時，則第二次船舶碰撞所取得之海事優先權，即成為第一次碰撞所發生之海事優先權之負擔，因此，發生次序在後之海事優先權應較先發生之海事優先權受債務清償。

　　㈢**在留置權之後，船舶抵押權之前**：建造或修繕船舶所生債權，其債權人留置船舶之留置權位次，在海事優先權之後，船舶抵押權之前（海25）。

四、海事優先權之效力

　　有一般效力及特別效力之分：

　　㈠**一般效力**：債權人其擁有海事優先權者，得就海商法第27條所規定之標的，先於其他債權人而受清償。

　　㈡**特別效力**：

　　1.海事優先權之位次，在船舶抵押權之前（海24Ⅱ），因此兩者競合時，由海事優先權優先受償。

　　2.海事優先權，不因船舶所有權之移轉而受影響（海31）。

　　3.建造或修繕船舶所生債權，其債權人留置船舶之留置權位次，在海事優先權之後，船舶抵押權之前（海25）。

五、海事優先權之消滅

　　即指海事優先權債權人對於標的船舶可主張優先受清償之權利消滅，但海事優先權消滅時，實際上其主債權係成為普通債權，而並非與海事優先權同時歸於消滅。

㈠ 一般原因	1.標的消滅：依第27條海事優先權之標的消滅，則優先權無所附麗，自歸於消滅。但如標的物雖滅失，尚可對第三人請求損害賠償時，則優先權仍存在於該代位物上。

	2.因法律行為而消滅：海事優先權雖得拋棄而消滅，但其所擔保之債權，卻仍然存在。此外，優先權所擔保之債權，得因清償、提存、抵銷、混同、免除等而消滅時，海事優先權當應隨之消滅。 3.因強制拍賣而消滅：優先權之標的物，因被沒收或強制執行者，優先權應歸消滅。
(二) **特別原因**	第 24 條第 1 項海事優先權自其債權發生之日起，經 1 年而消滅。但第 24 條第 1 項第 1 款關於船長、海員及其他在船上服務之人員，本於僱傭契約所生債權之賠償，自離職之日起算（海 32）。

習題：何謂船舶優先權（即海事優先權）。其立法理由安在？船舶優先權（即海事優先權）可因何種事由而消滅？試分別說明之。（75 司）

第七節　船舶之抵押權

一、船舶抵押權之概念

　　(一)**船舶抵押權之意義**：船舶抵押權（英：mortgage of ship；德：Schiffshypothek；法：hypothèque maritime），即以船舶為目的之抵押權。一般民法的抵押權係以不動產為標的物，而船舶是動產，其抵押權係以動產為標的之物，因此應屬於特殊抵押，當應適用海商法規定，海商法未有規定時，始適用民法上有關抵押權之規定。

　　依民法第 860 條，稱抵押權者，謂對於債務人或第三人不移轉占有而供擔保之不動產，得就賣得價金受清償之權。又外國船舶經中華民國法院拍賣者，關於船舶之優先權及抵押權，依船籍國法（強 114 之 3）。

　　依海商法之規定，船舶抵押權不必移轉船舶之占有，可使提供資金之債權人無占有管理船舶之煩，而能以債權人之身分融通資金並收擔保之效。在船舶債務人無法履行債務清償義務時，則該船舶債權人或第三人基於已設定之船舶抵押權，得將設定抵押之船舶拍賣，並以拍賣所得之價金優先受清償。

二、船舶抵押權之種類

　　包括一般船舶抵押權、共有船舶之抵押權（海 11）、船舶共有人應有

部分之抵押權（海 14）與建造中船舶之抵押權（海 34）四種，且可作爲船舶抵押權設定標的之標的物，僅限於符合「海商法」定義範圍之「船舶」，因此，其積極要件必須爲在海上、在與海相通之水面或水中航行之船舶，而其消極要件則不得爲船舶法所稱之小船、軍艦、公務船舶，海商法第1 條規定以外之其他船舶等。若船舶債務人欲以海商法定義以外之船舶設定債權擔保時，只能依照民法中設定質權之方式，或動產擔保交易法中所規定之動產抵押設定方式辦理，因此，無論船舶債務人係以自身之船舶或以第三人之船舶向船舶債權人設定抵押權作爲擔保，並不須將船舶所有權移轉由船舶債權人所占有。

三、船舶抵押權之設定

㈠**設定之主體**：船舶抵押權之設定，除法律別有規定外，僅船舶所有人或受其特別委任之人始得爲之（海35）。

1.船舶所有人：即登記於其名下之人，則爲所有人，得設定抵押權。

2.受船舶所有人特別委任之人：即受所有人之特別委任契約及明示授權之人。依海商法第 19 條：共有船舶經理人，非經共有人依第 11 條規定之書面委任，不得出賣或抵押其船舶。

3.法律特別規定之人：如所有人之法定代理人，當可以代理人身分代爲設定船舶抵押權。

㈡**設定之客體標的**：即指船舶而言，惟不限於建造完成可以航行之船舶，就是建造中之船舶亦得設定抵押權（海34）。

㈢**設定方式**：船舶抵押權之設定，應以書面爲之（海33），船舶雖爲動產（海 6），但具有不動產特性。故設定抵押時，自應作成書面，故爲要式行爲。惟船舶抵押權之設定，應予登記，非經登記不得對抗第三人（海36）。

四、船舶抵押權之效力

㈠**抵押權之不可分性**：船舶共有人中一人或數人，就其應有部分所設定之抵押權，不因分割或出賣而受影響（海 37）。此與民法物權之不動產抵押權相同（民 867、868）。

㈡**船舶抵押權之其他效力**：海商法未規定者，適用民法關於抵押權之

規定（海5）。

㈢**海事優先權居優位**：船舶抵押權與海事優先權競合時，海事優先權之位次，在船舶抵押權之前（海24Ⅱ）。

五、建造中船舶之抵押

原則上船舶之生命週期應自下水起方為正式開始，但國家為提倡航運事業，獎勵船舶建造，因此准許對於建造中之船舶設定抵押權（海34）。在船舶建造實務上，「建造中船舶」係指自安放龍骨或相當於安放龍骨之時起，至成為建造完成船舶時為止之船舶，船舶必須在龍骨安裝之後，方可視為建造中船舶，而得作為設定船舶抵押權之標的，且對於建造中船舶設定抵押權時，應以船舶之整體加以設定而不得分割。

以法律觀點而言，建造船舶應屬於民法之「承攬行為」，其所簽訂之契約為「船舶建造契約」，契約當事人則為船舶承攬人與船舶定造人，因此，實際上得對建造中船舶設定抵押權之人，應以該建造中船舶危險負擔之歸屬作為判斷標準，亦即實際負擔該建造中船舶危險之人，即具有該建造中船舶之所有權，而得以建造中船舶作為標的設定抵押權。在海商實務上，建造中船舶在正式交付之前，其所有權係屬於船舶承攬人所持有，因此，該船舶承攬人得對建造中船舶設定抵押權，但在建造中船舶完成交付之後，船舶定造人即取得該船舶之所有權，而得設定船舶抵押權。若船舶建造之材料係由船舶定造人所提供時，則該船舶定造人即為建造中船舶之所有人，並得設定船舶抵押權，但在船舶承攬人將船舶建造完成之後，且船舶價值超過建造材料之價值時，則該船舶之所有權即應屬於船舶承攬人所持有，應由該船舶承攬人對船舶設定抵押權。若船舶所有人以外之其他人欲對船舶設定抵押權時，應經船舶所有人以書面方式特別授權之後，其抵押權設定行為方屬合法有效之行為，且船舶之船長非在取得船舶所有人同意之情況下，亦不得私自將船舶設定抵押。

對於建造中船舶抵押權之設定，在性質上亦屬於船舶抵押權，應以書面方式辦理，並應向建造地航政主管機關登記，方得主張與第三人對抗，但由於建造中船舶尚未成為正式船舶，亦無船籍港，因此，在申請

建造中船舶抵押權設定之登記時，應於申請書中記載船舶種類、長度、寬度、深度、容量、建造地、造船者之姓名或名稱、住居所或事務所、登記原因及時間、登記目的、登記機關、申請時間、申請人姓名或名稱、年齡、籍貫、住居所或事務所、申請人之代理人姓名、年齡、籍貫、住、居所，並附送造船者所發給關於船舶種類、長度、寬度、深度、容量、建造地、造船者之姓名或名稱、住居所或事務所之證明文件，向建造地航政主管機關提出申請（船登 50）。

第三章　海上從業人員

第一節　海　員

一、海員之概念

海員（英：seamen；德：Seeleute；法：gens de mer）者，乃受船舶所有人僱用由船長指揮服務於船舶上所有人員（海2後段）。依船員法規定，船員包括船長及海員（船員2I③）。因此海員係船員之一。船員與船舶所有人之關係，係僱傭契約之一種，除依船員法規定外，當然適用民法第482條關於僱傭之規定。

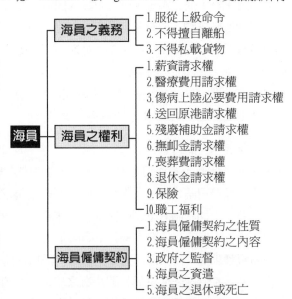

海員之義務
1. 服從上級命令
2. 不得擅自離船
3. 不得私載貨物

海員之權利
1. 薪資請求權
2. 醫療費用請求權
3. 傷病上陸必要費用請求權
4. 送回原港請求權
5. 殘廢補助金請求權
6. 撫卹金請求權
7. 喪葬費請求權
8. 退休金請求權
9. 保險
10. 職工福利

海員僱傭契約
1. 海員僱傭契約之性質
2. 海員僱傭契約之內容
3. 政府之監督
4. 海員之資遣
5. 海員之退休或死亡

二、海員之義務

海員義務之內容主要包括**服從上級命令**、**不得擅自離船**、**不得私載貨物**等三種：

㈠**服從上級命令**：在海商法中，船舶在公海航行時，視為本國國土之延長，船長有行使行政權之權利，上級船員就其監督範圍內所發之命令，下級船員有服從之義務。但有意見，得陳述之（船員18I）。船長基於保障國家利益與維持船上治安之目的，亦得採取相關之緊急處分，若船員有不服從命令之行為時，船長得強制命令該船員服從，必要時並得加以懲戒，若船員違反命令之情節甚為嚴重，已涉及刑事上之罪名時，則應交

由司法機關依據普通刑法之規定予以處分。

　　㈡**不得擅自離船**：在海商實務上，船員與船舶所有人簽定僱傭契約之後，船舶即為船員工作之場所，因此，在船舶航行過程或靠岸停泊時，船員非經許可，不得擅自離船（船員18Ⅱ）。為維持船舶事務正常運作，避免對船舶安全造成危害，因此，船員應依照規定班表按時輪值，各當值船員未經主管人員許可不得擅離職守。若船員未經報備、准許或告假手續，即擅自離船或有逾假不歸之情況時，在法律上即已違反海員僱傭契約與船員服務手冊之規定，應受申誡或記過之處分。

　　㈢**不得私載貨物**：船員不得利用船舶私運貨物，如私運之貨物為違禁品或有致船舶、人員或貨載受害之虞者，船長或雇用人得將貨物投棄（船員69Ⅰ）。船員攜帶武器、爆炸物或其他危險物品上船，船長或雇用人有權處置或投棄（船員69Ⅱ）。前二項處置或投棄，應選擇對海域污染最少之方式及地點為之（船員69Ⅲ）。

三、海員之權利

　　在海員僱傭契約簽訂之後，海員所得主張之權利包括「薪資請求權」、「醫療費用請求權」、「傷病上陸必要費用請求權」、「送回原港請求權」、「殘廢補助金請求權」、「撫卹金請求權」、「喪葬費請求權」、「退休金請求權」、「保險」、「職工福利」等如下：

　　㈠**薪資請求權**：海員之「薪資請求權」係指在僱傭契約簽訂（船員13）之後，海員基於契約條款與相關法令之規定，必須在契約所約定之僱傭期間內，以船舶受雇人之身分為船舶所有人或船公司提供勞務，從而得向船舶所有人或船公司請求給付薪資報酬之權利。

　　1.海事優先權所擔保之薪資請求權：係指海員基於僱傭契約與相關法令之規定，在向船舶所有人或船公司提供勞務之後，所應得之薪資報酬，在性質上係基於海員僱傭契約所產生之債權，屬於海事優先權所擔保之債權範圍，因此不適用船舶所有人責任限制之規定（海22Ⅰ②），其債務享有優先受清償之權利（海24Ⅰ①）。就我國現行海商法令規定，海員在船上服務所可獲得之薪資報酬最低標準係由主管機關交通部訂定，

其內容係由「薪津」與「特別獎金」所構成。

　　2.辭退加薪請求權：係指在船舶所有人必須停止船舶業務經營，或欲將船舶業務進行轉讓，或因船舶業務緊縮或虧損，或因不可抗力而須暫停工作 1 個月以上，或因業務變更須減少船員編制，又無適當工作可供安置，或船員無法勝任工作（船員 22 I），或因天災、事變、不可抗力因素以致原有船舶事業不能繼續，或發生船舶沈沒、失蹤、或完全失去安全航行能力，或因非可歸責於船員之事由而必須終止海員僱傭契約時，應依下列規定發給資遣費。但經船員同意在原雇用人所屬船舶間調動時，不在此限（船員 39）：

　　　(1)按月給付報酬者，加給平均薪資 3 個月。

　　　(2)按航次給付報酬者，發給報酬全額。

　　　(3)船員在同一雇用人所屬船舶繼續工作滿 3 年者，除依第一款規定給付外，自第 4 年起每逾 1 年另加給平均薪資 1 個月，不足 1 年部分，比例計給之，未滿 1 個月者，以 1 個月計。

　　3.傷病支薪請求權：係指海員在船服務期間內，若有受傷或患病之情形，且其原因並非由於其本身有酗酒、重大過失或不守紀律所導致時，船舶所有人應支付該海員之醫療費用（船員 41），其期限則爲 3 個月，且在船舶所有人負擔醫療費用之期間內，該海員仍有權支領原薪津（船員 43），但海員對於醫療費用請求權之法定消滅時效爲 2 年。

　　㈡**醫療費用請求權**：依據我國海商法令之規定，在海員僱傭契約成立之後，若海員在服務期間內受傷或患病，且其原因並非由於該海員本身之酗酒、有重大過失行爲或不守紀律行爲所導致時（船員 41），則船舶所有人應負擔該海員在 3 個月內之治療費用與給養費用，並應支付原本之薪津（船員 43），否則應受行政罰鍰處分，且得處 30 日以下之停航處分（船員 84 I ⑥）。若海員受傷或患病之原因並非由於執行職務所導致，且時間已超過 3 個月以上時，則船舶所有人即得停止支付醫療費用（船員 42）。

　　㈢**傷病上陸必要費用請求權**：係指海員在船服務期間內，若因受傷或患病而必須上岸就醫或進行療養時，船長有護送其回原僱用地之義務（船員 40 後段），且船舶所有人除應負擔該海員之治療費用外，並應支付在護

送期間內所發生之運送費用、居住費用、食物費用及其他必要費用。

㈣**送回原港請求權**：船員於受僱地以外，其僱傭契約終止時，不論任何原因，雇用人及船長有護送回僱傭地之義務；其因受傷或患病而上岸者，亦同。上項護送回僱傭地之義務，包括運送、居住、食物及其他必要費用之負擔。船員因個人事由被護送回僱傭地時，雇用人得要求其負擔前項之費用（船員40）。

㈤**殘廢補助金請求權**：船員因執行職務而受傷或患病，雖已痊癒而成殘廢逾 2 年仍未痊癒者，經符合規定條件之醫療機構診斷，審定其身體遺存殘廢者，雇用人應按其平均薪資及殘廢程度，一次給予殘廢補償；殘廢補償給付標準，依勞工保險條例有關之規定。船員之遺存殘廢等級，經指定醫師評定為百分之五十或以上，且同時適合依勞保條例殘廢等級第七級以上或第十一級以上，並證明永久不適任船上任何職位者，應按最高等級給予殘廢補助金（船員44）。

㈥**撫卹金請求權**：

1.死亡補償：船員在服務期間死亡時，雇用人應一次給與其遺屬平均薪資 20 個月之死亡補償（船員44）。

2.加給死亡補償：船員因執行職務死亡或因執行職務受傷、患病死亡時，雇用人應一次給與其遺屬平均薪資 40 個月之死亡補償。船舶沈沒或失蹤致船員失蹤時，雇用人應按前項規定給與其遺屬死亡補償（船員46）。

3.受領死亡補償之順位：船員遺屬受領死亡補償之順位如下（船員47）：1.配偶及子女。2.父母。3.祖父母。4.孫子女。5.兄弟姐妹。

㈦**喪葬費請求權**：即指海員在海員僱傭契約有效期間內死亡時，船舶所有人應給予其遺屬平均薪資 6 個月之喪葬費（船員48）。且其遺屬對於喪葬費請求權之消滅期間為 2 年（船員50 I 後段），其權利不得讓與、抵銷、抵充、扣押或擔保（船員50 II）。

㈧**退休金請求權**：

1.得申請退休之情形：船員有下列情形之一者，得申請退休（船員51）：

⑴在船服務年資 10 年以上，年滿 55 歲者。

⑵在船服務年資 20 年以上者。

船員年滿65歲、受禁治產之宣告或身體殘廢不堪勝任者,應強迫退休。但年滿 65 歲退休船員,領有有效之外國船員執業證書或資格文件,合於船員體格檢查標準,受外國雇用人僱用者,得受僱之。

本法施行前之船員工作年資,其退休金給與標準,依本法施行前之海商法規定計算。

2.退休儲金:

(1)為保障船員退休權益,應由雇用人及船員按月提撥退休儲金,專戶存儲;其辦法及提撥率,由交通部擬訂,報行政院核定後實施(船員 53 I)。

(2)船員受僱於同一雇用人符合第 51 條退休規定者,得依前項辦法或勞動基準法規定擇一領取退休金。但選擇依勞動基準法辦理時,雇用人及船員依前項辦法所提存之金額,應一次退還之(船員 53 II)。

(3)船員未符合退休規定而有下列情形之一者,應將雇用人及船員原提撥之退休儲金及其孳息退還船員(船員 53 III):①死亡。②失蹤。③因傷病無法繼續擔任船員。④自願放棄船員身分。

(九)保險:

1.保險請求權:為保障船員生活之安定與安全,雇用人應為所雇用之船員及儲備船員投保勞工保險及全民健康保險(船員 52)。

2.投保責任保險:雇用人依本法應支付之醫療費用、殘廢補償、死亡補償及喪葬費,應投保責任保險(船員 55)。

(十)職工福利:

1.職工福利金:雇用人依據職工福利金條例提撥職工福利金辦理職工福利事業時,所雇用之船員與儲備船員應予以納入(船員 56)。

2.船員福利設施:主管機關得在適當港口輔導設置包括船員福利、文化、娛樂和資訊設備之船員福利設施(船員 57)。

四、海員僱傭契約

即指以船舶所有人作為雇用人,以海員作為受僱人,在僱傭契約所約定之期間內,由海員為船舶提供服務,而由船舶所有人對海員支付報

酬之僱傭契約。在法律實務上，海員僱傭契約之生效要件有五項，亦即該契約須**經當事人雙方之同意**、須**作成書面契約**、受僱用之**海員必須具備資格證明**、**契約內容須不違反海事權義**、**契約須經主管機關之認可**。

由於海員對於船舶所提供之服務，除具有勞務之性質外，亦具有商業性質，是故訂立契約時，必須以書面方式進行，並由交通部統一規定僱傭契約範本（船員 13）。僱傭契約簽訂後，船舶所有人即應送請交通部核可。若海員僱傭契約是在國外簽定時，則應送請我國在當地之駐外使領館、代表處、辦事處或其他外交部授權機構認證或驗證，且在經核可、認證或驗證後，該船員方可正式在船舶上服務（船員 12 Ⅰ）。

在海員僱傭契約簽訂之後，若契約內容有必須修正之事項，或契約因故而終止時，亦應經由核可、認證或驗證程序後，該契約之修正或終止方具有合格之法律效力，且基於保護海員權益之立場，因此，若船舶所有人或船員係在國外終止海員僱傭契約時，船舶所有人並應負責將該船員送回原受僱地。

㈠**海員僱傭契約之性質**：係屬於有償之雙務契約，且係兼具勞動法與商業法性質之契約，並為法定要式契約。由於海員僱傭契約係由海員提供勞務，而由船舶所有人對其支付報酬，當事人雙方具有對價關係，故海員僱傭契約在性質上係屬於有償之雙務契約。

㈡**海員僱傭契約之內容**：有違反善良風俗之情形，或簽約人本身屬於未滿 16 歲之無行為能力人時，其所簽訂之海員僱傭契約依法無效，若簽約時當事人係因錯誤、被詐欺、受脅迫而簽訂海員僱傭契約時，則在契約成立後亦得將該契約撤銷。因此，雇用人僱用未滿 18 歲之未成年之船員，應得法定代理人之書面允許（船員 14）。由於海員之工作性質特殊，因此，在國際公約與各國國內海事法規上，對於海員僱傭契約之相關權益均採取明確之保護政策，不得有違反海事權利義務之契約條款，以確保海員僱傭契約在公法、私法上均具有優先適用之效力。

㈢**政府之監督**：政府為履行監督責任，保護知識較不足之海上勞工，且基於航行安全之考量，故要求船舶所有人對於船舶海員之配置、船員之資格與健康、船舶之勘航能力等，應履行國際公約所規定之義務，因

此，對於海員僱傭契約之簽定、修改或終止等，應送請主管機關核可後，方具有合法效力。

㈣**海員之資遣**：無論海員僱傭契約係爲定期契約或不定期之契約，若海員所服務之船舶發生沈沒、失蹤，或完全失去安全航行能力時，則海員與船舶所有人所簽定之海員僱傭契約即告消滅，船舶所有人並應依規定發給海員資遣費。

㈤**海員之退休或死亡**：在海員退休生效或死亡時，將使已簽訂生效之海員僱傭契約歸於消滅。在海員僱傭契約簽訂後，海員與船舶所有人雙方均可主張終止僱傭契約之權利，但由於各船舶之海員名額配置，係依據其所需應付之業務量加以安排，且海員數量與船舶之適航能力具有密切關係，因此，在海員終止僱傭契約之前，應給予船舶所有人相當時間以便補充新進海員，避免對船舶航行造成影響。

第二節　船　長

一、船長之概念

船長（英：master；德：Kapitän, Schiffer；法：capitaine），在船舶管理上，船長和船員合稱船員。「船長」係受船舶所有人僱用，主管船舶一切事務之人員（海2）。船長在主管船舶事務時，而有命令與管理在船海員及其他人員，並依職權而得爲必要處置，因此，船長應指揮船舶航行，並負責全船財物及生命之安全，且爲完成航行任務，在無正當理由之下，船長不得放棄船舶。

二、船長之義務

㈠**注意義務**：船長執行職務，須以善良管理人之注意爲之。船員法第67條規定：「船長對於執行職務中之過失，應負責任；如主張無過失時，應負舉證之責任。」

㈡**救助義務**：

　　1.一般海難之救助義務：船長於不甚危害其船舶、海員、旅客之範圍

內，對於淹沒或其他危難之人應盡力救助（海 102，船員 75）。

2. 碰撞時之救助義務：船舶碰撞後，各碰撞船舶之船長於不甚危害其船舶、海員或旅客之範圍內，對於他船舶船長、海員及旅客、應盡力救助（海 109 I）。各該船長，除有不可抗力之情形外，在未確知繼續救助為無

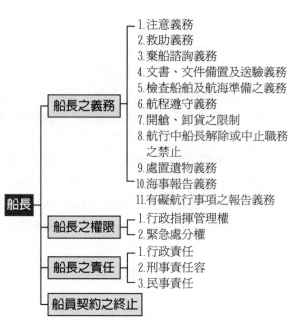

益前，應停留於發生災難之處所（海 109 II）。各該船長，應於可能範圍內，將其船舶名稱及船籍港並開來及開往之處所，通知於他船舶（海 109 III）。

（三）**棄船諮詢義務**：船舶有急迫危險時，船長應盡力採取必要之措施，救助人命、船舶及貨載（船員 73 I）。船長在航行中不論遇何危險，非經諮詢各重要海員之意見，不得放棄船舶。但船長有最後決定權（船員 73 II）。船員有違反前項及本項之規定者，處降級、收回或廢止其船員服務手冊（船員 80 I ⑩）。放棄船舶時，船長應盡力將旅客、海員、船舶文書、郵件、金錢及貴重物救出（船員 73 III）。船長違反本項規定者，處 7 年以下有期徒刑。因而致人於死者，處 3 年以上 10 年以下有期徒刑（船員 76）。船長違反第一項、第二項規定者，就自己所採措施負其責任（船員 73 IV）。

（四）**文書、文件備置及送驗義務**：船長在船舶上應置備船舶文書及有關載客載貨之各項文件。主管機關依法查閱前項船舶文書及文件時，船長應即送驗（船員 60）。

㈤**檢查船舶及航海準備之義務**：船長於船舶發航前及發航時，應依規定檢查船舶及完成航海準備（船員 61）。

㈥**航程遵守義務**：船長非因事變或不可抗力，不得變更船舶預定航程（船員 62）。

㈦**開艙、卸貨之限制**：船長除有必要外，不得開艙或卸載貨物（船員 63）。

㈧**航行中船長解除或中止職務之禁止**：船長在航行中，其僱用期限已屆滿，不得自行解除或中止其職務（船員 64）。

㈨**處置遺物義務**：在船人員死亡或失蹤時，其遺留於船上之財物，船長應以最有利於繼承人之方法處置之（船員 65）。

㈩**海事報告義務**：船長遇船舶沈沒、擱淺、碰撞、強迫停泊或其他意外事故及有關船舶貨載、海員或旅客之非常事變時，應作成海事報告，載明實在情況，檢送主管機關。上項海事報告，應有海員或旅客之證明，始生效力。但其報告係船長於遭難獨身脫險後作成者，不在此限（船員 66）。

⑪**有礙航行事項之報告義務**：船長於本航次航路上發現油污損害、新生沙灘、暗礁、重大氣象變化或其他事故有礙航行者，應報告主管機關（船員 71）。

三、船長之權限

在船舶航行時，其性質上雖可視爲國家領土之延長，但政府之公權力無法時時發揮作用，而船長乃是船舶駕駛部門之最高技術首長，且負有督導船舶一切行政事務之責任，因此，爲配合實際情況需要，由國家以法律方式賦予船長在公法上之權力，在公法關係上直接對國家負責，並得直接行使「行政指揮管理權」與「緊急處分權」：

㈠**行政指揮管理權**：此係指船長基於執行職務之所需，對於船舶所屬之一切人員與事務有指揮、命令與管理之專屬權限，若因行使職權而必須負法律上之過失責任或侵權責任時，亦應由船長本人負責。依海商法第 2 條規定，船長有指揮服務於船上所有人員之權。而船員法第 58 條規定，船舶之指揮，由船長負責；船長爲執行職務，有命令與管理在船海員及在船上其他人員之權（船員 58 I）。船長爲維護船舶安全，保障他人生

命或身體，對於船上可能發生之危害，得爲必要處置（船員58Ⅱ）。

　　㈡**緊急處分權**：係指在船舶航行中，船長基於維持船舶治安、避免危難損失、保障國家法益之目的，在船舶遭遇海難事件或面臨急迫危險，或因其他意外事故之影響，而造成擱淺、沈沒或故障時，船長應立即採取防止危險的緊急處理措施，以降低船舶所遭受的損害程度，同時並應報告主管機關，以利後續救助工作之進行。依船員法第 59 條規定：「船長在航行中，爲維持船上治安及保障國家法益，得爲緊急處分。」在法律性質上，緊急處分權具有公法上之行政權及警察權，且船長所得行使緊急處分權包括：

　　1.對物之緊急處分權：係指船舶在航行時，若各部門主管、各級海員或船舶乘客發現船上有未經報明之物品、或由船員利用船舶所私運之物品，而該物品之性質係屬於違禁品或危險物品時，例如武器、爆炸物、毒品或其他走私貨物等，船長爲避免危害船舶人員之生命財產安全，有權對該物品予以適當之處置，或在對海域污染最少之前提下將其投棄。若船舶之情況已無法控制而必須放棄船舶時，船長必須先諮詢各重要海員之意見後，方可下令放棄船舶，且船長應盡力將旅客、海員、船舶文書、郵件、金錢及貴重物品救出。

　　2.對人之緊急處分權：係指船舶在航行時，船長基於保障國家法益之考量下，若船舶遭遇海難、面臨急迫危險、停泊港埠發生傳染病或受其他意外事故影響時，船長應依職權實行緊急處分，例如命令旅客離船，或限制船員與旅客上岸等。由於船舶係屬國家領土之延長，因此，船長在行使緊急處分命令後，對於違反緊急處分命令之船員或旅客得限制其人身自由，必要時並得請求軍艦、管海機關、地方政府等協助，以公權力加以制裁。對於在船舶上所發生之犯罪行爲，船長亦得行使司法警察之緊急處分權，而在船舶抵達中途港或目的港時，將犯罪行爲人移交治安機關處置。

四、船長之責任

　　在我國海事相關法律中，船員法、船舶管理規則、船員服務規則對

於船長職務與責任之規定，在性質上係屬於行政責任，海商法及船員法所規定之部分則為刑事責任及民事責任，至於船舶法之規定則同時包括行政責任與刑事責任在內，且海商法與船舶法所規定之刑事責任，其法律性質係屬於行政刑法，其責任性質之不同如下：

(一) 行政責任	就船長之「行政責任」而言，係指行政主管機關在船長違反船舶法與船員法所規定之法定職責時，所執行之行政懲戒處分，其性質係對於違反行政事務行為之處罰，其法定成立要件係以「怠於注意」為成立要件，而不以「故意」作為要件 (船員 77-81、83-86)。
(二) 刑事責任	就船長之「刑事責任」而言，係指國家司法機關在船長違反船舶法與海商法所規定之法定職責時，所執行之刑事處罰，其性質係對於違反社會法益行為之處罰，其法定成立要件係以「故意」為成立要件，而以「過失行為」為例外，並適用共犯責任之規定 (船員 76、86)。
(三) 民事責任	1.船長之注意義務：船長對於執行職務中之過失，應負責任；如主張無過失時，應負舉證之責任 (船員 67)。 2.貨物裝載甲板上毀損或滅失之責任：運送人或船長如將貨物裝載於甲板上，致生毀損或滅失時，應負賠償責任。但經託運人之同意並載明於運送契約或航運種類或商業習慣所許者，不在此限 (海 73)。 3.棄船未盡諮詢義務：船舶有急迫危險時，船長應盡力採取必要之措施，救助人命、船舶及貨載 (船員 73 I)。船長在航行中不論遇何危險，非經諮詢各重要海員之意見，不得放棄船舶。但船長有最後決定權 (船員 73 II)。放棄船舶時，船長應盡力將旅客、海員、船舶文書、郵件、金錢及貴重物救出。船長違反第一項、第二項規定者，就自己所採措施負其責任 (船員 73)。

第三節　船　員

一、船員之概念

船員（英：mariner；德：Seemann；法：équipage），狹義言，是指受船舶所有人或船舶租賃人之海上企業者所雇用，現今在特定船舶提供勞務繼續的在船上服務之勞工；廣義言，除了狹義之意義以外，目前不在船上服務之儲備船員 (船員 52) 而言。船員法上船員指船長及海員 (船員 2 I

③）。下列船舶之船員，除有關航行安全與海難處理外，不適用船員法之規定：㈠船舶法所稱小船。㈡軍事建制之艦艇。㈢漁船。

專用於公務用船舶之船員，除有關船員之資格、執業與培訓、航行安全與海難處理外，不適用船員法之規定（船員3）。

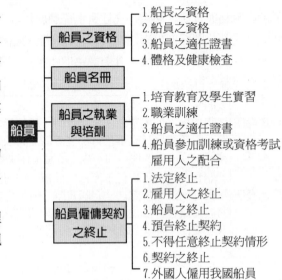

二、船員之資格

㈠**船長之資格**：船長應為中華民國國民（船員5）。

㈡**船員之資格**：

　　1.船員應年滿16歲。

　　2.並應符合1978年航海人員訓練、發證及當值標準國際公約規定，其訓練、檢覈及申請核發證書辦法，由交通部定之（船員6）。

㈢**船員之適任證書**：具有第6條資格者，應向交通部申請核發適任證書，始得執業（船員7）。

㈣**體格及健康檢查**（船員8）：

　　1.船員應經體格檢查合格，並依規定領有船員服務手冊，始得在船上服務。已在船上服務之船員，應接受定期健康檢查；經檢查不合格或拒不接受檢查者，不得在船上服務。

　　2.前項船員健康檢查費用，由雇用人負擔。

　　3.船員體格檢查及健康檢查，應由符合規定條件之醫療機構或本事業單位所設置醫療單位為之；其檢查記錄應予保存。

　　4.船員體格檢查、健康檢查辦法及醫療機構條件，由交通部會同中

央勞工及衛生主管機關定之。

三、船員名冊

船員名冊（英：muster-roll；德：Musterrolle；法：rôle d'équipage），指特定船舶中，在船上服務之全體船員之姓名，及記載僱傭契約內容之名簿而言。為船舶應具備文書之一（船舶 9 I ④），也是船長在船舶上應置備船舶文書之一（船員 60 I）。

四、船員之執業與培訓

㈠**培育教育及學生實習**：交通部為培育船員，應商請教育部設置或調整海事院校及其有關系科。交通部應協助安排海事院校學生上船實習，船舶所有權人及其他有權僱用船員之人無正當理由不得拒絕。前項學生上船實習辦法，由交通部會商教育部定之（船員 9）。

㈡**職業訓練**：交通部為培養海運技術人才，提高船員工作技能，促進國民就業，應設立或輔導設立船員職訓中心，或委託相關專業機構，實施船員之職前與在職進修之訓練。船員職業訓練所需之經費由交通部編列預算支應（船員 10）。

㈢**船員參加訓練或資格考試雇用人之配合**：船員依規定參加交通部辦理之訓練或船員執業資格考試時，雇用人應作適當之配合（船員 11）。

五、船員僱傭契約之終止

㈠**法定終止**：船舶沈沒、失蹤或完全失去安全航行能力者，僱傭契約即告終止。但船員生還者，不在此限。船員因施救船舶、人命或貨物之緊急措施必須工作者，其工作期間僱傭契約繼續有效。第 1 項船員生還者，雇用人已無他船或職位可供船員繼續工作時，得終止僱傭契約並依第 39 條之規定發給資遣費。船舶於 2 個月內無存在消息者，以失蹤論（船員 19）。

㈡**雇用人之終止**：船員有下列情事之一者，雇用人得終止僱傭契約（船員 20）：

1.訂立僱傭契約時，為虛偽意思表示，使雇用人誤信而有損害之虞者。

2.對於雇用人、雇用人之代理人、其他共同工作人或以上人員之家屬，實施暴行或有重大侮辱、恐嚇行為者。

3.受有期徒刑以上刑之宣告確定，而未諭知緩刑或易科罰金者。

4.違反僱傭契約或船員工作規則，情節重大者。

5.故意損毀或竊取船舶設備、屬具或貨物者。

6.無正當理由不遵守雇用人或船長之指示上船者。

雇用人依前項規定終止僱傭契約時，須以書面通知船員。

雇用人依第一項第一款、第二款及第四款至第六款規定終止僱傭契約者，應自知悉其情形之日起，30 日內為之。

⊜**船員之終止**：有下列情事之一者，船員得終止僱傭契約（船員 21）：

1.船舶喪失國籍者。

2.訂定僱傭契約時，雇用人為虛偽意思表示，使船員誤信而有受損害之虞者。

3.船員因傷病經醫師證明不能繼續工作者。

4.雇用人、雇用人之代理人或以上人員之家屬對船員實施暴行或有重大侮辱、恐嚇行為者。

5.工作環境對船員健康有危害之虞，經通知改善而無效果者。

6.雇用人或其代理人違反契約或法令，致有損害船員權益之虞者。

7.雇用人不依契約給付薪津者。

8.船上其他共同工作人患有法定傳染病，有傳染之虞者。

㈣**預告終止契約**：

1.不得預告終止契約之情形：非有下列情形之一者，雇用人不得預告終止僱傭契約（船員 22 I）：

⑴歇業或轉讓時。

⑵虧損或業務緊縮時。

⑶不可抗力暫停工作在 1 個月以上時。

⑷業務性質變更，有減少船員之必要，又無適當工作可供安置時。

⑸對於所擔任之工作確不能勝任時。

2.終止契約之預告期間：雇用人依前項規定終止僱傭契約，其預告

期間依下列各款之規定（船員22Ⅱ）：

　　⑴繼續工作 3 個月以上 1 年未滿者，於 10 日前預告之。

　　⑵繼續工作 1 年以上 3 年未滿者，於 20 日前預告之。

　　⑶繼續工作 3 年以上者，於 30 日前預告之。

　㈤**不得任意終止契約情形：**

　　1.船員在產假或醫療期間：船員在產假期間或執行職務致傷病之醫療期間，雇用人不得終止僱傭契約。但雇用人因天災、事變、不可抗力致事業不能繼續或船舶沈沒、失蹤或已完全失去安全航行之能力時，不在此限（船員 22Ⅲ）。雇用人未依第二項規定期間預告而終止契約者，應給付預告期間之薪資（船員22Ⅳ）。

　　2.不定期或定期契約之終止契約：不定期僱傭契約之船員終止僱傭契約時，應準用第二項規定預告雇用人或船長。定期僱傭契約之船員終止僱傭契約時，應在 1 個月前預告雇用人或船長（船員 22Ⅴ）。

　　3.船員同意之情形：雇用人經徵得船員同意，於雇用人所屬船舶間調動，另立新約前，原僱傭契約仍繼續有效（船員 22Ⅵ）。

　㈥**契約之終止：**

　　1.僱期屆滿之終止：定期僱傭契約，其期限於航行中屆滿者，以船舶到達第一港後經過 48 小時為終止（船員 23）。

　　2.船員工作年資之計算：僱傭契約因故停止履行後，繼續履行原約或定期僱傭契約屆滿後，未滿 3 個月又另訂定新約時，船員前後工作年資應合併計算。船員工作年資之計算應包括船員在同船舶或同一公司法人所屬或經營之不同船舶之工作年資。但曾因僱傭契約終止領取辭退金或退休金者，不在此限（船員 24）。

　㈦**外國人僱用我國船員：**外國雇用人僱用中華民國船員，應向交通部申請，經審核許可，始得僱用；其許可辦法由交通部定之（船員 25）。

第四章　海上運送

第一節　運送契約

第一款　運送契約之概念

一、運送契約之意義

運送契約（英：contract of carriage；德：Transportvertrag；法：contrat de transport），即當事人之一方負責將物品或旅客從一地移動至另一地之約定，而相對人支付報酬之約定的契約。契約締結後，依運送目的物之不同而分為貨物運送與旅客運送；依地域之不同而分為　　海上運送陸上運送契約、海上運送契約與航空運送契約。

二、運送契約之性質

(一) 承攬契約	因簽訂運送契約，係以完成運送業務為目的，而不是勞力之提供，因此非屬僱傭契約，而是承攬契約。
(二) 雙務契約	因運送契約之當事人互負有對價之負擔。故為雙務契約。
(三) 有償契約	託運人對於運送人之運送，應依約定給付相當之報酬。
(四) 要式契約	依海商法第 39 條：「以船舶之全部或一部供運送為目的之運送契約，應以書面為之。」第 40 條：「前條運送契約應載明下列事項：一當事人姓名或名稱，及其住所、事務所或營業所。二船名及對船舶之說明。三貨物之種類及數量。四契約之期限或航程事項。五運費。」之規定可知，運送契約應屬要式契約。

習題：試說明運送契約之性質。

第二款　貨物運送契約

一、貨物運送契約之種類

海上貨物運送契約之種類主要包括下列運送契約：

㈠**件貨運送契約**：此又稱爲「**搭載運送契約**」。

　1.意義：所謂件貨，就是一件一件的貨物，計算運費時，以每件爲標準。即以貨物之件數、重量或容積作爲運費計算之標準，以貨物運送作爲目的所簽訂之海上運送契約（海38 I ①），其經營上多以定期方式航行於特定航路上。

　件貨運送契約得以口頭方式約定貨物之運送，亦得以書面簽訂方式簽約，因此，其契約之法律性質爲不要式契約，其

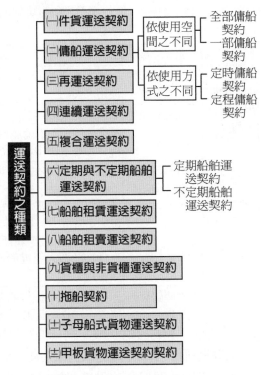

契約內容僅約定船舶所有人提供船艙空間供貨物託運人運送貨物，但託運人對於船艙裝貨之情形則無權過問，而以貨物安抵目的地爲目的。

　2.免責約款之限制：以件貨運送爲目的之運送契約或載貨證券記載條款、條件或約定，以減輕或免除運送人或船舶所有人，對於因過失或本章規定應履行之義務而不履行，致有貨物毀損、滅失或遲到之責任者，其條款、條件或約定不生效力（海61）。

㈡**傭船運送契約**：又稱爲「**包船運送契約**」，係指船舶所有人以船舶之全部或一部，供傭船人作爲貨物運送使用爲目的之海上運送契約（海38②），且其契約應以書面爲之（海39），必須詳列當事人姓名或名稱，及其住所、事務所或營業所、船名及對船舶之說明、貨物之種類及數量、契約期限或航程事項、運費（海40）等法定事項，屬於要式契約，其目的在

於完成貨物之運送，因此亦爲承攬契約，其航海期間多屬於不定期，其航路多爲不特定航路。「傭船運送契約」可依船舶使用空間與使用方式之不同，再細分如下：

區分標準	名　　稱	內　　　　　容	法律
1. 依船舶使用空間之不同	全部傭船契約	船舶所有人以船舶之全部作爲貨物運送使用之契約。	海38Ⅰ②
	一部傭船契約	船舶所有人以船舶之一部分空間、一定數量之船艙或船舶總載重量之一定比例，作爲貨物運送使用之契約。	
2. 依船舶使用方式之不同	定時傭船契約（期間傭船契約）	即船舶所有人在一定期間內將船舶之全部及其所僱傭之船長、海員，提供貨物託運人作爲貨物運送之用。實務上祇須確定僱船之時間，不須確定傭船之航路。至於運費之計算，在契約所定之時間內，原則上貨物託運人僅就船舶可使用之期間負擔運費。	海46
	定程傭船契約（航程傭船契約）	即船舶所有人提供船舶之全部給貨物託運人作爲貨物運送，而船舶僅於特定航路上航行，並以航次作爲運費之計算標準。	

㈢**再運送契約**：原貨物運送人與他人簽定運送契約之後，再與其他運送人訂立貨物運送契約，將其原應有之運送責任轉嫁，而由其他運送人負擔，以賺取運費之差額之運送契約。此時與船舶所有人簽約之貨物運送人稱爲「**原貨物運送人**」，其契約即爲「**原運送契約**」。由原貨物運送人與其他貨物運送人所簽訂之貨物運送契約則稱爲「**再運送契約**」。

㈣**連續運送契約**：又稱「**聯營運送契約**」，即係指同一貨物運送契約中，明文規定由兩個以上之貨物運送人分段參與，從而完成該貨物契約所約定之全部海上貨物運送航程，其運送責任如下：

1.載貨證券簽發之責任：原則上應由載貨證券發給人對於連續運送人之行爲負保證責任，但各連續運送人對於在自己負責運送之航程中所發生之貨物毀損滅失及遲到負其責任（海74Ⅱ）。

2.相繼運送人之連帶責任：民法中亦規定貨物由數運送人相繼運送

時，各運送人對於所運送貨物之喪失、毀損或遲到，應連帶負責（民637）。

3.載貨證券發給人之保證責任：載貨證券之發給人有無民法第745條之先訴抗辯權，通說認為此非民法上之保證，而是一種特別法定保證，不得主張先訴抗辯權。因海商法第74條第2項僅在減輕各連續運送人的責任，而載貨證券發給人之責任並未減輕，對載貨證券持有人言，當然找發行人請求較為簡易，因此不能減輕證券發給人之責任。

4.連續運送下法律之適用：連續運送同時涉及海上運送及其他方法之運送者，其海上運送部分適用海商法之規定。貨物毀損滅失發生時間不明者，推定其發生於海上運送階段（海75）。

> 習題：海上運送人甲與乙分段聯營運送，由甲發行聯營載貨證券，設貨物在乙運送過程中受損，聯營載貨證券持有人向甲請求賠償，甲提出先訴抗辯，有無理由？請依海商法有關規定述之。（91司）

(五)**複合運送契約**：即係指由數個貨物運送人，在各自負責之運送航程中，使用不同之交通工具（陸運、海運、空運）運送貨物，而其中至少有一段為海上運送，在複合運送契約中，關於海上運送航程中之貨物運送，應適用海商法之相關規定（海75 I），且若發生貨物毀損滅失之情形，而意外發生之時間不明時，應定為海上運送階段時發生（海75 II）。

由於現代國際貿易發達，因而託運人可在產地將貨物裝在於貨櫃中，然後以陸運與空運、海運或空運、陸運與海運，或陸運、海運與空運複合運送之方式，將貨櫃送達指定之目的地，在此複合運送之情形下，海運階段之運送人責任依規定即為載貨證券之發給人，其對於貨物之各連續運送人之行為應負保證之責任，但各連續運送人僅對於自己航程中所發生之貨物毀損滅失及遲到負其責任（海74 II），而載貨證券之發給人對於各連續運送人，亦應依海、陸、空法規之規定而負保證之責任。

(六)**定期與不定期運送契約**：

1.定期船舶運送契約：指船舶所航行之航次及航線均固定，而由船舶所有人或貨物運送人往返行駛於特定港口之間承運貨物或旅客，並依照固定之費率表計算運費，向託運人收取運費報酬，託運人則藉由簽訂

裝貨單方式，直接向運送人或其代理人以預定艙位方式進行貨物或旅客託運，也可經由運送人指定的攬貨代理人代為辦理託運，將貨物委由貨物運送人送達目的地，且經營定期船舶之公司為避免惡性競爭，彼此間有運費同盟組織。

2.不定期船舶運送契約：指船舶所航行之航線、航期、到埠日期、停泊港口不固定，其運送人為船舶所有人或傭船運送人，託運人則與經紀人約定所欲租用的船舶噸位、時間、航程貨物數量、運送條件和運費率等，與運送人簽訂傭船契約，以包租船舶艙位方式進行貨物或旅客運送，因此，其運費之收取與運送契約之訂立，全由契約雙方當事人自行約定。

㈦**船舶租賃運送契約**：指船舶所有人將船舶出租供船舶承租人使用，而由船舶所有人取得租金收益權。因此，在法律性質上，船舶租賃係以船舶使用權實際移轉作為租賃契約之標的，且由於海商法中對於船舶租賃並未特別規定，應適用民法條文中關於租賃之規定（民421）。在船舶租賃契約成立後，船舶所有人負有將約定船舶移轉由船舶承租人占有之義務，其船舶所有權與管理權應交付給承租人使用，而由船舶承租人支付租金，但不須提供船長、海員及給養物品，船舶承租人實際使用之範圍為船舶之全部，其性質與動產及不動產租賃相似，因此應作成書面並須申請船舶租賃登記（船登3Ⅰ③），方可與第三人對抗（船登4）。在船舶租賃契約成立生效之後，若船舶承租人有租金給付遲延之情形時，船舶所有人得限定相當期限，催告船舶承租人支付租金，若期限內仍未支付時，船舶所有人即得終止船舶租賃契約。若因天災或不可抗力因素所影響，造成船舶毀損或滅失時，其損失應由船舶所有人負擔，而在船舶滅失無法使用期間內，船舶承租人不須支付租金。

在船舶租賃期內，是否適用「**買賣不破租賃原則**」？有二說：一般偏於否定說。

1.肯定說：因適用民法租賃之規定，自無海商法之適用。依民法第425條：「如船舶承租人占有中，縱將其所有權讓與第三人，其租賃契約，對於受讓人仍繼續存在。」

2.否定說：依海商法第 41 條：「以船舶之全部或一部供運送之契約，不因船舶所有權之移轉而受影響。」故無民法第 425 條之適用。

㈧**船舶租賣運送契約**：指船舶所有人先將船舶使用權與收益權轉讓給船舶承租人，而由船舶承租人依照契約之約定，向船舶所有人分期繳付船舶價款，至船舶價款全部付清時，即由船舶承租人取得船舶之所有權，以法律性質言，船舶承租人在船舶價款尚未付清之前，對於標的船舶僅可主張船舶租賃權，船舶所有權仍歸原船舶所有人所有，直至船舶價款付清後，船舶承租人方可主張船舶所有權，自船舶移轉占有時起，其危險負擔即由船舶承租人負責，因此，船舶因天災或不可抗力因素所造成之毀損或滅失，應由船舶承租人負擔，並須繼續支付租金。船舶租賣契約之目的雖包含對標的船舶之使用及收益，但主要目的仍在於取得標的船舶之所有權，除適用民法中關於租賃之規定外，同時亦適用關於買賣之規定。

㈨**貨櫃運送契約**：指託運人使用大型且具有一定規格之貨櫃，直接在貨物產地或集散地完成貨物裝載，而後經由貨物運送人藉陸上、海上或空中運輸工具，將貨物運送至指定目的地之運送契約。若託運人將未裝於貨櫃之貨物直接交付貨物運送人，而由貨物運送人以船舶將貨物運送至指定目的地時，則稱爲「**非貨櫃運送契約**」。

㈩**拖船契約**：又稱爲「**船舶拖帶**」，即係指一船舶在海上拖帶另一船舶而航行之行爲，其中負責拖帶之船舶稱爲「**拖船**」，被拖帶之船舶則稱爲「**被拖船**」，由於拖船爲海上運送之常業，故爲運送契約之一，且拖船契約係由拖船提供動力而拖行被拖船，被拖船應對拖船給付報酬，因此，拖船契約具有承攬契約（民 490）與僱傭契約（民 482）之性質。在拖船契約之法律適用上，應適用海商法之運送契約相關規定，但由於拖船與被拖船間，由於有僱傭契約與承攬契約之法律性質，因此亦得適用民法上之相關規定。

(十一)**子母船式貨物運送契約**：即指運送人在接受貨物之後，其貨物裝載之方式係先將貨物裝載於較小之「子船」上，再將子船裝載於實際運送之「母船」中，在貨物運抵目的港卸載時，其卸載之方式係先將「子船」

由「母船」中卸下，而後方將貨物由「子船」中卸載，因此，貨物運送人及船長簽發載貨證券之時間，實務上係貨物完成裝載於「子船」之程序時方予正式簽發。

在以「子母船」方式進行貨物運送時，貨物運送人應負責任之期間係自貨物裝載入「子船」時起，至貨物自「子船」卸載時止，亦即貨物以「子船」進行運送之實際期間，且契約簽定之雙方對於免責之約定爲無效。在載貨證券之發行方面，由於子母船式貨物運送方式之貨物運送人或船長應在確定貨物裝載完成之後，方可簽發載貨證券給託運人，因此，若貨物已裝載於子船，而子船尚未裝載入母船時，貨物運送人或船長亦可簽發載貨證券，國際貿易上通行之 FOB 條款，一般認爲託運人僅須以自己之費用，將貨物送達子船之船舷即可。

㈢**甲板貨物運送契約**：在海上保險中，除依據航運種類或商業習慣之外，由於在海上事故發生時，船長或運送人爲避免共同危險之損害，會將先「甲板貨」投棄，因此，運送人必須取得託運人的同意，才能將非甲板貨的一般貨物裝在甲板上運送，否則必須賠償該貨物所發生的損害。「甲板貨」係指在海上貨物運送實務上，若貨物本身之性質不宜裝在船舶貨艙內進行運送，或具有危險性，或可能侵害到其他貨物，或該貨物爲特長貨物時，而裝載在船舶甲板上進行運送的貨物，其所收取之運費係以甲板貨運費率計算，較一般貨物運費低廉。由於貨物裝載於甲板運送時，較易因風雨或海水之侵蝕導致損失或變質，因此，若貨物運送人或船長將貨物裝載於甲板上，以致貨物毀損或滅失時，應負損害賠償責任。但若將貨物裝載於甲板上係經託運人之同意，並載明於運送契約中，或依航運種類或商業習慣，允許該貨物以裝載於甲板方式進行運送者，貨物運送人或船長即不須負損害賠償責任（海 73），若託運人同意也可認爲該託運人有同意其貨物在海上事故發生時被投棄的默示表示，因此，若運送人在共同海損時將該貨物投棄時，保險人對託運人將不予賠償。在海上保險契約，除契約有特別規定之外，原則上保險人對於「甲板貨」不負理賠責任。

二、傭船契約與租賃契約之不同

區分標準	傭船契約	租賃契約
(一) 意義不同	即船舶所有人以船舶之全部或一部，供傭船人作爲貨物運送使用之海上運送契約（海38②）。	即船舶所有人將船舶出租給承租人使用，而由船舶所有人取得租金收益權。
(二) 契約性質	傭船契約是要式契約。	租賃契約爲諾成契約。
(三) 目的不同	傭船契約係承攬契約，以船舶之全部或一部供運送爲目的之契約。	租賃契約之目的在船舶供承租人使用，以收取租金。
(四) 法律性質不同	傭船契約爲運送契約之一，依據海商法第38條。	船舶租賃應適用民法第421條關於租賃之規定。
(五) 船舶支配不同	傭船人無指揮支配船舶之權。	承租人占有船舶，並有指揮支配權。
(六) 船舶運費不同	傭船人僅須支付運費，不須負擔航行之費用。	承租除支付租金外，尚須支付航行費用。
(七) 靠岸裝貨不同	由船舶所有人爲之。	由承租人爲之。
(八) 船舶利用不同	傭船人僅利用船艙部分。	承租人則利用船艙之全部。
(九) 海員僱用不同	運送人僱用海員作業。	由承租人僱用海員作業。

習題：試說明傭船契約與租賃契約之不同？二者是否因船舶所有權之移轉，而適用買賣不破租賃原則？試述之。（82司、85律）

三、貨物運送契約之訂立

依海商法第38條規定有件貨運送與傭船契約，其簽訂情形如下：

(一)**件貨運送契約**：其簽訂適用民法之規定，僅託運人在請求運送時，填給託運單即可（民624），因此屬不要式契約。

(二)**傭船運送契約**：即以船舶之全部或一部供運送爲目的之運送契約，應以書面爲之（海39）。因此屬要式契約。此項要式契約，應記載下列事項（海40）：

1.當事人姓名或名稱，及其住所、事務所或營業所。

2.船名及對船舶之說明。

3.貨物之種類及數量。

4.契約期限或航程事項。

5.運費。

第三款　貨物運送當事人之權利義務

一、貨物運送人之權利、義務及責任

㈠運送人之權利：

1.運費請求權：運費係運送契約應記載事項（海40⑤），運送人當有請求運費之權。而在請求運費上有留置權與提存權：

　⑴運送人之留置權：運送人之目的是在收取運費，因此運費不論由託運人或受貨人負擔，運送人都可請求支付運費，如受貨人不清償運費及其他費用時，運送人為保全其運費及其他費用得受清償之必要計，得按其比例（所謂按其比例即不許超過程度），對於運送物行使留置權，所以保護運送人之利益也。

　⑵受貨人之提存權：又運費及其他費用之數額有爭執時，如在爭執未解決以前，不許受貨人請求交付運送物，則曠日持久，遷延不決，受貨人勢必重受損失，故許受貨人得將有爭執之數額提存，請求運送物之交付，蓋又保護受貨人之利益也（民647）。

2.交還載貨證券請求權：受貨人請求交付運送物時，應將載貨證券交還（海60準民630）。

3.損害賠償請求權：

　⑴裝卸貨物逾時之請求賠償：裝卸貨物超過合理裝卸時間者，船舶所有人得按超過之日期，請求合理之補償（海52Ⅱ但）。前項超過裝卸期間，休假日及裝卸不能之日亦算入之（海52Ⅲ）。此即「**遲滯費用**」。

　⑵未經報明貨物發生損害之請求賠償：運送人或船長發見未經報明之貨物，如有損害並得請求賠償（海65Ⅰ）。

　　4.貨物寄存權：受貨人怠於受領貨物時，運送人或船長得以受貨人之費用，將貨物寄存於港埠管理機關或合法經營之倉庫，並通知受貨人（海51 I）。

㈡運送人之義務：

　　1.船舶堪航能力、適載性義務：運送人或船舶所有人於發航前及發航時，對於下列事項，應為必要之注意及措置（海62 I）：

　　　⑴使船舶有安全航行之能力：即船身之構造及機械運轉，能適應海運航行。

　　　⑵配置船舶相當船員、設備及供應：如船上之救生、消防及防水等設備及用水、燃料等均不虞匱乏。

　　　⑶使貨艙、冷藏室及其他供載運貨物部分適合於受載、運送與保存。

　　　　船舶於發航後因突失航行能力所致之毀損或滅失，運送人不負賠償責任（海62 II）。運送人或船舶所有人為免除前項責任之主張，應負舉證之責（海62 III）。

　　2.承運之注意及處置義務：運送人對於承運貨物之裝載、卸載、搬移、堆存、保管、運送及看守，應為必要之注意及處置（海63）。

　　3.發給載貨證券之義務：運送人或船長於貨物裝載後，因託運人之請求，應發給載貨證券（海53）。

　　4.未報明貨物之處置：運送人或船長發見未經報明之貨物，得在裝載港將其起岸，或使支付同一航程同種貨物應付最高額之運費，如有損害並得請求賠償。前項貨物在航行中發見時，如係違禁物或其性質足以發生損害者，船長得投棄之（海65）。

　　5.貨物運達通知之義務：貨物運達後，運送人或船長應即通知託運人指定之應受通知人或受貨人（海50）。

　　6.船舶之卸載義務：

　　　⑴運送人交付貨物之義務：運送人應依貨物運送契約，在抵達目的港時，將所有承運之貨物交給受貨人。一般的情形是運送人應將貨物交付託運人，或託運人所指定代表人。如運送人發行

載貨證券,而該證券有數份時,在貨物目的港請求交付貨物之人,縱僅持有載貨證券一份,運送人或船長不得拒絕交付。不在貨物目的港時,運送人或船長非接受載貨證券之全數,不得為貨物之交付（海58 I）。

(2)等候裝卸貨物義務:運送人於完成裝卸貨物準備時,始得簽發裝卸貨物完成通知書（海52 I）。如裝卸貨物超過合理裝卸期間者,船舶所有人得請求合理之補償（海52）。

(3)運送人之寄存或拍賣貨物之義務:受貨人怠於受領貨物時,運送人或船長得以受貨人之費用,將貨物寄存於港埠管理機關或合法經營之倉庫,並通知受貨人（海51 I）。

㈢運送人之責任:

1.船舶失航損失之舉證責任:船舶於發航後因突失航行能力所致之毀損或滅失。運送人或船舶所有人為免除前項責任之主張,應負舉證之責。否則,應負賠償責任（海62 II,III）。

2.拒運危險物之責:運送人知悉貨物為違禁物或不實申報物者,應拒絕載運。其貨物之性質足以毀損船舶或危害船舶上人員健康者亦同。但為航運或商業習慣所許者,不在此限。運送人知悉貨物之性質具易燃性、易爆性或危險性並同意裝運後,若此貨物對於船舶或貨載有危險之虞時,運送人得隨時將其起岸、毀棄或使之無害,運送人除由於共同海損者外,不負賠償責任（海64）。

3.運送人之責任限制:託運人於託運時故意虛報貨物之性質或價值,運送人或船舶所有人對於其貨物之毀損或滅失,不負賠償責任（海70 I）。除貨物之性質及價值於裝載前,已經託運人聲明並註明於載貨證券者外,運送人或船舶所有人對於貨物之毀損滅失,其賠償責任,以每件特別提款權666.67單位或每公斤特別提款權2單位計算所得之金額,兩者較高者為限（海70 II）。前項所稱件數,係指貨物託運之包裝單位。其以貨櫃、墊板或其他方式併裝運送者,應以載貨證券所載其內之包裝單位為件數。但載貨證券未經載明者,以併裝單位為件數。其使用之貨櫃係由託運人提供者,貨櫃本身得作為一件計算（海70 III）。由於運送人

或船舶所有人之故意或重大過失所發生之毀損或滅失，運送人或船舶所有人不得主張第二項單位限制責任之利益（海70Ⅳ）。

4.貨物裝載甲板上之責任：運送人或船長如將貨物裝載於甲板上，致生毀損或滅失時，應負賠償責任（海73前段）。

5.載貨證券簽發人與連續運送人之責任：載貨證券之發給人，對於依載貨證券所記載應為之行為，均應負責（海74Ⅰ）。前項發給人，對於貨物之各連續運送人之行為，應負保證之責。但各連續運送人，僅對於自己航程中所生之毀損滅失及遲到負其責任（海74Ⅱ）。

6.連續運送下之法律適用：連續運送同時涉及海上運送及其他方法之運送者，其海上運送部分適用本法之規定。貨物毀損滅失發生時間不明者，推定其發生於海上運送階段（海75）。

7.賠償責任：

(1)民法：

①運送人之責任：運送人對於運送物之喪失、毀損或遲到，應負責任。但運送人能證明其喪失、毀損或遲到，係因不可抗力，或因運送物之性質，或因託運人或受貨人之過失而致者，不在此限（民634）。

②損害賠償之範圍：運送物之喪失、毀損或遲到，係因運送人之故意或重大過失所致者，如有其他損害，託運人並得請求賠償（民638Ⅲ）。

③請求權消滅時效：貨物之運送為 1 年，旅客之侵權行為為 2 年（民623）。

(2)海商法：

①過失責任：運送人或船舶所有人對船舶之適航性、適載性應為必要之注意及措置。如於發航後因突失航行能力所致之毀損或滅失，運送人不負賠償責任（海62Ⅱ）。

②賠償責任：運送人或船舶所有人每件賠償責任之限制（海70Ⅱ）。

③請求權消滅時效：貨物之全部或一部毀損、滅失者，自貨物

受領之日或自應受領之日起，1 年內未起訴者，運送人或船舶所有人解除其責任（海56Ⅱ）。

(3)海商法與民法之比較：

	民　　　法	海　商　法
運送人責任	運送人除非不可抗力，應有安全送達貨物之責。	運送人除非船舶失航能力，應對船舶之適航性、適載性有注意及措置。
賠償責任	如爲運送人之故意或重大過失就有無限賠償責任。	每件賠償責任之限制。
請求權消滅時效	貨物運送爲 1 年，旅客之侵權行爲 2 年。	自貨物受領之日起 1 年。

四運送人之免責事由：

1.因下列事由所發生之毀損或滅失，運送人或船舶所有人不負賠償責任（海69）：

(1)船長、海員、引水人或運送人之受僱人，於航行或管理船舶之行爲而有過失。

(2)海上或航路上之危險、災難或意外事故。

(3)非由於運送人本人之故意或過失所生之火災。

(4)天災。

(5)戰爭行爲。

(6)暴動。

(7)公共敵人之行爲。

(8)有權力者之拘捕、限制或依司法程序之扣押。

(9)檢疫限制。

(10)罷工或其他勞動事故。

(11)救助或意圖救助海上人命或財產。

(12)包裝不固。

(13)標誌不足或不符。

(14)因貨物之固有瑕疵、品質或特性所致之耗損或其他毀損滅失。

(15)貨物所有人、託運人或其代理人、代表人之行爲或不行爲。

(16)船舶雖經注意仍不能發現之隱有瑕疵。

⒄其他非因運送人或船舶所有人本人之故意或過失及非因其代理
　人、受僱人之過失所致者。

　2.救助或正當理由之偏航：為救助或意圖救助海上人命、財產，或
因其他正當理由偏航者，不得認為違反運送契約，其因而發生毀損或滅
失時，船舶所有人或運送人不負賠償責任（海71）。

　3.未經船長或運送人同意而裝載貨物：貨物未經船長或運送人之同
意而裝載者，運送人或船舶所有人，對於其貨物之毀損或滅失，不負責
任（海72）。

　4.託運人同意裝載甲板上之免責：但經託運人之同意並載明於運送
契約或航運種類或商業習慣所許者，不在此限（海73但）。

二、託運人之權利、義務及責任

㈠託運人之權利：

　1.發航請求權：託運人既委託運送貨物，當有權要求發航。

　2.使為運送權：以船舶之全部於一定時期內供運送者，託運人僅得
以約定或以船舶之性質而定之方法，使為運送（海46）。

　3.請求發給載貨證券：運送人或船長於貨物裝載後，因託運人之請
求，應發給載貨證券（海53）。

　4.法定解除契約權：運送人所供給之船舶有瑕疵，不能達運送契約
之目的時，託運人得解除契約（海42）。

　5.運送人違背運送契約：運送契約定有履行契約之期限者，如交船、
裝載或發航之期限，他方當事人之託運人得定相當期限催告運送人履
行，如於期限內不履行時，得解除契約（民254）。如依契約之性質或當
事人之意思表示，非於一定時期為給付不能達其契約之目的，而契約當
事人之一方不按照時期給付者，他方當事人得不為前條之催告，解除其
契約（民255）。

㈡託運人之義務：

　1.按時裝載貨物：以船舶之全部或一部供運送者，運送人非於船舶完
成裝貨或卸貨準備時，不得簽發裝貨或卸貨準備完成通知書（海52Ⅰ）。裝

卸期間自前項通知送達之翌日起算，期間內不工作休假日及裝卸不可能之日不算入。但超過合理裝卸期間者，船舶所有人得按超過之日期，請求合理之補償（海 52 Ⅱ）。前項超過裝卸期間，休假日及裝卸不可能之日亦算入之（海 52 Ⅲ）。

　　2.負擔運費：運送契約應載明運費（海 40 ⑤），運送人負責運送貨物以獲取報酬，託運人有交付之義務。

　　㈢**託運人之責任：**

　　1.應負責任項目：即交運貨物通知不正確之賠償，託運人對於交運貨物之名稱、數量，或其包裝之種類、個數及標誌之通知，應向運送人保證其正確無訛，其因通知不正確所發生或所致之一切毀損、滅失及費用，由託運人負賠償責任（海 55 Ⅰ）。運送人不得以前項託運人應負賠償責任之事由，對抗託運人以外之載貨證券持有人（海 55 Ⅱ）。

　　2.不負責任項目：即託運人賠償責任之限制，運送人或船舶所有人所受之損害，非由於託運人或其代理人受僱人之過失所致者，託運人不負賠償責任（海 57）。

三、受貨人之權利、義務及責任

　　㈠**受貨人之權利：**

　　1.貨物受領權：運送物達到目的地，並經受貨人請求交付後，受貨人取得託運人因運送契約所生之權利（民 644）。受貨人既有受領貨物之權，因此，以船舶之全部或一部供運送時，於貨物運達後，運送人或船長應即通知託運人指定之應受通知人或受貨人（海 50）。

　　2.賠償請求權：貨物一經有受領權利人受領，推定運送人已依照載貨證券之記載，交清貨物。但有下列情事之一者，不在此限（海 56）：

　　　⑴提貨前或當時，受領權利人已將毀損滅失情形，以書面通知運送人者。

　　　⑵提貨前或當時，毀損滅失經共同檢定，作成公證報告書者。

　　　⑶毀損滅失不顯著而於提貨後 3 日內，以書面通知運送人者。

　　　⑷在收貨證件上註明毀損或滅失者。

貨物之全部或一部毀損、滅失者，自貨物受領之日或自應受領之日起，1年內未起訴者，運送人或船舶所有人解除其責任。

（二）**受貨人之義務：**

1.遵約卸載之義務：以船舶之全部或一部供運送者，運送人非於船舶完成卸貨準備時，不得簽發卸貨準備完成通知書。卸貨期間自前項通知送達之翌日起算，期間內不工作休假日及裝卸不可能之日不算入。但超過合理卸貨期間者，船舶所有人得按超過之日期，請求合理之補償。前項超過卸貨期間，休假日及卸貨不可能之日亦算入之（海52）。

2.載貨證券交還之義務：受貨人請求交付運送物時，應將載貨證券交還（海60準民630）。

（三）**受貨人之責任**：受貨人怠於受領貨物時，運送人或船長得以受貨人之費用，將貨物寄存於港埠管理機關或合法經營之倉庫，並通知受貨人。受貨人不明或受貨人拒絕受領貨物時，運送人或船長得依此項之規定辦理，並通知託運人及受貨人。運送人對於前二項貨物有下列情形之一者，得聲請法院裁定准予拍賣，於扣除運費或其他相關之必要費用後提存其價金之餘額（海51）：

1.不能寄存於倉庫。

2.有腐壞之虞。

3.顯見其價值不足抵償運費及其他相關之必要費用。

四、運送人之受僱人或代理人之責任

（一）**海牙規則**（英：Hague Rules 1924）：運送人之履行輔助人可否主張免責，可溯及海牙規則說明。該規則係「統一提單有關規定之國際公約」的簡稱。該條約係在簽定海上貨物運送契約發行時，規定運送人之權利與責任。因係貿易上不可或缺之證券，但至十九世紀，在證券上對運送人關於運送貨物之損害全不負責，這種負責條款之濫用，因不利於載貨證券之持有人，也有礙貿易之發展，造成海運國之英國與載貨國家之對立，美國於是在1893年制定哈特法（The Harter Act）以限制海上運送人之免責條款。

　　海牙規則規定運送人之責任期間是自貨物裝載上船至卸完船為止之期間。在此期間如發生運送貨物之滅失或損害運送人應負過失之責任（2條,3條2項），運送人應能使船舶處於適航狀態之注意義務（3條1項）。又如運送人因運送貨物之損壞是因航海過失（船長或船員處理航行或船舶之過失），或船舶發生火災時之免責（4條2項）。

　　因海牙規則對運送人之履行輔助人來規定免責事宜，以致貨物所有人乃向履行輔助人依侵權行為請求金額賠償，於是有採喜馬拉雅條款之趨勢。

　　㈡**喜馬拉雅條款**（英：Himalaya clause）：是源於英國上訴法院（Court of Appeal）於1954年的 Adler v. Dickson 一案之理賠案件之判決。該案 Adler 女士搭乘喜馬拉雅號客輪，於 Trieste 港口下船轉乘他輪，在連結輪船與碼頭間，因舷梯掉落而摔落至十五呎下面之碼頭而受傷。因客輪船票上有「運送人免責條款」之規定，Adler 女士乃向船長 Dickson 及水手長（履行輔助人）訴請賠償。法院先則確認此條款之效力，但因該條款係指運送人得免責，並無運送人之受僱人或代理人，得享免責，故船長自不得援用，於是被判應依侵權負責。

　　本案判決後，輪船公司乃將判決內容引用於「載貨證券」中或船票上。即「運送人得主張免責或限制責任及除外等項權利，運送人所僱用之受僱人、代理人及履行輔助人亦得主張。」之規定，此稱為「喜馬拉雅條款」。

　　㈢**威士比規則**（英：Visby Rules）：係1968年為修訂海牙規則，於布魯塞爾簽署之議定書（其後於1979年修訂）。具有國際海運統一法之功能。其主要之修訂是 1.對載貨證券之記載，附以善意取得者確定之效力（1條Ⅰ）。2.從交付運送物之日起1年以內未提訴者，運送人免除責任，如雙方同意得延長之（1條Ⅱ）。3.損害賠償數額予定額化（2條b）。4.運送人如有故意或有認識之過失行為而發生損害時，運送人不能引用限制責任之規定（2條e）。5.若貨物所有人提起損害賠償訴訟，係對運送人之受僱人或代理人提起者，該受僱人或代理人得援用運送人之抗辯及責任限制之規定（3條Ⅱ）。6.運送人及其受僱人或代理人賠償金額之總額，不得超過

本公約所定限額（3 條IV）。此一規定已確認喜馬拉雅條款之有效性。

㈣**漢堡規則**（英：Hamburg Rules；United Nations Convention on the Carriage of Goods by Sea）：正式名稱是「聯合國海上貨物運輸公約」，於 1978 年 3 月 31 日在漢堡通過，於 1992 年 11 月 1 日生效。因原 1924 年統一載貨證券之國際公約，被批評係爲先進國（海運國）所訂立，因此乃由開發中國家（載貨國）所發起在聯合國貿易開發會議（UNCTAD）的主導下所進行。由聯合國國際貿易法委員會（英：United Nations Commission on International Trade Law＝UNCITRAL）所起草，於 1976 年由該開發會議所承認。於是在聯合國總會決議，於 78 年漢堡之外交會議通過。

漢堡規則與海牙規則相較，較保護貨物託運主。其不僅適用於發行載貨證券之運送人，並適用於裝載港及卸貨港之締約國的所有國際海上貨物運送契約（第2條）。運送人之責任期間也延長到貨物在運送人之管理期間內均須負責（第4條）。其次在責任原則上，運送人之遲延責任也予明定（第5條）。如訴訟係對運送人之受僱人或代理人提起時，該受僱人或代理人證明其行爲係在執行職務範圍內，亦得援用公約所得主張之責任限制及抗辯（第7條第2項）。其他如提起訴訟或聲請仲裁之期間爲 2 年，並得聲請延長（第20條）。

㈤**我國海商法之相關規定**：即海上責任限制規定，不只運送人適用，其代理人及受僱人亦得主張，於是依海牙威士比規則及喜馬拉雅條款，於 2000 年將海商法第 76 條予以修訂，即對託運人或第三人得主張抗辯事由等之援用，亦即有關運送人因貨物滅失、毀損或遲到對託運人或其他第三人所得主張之抗辯及責任限制之規定，對運送人之代理人或受僱人亦得主張之。但經證明貨物之滅失、毀損或遲到，係因代理人或受僱人故意或重大過失所致者，不在此限（海76 I）。此項之規定，對從事商港區域內之裝卸、搬運、保管、看守、儲存、理貨、穩固、墊艙者，亦適用之（海76 I II）。

習題：「喜馬拉雅條款」係爲何問題之解決？我國海商法有何相關及擴大之規定？試析之。（90司、94台北、96政大）

第四款　貨物運送契約中運費之計算

一、時間上之計算

㈠**船舶停止時之負擔及其例外**：以船舶之全部，於一定時期內供運送者，託運人僅就船舶可使用之期間，負擔運費。但因航行事變所生之停止，仍應繼續負擔運費（海 47 I）。前項船舶之停止，係因運送人或其代理人之行為或因船舶之狀態所致者，託運人不負擔運費，如有損害，並得請求賠償（海 47 II）。

㈡**船舶行蹤不明時之負擔**：船舶行蹤不明時，託運人以得最後消息之日為止，負擔運費之全部，並自最後消息後，以迄於該次航行通常所需之期間應完成之日，負擔運費之半數（海 47 III）。

二、貨物缺裝時運費之計算

以船舶之全部或一部供運送者，託運人所裝載貨物，不及約定之數量時，仍應負擔全部之運費。但應扣除船舶因此所減省費用之全部，及因另裝貨物所取得運費四分之三（海 48）。

三、解約時運費之扣除

託運人因解除契約，應付全部運費時，得扣除運送人因此減省費用之全部，及另裝貨物所得運費四分之三（海 49）。

四、一般運費之計算

原則上以契約所定為準（海 40 ⑤）。

㈠**因不可抗力不能達到目的港之運費負擔**：船舶發航後，因不可抗力不能到達目的港而將原裝貨物運回時，縱其船舶約定為去航及歸航之運送，託運人僅負擔去航運費（海 66）。如運送物於運送中，因不可抗力而喪失者，運送人不得請求運送。其因運送而已受領之數額，應返還之（民 645）。

㈡**因海上事故而修繕之負擔**：船舶在航行中，因海上事故而須修繕時，如託運人於到達目地港前提取貨物者，應付全部運費（海 67）。

㈢**航行中遭難與不能航行之負擔**：船舶在航行中遭難或不能航行，而貨物仍由船長設法運到目地港時，如其運費較低於約定之運費者，託運人減支兩運費差額之半數。如新運費等於約定之運費，託運人不負擔任何費用，如新運費較高於約定之運費，其增高額由託運人負擔之（海68）。

第五款　貨物運送契約之解除

一、法定解除

運送人所供給之船舶有瑕疵，不能達運送契約之目的時，託運人得解除契約（海42）。

二、任意解除

㈠**全部傭船契約之解除**：以船舶之全部供運送時，託運人於發航前得解除契約。但應支付運費三分之一，其已裝載貨物之全部或一部者，並應負擔因裝卸所增加之費用（海43Ⅰ）。前項如爲往返航程之約定者，託運人於返程發航前要求終止契約時，應支付運費三分之二（海43Ⅱ）。前二項之規定，對於當事人之間，關於延滯費之約定不受影響（海43Ⅲ）。

㈡**一部傭船契約之解除**：

1.單獨解除：以船舶之一部供運送時，託運人於發航前，非支付其運費之全部，不得解除契約。如託運人已裝載貨物之全部或一部者，並應負擔因裝卸所增加之費用及賠償加於其他貨載之損害（海44Ⅰ）。

2.全體解除：前項情形，託運人皆爲契約之解除者，各託運人僅負前條所規定之責任（海44Ⅱ）。

㈢**繼續性傭船契約解除之禁止**：海商法第43、44條之規定，對船舶於一定時間內供運送或爲數次繼續航行所訂立之契約，不適用之（海45）。

第六款　載貨證券

一、載貨證券之概念

㈠**載貨證券之意義**：海商法上「載貨證券」（英：bill of lading, B/L；德：Konnossement；法：connaissement），民法上又稱爲「**提單**」，即指由貨物運

送人或船長在貨物完成裝載，或尙未完成裝載之前，基於託運人之請求
而簽發（海53），用以證明貨物收受之海運文件。

（二）**載貨證券之特性**：其特性可分述如下：

1. **不完全有價證券**	係指證券之權利人若喪失證券時，仍得以其他方式行使權利，因此，其權利之行使不以實際占有證券爲要件，在海上貨物運送實務中，載貨證券之持有人若未實際占有載貨證券時，仍得以其他方法證明其對於貨物之權利，而得行使其證券記載權利，故載貨證券爲不完全之有價證券。
2. **要式證券**	載貨證券須記載船名、託運人姓名、貨物、件數或重量、包裝之種類、個數及標誌、裝載港及目的港、運費、載貨證券份數、塡發時日等，並以運送人或船長之簽名作爲法律上之生效要件（海54 I），因此，載貨證券爲法定要式證券。
3. **流通證券**	由於運送人或船長在簽發載貨證券之後，即使該載貨證券爲記名式，託運人或其他載貨證券持有人，除有禁止以背書轉讓之記載外，得以背書方式轉讓載貨證券（民628），因此，載貨證券之性質爲法定流通證券。
4. **文義證券**	依海商法第60條既準用民法第627條至第630條之規定,而民法第627條規定：「提單塡發後，運送人與提單持有人間，關於運送事項，依其提單之記載。」再依海商法第53條：「運送人或船長於貨物裝載後，因託運人之請求，應發給載貨證券。」因此，載貨證券持有人載貨證券上所記載之內容作爲處理之標準，不得以證券記載以外之約定事項爲認定之標準,因此,載貨證券爲法定之文義證券。
5. **物權證券**	係受領及處分運送物所用之證券。因此載貨證券之持有人有受領貨物之權，與貨物之交付有同一之效力，故爲物權證券（海60準民629）。
6. **要因證券**	係指該證券之發行行爲與其原因關係有密切相關，在海上貨物運送實務上，由於載貨證券係記載貨物運送契約之權利及義務，因此，海上貨物運送契約就是簽發載貨證券之原因，而船長或運送人，亦應將其所簽發之載貨證券交給有權受領貨物之人，故載貨契約之性質爲法定要因證券。
7. **提示證券**	即載貨證券之持有人若欲行使其權利領取貨物時，必須先向運送人提示其所持有之載貨證券，證明其確實具有合法之受領貨物權利後，方可請求運送人交付貨物，因此載貨證券爲提示證券。
8. **繳還證券**	因海商法第60條係準用民法第627至第630條關於提單之規定，而民法第630條規定：「受貨人請求交付運送物時，應將提單交還」，故載貨證券有繳還性。

習題：載貨證券究係債權證券，抑或物權證券？究係文義證券，抑或係表面證券？（97三公）

二、載貨證券之發行

㈠**發行之人**：運送人或船長於貨物裝載後，始發給載貨證券（海53）。

㈡**請求發行之人**：即貨物之託運人得請求發給載貨證券（海53中段）。

㈢**發行時期**：即運送人或船長於貨物裝載後，始發給載貨證券（海53前段）。

三、載貨證券應記載事項

運送人或船長於貨物裝載後，因託運人之請求，應發給載貨證券（海53）。

㈠ **必要記** **載事項**	載貨證券應載明下列各款事項，由運送人或船長簽名（海54 I）： 1.船舶名稱。 2.託運人之姓名或名稱。 3.依照託運人書面通知之貨物名稱、件數或重量，或其包裝之種類、個數及標誌。此項通知事項，如與所收貨物之實際情況有顯著跡象，疑其不相符合，或無法核對時，運送人或船長得在載貨證券內載明其事由或不予載明（海54 II）。載貨證券依此款為記載者，推定運送人依其記載為運送（海54 III）。 4.裝載港及卸貨港。 5.運費交付。 6.載貨證券之份數。 7.填發之年月日。
㈡ **任意記** **載事項**	上述之外，只要不違反強制或禁止之事項，均得記載。惟以載貨證券記載條款、條件或約定，以減輕或免除運送人或船舶所有人，對於因過失或本章規定應履行之義務而不履行，致有貨物毀損、滅失或遲到之責任者，其條款、條件或約定不生效力（海61）。

四、載貨證券之效力

㈠**物權效力**：載貨證券持有人，向運送貨物之占有人提示載貨證券時，就可請求運送人交付貨物，此時貨物就產生所有權移轉之關係（海60準民629），此種效力稱為載貨證券之物權效力。當受貨人請求交付運送物時，應將載貨證券交還（海60準民630）。

　　1.在目的港受領貨物時：

　　　⑴當載貨證券有數份者：在貨物目的港請求交付貨物之人，縱僅
　　　　持有載貨證券一份，運送人或船長不得拒絕交付（海58 I前段）。
　　　　因貨物之交付原應在目的港，如在目的港請求交付時，應推定
　　　　為正當之權利人，因此運送人或船長在貨物目的港只收回一份
　　　　載貨證券，即應交付貨物。

　　　⑵如交貨之前有 2 人以上之載貨證券持有人請求交付貨物時（此
　　　　指同時請求時），運送人或船長應即將貨物按照第 51 條之規定
　　　　寄存，並通知曾為請求之各持有人，運送人或船長，已依第 58
　　　　條第 1 項之規定，交付貨物之一部後，他持有人請求交付貨物
　　　　者，對於其賸餘之部分，不得再為交付，也應依前述規定予以
　　　　寄存（海58 II）。

　　　⑶如載貨證券之持有人有 2 人以上者，其中 1 人先於他持有人受
　　　　貨物之交付時，他持有人之載貨證券對運送人失其效力（海 58
　　　　III）。

　　　⑷如運送人或船長遇有一持有載貨證券之人請求交貨時，當可交
　　　　付，但若交貨至中途，又有人請求時，此時已交付之貨物，固
　　　　不能請求返還，其未交付之貨物，則應停止交付，因此如載貨
　　　　證券之持有人有 2 人以上，而運送人或船長尚未交付貨物者，
　　　　其持有先受發送或交付之證券者，得先於他持有人行使其權利
　　　　（海59）。

　　2.不在目的港受領貨物時：不在貨物目的港時，運送人或船長非接
受載貨證券之全數，不得為貨物之交付（海58 I後段）。

　　3.貨物受領之效力：

　　　⑴貨物一經有受領權利人受領，推定運送人已依照載貨證券之記
　　　　載，交清貨物。但有下列情事之一者，不在此限（海56 I）：

　　　　①提貨前或當時，受領權利人已將毀損滅失情形，以書面通知
　　　　　運送人者。

　　　　②提貨前或當時，毀損滅失經共同檢定，作成公證報告書者。

③毀損滅失不顯著而於提貨後 3 日內,以書面通知運送人者。

④在收貨證件上註明毀損或滅失者。

(2)貨物之全部或一部毀損、滅失者,自貨物受領之日或自應受領之日起,1 年內未起訴者,運送人或船舶所有人解除其責任(海 56Ⅱ)。

習題:試述載貨證券之物權效力。

㈡**債權效力**:

1.載貨證券記載之效力:載貨證券填發後,運送人與證券持有人間,關於運送之事項,依證券之記載(海 60Ⅰ準民 627)。而以船舶之全部或一部供運送為目的之運送契約另行簽發載貨證券者,運送人與託運人以外載貨證券持有人間之關係,依載貨證券之記載(海 60Ⅱ)。

2.載貨證券移轉之效力:載貨證券得發行無記名方式,無記名式得以交付而移轉,如為記名式者,亦得以背書移轉於他人,但載貨證券有禁止背書者,不在此限(海 60Ⅰ準民 268)。交付載貨證券於有受領貨物權利之人時,其交付就貨物所有權之關係,與貨物之交付,有同一效力(海 60Ⅰ準民 629)。載貨證券有背書者,持有人應以背書之連續,證明其權利。

3.載貨證券簽定人與連續運送人之責任:載貨證券之發給人,對於依載貨證券所記載應為之行為,均應負責(海 74Ⅰ)。前項發給人,對於貨物之各連續運送人之行為,應負保證之責。但各連續運送人,僅對於自己航程中所生之毀損滅失及遲到負其責任(海 74Ⅱ)。

習題:試述載貨證券之債權效力。

五、載貨證券之管轄與準據法

㈠**涉外民事法律之適用**:載貨證券所載之裝載港或卸貨港為中華民國港口者,其載貨證券所生之法律關係依涉外民事法律適用法所定應適用法律。但依本法中華民國受貨人或託運人保護較優者,應適用本法之規定(海 77)。

㈡**載貨證券裝卸貨港為我國港口時之管轄權**:裝貨港或卸貨港為中華

民國港口者之載貨證券所生之爭議，得由我國裝貨港或卸貨港或其他依法有管轄權之法院管轄（海 78 I）。此項載貨證券訂有仲裁條款者，經契約當事人同意後，得於我國進行仲裁，不受載貨證券內仲裁地或仲裁規則記載之拘束（海 78 II）。前項規定視爲當事人仲裁契約之一部。但當事人於爭議發生後另有書面合意者，不在此限（海 78 III）。

第二節　貨櫃運送

即指託運人使用大型且具有一定規格之貨櫃，直接在貨物產地或集散地完成貨物裝載，而後經由貨物運送人藉陸上、海上或空中運輸工具，將貨物運至指定目的地之運送契約。若託運人將未裝於貨櫃之貨物直接交付貨物運送人，而由貨物運送人以船舶將貨物運送至指定目的地時，則稱爲「非貨櫃運送契約」。

在近代由於航海技術精良，國際貿易興盛之故，海上貨物運送在歷經改良之後，由於貨櫃運送具有容量大、機動性高、可搭配陸海空運送方式等優點，因此逐漸成爲最普遍而實用之貨物運送方式。在以貨櫃運送方式進行海上貨物運送時，貨物運送人或船舶所有人在船舶發航前及發航之時，應注意須使船舶具備安全航行之能力，並應配置相當人數之船員、船舶設備及供應，且應使貨艙、冷藏室及其他供載運貨物部分適合所運送貨物之裝載、運送與保存，且不得以運送契約或載貨證券記載條款、條件或約定等方式免除此一義務，因此，若貨櫃係由託運人提供時，貨物運送人須負責船艙具有裝載貨櫃之能力，若貨櫃係由貨物運送人所提供時，則貨物運送人除須負責船艙之裝載貨櫃能力外，並須負責貨櫃本身之設備適合所運送貨物之裝載、運送與保存。

貨櫃的利用使裝載貨物作業迅速化，減少運送中的損毀，有改變傳送的運送形態，故稱爲「貨櫃革命」。爲使貨櫃運送有效發展，聯合國歐洲經濟委員會（ECE）於 1956 年簽署有「貨櫃有關之通關條約」。

在貨櫃運送實務上，若貨物係由貨物運送人裝載入貨櫃時，則貨物運送人除須在裝載過程中盡必要注意及處置義務之外，對於貨櫃裝載入

船舶之過程，亦有適當處理與注意之義務，若因過失或未善盡運送義務導致貨物發生毀損、滅失或遲到時，應負損害賠償責任，且不得以約定方式預先免除賠償責任。貨物運送人對於貨櫃運送時之貨物損失應負有限之責任，除託運人在貨物裝載之前，已經聲明其性質及價值並註明於載貨證券之外，原則上貨物運送人對於貨物損害所應負之賠償責任，以每件特別提款權 666.67 單位計算，或每公斤特別提款權 2 單位計算，以所得之金額較高者為限（海 70Ⅱ），負損害賠償責任。在以貨櫃方式進行海上貨物運送時，貨櫃本身亦視為貨物，因此，若要保人欲對貨櫃投保時，應以空櫃比照貨物保險方式辦理貨櫃保險。

第三節　旅客運送

一、旅客運送契約之概念

旅客運送契約（英：contract of passage；德：Personentransportvertrag, Passagiervertrag；法：contrat de passage），即接受人或旅客而簽訂之契約。通常是旅客本身為契約之當事人，但是並不如貨物運送契約之有「保管」之觀念。惟海商法上規定，旅客運送除法律有特別規定或依其性質不能適用貨物運送外，均準用貨物運送之規定（海 79）。

(一) 旅客運送契約之種類	1.搭客運送：即對旅客個別售票運送，有如件貨運送契約。一般都是定期航行之船舶，由旅客個別購票登船，船票有無記名式得自由讓與，也有記名式，而船舶則準時開航之一種旅客運送。 2.傭船契約：即包船運送，此種契約大多用於團體包船運送。
(二) 旅客運送契約之訂立	旅客運送在一般商業習慣上都由旅客購買船票上船，也有在貨船內出售貨主使用之船艙之情形，因此運送契約並不具備一定之方式，故為不要式契約。不過傭船契約，則由旅行團的代表人代表簽訂，這種包船方式通常都須簽訂契約。

二、旅客運送契約之效力

(一)**對運送人之效力**：

1.運送人之權利：

(1)運送人為保全其報酬及墊款得受清償之必要，按其比例，對於

運送物有留置權（民662）。

(2)船長在航行中，爲維護船上治安及保障國家法益，得爲緊急處分（船員59）。

2.運送人之義務：

(1)運送旅客至目的港：運送人或船長應依船票所載，運送旅客至目的港（海83 I）。船舶因不可抗力不能繼續航行時，運送人或船長應設法將旅客運送至目的港（海88）。惟旅客之目的港如發生天災、戰亂、瘟疫，或其他特殊事故致船舶不能進港卸客者，運送人或船長得依旅客之意願，將其送至最近之港口或送返乘船港（海89）。

(2)供給旅客膳宿：對於旅客供膳者，其膳費應包括於票價之內（海80）。運送人或船長在航行中爲船舶修繕時，應以同等級船舶完成其航程，旅客在候船期間並應無償供給膳宿（海90）。

(3)行李之處置：

①行李返還義務：運送人對於旅客之行李也應運送，行李交付運送人者，應於旅客達到時返還之（民655）。

②行李之拍賣：旅客於行李到達後 1 個月內不取回行李時，運送人得定相當期間催告旅客取回，逾期不取回者，運送人得拍賣之。旅客所在不明者，得不經催告逕予拍賣（民656 I）。行李有易於腐壞之性質者，運送人得於到達後，經過 24 小時，拍賣之（民656 II）。第 652 條之規定，於前二項情形準用之（民656 III）。

③交託行李適用物品運送規定：運送人對於旅客所交託之行李，縱不另收運費，亦應適用關於物品運送之規定（民657）。

④對於未交託之行李之責任：旅客未交託之行李，如因運送人或其受僱人之過失，致有喪失或毀損者，仍負責任（民658）。

(二)對旅客之效力：

1.旅客之權利：

(1)遲誤發航日：船舶不於預定之日發航者，旅客得解除契約（海86）。

(2)運送人未依約運送：運送人或船長違反應將旅客運送至船票所載之目的港者，旅客得解除契約，如有損害，並得請求賠償（海83Ⅱ）。

(3)旅客解約權：旅客於發航 24 小時前，得給付票價十分之二，解除契約；其於發航前因死亡、疾病或其他基於本身不得已之事由，不能或拒絕乘船者，運送人得請求票價十分之一（海84）。

2.旅客之義務：

(1)支付票價：旅客應購買船票，支付票價，旅客在船舶發航或航程中不依時登船，或船長依職權實行緊急處分迫令其離船者，仍應給付全部票價（海85）。旅客在航程中自願上陸時，仍負擔全部票價，其因疾病上陸或死亡時，僅按其已運送之航程負擔票價（海87）。

(2)投保意外險：

①強制保險：旅客於實施意外保險之特定航線及地區，均應投保意外險，保險金額載入客票，視同契約，其保險費包括於票價內，並以保險金額為損害賠償之最高額。上項特定航線地區及保險金額，由交通部定之（海81）。

②任意保險：旅客除強制保險外，得自行另加保意外險，其損害賠償依其約定。但應以書面為之（海82）。

(3)聽從船長之指示：旅客為維持船上之公共秩序，應聽從船長之指示，尤其船舶抵達目的港後，應依船長之指示即行離船（海91）。

第四節　船舶拖帶

第一款　船舶拖帶之概念

一、船舶拖帶之意義

船舶拖帶又稱為「拖船契約」，即當事人約定，一方的船舶拖帶另一船舶，在海上航行至一定地點，獲取報酬之行為。其中負責拖帶之船舶

稱爲「**拖船**」，被拖帶之船舶則稱爲「**被拖船**」。由於拖船爲海上運送之常業，故爲運送契約之一。

二、船舶拖帶契約之性質

(一) **承攬契約**	即當事人約定，一方的船舶拖帶另一方的船舶，在海上航行至一定地點，完成工作後，獲取報酬，故爲承攬契約之性質（民490）。
(二) **運送契約**	因船舶拖帶規定在海商法之運送章（第三章），故應認爲具有運送契約之性質。
(三) **僱傭契約**	即當事人約定，一方拖船者於一定或不定期限內爲被拖船者服務，而被拖船者給付報酬之契約。故爲僱傭契約（民482）。

第二款　船舶拖帶之種類

一、單一拖帶

一艘拖船拖帶另一艘他人之船舶而言。如圖：

二、共同拖帶

即二艘或二艘以上之拖船，平行拖帶他人之船舶而言。如圖：

三、連接拖帶

即一艘拖船連帶另一艘或一艘以上拖船，拖帶他人船舶而言。如圖：

第三款　船舶拖帶之效力

一、對內關係

指拖船與被拖船間之關係。

㈠**拖船費請求權**：原則上拖船契約之內容得由當事人任意約定，若拖船契約約定在「一定期間」進行船舶拖帶時，則應屬僱傭契約關係，拖船所有人有權得在僱傭期間終了時，向被拖船所有人請求支付拖船費用。若是拖帶到一定地點，則屬承攬契約，於完成工作時，請求被拖帶之船舶支付報酬。

㈡拖船之一方在拖帶船舶時，有指揮航行之權利，被拖船即應尾隨服從其指揮。

二、對外關係

船舶拖帶時如有侵害及第三人之權利時（如船舶碰撞），其責任為何？

㈠**單一拖帶責任**：拖船與被拖船如不屬於同一所有人時，其損害賠償之責任，應由拖船所有人負擔。但契約另有訂定者，不在此限（海92）。

㈡**共同或連接拖帶責任**：共同或連接之拖船，因航行所生之損害，對被害人負連帶責任。但他拖船對於加害之拖船有求償權（海93）。

第五章　海上危險

第一節　船舶碰撞

第一款　船舶碰撞之概念

一、船舶碰撞之意義

船舶碰撞（英：collision；德：Zusammenstoß von schiffen；法：abordage），即指兩條以上之船舶相互發生具有損害性質之接觸情況，因此，船舶碰撞必須有兩條以上船舶相互直接或間接接觸，且必須發生船舶本身、人命、身體、貨載與其他財產之損害，才具有法定成立要件。在廣義的解釋上，「船舶碰撞」除包括已實際發生之碰撞外，尚包括「準碰撞」之情形在內。「準碰撞」係指船舶雖未發生碰撞，但因航行不遵守規則或船舶操作不當而有發生碰撞之可能時，其他船舶為避免實際碰撞而採取緊急措施，導致船舶或船舶上之人或物發生損害之情形，此時有過失之船舶雖並未有實際碰撞行為，但亦應負損害賠償責任。此之所謂「船舶」包括海商法第 1 條規定之船舶，也包含第 3 條規定之小船、軍艦、公務船及河船在內。

二、船舶碰撞之責任

在船舶發生碰撞之後，將產生公法上之法律效果與私法上之法律效果，除船長及船舶所有人將因違反公法上之義務而須負擔法律責任之外，在私法上亦將產生損害賠償責任。茲就船舶碰撞之責任歸屬與損害賠償列述如下：

㈠船舶碰撞相互間之損害賠償責任：

1.碰撞係不可抗力發生者：碰撞係因不可抗力而發生者，被害人不得請求損害賠償（海95）。所謂不可抗力，如颱風等天災或舵手的心臟病

發作等均是。

　　2.碰撞是一船的過失者：碰撞係因於一船舶之過失所致者，由該船舶負損害賠償責任（海96）。所謂過失，係指船長管理上之過失或海員駕駛上的過失而言，至於過失之責任，不因碰撞係由引水人之過失所致而免除（海98）。

　　3.因共同過失之碰撞：碰撞之各船舶有共同過失時，各依其過失程度之比例負其責任，不能判定其過失之輕重時，各方平均負其責任（海97Ⅰ）。有過失之各船舶，對於因死亡或傷害所生之損害，應負連帶責任（海97Ⅱ）。碰撞係由引水人之過失所致者，亦包括之（海98）。

　　㈡**船舶碰撞與船舶拖帶之關係**：拖船與被拖船如不屬於同一所有人時，其損害賠償之責任，應由拖船所有人負擔。但契約另有訂定者，不在此限（海92）。

第二款　船舶碰撞之處理

一、船舶碰撞賠償請求權之時效

　　因碰撞所生之請求權，自碰撞日起算，經過兩年不行使而消滅（海99）。本條規定與民法上侵權行為之短期消滅時效之旨趣相同（民197）。

二、船舶碰撞之法律適用

　　船舶之碰撞，不論發生於何地，皆依海商法第四章之規定處理之（海94）。

三、加害船舶之扣押

　　船舶在中華民國領海內水港口河道內碰撞者，法院對於加害之船舶，得扣押之（海100Ⅰ）。碰撞不在中華民國領海內水港口河道內，而被害者為中華民國船舶或國民，法院於加害之船舶進入中華民國領海後，得扣押之（海100Ⅱ）。前兩項被扣押船舶得提供擔保，請求放行（海100Ⅲ）。前項擔保，得由適當之銀行或保險人出具書面保證代之（海100Ⅳ）。

四、船舶碰撞訴訟之管轄

關於碰撞之訴訟，得向下列法院起訴（海 101）：

㈠被告之住所或營業所所在地之法院。

㈡碰撞發生地之法院。

㈢被告船舶船籍港之法院。

㈣船舶扣押地之法院。

㈤當事人合意地之法院。

㈥受害船舶最初到達地之法院（民訴 15Ⅱ），被害人得向該法院起訴。

依民訴法第 22 條規定：同一訴訟，數法院有管轄權者，原告得任向其中一法院起訴。

第二節　海　難

一、海難之概念

海難（德：Seenot），此又稱為「**海上固有危險**」，係指船舶在海上航行時所遭遇之不能預見、不可避免之海上偶發事故或意外，並不包括屬於海洋特性之一般風浪在內，因此，保險人所承保之範圍在性質上必須具有偶發性，且係屬於未被預期、未必會發生之事故，對於風浪之尋常作用與無可避免之影響，均視為「自然耗損」，不得列入承保範圍中。但在海上保險判例中，對於因海水意外侵入船體所導致之船舶沉沒是否應屬於海難損失之定義範圍，則有不同看法，目前係以事故發生當時之環境狀態、船舶適航能力等作為基礎進行判斷。對於船體之通常耗損或自然耗損、液態貨品之蒸發消耗或自然滲漏等損失，皆非屬海難損失之承保範圍。

二、海難之種類

在海上保險實務上，海難之種類包括船舶沈沒、擱淺、觸礁、碰撞、失蹤、船破、惡劣氣候（風暴）、海水損害等。

㈠**沈沒**：即指船舶因意外原因導致船體已不受人之控制，而全部沉入水底之狀態，若船舶遇難雖有部分船體浸泡水中，但尚未全部沉入水中時，仍不能認定為沉沒，因此，在海上氣候晴朗、風平浪靜沒有暴風雨侵襲之

下，若發生船體全部沉入水中，而無法說明原因時，欲主張船舶的沈沒是屬於海難範圍，被保險人必須舉證說明該船舶發生沉沒事故時，確具有適航能力，始可獲得保險理賠。若被保船舶係在風平浪靜之海面上沉沒，而意外因素不明時，被保險人欲要求保險理賠，可能將遭遇困難，而一般實務上可能會將沉沒原因歸為「船舶不適航」所導致，但若被保險人能確實舉證證明在船舶沉沒之前，該船舶確實仍具有適航能力，而海難之原因應說明清楚，如何造成沈船事故的，被保險人才可獲得保險之理賠。

(二)**擱淺**：即指在船舶航行時，因意外原因，導致船舶之底部觸及水底或水底之實物，並且經過一段相當時間，仍繼續擱置在該實體上，而無法移動之狀態，因此，船舶之擱淺必須係因意外或不尋常事故所造成，致使船舶與水底面或其他障礙物相接觸，並緊實地繼續擱置在水底或該障礙物體上，若船舶與水底面或該障礙物在接觸後隨即可移動或分離時，即不能認定係擱淺事故。

在海上保險實務中，若發生擱淺之原因係由於氣候惡劣、對該航行水域不熟悉等不正常原因所造成時，可視為海上保險所承保之擱淺危險，而由保險人負理賠責任，若因被保險人製造各種原因故意讓船舶擱淺，或係在其慣常航程上行經高潮差之河道而造成擱淺時，則其所發生之船舶損失即不得視為擱淺危險。在海上保險實務上，依照英國保險業界長久以來之習慣，凡是船舶已經投保且船上已裝載貨物，保險人對該貨物因船舶擱淺所造成之損失，就造成保險理賠責任，且即使該損失並非由於船舶擱淺所造成時，保險人仍應負賠償責任。實務上保險人對於被保險船舶因「擱淺」所導致的損害，包括被保險人所支出的檢查船底費用在內，仍將負保險責任。

(三)**觸礁**：即指船舶擦過水底或水底之實物，但仍繼續航進之狀態，亦即船舶之船底雖有觸及水底或水底之實物，但尚可移動並未被卡住，因此，構成「觸礁」之要件在於該船舶接觸水中障礙物之後，不被卡住仍能繼續移動。因此「觸礁」與「擱淺」之不同，在於船舶與障礙物之接觸是否持續為判斷標準，若船舶仍可繼續前進時即屬於「觸礁」，但若船

舶經過長久時間因被水底實物卡住仍無法移動時，則應屬於「擱淺」。

(四)**碰撞**：即指船舶在水上航行時，船舶與其他船舶或水中之其他物體發生猛力的碰觸狀態。就航海實務而言，「船舶碰撞」必須有兩艘以上船舶相互接觸，不論是直接或間接所造成，船舶本身必須發生人命、身體、貨載與其他財產之損害，才具有法定成立要件，但「碰撞」則不以兩艘船舶之船體實際相接觸爲要件，因此，只要一艘船舶的船體有部份實際觸及其他船舶船體或附屬物的任一部份時，即可認定爲「碰撞事件」，故其要件較爲寬鬆。

(五)**失蹤**：即指船舶在海上航行中與陸地岸上失去聯絡又訊息中斷，而在一定期限內失蹤，不明去向而言。在該期限屆滿之後，被保險人得依法聲請法院宣告該船舶失蹤，如該船舶經法院宣告失蹤，其被保險人便有權要求保險理賠，賠償該船舶之損失。

(六)**船破**：即指船舶因被強力風浪所驅動造成船身無法控制，而衝撞岸上、岩石、岩壁、淺灘或礁石，導致船舶因衝撞而破損。在航海實務上，凡船體因撞擊或因意外事故而變形導致破裂，已喪失船舶固有之形態時，即稱爲「船破」，且其程度可能已達到完全喪失船舶形態，而其所需的修理費用也有可能超過該船舶在修理恢復原狀後的實際價值。

(七)**惡劣氣候**：即指船舶在狂風暴雨之惡劣氣候下，由於海浪之衝擊或狂風之吹襲，而發生船舶或貨物損失，例如船舶搖晃激烈導致船體破損或設備損壞、貨物被海浪捲走或浸濕、甲板貨物流失等。在保險實務上，由於被保險人當船舶在惡劣氣候，致風暴或海水造成貨物損失、因風暴或海水而關閉船艙通風設備，導致貨物發生腐敗、因風暴或海水造成船身振盪或搖晃不定導致貨物發生漏損或破損時，被保險人才得以「惡劣氣候」爲由主張理賠。

(八)**海水損害**：即指船舶在海上航行時，因發生意外事故，導致海水侵入船體而造成貨物損失，依照英國法律，對於船舶因發生意外事故而海水侵入船體內部時，且該部分事先並無法預期會有海水進入時，則該損失本身之性質即爲海難損失之表面證據，因此，如有發生貨物損失，應屬於海難損失之承保範圍，保險人應予理賠。

第三節　海難救助

一、海難救助之概念

海難救助（英：maritime salvage；德：Bergung und Hilfsleistung；法：sauvetage et assistance maritime），即指在法律上無義務之人，在他人之船貨或人命遭遇緊急危難時予以援助之行為。就我海商法律立法例而言，大陸法系國家對於「海難救助」係分為「救助」及「撈救」兩種，其中對於尚未脫離受救助船舶人員控制之船貨加以援助之行為稱為「**救助**」，而對於已脫離該船舶人員控制之船貨加以援助之行為則稱為「**撈救**」，但目前則統一稱為「海難救助」。我海商法上之海難救助對象，有對人之救助與對物兩種。

二、對人之海難救助

㈠**一般海難之救助**：海商法上對人之救助，雖無報酬請求權，但船長於不甚危害船舶、海員、旅客之範圍內，對於淹沒或其他危難之人，應盡力救助（海 102，船員 75）。其有違反者，可依刑法第 294 條違背義務之遺棄罪論處。

㈡**船舶碰撞之救助**：船舶碰撞後，各碰撞船舶之船長於不甚危害其船舶、海員或旅客之範圍內，對於他船舶船長、海員及旅客，應盡力救助（海 109 I）。各該船長，除有不可抗力之情形外，在未確知繼續救助為無益前，應停留於發生災難之處所（海 109 II）。各該船長，應於可能範圍內，將其船舶名稱及船籍港並開來及開往之處所，通知於他船舶（海 109 III）。

㈢**對人救助之報酬**：對人之救助是履行道德上義務，我海商法第 102、109 條雖規定船長有救人之責任，但原則上對人救助無報酬請求權，但於實行施救中救人者，對於船舶及財物之救助報酬金，有參加分配之權（海 107）。

三、對物之海難救助

當海難發生時，無救助義務而對於船舶或船舶上財產施以救助或撈救者，構成海商法上對物之海難救助。關於海難救助之報酬請求權，說

明如下：

㈠**報酬請求權**：對於船舶或船舶上財物施以救助而有效果者，得按其效果請求相當之報酬。施救人所施救之船舶或船舶上貨物，有損害環境之虞者，施救人得向船舶所有人請求與實際支出費用同額之報酬；其救助行為對於船舶或船舶上貨物所造成環境之損害已有效防止或減輕者，得向船舶所有人請求與實際支出費用同額或不超過其費用一倍之報酬。施救人同時有前二項報酬請求權者，前項報酬應自第一項可得請求之報酬中扣除之。施救人之報酬請求權，自救助完成日起 2 年間不行使而消滅（海 103）。

㈡**報酬請求權人**：屬於同一所有人之船舶救助，仍得請求報酬。拖船對於被拖船施以救助者，得請求報酬。但以非為履行該拖船契約者為限（海 104）。

㈢**報酬金額之決定**：救助報酬由當事人協議定之，協議不成時，得提付仲裁或請求法院裁判之（海 105）。

㈣**分配報酬之比例**：前條規定，於施救人與船舶間，及施救人間之分配報酬之比例，準用之（海 106）。

㈤**不得請求報酬之事由**：經以正當理由拒絕施救，而仍強為施救者，不得請求報酬（海 108）。

習題：海難中船長對人對物是否均負有救助之義務？可否請求給付報酬？若得請求，則該報酬金額應如何決定及分配，試分別說明之。（73 律）

四、海難救助條約

海難救助條約（英：Convention for the Unification of Certain Rules of Law relating to Assistance and Salvage at Sea；法：Convention pour l'unification de certaines règles en matière d'assistance et de scuvetage maritimes），即「關於海難救助之統一條約」，就是國際海事委員會召開國際海事法律會議，於 1910 年在布魯塞爾通過之條約。其內容在實質上是採取若干商法內容，很多國家乃依據該條約而修改其國之商事法內容，到 1967 年在布魯塞爾外交會議上在條約 14 條通過修改議定書，認為軍艦、公用船舶也應適用條約之規定。

第六章　共同海損

第一節　共同海損之概念

一、共同海損之意義

　　共同海損（英：general average；德：große Haverei；法：avaries communes），稱共同海損者，謂在船舶航程期間，為求共同危險中全體財產之安全所為故意及合理處分，而直接造成之犧牲及發生之費用（海110），稱為「共同海損費用」。包括因施救行為所支出之施救費用、船舶駛入避難港時所發生的避難港費用、船員薪津費用、給養費用、燃料費用、移船費，為重新搬運、處理、堆積、整理、貯藏貨物所支出的裝貨費、卸貨費與棧租，為使擱淺船舶重新浮起而雇用拖船所支出的拖船費、船舶拖曳費用以及其他替代費用，為減輕損失程度所支付的損害防止費用與臨時修繕費用等。

二、共同海損之要件

　　所謂共同海損，即在船舶航程期間，為求共同危險中全體財產之安全所為故意及合理處分，而直接造成之犧牲及發生之費用（海110）。其要件為：

　　㈠**在航程期間發生之危險**：即船舶在航行時所遭遇之海難而發生現實危險而言。如為預想未來可能會發生危險，即使將來確實發生危險，也與航程期間發生危險之要件不符。縱因利害關係人之過失所致，仍符共同海損之要件（海115）。

　　㈡**須有船貨之共同危險**：此危險須為船舶及貨載之共同危險，如只有船舶或貨載之危險，就無須分擔損失。

　　㈢**須為求共同危險中全體財產之安全所為故意及合理處分**：共同海損所造成之犧牲及發生之費用，必須是為求全體財產之安全所為及合理處分。其犧牲之分擔，以各被保存財產價值與共同海損總額之比例，由各

利害關係人分擔之。因共同海損行為所犧牲而獲共同海損補償之財產，亦應參與分擔（海111）。

㈣**須為直接造成之犧牲及發生之費用**：即須以有直接造成之犧牲及發生費用，如非直接造成，則不生共同海損問題。

第二節　共同海損之範圍

即在船舶航程期間，為求共同危險中全體財產之安全所為故意及合理處分，而直接造成之犧牲及發生之費用（海110）。則屬共同海損之範圍。此之犧牲及發生之費用，即為共同海損之損害額。其範圍如下：

一、船舶的損害

船長為避免船貨之共同危險，故意對船舶所為之處分而發生之損害，其損害應列入共同海損。如為避免颱風之襲擊，故意將船舶駛進淺灘，使其擱淺，致船舶受損是。又船舶之設備屬具，也應包含在船舶之內，但未記載於目錄之設備屬具，經犧牲者，不認為共同海損。但經撈救者，仍應分擔共同海損（海117）。

二、貨物的損害

㈠**貨物損害之分擔**：船長在航程期間為避免共同危險，故意對貨載所為之處分而發生之損害，其損害應列入共同海損。

㈡**共同海損分擔之例外**：下列情形，則屬例外：

1.未依航運習慣裝載之貨物：貨載經投棄者，原則上應認為係共同海損，但未依航運習慣裝載之貨物經投棄者，不認為共同海損犧牲。但經撈救者，仍應分擔共同海損（海116）。

2.無載貨證券亦無收據之貨物：無載貨證券亦無船長收據之貨物，或未記載於目錄之設備屬具，經犧牲者，不認為共同海損。但經撈救者，仍應分擔共同海損（海117）。

3.貨幣、有價證券及其他貴重物品：貨幣、有價證券或其他貴重物品，經犧牲者，除已報明船長者外，不認為共同海損犧牲。但經撈救者，

仍應分擔共同海損（海118）。

4.不實聲明下之分擔額及損害額：貨物之性質，於託運時故意爲不實之聲明，經犧牲者，不認爲共同海損。但經保存者，應按其實在價值分擔之（海119Ⅰ）。貨物之價值，於託運時爲不實之聲明，使聲明價值與實在價值不同者，其共同海損犧牲之補償額以金額低者爲準，分擔價值以金額高者爲準（海119Ⅱ）。

5.共同海損之除外：船上所備糧食、武器、船員之衣物、薪津、郵件及無載貨證券之旅客行李、私人物品皆不分擔共同海損。此項物品如被犧牲，其損失應由各關係人分擔之（海120）。

習題：貨櫃運送，裝載於甲板上之貨物經投棄者，應否認為共同海損？（70律）

　答：應認為共同海損，但注意未依航運習慣裝載之貨物經投棄者，不認為共同海損犧牲。但經撈救者，仍應分擔共同海損（海116）。

三、運費的損害

貨載因毀損或滅失被犧牲，而未運達目的港，當然就不須支付運費，所以對運送人言，乃是運費之損失。所以海商法第113條第3款規定：「運費以貨載之毀損或滅失致減少或全無者爲準。但運送人因此減省之費用，應扣除之。」

四、共同海損之費用

在船舶航程期間，爲了避免共同危險，而支付之費用，也屬共同海損費用。下列費用爲共同海損費用（海114）：

㈠爲保存共同危險中全體財產所生之港埠、貨物處理、船員工資及船舶維護所必需之燃、物料費用。

㈡船舶發生共同海損後，爲繼續共同航程所需之額外費用。

㈢爲共同海損所墊付現金百分之二之報酬。

㈣自共同海損發生之日起至共同海損實際收付日止，應行收付金額所生之利息。

爲替代前項第一款、第二款共同海損費用所生之其他費用，視爲共

同海損之費用。但替代費用不得超過原共同海損費用。

第三節　共同海損之計算

　　共同海損之計算可分為「實物損害額」及「費用」二者。費用因其支出，係以金錢表示之，因此不生計算問題，亦無所謂計算之標準，故本法未設任何規定。至於其實物損害額，海商法則設有計算標準如下：

一、船舶損害的計算

　　船舶以實際必要之合理修繕或設備材料之更換費用為準。未經修繕或更換者，以該損失所造成之合理貶值，但不能超過估計之修繕或更換費用（海113 I ①）。

二、貨物損害的計算

　　貨物以送交最後受貨人商業發票價格計算所受之損害為準，如無商業發票者，以裝船時地之價值為準，並均包括應支付之運費及保險費在內。受損貨物如被出售者，以出售淨值與前述所訂商業發票或裝船時地貨物淨值之差額為準（海113 I ②）。

三、運費損害的計算

　　運費以貨載之毀損或滅失致減少或全無者為準。但運送人因此減省之費用，應扣除之（海113 I ③）。

四、計算準據

　　共同海損之計算，由全體關係人協議定之。協議不成時，得提付仲裁或請求法院裁判之（海121）。

第四節　共同海損之分攤

　　共同海損之分攤即共同海損應如何分擔，以確定共同海損之債務。依海商法第111條規定：「共同海損以各被保存財產價值與共同海損總額

之比例，由各利害關係人分擔之。因共同海損行為所犧牲而獲共同海損補償之財產，亦應參與分擔。」共同海損因利害關係人之過失所致者，各關係人仍應分擔之。但不影響其他關係人對過失之負責人之賠償請求權（海 115）。

一、分擔額之範圍及計算

海商法第 111 所定各被保存財產之分擔價值，應以航程終止地或放棄共同航程時地財產之實際淨值為準，依下列規定計算之（海 112 I）：

㈠**船舶**：船舶以到達時地之價格為準。如船舶於航程中已修復者，應扣除在該航程中共同海損之犧牲額及其他非共同海損之損害額。但不得低於其實際所餘殘值。

㈡**貨物**：貨物以送交最後受貨人之商業發票所載價格為準，如無商業發票者，以裝船時地之價值為準，並均包括應支付之運費及保險費在內。

㈢**運費**：運費以到付運費之應收額，扣除非共同海損費用為準。

前項各類之實際淨值，均應另加計共同海損之補償額（海 112 II）。

二、不分擔共同海損

船上所備糧食、武器、船員之衣物、薪津、郵件及無載貨證券之旅客行李、私人物品皆不分擔共同海損。上項物品如被犧牲，其損失應由各關係人分擔之（海 120）。

第五節　共同海損之效力

一、清償分擔額

共同海損以各被保存財產價值與共同海損總額之比例，由各利害關係人分擔之（海 111 前段）。

二、共同海損之留置權

運送人或船長對於未清償分擔額之貨物所有人，得留置其貨物。但提供擔保者，不在此限（海 122），此為法定留置權（民 939）。

三、海事優先權

船舶共同海損分擔額之賠償有優先權（海 24 I ③）。

四、共同海損之委棄權

應負分擔義務之人，得委棄其存留物而免分擔海損之責（海 124）。

五、共同海損分擔額之返還

利害關係人於受分擔額後，復得其船舶或貨物之全部或一部者，應將其所受之分擔額返還於關係人。但得將其所受損害及復得之費用扣除之（海 123）。以免獲有不當之利益及無辜之損失。

六、消滅時效的完成

因共同海損所生之債權，自計算確定之日起，經過 1 年不行使而消滅（海 125）。

習題：運送人對於未清償共同海損分擔額之貨物得否主張留置權？（70律）

　答：可行使留置權。

第七章　海上保險

第一節　海上保險之概念

一、海上保險之意義

　　海上保險（英：marine insurance；德：Seeversicherung；法：assurance maritime）此又稱爲「**水險**」，即以可能發生航海有關之事故，而以塡補其損害爲目的所爲之損害保險。即保險人對於保險標的物，除契約另有規定外，因海上一切事變及災害所生之毀損滅失及費用，負賠償責任（海 129）。亦即要保人以船舶、貨物或與海上航行有關之財產權益作爲標的物，向保險人投保，在契約約定承保之特定危險發生，並造成保險標的物毀損、滅失或必須支出相關費用時，由保險人負賠償責任之保險契約。

二、海上保險之標的

　　㈠**一般要件**：海上保險係擔保因航海所發生之危險，包括船舶沉沒、擱淺、觸礁、碰撞、失蹤、船破、惡劣氣候、海水損害等事項時，則屬海上保險事項。凡是在航行中可能發生危險的財產權益，皆得作爲海上保險之標的（海 127 I）。

　　㈡**特別要件**：爲配合近代商業貿易盛行之海陸聯運方式，因此，海上保險契約條款得約定延展加保之範圍，而將陸上、內河、湖泊或內陸水道之危險等（海 127 II），均納入海上保險契約之承保範圍中。

三、海上保險法律適用的順序

　　海上保險規定於海商法第七章，但保險法爲營業保險之基本法，而海商法第 126 條規定關於海上保險，海商法無特別規定者，適用保險法之規定，故海商法是保險法之特別法。

第二節　海上保險之種類

區分基準	種　類	內　　　容	舉　　　例
一、依保險金額與保險價額不同而區分	(一)定值保險（定額保險）	即海上保險契約當事人雙方對於保險標的物之保險價額已預先約定，並將該約定之價額記載在契約條款中，且所約定之保險標的物保險價額不須與該保險標的物之真實價值相同。	國際貿易上投「海上貨物保險」以定值保險承保爲多。
	(二)不定值保險（不定額保險）	即海上保險契約之條款中，當事人雙方僅記載保險金額之約定，但未記載保險標的物之保險價額，在保險事故發生之後，才正式估計其保險價額之承保方式，由保險人所簽發的保險單稱爲「不定額保險單」。	有損失情形時，依據其損失之情況核算理賠金額。
二、依標的物之不同而區分	(一)船舶保險（船體保險）	即以「船舶」作爲保險標的物之海上保險契約。由於「船舶」之構成範圍包括船舶本體、機件、航行上或營業上所必需之設備及屬具等，除給養品之外，均可作爲船舶保險所承保之項目，而在保險事故發生時，由保險人依照保險金額進行理賠。	依據被保險船舶數量不同，船舶保險之種類可分爲「單船保險」與「船隊保險」，依據被保險船舶承保期間不同，船舶保險之種類可分爲「定期保險」、「航程保險」、「混合保險」、「建造保險」、「停港保險」、「停航保險」與「修理保險」，依據保險範圍之不同，船舶保險之種類可分爲「各種損失險」、「單獨海損除外險」與「只限全損險」。
	(二)貨物保險	係以船舶所載貨物作爲保險標的物之海上保險契約，且其承保之保險利益範圍包括貨物之原價、包裝費、堆棧費、手續費在內，但該貨物必須係裝載	保險人對於保險價額之計算標準，係以被保險貨物在裝運港裝載時之原價、裝載費、稅捐、應付運費及海上保險之保險

	在船艙內之「裝艙貨物」，因此，除契約有特別規定之外，原則上保險人對於「甲板貨」不負理賠責任。	費等加總後之金額，再加計 10%的預期利潤後作為保險價額。
(三) **運費保險**	係以船舶所有人或傭船人作為要保人，並以其使用船舶或進行特定航行之收益作為保險標的物，向保險人投保之海上保險。	其保險價額係以被保險人所可能遭受之運費損失、預付保險費損失、租金損失、預期收益等作為訂定標準。
(四) **預期利潤保險（利得保險）**	由船舶所有人基於維護其自身之利益，以船舶載運貨物平安運送至目的地後，將該貨物出售、轉售或委託銷售後，所可獲取之利得作為保險標的物，向保險人投保之海上保險契約。	其承保範圍包括貨物售價超過成本和交易費用之正常利潤、運送人接受貨物寄售人委託將貨物運往國外並代為銷售時所應得之佣金費用在內。
(五) **船東責任保險（船東責任險）或（船舶營運人責任險）**	乃是以船舶所有人或船舶營運人以船舶為單位，藉由彼此互為保險人及被保險人之方式，所共同組成的海上互助保險，並承保船舶所有人或營運人之船舶在港口、碼頭及航路等活動範圍內，所可能發生的損害賠償責任。	在性質上與「船舶」有關，例如船舶所有人或營運人因承運貨物損害、船員死傷或船舶碰撞碼頭設備等，而必須對第三人負契約上或法律上的賠償責任時，由保險人即可予以理賠的保險。

第三節　海上保險契約

第一款　海上保險契約之概念

　　海上保險契約即為海上航行運送有關之事故而生之損害賠償為目的之契約。海上保險涉及海商法及保險法，但保險法只有兩條規定，其他則由海商法規定，因此有關海上保險應先適用海商法保險章之規定（保84），其他無規定者，適用保險法之規定。

一、保險契約之成立

依保險法第 55 條規定：保險契約，除本法另有規定外，應記載下列各款事項：㈠當事人之姓名及住所。㈡保險之標的物。㈢保險事故之種類。㈣保險責任開始之日時及保險期間。㈤保險金額。㈥保險費。㈦無效及失權之原因。㈧訂約之年月日。

二、保險期間

保險期間的開始就是保險責任的開始，海上保險之保險期間，依海商法第 128 條規定：「保險期間除契約另有訂定外，關於船舶及其設備屬具，自船舶起錨或解纜之時，以迄目的港投錨或繫纜之時，為其期間；關於貨物，自貨物離岸之時，以迄目的港起岸之時，為其期間。」

三、保險契約之終止

係指當事人行使終止權或因其他事由之發生，使契約的效力向後回歸於消滅之謂。

㈠保險契約由當事人行使終止權：

1.要保人破產之終止：要保人破產時，保險契約仍為破產債權人之利益而存在，但破產管理人或保險人得於破產宣告 3 個月內終止契約（保 28）。

2.保險人破產之終止：海上保險契約要保人或被保險人於保險人破產時，得終止契約（保 27、海 133）。

3.危險增加之終止：保險契約存續期間，保險遇危險增加，保險人得終止契約，或提議另定保險費。要保人對於另定保險費不同意者，其契約即為終止（保 60 I）。

4.標的物處於不正常狀態之終止：保險人有隨時查勘保險標的物之權，如發現全部或一部分處於不正常狀態，經建議要保人或被保險人修復後，再行使用。如要保人或被保險人不接受建議時，得以書面通知終止保險契約或其有關部分（保 97）。

5.人壽保險未交付保險費者：人壽保險之保險費到期未交付者，除契約另有訂定外，經催告到達後逾 30 日，仍不交付時，保險契約之效力停止。保險人亦得於前述規定之期限屆滿後，終止契約（保 116 I , IV）。

□其他事由而終止：

1.標的物全損之終止：保險標的物非因保險契約所載之保險事故而完全滅失時，保險契約即為終止（保81）。

2.保險期間屆滿：保險契約原則上亦應終止。

四、保險契約之無效

因海上保險本身即法律行為，故如海上保險契約之內容違反法律規定，或該契約經當事人撤銷時，則在法律上應視為自始無效。保險契約訂立時，保險標的之危險已發生或已消滅者，其契約無效。但為當事人雙方所不知者，不在此限（保51）。

海上保險之要保人若基於善意而投保複保險時，應將其他保險人之名稱及保險金額通知各保險人（保36），若要保人故意不為上項之通知，或意圖不當得利而為複保險者，其契約無效（保37）。

第二款　海上保險契約之效力

一、保險人之責任

□損失賠償責任：

1.賠償責任範圍：保險人對於保險標的物，除契約另有規定外，因海上一切事變及災害所生之毀損滅失及費用，負賠償責任（海129）。所謂「契約另有規定，即為契約上有特約規定是」。

2.保險人免責範圍之擴大：因要保人或被保險人或其代理人之故意或重大過失所致之損失，保險人不負賠償責任（海131）。

3.裝船通知義務：未確定裝運船舶之貨物保險，要保人或被保險人於知其已裝載於船舶時，應將該船舶之名稱、裝船日期、所裝貨物及其價值，立即通知於保險人。不為通知者，保險人對未為通知所生之損害，不負賠償責任（海132）。

□保險金額與保險價額：

1.保險金額：係保險人在保險期內，所負責任之最高額度。保險人應於承保前，查明保險標的物之市價，不得超額承保（保72）。

　　2.保險價額：保險價額之決定，依海商法規定：

　　　⑴船舶的保險價額：船舶之保險人以保險人責任開始之船舶價格
　　　　及保險費，爲保險價額（海134）。

　　　⑵貨物之保險價額：貨物之保險以裝載時、地之貨物價格、裝載
　　　　費、稅捐、應付之運費及保險費，爲保險價額（海135）。

　　　⑶運費之保險價額：運費之保險，僅得以運送人如未經交付貨物
　　　　即不得收取之運費爲之，並以被保險人應收取之運費及保險費
　　　　爲保險價額。前項保險，得包括船舶之租金及依運送契約可得
　　　　之收益（海137）。

　　　⑷應有利得之保險價額：貨物到達時應有之佣金、費用或其他利
　　　　得之保險以保險時之實際金額，爲保險價額（海136）。

　㈢**賠償之算定**：

　　1.全損賠償：

　　　⑴現實全損：即海上保險標的物，現實上全部滅失。

　　　⑵推定全損：即現實上未全部滅失，但依法定要件推定其全部滅失。

　　2.分損賠償：船舶部分損害之計算，以其合理修復費用爲準。但每
　　次事故應以保險金額爲限（海139 I）。

　　　⑴船舶部分損害之計算：部分損害未修復之補償額，以船舶因受
　　　　損所減少之市價爲限。但不得超過所估計之合理修復費用（海
　　　　139 II）。保險期間內，船舶部分損害未修復前，即遭遇全損者，
　　　　不得再行請求前項部分損害未修復之補償額（海139 III）。

　　　⑵貨物之分損：貨物損害之計算，依其在到達港於完好狀態下所
　　　　應有之價值，與其受損狀態之價值比較定之（海138）。

　　　⑶受損害貨物之變賣：受損害貨物之變賣，除由於不可抗力或船長
　　　　依法處理者外，應得保險人之同意。並以變賣淨額與保險價額之
　　　　差額爲損害額，但因變賣後所減少之一切費用，應扣除之（海141）。

　　　⑷運費分損補償額之計算：運費部分損害之計算，以所損運費與
　　　　總運費之比例就保險金額定之（海140）。

　　3.保險金額之給付與返還：保險人應於收到要保人或被保險人證明

文件後 30 日內給付保險金額（海 150 I）。保險人對於前項證明文件如有疑義，而要保人或被保險人提供擔保時，仍應將保險金額全部給付（海 150 II）。前項情形，保險人之金額返還請求權，自給付後經過 1 年不行使而消滅（海 150 III）。

(四)**減免損失費用之償還**：保險事故發生時，要保人或被保險人應採取必要行為，以避免或減輕保險標的之損失，保險人對於要保人或被保險人未履行此項義務而擴大之損失，不負賠償責任（海 130 I）。保險人對於要保人或被保險人，為履行前項義務所生之費用，負償還之責，其償還數額與賠償金額合計雖超過保險標的價值，仍應償還之（海 130 II）。保險人對於前項費用之償還，以保險金額為限。但保險金額不及保險標的物之價值時，則以保險金額對於保險標的之價值比例定之（海 130 III）。

二、要保人或被保險人之義務

(一)**據實說明之義務**：訂立契約時，要保人對於保險人之書面詢問，應據實說明。要保人故意隱匿，或因過失遺漏，或為不實之說明，足以變更或減少保險人對於危險之估計者，保險人得解除契約；其危險發生後亦同。但要保人證明危險之發生未基於其說明或未說明之事實時，不在此限。上項解除契約權，自保險人知有解除之原因後，經過 1 個月不行使而消滅；或契約訂立後經過 2 年，即有可以解除之原因，亦不得解除契約（保 64）。

(二)**保險費的交付義務**：海上保險之要保人或被保險人當應交付保險費。

(三)**裝船通知義務**：未確定裝運船舶之貨物保險，要保人或被保險人於知其已裝載於船舶時，應將該船舶之名稱、裝船日期、所裝貨物及其價值，立即通知於保險人。不為通知者，保險人對未為通知所生之損害，不負賠償責任（海 132）。

(四)**危險發生通知義務**：要保人或被保險人，於知悉保險之危險發生後，應即通知保險人（海 149）。

(五)**貨物受損之通知義務**：要保人或被保險人，自接到貨物之日起，1 個月內不將貨物所受損害通知保險人或其代理人時，視為無損害（海 151）。

三、海上保險契約之解除

海上保險契約之解除原因可分爲「法定解除」與「約定解除」。

㈠**法定解除**：係指保險契約由於法律規定之解除事由發生時，而使契約之效力解除，其法定解除原因包括當事人一方對於他方應通知之事項怠於通知（保57）、要保人違反據實說明之義務（保64）、要保人違反特約條款規定（保68）、要保人基於惡意辦理超額保險（保76）、保險人或要保人破產等。在海上保險契約解除之後，保險人對於已收取之保險費應予返還，但若契約解除之原因，係由於要保人違反據實說明之義務時，保險人即不必返還已收取之保險費，且若保險人因此而受到損害時，並可向要保人請求損害賠償。

㈡**約定解除**：指在保險契約簽訂之時，若契約當事人雙方已在條款中約定在特定事由發生時，當事人之一方或雙方得主張解約，使該契約溯及既往而無效。實務上海上保險契約雙方當事人若有約定契約解除原因時，亦會同時約定解除權之行使時間，且保險人在契約解除之後，對於已收取之保險費應予返還。

第三款　海上保險之委付

在海上保險實務中，基於保障被保險人權益而有「委付」制度。「委付」即指海上保險契約之保險標的物發生法定委付原因時，由被保險人以意思表示之方式，取得保險人同意之承諾或法院確定之判決，而將其所對於海上保險標的物之一切權利移轉給保險人之後，請求保險人支付全部保險金額，以保護被保險人利益之行爲（海142）。在海上保險契約之被保險人主張委付時，若保險人不爲允諾或拒絕允諾，被保險人即須以訴訟方式請求法院進行判決，而在法院判決確定之後，其委付行爲之法律效力即可追溯至發生委付原因之日起生效。

一、委付之原因

被保險人得主張委付之法定原因，包括船舶遭捕獲、船舶不能修繕或雖能修繕但修繕費用將超過保險價額、船舶行蹤不明超過 2 個月以上、船舶被扣押超過 2 個月以上而仍未被放行（海142 I）、負責運送被保險貨物之船舶因海難或事變而不能航行超過 2 個月、負責運送被保險貨

物之船舶行蹤不明超過 2 個月、貨物因保險事故發生而受損,且其回復原狀或運送至目的地之費用合計後,其金額已超過到達目的地之價值等（海 144）。至於運費之委付,得於船舶或貨物之委付時為之（海 145）。

二、委付之範圍

委付應就保險標的物之全部為之。但保險單上僅有其中一種標的物發生委付原因時,得就該一種標的物為委付請求其保險金額。委付不得附有條件（海 146）。

三、委付之效力

㈠**委付之積極效力**：委付經承諾或經判決為有效後,自發生委付原因之日起,保險標的物即視為保險人所有。委付未經承諾前,被保險人對於保險標的物之一切權利不受影響。保險人或被保險人對於保險標的物採取救助、保護或回復之各項措施,不視為已承諾或拋棄委付（海 147）。

㈡**委付之消極效力**：委付之通知一經保險人明示承諾,當事人均不得撤銷（海 148）。

四、委付的時效

委付之權利,於知悉委付原因發生後,自得為委付之日起,經過 2 個月不行使而消滅（海 152）。

第四款　海上保險之消滅時效

保險人應在收到要保人或被保險人所提出之證明文件後,在 30 天之內給付保險金額（海 150 I）,但實務上由於海上保險之情況特殊,發生危險之情形亦較其他險種複雜,因此,若保險人對於要保人或被保險人所提出之保險事故證明文件有疑義時,可延遲理賠金之給付以便進行調查,或要求要保人或被保險人提供擔保後,再給付全部之保險金額（海 150 II）,且亦適用「保險人代位權」之規定。在保險人給付保險金之後,若經調查確定不須負理賠責任,或發現要保人或被保險人所提出之保險事故證明文件不實時,則保險人對於保險金額具有返還請求權,但其法定消滅期限為給付後之 1 年（海 150 III）。

第五編　保險法

第一章　總　論

第一節　保險法之意義

一、保險法之意義

保險法（英：law of insurance；德：Versicherungsrecht；法：droit des assurances），是規定保險關係與保險事業監督之一種商事法。有廣狹二義：

㈠**廣義**：是指保險有關之法律的全體。即規定保險契約與保險事業之監督或保險公司之組織等保險業法之外，也包括有關社會保險，如公務人員保險、勞工保險、全民健康保險在內。

㈡**狹義**：是指保險契約有關之法律而言。即指商事法中所公布之保險法，包括財產保險與人身保險，也就是一般所稱之「保險法」。

二、保險法之性質

㈠ **公法與私法性**	即保險法除規定保險契約之關係與保險企業之組織，而具有私法之性質外，且具有監督保險事業之規定，故亦具有公法之性質。
㈡ **社會性**	保險是一種「風險控制」的社會機制，即個人在日常生活中遭遇不測的災難，藉由保險制度，將個人之損失，轉嫁給其他全體要保人負擔，以降低個人損失，故具有減少問題，維持社會安定之社會性。
㈢ **特別法性**	我國在民商合一制下，因商事法為民法之特別法，保險法因為商事法，當屬民法之特別法。尤在海商法中，有特別規定，關於海上保險，海商法無規定者，適用保險法之規定（海126）。
㈣ **技術性**	保險事業之經營，對於保險費之負擔，與保險理賠，是以數理之精算為基礎，並非憑常識所可了解。

第二節　保險之概念

一、保險之意義

保險（英：insurance；德：Versicherung；法：assurance）者，即當事人約定，一方交付保險費於他方，他方對於因不可預料，或不可抗力之事故所致之損害，負擔賠償財物之行為（保1I）。根據前述所訂之契約，稱為保險契約（保1II）。

二、保險之功能

「保險」就是一種「風險控制」的社會機制，即個人將其自身，由於遭遇不可預測事故而發生之災難和風險，或由於危險事故而導致之損失，藉由要保人交付保險費之方式完成辦理投保手續，而將其風險或損失加以分散，從而轉嫁給其他全體要保人負擔，因此，「保險」之意義在於「風險分擔」和「風險移轉」。即在保險契約的承諾下，保險人在保險契約所約定之危險事故實際發生時，對被保險人或受益人進行損失補償，具有**分散個人風險、降低損失負擔、維持社會安定**等功能。

三、保險之要素

(一)**危險**：以保險契約所承保之危險而言。依保險法第 2 條之「危險事故」，是保險人所承保之災害本身的危險。第 59 條所稱之「危險增加」，係指災害之危險程度而言。保險人可承保之危險，在性質上必須具有「可能性」、「不確定性」或「不可抗力」並與保險事故所發生之危險，應先予確定，所保之危險須具有「適法性」，若要保人或被保險人故意導致危險發生時，保險人亦不得承保。被保險人生命中所遭遇的危險和投保的金額是成正比的，包括可能造成破產或死亡的「極度危險」或可能負債或重傷的「重要危險」、一般的小損失小傷害的「不重要危險」等。

(二)**協力**：所謂「天有不測風雲，人有旦夕禍福」，人類最恐懼者，就是一時禍福無法預測，有人為的，有自然的。創設保險制度的目的，就是處於社會互助之原則下，少數人之損害，由多數人的互助合作，協力分擔，有多數人之協力，各個人之負擔自然減少。如直接集合多數人的協

助，如相互保險之組織。如爲間接集合，則爲一般營業之保險公司。

㈢**龐大之資金**：保險就是集合多數個人微小之資金，結合成龐大之資金，以分擔少數個人之損失，減少受害者之痛苦，並達成經濟互助之目的。故如協力周全，與資金充足，組織龐大，自然可以從容的彌補少數個人損失，並預測未來之危險，達成保險之目的。

㈣**補償**：保險契約簽定後，由要保人繳納保險費，若有危害發生，保險人則負擔契約當事人所協定之財物賠償責任。如未約定保險金額時，即應以被保險人實際之損害爲計算標準，而予理賠。

第三節　保險之種類

區分基準	名稱		內　　　　　　　容	法律依據
一、 保險事故 就人發生 或財產發 生而區分	財產 保險	意義	即以物或其他財產利益所受損害爲標的之保險。	
		種類	火災保險、海上保險、陸空保險、責任保險、保證保險及其他財產保險。	保13II
	人身 保險	意義	即以人身爲標的之保險。	
		種類	1.人壽保險：簡稱壽險，就是以被保險人的生命爲保險標的，並以死亡或生存爲保險事故，保險人於事故發生時，依照契約給付一定保險金額的一種人身保險。	保101
			2.健康保險：即保險人遇有疾病、分娩及其所生之殘廢事故發生時，保險人給付一定保險金額之責之保險。	保125
			3.傷害保險：傷害保險人於被保險人遭受意外傷害及其所致殘廢或死亡時，負給付保險金額之責之保險。	保131
			4.年金保險：年金保險人於被保險人生存期間或特定期間內，依照契約負一次或分期給付一定金額之責。	保135之1
			其他社會保險，如公務人員保險、軍人保險、勞工保險、漁民保險等，也可併列於人身保險之範疇。	

二、以保險人所負責任之次序為區分	原保險	又稱為第一次保險，即被保險人因保險事故所致之損害，第一次給予填補損害之保險。	
	再保險	即保險人以其所承保之危險，轉向他保險人為保險之契約行為。再保險以有第一次保險之存在為前提，故又稱為第二次保險。	保39
三、以保險是由公營或私營為區分	公營保險	又稱社會保險。即由國家或其他公共團體，基於社會政策所舉辦的保險。	保174
	私營保險	又稱為營利保險。即由當事人間，基於私經濟之立場所為之保險，純粹以營利為目的，我國保險法所稱之財產保險及人身保險，則屬此類。	保13

第四節　保險之演進

一、古代之保險

　　古代社會中人們基於道德責任與同情心理，而且為消除自身對不確定災難事故的恐懼，對於生活上所接觸發生重大危險時，均主動提供幫助，並將此視為重要之道德義務，這一種以道德理性方式取代殘酷凶殺的匪徒行為，是人類的一大進步。摩西古法所謂「避難市」的制度，使人類復仇的怨恨和避難的制度漸臻理性，人類從「復仇」、「避難」、「賠償」也慢慢發展出集團「法」的概念，這也是從「保險制度」發展到「保險法」的思想起源。在歷經時代演變與商業觀念日漸普及後，對於「危險之避免」已由個人消極性的道德責任，轉為面對同行危險之團體成員間，彼此提供積極性的經濟生活保障之措施，以進一步對於不確定災難事故所導致之利益損失加以彌補，此即「保險制度」之起源，此後形成以「合作社」方式而對危險共同團體所提供之經濟援助，即可視為現代保險之前身。

　　在保險的歷史發展過程中，最早的文獻記載，應為古希臘時代的希臘城邦和埃及兩地，當時已有宗教團體出面，在其成員面臨特殊事件時，給予喪葬補助之金錢。其後，古代巴基斯坦地區亦有「趕驢人」組織，由團體對其所屬成員在遭遇盜匪災難和野獸災害損失時給予補償，其後

羅馬帝國興起，亦有以「普通階級人團體」爲名所成立的宗教組織，並以補償其成員之喪葬費用作爲目的。但古代社會例如著名之「漢摩拉比法典」，在其條文中已具有風險承擔之概念，其後「羅德斯海法」中亦明文規定「共同海損」概念。古代地中海地區亦有船長、船東與船員應共同承擔海上商業作爲風險規定，並有「海上借貸制度」之實行，亦具有相當程度之保險意涵在內。

二、中世紀之保險

　　歐洲社會在中世紀時，最重要保險制度之進展，乃是日耳曼人及北歐國家逐漸形成的合作社互助式保險方式，且義大利並發展出商業契約方式辦理之「海上保險」。中世紀時期的商業契約式保險方式，大體上仍然承續古代貿易時期所使用的「海上借貸制度」之特性，其商業保險契約之成立目的，係基於維護海上貿易安全而訂立，並開始在保險條款中加入「危險承擔」條款之約定，且在推銷危險保障概念或分配危險承擔數額時，亦有「經紀人」之參與，因此，在保險歷史中，「保險經紀人」乃是與「海上保險契約」同步發展而成。當時英國、冰島及北歐國家有「教徒公會」或「兄弟會」等組織，其成員約定在發生火災損失或畜養牲畜死亡時，彼此提供金錢方面之損害援助，可視爲保險法制中最古老的不成文法，在西元十四世紀時，「巴塞隆納」訓令中才有保險法之明文規定出現，此後各國亦陸續訂有海上保險及損害之相關法規。

　　中世紀除有商業契約式之海上保險外，並有人壽保險之產生。當時「教徒公會」、「兄弟會」或「同業公會」等團體在其組織成立時，都將其所收取之資金保存於事務所中，作爲保證用途，而於成員面臨死亡或意外時給予補償，亦已具有現代人壽保險制度之精神。當時所盛行的海上保險契約中，亦有船員與旅客人身安全之相關理賠規定，並逐漸形成「旅客死亡保險」，成爲最早契約式之人壽保險。西元十三世紀時，「終身定期金」之買賣交易已具有現代年金保險制度之精神。

三、我國保險事業之發展

　　我國近代最早成立之保險相關組織，乃是西元 1805 年在香港成立之「廣州保險協會」，至於最早設立之保險公司，則為 1835 年英商所成立之「友寧保險公司」，其後第一個國人自行成立之保險公司，則為招商局所創設之「濟和水火保險公司」，然而保險事業實際之發展，卻係於政府遷臺之後方有所突破。

　　由於地理上為海洋所環繞，因此臺灣對外貿易之交通工具即為船舶，西元 1836 年時，英商於臺北設立「利物浦保險公司」之代表處，其後又代理廣東聯合產物保險公司，辦理臺灣之海上保險業務及火災業務。至甲午戰敗之後，日本明治火災保險會社在臺經營火險業務，西元 1920 年時，由國人經營之第一間產物保險會社成立於臺北，其公司名稱則為「大成火災海上保險株式會社」，負責火險及海險相關業務。

　　二次大戰結束，國民政府來臺成立臺灣省保險業監理委員會，在日本保險會社已有之基礎上繼續發展，並於 1947 年，成立臺灣產物保險公司及臺灣人壽保險公司，係由省屬行庫所投資成立。至 1949 年底，財政部限制保險公司設立之前，臺灣已有太平、泰安、太平洋、中央信託局、中國航聯、中國產物等六家保險公司，1953 年時，臺灣已有中國產物、臺灣產物、中國航聯、中央信託局、太平等五間產物保險公司，及臺灣人壽、中央信託局等兩間人壽保險公司。1960 年時，財政部解除禁止設置之命令，至 1962 年再次限制時為止，是我國產物保險事業成長最快的時期，但 1972 年時，亦有國光人壽保險公司宣告停業清理，引起各界對保險之重視。

　　關於再保險事業之發展方面，國民政府遷臺之後為解決外匯短絀，國外再保困難之問題，財政部即輔導業者辦理相互再保，並於 1955 年頒行再保險法，設立再保險基金，由中央信託局產物保險處再保險組負責辦理再保險業務，至 1972 年公布中央再保險公司條例，正式改組為中央再保險公司，負責執行國內之再保險政系。至 1986 年時，中美兩國進行貿易諮商會談時，在美國貿易保護主義及 301 條例雙重壓力之下，我國宣布准許每年設立產險公司及壽險公司各兩家，引進國外保險業，並於 1992 年時，將保險市場全面開放，造成現今保險業設立自由化，商品種

類多樣化，價格控管彈性化之情況，並使主管機關在執行保險單及保險金額之審查時，由嚴格審理轉爲形式審理。在此情況下，保險契約之主控權逐漸操控在保險人手中，主管機關不介入契約糾紛之中，因此，在保險契約之內容有所爭議時，只能透過司法途徑或法律規範解決。

第五節　保險契約之主體

一、保險契約之當事人

㈠**保險人**：係指經營保險事業之各種組織，在保險契約成立時，有保險費之請求權；在承保危險事故發生時，依其承保之責任，負擔賠償之義務（保2）。保險業之組織，保險法規定以股份有限公司或合作社爲限。但依其他法律規定或經主管機關核准設立者，不在此限（保136Ⅰ）。

㈡**要保人**：係指對保險標的具有保險利益，向保險人申請訂立保險契約，並負有交付保險費義務之人（保3）。要保人亦得爲被保險人。

二、保險契約之利害關係人

㈠**被保險人**：係指於保險事故發生時，遭受損害，享有賠償請求權之人；要保人亦得爲被保險人（保4）。一般以財產保險之被保險人與要保人爲同一人；在人身保險，其受益人有時爲要保人或被保險人以外之第三人。

㈡**受益人**（德：Begünstigter）：係指被保險人或要保人約定享有賠償請求權之人，要保人或被保險人均得爲受益人（保5）。在財產保險，通常以要保人或被保險人爲受益人；在人身保險之受益人有時爲要保人或被保險人以外之第三人。因此，要保人得不經委任，爲他人之利益訂立保險契約。受益人有疑義時，推定要保人爲自己之利益而訂立（保45）。

　1.受益人之確定：爲他人利益訂立之保險契約，於訂約時，該他人未確定者，由要保人或保險契約所載可得確定之受益人，享受其利益（保52）。

　2.受益人之指定：要保人得通知保險人，以保險金額之全部或一部，給付其所指定之受益人一人或數人。此項指定之受益人，以於請求保險

金額時生存者爲限（保110）。

　　3.受益人之變更：受益人經指定後，要保人對其保險利益，除聲明放棄處分權者外，仍得以契約或遺囑處分之。要保人行使此項處分權，非經通知，不得對抗保險人（保111）。

　　4.受益人之權利：保險金額約定於被保險人死亡時給付於其所指定之受益人者，其金額不得作爲被保險人之遺產（保112）。

　　5.法定受益人：死亡保險契約未指定受益人者，其保險金額作爲被保險人遺產（保113）。

　　6.受益權之轉讓：受益人非經要保人之同意，或保險契約載明允許轉讓者，不得將其利益轉讓他人（保114）。

習題：請說明下列名詞：㈠保險；㈡保險人；㈢要保人；㈣被保險人；㈤受益人。（97三法、三金保）

三、保險業及其關係人

　㈠**保險業**：本法所稱保險業，指依本法組織登記，以經營保險爲業之機構（保6Ⅰ）。保險業之組織，以股份有限公司或合作社爲限。但依其他法律規定或經主管機關核准設立者，不在此限（保136Ⅰ）。非保險業不得兼營保險或類似保險之業務（保136Ⅱ）。財產保險業經營財產保險，人身保險業經營人身保險，同一保險業不得兼營財產保險及人身保險業務。但法律另有規定或財產保險業經主管機關核准經營傷害保險者，不在此限（保138Ⅰ）。責任保險及傷害保險，得視保險事業發展情況，經主管機關核准，得獨立經營（保138Ⅱ）。

　㈡**外國保險業**：本法所稱外國保險業，指依外國法律組織登記，並經主管機關許可，在中華民國境內經營保險爲業之機構（保6Ⅱ）。

　㈢**保險業負責人**：本法所稱保險業負責人，指依公司法或合法社法應負責之人（保7）。保險業負責人應具備之資格，由主管機關定之（保137之1）。

　　1.公司之負責人：依保險法第151條規定，保險公司除本法另有規定外，適用公司法關於股份有限公司之規定。因此，依公司法第8條第1項股份有限公司之負責人爲董事。公司之經理人或清算人，股份有限

公司之發起人、監察人、檢查人、重整人或重整監督人，在執行職務範圍內，亦爲公司負責人（公8Ⅱ）。

　　2.合作社之負責人：合作社之負責人爲合作社之理事（公32）。

　　㈣**保險代理人**：本法所稱保險代理人，指根據代理契約或授權書，向保險人收取費用，並代理經營業務之人（保8）。保險代理之本質與民法第103、104條之一般法律行爲之代理相同。保險契約如由代理人訂立者，應載明代訂之意旨（保46）。

　　㈤**保險業務員**：本法所稱保險業務員，指爲保險業、保險經紀人公司、保險代理人公司，從事保險招攬之人（保8之1）。

　　㈥**保險經紀人**：本法所稱保險經紀人，指基於被保險人之利益，洽訂保險契約或提供相關服務，而收取佣金或報酬之人（保9）。

　　㈦**保險公證人**：本法所稱公證人，指向保險人或被保險人收取費用，爲其辦理保險標的之查勘，鑑定及估價與賠款之理算、洽商，而予證明之人（保10）。

四、各種責任準備金

　　本法所定各種責任準備金，包括責任準備金、未滿期保費準備金、特別準備金、賠款準備金及其他經主管機關規定之準備金（保11）。

五、主管機關

　　本法所稱主管機關爲行政院金融監督管理委員會，但保險合作社除其經營之業務，以行政院金融監督管理委員會爲主管機關外，其社務以合作主管機關爲主管機關（保12）。

第六節　保險利益

一、保險利益之概念

　　㈠**保險利益之意義**：保險利益（英：insurable interest），即指要保人或被保險人，對於保險標的因有利害關係，故辦理保險後，如發生保險事故就能享有之利益。我國保險法第一章第二節亦有相關規定，因此，要保

人或被保險人在投保時，對於保險標的物必須具有保險利益，其所訂立之保險契約方具有法律效力，若要保人或被保險人對於保險標的物不具有保險利益時，其保險契約失其效力（保17）。

(二)保險利益之目的：

　　1.消極目的：係爲防止要保人之賭博心理，避免要保人爲圖謀保險給付，而謀害被保險人之道德危險與犯罪問題。

　　2.積極目的：係爲達到塡補損害、避免保險人將保險金給付予無保險利益之人，造成社會上其他要保人保險費之負擔，使社會資源無法移轉到積極性的投資方向，因此，各國對於保險法在立法時所採取之政策，均限定要保人對於保險標的物必須具有保險利益方得投保。

習題：何謂保險利益？（98 普）

二、保險法上保險利益之種類

　　保險法所認定之保險利益可分爲三種：

(一)財產保險之保險利益：

　　1.財產上之現有利益與期待利益：要保人對於財產上之現有利益，或因財產上之現有利益而生之期待利益，有保險利益（保14）。

　　2.財產上之責任利益：運送人或保管人對於所運送或保管之貨物，以其所負之責任爲限，有保險利益（保15）。

　　3.有效契約之利益：凡基於有效契約而生之利益，亦得爲保險利益（保20）。

　　4.合夥人或共有人聯合爲被保險人時：其中一人或數人讓與保險利益於他人者，保險契約不因之而失效（保19）。

(二)人身保險之保險利益：要保人對於下列各人之生命或身體，有保險利益（保16）：

　　1.本人或其家屬。

　　　(1)本人：即要保人自己，要保人得以自己爲保險標的，指定受益人，簽訂保險契約，於保險事故發生後，其契約上之利益，應歸屬於受益人，不得作爲被保險人之遺產（保112）。

(2)家屬：即以永久共同生活為目的，而同居一家之親屬或親屬（民 1122-3）。家長與家屬共同生活，關係密切，有利害關係，家屬對於人身保險有保險利益存在（保 16Ⅰ）。

2.生活費或教育費所仰給之人：即指現時提供生活費或教育費之人，或法律上有扶養義務之人（民 1084、1114）。

3.債務人：因債權人對於債務人有債權上之經濟利益，因此，債務人之生存、死亡對於債權人影響至鉅，當然債權人對於債務人有保險利益存在。

4.為本人管理財產或利益之人：此種人與本人具有管理上之經濟利益；如為商人經營商號之經理人，或為公司管理業務之董事監察人等均是。

㈢**基於有效契約而生之利益**：此保險利益不僅可為財產保險之保險利益，亦因契約之性質，可為人身保險之保險利益（保 20）。

由於人身保險利益是以要保人主觀的價值為準，並無保險利益大小之問題。對於第三人則以親友關係、契約或債權關係為準。

三、保險利益之存在主體

由於保險契約本身之性質不同，其保險利益之主體亦有不同，因此，財產保險之保險利益主體為保險契約之「要保人」與「被保險人」，人身保險之保險利益主體則為該契約之「要保人」與「受益人」。

㈠**財產保險實務上**：由於保險給付之目的係在填補保險事故發生所造成之損害，其契約之要保人對於保險標的物具有保險利益，並負有交付保險費之義務，而在保險事故發生時，實際遭受損害並享有賠償請求權之人則為被保險人，因此，財產保險之保險利益主體為「要保人」與「被保險人」，且要保人及被保險人在訂立保險契約時，對於保險標的物必須具有保險利益。

㈡**人身保險之保險利益**：由於「健康保險」、「傷害保險」及「生存保險」之被保險人通常即為該契約之受益人，因此，對於保險利益是否存在不需要特別加以認定。但在少數例外情形中，若保險契約之受益人與

被保險人不同時，由於「傷害保險」所得承保之危險事故包括「傷害致死」在內，實際上仍有發生道德危險之可能，因此，「傷害保險」之保險契約受益人對於被保險人亦應具有保險利益。由於「死亡保險」之被保險人與受益人必然不相同，最容易發生道德危險，因此，要保人在訂立死亡保險契約時，必須於契約書中載明受益人之姓名，使被保險人在承認該保險契約之前，即可知悉受益人，以便決定是否承認該契約，因此，要保人所指定之受益人對於被保險人亦須有保險利益。

四、保險利益之存在時間

在保險實務上，財產保險之保險利益與人身保險之保險利益雖然均可作為保險標的，但對於保險利益存在之時間、保險利益之內容與保險利益大小之衡量標準等均不同。原則上財產保險之保險利益只須於保險事故發生時存在即可，其要保人不須於訂約時即具有保險利益，在人身保險之中，保險利益須以訂約時確實存在為必要條件，在保險契約正式訂立之後，若要保人對於被保險人喪失保險利益時，對於已訂立生效之保險契約將不發生影響。

若保險利益在保險契約訂立之時即自始不存在，或保險契約訂立之目的係為將來之利益，但該利益並未實際發生時，即屬於無保險利益，因此，要保人雖無給付保險費之義務，但保險人得向要保人請求合理之費用。若保險利益係於保險契約訂立之後喪失，而喪失之原因係由於發生戰爭，或係由於政府在戰爭時期所採取之行政行為時，保險人得以其承擔危險期間與全部保險期間比例計算後，向要保人請求應得之保險費。若保險利益係因保險事故發生而喪失時，保險人仍得主張保險期間內之全部保險費。若保險契約成立並生效後，保險利益因其他原因而喪失時，在保險人知悉保險利益喪失之前，其保險費應屬於保險人所有，若要保人並未繳付保險費時，保險人並得向要保人請求給付，且自保險人知悉保險利益喪失後，保險人即不得主張持有保險費，對於其已收取之該部份保險費並應返還。

五、保險利益之存在時間之種類

(一)現在保險	係指由要保人所投保並由保險人承保之保險標的，係為投保當時實際存在之現實保險利益，乃保險實務上最常見之保險契約，例如房屋火災保險契約中，要保人對於房屋具有現實利益，其所訂立之火災保險契約即屬於現在保險。
(二)追溯保險	係指訂有「效力追溯條款」之保險契約。「效力追溯條款」其係指在海上保險契約中，由於要保人與保險人雙方在保險契約簽定時，作為保險標的之船舶或貨物是否安全，在無法掌握之情況下，常在海上保險契約之條款中明文約定，無論保險標的物是否已發生損失，在保險契約成立生效之後，保險人應負擔損害賠償責任，即為最常見之追溯保險。如保險法第51條第1項規定：「保險契約訂立時，保險標的之危險已發生或已消滅者，其契約無效。但為當事人雙方所不知者，不在此限。」這就是法定追溯保險（Rückwärtsversicherung）。不過第2、3項規定：「訂約時，僅要保人知危險已發生者，保險人不受契約之拘束。訂約時，僅保險人知危險已消滅者，要保人不受契約之拘束。」
(三)未來保險	又稱為「流動保險」，常用於貨物運送保險或倉庫保險中，亦即由保險人與被保險人簽訂「流動保險單」，由保險人以一個總保險金額承保被保險人之貨物，保險費則一次先行繳付。當保險契約生效之後，被保險人在保險期間之內所進行之各次貨物運送或貨物進倉時，須將船名、貨名、起運日期、保險金額等有關資料告知保險人，由保險人自總保險金額中扣除每批貨物的保險金額，在總保險金額扣除完後，該保險即自動失效，因此，該類契約之保險期間與保險人之責任期間並不相同。

六、保險利益之移轉

(一)**繼承**：被保險人死亡時，除保險契約另有訂定外，仍為繼承人之利益而存在（保18）。因被保險人死亡後，由繼承人概括繼承被保險人之權利義務，有關保險契約之利益，當應由繼承人繼承。惟在人身保險之人壽保險，被保險人死亡，依照契約由保險人給付保險金額（保101），如被保險人故意自殺者，應將保險之保單價值準備金返還於應得之人（保109 I）。如為傷害保險，則發生保險標的之消滅，或給付保險金額（保131 I）。

(二)**所有權移轉時**：

1.財產保險：被保險人死亡或保險標的物所有權移轉時，保險契約

除另有訂定外，仍為繼承人或受讓人之利益而存在（保18）。

2.人身保險：受益人非經要保人之同意，或保險契約載明允許轉讓者，不得將其利益轉讓他人（保114）。

㈢**一人或數人讓與保險利益者**：合夥人或共有人聯合為被保險人時，其中一人或數人讓與保險利益於他人者，保險契約不因之而失效（保19）。

習題：保險利益是否可得轉讓，請就現行保險法之規定，說明之。（98普）

第七節　保險費

一、保險費之概念

保險費（英：premium；德：Prämie；法：prime, cotisation），即依據保險契約保險人接受保險後，要保人交付於保險人之一種對價，保險人因此而負擔財物賠償的責任。一般以保險金額為基準，依危險率而決定額度，而其危險之預測是以保險費之期間為標準。保險費分一次交付及分期交付兩種。保險契約規定一次交付，或分期交付之第一期保險費，應於契約生效前交付之。但保險契約簽訂時，保險費未能確定者，不在此限（保21）。

二、保險費之交付

保險契約必有保險費，要保人交付保險費有如買賣之價金，保險人因此乃負擔財物賠償的責任。

㈠ 交付義務人	1.保險費應由要保人依契約規定交付（保22Ⅰ）。不論要保人是為自己或他人之利益而訂立保險契約，仍應由要保人負責交付保險費。 2.人壽保險、健康保險、傷害保險及年金保險，利害關係人，均得代要保人交付保險費（保115、130、135、135之4）。 3.在保險之實務上，無利害關係之人亦得代為交付保險費（保45），惟此無利害關係之第三人，對保險契約，不得主張任何權利。
㈡ 保費之交付方法	保險費分一次交付及分期交付兩種（保21）： 1.一次交付：一次付清全部保險費，通常以財產保險為多。 2.分期交付：即將保險分成若干保險期間，由要保人按期交付一定金額。如以月、季、半年或年等為保險交付之方式，通常以人身保險為多。

(三) 保險費之 交付地點	一般習慣上是由保險公司派收費員到要保人處收取。惟人壽保險、傷害保險之保險費經催告後，應於保險人營業所交付之（保11後段）。
(四) 保險費之 交付時期	保險契約規定一次交付，或分期交付之第一期保險費，應於契約生效前交付之。但保險契約簽訂時，保險費未能確定者，不在此限（保21後段）。

三、保險費之增減

依據保險契約，要保人自應交付保險費，而保險費之金額，常與危險之增減或保險標的之價值有間，依情勢變更之原則，保險費自應隨著增減，茲說明之：

(一)危險增減時：

1.危險增加時：危險增加時，保險人得提議另定保險費。要保人對於另定保險費不同意者，其契約即為終止（保60 I）。保險費依保險契約所載增加危險之特別情形計算者，其情形在契約存續期內消滅時，要保人得按訂約時保險費率，自其情形消滅時起算，請求比例減少保險費（保26 I）。保險人對於前項減少保險費不同意時，要保人得終止契約。其終止後之保險費已交付者，應返還之（保26 II）。

2.危險減少時：被保險人得請求保險人重新核定保費（保59 IV）。

(二)保險標的價額減少時：

保險金額在訂立保險契約時應予約定（公55 I ⑤）。保險金額超過保險標的價值之契約，係由當事人一方之詐欺而訂立者，他方得解除契約。如有損失，並得請求賠償。無詐欺情事者，除定值保險外，其契約僅於保險標的之價值之限度內為有效（保76 I）。無詐欺情事之保險契約，經當事人一方將超過價值之事實通知他方後，保險金額及保險費，均應照保險標的之價值比例減少（保76 II）。

四、保險費之返還

(一)應予返還保險費之情形：

1.善意複保險保費之返還：以同一保險利益，同一保險事故，善意訂立數個保險契約，其保險金額之總額超過保險標的之價值者，在危險發生前，要保人得依超過部分，要求比例返還保險費（保23）。

2.保險契約因危險已消滅之返還：保險契約簽訂時，僅保險人知危險已消滅者，要保人不受契約之拘束。此時，保險人不得請求保險費及償還費用。其已收受者，應返還之（保24Ⅱ）。

3.契約解除之返還：保險契約解除時，保險人應返還保險費，但如要保人不據實說明，經保險人解除契約時，保險人無須返還其已收受之保險費（保25）。

4.危險增加：危險增加保險人提議另定保險費，而要保人不同意者，其契約即為終止（保60Ⅰ前段）。終止後之保險費已交付者，應返還之（保24）。

5.標的物全損時：保險標的物非因保險契約所載之保險事故而完全滅失時，保險契約即為終止（保81）。除保險費非以時間為計算基礎外，終止後之保險費已交付者，應返還之（保24Ⅲ）。

6.保險人不同意減少保險費：保險費依保險契約所載增加危險之特別情形計算者，其情形在契約存續期內消滅時，要保人得按訂約時保險費率，自其情形消滅時起算，請求比例減少保險費（保26Ⅰ）。保險人對於前項減少保險費不同意時，要保人得終止契約。其終止後之保險費已交付者，應返還之（保26Ⅱ）。

7.保險人破產：保險人破產時，保險契約於破產宣告之日終止，其終止後之保險費，已交付者，保險人應返還之（保27）。

8.要保人破產：要保人破產時，保險契約仍為破產債權人之利益而存在，但破產管理人或保險人得於破產宣告3個月內終止契約。其終止後之保險費已交付者，應返還之（保28）。

（二）**不須返還保險費之情形：**

1.要保人對於複保險故意不通知各保險人：複保險，除另有約定外，要保人應將他保險人之名稱及保險金額通知各保險人（保36）。要保人故意不為前條之通知，或意圖不當得利而為複保險者，其契約無效（保37）。保險契約因上述之情形而無效時，保險人於不知情之時期內，仍取得保險費（保23Ⅱ）。

2.簽訂契約時保險標的之危險已發生：保險契約訂立時，保險標的之危險已發生或已消滅者，其契約無效。但為當事人雙方所不知者，不

在此限（保51 I）。訂約時，僅要保人知危險已發生者，保險人不受契約之拘束（保51 II）。其已收受之保險費，無須返還（保24 I）。

　　3.要保人違反據實說明義務：要保人故意隱匿，或因過失遺漏，或為不實之說明，足以變更或減少保險人對於危險之估計者，保險人得解除契約（保64 II）。保險人無須返還其已收之保險費（保25）。

五、保險費給付請求權

　　在保險契約成立之後，要保人負有交付保險費之義務，但在要保人未繳付保險費時，保險人是否得強制請求交付保險費，在財產保險與人身保險上有不同規定。

　　㈠**財產保險**：財產保險之要保人若怠於履行保險費給付義務時，理論上保險人可以提出訴訟，以法律判決之方式強制要保人給付保險費，但實務上財產保險契約簽定時，其條款中多半明列必須以「保險費之繳付」作為契約生效要件。因此，在保險契約已經正式成立之後，若要保人未依約繳付保險費時，該財產保險契約即處於已成立但未生效之狀態，保險人即不需負保險給付之責任，因而甚少有保險費強制執行之訴訟發生。保險人亦得訂定適當期間催告要保人給付保險費，且在催告期間之內，若契約所承保之保險事故發生時，由於保險契約仍然有效，因此保險人仍應負保險給付之責任。但在保險人催告期間屆滿，而要保人尚未補交保險費，且保險人尚未行使解除契約權之前，若發生保險事故時，保險人雖應負保險給付之義務，但得主張抗辯權而拒絕履行保險給付。

　　㈡**人壽保險**：在人壽保險之保險費繳付期限已到期，而要保人仍未交付之情況下，由於人壽保險之生存死亡兩合保險、終身死亡保險同時具有儲蓄及投資之性質，係屬於資本性保險，必須由要保人以自由意願決定是否繼續該契約，因此，基於保護要保人及被保險人利益之立場，人壽保險之要保人若有保險費到期未交付之情況時，保險人不得以訴訟方式強制要保人交付，而必須透過催告之方式向要保人送達繳費通知。在保險人之催告送達要保人最後住所或居所之後，要保人應在30日之催告期間內（保116 I），前往保險人營業所交付保險費（保116 II），且保險契約

當事人雙方不得將催告期間縮短。在保險人之催告到達 30 天之後，若該要保人仍不交付保險費時，則該保險契約之效力即為停止（保 116 I），保險人得主張終止契約，或依保險契約內容所記載之條件，減少該契約之保險金額或年金，但保險人對於契約效力停止前所發生之保險事故，仍應負保險給付之責，對於契約效力停止後，保險人行使終止契約權利之前所發生之保險事故，則不須負保險給付責任。

㈢**生存保險與定期保險**：在生存保險、定期死亡保險等「非資本性保險」中，理論上保險人雖可以強制執行之方式收取保險費，但事實上此類保險之保險費多為一次躉繳，因此，在保險契約成立後，而要保人未繳付保險費之前，其契約在法律上係屬於已成立但不生效之保險契約，要保人並無給付保險費之責，若該契約所承保之保險事故發生時，保險人亦不負保險給付責任，而在要保人給付保險費之後，由於其法定義務已完全履行，因此亦無強制執行之問題產生。

㈣**傷害保險與健康保險**：在傷害保險與健康保險等「中間性保險」上，由於兼具「人壽保險」與「財產保險」之性質，因此，在第一期保險費繳付之前，其保險契約亦處於成立但不生效之狀態，是故保險人對於要保人應繳付之第一期之保險費，在法律上並無強制請求權，但對於第二期以後之保險費，則得以訴訟方式強制要保人交付，且保險人除可向要保人提起訴訟請求要保人給付保險費，在取得強制執行名義後聲請法院強制執行外，亦可依民法條文之規定，向要保人行使定期催告，要求要保人在相當期限內繳付保險費，逾期即可主張解除契約。在保險人催告要保人給付保險費之期間內，若發生保險事故時，由於保險契約仍然有效，因此，保險人仍應負保險給付之責任，但在保險人催告期間屆滿、行使解除契約權之前，若發生保險事故而要保人尚未補交保險費時，保險人依法雖應負保險給付之義務，但保險人得主張抗辯權而拒絕履行保險給付。

第八節　保險人之責任

關於保險人之法定責任，保險法規定有補充性條款與強制性條款之

分，茲述之：

一、補充性條款

即當事人雙方得以合意加以排除或限制適用：

㈠**因不可預料或不可抗力而發生之損害**：保險人對於由不可預料或不可抗力之事故所致之損害，負賠償責任。但保險契約內有明文限制者，不在此限（保29 I）。所謂不可預料，指事故之發生事先無法預知，如房屋失火、人之生病是。所謂不可抗力指事故之發生非人力所能控制，如水災、地震是。至於契約內有明文之限制，如地震所引發之火災不負賠償是。

㈡**因戰爭而發生之損害**：保險人對於因戰爭所致之損害，除契約有相反之訂定外，應負賠償責任（保32）。所謂戰爭，包括國內及國際戰爭。所謂契約有相反之訂定，稱為「兵險除外條條」，如契約無相反之約定，保險人當應負賠償責任。

二、強制性條款

即不許當事人以契約加以限制或排除者屬之：

㈠**因要保人之過失所致之損害**：保險人對於由要保人或被保險人之過失所致之損害，負賠償責任。但出於要保人或被保險人之故意者，不在此限（保29 II）。

㈡**因履行道德上義務所致之損害**：保險人對於因履行道德上之義務所致之損害，應負賠償責任（保30）。此如為消防救火，致自己傷重致死是。

㈢**受僱人或動物所致之損害**：保險人對於因要保人，或被保險人之受僱人，或其所有之物或動物所致之損害，應負賠償責任（保31）。如在火災保險要保人之受僱人失火致房屋燒毀；或在傷害保險要保人受其所飼養之寵物咬傷是。

㈣**保險人對於減免損失費用有償還責任**：保險人對於要保人或被保險人，為避免或減輕損害之必要行為所生之費用，負償還之責。其償還數額與賠償金額，合計雖超過保險金額，仍應償還。保險人對於前項費用之償還，以保險金額對於保險標的之價值比例定之（保33）。

三、賠償金額之給付期限

　　保險人應於要保人或被保險人交齊證明文件後，於約定期限內給付賠償金額。無約定期限者，應於接到通知後 15 日內給付之。保險人因可歸責於自己之事由致未在前項規定期限內爲給付者，應給付遲延利息年利一分（保34）。

第九節　複保險

一、複保險之意義

　　複保險（英：double insurance；德：Doppelversicherung；法：assurance cumulative），謂要保人對於同一保險利益，同一保險事故，與數保險人分別訂立數個保險之契約行爲（保35）。

二、複保險之成立要件

　　複保險須由要保人基於「同一保險利益」與「同一保險事故」，在保險期間重疊之

> 據新聞報導，臺北市民林××向多家保險公司投保「逛街險」，被泰安產物保險公司發現後要求解約，林××在解約期限前兩天，在百貨公司琉璃攤位上摔壞近 25 萬元價格的物品，林××乃要求保險公司理賠，為保險公司所拒，林××乃提告保險公司詐欺。臺北消保官認為林××已完成保險手續，除非保險公司提出投保人有詐領保險金之證明，否則不能片面解約。見 2007 年 5 月 3 日，聯合報，A15 版。

情形下，同時向數個保險人同時訂立數個保險契約，因此，各保險契約有重疊性之保險期間。在保險實務上，「重疊性之保險期間」是指數保險契約之「生效期間」之重疊，而非指「成立期間」之重疊，就複保險而言，必須在各保險契約約定之生效期間上，其契約生效期間之開始或結束有「全部重疊」或「部分重疊」爲成立要件，亦即要保人針對同一保險利益、同一保險事故，向不同之保險人所投之數個保險契約，其契約生效期間之開始或結束時間完全相同，或雖非完全相同，但彼此在時間上有重疊，因此，若保險事故係發生在重疊期間內時，將構成複保險之法律問題。

三、複保險之通知義務

在保險實務上，爲避免要保人基於意圖不當得利之目的而投保複保險，因此，若要保人對於同一保險標的、同一保險事故，先後與二個以上之保險人訂立保險契約時，應將其重複辦理保險之事實，向各個保險契約之保險人進行通知，此一通知行爲係屬於複保險契約要保人之法定通知義務，而應通知之內容則包含各保險契約之保險人名稱與保險金額，且應被通知之人爲承保同一保險標的、同一保險事故之全部保險人（保36）。如要保人故意不爲此項通知，或意圖不當得利而爲複保險者，其契約無效（保37）。若保險人明知要保人係意圖不當得利而投保複保險，卻仍然接受投保時，則保險人與要保險人雙方有過失，保險人應返還全部已收受之保險費。若要保人係在善意之情況下投保複保險，其保險金額之總額超過保險標的之價值者，除另有約定外，各保險人對於保險標的之全部價值，僅就其所保金額負比例分擔之責。但賠償總額，不得超過保險標的之價值（保38）。人身保險的保險標的就是「被保險人」，其生命、身體、健康是無法計價的，也無法以經濟上的利益觀點去評估其價值，自然和一般可以計價的財產保險有所不同。人身保險不可以計價賠償方式計算超逾損害的超額賠償情形，此由人身保險的保險給付，多採用一定金額給付理賠，而不是計算被保險人實際經濟損害情形，就可以明瞭其特殊情況，因此，複保險通知義務的規定雖然是在保險法的總則章之中，但是適用的範圍應該僅限於財產保險而不及人身保險。

第十節　再保險

一、再保險之意義

再保險（英：reinsurance；德：Rückversicherung；法：réassurance），在保險實務上，又稱爲「**分擔契約**」或「**轉保契約**」，其係指保險人承保之後，爲分散所承保之風險，減輕保險給付之責任，以原保險契約上之利益爲保險標的，轉向其他保險人或再保險公司投保之契約行爲（保39）。再保險有分散危險及共謀發展之作用，而再保險所分讓保險的保險人稱爲分

保公司或原保險人，而接受受讓保險的公司則稱爲再保公司或再保險人，因此，再保險契約當事人爲再保險公司與原保險契約之保險人，其要保人爲原保險契約之保險人，保險標的則爲原保險契約之保險人之理賠損失，而再保險公司則爲再保險契約之保險人。

二、再保險之性質

學理上對於「再保險」之法律性質，有「合夥契約說」、「原保險契約說」及「責任保險契約說」三種不同理論。

(一) 合夥契 約說	係認爲再保險之法律性質，乃是原保險人與他保險人基於分擔危險之目的，所成立之合夥性質契約，但由於再保險契約並無經營共同事業之意涵在內，故各國立法上不用這一種理論。
(二) 原保險 契約說	又稱爲「繼承說」或「同種保險說」，其主張認爲再保險契約乃是原保險契約之變形，在性質上是繼承原保險契約而來之同種類保險，但由於實際上再保險之保險利益與原保險契約之保險利益並不相同，因此其論點頗有矛盾，亦較少被採用。
(三) 責任保 險契約 說	認爲作爲再保險要保人之原保險人，係基於原保險契約之條款約定，而對於原保險契約負有法定損害塡補責任，而原保險人以此損害塡補責任作爲保險標的，轉向其他保險人所訂立之再保險契約，在性質上亦應視爲責任保險，但原保險契約與再保險契約是分別獨立存在之不同契約，目前**我國亦採用「責任保險契約說」**（保90），對於再保險之法律規範上亦適用責任保險之規定。

三、再保險之種類

在再保險實務上，其保險種類包括「臨時再保險」、「合約再保險」、「預約再保險」、「轉分再保險」四種：

(一)**臨時再保險**：此又稱爲「臨時分保」或「任意再保險」，亦即原保險人將其承保風險的全部或一部份，以「逐件分保」的方式，向再保險人洽商再保險契約，因此，臨時再保險契約之性質爲完全獨立之法律契約，原保險人有自由選擇再保險公司之權利，而再保險公司亦有權決定是否接受原保險人投保。臨時再保險最大之優點在於可視個別情況而彈性洽訂再保險契約，但由於必須逐件辦理分保，手續上較爲繁複且費時，因此，通常只在新型業務或合約再保險不願接受的業務中，才會使用臨時

再保險方式辦理。

(二)**合約再保險**：又稱「固定再保險」或「自動再保險」，指在原保險契約有效期間內，由原保險人與再保險人以契約方式約定，若原保險人接受任何一筆條件符合之直接保險業務時，原保險人與再保險人間即自動成立其再保險契約，其優點在於自動生效且手續簡便，缺點則爲缺乏彈性。

實務上合約再保險又可分爲「溢額合約再保險」、「比例合約再保險」、「超額損失合約再保險」、「超賠款合約再保險」、「危險保險費制再保險」等。

(三)**預約再保險**：又稱爲「半任意再保險」，原保險人得自由決定是否分出再保險業務，而再保險人在合約限制之下，必須接受原保險人所分出之業務，因此，臨時再保險具有合約再保險之性質。在保險實務上，預約再保險常用於水險及火險，其主要目的在於防止危險發生之不規則性，並可作爲合約再保險之補充。

(四)**轉分再保險**：又稱爲「再再保險」，係指再保險人在接受原保險人所分出之保險業務後，爲減輕其責任，而將再保險業務轉向其他再保險人投保之保險方式。

四、再保險與原保險之關係

在保險實務上，若以保險人所應負擔保險給付責任之先後關係爲標準時，可將保險種類區分爲「保險」與「再保險」兩種，其中「保險」之契約主體爲要保人與保險人，係由要保人與保險人雙方以契約方式，約定由要保人支付保險費給保險人，若所約定之保險事故發生，對於要保人或被保險人造成損害時，即由保險人負擔損害賠償責任(保1)。「再保險」又稱爲「分擔契約」或「轉保契約」，其係指保險人承保之後，爲分散所承保之風險，減輕保險給付之責任，以原保險契約上之利益爲保險標的，轉向其他保險人或再保險公司投保之契約行爲(保39)，分讓保險的保險人稱爲分保公司或原保險人，而接受受讓保險的公司則稱爲再保公司或再保險人，因此，再保險契約當事人爲再保險公司與原保險契約之保險人，其要保人爲原保險契約之保險人，保險標的則爲原保險契

約之保險人之理賠損失，而再保險公司則爲再保險契約之保險人。原保險契約與再保險契約係各自獨立之契約，無主從或附屬之問題。因此原保險契約之被保險人，對於再保險人無賠償請求權，但原保險契約及再保險契約另有約定者，不在此限（保 40）。再保險人不得向原保險契約之要保人請求交付保險費（保 41）。原保險人不得以再保險人不履行再保險金額給付之義務爲理由，拒絕或延遲履行其對於被保險人之義務（保 42）。

五、複保險與再保險

區別基準	複　　保　　險	再　　保　　險
(一) 要保人為準	複保險是數個保險契約之要保人。	再保險是以原保險契約之保險人爲要保人（保 39）。
(二) 訂約動機為準	善意複保險之目的在增強安全保障（保 38）。 惡意複保險是要保人爲詐取利益而簽訂（保 37）。	即原保險人爲減輕責任而簽訂。
(三) 訂約之對象為準	即要保人對於同一保險利益，同一保險事故，與數個保險人，分別訂立數個保險之契約行爲（保 35）。	即保險人，以其所承保之危險，轉向他保險人簽訂保險契約（保 39）。
(四) 通知義務為準	複保險，除另有約定外，要保人應將他保險人之名稱及保險金額通知各保險人（保 36）。	無此規定。
(五) 種類為準	可分爲善意複保險（保 38）。 惡意複保險（保 37）。	有臨時再保險、合約再保險、預約再保險轉分再保險。
(六) 責任與權利為準	善意之複保險，其保險金額之總額超過保險標的之價值者，除另有約定外，各保險人對於保險標的之全部價值，僅就其所保金額負比例分擔之責。但賠償總額，不得超過保險標的之價值（保 38）。	原保險契約之被保險人，對於再保險人無賠償請求權（保 40）。再保險人不得向原保險契約之要保人請求交付保險費（保 41）。

第二章　保險契約

第一節　保險契約之概念

一、保險契約之意義

　　保險契約（英：contract of insurance；德：Versicherungsvertrag；法：contrat d'assurance），所謂保險契約，即當事人約定，一方交付保險費於他方，他方對於因不可預料或不可抗力之事故所致之損害，負擔賠償財物行為之一種契約（保 1）。因此保險契約是規定契約當事人兩造間權利義務的文件，其內容是規範契約生效日起，到終止日為止之有效期間內，保險公司向要保人收取保險費、給付保險金的各項規定，及要保人或被保險人依據契約內容向保險人提出保險索賠之規範。

二、保險契約之性質

　　保險契約是規定契約當事人兩造間權利義務的文件，其內容是約定要保人的一方交付保險費，他方保險人對於因不可預料或不可抗力之事故所致之損害，給付保險金的一種契約（保1）。保險契約與一般契約有其共同點亦有相異點，其性質有：

性質項目	內　　　　容
(一) 債權契約	即要保人交付保險費給他方（保1、21），而由他方之保險人對於被保之人或物有遭受損失時，負責賠償財物之行為，因此金錢的物權成為保險契約中的債權基礎，當然，在此種情況下，被保險人必須將因標的物之毀損而遭受損失。
(二) 雙務契約	由於保險契約法律性質屬於有償契約之一種，在契約成立之後，要保人應給付保險費於保險人，而保險人在保險有效期間內，當所承保之保險事故發生後，亦有給付契約所約定數額保險金之義務，因此，保險人與要保人二者構成法律上之對價關係，故為雙務契約。
(三) 有償契約	在法律關係上，若以當事人之給付是否具有對價關係為標準時，可將法律契約分為「有償契約」與「無償契約」兩種。若契約當

	事人所進行之給付具有對價關係時，則該契約即為「有償契約」。由於保險契約之要保人必須支付保險費（保1、21），而保險人必須承擔危險損失，且於保險事故發生後須對被保險人支付保險金額，二者間構成法律上之對價關係，因此，保險契約屬於「有償契約」。
四 射倖契約	在法律關係上，依契約當事人給付義務內容之確定與否，可將法律契約分為「實定契約」與「射倖契約」兩種。「實定契約」係指契約在成立時，當事人將因契約關係所發生之權利義務內容已告確定或可得確定。但在保險契約，保險人對於保險契約中約定之不可預料或不可抗力之事故所致之損害，負賠償責任。在此情況下保險人未來是否須履行保險給付義務，以及所應給付之保險金數額等，則須待不確定之保險事故是否發生，並須保險事故發生後之結果才能確定，因此，保險契約在性質上屬於「射倖契約」。
五 不要式契約	在保險理論中，對於保險契約之法律性質係屬於「要式契約」或「不要式契約」，各派學者所主張理論並不盡相同。在法律關係上，「要式契約」與「不要式契約」係以法律契約之成立是否須履行一定方式為必要作為契約之分類標準。 1.要式契約說：「要式契約」，係以履行一定之方式為生效要件。主張保險契約應為要式契約者認為，保險法第43條：「保險契約，應以保險單或暫保單為之。」之規定，認為保險契約既然應該有保險單或暫保單辦理，因此認為保險契約應為要式契約。 2.不要式契約說：「不要式契約」之成立，只須當事人意思表示一致時，其契約即可有效成立，無須另以其他法定方式辦理。其認為保險法第43條規定之保險單或暫保單係由保險人所作成，因此，保險契約在性質上可定位為不要式契約。
六 誠信契約	保險契約之要保人在投保時，對於保險人之書面詢問，應據實說明（保64）。要保人對於保險契約內所載增加危險之情形應通知者，應於知悉後通知保險人（保59 I）。因此保險契約之簽定與履行，均應依善意與誠信原則而為，故保險契約具有誠信契約之性質。
七 任意契約	保險法雖規定保險契約應記載之條款（保55），但當事人得另外約定履行特別義務之特約條款，因此保險契約仍屬任意契約。但本法之強制規定，不得以契約變更之。惟有利於被保險人者不在此限（保54）。

第二節　保險契約之種類

區分基準	類　別	內　　　　　容
一、以標的載明是否定值為準	不定值保險契約	為契約上載明保險標的之價值，須至危險發生後估計而訂之保險契約（保50Ⅱ），因保險標的未約定價值，如發生損失時，按保險事故發生時實際價值為標準，計算賠償，其賠償金額，不得超過保險金額（保73Ⅲ）。
	定值保險契約	為保險契約上載明保險標的一定價值之保險契約（保50Ⅲ）。
二、以保險標的之種類為準	財產保險契約（產物保險）	對於保險標的之毀損或滅失負賠償責任之契約，有1.火災保險（保70）、2.海上保險（保83）、3.陸空保險（保85）、4.責任保險（保90）、5.保證保險（保95之1）、6.其他財產保險（保13Ⅱ、96）。
	人身保險契約	人身保險事故，一旦發生，即由保險人負給付預定保險金額責任之契約。其範圍有人壽保險（保101）、健康保險（保125）、傷害保險（保131）及年金保險（保13Ⅲ、135之1）。
三、要保人是否訂立一個或數個保險契約為準	單保險契約	要保人對於同一保險利益，同一保險事故與同一保險人訂立一個保險契約之謂。一般保險契約就是。
	複保險契約	即要保人對於同一保險利益，同一保險事故，與數保險人分別訂立數個保險之契約行為（保35）。
四、保險人是否轉向他保險人保險為準	原保險契約	初次簽定之保險契約，係對再保險契約而言。
	再保險契約	即保險人以其所承保之危險，轉向他保險人為保險之契約行為（保39）。原保險契約之被保險人，對於再保險人無賠償請求權（保40）。再保險人不得向原保險契約之要保人，請求交付保險費（保41）。
五、保險契約是否單一為準	個別保險契約（單獨保險契約）	以一人或一物為標的之保險契約屬之。一般保險契約屬之。
	集合保險契約	以多數人或多數物為標的之保險契約，其以多數人為標的者，稱為團體保險，以多數物為標的者，稱為集團保險。

第三節　保險契約之簽訂

一、簽訂程序

　　保險契約屬於定型化契約，但以法律結構而言，保險契約仍由「要約」與「承諾」之意思表示，為其契約成立之基礎。當保險人或保險業務員向潛在保險對象提出保險之相關說明，以激勵該對象進行投保之行為，稱為「**要約之引誘**」，若潛在保險對象同意投保，並於填寫要保申請書後交付給保險人或保險業務員時，即為「**要約**」之意思表示，該潛在保險對象即成為保險契約之要保人。若保險人在受理要保人之要保申請書，並作出決定承諾之意思表示時，即為「**承諾**」之意思表示，實務上保險契約，由保險人同意要保人聲請後簽訂（保44 I）。

二、保險單或暫保單

　　㈠**意義**：在保險實務上，保險契約成立之後，保險人負有簽發「保險單」或「暫保單」之義務（保43），要保人則有要求保險人發給保險單之權利，其餘與保險契約有關之利害關係人，亦有權得向保險人請求發給保險契約之謄本（保44 II）。「保險單」之內容係記載保險雙方當事人權利義務，用以證明保險人與被保險人已成立保險契約的正式文件，「暫保單」又稱為「臨時保險單」，係指由保險人所簽發，用以證明保險契約確已簽訂及其重要內容之臨時文件，性質上為保險人與要保人雙方口頭約定之書面紀錄。在正式保險單交付之前，暫保單具有與保險單相同之法律效力，要保人並得以暫保單作為憑據，向保險人換領正式保險單，且在暫保單簽發之後，保險單未交付給要保人之前，若有保險事故發生時，保險人亦應負理賠責任。

　　㈡**保險單之交付**：保險契約應以保險單或暫保單為之（保43）。一般而言，保險契約係在保險人收到要保人之要保申請書及保險費，即由保險人以簽發保險單為承諾後，始生效力。則保險人在將保險單交付給要保人之後，該保險契約才正式產生效力。實務上對於保險單之「交付」方式有二：

　　1.現實之交付：即指由保險人將其所簽發之保險單實際交給要保人。

　　2.擬制之交付：即指以現實交付以外之方式所完成之交付。在我國保險法實務上，對於保險單交付之法律效力係採取「發信主義」，亦即在保險人以郵寄方式寄送保險單時，只須有保險人完成郵寄之行為，無論要保人是否收到，在法律上均視為保險人已完成保險單之交付。

　　㈢**保險單之作用：**

　　1.保險契約成立之效力：保險契約之成立雖不以保險單簽發作為要件，但保險單正式簽發之後，其所記載之內容則為當事人雙方對於保險契約所議定之條件及文件，包括要保聲請書、醫師診斷書、估計書等。在要保人取得保險單之後，若經合理期限均無異議，實務上即推定要保人同意保險單上所記載之全部條件，日後若發生糾紛或訴訟情況，除有詐欺或違法者外，應以保險單之記載作為憑據，因此，保險單具有證明保險契約成立之效力。

　　2.具有價證券之效力：要保人或受益人在保險事故發生而行使其對於保險金之請求權時，只須證明其確實為保險契約上所記載之受益人即可，並不以實際占有保險單為必要，因此，保險單在性質上係屬於「不完全之有價證券」。財產保險之保險單可作成指示方式或無記名式，因此，在保險事故發生時，保險利益歸於保險單權利人所有。人壽保險單不可作成指示式或無記名式，亦不得進行轉讓，但在要保人已繳足 1 年以上保險費之時，即可持保險單，向保險人辦理現金質借（保120 I），故保險單具有有價證券之性質。

三、保險人之代位權

　　㈠**保險人代位權之意義**：保險人之代位權（英、法：subrogation；德：Subrogation），係指被保險人在保險事故發生並受有損害，且對於造成損害之第三人具有損失賠償請求權時，則在保險人給付保險金額後，原屬於被保險人之損害賠償請求權即移轉為保險人所取得，保險人得代位行使被保險人對於該第三人之損害賠償請求權，但為避免保險人因行使代位權而發生不當得利，因此，保險人所得向第三人請求之賠償數額不得

超過賠償金額（保 53 I）。前項第三人爲被保險人之家屬或受僱人時，保險人無代位請求權。但損失係由其故意所致者，不在此限（保 53 II）。

㈡**保險人代位權之法定要件**：以被保險人已發生保險事故，而對第三人有損失賠償請求權，保險人得於給付保險金額後，代位行使被保險人對於第三人之請求權（保 53 I），但此第三人爲被保險人之家屬或受僱人時，保險人無代位請求權（保 53 II）。其代位行使之要件爲：

1. 須保險人已依契約，給付被保險人全部的賠償金額：如保險法第53 條第 1 項所規定：「保險人得於給付賠償金額」就是此意。

2. 須被保險人對於第三人依法有損害賠償請求權：如被保險人因交通事故被撞損壞汽車，而事故責任是在第三人，此時保險人於支付損害金額後，代替被保險人之地位，而向第三人求償。

3. 此第三人爲被保險人之家屬或受僱人時，則無代位請求權：因被保險人雖對此等人有請求權，但通常不會對之行使，或甚至免除其債務，故無代位求償權。

4. 代位請求之數額，以不逾賠償金額爲限：爲避免被保險人獲取雙重利益，因此保險人代位行使之請求權數額不得超過保險所賠償之數額。

㈢**保險人代位權之適用範圍**：在被保險人投保財產保險之後，爲避免被保險人先取得保險人之保險給付，而後又向造成侵權行爲之第三人請求損害賠償，以致所獲得之利益超過其實際損害，因此賦與保險人行使代位權。若財產保險之危險事故發生，係由於第三人之行爲所造成，則保險人在向被保險人給付理賠金額後，被保險人應出具「代位求償權收據」給保險人作爲證明，使保險人取得代位求償權，而得行使被保險人對於該第三人之損害賠償請求權，因此，被保險人於危險事故發生時，即應向該第三人聲明保留其索取損害賠償權利，以便日後得將該權利完整移交予保險人。

就責任保險之保險人代位權而言，保險人在給付保險金額之後，不但可以行使代位權，甚且可行使複代位權，其代位請求權之基礎亦不以第三人之侵權行爲爲限。在保險人代位求償之過程中，由於保險契約中所承保者爲「責任保險」，因此，保險人之代位權行使過程是複代位。

在人身保險中之人壽保險（保103）、健康保險（保130）、傷害保險（保135）及年金保險（保135之4）等，由於該類保險具有一身專屬性，因此不適用保險人之代位權。但由於醫療費用亦屬於財產上之損失，因此，爲避免受益人在財產損害上獲得雙重補償，我國實務上係以立法方式，賦予全民健康保險之保險人得向強制汽車責任保險之保險人行使代位權，亦即保險人對於傷害保險與疾病保險中之醫療費用保險，仍有權主張其代位權，此項保險人之代位權，自保險人爲保險給付之日起，2 年間不行使而消滅（汽責29）。

習題：何謂保險代位？（97 普）

第四節　保險契約之條款

保險契約條款（英：policy conditions；德：Versicherungsbedingungen；法：conditions d'assurance），保險契約之內容係由「保險契約條款」所構成，又稱爲「保險契約約定條款」，乃是保險業者在長期間經營之下，所共同承認之保險事項條款，保險契約條款之種類可分爲「基本條款」與「特約條款」兩種如下：

一、基本條款與特約條款

㈠**基本條款**：即指保險契約內容中，依據法令之規定所必須記載之基本條款，又稱爲法定記載事項。由於保險人係在同一基礎上承保多數被保險人的同類保險事故，因此，爲簡化保險手續及統一解釋，實務上係由保險人先印製統一的條款內容後，再由要保人與保險人雙方共同議定實際條款內容，並記載於保險契約之後，對保險人、要保人及被保險人即具有法律上之拘束效力。此基本條款可分爲「一般基本事項」與「各種險基本事項」兩大類。

　　1.一般基本事項：即爲保險契約所應記載基本條款（保55）：

　　　⑴當事人之姓名及住所：即保險人（保2）及要保人（保3）之姓名及住所。

(2)保險之標的物：有保險利益之標的物；在財產保險指有保險事故發生預慮之特定財產；在人身保險，則被保險人之生命或身體。

(3)保險事故之種類：即保險依契約所應負之危險；如火災或健康危險等是。契約上應記載，以明保險人責任範圍。

(4)保險責任開始之日、時及保險期間：即保險契約成立之日時，則爲保險責任開始之日時，但當事人亦得約定於契約成立之前或後。

(5)保險金額：

①在財產保險係保險人在保險期內，所負責任之金額（保72）。

②在人身保險，依保險契約之所定（保102）。

(6)保險費：要保人交付於保險人之對價，保險人因此而負擔財物賠償的責任（保21）。

(7)無效及失權之原因：由當事人約定之。惟保險法之強制規定，不得以契約變更之。但有利於被保險人者，不在此限（保54）。

(8)訂約之年月日：即保險契約訂立時期。惟在訂立時，保險標的之危險已發生或已消滅者，其契約無效。但爲當事人雙方所不知者，不在此限（保51）。

2.各種險基本事項：係指由於險種不同，而必須於其保險契約上加以不同記載之基本條款，例如「陸空保險」之保險單必須加列貨物運送路線及方法、運送人姓名或商號、運交地點及取貨地點、運送期限等，「人壽保險」之保險單則須加列被保險人姓名、性別、年齡、住所、受益人姓名、受益人與被保險人之關係、或確定受益人之方法、保險事故、保險期間、減少保險金額之條件等。

⑵**特約條款：**

1.特約條款之意義：即指保險契約之保險人與要保人雙方，在法律所規定之基本條款外，另外承認履行特種義務之條款（保66）。

2.特約條款之內容：

(1)凡與保險契約有關之一切事項，不問過去、現在或將來，均得以特約條款定之（保67）。但契約上之特約條款規定，除有利於

被保險人外，不得變更保險法之強制規定（保54）。

　　3.特約條款之效力：

　　　⑴積極效力：保險契約當事人之一方違背特約條款時，他方得解除契約；其危險發生後亦同（保68 I）。上項解除契約權，自保險人知有解除之原因後，經過1個月不行使而消滅；或契約訂立後經過2年，即有可以解除之原因，亦不得解除契約（保68 II準64 III）。

　　　⑵消極效力：關於未來事項之特約條款，於未屆履行期前危險已發生，或其履行為不可能，或在訂約地為不合法而未履行者，保險契約不因之而失效（保69）。

習題：依據保險法之規定，保險契約應記載那些事項（基本條款）？試說明之。（97三金保）

二、保險契約之共保條款

　　保險人得約定保險標的物之一部份，應由要保人自行負擔由危險而生之損失（保48 I）。有前項約定時，要保人不得將未經保險之部份，另向他保險人訂立保險契約（保48 II）。

　　共保條款之目的，在使要保人或被保險人對於保險事故之發生能多加防範。至於保險事故所致之損害，要保險人與要保人間如何分配，則依契約內容而定。

三、保險契約條款之解釋原則

　　在保險契約上，對於標準化契約條款之解釋原則，必須以一般潛在要保人能合理了解之方式加以解釋，對於保險契約條款用語若有疑義時，亦作有利於被保險人之解釋為原則（保54 II）。若發生條款之書寫文字、打字文字與印刷文字之內容有衝突時，應以書寫文字之效力最優先，打字文字效力次之，印刷文字效力再次之。若發生疑義之部分同時為該保險契約文件之印刷文字時，則應以該契約之開始、末端、邊緣等位置所記載之「邊列條款」效力優先於該契約中間位置已印製之「保險單印定正文」之效力。對於個別商議契約條款之解釋原則，則應先探求保險契約當事人在契約簽定時之真正意願，不得拘泥於保險契約文件上所使

用之辭句（保 54 II 前段）。若保險契約之「標準化契約條款」與「個別商議契約條款」在內容具有一致性時，在法律上具有相同之效力，並有互相補充之功能。若標準化契約條款與個別商議契約條款內容發生衝突時，原則上應以個別商議契約條款效力優先適用。若保險契約之內容條款明文約定以個別商議契約條款變更標準化契約條款，且被變更之標準化契約條款係法律之強制規定，而個別商議契約條款變更標準化契約條款後之結果，導致不利於被保險人之情形時，則其條款內容依法不生效力。

第五節　要保人之責任

一、要保人之概念

要保人（德：Versicherungsnehmer；法：assuré），作為保險契約之當事人，對於保險標的具有保險利益，向保險人申請訂立保險契約，並負有交付保險費義務之人（保3）。即為簽定保險契約之相對人。係指申請投保之個人或法人團體。保險契約之要保人必須具有權利能力，且對於保險標的必須具有保險利益，方得作為保險契約之主體，因此，無行為能力人、限制能力的未成年人、心神喪失之人、精神耗弱之人，除經法定代理人或監護人之代理或同意外，其所訂立的保險契約無效。財產保險契約之要保人對於作為保險標的之財產或責任，必須具有現有利益或期待利益，而人身保險契約之要保人對於被保險人亦須具有保險利益方得投保，其所簽定之保險契約方具有保險效力。

在「死亡保險」、「生存死亡兩合保險」與「傷害保險」中，若要保人以自己之生命或身體作為保險標的時，由於要保人與被保險人為同一人，並不需徵得被保險人之同意，但若要保人與被保險人為不同之人，為防止謀害被保險人以領取保險金之道德危險，因此，要保人在投保之前，必須先取得被保險人對於「投保」以及「所投保保險金數額」之同意，且被保險人必須以書面方式表明其同意之立場（保105 I）。

在「生存保險」及「健康保險」中，由於其所承保之保險事故為「疾病」、「分娩」與「傷害」，原則上較不容易發生道德危險，但如被保險人

故意自殺或墮胎所致疾病、殘廢、流產或死亡，保險人不負給付保險金額之責（保128）。

二、要保人之義務

就保險學理而言，要保人之義務包括、據實說明之義務、繳付保險費之義務、當事人之通知義務、損害避免與減輕之義務。

㈠**據實說明之義務**：訂立契約時，要保人對於保險人之書面詢問，應據實說明（保64 I）。其目的主要係提供保險人，在決定是否承保與保險契約所適用之保險費率時，必須有足夠之資料，以作為保險人正確判斷之依據。

若要保人對於該範圍內所作之書面陳述，有故意隱匿、因過失遺漏、或說明不實之行為，且其程度足以變更或減少保險人對於危險之估計者，保險人得在知悉有解除之原因後之 1 個月內，或保險契約訂立後 2 年之除斥期間內解除契約（保 64 II, III），對於已賠付之保險金亦得向被保險人追回，且保險人行使解除權之後，對於已收受之保險費無須返還，而在除斥期間經過之後，保險人之解除權即為無效，亦不得以要保人違反據實說明義務為由而主張解除契約。

㈡**交付保險費之義務**：

1.保險費之交付：保險費分一次交付及分期交付兩種。保險契約規定一次交付，或分期交付之第一期保險費，應於契約生效前交付之，但保險契約簽訂時，保險費未能確定者，不在此限（保21）。

2.交付保險費之義務人：保險費應由要保人依契約規定繳付（保 22 I）。利害關係人，均得代要保人交付保險費（保115）。

3.保險費未付之效力：

⑴在人壽保險之保險費繳付期限已到期，而要保人仍未交付之情況下，由於人壽保險之生存死亡兩合保險、終身死亡保險同時具有儲蓄及投資之性質，係屬於資本性保險，必須由要保人以自由意願決定是否繼續該契約，因此，基於保護要保人及被保險人利益之立場，人壽保險之要保人若有保險費到期未交付之時，除契約另有訂定外，經催告到達後屆 30 日仍不交付時，保

險契約之效力停止（保116 I）。催告應送達於要保人，或負有交付保險費義務之人之最後住所或居所，保險費經催告後，應於保險人營業所交付之（保116 II）。第一項停止效力之保險契約，於停止效力之日起 6 個月內清償保險費、保險契約約定之利息及其他費用後，翌日上午零時起，開始恢復其效力。要保人於停止效力之日起 6 個月後申請恢復效力者，保險人得於要保人申請恢復效力之日起 5 日內要求要保人提供被保險人之可保證明，除被保險人之危險程度有重大變更已達拒絕承保外，保險人不得拒絕其恢復效力（保116 III）。保險人未於前項規定期限內要求要保人提供可保證明或於收到前項可保證明後 15 日內不為拒絕者，視為同意恢復效力（保116 IV）。保險契約所定申請恢復效力之期限，自停止效力之日起不得低於 2 年，並不得遲於保險期間之屆滿日（保116 V）。保險人於前項所規定之期限屆滿後，有終止契約之權（保116 VI）。保險契約終止時，保險費已付足 2 年以上，如有保單價值準備金者，保險人應返還其保單價值準備金（保116 VII）。保險契約約定由保險人墊繳保險費者，於墊繳之本息超過保單價值準備金時，其停止效力及恢復效力之申請準用第一項至第六項規定（保116 VIII）。

(2)保險人對於保險費，不得以訴訟請求交付。以被保險人終身為期，不附生存條件之死亡保險契約，或契約訂定於若干年後給付保險金額或年金者，如保險費已付足 2 年以上而有不交付時，於前條第五項所定之期限屆滿後，保險人僅得減少保險金額或年金（保117）。

㈢**當事人之通知義務**：有約定與法定兩種：

1.約定通知義務：當事人間如不違反強制規定或有利於被保險人之範圍內，可自由約定契約內容，如有約定當事人之一方對於他方應通知之事項而怠於通知者，除不可抗力之事故外，不問是否故意，他方得據為解除保險契約之原因（保57）。

2.法定通知義務：

　　⑴危險發生通知義務：要保人、被保險人或受益人，遇有保險人
　　　應負保險責任之事故發生，除本法另有規定，或契約另有訂定
　　　外，應於知悉後 5 日內通知保險人（保58）。要保人未於上述所
　　　規定之限期內爲通知者，對於保險人因此所受之損失，應負賠
　　　償責任（保63）。
　　⑵危險增加通知義務：要保人對於保險契約內所載增加危險之情
　　　形應通知者，應於知悉後通知保險人（保59 I）。危險增加，由
　　　於要保人或被保險人之行爲所致，其危險達於應增加保險費或
　　　終止契約之程度者，要保人或被保險人應先通知保險人（保 59
　　　II）。危險增加，不由於要保人或被保險人之行爲所致者，要保
　　　人或被保險人應於知悉後 10 日內通知保險人（保 59III）。要保
　　　人不於前項所規定之限期內爲通知者，對於保險人因此所受之
　　　損失，應負賠償責任（保63）。危險減少時，被保險人得請求保
　　　險人重新核定保費（保59IV）。
　3.通知義務之免除：
　　⑴危險增加通知義務之例外：危險增加如有下列情形之一時，則
　　　免除通知之義務（保61）：
　　　①損害之發生不影響保險人之負擔者。
　　　②爲防護保險人之利益者。
　　　③爲履行道德上之義務者。
　　⑵不負通知義務者：當事人之一方對於下列各款不負通知之義務
　　　（保62）：
　　　①爲他方所知者。
　　　②依通常注意爲他方所應知，或無法諉爲不知者。
　　　③一方對於他方經聲明不必通知者。

第六節　保險契約之變更、停止與恢復

一、保險契約之變更

即在保險契約有效之期間內，保險契約之主體或內容之變更之謂。保險契約簽訂之後，原則上其主體及內容應持續至契約效力終止為止，因此應不得任意變更。但有特殊情形時，則得變更：

(一)**主體變更**：

1.法定主體變更：被保險人死亡或保險標的物所有權移轉時，保險契約除另有訂定外，仍為繼承人或受讓人之利益而存在（保18）。對此變更因屬法定，故此通知應為事實之通知。

2.約定主體變更：惟保險契約如有約定主體變更時，應得保險人之承諾契約始繼續存在者，當應通知保險人，並得保險人之承諾始生效力。

3.要保人破產時：保險契約仍為破產債權人之利益而存在。但破產管理人或保險人得於破產宣告 3 個月內終止契約。其終止後之保險費已交付者，應返還之（保28）。

4.變更之效力：保險主體變更，其保險契約之效力，不受影響。但在財產保險時，保險人對於要保人所為之抗辯，亦得以之對抗保險契約之受讓人（保49Ⅱ）。

(二)**內容變更**：保險契約內容有變更者，應得保險人之同意。因第 56 條後段規定，保險人於接到通知後 10 日內不為拒絕者，視為承諾，故此通知係指要保人對保險人之通知而言，須保險人不為拒絕始視為承諾；因此保險人不能用此規定變更契約，通知要保人，故如要保人不予理會，也不能視為承諾。

二、保險契約之停止與恢復

(一)**人身保險特別規定之除外**：人壽保險之保險費到期未交付者，除契約另有訂定外，經催告到達後屆 30 日仍不交付時，保險契約之效力停止（保116Ⅰ）。此項停止效力之保險契約，於停止效力之日起 6 個月內清償保險費、保險契約約定之利息及其他費用後，翌日上午零時起，開始恢復其效力（保116Ⅲ）。

(二)**變更或恢復效力之通知**：變更保險契約或恢復停止效力之保險契約時，保險人於接到通知後 10 日內不為拒絕者，視為承諾。但保險法就人

身保險有特別規定者，從其規定（保56）。

㈢**故意自殺條款效力之恢復**：保險契約載有被保險人故意自殺，保險人仍應給付保險金額之條款者，其條款於訂約 2 年後始生效力。恢復停止效力之保險契約，其 2 年期限應自恢復停止效力之日起算（保109Ⅱ）。

第七節　保險契約之時效

依民法第 144 條第 1 項規定：「時效完成後，債務人得拒絕給付。」又第 125 條規定：「請求權，因十五年間不行使而消滅。」因保險契約所生之權利義務，不宜久懸不決，因此保險法第 65 條規定：「由保險契約所生之權利，自得為請求之日起，**經過二年**不行使而消滅。有下列各款情形之一者，其期限之起算，依各該款之規定：

㈠要保人或被保險人對於危險之說明，有隱匿、遺漏或不實者，自保險人知情之日起算。

㈡危險發生後，利害關係人能證明其非因疏忽而不知情者，自其知情之日起算。

㈢要保人或被保險人對於保險人之請求，係由於第三人之請求而生者，自要保人或被保險人受請求之日起算。」

第八節　保險契約之消滅

一、保險契約之無效

㈠**保險契約無效之意義**：保險契約雖已成立，因違反法定或約定事項，在法律上自始不生效力或失其效力之意。

㈡**保險契約無效之原因**：

　1.法定無效：

　　⑴惡意複保險無效：複保險除另有約定外，要保人應將他保險人之名稱及保險金額通知各保險人（保36）。要保人故意不為上述之通知，或意圖不當得利而為複保險者，其契約無效（保37）。

　　(2)危險已發生或已消滅之契約無效：保險契約訂立時，保險標的
　　　之危險已發生或已消滅者，其契約無效。但爲當事人雙方所不
　　　知者，不在此限（保51Ⅰ）。訂約時，僅要保人知危險已發生者，
　　　保險人不受契約之拘束（保51Ⅱ）。訂約時，僅保險人知危險已
　　　消滅者，要保人不受契約之拘束（保51Ⅲ）。

　　(3)訂約時顯失公平者，該部分之約定無效（保54之1）：
　　　①免除或減輕保險人依本法應負之義務者。
　　　②使要保人、受益人或被保險人拋棄或限制其依本法所享之權
　　　　利者。
　　　③加重要保人或被保險人之義務者。
　　　④其他於要保人、受益人或被保險人有重大不利益者。

　　(4)死亡保險契約未經被保險人同意：由第三人訂立之死亡保險契
　　　約，未經被保險人書面同意，並約定保險金額，其契約無效（保
　　　105）。

　　(5)死亡給付對 14 歲以下之限制：訂立人壽保險契約時，以未滿
　　　14 歲之未成年人，或心神喪失或精神耗弱之人爲被保險人，除
　　　喪葬費用之給付外，其餘死亡給付部分無效（保107Ⅰ）。

　　(6)被保險人年齡不實之無效：被保險人年齡不實，而其眞實年齡
　　　已超過保險人所定保險年齡限度者，其契約無效（保122Ⅰ）。

　　(7)超額保險之部分無效：保險金額超過保險標的價值之契約，係
　　　由當事人一方之詐欺而訂立者，他方得解除契約。如有損失，
　　　並得請求賠償。無詐欺情事者，除定值保險外，其契約僅於保
　　　險標的價值之限度內爲有效（保76）。

　　2.約定無效：當事人訂立保險契約時，應記載無效及失權之原因（保
55Ⅰ⑦）。

二、保險契約之解除

　　㈠**保險契約解除之意義**：即保險契約當事人之一方行使解除權，使契
約的效力溯及既往的歸於消滅之謂。契約解除後除保險法有特別規定外

（保 25），雙方當事人有回復回狀之義務，受領之給付物應返還之，如其給付物爲金錢，應附加利息償還，並得請求損害賠償（民 259、260）。

(二)**保險契約之解除原因**：有兩種情形：

　　1.法定解除：

　　　(1)怠於通知之解約：當事人之一方對於他方應通知之事項而怠於通知者，除不可抗力之事故外，不問是否故意，他方得據爲解除保險契約之原因（保 57）。而保險法規定通知義務爲：

　　　　①複保險之通知義務（保 36）。

　　　　②危險發生之通知義務（保 58）。

　　　　③危險增加之通知義務（保 59）。

　　　(2)不據實說明之解約：要保人故意隱匿，或因過失遺漏，或爲不實之說明，足以變更或減少保險人對於危險之估計者，保險人得解除契約；其危險發生後亦同。但要保人證明危險之發生未基於其說明或未說明之事實時，不在此限（保 64 II）。

　　　(3)違背特約條款：保險契約當事人之一方違背特約條款時，他方得解除契約；其危險發生後亦同（保 68 I）。

　　　(4)因一方當事人詐欺而定超額保險：保險金額超過保險標的價值之契約，係由當事人一方之詐欺而訂立者，他方得解除契約。如有損失，並得請求賠償（保 76 I）。

　　2.約定解除：契約簽定時，在不違反法律強制規定或公序良俗之規定下，由當事人約定者，是爲約定解除。

三、保險契約之終止

(一)**保險契約終止之意義**：即保險契約之當事人一方之意思表示，行使終止權或因其他事由使保險契約向後消滅之意。

(二)**保險契約終止之原因**：

　　1.當然終止：

　　　(1)期限屆滿或事故發生而終止：保險契約期限屆滿或保險事故發生，保險契約即行終止。

⑵受益人獲理賠而終止：保險事故發生，受益人獲保險人給付保
　險金而契約終止。

⑶保險人破產時保費之返還：保險人破產時，保險契約於破產宣
　告之日終止，其終止後之保險費，已交付者，保險人應返還之
　（保27）。

⑷標的物全損時契約之終止：保險標的物非因保險契約所載之保
　險事故而完全滅失時，保險契約即爲終止（保81）。

2.任意終止：即由當事人行使終止權：

⑴保險費之減少與終止契約之返還：保險費依保險契約所載增加
　危險之特別情形計算者，其情形在契約存續期內消滅時，要保
　人得按訂約時保險費率，自其情形消滅時起算，請求比例減少
　保險費。保險人對於前項減少保險費不同意時，要保人得終止
　契約。其終止後之保險費已交付者，應返還之（保26）。

⑵要保人破產時契約終止保費之返還：要保人破產時，保險契約
　仍爲破產債權人之利益而存在，但破產管理人或保險人得於破
　產宣告3個月內終止契約。其終止後之保險費已交付者，應返
　還之（保28）。海上保險契約之要保人或被保險人於保險人破產
　時，得終止契約（海133）。

⑶危險增加而終止：保險遇有前條情形，得終止契約，或提議另
　定保險費。要保人對於另定保險費不同意者，其契約即爲終止
　（保60）。

⑷標的物分損時契約之終止：保險標的物受部份之損失者，保險
　人與要保人均有終止契約之權。終止後，已交付未損失部份之
　保險費應返還之。前項終止契約權，於賠償金額給付後，經過
　1個月不行使而消滅。保險人終止契約時，應於15日前通知要
　保人。要保人與保險人均不終止契約時，除契約另有訂定外，
　保險人對於以後保險事故所致之損失，其責任以賠償保險金額
　之餘額爲限（保82）。

⑸查勘標的物之終止：保險人有隨時查勘保險標的物之權，如發

現全部或一部份處於不正常狀態，經建議要保人或被保險人修
復後，再行使用。如要保人或被保險人不接受建議時，得以書
面通知終止保險契約或其有關部份（保97）。

(6)人壽保險保費未付之終止：人壽保險之保險費到期未交付者，
除契約另有訂定外，經催告到達後逾 30 日，仍不交付時，保險
契約之效力停止（保116 I）。保險人於上項所規定之期限屆滿後，
有終止契約之權（保116Ⅳ）。

習題：保險契約之終止可分為「當然終止」與「任意終止」兩種，請分
別說明此兩種終止之原因各為何？（97普）

四、保險契約終止之效力

㈠**自終止時起發生消滅效力**：保險契約自終止時起向後發生消滅之效
力。

㈡**保險費之返還**：保險人在保險期間，已收受之保險費不必返還，但
終止後，其已收受者，應返還之（保24Ⅲ、27、28、116Ⅱ）。

㈢**契約相對無效與終止保費之返還**：保險契約因第 51 條第 3 項之情事
而要保人不受拘束時，保險人不得請求保險費及償還費用。其已收受者，
應返還之（保24Ⅱ）。

㈣**危險增加而契約終止**：因要保人或被保險人之行為而危險增加，以
致終止契約者，除終止前交付之保險費無須返還外，保險人如有損失，
並得請求賠償（保60 I 但）。

第三章　財產保險

第一節　財產保險之概念

一、財產保險之意義

財產保險（德：Sachversicherung；法：assurance de choses），即指在保險事故發生時，由保險人對於要保人或被保險人之財產損失加以填補之保險契約，因此，財產保險的保險標的為「保險利益」，被保險人在財物或利益上所遭受的直接損害，以及被保險人對於第三人所應負責之損害賠償責任，都是財產保險所承保的保險事故範圍。為人身保險之對照語（保13 I）。財產保險契約之成立，乃是要保人以其本身對於財產或利益之「保險利益」為標的之保險，由於「保險利益」內容不同，因此，財產保險之保險利益可分為「積極保險利益」和「消極保險利益」，以「積極保險利益」作為保險標的而成立財產保險，稱為「積極保險」，至於以「消極保險利益」作為標的之財產保險，則稱為「消極保險」。

就「財產保險」之保險利益性質而言，乃是被保險人與標的物之間所存在之經濟價值關係，如房屋所有人以要保人之身分向保險人投保住宅火險時，其保險標的物雖為住宅，但事實上該要保人係基於對房屋所有之經濟價值而投保，因此，財產保險之保險標的乃是「保險利益」。由於財產保險之目的在補償被保險人之損害，因此又稱為「損害保險」或「填補具體需要保險」，要保人或被保險人在保險事故發生時，所應獲得之損害賠償僅限於補償其實際之損害，不應有超額之不當利得。

二、財產保險之種類

（一）法律上之分類	我國財產保險之種類如下： 1.火災保險：即以動產或不動產為保險標的，對於由火災所致保險標的物之毀損或滅失，由保險人負損害賠償之責（保70）。 2.海上保險：又稱為「**水險**」，係指由保險人與要保人在保險契約中約定，由保險人承保海上運送期間內之各種財產權益，而在保

	險事故發生，導致保險標的之毀損、滅失及費用損失時，由保險人負損害賠償之責（保83，海129）。
	3. 陸空保險：係指保險人與要保人約定，由保險人承保被保險人在陸上、內河及航空方式運送貨物時，因事變及災害所導致之毀損、滅失及費用，由保險人負損害賠償之責（保85），因此，陸空保險之保險人所承保之範圍除陸上運送與航空運送之外，尚包括內河運送在內。
	4. 責任保險：係指由責任保險人與被保險人約定，在被保險人因法定責任之發生，而對於第三人應負之損害賠償責任，且第三人向被保險人提出損害賠償之請求時，由保險人對該第三人負損害賠償之保險制度（保90）。
	5. 保證保險：其性質爲「信用保險」，即指若被保險人因其受僱人之不誠實行爲，或其債務人不履行債務所致損失，由保險人負損害賠償之責（保95之1）。
	6. 其他財產保險：即不屬於火災保險、海上保險、陸空保險、責任保險及保證保險之範圍，而以財物或無形利益爲保險標的之各種保險（保96）。
（二） **依性質之不同**	在財產保險當中，依據保險性質之不同，又可分爲三種如下： 1. 爲自己利益保險：係指由保險人與要保人約定，由要保人以其財產上之保險利益作爲標的，向要保人申請訂立保險契約，依法要保人應負繳交保險費之義務，於保險契約所約定之危險事故發生時，對於保險人即有損害賠償請求權，因此，要保人係基於自己之利益而訂立保險契約，乃是最基本之保險契約原型。 2. 爲他人利益保險：係指在財產保險契約中，要保人得在不經委任之情況下，基於保障他人利益之目的，而與保險人訂立保險契約，如旅客運送業者爲旅客所投保的意外傷害保險，即是典型的「爲他人利益保險」，因此，爲他人利益保險的被保險人爲第三人，而保險標的則爲該第三人之保險利益，若危險事故發生之時，受到損害之第三人得基於被保險人之身分，而享有損害賠償請求權，但若對於保險理賠之受益人有疑義時，則應推定要保人係基於自己之利益而訂立保險契約。 3. 爲自己或他人利益保險：又稱爲「關係人保險」，係指財產保險契約之要保人得基於自身或他人之利益，向保險人訂立保險契約。以保險之本質而言，由於受益人不負保險費繳交義務，亦不須具有保險利益，因此，受益人存在與否對於保險契約之效力並無影響，若要保人以自身之保險利益投保時，要保人與被保險人即爲同一人，則在危險事故發生時，損害賠償請求權即由其行使。

	若要保人係以他人之保險利益投保時，要保人與被保險人即為不同之人，在危險事故發生時，若證明受損害者為要保人時，則損害賠償請求權應歸由要保人行使，但若危險事故對於被保險人造成損害時，則應歸由被保險人行使。
(三) 依據「保險利益」內容不同	財產保險契約之種類可分為「積極保險」與「消極保險」： 1. 積極保險：在財產保險契約中，「積極保險」之保險標的乃是被保險人之「積極保險利益」，亦即被保險人基於特定財產或權利之存在，所享有之現存利益或期待利益。依據保險標的之不同，「積極保險」又可分為請求權保險利益保險、所有權人保險利益保險、抵押權人保險利益保險、信用保險利益保險、期待利益保險、增值保險利益保險。 2. 消極保險：即指保險契約所承保之保險標的，乃是被保險人之「消極保險利益」，亦即被保險人因債務不履行或因侵權行為之損害賠償責任，所遭受之財產上損失，因此，消極保險契約之保險目的，係在消極防止被保險人因法律規定、契約義務或必要費用之發生，所造成之財產上損失，而非保障被保險人之實際利益或可期待利益，消極保險之種類包括法定責任保險、必要性費用保險、消極損失可能性保險。

三、財產保險之保險利益

即指得作為保險標的而辦理保險之利益，財產保險之「保險利益」包括要保人對於財產上之現有利益，或因財產上之現有利益而生之期待利益（保14）、貨物運送人或保管人對於所運送或保管之貨物以其所負之責任為限，有保險利益（保15）、基於有效契約而生之利益（保20）或基於有效契約而生之利益，如合夥人或共有人聯合為被保險人時，其中一人或數人讓與保險利益於他人者，保險契約不因之而失效（保19）。

就積極財產之保險利益而言，係指財產保險契約之被保險人或要保人，對於債權、物權、準物權所享有之現存利益及期待利益。就消極財產之保險利益而言，係指因「債務不履行」或「侵權行為」，使其所有人必須負損害賠償責任時，則與該責任具有利害關係之人得主張具有保險利益，並得作為保險契約之保險標的，因此，在保險實務上，得作為消極財產之保險利益而辦理投保之責任範圍，主要係為「債務不履行責任」與「侵權行為責任」。

第二節　火災保險

一、火災保險之概念

火災保險（英：fire insurance；德：Feuerversicherung；法：assurance（contrel'）incendie），即以動產或不動產為保險標的，對於火災所致於保險標的之毀損或滅失，由保險人負賠償之責（保70）。「火災保險」為財產保險契約之一種，其契約之訂定係以要保人作為要約人，以保險人作為承諾人，由保險人與要保人約定以填補火災發生時之損害為目的之損害保險。保險契約之成立，必須在要保人繳付保險費之後，火災保險契約方正式產生法律效力。如因救護保險標的物，致保險標的物發生損失者，視同所保危險所生之損失（保70Ⅱ）。基於保險事故性質之關聯性，因此，火災保險之保險人常依據要保人之需求，而在火險中搭配各種不同的附加險，包括：爆炸、地震、颱風、碰撞、暴雨、騷動、群眾暴動、洪水等。

二、火災保險之種類

火災保險所承保之標的物包括「動產」與「不動產」其內容如下：

	保險標的	內　　　　容
(一) 依保險標的物之不同	1. 動產火災保險	以動產作為標的物之火災保險，原則上一般動產均得為火災保險之標的，但實務上為避免日後保險理賠之爭議，會將主觀價值之動產及損失舉證困難之動產列為不保項目，否則應以特別約定方式辦理加保。動產火災保險又可分為：單獨火災保險與集合火災保險，但通常都採集合保險方式： (1)單獨火災保險（個別火災保險）：指要保人以單一特定物品作為保險標的物，向保險人投保之火災保險契約，例如要保人以一件古董、一條項鍊投保之火災保險，即為單獨火災保險。 (2)集合火災保險：就集合之物而總括為保險者，被保險人家屬、受僱人或同居人之物，亦得為保險標的，載明於保險契約，在危險發生時，就其損失享受賠償。前項保險契約，視同並為第三人利益而訂立（保71）。

	2. 不動產火災保險	即以「不動產」作為保險標的物之火災保險契約。不動產是土地及其「定著物」(民 66)。因此,「地面建築物」或「土地之成分」均可作為火災保險之標的物,例如要保人得以森林作為標的物投保火災保險,但「土地」本身不得為火災保險之標的物。
(二) 依定值 或不定 值之不 同	1. 定值火災保險	保險契約可分為定值與不定值保險契約 (保 50)。定值保險為契約上載明保險標的一定價值之保險契約。火災保險亦復如是。
	2. 不定值火災保險	保險標的,得由要保人,依主管機關核定之費率及條款,作定值或不定值約定之要保 (保 73 I)。
(三) 保險標 的物是 否單一 之不同	1. 個別火災保險 (單獨火災保險)	此保險多用於不動產。見前說明。
	2. 集合火災保險	集合火災保險者,依保險法第 71 條第 1 項規定:「就集合之物而總括為保險者,被保險人家屬、受僱人或同居人之物,亦得為保險標的,載明於保險契約,在危險發生時,就其損失享受賠償。」其第 2 項規定:「前項保險契約,視同並為第三人利益而訂立。」足見此種保險具有並為他人利益而保險之性質。

三、保險價額

(一)**意義**:保險價額 (英:insurable value;德:Versicherungswert;法:valeur d'assurance),係指被保險利益的價額。即指保險契約訂立時,契約當事人雙方所約定在保險事故發生時,其契約所承保之保險標的物價值。

(二)**保險價額之估計為區分標準**:依據保險契約當事人雙方在契約訂立時,對於標的物在保險事故發生時之價值認定方式不同,保險契約之種類可分為:

1. 不定值保險	即指在保險契約訂立時,在契約上載明保險標的之價值,須至危險發生後估計而訂之保險契約 (保 50 II)。保險標的未經約定價值之保險,發生損失時,按保險事故發生時實際價值為標準,計算賠償,其賠償金額,不得超過保險金額 (保 70 III)。若保險金額高於保險價額時,即為「超額保險」,而若保險金額低於保險價額時,則為「一部保險」。保險標的物不能以市價估計者,得由當事人約定其價值。賠償時從其約定 (保 75)。

2. 定值保險	又稱為「定額保險」，其係指保險契約當事人於訂立契約時，在契約上載明保險標的一定價值之保險契約（保50Ⅲ）。在定值保險，保險標的，以約定價值為保險金額者，於保險標的發生全部損失或部份損失時，均按約定價值為標準計算賠償（保73Ⅱ）。如要保人以其所有之藝術品、古玩品及不能依市價估定價值之物品要保者，應依保險法第73條及第75條規定約定價值，為定值之保險（保施6）。在財產保險中，保險標的物的保險金額不得超過保險價額，否則其超過部份之保險契約無效，因此，在定值保險下，保險金額不可能大於保險價額，但若保險事故發生時，保險標的物的保險金額與契約當事人所約定之保險價額相等時，則屬於「等值保險」，若保險金額低於保險價額時，則為「一部保險」。

習題：何謂定值保險？（98普）

四、保險金額（德：Versicherungssumme）

㈠**保險金額概說**：係指保險契約當事人所協定理賠之金額。即為保險人在保險期內，所負責任之最高額度。保險人應於承保前，查明保險標的物之市價，不得超額承保（保72）。在人身保險契約之中，由於保險之標的為人之生命或身體之完整性，因此，契約雙方當事人即應約定保險金額。因此，人壽保險之保險金額，依保險契約之所定（保102）。在財產保險契約中，由於保險之宗旨在於填補被保險人因保險事故發生所造成之損害，基於維持保險經營之正常運作與全體要保人之權益，因此，保險人在辦理保險契約之時，保險金額雖非契約之生效要件，但應查明保險標的物之市價後方得承保，以避免保險契約發生超額保險或一部保險之問題，且保險人不得有故意超額承保之行為，否則必須受行政處罰。原則上財產保險契約之當事人得自由約定保險金額，亦可於契約成立後變更原保險金額，但其金額仍需符合保險價值，若財產保險契約當事人並無約定保險金額時，保險人即應以被保險人實際所遭受之損害為計算範圍，而予以理賠。

㈡**保險金額之種類**：其內容為：

區分基準	種　類	內　　　容	舉　　　例
依是否各個保險標的訂定保險金額	單一保險金額	係指保險契約之當事人間，對該契約只統一約定一個保險金額，並作為該契約內任何一種損害發生時之最高理賠金額，而不對各契約訂定保險金額。	如對每一意外事故之傷害、死亡或財物損失等各別訂定保險金額，如死亡保險每人50萬元是。以死亡保險、汽車第三人責任險等是。
	複數保險金額	係指保險契約之當事人對於每一保險標的及事故明文約定其保險金額，並以「保險期間總保險金額」作為最後賠償金額之最高額度，多用於責任保險中。	如對每一傷害或死亡各別訂定保險金額，而後再以保險期間內最高賠償金額為總限制額。如營繕承包之公共意外責任保險，電梯意外責任保險等。
依各個保險標的之保險金額是否一致	一致性保險金額	在複數保險金額之保險契約之中，若各別保險金額一致時，即稱為「一致性保險金額」。	如具有儲蓄性之生死兩合保險，則以死亡為保險而附以生存條件，於其保險期限屆滿前死亡者，保險人則給付保險金額，如於期限屆滿仍生存者，保險人亦給付保險金額並附加利息是。
	差別性保險金額	在複數保險金額之保險契約之中，若各別保險金額不相同時，則稱為「差別性保險金額」。	相反的，如約定被保險人於期限屆滿前死亡者，保險人則給付雙倍之保險金額是。
依是否有最低或最高金額限制	最低與最高保險金額	在財產保險上，保險金額係判斷保險契約屬於超額保險、等值保險或部分保險之標準，由於財產保險之功能在於填補損害，因此，保險人所給付之保險金額原則上亦不得超過保險標的物之價值。在健康保險及傷害保險之保險契約中，保險金額亦為保險人基於同一契約所支付之保險金額之最高限制。在人壽保險之保險契約中，保險金額則是保險人在所承保之保險事故發生時，所應給付受益人之賠償數額。	如人壽保險，因保險標的之價值無法估計，故其金額之高低由當事人約定，以為計算保險費之基準；但保險人得依其營業計劃，仍可定最低或最高標準。

五、保險金額與保險價額之關係

在保險事故發生後，若保險契約當事人雙方對標的物所約定之「保險金額」高於其「實際價值」時，除定值保險外，其契約僅於保險標的價值之限度內爲有效（保76）。以免違反填補損害原則，若約定之「保險金額」低於「保險價額」時，則保險人所應負擔之理賠責任數額，即應以保險金額與保險價額之比例加以決定（保79Ⅱ）。因此，保險人在辦理保險契約之時，應查明保險標的物之市價後方得承保，以避免保險契約發生保險金額超過保險價額，造成超額部分之保險契約無效之情形，且保險人不得有故意超額承保之行爲，否則必須受行政處罰。依據保險標的物之「保險金額」與「保險價額」關係不同，可將保險契約分爲「全部保險」、「超額保險」與「一部保險」三種。

㈠**全部保險**（英：full or total insurance；德：Vollversicherung；法：assurance en valeur totale）：又稱爲「**全額保險**」，其係指保險標的物之保險金額與保險價額相一致之損害保險，係對一部保險而言。譬如房屋之全部毀損時，就會支付保險金之全部，如一部分毀損時，則依毀損程度之比例，支付保險金額之謂。由於人身保險契約之保險標的無法估價，故採用「等值保險」方式辦理，因此，只有財產保險之保險契約才有「定值保險」或「不定值保險」之分別。因此在財產保險中，若保險事故發生時，保險標的物的保險金額與契約當事人所約定之保險價額相等時，則屬於「全部保險」。

㈡**超額保險**（英：over insurance；德：Überversicherung；法：surassurance）：係指保險標的物之保險金額超過保險價額之財產保險契約。如保險標的物之房屋市價只有七百萬元，而投保一千萬元是。由於保險之宗旨在於填補被保險人因保險事故發生所造成之損害，基於維持保險經營之正常運作與全體要保人之權益，因此，保險人在辦理保險契約之時，應查明保險標的物之市價，**不得超額承保**（保72）。以避免保險契約發生保險金額超過保險價額，易使被保險人縱火以圖賠償之邪惡念頭，且保險人不得有故意超額承保之行爲，否則必須受行政處罰。

在保險契約之法律效力上，對於超額保險契約是否有效成立，應以

當事人訂約時之善意或惡意作爲決定標準，若要保人係基於惡意詐欺而訂立超額保險契約時，保險人即有權得解除契約，若保險人因該契約之訂立而有損失時，並得向要保人請求損害賠償（保76 I前段），但若該契約係要保人基於善意而訂立時，除定值保險之外，則應以保險標的物之實際價值作爲標準，而將原契約所約定之保險金額及保險費比例減少，因此，該契約在保險標的物實際價值之限度內仍爲有效（保76 I後段）。無詐欺情事之保險契約，經當事人一方將超過價值之事實通知他方後，保險金額及保險費，均應按照保險標的之價值比例減少（保76 II）。

　　㈢**一部保險**（英：under-insurance；德：Unterversicherung, Quotenversicherung；法：assurance partielle）：即保險金額未達到保險價額之損害保險契約。此係全部保險之對照語。即保險金額不及保險標的物之價值者，除契約另有訂定外，保險人之負擔，以保險金額對於保險標的物之價值比例定之（保77）。此或是當事人爲了節省保險費而故意減少保險金額，或因通貨膨脹物價上升而自然發生。這等於要保人僅投保保險價額之部分，其餘部分則未投保，若保險標的物因保險事故發生而全部滅失時，除有特約以外，保險人應依照保險金額全數理賠，若保險標的物部份滅失時，保險人則應依照「按分填補主義」方式理賠，亦即以保險金額與保險價額之比例乘以實際損失金額，作爲理賠金額之計算標準。但在保險事故發生前，要保人仍有權可將保險人未承保部分之標的物另外向其他保險人辦理投保，以使一部保險成爲全部保險。

六、火災保險之損失估計

　　火災保險損失之估計，只有不定值保險契約才有。保險標的未經約定價值者，發生損失時，按保險事故發生時實際價值爲標準，計算賠償，其賠償金額，不得超過保險金額（保73 III）。

　　㈠**損失估計前標的物變更之禁止**：由於保險事故發生原因與損害認定，乃是保險人應否負擔保險理賠義務之依據，亦是被保險人能否取得損害補償之關鍵。因此，在火災保險事故發生後，保險人對於損失估定完成之前，爲公共利益，或避免擴大損失外，非經保險人同意，對於保

險標的物，不得加以變更（保 80），且保險人或被保險人為證明及估計損失，通常會以延聘專家辦理損失之鑑定與估計。

㈡**損失估計遲延之責任**：損失之估計，因可歸責於保險人之事由而遲延者，應自被保險人交出損失清單 1 個月後加給利息。損失清單交出 2 個月後損失尚未完全估定者，被保險人得請求先行交付其所應得之最低賠償金額（保 78）。

㈢**估計損失費用之負擔**：保險人或被保險人為證明及估計損失所支出之必要費用，除契約另有訂定外，由保險人負擔之。保險金額不及保險標的物之價值時，保險人對於前項費用，依第 77 條規定比例負擔之（保 79）。

七、火災保險契約之效力

可分為保險人義務與要保人義務說明：

㈠**保險人之義務**：

1. 損失賠償義務：火災保險人，對於由火災所致保險標的物之毀損或滅失，除契約另有訂定外，負賠償之責。因救護保險標的物，致保險標的物發生損失者，視同所保危險所生之損失（保 70）。如公寓房屋投保火險，除了房屋被燒毀須賠償以外，為免火災延燒，拆毀部分也須賠償。保險人應賠償金額確定後，保險人應於約定期限內給付之。無約定期限者，應於接到通知後 15 日內給付之（保 34 I）。

2. 費用償還義務：下列費用，保險人應予償還：

　　⑴證明及估計損失之費用：保險人或被保險人為證明及估計損失所支出之必要費用，除契約另有訂定外，由保險人負擔之。保險金額不及保險標的物之價值時，保險人對於上項費用，以保險金額對於保險標的物之價值比例負擔之（保 79）。

　　⑵避免或減輕損害之費用：保險人對於要保人或被保險人，為避免或減輕損害之必要行為所生之費用，負償還之責。其償還數額與賠償金額，合計雖超過保險金額，仍應償還。保險人對於上述費用之償還，以保險金額對於保險標的之價值比例定之（保 33）。

㈡**要保人之義務**：

　　1.火災現場標的物不變更之義務：損失未估定前，要保人或被保險人除為公共利益或避免擴大損失外，非經保險人同意，對於保險標的物不得加以變更（保80）。

　　2.據實說明之義務：訂立契約時，要保人對於保險人之書面詢問，應據實說明。要保人故意隱匿，或因過失遺漏，或為不實之說明，足以變更或減少保險人對於危險之估計者，保險人得解除契約；其危險發生後亦同。但要保人證明危險之發生未基於其說明或未說明之事實時，不在此限（保64）。

　　3.交付保費之義務：保險費應由要保人依契約規定交付（保22Ⅰ）。

　　4.危險通知之義務：

　　　⑴危險發生之通知義務：要保人、被保險人或受益人，遇有保險人應負保險責任之事故發生，除本法另有規定，或契約另有訂定外，應於知悉後5日內通知保險人（保58）。

　　　⑵危險增加之通知義務：要保人對於保險契約內所載增加危險之情形應通知者，應於知悉後通知保險人。危險增加，由於要保人或被保險人之行為所致，其危險達於應增加保險費或終止契約之程度者，要保人或被保險人應先通知保險人。危險增加，不由於要保人或被保險人之行為所致者，要保人或被保險人應於知悉後10日內通知保險人。危險減少時，被保險人得請求保險人重新核定保費（保59）。

八、火災保險契約之承保範圍

　　火災保險契約所承保之保險事故為「火災」，其保險標的物包括「動產」、「不動產」及「預期利益」在內，原則上凡是因「火災」發生所導致的其他危險與損失，亦可視為火災保險之理賠範圍，因此，其承保範圍應包括保險標的物本身因火災發生所導致之直接損失、標的物因火災毀損無法使用所導致之淨收入損失、為清理火災殘餘物所支出之額外費用損失等，應屬於保險人之理賠範圍，但實務上若保險契約並未特別約定時，保險人將只針對標的物本身所發生之直接損失部分，在計算其實

際損失後予以理賠。在承保範圍內之火災發生後,基於公共安全之立場,對於不屬於承保範圍內之其他損失,例如在火災時為救護保險標的物而以水灌救,導致其他並未實際被火焚燒之標的物發生損害時,亦應視為承保範圍內之損失,保險人亦應負保險給付責任。

在保險學理上,「火」之種類可分為「**友善之火**」與「**不友善之火**」兩種。「友善之火」係指基於利用之目的而燃燒,燃燒地點在特定範圍之內,且燃燒程度在通常控制範圍內之火,包括無害或有益之火。在傳統火災保險理論上,「友善之火」不在火災保險之承保範圍內,因此,若要保人或被保險人因友善之火,而使保險標的物毀損滅失時,保險人不負保險給付之責任。但在商業社會中,由於保險契約具有商品之性質,必須兼顧購買者之實際需求,因此,目前實務上保險人在承保火災保險時,亦將某些原本不在承保範圍內之火災損失納入火災保險中,例如因閃電及雷擊所造成之損害,或家庭使用之鍋爐爆炸、電器用具爆炸、煤油爐爆炸所導致之火災損失,或一般家用建築物因煤氣爆炸所導致之火災損失等,均納入火災保險之承保範圍。

火災保險之保險人所得承保之「火」僅限於「**不友善之火**」或「**敵火**」,亦即「**有害之火**」,其指非基於利用之目的而燃燒,或燃燒之地點超過特定範圍,或燃燒之程度超出通常可控制範圍之火,若要保人或被保險人因不友善之火或敵火發生,造成保險標的物受到毀損或滅失時,即視為火災保險承保之範圍,保險人應負擔保險給付之責任。理論上因戰爭所導致之火災,在性質上亦屬於「不友善之火」,其損失亦應包括在火災保險之承保範圍內,但由於其損失數額通常會超出保險人之財力負擔,因此,實務上除保險契約另有規定之外,保險人將其列為除外不保事項,而排除於火災保險承保範圍之外。

九、火災保險契約之終止

(一)**全部損失之終止**:火災保險契約成立之後,造成其契約終止之原因包括「標的物滅失」與「當事人終止保險契約」兩種情況。若火災保險標的物因火災發生而全部滅失,且該火災係屬於契約承保範圍內時,保

險人必須負保險給付之責任，該保險契約效力即終止。若保險標的物雖全部滅失，但其原因並非由於火災所導致時，則火災保險契約即為終止（保81），若要保人已預先繳付保險費時，則保險人應返還契約終止後之保險費（保24）。

（二）**部分損失之終止**：保險標的物受部分之損失者，保險人與要保人均有終止契約之權。終止後，已交付未損失部份之保險費應返還之（保82 I）。前項終止契約權，於賠償金額給付後，經過1個月不行使而消滅（保82 II）。保險人終止契約時，應於15日前通知要保人（保82 III）。要保人與保險人均不終止契約時，除契約另有訂定外，保險人對於以後保險事故所致之損失，其責任以賠償保險金額之餘額為限（保82 IV）。

十、火災保險契約效力之停止

若火災保險契約內容中明文規定，對於特定情事之發生將導致該契約之效力停止時，則在該情事實際發生後，火災保險契約之效力即向未來停止，但在該約定情事消滅或除去之後，火災保險契約之效力即可回復。在火災保險契約效力停止之期間內，即使承保範圍內之火災發生並造成損害時，保險人仍不負保險給付之責任。在我國火災保險實務上，住宅火災保險基本條款第14條第1項規定之契約效力停止事由包括標的物或存放標的物之建築物，連續60天以上無人看管或使用、標的物遷移至契約所記載地址以外之處所等。

第三節　陸空保險

一、陸空保險之概念

陸空保險即指保險人與要保人約定，由保險人承保被保險人之貨物在陸上運輸、內河運輸及航空運輸過程中，因事變及災害等保險事故發生所導致之毀損、滅失及費用，由保險人負損害賠償責任之財產保險（保85），其保險標的物則為要保人或被保險人所運送之貨物，且為配合商業需要而將承保範圍擴大，因此，對於保險標的物在特定地點之停留期間、

實際運送過程所使用之相關運輸設備、於內河湖泊航行之船舶、運費、貨物裝載等項目，均屬於陸空保險之承保範圍，除不適用共同海損之規定外，其餘相關事項準用海上保險之規定。由於近代國際貿易興盛，交通運輸事業發達，在各種運輸方式不斷演進，傳統海上保險之規定已不敷實際所需，因此，我國保險法在立法之時，特別將貿易實務上常見之陸上運輸、內河運輸、航空運輸等貨物運送方式列為「陸空保險」之承保範圍。由於陸空保險之性質屬於綜合性保險，因此，保險人係以概括方式，將陸空保險契約所承保之危險事故列為「陸上、內河及航空一切事變及災害」，並在契約內容上將實際承保項目明文列示，但戰爭所導致之損害則必須另外加保。

二、陸空保險之種類

在保險實務上，若以貨物運送範圍與方式作為分類標準時，可將陸空保險分為「陸上運送保險」、「內河運送保險」及「航空運送保險」如下：

區分標準	名　　稱	內　　　　　　　容
（一）以貨物運送範圍與方式為分類	1.陸上運送保險（內陸運輸險、陸運險）	係由保險人承保保險標的物在國內陸地運送過程中，所可能遭遇之運輸危險與損害，在性質係屬於海上保險、火災保險與意外保險之混合，係在十九世紀末由美國開始出現，其固有之業務種類包括「全年運輸保險」、「單程運輸保險」、「託運人總括汽車貨物保險」、「郵包保險」及「掛號郵件保險」等，而後由於資本主義之興起與發達，經濟型態目前並迅速發展，逐漸形成之重要保險型態。
	2.內河運送保險	係由保險人承保貨物在國內河川、湖泊、水道等運送航程中，所可能遭遇之損害，其要保人為貨物所有人或運送人，主要投保項目包括「船舶保險」、「運費保險」、「貨物裝載保險」等，且除應適用保險法之外，並應準用海商法條文規定。
	3.航空運送保險（航空運輸保險、航空	由於其本身並無獨立明確之保險體系，而係泛指一切與航空貨運有關之保險，因此，實務上係將「航空貨物責任保險」歸為意外保險之範圍，而將「國內空運貨物保險」歸為內陸運輸保險之範圍，並將「國際空運貨物保險」視為海上保險之範圍，其種類主要包括「航空貨物

貨運保險）		責任保險」與「託運人空運貨物保險」兩種。 1.航空貨物責任保險：又稱為「運送人航空貨運保險」或「空運貨物賠償責任保險」，乃用以承保運送人對飛機內所載送貨物之損害賠償責任，其責任除應依各國法律規定外，並應受華沙公約或倫敦保險人協會所制定之「協會貨物條款（航空）」之限制，其承保範圍為空運貨物因保險事故發生，所導致之被保險人損失，但兵險與罷工險則為除外不保危險，且對於航空運送人之責任係採用過失責任主義，加重其運送責任，以防止運送人濫用免責條款，並限定其賠償責任的最高限額。 2.託運人空運貨物保險：係託運人在將其貨物委託航空公司承運時，向保險人所投保之貨物運送保險，通常在貨物體積較小、價值較高、具有時間性或季節性時，貨物所有人對於時效會有較高要求，因此會以空運方式進行運送。
(二) 以運送貨物之不同為分類	1. 貨物運送保險	係由保險人比照海上貨物保險之方式，承保要保人以鐵路、捷運、郵政、卡車、水陸等方式運送之貨物與該貨物的運輸包裝，在運輸途中因危險事故發生，導致遭受損害、滅失或費用支出時，由保險人給予補償的保險契約，但對於空運貨物、隨身攜帶的個人財物及其他貴重物品等，必須以特約方式另外加保。
	2. 運輸設備保險	係由要保人以橋樑、隧道及其他交通運輸設備做為標的，向保險人辦理投保之保險契約。
	3. 流動財產保險	其種類包括「商業性流動財產保險」及「個人流動財產保險」，其保險標的物包括企業在經營過程中，可在短期內轉變為現金的資產，例如存貨、原物料、應收帳款等，以及個人所持有且可立即使用或清償債務的資產，例如現金、銀行存款、應收票據、有價證券等。
	4. 預期利益保險	係以貨物運送至目的地後之預期利得作為保險標的物所投保之保險契約。在傳統保險理論上，由於預期利得之數額不確定，基於防止賭博投機之立場，因此禁止利得保險，但目前則認為利得與賭博之純粹投機性質並不相同，在無意外情況下，預期利得應可實際獲得，因此准許要保人以預期利得作為保險契約之標的。
	5.	係由保險人承保運送人在運送過程中，因貨物發生損害

運送人責任保險	或旅客傷亡，而必須對貨物託運人或受害人負損害賠償責任時，由保險人代為理賠之責任保險。在國際貿易上，「運送人」係指依據貨物運送契約，以自有或租賃而來的運輸工具，在公路、鐵路、空中、海上或以複合方式運送貨物或旅客，並收取費用之個人或業者，且依據運送方式不同，可分為公路運送人、鐵路運送人、航空運送人及海上運送人等，但目前運送人責任保險之要保人則可擴及至運輸業者、倉儲業者、加工業者或其他代理人。

三、陸空保險契約

陸空保險契約，除記載第 55 條規定，一般保險契約之基本條款外，並應記載下列事項（保87）：

㈠**運送路線及方法**：如由航空運送與由鐵路或公路之運送，其危險性均有不同，經由山路之運送或平地道路之運送，其危險性亦有不同。

㈡**運送人姓名及商號名稱**：如由中華航空、長榮航空或遠東航空等均有不同，或由臺鐵承運或由某貨運公司承運等是。

㈢**交運及取貨地點**：此因與保險期間相關，故應規定於契約內。

㈣**運送有期限者，其期限**：有些物品極重視期限，如易腐敗物品或急用物品均重視期限。

第四節　責任保險

一、責任保險之概念

責任保險（英：liability insurance；德：Haftpflichtversicherung；法：assurance de responsabilité），此又稱「**第三者責任保險**」，其係指由責任保險人與被保險人約定，在被保險人對於第三人依法應負損害賠償責任，且第三人向被保險人提出損害賠償之請求時，由責任保險人對該第三人負損害賠償責任（保90），即以給付保險金額，致減少財產之保險，故屬於損害保險。此責任保險之成立要件有二，即須在保險契約有效期間發生被保險人應向第三人負責任之事實，且必須被保險人受第三人之請求。

習題：何謂責任保險？（97普）

二、責任保險之標的

㈠**須保險人對第三人應負的賠償責任**：即被保險人以外的任何人，不包括被保險人自己本人在內。亦即被保險人對於第三人依法應負之財產上賠償責任。

㈡**責任保險之賠償責任**：其性質只限於私法上之民事責任，因此，無論該事故所導致之責任，係屬於侵權行為之損害賠償責任、債務不履行責任，或因其他法律事實而導致之損害賠償責任，只要被保險人必須對第三人負法律責任或契約責任時，該責任即得作為責任保險之保險標的，但基於私法自治原則，若第三人拋棄其對於被保險人之請求權時，則責任保險所承保之保險事故即不發生，保險人亦不須負保險給付責任。

㈢**任意保險趨向強制保險**：在現代保險上，由於保護被害人之法益思想成熟，以及侵權行為責任理論之發展，使責任保險之性質由「任意保險」趨向「強制保險」，其契約所承保之被保險人行為亦由「過失行為責任」逐漸發展到「無過失行為責任」，因此，責任保險契約本身所具有之功能，亦逐漸由「填補被保險人因賠償第三人所致之損害」轉向「填補被害人之損害」，最典型之代表即為「強制汽車責任保險」。

三、責任保險之種類

就目前保險市場上保險人所承保之責任保險種類而言，可歸納如下：

區分標準	名　　稱	內　　容	舉　　例
㈠以保險標的之性質而分	1.個人責任保險	係以被保險人個人之故意或過失行為，所導致之損害賠償責任作為保險標的之責任保險契約。	例如「房屋責任保險」、「強制汽車責任保險」、「學生傷害責任保險」等。
	2.專業責任保險	係以被保險人在事業上所應負之損害賠償責任作為保險標的之責任保險契約（保92）。	例如「商品瑕疵責任保險」、「營造工程責任保險」、「雇主責任保險」、「電梯責任保險」、「特殊營養責任保險」、「飛機責任保險」、「牧畜責任保險」、「危險設備責任保險」、「工廠責任保險」等。

	3. 職業責任保險	係以被保險人在從事專門職業時，所應負之損害賠償責任作為保險標的之責任保險契約。	例如醫師、律師、藥劑師、公證人等專業人員，為補償其在執行專業職務過程中，因業務過失所可能發生之損害賠償責任，即可投保「業務過失責任保險」。
(二) 以保險利益為目的而分	1. 為自己利益之責任保險	指要保人為自己利益而簽訂之責任保險契約，即要保人與被保險人同一時，則是為自己利益（保3）。	如財產保險即為典型之保險。
	2. 為他人利益之責任保險	要保人得不經委任，為他人利益訂立保險契約，即是。	如國際貿易中心CIF為條件之交易是。如旅客運送事業，業者常以要保人身分為乘客訂立意外傷害險。
	3. 為自己兼為他人利益之保險 （關係人保險）	指同一保險契約，要保人為自己兼為他人利益而訂立之保險。依保險法第92條：「保險契約係為被保險人所營事業之損失賠償責任而訂立者，被保險人之代理人、管理人或監督人所負之損失賠償責任，亦享受保險之利益，其契約視同並為第三人之利益而訂立。」	如公司為被保險人而訂立契約，如公司經理人因執行職務致損害於他人，如被害人（該他人）向公司請求損害賠償，公司得向保險公司請求理賠。

四、責任保險契約之效力

(一)對保險人之效力：

1.保險人之義務：

(1)負擔保險之義務：責任保險人於被保險人對於第三人，依法應負賠償責任，而受賠償之請求時，負賠償之責（保90）。

(2)負擔費用之義務：被保險人因為受到第三人之請求而為抗辯，

所支出之訴訟上或訴訟外之必要費用，除契約另有訂定外，由保險人負擔之，被保險人得請求保險人墊給此項費用（保91）。

(3)給付保險金額之義務：依保險法第90條之規定：責任保險係被保險人對於第三人，依法應負賠償責任，而受賠償之請求時，負賠償之責。因此保險人於第三人由被保險人應負責任事故所致之損失，未受賠償以前，不得以賠償金額之全部或一部給付被保險人（保94Ⅰ）。以免被保險人受有不當之利益，以此保護第三人之權利。但此受損害之第三人，能不能直接向保險請求給付保險金額之權，依保險法規定：「被保險人對第三人應負損失賠償責任確定時，第三人得在保險金額範圍內，依其應得之比例，直接向保險人請求給付賠償金額。」（保94Ⅱ），因此第95條規定：「保險人得經被保險人通知，直接對第三人為賠償金額之給付。」

2.保險人之參與權：被保險人對第三人依法應負之賠償責任，通常應經訴訟程序認定。為避免被保險人因其賠償責任已轉嫁給保險人之故，任意對被害人之第三人為訴訟上或訴訟外和解，或承認即為賠償或願為負擔賠償責任，致損害保險人之利益。因此保險法第93條前段規定：「保險人得約定被保險人對於第三人就其責任所為之承認、和解或賠償，未經其參與者，不受拘束。」亦即保險人不負給付保險金額之責任。又為避免保險人拒絕參與，致有損被保險人利益，於第93條後段規定：「但經要保人或被保險人通知保險人參與而無正當理由拒絕或藉故遲延者，不在此限。」

㈡**對第三人之效力**：被保險人在責任保險契約上擁有保險金請求權。保險事故發生時，第三人對被保險人請求損害賠償時，我國保險法規定如下：

1.為第三人利益之責任保險：保險契約係為被保險人所營事業之損失賠償責任而訂立者，被保險人之代理人、管理人或監督人所負之損失賠償責任，亦享受保險之利益，其契約視同並為第三人之利益而訂立（保92）。

2.向第三人給付賠償金：保險人得經被保險人通知，直接對第三人

爲賠償金額之給付（保95）。

　　3.保險人之參與權：保險人得約定被保險人對於第三人就其責任所爲之承認、和解或賠償，未經其參與者，不受拘束。但經要保人或被保險人通知保險人參與而無正當理由拒絕或藉故遲延者，不在此限（保93）。

習題：保險法關於責任保險之規範中，訂有保險人參與權之規定。何謂「保險人參與權」？

第五節　保證保險

一、保證保險之意義

　　保證保險（英：fidelity insurance, bond insurance；法：assurance contre les malversations des employés），在外國稱爲「忠誠保險」，即被保險人因其「受僱人之不誠實行爲」或「債務人之不履行債務」所致損失，負賠償之責（保95之1）。

二、保證保險之立法理由

　　凡依法律之規定或契約條款之約定，而負有一定行爲義務之人，若有遲延給付、拒絕給付或債務不履行行爲時，均屬於保證保險所承保之危險事故。在現代資本主義社會之中，保證保險契約之訂立與發展，對於整體經濟發展與營繕工程建設等，均具有極重要之風險分擔作用。由於保證保險之性質屬於財產保險，因此，保險人支付保險給付之目的，在於填補被保險人因保險事故發生所導致之損失，且所支付之保險給付數額，不得超過被保險人實際之損失額。

三、保證保險事故之內容

　　保證保險之保險事故包括下列兩種如下：

　　㈠**受雇人之不誠實行為**：以受僱人之不誠實行爲爲保險事故之保證保險契約，除記載第55條規定事項外，並應載明下列事項（保95之2）：

　　　1.被保險人之姓名及住所。

　　　2.受僱人之姓名、職稱或其他得以認定爲受僱人之方式。

㈡**債務人之不履行債務**：以債務人之不履行債務爲保險事故之保證保險契約，除記載第 55 條規定事項外，並應載明下列事項（保95之3）：

　　1.被保險人之姓名及住所。

　　2.債務人之姓名或其他得以認定爲債務人之方式。

㈢**保證保險契約應載事項**：保證保險契約之法律性質雖爲諾成契約，其契約之成立並不以完成記載法定事項之書面契約爲要件，但爲使保證保險契約內容明確化，因此，對於與當事人之權利義務有關事項仍必須詳加記載。在保險實務上，保證保險之保險契約內容除必須記載當事人姓名及住所、保險之標的物、保險事故種類、保險責任開始之日、時及保險期間、保險金額、保險費、契約無效及失權之原因、訂約之年月日（保55）等共同基本條款之外，由於受雇人在此類保險中被稱爲「被保證員工」，乃是保險人用以判斷保險事故是否發生之標準，因此，爲避免受雇人之定義範圍過於廣泛，必須於保險契約中加以明文界定，例如我國「員工誠實保證保險契約」所承保之被保證員工，其身分僅限於接受被保險人之聘僱、受有人事管理約束、並領有薪資之人，因此，承保「受雇人不誠實行爲」之保證保險契約內容，必須記載被保險人之姓名及住所、受僱人之姓名、職稱或其他得以認定爲受雇人之方式（保95之2）。

　　在保證保險實務上，工程保留款保證保險、工程預付款保證保險、工程履約保證保險、工程押標金保證保險、工程支付款保證保險、工程保固保證保險等契約中，通常指定「工程定作人」作爲被保險人，在限額保證支票信用保險中，則係以辦理限額保證支票存款業務之金融機構作爲被保險人，而在消費者貸款信用保險中，係以辦理消費者貸款之金融機構作爲被保險人，因此，對於承保債務人之不履行債務之保證保險契約而言，其契約內容中必須記載被保險人之姓名及住所、債務人之姓名或其他得以認定爲債務人之方式（保95之3）。

第六節　其他財產保險

一、其他財產保險之意義

其他財產保險為不屬於火災保險、海上保險、陸空保險、責任保險及保證保險之範圍,而以財物或無形利益為保險標的之各種保險(保96)。

二、其他財產保險之效力

其對保險人及要保人之權利義務如下:

(一) 保險人 之權利	1.標的物查勘權:保險人有隨時查勘保險標的物之權,如發現全部或一部份處於不正常狀態,經建議要保人或被保險人修復後,再行使用(保97 I 前段)。 2.契約終止權:如要保人或被保險人不接受建議時,得以書面通知終止保險契約或其有關部份(保97 I 後段)。
(二) 要保人 的責任	1.保護標的物之責:要保人或被保險人,對於保險標的物未盡約定保護責任所致之損失,保險人不負賠償之責(保98 I)。 2.鑑定未保護標的物之責:危險事故發生後,經鑑定係因要保人或被保險人未盡合理方法保護標的物,因而增加之損失,保險人不負賠償之責(保98 II)。

三、其他財產保險的變動

保險標的物受部分之損失,經賠償或回復原狀後,保險契約繼續有效。但與原保險情況有異時,得增減其保險費(保99)。如要保人或被保險人對於另定保險費不同意者,其契約即為終止(保60 I 前段)。

四、火災及人壽保險規定之準用

(一)**火災保險規定之準用**:保險法第 73 條定值或不定值保險、第 74 條全損之定義、第 75 條標的物價值之約定、第 76 條超額保險、第 77 條一部保險、第 78 條損失估計遲延之責任、第 79 條估計損失費用之負擔,第 80 條標的物變更之禁止,第 81 條標的物全損時,契約之終止等均準用於其他財產保險(保82之1 I)。

(二)**人壽保險規定之準用**:保險法第 123 條(當事人破產之處置)及第 124 條(保單價值準備金之優先受償權)之規定,於超過 1 年之財產保險準用之(保82之1 II)。

第四章　人身保險

第一節　人身保險之概念

一、人身保險之意義

人身保險（德：Personenversicherung；法：assurance de personnes），係指保險人與要保人約定，以被保險人之生命或身體做為保險標的（保 16），由保險人在傷害、死亡、生存等保險事故發生時，對被保險人或受益人給付保險理賠之保險制度。為財物保險之對照語。人身保險，包括人壽保險、健康保險、傷害保險及年金保險（保 13 Ⅲ）。

二、人身保險之特質

由於人身保險所承保之保險事故，為被保險人之「生存」或「死亡」，在性質上係屬於對被保險人人格權之傷害，而人格權具有一身專屬性，因此，人壽保險所承保之權益亦具有專屬性，在保險事故發生之後，保險人所支付之賠償金額，在性質上係屬於「填補抽象損害」，其給付之宗旨不在於填補損害，被保險人在受領保險賠償之後，其損害並非已獲得完全之填補，若要保人或受益人對於第三人具有損害賠償請求權時，即使是在受領保險賠償之後，該請求權仍屬於要保人、被保險人或受益人之權利，不適用保險人「代位權」之規定，且人壽保險以被保險人之生命作為保險標的，而投保生存保險或死亡保險時，並不會發生超額保險或一部保險問題，故人壽保險契約具有無價性。

在我國保險法條文中，雖未明文規定保險單為「證券」，但在保險實務上，要保人或受益人在保險事故發生，而行使其對於保險金之請求權時，只須證明其確實為保險契約上所記載之受益人即可，並不以實際占有保險單為必要，因此，保險單在性質上，係屬於「不完全之有價證券」。人壽保險之保險單雖然不可作成指示方式或無記名式，亦不得進行轉讓，但在要保人已繳足 1 年以上之保險費後，即可持保險單向保險人辦

理現金質借，因此，人壽保險之保險單亦具有有價證券之性質。

在人壽保險契約中，由於「生存死亡兩合保險」同時以被保險人之「死亡」與「生存」作為保險事故，而「終身死亡保險」所承保之保險事故為被保險人之「死亡」，保險人之給付義務無可避免，因此，「生存死亡兩合保險」及「終身死亡保險」具有強烈儲蓄性及投資性，屬於「資本性保險」。

人壽保險契約中之「生存保險」係以被保險人到達一定年齡仍然生存，或保險期間期滿被保險人仍然生存時，作為契約所承保之保險事故發生，但該保險事故未必會實際發生，而「期間死亡保險」係以保險期間內被保險人死亡作為保險事故之發生，但被保險人是否會於保險期間內死亡亦不確定，因此，「生存保險」及「期間死亡保險」之保險人，並不負有確定之保險給付義務，其保險契約不具儲蓄性及投資性，屬於「非資本性保險」。

三、人身保險之種類

(一) **人壽保險**	人壽保險人於被保險人在契約規定年限內死亡，或屆契約規定年限而仍生存時，依照契約負給付保險金額之責（保101）。
(二) **健康保險**	係指保險人與要保人約定，若被保險人因疾病、分娩、或因疾病、分娩而導致殘廢、死亡時，由保險人負擔給付保險金額責任之保險（保125），因此，健康保險之種類可分為「疾病保險」與「生育保險」。
(三) **傷害保險**	係指保險人與要保人約定，由保險人承保被保險人因遭受意外事故傷害及其所致殘廢或死亡時，由保險人負擔給付保險金額責任之保險（保131），其保險種類包括「一般傷害保險」、「旅行傷害保險」與「職業傷害保險」，不適用保險人代位權之規定。
(四) **年金保險**	即以保險契約之方式約定，由年金保險人在被保險人生存期間或特定期間內，依照契約負一次或分期給付一定金額之責（保135之1）。

四、人身保險之保險利益

「保險利益」係指得作為保險標的而辦理保險之利益，其消極目的係為防止要保人之賭博心理，避免要保人為圖謀保險給付，而謀害被保

險人之道德危險與犯罪問題，其積極目的則係爲達到填補損害、避免保險人將保險金給付予無保險利益之人，造成社會上其他要保人保險費之負擔，使社會資源無法移轉到積極性的投資方向，因此，要保人在投保人身保險時，對於被保險人必須具有保險利益，其所訂立之保險契約方具有法律效力，若要保人對於被保險人不具有保險利益時，其保險契約即爲無效（保17）。依我國保險法第16條規定，要保人對於下列各人之生命或身體，有保險利益：

　　㈠**本人或其家屬**：

　　　1.本人：即要保人自己，要保人得以自己爲保險標的，指定受益人，簽訂保險契約，於保險事故發生後，其契約上之利益，應歸屬於受益人，不得作爲被保險人之遺產（保112）。

　　　2.家屬：即以永久共同生活爲目的，而同居一家之親屬或家屬（民1122、1123）。家長與家屬共同生活，關係密切，有利害關係，家屬對於人身保險有保險利益存在（保16 I）。

　　㈡**生活費或教育費所仰給之人**：即指現時提供生活費或教育費之人，或法律上有扶養義務之人（民1084、1114）。

　　㈢**債務人**：因債權人對於債務人有債權上之經濟利益，因此，債務人之生存、死亡對於債權人影響至鉅，當然債權人對於債務人有保險利益存在。

　　㈣**爲本人管理財產或利益之人**：此種人與本人具有管理上之經濟利益；如爲商人經營商號之經理人，或爲公司管理業務之董事監察人等均是。

第二節　人壽保險

一、人壽保險之意義

　　人壽保險（英：life insurance；德：Lebensversicherung；法：assurance sur la vie），此又稱爲「**生命保險**」，依保險法第101條規定：「人壽保險人於被保險人在契約規定年限內死亡，或屆契約規定年限而仍生存時，依照契約負給付保險金額之責。」人壽保險之保險金額，依保險契約之所定（保

102）。則被保險人在契約規定年限內死亡或生存時，作為保險契約所承保之保險事故，而於保險事故實際發生時，由保險人將約定之保險金額給予受益人或其他應得之人，因此，人壽保險之特色在於其契約係以被保險人之「生存」、「死亡」或「生存及死亡」作為保險契約所承保之保險事故。

二、人壽保險之種類

區分標準	名　稱	內　　　　容
(一) 以保險事故而為區分	1. 死亡保險	即被保險人在契約規定年限內死亡時，給付一定金額之保險（保101前段）。一般都是從事危險工作者所投保。
	2. 生存保險	即被保險人約定，屆契約規定年限而仍生存時，給付一定金額之保險（保101後段）。有一次交付與分期交付保險費之分。
	3. 生死混合保險 （儲蓄保險）	即被保險人約定，在契約規定年限內死亡及屆契約規定年限而仍生存時，給付一定金額之保險。
(二) 以人壽保險之經營方式而為區分	1. 一般人壽保險	即依照保險法規定按一般經營方法所經營的人壽保險。
	2. 簡易人壽保險	即依照簡易人壽保險法規定，按特殊經營方法所經營的人壽保險。依其第2條規定，是由中華郵政股份有限公司或其他保險業者所經營之簡易人壽保險業務。
(三) 以保險金給付之方法為區分	1. 資金保險	即保險事故發生時，將全部保險金一次給付受益人之保險，一般人壽保險均採此法。
	2. 年金保險	年金保險人於被保險人生存期間或特定期間內，依照契約負一次或分期給付一定金額之保險。前者稱為「終身年金保險」；後者稱為「定期年金保險」。

三、人壽保險契約

(一)人壽保險契約記載事項：

1.基本條款：保險契約，除保險法另有規定外，應記載下列各款事項（保55）：⑴當事人之姓名及住所。⑵保險之標的物。⑶保險事故之種

類。⑷保險責任開始之日、時及保險期間。⑸保險金額。⑹保險費。⑺無效及失權之原因。⑻訂約之年、月、日。

2.保約之應載事項：人壽保險契約，除記載第 55 條規定事項外，並應載明下列事項（保 108）：

⑴被保險人之姓名、性別、年齡及住所。

⑵受益人姓名及與被保險人之關係或確定受益人之方法。

⑶請求保險金額之保險事故及時期。

⑷依第 118 條之規定，有減少保險金額之條件者，其條件。

㈡**人壽保險契約之訂立**：人壽保險契約得由本人或第三人訂立（保 104），故可分述如下：

1.由本人訂立：如為生存保險，要保人為被保險人兼受益人；如為死亡保險要保人可兼為被保險人而指定受益人，此被指定之受益人，以於請求保險金額時生存者為限（保 110）。

2.由第三人訂立：要保人以第三人為被保險人，而以自己或他人為受益人而訂立人壽保險契約，此由第三人訂立之死亡保險契約，未經被保險人書面同意，並約定保險金額，其契約無效（保 105 I）。由第三人訂立之人壽保險契約，其權利之移轉或出質，非經被保險人以書面承認者，不生效力（保 106）。

訂立人壽保險契約時，以未滿 14 歲之未成年人，或心神喪失或精神耗弱之人為被保險人，除喪葬費用之給付外，其餘死亡給付部分無效。前項喪葬費用之保險金額，不得超過主管機關所規定之金額（保 107）。

㈢**人壽保險契約之當事人**：

1.保險人：即經營人身保險業者之謂。經營人身保險業者，不得兼營財產保險，但財產保險業經主管機關核准經營傷害保險及健康保險者，不在此限（保 138 I）。

2.要保人：保險法對此未設規定，但須對被保險人具有保險利益者，得為要保人。但對於人身保險不得為指示式或無記名式（保 49 I）。故人壽保險必須記載要保人之姓名。

㈣**人壽保險之關係人**：

1.被保險人：

　(1)契約之代訂：人壽保險契約之簽訂，得由本人或第三人訂立之（保104）。

　(2)代訂他人死亡保約之限制：由第三人訂立之死亡保險契約，未經被保險人書面同意，並約定保險金額，其契約無效（保105 I）。被保險人於行使同意權後，若因情事變更，繼續為被保險人而有危及生命之虞時，因被保險人非契約當事人，並無終止契約之權，基於避免道德危險及保護被保險人之人格權之考量，保險法乃規定，被保險人依前項所為之同意，得隨時撤銷之。其撤銷之方式應以書面通知保險人及要保人（保105 II）。被保險人依前項規定行使其撤銷權者，視為要保人終止保險契約（保105 III）。

　(3)喪葬費用及死亡給付之效力：以未滿15歲之未成年人為被保險人訂立之人壽保險契約，其死亡給付於被保險人滿15歲之日起發生效力；被保險人滿15歲前死亡者，保險人得加計利息退還所繳保險費，或返還投資型保險專設帳簿之帳戶價值。此前項利息之計算，由主管機關另定之。訂立人壽保險契約時，以精神障礙或其他心智缺陷，致不能辨識其行為或欠缺依其辨識而行為之能力者為被保險人，除喪葬費用之給付外，其餘死亡給付部分無效。前項喪葬費用之保險金額，不得超過遺產及贈與稅法第17條有關遺產稅喪葬費扣除額之一半。第1項至第4項規定，於其他法律另有規定者，從其規定（保107）。

　(4)他人人壽保約訂立之限制：由第三人訂立之人壽保險契約，其權利之移轉或出質，非經被保險人以書面承認者，不生效力（保106）。

2.受益人：指在人身保險之保險契約中，由被保險人或要保人所指定，而依法享有賠償請求權之人。則在生存保險之受益人，多屬被保險人本人，而在死亡保險，則常非要保人或被保險人，而是第三者。其受益人有關規定為：

　(1)受益人之產生：自然人或法人均得為受益人，通常都以自然人

為受益人。胎兒亦得為受益人，但以將來非死產者為限（民7）。
人數可為一人或多數人。其產生為：

①約定：由被保險人或要保人與受益人約定而產生（保5）。

②指定：保險契約由要保人與保險人所訂立，此時要保人得通
　　知保險人，以保險金額之全部或一部，給付其所指定之受益
　　人一人或數人。此項指定之受益人，以於請求保險金額時生
　　存者為限（保110）。

(2)受益人之變更：受益人經指定後，要保人對其保險利益，除聲
　　明放棄處分權者外，仍得以契約或遺囑處分之。要保人行使前
　　項處分權，非經通知，不得對抗保險人（保111）。

(3)受益人死亡：被指定之受益人，以於請求保險金額時生存者為
　　限（保110Ⅱ）。如受益人在請求給付保險金額前死亡時，除要保
　　人另外指定外，則推定要保人為自己之利益而訂立（保45）。死
　　亡保險契約未指定受益人者，其保險金額作為被保險人之遺產
　　（保113）。

(4)受益權之轉讓：受益人非經要保人之同意，或保險契約載明允
　　許轉讓者，不得將其利益轉讓他人（保114）。

(5)受益人之權利喪失：受益人故意致被保險人於死或雖未致死
　　者，喪失其受益權。如因該受益人喪失受益權，而致無受益人
　　受領保險金額時，其保險金額作為被保險人遺產（保121Ⅰ,Ⅱ）。

(6)當事人破產之處理：

①保險人破產：保險人破產時，受益人對於保險人得請求之保
　　　險金額之債權，以其保單價值準備金按訂約時之保險費率比
　　　例計算之（保123Ⅰ前段）。

②要保人破產：要保人破產時，保險契約訂有受益人者，仍為
　　　受益人之利益而存在（保123Ⅰ後段）。

五人壽保險契約之效力：

1.對保險人的效力：

(1)保險金額之給付：人壽保險人於被保險人在契約規定年限內死

亡，或屆契約規定年限而仍生存時，依照契約負給付保險金額
之責（保101）。人壽保險之保險金額，依保險契約之所定（保102）。
在此規定之原則下，另有減少保險金額之例外：

①保險人破產時，保險契約於破產宣告之日終止（保27）。受益
　人對於保險人得請求之保險金額之債權，以其保單價值準備
　金按訂約時之保險費率比例計算之（保123 I 前段）。

②因被保險人年齡不實，致所付之保險費少於應付數額者，保
　險金額應按照所付之保險費與被保險人之真實年齡比例減少
　之（保122 II）。

(2)保險人代位之禁止：人壽保險之保險人，不得代位行使要保人
　或受益人因保險事故所生對於第三人之請求權（保103）。

(3)保險單價值準備金（英：mathematical reserve；德：Prämienreserve；
　法：réserve mathématique）：

①保險單價值準備金之意義：即保險公司為履行保險契約上支
　付保險金之義務，而積存之金額。在保險實務上，人壽保險
　之「生存死亡兩合保險」與「終身死亡保險」係屬於「資本
　性保險」，其保險事故具有「必然發生」之性質，因此，保
　險人對於要保人所繳付之平準保險費，其最初交付之保險費
　金額，必然超過依實際年齡應交付之保險費之自然保險費金
　額，其收取多餘之部分由保險人積存，作為保險單價值準備
　金之來源，以便未來履行該保單理賠責任或將來返還於要保
　人或其指定之受益人。

②保險單價值準備金之返還：人壽保險契約如有下列情形之
　一，保險人應將保險單價值準備金返還之：

　A 被保險人故意自殺：保險人應將保險之保單價值準備金返
　　還於應得之人（保109 I）。

　B 被保險人因犯罪處死或拒捕或越獄致死：如被保險人已付
　　足保險費 2 年以上者，保險人應將其保單價值準備金返還
　　於應得之人（保109 III）。

  C 不交保險費保險人有終止契約之權：人壽保險之保險費到
   期未交付者，除契約另有訂定外，經催告到達後逾 30 日，
   仍不交付時，保險契約之效力停止（保 116 I ）。保險契約終
   止時，保險費已付足 2 年以上者，保險人應返還其保單價
   值準備金（保 117Ⅶ）。

  D 要保人故意致被保險人死亡：如被保險人付足保險費 2 年
   以上者，保險人應將其保單價值準備金給付與應得之人，
   無應得之人時，應解交國庫（保 121Ⅲ）。

  E 保險單價值準備金之優先受償權：人壽保險之要保人、被
   保險人、受益人，對於被保險人之保單價值準備金，有優
   先受償之權（保 124）。

2.對要保人之效力：

 ⑴保險費未交付之效力：人壽保險保險費之交付乃是要保人之義
  務，但人壽保險常與第三人有關，因此利害關係人，均得代要
  保人交付保險費（保 115）。如保險費到期未交付者，除契約另
  有訂定外，經催告到達後逾 30 日，仍不交付時，保險契約之效
  力停止（保 116 I ）。

 ①保險費之交付：保險費之催告應送達於要保人，或負有交付
  保險費義務之人之最後住所或居所，保險費經催告後，應於
  保險人營業所交付之（保 116Ⅱ）。第 1 項停止效力之保險契約，
  於停止效力之日起 6 個月內清償保險費、保險契約約定之利
  息及其他費用後，翌日上午零時起，開始恢復其效力。要保
  人於停止效力之日起 6 個月後申請恢復效力者，保險人得於
  要保人申請恢復效力之日起 5 日內要求要保人提供被保險人
  之可保證明，除被保險人之危險程度有重大變更已達拒絕承
  保外，保險人不得拒絕其恢復效力（保 116Ⅲ）。保險人未於前
  項規定期限內要求要保人提供可保證明或於收到前項可保證
  明後 15 日內不為拒絕者，視為同意恢復效力（保 116Ⅳ）。保
  險契約所定申請恢復效力之期限，自停止效力之日起不得低於

2 年，並不得遲於保險期間之屆滿日（保 116 V）。保險人於前項所規定之期限屆滿後，有終止契約之權（保 116 VI）。保險契約終止時，保險費已付足 2 年以上，如有保單價值準備金者，保險人應返還其保單價值準備金（保 116 VII）。保險契約約定由保險人墊繳保險費者，於墊繳之本息超過保單價值準備金時，其停止效力及恢復效力之申請準用第 1 項至第 6 項規定（保 116 VIII）。

②因保險費未交付之效力：保險人對於保險費，不得以訴訟請求交付（保 117 I）。以被保險人終身為期，不附生存條件之死亡保險契約，或契約訂定於若干年後給付保險金額或年金者，如保險費已付足 2 年以上而有不交付時，於前條第五項所定之期限屆滿後，保險人僅得減少保險金額或年金（保 117 II）。不得終止契約。

③減少保險金額或年金之辦法：保險人依第 117 條規定，或因要保人請求，得減少保險金額或年金。其條件及可減少之數額，應載明於保險契約（保 118 I）。減少保險金額或年金，應以訂原約時之條件，訂立同類保險契約為計算標準。其減少後之金額，不得少於原契約終止時已有之保單價值準備金，減去營業費用，而以之作為保險費一次交付所能得之金額（保 118 II）。其營業費用以原保險金額百分之一為限（保 118 III）。

④保險金額分數部分，其一部不繳保費之效果：保險金額分為數部分，其中一部分保費一次交足，其他則分期交付時，此時如分期之部分未交，依保險法規定：保險金額之一部，係因其保險費全數一次交付而訂定者，不因其他部分之分期交付保險費之不交付而受影響（保 118 IV）。

(2)保險契約質借之權利：

①保險契約之質借：保險費付足 1 年以上者，要保人得以保險契約為質，向保險人借款（保 120 I）。保險人於接到要保人之借款通知後，得於 1 個月以內之期間，貸給可得質借之金額（保 120 II）。以保險契約為質之借款，保險人應於借款本息超

過保單價值準備金之日之 30 日前，以書面通知要保人返還借款本息，要保人未於該超過之日前返還者，保險契約之效力自借款本息超過保單價值準備金之日停止（保 120Ⅲ）。保險人未依前項規定為通知時，於保險人以書面通知要保人返還借款本息之日起 30 日內要保人未返還者，保險契約之效力自該 30 日之次日起停止（保 120Ⅳ）。

②保險契約恢復效力之申請：前 2 項所定停止效力之保險契約，其恢復效力之申請，準用第 116 條第 3 項至第 6 項規定（保 120 Ⅴ），即於停止效力之日起 6 個月內清償保險費、保險契約約定之利息及其他費用後，翌日上午零時起，開始恢復其效力。要保人於停止效力之日起 6 個月後申請恢復效力者，保險人得於要保人申請恢復效力之日起 5 日內要求要保人提供被保險人之可保證明，除被保險人之危險程度有重大變更已達拒絕承保外，保險人不得拒絕其恢復效力（保 116Ⅲ）。保險人未於前項規定期限內要求要保人提供可保證明或於收到前項可保證明後 15 日內不為拒絕者，視為同意恢復效力（保 116Ⅳ）。保險契約所定申請恢復效力之期限，自停止效力之日起不得低於 2 年，並不得遲於保險期間之屆滿日（保 116Ⅴ）。保險人於前項所規定之期限屆滿後，有終止契約之權（保 116Ⅵ）。

3.真實年齡告知之義務：要保人有據實說明義務，其中最重要者為年齡，被保險人年齡不實，而其真實年齡已超過保險人所定保險年齡限度者，其契約無效。因被保險人年齡不實，致所付之保險費少於應付數額者，保險金額應按照所付之保險費與被保險人之真實年齡比例減少之（保 122）。

第三節　健康保險

一、健康保險之概念

㈠健康保險之意義：在人身保險中，「健康保險」係承保被保險人因疾病、分娩及其所導致之殘廢或死亡事故發生時，由保險人對受益人給付

保險金額之保險（保125）。

　　㈡**健康保險之功能**：健康保險之功能，主要在於填補被保險人因疾病、分娩及其所導致之殘廢或死亡事故，而必須支付之醫療費用損失。在保險法上，並準用人壽保險中之一部分規定（保130）。

　　㈢**健康保險之承保範圍**：在健康保險契約中，由於承保範圍為被保險人之疾病、分娩及其所致殘廢或死亡，在保險事故發生時，被保險人因傷害所受之損失範圍，除醫療費用之支出外，尚有精神上之損失，因此，保險人多會視傷害之狀況，另外給付一定數額之保險給付，若該保險給付之數額超過醫療費用之實際支出時，其超過之部分即可視為被保險人精神上之損害、減少勞動能力或增加生活上需要之賠償，因此，健康保險在實質上亦兼具無價性。

二、健康保險契約之種類

　　可分為「疾病保險」與「生育保險」如下：

㈠ 疾病保險	係由保險人在被保險人因疾病及其所導致之殘廢或死亡事故發生時，由保險人對受益人給付保險金額之健康保險，且保險人所承保之「疾病」，在性質上必須具備「後天性」與「偶發性」兩項要件，因此，被保險人因「後天性疾病」所發生之損失，保險人將予理賠，但「先天性疾病」則不予承保。在保險實務上，「後天性疾病」係指被保險人疾病之發生原因，必須係其身體經過相當時間之醞釀過程後，逐漸形成違反生理或心理之狀態，因此，對於先天性耳聾或眼盲、年老退化等缺陷，不列入疾病保險之承保範圍。
㈡ 生育保險	係由保險人在被保險人因分娩及其所導致之殘廢或死亡事故發生時，由保險人對受益人給付保險金額之健康保險，且承保範圍包括活產、死產與流產在內，且只限女性被保險人方可投保，而男性被保險人在配偶生育時，僅可請領社會保險之「生育津貼」，而不得以配偶分娩為理由請求保險給付。在被保險人發生「分娩」之保險事故時，保險人之保險給付，係用以彌補醫藥費用支出，因此，其給付項目包括分娩之助產費、檢查費、安胎費、預防疾病之產婦保健費、初生嬰兒所需醫療費、養護費等費用在內，且給付金額為被保險人實際支出之醫療費用總額，不得超過保險金額，但若初生嬰兒在出院後，又因病而返回醫院求診時，則被保險人所支出之醫療費用即不在承保範圍內。

三、健康保險契約的訂立

㈠**健康檢查**：保險人於訂立保險契約前，對於被保險人得施以健康檢查。上項檢查費用，由保險人負擔（保126）。

㈡**健康保險契約記載事項**：被保險人不與要保人為同一人時，保險契約除載明第55條法定基本條款規定事項外，並應載明下列各款事項（保129）：

　　1.被保險人之姓名、年齡及住所。

　　2.被保險人與要保人之關係。

四、健康保險契約之效力

㈠**對保險人之效力**：

　　1.保險金額的給付：健康保險人於被保險人疾病、分娩及其所致殘廢或死亡時，負給付保險金額之責（保125）。

　　2.代位權之禁止：因健康保險所承保之保險事故具有專屬性，因此保險人不得代位行使要保人或受益人因保險事故所生對於第三人之請求權（保130準103）。

㈡**對要保人之效力**：健康保險之保險費，利害關係人，均得代要保人交付之（保130準115）。

五、健康保險準用人壽保險規定之事項

㈠**保險金額**：依健康保險契約之所定（保130準102）。

㈡**保險人代位之禁止**：保險人不得代位行使要保人或受益人因保險事故所生對於第三人之請求權（保130準103）。

㈢**契約之代訂**：健康保險契約，得由本人或第三人訂立之（保130準104）。

㈣**為他人代訂契約之限制**：為他人訂立之健康保險契約，仍須被保險人之書面承認，始生效力（保130準105）。

㈤**保費未付之效力**：健康保險之保險費到期未交付者，除契約另有訂定外，經催告到達後屆30日仍不交付時，保險契約之效力停止。其恢復效力之規定與人壽保險同（保130準116Ⅰ）。

㈥**當事人破產之處置**：保險人破產之處理（保130準123）。

㈦**保單價值準備金之優先受償權**：健康人之要保人、被保險人、受益

人，對於被保險人之保單價值準備金，有優先受償之權（保130準124）。

第四節　傷害保險

一、傷害保險之概念

㈠**傷害保險之意義**：傷害保險（英：personal accident insurance；德：Unfallversicherung），指由保險人承保被保險人遭受意外傷害及其所致殘廢或死亡時，負給付保險金額責任之保險契約（保131），傷害保險之保險金額雖規定依保險契約所定（保135準102），除因傷害所致殘廢或死亡得依契約所載之金額而交付外，一般傷害危險之發生，大都依實際損害金額支付之。

㈡**傷害保險之種類**：

1. **一般傷害保險**	即日常生活中，可能遭遇之傷害為保險事故之保險。
2. **旅行傷害保險**	即被保險人於旅行途中，因意外事故而遭受傷害為保險事故之保險。如輪船事故或飛機事故為多。
3. **交通傷害保險**	即被保險人搭乘公共汽車或火車等陸上交通工具所生傷害為事故之保險。
4. **職業傷害保險**	即從事危險工作，而有可能遭遇意外事故之保險。
5. **團體傷害保險**	即以多數被保險人為團體，而發行一張保單之保險，如舉辦團體出遊或團體運動所可能遭遇之傷害保險。

二、傷害保險契約

傷害保險契約得由本人或第三人訂立之（保135準104）。傷害保險契約應記載下列事項：

㈠**一般保險契約之基本條款**（保55）：

　　1.當事人之姓名及住所。

　　2.保險之標的物。

　　3.保險事故之種類。

　　4.保險責任開始之日時及保險期間。

　　5.保險金額。

　　6.保險費。

　　7.無效及失權之原因。

　　8.訂約之年月日。

　㈡**傷害保險契約應記載之特別條款**（保132）：

　　1.被保險人之姓名、年齡、住所及與要保人之關係。

　　2.受益人之姓名及與被保險人之關係或確定受益人之方法。

　　3.請求保險金額之事故及時期。

三、傷害保險之受益人

　　係由要保人所指定，以保險金額之全部或一部，給其所指定之受益人 1 人或數人，此項指定之受益人，以於請求保險金額時生存者爲限。指定時，要保人並得通知保險人（保 135 準 110）。受益人經指定後，要保人對其保險利益，除聲明放棄處分權者外，仍得以契約或遺囑處分之。

四、受益權之喪失與撤銷

　　受益人故意傷害被保險人者，無請求保險金額之權。受益人故意傷害被保險人未遂時，被保險人得撤銷其受益權利（保134）。

五、傷害保險準用人壽保險規定之事項

　㈠**保險金額**：依傷害保險金額之所定（保135準102）。

　㈡**保險代位之禁止**：保險人不得代位行使要保人或受益人因保險事故所生對於第三人之請求權（保135準103）。

　㈢**契約之代訂**：傷害保險契約，得由本人或第三人訂立之（保135準104）。

　㈣**為他人代訂契約之限制**：為他人訂立之傷害保險契約，仍須被保險人之書面承認，始生效力（保135準105）。

　㈤**死亡給付之限制**：對於未滿 14 歲或心神喪失或精神耗弱人爲被保險人，除喪葬費用之給付外，其餘死亡給付部分無效，且其保險額不得超過主管機關所定之金額（保135準107）。

　㈥**受益人之指定**：要保人得指定受益人（保135準110-112）。

(七)**法定受益人**：傷害保險契約未指定受益人者，其保險金額作爲被保險人之遺產（保135準113）。

(八)**受益權之轉讓**：受益人非經要保人之同意，或保險契約載明允許轉讓者，不得將其利益轉讓他人（保135準114）。

(九)**保費之代付及未支付之效力**（保135準115、116）。

(十)**當事人破產之處置**：保險人破產之處理（保135準123）。

(土)**保單價值準備金之優先受償權**：傷害保險之要保人、被保險人、受益人，對於被保險人之保障價值準備金，有優先受償之權（保135準124）。

第五節　保險契約之免責事由

　　一般在保險契約上要明確訂定保險人所承保災害之範圍相當困難，因此在保險技術上除了正面列述保險災害之內容外，並以反面方式以保險業之免責事由來確定其範圍，此即「不包括條款」（德：Ausschlußklausel）。蓋在保險契約上，雖可載明保險災害之種類，但仍有不可預測或不可抗力之情事產生，一般乃以「不包括條款」或「除外條款」予以排除之；即在不包括條款內，保險人得免負賠償責任。其種類如下：

財產保險		以目前我國保險業所採火災保險契約標準條款規定爲準。
人身保險	人壽保險	保險人之免責事由：保險事故發生後，保險人固有給付保險金額之義務，惟保險人有下列情事之一時，保險人可免除給付之責任： 1. 被保險人故意自殺者：保險人不負給付保險金額之責任。但應將保險之保單價值準備金返還於應得之人。保險契約載有被保險人故意自殺，保險人仍應給付保險金額之條款者，其條款於訂約2年後始生效力。恢復停止效力之保險契約，其2年期限應自恢復停止效力之日起算（保109 I , II）。 2. 被保險人因犯罪處死或拒補或越獄致死者：保險人不負給付保險金額之責任。但保險費已付足2年以上者，保險人應將其保單價值準備金返還於應得之人（保109 III）。 3. 受益人故意致被保險人於死者：受益人故意致被保險人於死或雖未致死者，喪失其受益權。前項情形，如因該受益人喪失受益權，而致無受益人受領保險金額時，其保險金額作爲

	被保險人遺產（保 121 I , II）。 4.要保人故意致被保險人於死者：保險人不負給付保險金額之 　責。保險費付足 2 年以上者，保險人應將其保單價值準備金 　給付與應得之人，無應得之人時，應解交國庫（保 121 III）。
健康保險	保險人之免責：保險人就下列事項，不負給付保險金額之責： 1.訂約時危險已發生：保險契約訂立時，被保險人已在疾病或 　妊娠情況中者，保險人對是項疾病或分娩，不負給付保險金 　額之責（保 127）。 2.保險人故意所爲之危險：被保險人故意自殺或墮胎所致疾病、 　殘廢、流產或死亡，保險人不負給付保險金額之責（保 128）。
傷害保險	1.被保險人故意自殺，或因犯罪行爲，所致傷害、殘廢或死亡， 　保險人不負給付保險金額之責任（保 133）。 2.受益人故意傷害被保險人者，無請求保險金額之權。受益人故 　意傷害被保險人未遂時，被保險人得撤銷其受益權利（保 134）。

習題：何謂不包括條款？依現行保險法之規定，當然不包括之危險有那幾
　　　種？（98 普）

第六節　年金保險

一、年金保險之概念

　㈠**年金保險之意義**：年金保險（英：annuity insurance；德：Rentenversicherung；
法：assurance de rente（viagère）），即以保險契約之方式約定，由年金保險
人在被保險人生存期間或特定期間內，依照契約內容，負有一次給付或
分期給付一定金額責任之保險（保 135 之 1）。由於年金保險制度可用以安
排個人養老與子女教育，亦可作爲企業機構安頓員工退休、撫恤員工家
屬之規劃，因此，年金保險制度具有維持生活穩定、保障社會安定之積
極效用，已成爲現代經濟社會重要法律制度。

　㈡**年金保險之目的**：

　　1.若年金保險以「被保險人到達一定年齡仍然生存」作爲保險事故
之發生時，則其保險給付之目的，在於保障被保險人晚年生存期間之生
活費用，其保險契約即應以被保險人本人作爲受益人。

2.若年金保險契約內容約定在「被保險人死亡」後，保險人才開始給付年金時，則其保險給付之目的，係在於保障被保險人之子女、家屬或受僱員工之生活或教育所需之費用。

二、年金保險契約之記載事項

㈠**基本事項**：年金保險契約之條款除應記載當事人之姓名及住所、保險之標的物、保險事故之種類、保險責任開始之日時及保險期間、保險金額、保險費、契約無效及失權之原因、訂約之年月日等共同基本條款之外（保135之2、55）。

㈡**特定事項**（保135之2）：

1.被保險人之姓名、性別、年齡及住所。

2.年金金額或確定年金金額之方法。

3.受益人之姓名及與被保險人之關係。

4.請求年金之期間、日期及給付方法。

5.依第118條規定，有減少年金之條件者，其條件。

三、年金保險之受益人

㈠**被保險人本人**：受益人於被保險人生存期間為被保險人本人（保135之3Ⅰ）。

㈡**被保險人以外之第三人**：保險契約載有於被保險人死亡後給付年金者，其受益人準用第110條至第113條人壽保險契約之受益人之規定（保135之3Ⅱ）。

四、年金保險準用人壽保險規定之事項

下列事項均準用於年金保險：有關保險人代位之禁止（保103）、契約之代訂（保104）、第三人人壽保約訂立之限制（保106）、受益權之轉讓（保114）、保費之代付（保115）、保費未付之效力（保116、117）、減少保險金額或年金之辦法（保118）、解約金之償付（保119）、以保約為質借款（保120）、保險人免責事由（保121）、年齡不實之效力（保122）、當事人破產之處置（保123）、保單價值準備金之優先受償權（保124）之規定。

第五章　保險業

第一節　保險業之概念

一、保險業之意義

　　保險業者，指依保險法組織登記，以經營保險業之機構（保6 I）。保險業之組織，依法以股份有限公司或合作社爲限。但經主管機關核准者，不在此限（保136 I）。保險業者，在保險契約上是保險人；而在保險契約成立時，有保險費之請求權；在承保危險事故發生時，依其承保之責任，負賠償之義務（保2）。

二、外國保險業

　　指依外國法律組織登記，並經主管機關許可，在中華民國境內經營保險爲業之機構（保6 II）。

第二節　保險業之組織

　　依保險法第136條規定：「保險業之組織，以股份有限公司或合作社爲限。但經主管機關核准者，不在此限。」其企業組織型態爲：

一、 保險股份 有限公司	主管機關基於重視保險公司營運健全立場，藉由申請核准、辦理營業登記、繳存保證金、領取營業執照等法定措施，以確保保險公司能符合營運健全要求。由於保險公司設立時之組織型態限於「股份有限公司」，應適用公司法條文中關於股份有限公司設立之規定（保151）。 ㈠股票不得爲無記名式：保險公司之股票，不得爲無記名式（保152）。 ㈡負責人之連帶責任： 　1.保險公司違反保險法令經營業務，致資產不足清償債務時，其董事長、董事、監察人、總經理及負責決定該項業務之經理，對公司之債權人應負連帶無限清償責任（保153 I）。

	2.主管機關對前項應負連帶無限清償責任之負責人，得通知有關機關或機構禁止其財產為移轉、交付或設定他項權利，並得函請入出境許可之機關限制其出境（保153 II）。 3.第一項責任，於各該負責人卸職登記之日起滿3年解除（保153 III）。
二、 保險合作社	保險業之組織，須適用合作法及有關法令之規定（保156 I 後段）。惟保險法對合作社所設之特別規定為： ㈠股金及基金之籌足：保險合作社，除依合作社法籌集股金外，並依保險法籌足基金（保157 I）。上項基金非俟公債金積至與基金總額相等時，不得發還（保157 II）。 ㈡社員出社時之責任：保險合作社於社員出社時，現存財產不足抵償債務，出社之社員仍負擔出社前應負之責任（保158）。 ㈢理事之競業禁止：保險合作社之理事，不得兼任其他合作社之理事、監事或無限責任社員（保159）。 ㈣社員債權抵銷之禁止：保險合作社之社員，對於保險合作社應付之股金及基金，不得以其對保險合作社之債權互相抵銷（保161）。 ㈤社員最低額之限制：財產保險合作社之預定社員人數不得少於三百人；人身保險合作社之預定社員人數不得少於五百人（保162）。
三、 外國保險業	外國保險業非經主管機關許可，並依法為設立登記，繳存保證金，領得營業執照後，不得開始營業（保137 III）。外國保險業，除保險法另有規定外，準用保險法有關保險業之規定（保137 IV）。外國保險業申請設立許可應具備之條件、程序、應檢附之文件、廢止許可、營業執照核發、增設分公司之條件、營業項目變更、撤換負責人之情事、資金運用及其他應遵行事項之辦法，由主管機關定之（保137 V）。
四、 其他經主管機關核准之保險業	所謂主管機關為行政院金融監督管理委員會。但保險合作社除其經營之業務，以行政院金融監督管理委員會為主管機關外，其社務以合作社之主管機關為主管機關（保12）。故如經主管機關之核准，亦可設立（公136 I 但）。如依中央信託局條例第1條規定：為執行政府政策，辦理保險業務，設中央信託局，受財政部之監督。

第三節　保險業之代理人、經紀人與公證人

保險法對保險業輔助人之代理人、經紀人、公證人三者，在執業上之規定如下：

一、 執業登記	保險業之經紀人、代理人、公證人，非向主管機關登記，繳存保證金或投保責任保險，領有執業證書，不得執行業務（保163 I）。
二、 執業限制	上項經紀人、代理人、公證人，或其他個人及法人，不得為未經主管機關核准之保險業經營或介紹保險業務（保163 II）。
三、 保證金繳存	保險業代理人、經紀人、公證人，應繳存之保證金或投保責任保險之保險金額，由主管機關訂之（保164）。
四、 固定業務處所	保險業代理人、經紀人、公證人，應有固定業務處所，並專設帳簿記載業務收支（保165）。
五、 管理規則之訂定	代理人、經紀人、公證人及保險業務員之資格取得、登錄、撤銷登錄、教育訓練、懲處及其他應遵行事項之管理規則，由主管機關定之（保177）。

第四節　保險業之設立

一、國內保險業之設立

　　保險業非經主管機關許可，並依法為設立登記，繳存保證金，領得營業執照後，不得開始營業。保險業申請設立許可應具備之條件、程序、應檢附之文件、發起人、董事、監察人與經理人應具備之資格條件、廢止許可、分支機構之設立、保險契約轉讓、解散及其他應遵行事項之辦法，由主管機關定之（保137 I, II）。

二、外國保險之設立

　　外國保險業非經主管機關許可，並依法為設立登記，繳存保證金，領得營業執照後，不得開始營業。外國保險業，除本法另有規定外，準用本法有關保險業之規定。外國保險業申請設立許可應具備之條件、程序、應檢附之文件、廢止許可、營業執照核發、增設分公司之條件、營業項目變更、撤換負責人之情事、資金運用及其他應遵行事項之辦法，由主管機關定之（保137 III, IV, V）。

三、依其他法律設立

　　依其他法律設立之保險業，除各該法律另有規定外，準用本法有關保險業之規定（保137 VI）。

第五節　保險業營業之限制

一、保險業之專業

非保險不得兼營保險或類似保險之業務（保136Ⅱ）。其有違反者，以刑罰制裁之（保167）。並由主管機關或目的事業主管機關會同司法警察機關取締，並移送法辦；如屬法人組織，其負責人對有關債務，應負連帶清償責任（保136Ⅲ）。執行前項任務時，得依法搜索扣押被取締者之會計帳簿及文件，並得撤除其標誌等設施或為其他必要之處置（保136Ⅳ）。保險業之組織為股份有限公司者，除其他法律另有規定或經主管機關許可外，其股票應辦理公開發行（保136Ⅴ）。

二、保險業營業範圍之限制

財產保險業經營財產保險，人身保險業經營人身保險，同一保險業不得兼營財產保險及人身保險業務。但財產保險業經主管機關核准經營傷害保險及健康保險者，不在此限（保138Ⅰ）。財產保險業依前項但書規定經營傷害保險及健康保險業務應具備之條件、業務範圍、申請核准應檢附之文件及其他應遵行事項之辦法，由主管機關定之（保138Ⅱ）。保險業不得兼營本法規定以外之業務。但經主管機關核准辦理其他與保險有關業務者，不在此限（保138Ⅲ）。保險業辦理前項與保險有關業務，涉及外匯業務之經營者，須經中央銀行之許可（保138Ⅳ）。保險合作社不得經營非社員之業務（保138Ⅴ）。

三、保險承保住宅地震險

臺灣地區常發生大地震，尤自 1999 年臺灣南投地區發生九二一大地震後，引起政府之重視，故於 2001 年保險法修正時，增列第 138 條之 1「共保住宅地震險」之規定：「財產保險業應承保住宅地震危險，以主管機關建立之危險分散機制為之。前項危險分散機制，應成立財團法人住宅地震保險基金負責管理，就超過財產保險業共保承擔限額部分，由該基金承擔、向國內、外為再保險、以主管機關指定之方式為之或由政府承受。前二項有關危險分散機制之承擔限額、保險金額、保險費率、

各種準備金之提存及其他應遵行事項之辦法，由主管機關定之。財團法人住宅地震保險基金之捐助章程、業務範圍、資金運用及其他管理事項之辦法，由主管機關定之。因發生重大震災，致住宅地震保險基金累積之金額不足支付應攤付之賠款，為保障被保險人之權益，必要時，該基金得請求主管機關會同財政部報請行政院核定後，由國庫提供擔保，以取得必要之資金來源。」

四、保險業經營保險金信託業務（保138之2）

㈠保險業經營人身保險業務，保險契約得約定保險金一次或分期給付（1項）。人身保險契約中屬死亡或殘廢之保險金部分，要保人於保險事故發生前得預先洽訂信託契約，由保險業擔任該保險信託之受託人，其中要保人與被保險人應為同一人，該信託契約之受益人並應為保險契約之受益人，且以被保險人、未成年人、心神喪失或精神耗弱之人為限（2項）。前項信託給付屬本金部分，視為保險給付（3項）。保險業辦理保險金信託業務應設置信託專戶，並以信託財產名義表彰（4項）。前項信託財產為應登記之財產者，應依有關規定為信託登記（5項）。第4項信託財產為有價證券者，保險業設置信託專戶，並以信託財產名義表彰；其以信託財產為交易行為時，得對抗第三人，不適用信託法第4條第2項規定（6項）。保險業辦理保險金信託，其資金運用範圍以下列為限（7項）：

  1.現金或銀行存款。

  2.公債或金融債券。

  3.短期票券。

  4.其他經主管機關核准之資金運用方式。

㈡**本條規定之立法理由如次：**

  1.參考日本保險業法第99條規定於第2項規定「保險金信託」為保險業得經營之業務，理由如次：

    ⑴基於實務上，保險事故發生時，多有受益人為年幼孩童或智能不足而無法自行處理保險金者。為能契合要保人或被保險人生前投保目的係在保障子女生計及使保險金之支用能契合被保險

人之意願。

　　⑵鑑於殘廢保險金均為保險人本人，故將殘廢保險金納入保險金
　　　信託之標的，使該保險金能作有效之運用，俾殘障人士能獲得
　　　較為妥善之照顧。

　　2.要保人原已洽訂保險契約，另再預先洽訂保險金信託契約，若發
生保險事故，受益人取得之信託給付本金部分即為原保險給付，基於同
一給付標的，爰於第3項規定該信託給付屬本金部分，視為保險給付。

　　3.保險業對信託財產與自有財產負分別管理義務，其會計帳務及實
體保管均分別為之，其為應登記之財產者，應依有關規定為信託登記，
並以信託財產名義表彰爰增訂第4項及第5項規定。

　　4.又其既以信託財產表彰，應有對抗效力之發生，不以於證券或其
他表彰權利之文件上載明信託財產為其要件。爰於第6項規定，保險業
依第4項規定辦理之信託財產為有價證券者，其以信託財產為交易行為
時，得對抗第三人。

　　5.鑑於保險金信託之目的係在照顧年幼孩童或智能不足而無法自行
處理保險金者，故其資金運用應以保守保本為原則，爰參考信託業法第
32條對金錢信託資金運用之規定，於第7項規定保險金信託之資金運用
限於投資風險較低之標的。

習題：民國96年7月保險法修正時，通過了保險業者得經營保險金信託之
　　　業務，試問：（97普保從）
　　　㈠本修正案之立法意旨為何？
　　　㈡根據保險法之規定，保險業經營之保險金信託，其保險契約需符
　　　　合那些條件呢？

第六節　保險業經營之監督

一、資金之監督

　　保險業之資金包括資本與基金。資本係指公司擁有之股份與合作社
之股金，係公司或合作社所有。而基金係合作社在設立時除籌集股金外，

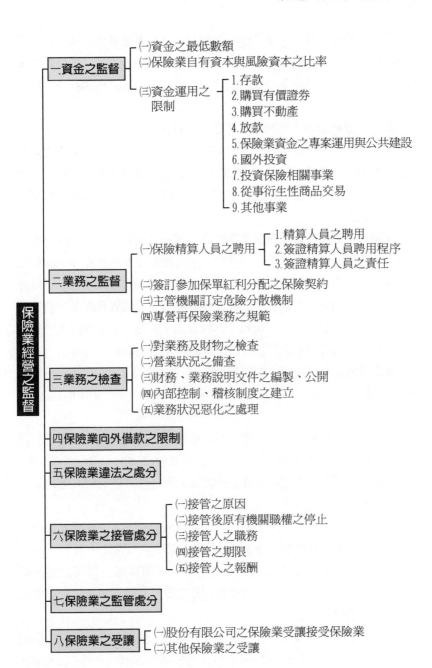

保險業經營之監督

一、資金之監督
- (一)資金之最低數額
- (二)保險業自有資本與風險資本之比率
- (三)資金運用之限制
  1. 存款
  2. 購買有價證券
  3. 購買不動產
  4. 放款
  5. 保險業資金之專案運用與公共建設
  6. 國外投資
  7. 投資保險相關事業
  8. 從事衍生性商品交易
  9. 其他事業

二、業務之監督
- (一)保險精算人員之聘用
  1. 精算人員之聘用
  2. 簽證精算人員聘用程序
  3. 簽證精算人員之責任
- (二)簽訂參加保單紅利分配之保險契約
- (三)主管機關訂定危險分散機制
- (四)專營再保險業務之規範

三、業務之檢查
- (一)對業務及財物之檢查
- (二)營業狀況之備查
- (三)財務、業務說明文件之編製、公開
- (四)內部控制、稽核制度之建立
- (五)業務狀況惡化之處理

四、保險業向外借款之限制

五、保險業違法之處分

六、保險業之接管處分
- (一)接管之原因
- (二)接管後原有機關職權之停止
- (三)接管人之職務
- (四)接管之期限
- (五)接管人之報酬

七、保險業之監管處分

八、保險業之受讓
- (一)股份有限公司之保險業受讓接受保險業
- (二)其他保險業之受讓

並依保險法籌足之基金，係合作社之債務。此項基金非俟公積金積至與基金總額相等時，不得發還（保157）。但此所稱之資金與第146條第2項所稱保險業資金運用限制中所定之資金不同，第146條則包括業主權益及各種準備金。

㈠**資金之最低數額**：經營保險業必須準備有充分之資金，以便發生保險事故時，有足夠的財力支付保險金額之責任，因此有規定資金之最低數額之必要。依保險法第139條規定：「各種保險業資本或基金之最低額，由主管機關，審酌各地經濟實況，及各種保險業務之需要，分別呈請行政院核定之。」

㈡**保險業自有資本與風險資本之比率**：保險業自有資本與風險資本之比率，不得低於百分之二百；必要時，主管機關得參照國際標準調整比率。保險業自有資本與風險資本之比率未達前項規定之比率者，不得分配盈餘，主管機關並得視其情節輕重為其他必要之處置或限制。前二項所定自有資本與風險資本之範圍、計算方法、管理、必要處置或限制之方式及其他應遵行事項之辦法，由主管機關定之（保143之4）。

㈢**資金運用之限制**：保險業須經常保持充足之資金，一旦發生保險事故時，以便有足夠資金支付保險金額，故資金之運用，須以法律規範之（保146）：

1.存款：即存放於每一金融機構之金額，不得超過該保險業資金百分之十。但經主管機關核准者，不在此限（保146Ⅰ、Ⅲ）。

2.購買有價證券：保險業資金得購買下列有價證券（保146之1Ⅰ）：

　⑴公債、國庫券。

　⑵金融債券、可轉讓定期存單、銀行承兌匯票、金融機構保證商業本票；其總額不得超過該保險業資金百分之三十五。

　⑶經依法核准公開發行之公司股票；其購買每一公司之股票總額，不得超過該保險業資金百分之五及該發行股票之公司實收資本額百分之十。

　⑷經依法核准公開發行之有擔保公司債，或經評等機構評定為相當等級以上之公司所發行之公司債；其購買每一公司之公司債總

額，不得超過該保險業資金百分之五及該發行公司債之公司實收資本額百分之十。

(5)經依法核准公開發行之證券投資信託基金及共同信託基金受益憑證；其投資總額不得超過該保險業資金百分之十及每一基金已發行之受益憑證總額百分之十。

(6)證券化商品及其他經主管機關核准保險業購買之有價證券；其總額不得超過該保險業資金百分之十。

前項第 3 款及第 4 款之投資總額，合計不得超過該保險業資金百分之三十五。

保險業依第 1 項第 3 款投資，不得有下列情事之一：

(1)以保險業或其代表人擔任被投資公司董事、監察人。

(2)行使表決權支持其關係人或關係人之董事、監察人、職員擔任被投資金融機構董事、監察人。

(3)指派人員獲聘為被投資公司經理人。

保險業依第 1 項第 3 款至第 6 款規定投資於公開發行之未上市、未上櫃有價證券、私募之有價證券；其應具備之條件、投資範圍、內容、投資規範及其他應遵行事項之辦法，由主管機關定之。

3.購買不動產：保險業對不動產之投資，以所投資不動產即時利用並有收益者為限；其投資總額，除自用不動產外，不得超過其資金百分之三十。但購買自用不動產總額不得超過其業主權益之總額。保險業不動產之取得及處分，應經合法之不動產鑑價機構評價（保 146 之 2）。

4.放款：

(1)對企業放款之限制：主管機關對於保險業就同一人、同一關係人或同一關係企業之放款或其他交易得予限制；其限額、其他交易之範圍及其他應遵行事項之辦法，由主管機關定之。前項所稱同一人，指同一自然人或同一法人；同一關係人之範圍，包含本人、配偶、二親等以內之血親及以本人或配偶為負責人之事業；同一關係企業之範圍，適用公司法第 369 條之 1 至第 369 條之 3、第 369 條之 9 及第 369 條之 11 規定。主管機關對

於保險業與其利害關係人從事放款以外之其他交易得予限制；其利害關係人及交易之範圍、決議程序、限額及其他應遵行事項之辦法，由主管機關定之（保146之7）。

(2)保險業辦理放款之限制：保險業辦理放款，以下列各款為限（保146之3）：

①銀行或主管機關認可之信用保證機構提供保證之放款。

②以動產或不動產為擔保之放款。

③以合於第146條之1之有價證券為質之放款。

④人壽保險業以各該保險業所簽發之人壽保險單為質之放款。

前項第1款至第3款放款，每一單位放款金額不得超過該保險業資金百分之五；其放款總額，不得超過該保險業資金百分之三十五。

保險業依第1項第1款、第2款及第3款對其負責人、職員或主要股東，或對與其負責人或辦理授信之職員有利害關係者，所為之擔保放款，應有十足擔保，其條件不得優於其他同類放款對象，如放款達主管機關規定金額以上者，並應經三分之二以上董事之出席及出席董事四分之三以上同意；其利害關係人之範圍、限額、放款總餘額及其他應遵行事項之辦法，由主管機關定之。

保險業依第146條之1第1項第3款及第4款對每一公司股票及公司債之投資與依第1項第3款以該公司發行之股票及公司債為質之放款，合併計算不得超過其資金百分之十與該發行股票及公司債之公司實收資本額百分之十。

5.保險業資金之專案運用與公共建設：保險業資金辦理專案運用、公共及社會福利事業投資應申請主管機關核准；其申請核准應具備之文件、程序、運用或投資之範圍、限額及其他應遵行事項之辦法，由主管機關定之。前項資金運用方式為投資公司股票時，準用第146條之1第3項規定；其投資之條件及比率，不受第146條之1第1項第3款規定之限制（保146之5）。

6.國外投資：保險業資金辦理國外投資，以下列各款為限（保146之4）：

(1)外匯存款。

　　⑵國外有價證券。

　　⑶設立或投資國外保險公司、保險代理人公司、保險經紀人公司
　　　或其他經主管機關核准之保險相關事業。

　　⑷其他經主管機關核准之國外投資。

　　　保險業資金依前項規定辦理國外投資總額，由主管機關視各保
　　險業之經營情況核定之，最高不得超過各該保險業資金百分之四
　　十五。保險業資金辦理國外投資之投資規範、投資額度、審核及
　　其他應遵行事項之辦法，由主管機關定之。

　　7.投資保險相關事業：保險業業主權益，超過第 139 條規定最低資
本或基金最低額者，得經主管機關核准，投資保險相關事業所發行之股
票，不受第 146 條之 1 第 1 項第 3 款及第 3 項規定之限制；其投資總額，
最高不得超過該保險業業主權益（保 146 之 6 I）。保險業依前項規定投資
而與被投資公司具有控制與從屬關係者，其投資總額，最高不得超過該
保險業業主權益百分之四十（保 146 之 6 II）。保險業依第 1 項規定投資保
險相關事業，其控制與從屬關係之範圍、投資申報方式及其他應遵行事
項之辦法，由主管機關定之（保 146 之 6 III）。

　　8.從事衍生性商品交易：有關交易之條件、交易之範圍、交易限額、
內部處理程序及其他應遵行事項之辦法，由主管機關定之（保 146 VIII）。

　　9.其他事業：即其他經主管機關核准之資金運用（保 146 I ⑧）。

二、業務之監督

　㈠**保險精算人員之聘用**：保險業之各種保險單條款、保險費及其他相關
資料，由主管機關視各種保險之發展狀況，分別規定銷售前應採行之程
序、審核及內容有錯誤、不實或違反規定之處置等事項之準則（保 144 I）。

　　1.精算人員之聘用：為健全保險業務之經營，保險業應聘用精算人
員並指派其中 1 人為簽證精算人員，負責保險費率之釐訂、各種準備金
之核算簽證及辦理其他經主管機關指定之事項；其資格條件、簽證內容、
教育訓練、懲處及其他應遵行事項之辦法，由主管機關定之（保 144 II）。

　　2.簽證精算人員聘用程序：前項簽證精算人員之指派應經董（理）

事會同意，並報主管機關備查（保144Ⅲ）。

　　3.簽證精算人員之責任：簽證精算人員應本公正及公平原則向其所屬保險業之董（理）事會及主管機關提供各項簽證報告；其簽證報告內容有虛偽、隱匿、遺漏或錯誤情事者，主管機關得視其情節輕重為警告、停止於1年以內期間簽證或廢止其簽證精算人員資格（保144Ⅳ）。

　　㈡**簽訂參加保單紅利分配之保險契約**：保險業以股份有限公司組織者，其要保人或被保險人並不一定是公司股東，故並無分配紅利之權，但保險法特別規定，保險公司得簽訂參加保單紅利之保險契約（保140Ⅰ）。而保險合作社之要保人或被保險人，原得以社員身分，就保險業經營之盈餘分取紅利，因此保險合作社簽訂之保險契約，以參加保單紅利者為限（保140Ⅱ）。上述簽訂之保單紅利，無論是公司或合作社，其計算基礎及方法，應於保險契約中明定之（保140Ⅲ）。

　　㈢**主管機關訂定危險分散機制**：保險業辦理再保險之分出、分入或其他危險分散機制業務之方式、限額及其他應遵行事項之辦法，由主管機關定之（保147）。

　　㈣**專營再保險業務之規範**：保險業專營再保險業務者，為專業再保險業，不適用第138條第1項、第143條之1、第143條之3及第144條第1項規定。上項專業再保險業之業務、財務及其他相關管理事項之辦法，由主管機關定之（保147之1）。

三、業務之檢查

　　國家設立保險制度，基於保障被保險人權益，與維護金融安定之目的，對於保險業之經營與運作極為重視。因此，主管機關對於其所管轄之保險業具有業務及財務檢查權，並可命令保險業限期報告營業狀況，以避免由於保險公司之財務調度不當，或業務經營疏失，以致影響保險理賠能力，而對廣大要保人與被保險人權益造成損害。

　　㈠**對業務及財物之檢查**：主管機關得隨時派員檢查保險業之業務及財務狀況，或令保險業於限期內報告營業狀況（保148Ⅰ）。前項檢查，主管機關得委託適當機構或專業經驗人員擔任；其費用，由受檢查之保險業

負擔（保148Ⅱ）。前二項檢查人員執行職務時，得爲下列行爲，保險業負責人及相關人員不得規避、妨礙或拒絕（保148Ⅲ）：

　　1.令保險業提供第 148 條之 1 第 1 項所定各項書表，並提出證明文件、單據、表冊及有關資料。

　　2.詢問保險業相關業務之負責人及相關人員。

　　3.評估保險業資產及負債。

　　第 1 項及第 2 項檢查人員執行職務時，基於調查事實及證據之必要，於取得主管機關許可後，得爲下列行爲（保148Ⅳ）：

　　1.要求受檢查保險業之關係企業提供財務報告，或檢查其有關之帳冊、文件，或向其有關之職員詢問。

　　2.向其他金融機構查核該保險業與其關係企業及涉嫌爲其利用名義交易者之交易資料。

　　上項所稱關係企業之範圍，適用公司法第 369 條之 1 至第 369 條之 3、第 369 條之 9 及第 369 條之 11 規定（保148Ⅴ）。

　㈡營業狀況之備查：保險業每屆營業年度終了，應將其營業狀況連同資金運用情形，作成報告書，併同資產負債表、損益表、股東權益變動表、現金流量表及盈餘分配或虧損撥補之議案及其他經主管機關指定之項目，先經會計師查核簽證，並提經股東會或社員代表大會承認後，15 日內報請主管機關備查（保 148 之 1Ⅰ）。保險業除依上項規定提報財務業務報告外，主管機關並得視需要，令保險業於規定期限內，依規定之格式及內容，將業務及財務狀況彙報主管機關或其指定之機構，或提出帳簿、表冊、傳票或其他有關財務業務文件（保 148 之 1Ⅱ）。前二項財務報告之編製準則，由主管機關定之（保 148 之 1Ⅲ）。

　㈢財務、業務說明文件之編製、公開：保險業應依規定據實編製記載有財務及業務事項之說明文件提供公開查閱。保險業於有攸關消費大眾權益之重大訊息發生時，應於 2 日內以書面向主管機關報告，並主動公開說明。第 1 項說明文件及前項重大訊息之內容、公開時期及方式，由主管機關定之（保 148 之 2）。

　㈣內部控制、稽核制度之建立：保險業應建立內部控制及稽核制度；

其辦法，由主管機關定之。保險業對資產品質之評估、各種準備金之提存、逾期放款、催收款之清理、呆帳之轉銷及保單之招攬核保理賠，應建立內部處理制度及程序；其辦法，由主管機關定之（保148之3）。

　　㈤**業務狀況惡化之處理**：在保險人之業務經營上，若保險人由於業務經營狀況或財務狀況惡化，導致無法償還其公司之債務，或無法履行保險金之理賠義務，或有損害被保險人權益之可能時，主管機關得依據實際情況之需要，委託相關機構或專業人員擔任監管人、接管人、清理人或清算人，對該保險人進行派員監管、接管、勒令停業派員清理、命令該保險業解散等重大處分（保149Ⅳ）。

四、保險業向外借款之限制

　　保險業屬於特種金融業，無論是公司或合作社組織，企業本身應備於龐大資金及責任準備金，照理說，不應對外借款，但難免有不肖業者，不依法經營，對外舉債，被宣告破產之情形，損害要保人之權益，因此保險法第 143 條規定，保險業不得向外借款、為保證人或以其財產提供為他人債務之擔保。但保險業有下列情形之一，報經主管機關核准向外借款者，不在此限：一為給付鉅額保險金、大量解約或大量保單貸款之週轉需要。二因合併或承受經營不善同業之有效契約。三為強化財務結構，發行具有資本性質之債券。

習題：依據我國保險法規定，詳論保險業向外借款之相關規範。（98普）

五、保險業違法之處分

　　㈠保險業違反法令、章程或有礙健全經營之虞時，主管機關除得予以糾正或命其限期改善外，並得視情況為下列處分（保149）：
　　　　1.限制其營業或資金運用範圍。
　　　　2.命其停售保險商品或限制其保險商品之開辦。
　　　　3.命其增資。
　　　　4.命其解除經理人或職員之職務。
　　㈡保險業不遵行前項處分，主管機關應依情節，分別為下列處分：

　　1.撤銷法定會議之決議。

　　2.解除董（理）事、監察人（監事）職務或停止其於一定期間內執行職務。

　　3.其他必要之處置。

　　㈢依上項第 2 款規定解除董（理）事、監察人（監事）職務時，由主管機關通知公司（合作社）登記之主管機關註銷其董（理）事、監察人（監事）登記。

　　㈣保險業因業務或財務狀況顯著惡化，不能支付其債務，或無法履行契約責任或有損及被保險人權益之虞時，主管機關得依情節之輕重，分別為下列處分：

　　1.監管。

　　2.接管。

　　3.勒令停業清理。

　　4.命令解散。

六、保險業之接管處分

　　㈠**接管之原因**：主管機關在保險人之業務或財務狀況顯著惡化，且其程度已嚴重到不能支付其債務，或無法履行契約責任或有損及被保險人權益之虞時，基於維護保險契約當事人與利害關係人權益，避免保險公司倒閉引發金融危機，而採取「派員接管」的緊急性處分措施（保 149Ⅳ②）。在對保險人之業務或財務採取接管措施時，主管機關得委託其他保險業、相關機構或具有專業經驗人員，擔任保險業接管人，其有涉及安定基金補償事項時，並應通知安定基金配合辦理（保 149Ⅴ）。接管人之報酬及因執行職務所生之費用，由接管之保險業負擔，且應優先於其他債權受清償人（保 149 之 5）。

　　㈡**接管後原有機關職權之停止**：就保險人之接管程序而言，保險業收受主管機關接管處分之通知後，應將其業務之經營及財產之管理處分權移交予接管人。原有股東會、董事、監察人或類似機構之職權即行停止（保 149 之 1Ⅰ）。保險業之董事、經理人或類似機構應將有關業務及財務上一切帳

冊、文件與財產列表移交與接管人。董事、監察人、經理人或其他職員，對於接管人所為關於業務或財務狀況之詢問，有答復之義務(保149之1Ⅱ)。

（三）**接管人之職務**（保149之2）：

1.保險業於受接管期間內，主管機關對其新業務之承接、受理有效保險契約之變更或終止、受理要保人以保險契約為質之借款或償付保險契約之解約金，得予以限制。

2.接管人執行職務而有下列行為時，應事先取得主管機關許可：

(1)增資或減資後再增資。

(2)讓與全部或部分營業、資產或負債。

(3)與其他保險業合併。

(4)其他經主管機關指定之重要事項。

3.接管人接管保險業後 3 個月內未將全部營業、資產或負債移轉者，除有重建更生之可能應向法院聲請重整外，應報請主管機關為清理之處分。上述期限，必要時接管人得向主管機關申請展延。

4.法院受理接管人依本法規定之重整聲請時，得逕依主管機關所提出之財務業務檢查報告及意見於30日內為裁定。

5.依保險契約所生之權利於保險業重整時，有優先受償權，並免為重整債權之申報。

6.接管人依本法聲請重整之保險業，不以公開發行股票或公司債之公司為限，且其重整除本法另有規定外，準用公司法有關重整之規定。

7.受接管保險業依第 2 項第二款規定讓與全部或部分營業、資產或負債時，如受接管保險業之有效保險契約之保險費率與當時情況有顯著差異，非調高其保險費率或降低其保險金額，其他保險業不予承接者，接管人得報經主管機關核准，調整其保險費率或保險金額。

（四）**接管之期限**：接管之期限，由主管機關定之。在接管期間，接管原因消失時，接管人員應報請主管機關終止接管（保149之3Ⅰ）。接管期間屆滿或雖未屆滿而經主管機關決定終止接管時，接管人員應將經營之有關業務及財務上一切帳冊、文件與財產，列表移交與該保險業之代表人（保149之3Ⅱ）。

㈤**接管人之報酬**：接管人之報酬及因執行職務所生之費用，由受接管之保險業負擔，並優先於其他債權受清償。此項報酬，應報請主管機關核定（保149之5）。

七、保險業之監管處分

即指保險業主管機關在保險業業務或財務狀況顯著惡化，且其程度已嚴重到不能支付其債務，或無法履行契約責任或有損及被保險人權益之虞時，主管機關得依情節之輕重，分別爲下列處分：㈠監管。㈡接管。㈢勒令停業清理。㈣命令解散（保149Ⅳ）。

依前項規定監管、接管、停業清理或解散者，主管機關得委託其他保險業、保險相關機構或具有專業經驗人員擔任監管人、接管人、清理人或清算人；其有涉及安定基金補償事項時，並應通知安定基金配合辦理。前項經主管機關委託之相關機構或個人，於辦理受委託事項時，不適用政府採購法之規定。保險業受接管或被勒令停業清理時，不適用公司法有關臨時管理人或檢查人之規定，除依本法規定聲請之重整外，其他重整、破產、和解之聲請及強制執行程序當然停止。接管人依本法規定聲請重整，就該受接管保險業於受接管前已聲請重整者，得聲請法院合併審理或裁定；必要時，法院得於裁定前訊問利害關係人。保險業經主管機關依第4項第1款規定爲監管處分時，非經監管人同意，保險業不得爲下列行爲：㈠支付款項或處分財產，超過主管機關規定之限額。㈡締結契約或重大義務之承諾。㈢其他重大影響財務之事項。監管人執行監管職務時，準用第148條有關檢查之規定。保險業監管或接管之程序、監管人與接管人之職權、費用負擔及其他應遵行事項之辦法，由主管機關定之（保149Ⅴ～Ⅺ）。

監管人之報酬及因執行職務所生之費用，由監管之保險業負擔，並優先於其他債權受清償（保149之5）。

就保險人之監管程序而言，原則上主管機關對於保險業之監管訂有期限，但在監管期限結束之前，若監管之原因已消失時，監管人亦應報請主管機關終止監管（保149之3）。

在保險業受主管機關之監管處分期間內，若該保險業、負責人或職員對於公司之業務經營有違法嫌疑時，基於維護公司債權人權益之立場，得通知相關單位或機構禁止該保險業之財產移轉、交付或設定他項權利，並得函請入出境許可之機關限制其出境（保149之6）。若該保險業之業務經營確實有違法行為，以致公司資產無法清償其所負之債務時，則該保險業之董事長、董事、監察人、總經理及負責決定該項業務之經理等負責人，自卸職登記之日起 3 年之內，對於公司債權人應負法定之連帶無限清償責任（保153 I），且為防止其以脫產或潛逃出境等方式規避法定清償責任，主管機關並得通知其他相關機關或機構，禁止其辦理財產移轉、交付或設定權利，並得函請入出境許可機關限制出境（保153 II）。

八、保險業之受讓

㈠**股份有限公司之保險業受讓接受保險業**：股份有限公司組織之保險業受讓依第 149 條之 2 第 2 項第 2 款受接管保險業讓與之營業、資產或負債時，適用下列規定（保149之7 I）：

　　1.股份有限公司受讓全部營業、資產或負債時，應經代表已發行股份總數過半數股東出席之股東會，以出席股東表決權過半數之同意行之；不同意之股東不得請求收買股份，免依公司法第 185 條至第 187 條規定辦理。

　　2.債權讓與之通知以公告方式辦理之，免依民法第297 條之規定辦理。

　　3.承擔債務時免依民法第 301 條債權人承認之規定辦理。

　　4.經主管機關認為有緊急處理之必要，且對市場競爭無重大不利影響時，免依公平交易法第 11 條第 1 項規定向行政院公平交易委員會申報結合。

　　保險業依第 149 條之 2 第 2 項第 3 款與受接管保險業合併時，除適用前項第 1 款及第 4 款規定外，解散或合併之通知得以公告方式辦理之，免依公司法第 316 條第 4 項規定辦理（保149之7 II）。

㈡**其他保險業之受讓**：其他保險業受讓受清理保險業之營業、資產或負債或與其合併時，應依前條規定辦理（保149之8 V）。

第七節　保險業之保證金、安定基金及準備金

一、保險業之保證金

保險業之資金，爲擔保保險金額之支付，確保要保人或被保險人之利益，乃規定應繳存一定數額之保證金於國庫，茲就保險金之規定析述如下：

㈠**保證金繳存之數額**：保險業應按資本或基金實收總額百分之十五，繳存保證金於國庫（保141）。

㈡**保證金之標的**：保證金之繳存應以現金爲之。但經主管機關之核准，得以公債或庫券代繳之。上項繳存保證金，非俟宣告停業依法完成清算，不予發還。以有價證券抵繳保證金者，其息票部份，在宣告停業依法清算時，得准移充清算費用（保142）。

㈢**保證金之補足與借款**：保險業不得向外借款、爲保證人或以其財產提供爲他人債務之擔保。但保險業有下列情形之一，報經主管機關核准向外借款者，不在此限（保143）：

　　1.爲給付鉅額保險金、大量解約或大量保單貸款之週轉需要。

　　2.因合併或承受經營不善同業之有效契約。

　　3.爲強化財務結構，發行具有資本性質之債券。

二、保險業之安定基金

爲保障被保險人之基本權益，並維護金融之安定，財產保險業及人身保險業應分別提撥資金，設置財團法人安定基金。財團法人安定基金之組織及管理等事項之辦法，由主管機關定之（保143之1Ⅰ,Ⅱ）。

㈠**安定基金之提撥**：其提撥比率，由主管機關審酌經濟、金融發展情形及保險業承擔能力定之，並不得低於各保險業者總保險費收入之千分之一（保143之1Ⅲ）。安定基金累積之金額不足保障被保險人權益，且有嚴重危及金融安定之虞時，得報經主管機關同意，向金融機構借款（保143之1Ⅳ）。

㈡**安定基金之辦理事項**：安定基金辦理之事項如下（保143之3）：

　　1.對經營困難保險業之貸款。

2.保險業因與經營不善同業進行合併或承受其契約，致遭受損失時，安定基金得予以低利貸款或補助。

3.保險業依第 149 條第 4 項規定被接管、勒令停業清理或命令解散，或經接管人依第 149 條之 2 第 3 項規定向法院聲請重整時，安定基金於必要時應代該保險業墊付要保人、被保險人及受益人依有效契約所得為之請求，並就其墊付金額取得並行使該要保人、被保險人及受益人對該保險業之請求權。

4.保險業依本法規定進行重整時，為保障被保險人權益，協助重整程序之迅速進行，要保人、被保險人及受益人除提出書面反對意見者外，視為同意安定基金代理其出席關係人會議及行使重整相關權利。安定基金執行代理行為之程序及其他應遵行事項，由安定基金訂定，報請主管機關備查。

5.受主管機關委託擔任接管人、清理人或清算人職務。

6.經主管機關核可承接不具清償能力保險公司之保險契約。

7.其他為安定保險市場或保障被保險人之權益，經主管機關核定之事項。

安定基金辦理前項第 1 款至第 3 款及第 7 款事項，其資金動用時點、範圍及限額，由安定基金擬訂，報請主管機關核定。

保險業與經營不善同業進行合併或承受其契約致遭受損失，依第 1 項第 2 款規定申請安定基金補助者，其金額不得超過安定基金依同項第 3 款規定墊付之總額。

習題：何謂保險安定基本？保險安定基金之基金來源為何？其辦理事項為何？（97 三金保）

三、保險業之準備金

保險業乃是社會金融事業之一，故為鞏固其資力，以免影響金融之安定，除嚴密規定保險業之資金管理與運用外，並為支付保險金額之準備，保險業於營業年度屆滿時，應分別保險種類，計算其應提存之各種準備金，記載於特設之帳簿。上項所稱各種準備金之提存比率、計算方

式及其他應遵行事項之辦法，由主管機關定之（保 145）。關於所提準備金之運用應受保險法第 146 條之限制。

第八節　保險業之清理、解散與清算

一、保險業之停業清理

即指主管機關在保險人之業務或財務狀況顯著惡化，且其程度已嚴重到無法履行償債或理賠等契約義務，或有損害被保險人權益之可能時，基於維護保險契約當事人與利害關係人權益，避免保險公司倒閉引發金融危機，而採取「勒令停業派員清理」的緊急性處分措施（保 149Ⅳ③）。在主管機關對保險人之業務或財務採取清理處分措施時，只有受主管機關委託之相關機構或具有專業經驗人員，方具有擔任保險業清理人之資格，且對於其執行清理法定職務所應得之報酬，應報請主管機關核定通過，並與清理過程中所產生之相關費用，一同由該保險業負擔，且應優先於其他債權而接受清償（保 149 之 5 Ⅰ）。

㈠**清理處分之效力**：保險業收受主管機關清理處分之通知後，應將其業務之經營及財產之管理處分權移交予清理人。原有股東會、董事、監察人或類似機構之職權即行停止。保險業之董事、經理人或類似機構應將有關業務及財務上一切帳冊、文件與財產列表移交與清理人。董事、監察人、經理人或其他職員，對於清理人所為關於業務或財務狀況之詢問，有答復之義務（保 149 之 8Ⅲ準 149 之 1）。

㈡**清理人之職務**：保險業之清理，主管機關應指定清理人為之，並得派員監督清理之進行（保 149 之 8 Ⅰ）。清理人有下列職務：

1. 了結現務。

2. 收取債權與清償債務。

清理人執行前項職務，有代表保險業為訴訟上及訴訟外一切行為之權。但將保險業營業、資產或負債予以轉讓，或與其他保險業合併時，應報經主管機關核准（保 149 之 8Ⅳ）。其他保險業受讓受清理保險業之營業、資產或負債或與其合併時，應依前條規定辦理（保 149 之 8Ⅴ）。清理

人執行職務聲請假扣押、假處分時，得免提供擔保（保149之8Ⅵ）。

（三）**停業清理債權**：保險業經主管機關勒令停業進行清理時，第三人對該保險業之債權，除依訴訟程序確定其權利者外，非依前條第一項規定之清理程序，不得行使。前項債權因涉訟致分配有稽延之虞時，清理人得按照清理分配比例提存相當金額，而將所餘財產分配於其他債權人。下列各款債權，不列入清理：

　1.債權人參加清理程序為個人利益所支出之費用。

　2.保險業停業日後債務不履行所生之損害賠償及違約金。

　3.罰金、罰鍰及追繳金。

　　在保險業停業日前，對於保險業之財產有質權、抵押權或留置權者，就其財產有別除權；有別除權之債權人不依清理程序而行使其權利。但行使別除權後未能受清償之債權，得依清理程序申報列入清理債權。清理人因執行清理職務所生之費用及債務，應先於清理債權，隨時由受清理保險業財產清償之。依第149之9條第1項規定申報之債權或為清理人所明知而列入清理之債權，其請求權時效中斷，自清理完結之日起重行起算。債權人依清理程序已受清償者，其債權未能受清償之部分，對該保險業之請求權視為消滅。清理完結後，如復發現可分配之財產時，應追加分配，於列入清理程序之債權人受清償後，有剩餘時，第3項之債權人仍得請求清償（保149之10）。

（四）**清理完結**：清理人應於清理完結後15日內造具清理期內收支表、損益表及各項帳冊，並將收支表及損益表於保險業所在地之新聞紙及主管機關指定之網站公告後，報主管機關廢止保險業許可。前項經廢止許可之保險業，自停業時起視為解散，原有清理程序視為清算（保149之11）。

二、保險業之解散

　　主管機關命令保險業解散之原因，乃是其業務或財務狀況顯著惡化不能支付其債務，或無法履行契約責任或損及被保險人權益之虞時，主管機關得依情節之輕重，或予命令解散（保149Ⅳ④）。

　　在保險業解散後，即須經清算之程序，並應將其營業執照繳銷，其

清算人則由主管機關指派，並得派員監督清算之進行。主管機關亦得委託其他保險業、保險相關機構或具有專業經驗人員擔任清算人；其有涉及安定基金補償事項時，並應通知安定基金配合辦理（保149V）。

　　保險業之清算程序除應遵守保險法之規定外，若該保險業之組織型態爲股份有限公司時，應準用公司法對於股份有限公司清算之相關規定，若爲外國保險業時，則應準用公司法對於外國公司清算之規定，若爲合作社時，則應準用合作社法對於清算之規定，並應將其營業執照繳銷。

三、保險業之清算

　　保險業解散後須經清算程序，其程序爲：

　㈠**選派清算人**：保險業因業務或財務狀況顯著惡化，不能支持其債務，或無法履行契約責任或有損及被保險人權益之虞時，經主管機關命令解散者，主管機關得委託其他保險業、保險相關機構或具有專業經驗人員擔任清算人，負責清算工作（保149V）。

　㈡**清算程序**：依第149條爲解散之處分者，其清算程序，除保險法另有規定外，其爲公司組織者，準用公司法關於股份有限公司清算之規定；其爲合作社組織者，準用合作社法關於清算之規定。但有公司法第335條特別清算之原因者，均應準用公司法關於股份有限公司特別清算之程序爲之（保149之4）。

　㈢**清算人之報酬及清算費用**：清算人之報酬及因執行職務所生之費用，由受清算之保險業負擔，並優先於其他債權受清償。前項報酬，應報請主管機關核定（保149之5）。

　㈣**營業執照之撤銷**：保險業解散清算時，應將其營業執照繳銷（保150）。

　㈤**遲延清算之處罰**：保險業經撤銷登記延不清算者，得處負責人各新臺幣六十萬元以上三百萬元以下罰鍰。

第九節　保險業違法之處罰

一、未依規定設立之處罰

　　未依第 137 條規定，經主管機關核准經營保險業務者，應勒令停業，並處新臺幣三百萬元以上一千五百萬元以下罰鍰（保 166）。

二、非保險業經營保險業之處罰

　　非保險業經營保險或類似保險業務者，處 3 年以上 10 年以下有期徒刑，得併科新臺幣一千萬元以上二億元以下罰金。其犯罪所得達新臺幣一億元以上者，處 7 年以上有期徒刑，得併科新臺幣二千五百萬元以上五億元以下罰金。法人犯前項之罪者，處罰其行為負責人（保 167）。

三、保險輔助人未領證書之處罰

　　違反第 163 條規定者，處新臺幣九十萬元以上四百五十萬元以下罰鍰（保 167 之 1）。

四、保險輔助人違反管理規則之處罰

　　違反第 177 條所定保險代理人經紀人公證人管理規則者，除本法另有規定者外，應限期改正，或併處新臺幣九十萬元以上四百五十萬元以下罰鍰；情節重大者，並得命令停止執業或撤銷執業證書（保 167 之 2）。

五、保險業違反營業範圍之限制的處罰

　　保險業違反第 138 條第 1 項、第 3 項、第 5 項或第 2 項所定辦法中有關業務範圍之規定者，處新臺幣九十萬元以上四百五十萬元以下罰鍰（保 168 I）。

　　保險業違反第 138 條之 2 第 2 項、第 4 項、第 5 項、第 7 項、第 138 條之 3 第 1 項、第 2 項或第 3 項所定辦法中有關賠償準備金提存額度、提存方式之規定者，處新臺幣九十萬元以上四百五十萬元以下罰鍰；其情節重大者，並得廢止其經營保險金信託業務之許可（保 168 II）。

　　保險業違反第 143 條者，處新臺幣九十萬元以上四百五十萬元以下罰鍰（保 168 III）。

　　保險業資金之運用有下列情形之一者，處新臺幣九十萬元以上四百五十萬元以下罰鍰或勒令撤換其負責人；其情節重大者，並得撤銷其營業執照（保 168 IV）：

㈠違反第 146 條第 1 項、第 3 項、第 5 項、第 7 項或第 6 項所定辦法中有關專設帳簿之管理、保存及投資資產運用之規定，或違反第 8 項所定辦法中有關保險業從事衍生性商品交易之條件、交易範圍、交易限額、內部處理程序之規定。

㈡違反第 146 條之 1 第 1 項、第 2 項、第 3 項或第 4 項所定辦法中有關投資條件、投資範圍、內容及投資規範之規定。

㈢違反第 146 條之 2 規定。

㈣違反第 146 條之 3 第 1 項、第 2 項或第 4 項規定。

㈤違反第 146 條之 4 第 1 項、第 2 項或第 3 項所定辦法中有關投資規範或投資額度之規定。

㈥違反第 146 條之 5 第 1 項前段規定、同條後段所定辦法中有關投資範圍或限額之規定。

㈦違反第 146 條之 6 第 1 項、第 2 項或第 3 項所定辦法中有關投資申報方式之規定。

㈧違反第 146 條之 7 第 1 項所定辦法中有關放款或其他交易限額之規定，或第 3 項所定辦法中有關決議程序或限額之規定。

㈨違反第 146 條之 9 第 1 項、第 2 項或第 3 項規定。

保險業依第 146 條之 3 第 3 項或第 146 條之 8 第 1 項規定所為之放款無十足擔保或條件優於其他同類放款對象者，其行為負責人，處 3 年以下有期徒刑或拘役，得併科新臺幣二千萬元以下罰金（保 168 V）。

保險業依第 146 條之 3 第 3 項或第 146 條之 8 第 1 項規定所為之擔保放款達主管機關規定金額以上，未經董事會三分之二以上董事之出席及出席董事四分之三以上同意者，或違反第 146 條之 3 第 3 項所定辦法中有關放款限額、放款總餘額之規定者，其行為負責人，處新臺幣二百萬元以上一千萬元以下罰鍰（保 168 VI）。

六、妨害主管機關檢查業務之處罰

主管機關依第 148 條規定派員，或委託適當機構或專業經驗人員，檢查保險業之業務及財務狀況或令保險業於限期內報告營業狀況時，保

險業之負責人或職員有下列情形之一者，處新臺幣一百八十萬元以上九百萬元以下罰鍰（保168之1）：

　㈠拒絕檢查或拒絕開啓金庫或其他庫房。

　㈡隱匿或毀損有關業務或財務狀況之帳冊文件。

　㈢無故對檢查人員之詢問不爲答復或答復不實。

　㈣逾期提報財務報告、財產目錄或其他有關資料及報告，或提報不實、不全或未於規定期限內繳納查核費用者。

　　保險業之關係企業或其他金融機構，於主管機關依第 148 條第 4 項派員檢查時，怠於提供財務報告、帳冊、文件或相關交易資料者，處新臺幣一百八十萬元以上九百萬元以下罰鍰。

七、負責人或職員控制保險業圖利之處罰

　　保險業負責人或職員或以他人名義投資而直接或間接控制該保險業之人事、財務或業務經營之人，意圖爲自己或第三人不法之利益，或損害保險業之利益，而爲違背保險業經營之行爲，致生損害於保險業之財產或利益者，處 3 年以上 10 年以下有期徒刑，得併科新臺幣一千萬元以上二億元以下罰金。其犯罪所得達新臺幣一億元以上者，處 7 年以上有期徒刑，得併科新臺幣二千五百萬元以上五億元以下罰金（保168之2Ⅰ）。保險業負責人或職員或以他人名義投資而直接或間接控制該保險業之人事、財務或業務經營之人，2 人以上共同實施前項犯罪之行爲者，得加重其刑至二分之一（保168之2Ⅱ）。第 1 項之未遂犯罰之（保168之2Ⅲ）。

八、保險業超額承保之處罰

　　保險業違反第 72 條規定超額承保者，除違反部分無效外，處新臺幣四十五萬元以上二百二十五萬元以下罰鍰（保169）。

九、對安定基金之提撥未依規定之處罰

　　保險業對於安定基金之提撥，如未依限或拒絕繳付者，主管機關得視情節之輕重，處新臺幣二十四萬元以上一百二十萬元以下罰鍰，或勒令撤換其負責人（保169之2）。

十、再保險違反規定之處罰

保險業辦理再保險業務違反第 147 條所定辦法中有關再保險之分出、分入、其他危險分散機制業務之方式或限額之規定者，處新臺幣九十萬元以上四百五十萬元以下罰鍰（保170之1 I）。專業再保險業違反第 147 條之 1 第 2 項所定辦法中有關業務範圍或財務管理之規定者，處新臺幣九十萬元以上四百五十萬元以下罰鍰（保170之1 II）。

十一、保險業違反精算人員聘用及準備金提存之處罰

保險業違反第 144 條、第 145 條規定者，處新臺幣六十萬元以上三百萬元以下罰鍰，並得撤換其核保或精算人員（保171）。

十二、違反檢查業務規定之處罰

保險業違反第 148 條之 1 第 1 項或第 2 項規定者，處新臺幣六十萬元以上三百萬元以下罰鍰（保171之1 I）。

保險業違反第 148 條之 2 第 1 項規定，未提供說明文件供查閱、或所提供之說明文件未依規定記載，或所提供之說明文件記載不實，處新臺幣六十萬元以上三百萬元以下罰鍰（保171之1 II）。

保險業違反第 148 條之 2 第 2 項規定，未依限向主管機關報告或主動公開說明，或向主管機關報告或公開說明之內容不實，處新臺幣三十萬元以上一百五十萬元以下罰鍰（保171之1 III）。

保險業違反第 148 條之 3 第 1 項規定，未建立或未執行內部控制或稽核制度，處新臺幣六十萬元以上三百萬元以下罰鍰（保171之1 IV）。

保險業違反第 148 條之 3 第 2 項規定，未建立或未執行內部處理制度或程序，處新臺幣六十萬元以上三百萬元以下罰鍰（保171之1 V）。

十三、保險業延不清算之處罰

保險業經撤銷登記延不清算者，得處負責人各新臺幣六十萬元以上三百萬元以下罰鍰（保172）。

十四、保險業負責人或職員不配合主管機關檢查之處罰

保險業於主管機關監管、接管或勒令停業清理時，其董（理）事、

監察人（監事）、經理人或其他職員有下列情形之一者，處 1 年以上 7 年以下有期徒刑，得併科新臺幣二千萬元以下罰金（保172之1）：

(一)拒絕將保險業業務財務有關之帳冊、文件、印章及財產等列表移交予監管人、接管人或清理人或不為全部移交。

(二)隱匿或毀損與業務有關之帳冊、隱匿或毀棄該保險業之財產，或為其他不利於債權人之處分。

(三)捏造債務，或承認不真實之債務。

(四)無故拒絕監管人、接管人或清理人之詢問，或對其詢問為虛偽之答覆，致影響被保險人或受益人之權益者。

十五、保險業違法再犯之處罰

保險業經依本節規定處罰後，於規定限期內仍不予改正者，得對其同一事實或行為，再予加一倍至五倍處罰（保172之2）。

十六、處罰方式

(一) 減輕或加重其刑	犯第 167 條或第 168 條之 2 之罪，於犯罪後自首，如有犯罪所得並自動繳交全部所得財物者，減輕或免除其刑；並因而查獲其他正犯或共犯者，免除其刑（保168之3 I）。犯第 167 條或第 168 條之 2 之罪，在偵查中自白，如有犯罪所得並自動繳交全部所得財物者，減輕其刑；並因而查獲其他正犯或共犯者，減輕其刑至二分之一（保168之3 II）。犯第 167 條或第 168 條之 2 之罪，其犯罪所得利益超過罰金最高額時，得於所得利益之範圍內加重罰金；如損及保險市場穩定者，加重其刑至二分之一（保168之3 III）。
(二) 沒收	犯本法之罪，因犯罪所得財物或財產上利益，除應發還被害人或得請求損害賠償之人外，屬於犯人者，沒收之。如全部或一部不能沒收時，追徵其價額或以其財產抵償之（保168之4）。
(三) 易科罰金	犯本法之罪，所科罰金達新臺幣五千萬元以上而無力完納者，易服勞役期間為 2 年以下，其折算標準以罰金總額與 2 年之日數比例折算；所科罰金達新臺幣一億元以上而無力完納者，易服勞役期間為 3 年以下，其折算標準以罰金總額與 3 年之日數比例折算（保168之5）。
(四)	第 168 條之 2 第 1 項之保險業負責人、職員或以他人名義投資

得撤銷之情形	而直接或間接控制該保險業之人事、財務或業務經營之人所爲之無償行爲，有害及保險業之權利者，保險業得聲請法院撤銷之（保168之6 I）。前項之保險業負責人、職員或以他人名義投資而直接或間接控制該保險業之人事、財務或業務經營之人所爲之有償行爲，於行爲時明知有損害於保險業之權利，且受益之人於受益時亦知其情事者，保險業得聲請法院撤銷之（保168之6 II）。依前二項規定聲請法院撤銷時，得並聲請命受益之人或轉得人回復原狀（保168之6 III）。但轉得人於轉得時不知有撤銷原因者，不在此限（保168之6 IV）。第1項之保險業負責人、職員或以他人名義投資而直接或間接控制該保險業之人事、財務或業務經營之人與其配偶、直系親屬、同居親屬、家長或家屬間所爲之處分其財產行爲，均視爲無償行爲（保168之6 V）。第1項之保險業負責人、職員或以他人名義投資而直接或間接控制該保險業之人事、財務或業務經營之人與前項以外之人所爲之處分其財產行爲，推定爲無償行爲（保168之6 VI）。第1項及第2項之撤銷權，自保險業知有撤銷原因時起，1年間不行使，或自行爲時起經過10年而消滅（保168之6 VII）。
(五)重大犯罪之法規適用	第168條之2第1項之罪，爲洗錢防制法第3條第1項所定之重大犯罪，適用洗錢防制法之相關規定（保168之7）。

第六章　附　則

一、社會保險之訂定

社會保險另以法律定之（保174）。

二、專業法庭或專人辦理

法院為審理違反保險法之犯罪案件，得設立專業法庭或指定專人辦理（保174之1）。

三、施行細則之訂定

保險法施行細則，由主管機關定之（保175）。

四、合作條約或協定之簽訂

為促進我國與其他國家保險市場主管機關之國際合作，政府或其授權之機構依互惠原則，得與外國政府、機構或國際組織，就資訊交換、技術合作、協助調查等事項，簽訂合作條約或協定（保175之1 I）。除有妨害國家利益或投保大眾權益者外，主管機關依上項簽訂之條約或協定，得洽請相關機關、機構依法提供必要資訊，並基於互惠及保密原則，提供予與我國簽訂條約或協定之外國政府、機構或國際組織（保175之1 II）。

五、保險業管理辦法之內容

保險業之設立、登記、轉讓、合併及解散清理，除依公司法規定外，應將詳細程序明訂於管理辦法內（保176）。

六、保險輔助人管理規則之訂定

代理人、經紀人、公證人及保險業務員之資格取得、登錄、撤銷登錄、教育訓練、懲處及其他應遵行事項之管理規則，由主管機關定之（保177）。

七、施行日期

保險法除中華民國95年5月30日修正公布之條文自中華民國95年7月1日施行外，自公布日施行（保178）。

第六編　其他商事法

第一章　商業登記法

第一節　商業登記概說

一、商業之意義

　　商業（英：commerce；德：Handel），所謂商業係以營利為目的，以獨資或合夥方式經營之事業之謂（商登 3）。另依商業會計法第 2 條：「本法所稱商業，謂以營利為目的之事業；其範圍依商業登記法、公司法及其他法律之規定。」再依公司法第 1 條：「本法所稱公司，謂以營利為目的，依照本法組織、登記、成立之社團法人。」因此商業就是「**以營利為目的**」為其主要特徵。

二、商業登記之意義

　　商業登記（英：commercial registration；德：Handelregister；法：registre du commerce），即依商業登記法之規定，將第 9 條規定事項，由商業負責人向營業所在地之主管機關登記。此可分為三點說明：

　　㈠**應向主管機關登記**：即由商業負責人向商業所在地之主管機關登記（商登 4）。此之主管機關在中央為經濟部；在直轄市為直轄市政府；在縣（市）為縣（市）政府（商登 2 I）。直轄市政府、縣（市）政府，必要時得報經經濟部核定，將本法部分業務委任或委辦區、鄉（鎮、市、區）公所或委託直轄市、縣（市）之商業會辦理（商登 2 II）。

　　㈡**須將第 9 條規定事項登記**：即商業登記法所規定之一定事項向主管機關申請登記。

　　㈢**須依商業登記法登記**：商業登記法即為商業登記之法律依據。同是從事營利事業之公司的登記，則依公司法為之（公 1、6、7），有關登記方面，因公司法是商業登記法之特別法，依特別法優於普通法的原則，除

公司法有規定公司之登記外，其他的商業登記，均依本法爲之。

第二節　商業登記之種類

可分爲創設登記、變更登記、消滅登記及其他事項登記等：

種類	項目	內容	法律
一、創設登記	(一)商業開業登記	商業開業前，應將下列各款申請登記： 1.名稱。 2.組織。 3.所營業務。 4.資本額。 5.所在地。 6.負責人之姓名、住、居所、身分證明文件字號、出資種類及數額。 7.合夥組織者，合夥人之姓名、住、居所、身分證明文件字號、出資種類、數額及合夥契約副本。 8.其他經中央主管機關規定之事項。 上項及其他依本法規定應登記事項，商業所在地主管機關得隨時派員抽查；商業負責人及其從業人員，不得規避、妨礙或拒絕。	商登9
	(二)商業分支機構登記	商業之分支機構，其獨立設置帳簿者，應自設立之日起15日內，將下列各款事項，向分支機構所在地之主管機關申請登記： 1.分支機構名稱。 2.分支機構所在地。 3.分支機構經理人之姓名、住、居所、身分證明文件字號。 4.其他經中央主管機關規定之事項。 上項分支機構終止營業時，應自事實發生之日起15日內，向分支機構所在地之主管機關申請廢止登記。 分支機構所在地主管機關依前二項規定核准或廢止登記後，應以副本抄送本商業所在地之直轄市政府或縣（市）政府。	商登14
二、	(一)	登記事項有變更時，除繼承之登記應自繼承開始後6	商登15

變更登記	商業變更登記	個月內爲之之外，應自事實發生之日起 15 日內，申請爲變更登記。商業之各類登記事項，其申請程序、應檢附之文件、資料及其他應遵行事項之辦法，由中央主管機關定之。	
	(二)商業遷移登記	商業遷移於原登記機關之管轄區域以外時，應向遷入區域之主管機關申請遷址之登記。	商登 16
	(三)停業及復業登記	商業暫停營業 1 個月以上者，應於停業前申請停業之登記，並於復業前申請復業之登記。但已依加值型及非加值型營業稅法規定申報者，不在此限。上項停業期間，最長不得超過 1 年。但有正當理由，經商業所在地主管機關核准者，不在此限。	商登 17
三消滅登記		商業終止營業時，應自事實發生之日起 15 日內，申請歇業登記。	商登 18
四其他事項登記	(一)法定代理人經營已登記商業之登記	1.限制行爲能力人，經法定代理人之允許，獨立營業或爲合夥事業之合夥人者，申請登記時，應附送法定代理人之同意書。法定代理人如發覺前項行爲有不勝任情形，撤銷其允許或加以限制者，應將其事由申請商業所在地主管機關登記。	商登 11
		2.法定代理人爲無行爲能力人或限制行爲能力人經營已登記之商業者，則法定代理人爲商業負責人，應於 15 日內申請登記，登記時應加具法定代理人證明文件。	商登 12
	(二)經理人變更之登記	經理人之任免或調動，應自事實發生之日起 15 日內申請登記。	商登 13

第三節 商業登記之程序與效力

一、商業登記之程序

㈠**申請登記**：商業登記之申請，由商業負責人向商業所在地之主管機關爲之；其委託他人辦理者，應附具委託書（商登 8 I）。商業繼承之登記，應由合法繼承人全體聯名申請，繼承人中有未成年者，由其法定代理人

代為申請；繼承開始時，繼承人之有無不明者，由遺產管理人代為申請（商登8Ⅱ）。並應繳納各種規費，包括審查費、登記費、查閱費、抄錄費及證照費；其費額，由中央主管機關定之（商登35Ⅰ）。停業登記、復業登記、歇業登記，免繳登記費（商登35Ⅱ）。

(二)**登記之規定**：

1.申請之補正通知：商業所在地之主管機關對於商業登記之申請，認有違反法令或不合法定程式者，應自收文之日起 5 日內通知補正，其應行補正事項，應一次通知之（商登22）。

2.辦理商業登記之時間限制：商業所在地主管機關辦理商業登記案件之期間，自收件之日起至核准登記之日止，不得逾 7 日。但依第 22 條規定通知補正期間，不計在內（商登23）。

3.登記事項之申請更正：商業登記後，申請人發現其登記事項有錯誤或遺漏時，得申請更正；必要時並應檢具證明文件（商登24）。

(三)**公告**：已登記之事項，所在地主管機關應公告之。公告與登記不符者，以登記為準（商登19）。

二、商業登記之效力

(一)**一般效力**：即登記對抗效力，商業設立登記後，有應登記事項而未登記，或已登記事項有變更而未為變更之登記者，不得以其事項對抗善意第三人（商登20Ⅰ）。於分支機構所在地有應登記事項而未登記，或已登記事項有變更而未為變更之登記者，上項規定，僅就該分支機構適用之（商登20Ⅱ）。

(二)**特殊效力**：

1.使用商業名稱之限制：商業在同一直轄市或縣（市），不得使用與已登記之商業相同之名稱。但增設分支機構於他直轄市或縣（市），附記足以表示其為分支機構之明確字樣者，不在此限（商登28Ⅰ）。商業之名稱，不得使用公司字樣（商登28Ⅱ）。

2.證明力：

(1)請求發給證明書：商業負責人或利害關係人，得請求商業所在

地主管機關就已登記事項發給證明書（商登25）。

(2)請求查閱或抄錄登記簿及其附屬文件：商業負責人或利害關係
人，得敘明理由，向商業所在地主管機關請求查閱或抄錄登記
簿及其附屬文件。但顯無必要者，商業所在地主管機關得拒絕
抄閱或限制其抄閱範圍（商登26 I）。

第四節　商業登記之申請、撤銷與處罰

一、商業登記之申請與撤銷

商業業務，依法律或法規命令，須經各該目的事業主管機關許可者，
於領得許可文件後，方得申請商業登記。上項業務之許可，經目的事業
主管機關撤銷或廢止確定者，各該目的事業主管機關應通知商業所在地
主管機關撤銷或廢止其商業登記或部分登記事項（商登6）。

二、撤銷或廢止商業登記事項之情事

商業有下列情事之一者，其所在地主管機關得依職權、檢察機關通
知或利害關係人申請，撤銷或廢止其商業登記或部分登記事項（商登29）：

㈠登記事項有偽造、變造文書，經有罪判決確定。

㈡登記後滿6個月尚未開始營業，或開始營業後自行停止營業6個月
以上。此項期限，如有正當事由，得申請准予延展。

㈢遷離原址，逾6個月未申請變更登記，經商業所在地主管機關通知
仍未辦理。

㈣登記後經有關機關調查，發現無營業跡象，並經房屋所有權人證明
無租借房屋情事。

三、商業登記之處罰

㈠**虛偽申報之罰鍰**：申請登記事項有虛偽情事者，其商業負責人處新
臺幣六千元以上三萬元以下罰鍰（商登30）。

㈡**經營未設立登記業務之罰鍰**：未經設立登記而以商業名義經營業務
或為其他法律行為者，商業所在地主管機關應命行為人限期辦妥登記；

屆期未辦妥者，處新臺幣一萬元以上五萬元以下罰鍰，並得按次連續處罰（商登 31）。

㈢**違反應登記事項之罰鍰**：除第 31 條規定外，其他有應登記事項而不登記者，其商業負責人處新臺幣二千元以上一萬元以下罰鍰（商登 32）。

㈣**違反申請登記期限之罰鍰**：逾第 12 條至第 15 條規定申請登記之期限者，其商業負責人處新臺幣一千元以上五千元以下罰鍰（商登 33）。

㈤**規避、妨礙或拒絕抽查之罰鍰**：商業負責人或其從業人員違反第 9 條第 2 項規定，規避、妨礙或拒絕商業所在地主管機關人員抽查者，其商業負責人處新臺幣六千元以上三萬元以下罰鍰（商登 34）。

第五節　商號之概念

一、商號之意義

商號（英：trade name；德：Handelsfirma；法：nom commercial, raison sociale），即商人在營業活動上對外表彰自己之名稱。在商業登記法上所規定之「商業名稱」，係指商號而言。故依第 28 條規定，已有使用商號名稱之限制規定。

二、商號選用之原則

㈠**商號自由之原則**：我國法制對商號之選用及使用採自由原則，依商業登記法第 27 條前段規定：「商業之名稱，得以其負責人姓名或其他名稱充之。」但仍有下列限制：

1.不得使用易於使人誤認爲與政府機關或公益團體有關之名稱。以合夥人之姓或姓名爲商業名稱者，該合夥人退夥，如仍用其姓或姓名爲商業名稱時，須得其同意（商登 27 但）。

2.商業在同一直轄市

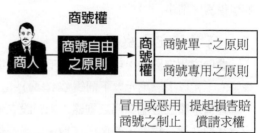

或縣（市），不得使用與已登記之商業相同之名稱。但增設分支機構於他直轄市或縣（市），附記足以表示其為分支機構之明確字樣者，不在此限（商登28 I）。

　　㈡**商號單一之原則**：商號既為商人在營業活動上對外表彰之名稱，即一個企業機構只能有一個商號，個人商人對一個營業也只能擁有一個商號，此稱為商號單一之原則。

　　㈢**商號專用之原則**：商業之名稱，不得使用公司字樣（商登28 II）。

三、商號之登記

　　㈠**商號登記之必要**：商業名稱應經登記始能經營業務（商登31）。商業非經商業所在地主管機關登記，不得成立（商登4）。因此在商業開業前，由商業負責人向商業所在地之主管機關為之（商登8 I）。商號之登記事項有變更時，除繼承之登記應自繼承開始後6個月內為之外，應自事實發生之日起15日內，申請為變更登記（商登15）。

　　㈡**小規模得免登記**：下列各款小規模商業，得免依商業登記法申請登記（商登5）：

　　　1.攤販。

　　　2.家庭農、林、漁、牧業者。

　　　3.家庭手工業者。

　　　4.民宿經營者。

　　　5.每月銷售額未達營業稅起徵點者。

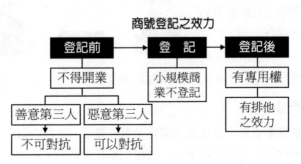

商號登記之效力

第二章　消費者保護法

第一節　消費者保護法概說

　　政府爲保護消費者權益，促進國民消費生活安全，提昇國民消費生活品質，乃制定消費者保護法（消保1）。

一、消費者保護措施

　　有關保護消費者之主管機關，在中央爲目的事業主管機關；在直轄市爲直轄市政府；在縣（市）爲縣（市）政府（消保6）。具體措施可分二方面說明之：

　　㈠**企業經營者之義務**：企業經營者對於其提供之商品或服務，應重視消費者之健康與安全，並向消費者說明商品或服務之使用方法，維護交易之公平，提供消費者充分與正確之資訊，及實施其他必要之消費者保護措施（消保4）。

缺陷商品或服務之賠償責任

消費者　損害發生被害　→　舉證　①「缺陷」之存在　②「損害」之發生　③缺陷損害之因果關係

商品

損害賠償請求（消保7）

販賣業者　商品　廠商

　　㈡**消費資訊之提供**：政府、企業經營者及消費者均應致力充實消費資訊，提供消費者運用，俾能採取正確合理之消費行爲，以維護其安全與權益（消保5）。

二、消費者權益

　　㈠**消費者健康安全之保障及企業經營者之責任**：從事設計、生產、製造商品或提供服務之企業經營者，於提供商品流通進入市場，或提供服務時，應確保該商品或服務，符合當時科技或專業水準可合理期待之安

全性。商品或服務具有危害消費者生命、身體、健康、財產之可能者，應於明顯處為警告標示及緊急處理危險之方法。企業經營者違反前二項規定，致生損害於消費者或第三人時，應負連帶賠償責任。但企業經營者能證明其無過失者，法院得減輕其賠償責任①（消保7）。

㈡**企業經營者之舉證責任**：企業經營者主張其商品於流通進入市場，或其服務於提供時，符合當時科技或專業水準可合理期待之安全性者，就其主張之事實負舉證責任。商品或服務不得僅因其後有較佳之商品或服務，而被視為不符合第7條第1項之安全性（消保7之1）。

㈢**企業經營者責任之排除**：從事經銷之企業經營者，就商品或服務所生之損害，與設計、生產、製造商品或提供服務之企業經營者連帶負賠償責任。但其對於損害之防免已盡相當之注意，或縱加以相當之注意而仍不免發生損害者，不在此限（消保8Ⅰ）。

㈣**輸入商品或服務之企業經營者責任**：輸入商品或服務之企業經營者，視為該商品之設計、生產、製造者或服務之提供者，負消費者保護法第7條之製造者責任（消保9）。

共同侵權行為

三、定型化契約

即企業當事人之一方，決定契約之一定形式與內容，而他方如欲同

---

①2003年9月10日中國時報社會綜合版報導：臺灣盛香珍蒟蒻蘋果凍噎死人案，九日在美國谷聖塔克拉拉法院做成快速判決，盛香珍再度缺席，法官判決應賠償五千萬美元，盛香珍召開說明會指出，對美國法院的判決喪失信心，相信台灣的司法更能公平公正的裁決相關案件，還公司清白。這是盛香珍在美國第三件果凍噎死訴訟案。

意簽定契約，只有服從其內容之規定，而成立之契約。依消費者保護法第 2 條第 7 款規定：指企業經營者為與不特定多數消費者訂立同類契約之用，所提出預先擬定之契約條款，稱為定型化契約條款。而定型化契約條款不限於書面，其以放映字幕、張貼、牌示、網際網路或其他方法表示者，亦屬之。而定型化契約，係指以企業經營者提出之定型化契約條款作為契約內容之全部或一部而訂定之契約（消保 21⑨）。

如搭乘飛機或觀看電影等，搭乘時已同意其所規定之條款，此時購票之乘客並不認為其行為無效，此種契約均屬定型化契約。今日一般民眾與大企業締結契約，如運送、保險、電氣、瓦斯之供應，或勞工與大企業簽定僱傭契約都是屬於此類契約。這種現象因企業之獨占化而有逐漸擴大之勢。一般人因無法更改契約之內容，亦無選擇是否締結契約之自由，「契約自由之原則」在實質上已受限制，因此國家為保障契約內容之合理性，當有必要介入執行嚴格之監督。故消保法第 11 條規定：「企業經營者在定型化契約中所用之條款，應本平等互惠之原則。定型化契約條款如有疑義時，應為有利於消費者之解釋。」

四、特種買賣

㈠**企業經營者之告知義務**：企業經營者為郵購買賣或訪問買賣時，應將其買賣之條件、出賣人之姓名、名稱、負責人、事務所或住居所告知買受之消費者（消保 18）

㈡**消費者之解約權**：郵購或訪問買賣之消費者，對所收受之商品不願買受時，得於收受商品後 7 日內，退回商品或以書面通知企業經營者解除買賣契約，無須說明理由及負擔任何費用或價款。郵購或訪問買賣違反前項規定所為之約定無效。契約經解除者，企業經營者與消費者間關於回復原狀之約定，對於消費者較民法第 259 條之規定不利者，無效（消保 19）。

㈢**消費者不負保管義務**：未經消費者要約而對之郵寄或投遞之商品，消費者不負保管義務。此項物品之寄送人，經消費者定相當期限通知取回而逾期未取回或無法通知者，視為拋棄其寄投之商品。雖未經通知，

但在寄送後逾 1 個月未經消費者表示承諾，而仍不取回其商品者，亦同。消費者得請求償還因寄送物所受之損害，及處理寄送物所支出之必要費用（消保 20）。

　　㈣**分期付款買賣契約**：企業經營者與消費者分期付款買賣契約應以書面爲之。此項契約書應載明下列事項（消保 21）：

　　　1.頭期款。

　　　2.各期價款與其他附加費用合計之總價款與現金交易價格之差額。

　　　3.利率。

　　企業經營者未依上項規定記載利率者，其利率按現金交易價格週年利率百分之五計算之。

　　企業經營者違反第 2 項第 1 款、第 2 款之規定者，消費者不負現金交易價格以外價款之給付義務。

五、消費者資訊之規範

　　㈠**廣告內容之真實**：企業經營者應確保廣告內容之真實，其對消費者所負之義務不得低於廣告之內容（消保 22）。

　　㈡**商品或服務之標示**：企業經營者應依商品標示法等法令爲商品或服務之標示。輸入之商品或服務，應附中文標示及說明書，其內容不得較原產地之標示及說明書簡略。輸入之商品或服務在原產地附有警告標示者，準用前項之規定（消保 24）。

六、消費爭議之處理

　　㈠**消費申訴與調解**：

　　　1.申訴：消費者與企業經營者因商品或服務發生消費爭議時，消費者得向企業經營者、消費者保護團體或消費者服務中心或其分中心申訴。企業經營者對於消費者之申訴，應於申訴之日起 15 日內妥適處理之。消費者依第 1 項申訴，未獲妥適處理時，得向直轄市、縣（市）政府消費者保護官申訴（消保 43）。

　　　2.調解：消費者依第 43 條申訴未能獲得妥適處理時，得向直轄市或縣（市）消費爭議調解委員會申請調解（消保 44）。

㈡**消費訴訟：**

1.訴訟之提起及請求權基礎：消費者保護團體對於同一之原因事件，致使眾多消費者受害時，得受讓 20 人以上消費者損害賠償請求權後，以自己名義，提起訴訟。消費者得於言詞辯論終結前，終止讓與損害賠償請求權，並通知法院（消保 50 I）。此項訴訟，因部分消費者終止讓與損害賠償請求權，致人數不足 20 人者，不影響其實施訴訟之權能（消保 50 II）。

2.懲罰性賠償金之科處：依消費者保護法所提之訴訟，因企業經營者之故意所致之損害，消費者得請求損害額三倍以下之懲罰性賠償金；但因過失所致之損害，得請求損害額一倍以下之懲罰性賠償金（消保 51）。

索引－人名部分

索引－名詞部分

法律叢書

商事法概論

著作者◆謝瑞智

發行人◆王學哲

總編輯◆方鵬程

主編◆葉幗英

責任編輯◆黃素珠　吳素慧

美術設計◆吳郁婷

出版發行：臺灣商務印書館股份有限公司

臺北市重慶南路一段三十七號

電話：(02)2371-3712

讀者服務專線：0800056196

郵撥：0000165-1

網路書店：www.cptw.com.tw

E-mail：ecptw@cptw.com.tw

網址：www.cptw.com.tw

局版北市業字第 993 號

初版一刷：2010 年 5 月

定價：新台幣 460 元

ISBN 978-957-05-2483-3

商事法概論 ／ 謝瑞智著. --初版. --臺北市
　：臺灣商務，　2010. 05
　　面 ； 公分. --（法律叢書）

　ISBN 978-957-05-2483-3(平裝)

　　1. 商事法
587　　　　　　　　　　　　　99005442

謝瑞智

維也納大學法政學博士、早稻田大學法學碩士、明治大學法學士、日本警察大學本科、中央警官學校正科 24 期、律師及公務人員甲等考試及格。日本文化獎章，教育部技術名人獎章，警察大學傑出校友

經歷：中央警察大學校長、國民大會代表，國家安全會議及監察院諮詢委員，銓敘部政務次長，台灣師範大學公訓系主任、訓導長，政治、中興、東吳、文化大學教授，台大國家發展研究所、實踐大學、致遠、稻江科技暨管理學院講座教授

現任：中華學術文教基金會董事長、日本研究學會副理事長

著作：單行本

一百科全書：**法律百科全書**（10 卷,2008

Ⅰ一般法學、Ⅱ憲法、Ⅲ行政法、Ⅳ民法、Ⅴ商事法、Ⅵ民事訴訟法、Ⅶ刑法、Ⅷ刑事訴訟法、Ⅸ中國法制史）。

警察百科全書（12 卷,2000）。

二辭典：世界憲法事典（2001），活用憲法大辭典（2000），警察大辭典（1976）。

三一般法學類：法學概論（2010,增修版），法學概要（2009,2 版），日常生活與法律（2008,3 版），法學入門（2007,3 版），法學緒論（2006,17 版），法學大意（2004），公正的審判（1995,2 版），公法上之理念與現實（1982），法學論叢（1981），法律之價值考察及其界限（1972）。

四憲法類：中華民國憲法（2009），憲法概要（2010,14 版），民主與法治（2008），憲政體制與民主政治（2008,6 版），中華民國憲法精義與立國精神（2007,25 版），政治變遷與國家發展（2010,2 版），理念與現實－憲政與生活（2005），憲法新視界（2001），憲法新論（2000,2 版），憲政改革（1998），邁向 21 世紀的憲法（1996），

中華民國憲法（1995），修憲春秋（1994,2版），比較憲法（1995,3版）。

五行政法類：行政法概論（2009）。

六選罷法類：民主政治與選舉罷免法（1989），我國選舉罷免法與外國法制之比較（1987），選舉罷免法論（1981），選戰標竿（1980）。

七民法類：民法概論（2009），民法總則（2001,3版），民法親屬（2001,4版），自力救濟問題之探討（1989）。

八商事法類：商事法概論（2010）。

九刑法類：刑法總論（2006,4版），醫療紛爭與法律（2005），中國歷代刑法志㈠（2002），犯罪學與刑事政策（2002），晉書刑法志（1995），漢書刑法志（1993,3版），犯罪徵候（1987,2版），中外刑事政策之比較研究（1987），刑事政策原論（1978,2版）。

十教育法類：教育法學（1996,2版），加強各級學校民主法治教育（任總主持人－五卷,1992），我國憲法上教育之規定與各國法制之比較（1991）。

圡社會類：法律與社會（2001），警政改革建議書（1999），社會變遷與法律（1990），社會人（1989），飆車處理問題之研究（1987），現代社會與法（1984,2版），社會學概要（1977）。

圭語文類：大學實用日語（2003），德語入門（1995,6版），德國童話精選（1993,2版）。

圭心靈重建類：道德經·清靜經（2009），藥師經·觀音經釋義（2008），般若心經的澈悟（2002,4版），平凡中的睿智（2000），善惡之間（1997），少年知識手冊（1985），少女知識手冊（1985）。

部落格：http://zchsieh.pixnet.net/blog　　　E-mail：zchsieh@gmail.com

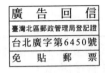
100台北市重慶南路一段37號

臺灣商務印書館　收

對摺寄回，謝謝！

傳統現代　　並翼而翔

Flying with the wings of tradtion and modernity.

讀者回函卡

感謝您對本館的支持，為加強對您的服務，請填妥此卡，免付郵資寄回，可隨時收到本館最新出版訊息，及享受各種優惠。

■ 姓名：_____　　　性別：□ 男　□ 女

■ 出生日期：_____年_____月_____日

■ 職業：□學生　□公務(含軍警)　□家管　□服務　□金融　□製造
　　　　□資訊　□大眾傳播　□自由業　□農漁牧　□退休　□其他

■ 學歷：□高中以下（含高中）□大專　□研究所（含以上）

■ 地址：_____
　　　　_____

■ 電話：(H) _____ (O) _____

■ E-mail：_____

■ 購買書名：_____

■ 您從何處得知本書？

　　　□網路　□DM廣告　□報紙廣告　□報紙專欄　□傳單
　　　□書店　□親友介紹　□電視廣播　□雜誌廣告　□其他

■ 您喜歡閱讀哪一類別的書籍？

　　　□哲學·宗教　□藝術·心靈　□人文·科普　□商業·投資
　　　□社會·文化　□親子·學習　□生活·休閒　□醫學·養生
　　　□文學·小說　□歷史·傳記

■ 您對本書的意見？（A/滿意　B/尚可　C/須改進）

　　　內容_____編輯_____校對_____翻譯_____
　　　封面設計_____價格_____其他_____

■ 您的建議：_____

※ 歡迎您隨時至本館網路書店發表書評及留下任何意見

臺灣商務印書館　The Commercial Press, Ltd.

台北市100重慶南路一段三十七號　電話：(02)23115538
讀者服務專線：0800056196　傳真：(02)23710274
郵撥：0000165-1號　E-mail：ecptw@cptw.com.tw
網路書店網址：www.cptw.com.tw　部落格：http://blog.yam.com/ecptw